公共善の彼方に

後期中世シエナの社会

Shunichi Ikegami
池上俊一【著】

Al di là del bene comune

Società senese nel tardo medioevo

名古屋大学出版会

口絵 1　ドゥオーモ（司教座聖堂）から見たシエナの街並み

口絵２　「公共善」（アンブロージョ・ロレンツェッティ「善政の寓意」部分）

口絵３　ロレンツェッティ「悪政の寓意」（部分）

公共善の彼方に　目次

序章

イタリア中部、トスカーナ地方の小高い丘の上に位置する美しい中世都市シエナ。その稀にみる素晴らしい町並み、今なお人々に感歎の声を上げさせる美しい姿が、いわば自然と人工の合作として作り上げられたのは、十三〜十四世紀のことであった。この時代、商業・銀行業の発展に意をもちいるとともに、周辺農村の開発にも力を尽くした有力市民らは、蓄積した富を自分と家族の生活の向上や威信の表明に充てるだけでなく、都市の美化にも進んで用立てた。指一本触れられないような中世都市の絶妙の形態は、正義が支配する都市で、平和を享受しながら公共に奉仕する、市民たち皆の努力の賜ではないだろうか。まさにイタリア中世都市の精華が、ここにある。

だが、そんなふうにイタリア中世の都市と市民たちを理想化するのは禁物であろう。イタリアの中世都市ほど、陰謀が渦巻き、生き馬の目を抜くような争いが満ちていた世界はない。貴族や富裕なブルジョワたちが、都市政治の主導権を握ろうと、熾烈な争いを繰り返し、また富裕層と貧しい賃労働者との反目や階級闘争も絶えなかった。都市内部の争いは、外部の他都市との領有権争いや覇権争いと重なり、さらに上位の権威・権力たる皇帝・国王と教皇への忠誠・離反の動きとも連動して複雑な様相を呈した。なんとか秩序を取り戻そうと、政権に就いた者たちはつぎつぎに法律を定め、裁判を行い、警備を固めたのであった。

それでも、歴代の政権は、首尾よく長期にわたる平和を確立することはできなかった。というのも、中世都市の共和政は、民主的どころか、ほとんどの場合、特定党派が自らの利益のために権力を牛耳る寡頭政を基本とし、したがってどのような政体になろうと、不満分子はけっしてなくならず、対立・争いも止むことがなかったからである。

もちろん、シエナも例外ではない。シエナは、十六世紀半ばにフィレンツェの軍門に下る以前の共和政体においても、党派争いによって市民は分断されていたし、正義に目覚めた為政者が、警察国家のような厳しい監視体制を敷いてさえ、長期の平和を保つことはできなかった。では、今残る、この上なく平穏で清朗な美しさを湛える都市の美は、まやかしの産物なのだろうか。たんなる目くらましだったのだろうか。市民が一致団結して、都市に尽くし、その美を顕示しようとしたのは、本心ではなかったのだろうか。

そうではあるまい。中世都市の市民たちは、私利私欲・党派心を十二分に持ちながらも、同時に、公共の福利と名誉にも挺身したのである。そこには、ギリシャのポリスと近代の国民国家に挟まれた、中間の時代に展開した「自治都市」の政治理念が関係しているだろう。しかしもうひとつ、その時代の都市住民たちの間に編み上げられた、社会的結合関係（ソシアビリテ）のあり方にも着目しないと、この不思議な現象は十分に理解はできない、と私には思われる。

そこで本書では、中世都市の代表としてシエナを取り上げ、都市が理想として追求したものと、人々の社会関係ないし社会的結合関係のもろもろのパターンの双方を視野に収めながら、政治と社会の関係に新たな理解の道を提示し、さらには都市そのものに秘められた可能性を探究してみたい。

それから、中世のシエナで異彩を放つのは、都市建築の美の輝きのほかに、濃密で強烈な宗教意識と溢れるような慈愛の精神である。美意識のピークが十四世紀前半にあるとすれば、こちらの宗教意識のほうは、十四世紀後半にその極みを尋ね当てることができる。一見無関係な両者は、じつは、シエナ人のこころの中では密接に絡み合っていた。そこに浮上する中心となるキーワードは〈公共善〉である。[1] 共和政期のシエナは、〈公共善〉の追求に血道を上げたが、そこには始めから限界があった。それを乗り越えるべく〈公共善〉理念に霊的次元を加え、内実を一新させるのに貢献したのが、十四世紀後半にこの町で展開した特異な宗教思想と慈愛の精神なのであった。そしてもちろん、これらすべては、人と人との関係、社会的結合関係とその変化、ならびにその関係・変化を意味づけ価値づけるイメージのあり方と結びついていることは、言うまでもない。

それでは、〈公共善〉の華々しい表現として広く世に知られたひとつの絵画を、まず検討してみることから私たちの議論を始めよう。

a　アンブロージョ・ロレンツェッティ「善政と悪政の寓意と効果」を解読する

シエナの市庁舎（パラッツォ・プッブリコ）内の「ノーヴェ（執政九人衆）の間」Sala dei Nove（別名「平和の間」）には、中世シエナを代表する画家の一人アンブロージョ・ロレンツェッティ（?～一三四八年頃）による「善政と悪政の寓意と効果」（口絵2・3）のフレスコ画があり、現在もこの絵を目当てに訪れる観光客が絶えることはない。世界的に著名なこの作品は、一三三七～三九年、ロレンツェッティが市当局からの要請を受けて描いたもので、ノーヴェの間の南側の窓のある面をのぞく、壁三面がフレスコ画で覆われている。まず入口入って右手＝北面には「善政の寓意」（図1）が描かれている。この絵については、すぐ後で詳しく吟味しよう。

美徳の寓意画に向かって右手つまり東の壁には、一面、善政によってもたらされた悦ばしい「効果」が描かれている。塔や邸館が所狭しとそびえる中、商人や職人とその工房、建設現場、子供への授業、踊り歌う娘たち……、と都市部の喜悦に満ちた繁栄した姿が巧みに表現されている（図2）。一方、美しく起伏する農村風景（図3）には、諸種の農作業に携わる農民たちの姿が描き出されているし、狩りに出掛けようと勇んで馬に乗る貴族の姿もある。建物の櫛比する都市部も、丘陵や畑がのどかに展開する農村部も、写実性が際立っているように見える。

図1　アンブロージョ・ロレンツェッティ「善政の寓意」

図2　ロレンツェッティ「善政の効果」都市部

図3　ロレンツェッティ「善政の効果」農村部

それに向かい合って西壁に描かれているのは、「悪政」の寓意とその効果である（口絵3）。現在では傷みが激しく、剝げ落ちてよくわからない部分が多いが、真ん中には角を生やした黒い悪魔がデンと陣取り、その悪魔の手下と思われる悪徳群が、彼のまわりと上部に集っている。「正義」は地に落ち、暴君の足もとで囚われの身となっている。そこでは、暴力と殺人が大っぴらに行われている。下方には、綱につながれた囚人たち、首を切られる悪人、彼方には不安定で荒れ果てた農村と、それはそれはひどいありさまである。

ここで私は、この中世でもっとも著名な絵画のひとつを、詳細に絵解きしてみせることを目指しているのではない[2]。ただ北側の、もろもろの美徳を擬人化して描いた部分における、一人の人物に着目してみたいのである。それは、画面中央よりやや右手に位置する堂々たる男性像で、黒と白の衣服を着て、あたりを静かに威圧している老人である（口絵2）。彼は長椅子の中央に一段高くなっている玉座に正面を向いて座っており、その左右には三人ずつの女性像が控えている。族長のような、王のような、審判者のような、はたまた聖人のような、大きな存在感のこの人物は、一体誰なのか。

彼の足もとには雌狼とその狼から乳をもらう双子の嬰児（第5章c参照）がいるし、彼がまとう衣服は、上下黒白に区分されている（シエナの紋章バルツァーナを暗示）。こうした特徴から、それが「シエナ」の都市《コムーネ》、あるいは共和国を象徴する人物像であることは容易に想像できよう。実際、N・ルービンシュタイン以来、この人物像は、シエナの「コムーネ」を表しており、頭のまわりのC・S・C・Vという文字はCommune Senarum Civitas Virginis（聖母の都市シエナのコムーネ）の略だというのが、定説となっている。それだけではない。この人物は、当時の法学者たちが盛んに議論し、為政者らも配慮するようになった、〈公共善〉bonum commune=bene di tutti e bene del Comuneをめぐる概念とも合流しているのだと、しばしば考えられている。だから、「老人」は、「シエナ」という都市国家の「公人格」persona publicaが、〈公共善〉と一体化した姿であり、彼こそがシエナに、良き統治と平和を保証する象徴的人物なのである[3]。重点がシエナの「コムーネ」の擬人化にあれ、あるいは〈公共善〉にあれ、さらには共和政統治の「司法・行政組織」magistratura にあれ、ルービンシュタインに引きつづく研究者たちの解釈は、この点では、ほとんど一致している[4]。

これらの説は、このフレスコ画下部に記入された文字によっても裏づけられる。すなわちその文字は、つぎのように謳っている――

この聖なる美徳（正義）が支配するところ、多くの市民の魂を統合に誘う。そしてこのように一所に集められた人々は、〈公共善〉UN BEN COMUN を自分たちの主人（統治者）とする。そして〈公共善〉は、その国を治めるために、まわりに座る美徳たちの輝く顔から、目を離さないように注意する。それゆえ勝ち誇った彼には、諸都市の、税、貢納、領主権が提供される。またそれゆえ戦争に訴えることなしにあらゆる都市的な良い結果が、しかるべく実現する――すなわち有用性、必要性、愉楽である[5]。

この絵に描かれた〈公共善〉の意味の特性をより深く考察するため、像を取り囲む女性たちについても一瞥しておこう。

女性像は向かって一番左から、白衣の「平和」Pax――半ば身を横たえ月桂冠を被り、手にはオリーブの枝を持っている――、その隣に笏と楯を持つ「剛毅」Fortitudo、それから鏡とともに描かれる「賢慮」Prudentia、手に冠を持ち、両脚の上に貨幣をいっぱい載せた皿を支えている「大度」Magnanimitas、手に砂時計を持つ「節制」Temperantia とつづき、一番端は剣と冠を手にし悪人の斬首された頭を膝に載せた「正義」Iustitia である。つまり四つの枢要徳に「平和」と「大度」が加わっているのだ。また〈公共善〉の上部には、翼を具えた「希望」Spes、「慈愛」Charitas、「信仰」Fides の三つの対神徳が描かれている。この三つは〈公共善〉が希求しなくてはならない目標である。そして〈公共善〉の足もとには一群の兵士と嘆願者がおり、右側の兵士は鎖でつながれた囚人を監視している。

さて〈公共善〉を取り囲む美徳の中でも、都市の政治に不可欠な「正義」がとりわけ重要なことは、彼女の姿を反復するかのように、いや実際に反復して、画面左側に、ふたたび「正義」像が描かれていることからも推定できる[6]（図4）。この左手場面は三層になっている。中層に女性像（正義）が玉座に座り、目を上方に向けている。その上層にいる有翼の人物は、キャプションにもあるが「知恵」Sapientia である。彼女は左手に閉じた本を、右手で大きな天秤を持っている。「正義」は天秤の皿を左右の手の親指で軽く触れるようにして支えているが、それぞれの皿の上には天使が跪いて、実際に正義を施している。左側の天使は、《Distributiva》（配分）［的正義］というティトゥルス（銘文）の下に位置し、一人物の上に冠を被せ、もう一人の人物を斬首している。右の天使は《Commutativa》（交換）［的正義］というティトゥルス（銘文）の下に位置しており、それぞれ異なった長さの違う種類の竿（または棒ないし槍）を、ある人物に、また円筒状のものを、もう一人の人物に与えている。天使の載っている皿から二本の綱が下ろされ、それを下層で「和合」Concordia が左手に摑み、赤と白（ポポロの色）の両方を捻り合わせて一本にしている。彼女の手からはその綱がずっと右方に伸び、行列のように二列に並んだ二四人の人物が手に手に持ち伝え、最後に〈公共善〉の大人物の右手に握られているのである[7]。

図4　「正義」像（「善政の寓意」部分）

なお中層の人物が「正義」と判断されるのは、こうしたアリストテレスの正義の定義や聖書の章句への参照を思わせる描写、およびティトゥルスや当フレスコ画下方のフリーズ（装飾帯）内の四角い部分の内部の詩句からである。また下層の椅子に座る「和合」は「正義」に協力して、個々人の間の統合をもたらす役目を担っている。神的な叡智に感化された「正義」は、「和合」の中で行為し、〈公共善〉に仕える市民たちによって達成されるだろう。

Ch・フルゴーニは、キャプションの "Diligite iustitiam qui iudicatis terram"（地上を支配する者たちよ、正義に仕えよ）という「知恵の書」（箴言）からの一節は、当時、概念的にも絵画表現的にも非常に重視されたと述べるが[8]、このメッセージは、隣の「総評議会の間」のフレスコ画の「マエスタ」（シモーネ・マルティーニ画、一三一五年完成、後掲図27）でも、子供のイエスが持っている巻物に見出されるので、そこからシエナの政権担当者たちの正義への思いの強さが窺われる。

だが「正義」が重要なのは、あくまでも「平和」をもたらすためであることを忘れてはならない。その両者の関連が、この壁画にも示されている。構図上、螺旋状の道程で観者の視線の誘導が行われ、それは画面左上から始まってそこから下におり、下面の左から右へ進み、そこで上昇しまた左方に向かい、「平和」像で止まる。「平和」は、構図の本来の中心ではないが、視線が収斂するところにいて、「正義」と、老賢者という善政とシエナ市（＝公共善）を象徴する人物から等距離にある。「正義」から始まった視線による解読が、老賢者を経て「平和」に帰する、といった塩梅である。

つぎに、この絵の委嘱過程と、おかれた場所から、絵の意味を考えてみよう。「善政と悪政の寓意と効果」は、パラッツォ・プッブリコ（市庁舎）の中で、当時の執政の最高の責任者たちが、そこに籠もり、諸問題を議論し、解決に努めた「ノーヴェの間」にあることからも推し量られるとおり、為政者に「善政」の理想について反省させるために描かれた、とまずは考えられる。すなわち平和で繁栄した秩序ある都市を実現するには、執政官 Priori を筆頭とする役人はじめ、市民たちそれぞれの美徳の積み重ねが不可欠で、その積み重ねこそが、公的な都市「コムーネ」の福利につながる、という教えである。それら美徳たちを統括する、もっとも主要なコンセプトが〈公共善〉である。

興味深く、また意味深長なことは、この絵が画家に委嘱されたのは、なるほど「執政九人衆（ノーヴェ）体制（九人委員会体制とも訳される）」Novem Gubernatores et Defensores Comunis et Populi Senarum（一二八七〜一三五五年）体制下ではあるが、その後めまぐるしく政体が交替しても、この絵が取り替えられることはなかった、ということである。しかも十六世紀初頭まで幾度も補修・修復されて絵や字が読みにくくならないようにしているのだから、政体のいかんにかかわらず、この絵のメッセージは、いつも統治者の理想でありつづけたのであろう。それは、本書で主要史料とする都市条例が、体制が変わっても補足・修正がいささか加えられるだけで、根本的精神が共和国の存続しているあいだ中不変であったこととも関連している。

またこうした理想は、この部屋に入り、実見することのできた市民だけでなく、ほかの媒体を介して、たえず一般市民たちに伝達された。たとえば、一三二三〜三九年の都市条例にも公共の正義に私的利害を従属させるべき旨が謳われている。[9] さらに、十四世紀後半、財務府（ビッケルナ Biccherna）の租税台帳カバーにも、〈公共善〉の像が何度か描かれ十五世紀後半まで作られつづけた。[10] 要するに、シエナでは、少なくともメディチ家＝フィレンツェによる征服（一五五五年）までは一貫して、為政者にとっても市民にとっても、〈公共善〉は、都市の平和と良き統治のために追い求めるべき根本概念であったのである。

むろん〈公共善〉は、シエナのみに関わる理想ではなかった。イタリアでは、十三〜十四世紀の政治哲学者たちがそれについて議論を重ね、多くの都市において、実際にその指導者らが盛んに持ち出し、実践しようとした理念でもある。[11] イタリア諸都市でこの〈公共善〉の言葉がよく使われた反面、他の国ではあまり使われず、使われても「君主（国）」レベルにおいてであったことは、比較の上で興味深い事実であり、中世都市の意義を新たに見出そうとする、本書の全体の議論とも関わる重要な点なので、記憶しておきたい。この点は、本書の終章で、より広い視野に立って論ずるつもりである。

ギリシャのアリストテレスから始まるこの概念は、支配者の私的利益ではないことはもちろん、たんに共通の利益を指すのでもない。それは人民全体に共通する「善」ということであり、アリストテレスは、自由で平等な人々が共通して有している価値および共同体を維持すべく、たがいに尊重しあう「友愛」を、「正義」以上に重視している。盛期スコラ学の代表的神学者・哲学者たるトマス・アクィナスも、それを受けて自らの論を展開した。そしてこの〈公共善〉に配慮することが、法の固有の役目であり、法の制定は全人民ないしその代理の統治者に属するが、その代理は共同体に配慮する者であり、彼は共同体全体の〈公共善〉を目指して、法を制定するのだ、とした。

後期中世のイタリアの法学者たちも、アリストテレスの正義概念を独自に解釈しなおし〈公共善〉の理念を高々と打ち出したが、そこには、当時の「都市生活」の経験とそこでの思索が色濃く反映しているように思われる。実際の都市政治における〈公共善〉の理想は、これら法学者とその理念を汲んだ判事・公証人らによって、まずは担われ広められていったのであろう。その法学者らの考え方の要点は、市民誰もが、私的利害を共同体のそれに従属させることによって、都市に平和と秩序・繁栄がもたらされる、というものである。

フィレンツェのドミニコ会士・神学者レミジオ・デ・ジローラミ（一二四六頃〜一三一九年）の『公共善について』*De bono communi*（一三〇二年）には、慈愛の秩序の神学的概念と、全体と部分に関する興味深い理論がある。[12]本書は、フィレンツェを危機に陥れた一三〇一〜〇二年の黒党と白党の、ゲルフ党内戦に呼応して書かれたものだった。そこでは、〈公共善〉（コムーネ全体の善）は個別・特殊な善よりも優先するものとされ、しかもその際、コムーネは、神・自己・隣人・身体をめぐる、伝統的な慈愛の秩序に挿入されている。コムーネは、そこでは完全で普遍的な全体と看做されている。社会はそれ自体で全体であり、個人や団体の合体とか積み重ねではない。部分の寄せ集めが全体になるのではないのである。

彼は、アリストテレスやトマスのように、個人は共同体の活動的な構成部分で、それだけが人間の潜在能力を現実化する、と考えるのではなく、むしろアウグスティヌスに倣って、そこに罪の贖いの条件を見た。だからこの「国」(キウィタース)は、「キリスト教共同体」communitas christiana でもあったのであり、そこで人々が、こころと意志をひとつにしておなじものを希求するのが、善いことなのである。だが、レミジオの論には「王国」Regnum や「帝国」Imperium は登場せず、つねに都市「コムーネ」Commune が問題になっていて、市民的利害を宗教的な要件といかに折り合わせるかが懸案であった。彼は危機の時代のフィレンツェ固有の問題に触発されたが、これは、当時の都市国家すべてに当てはまる議論になっている。

このレミジオの理想は、宗教者の理想ではあるが、当時のイタリア自治都市(とそれを代表する法学者)において、〈公共善〉の観念がきわめて重要であったからこそ、このような〈公共善〉のキリスト教的ヴァージョンが現れたのである。〈公共善〉の理念は、イタリアでは十三世紀に姿を現し十四・十五世紀に頂点を迎えるが、アリストテレスとスコラ学の影響のみでなく、ローマ法とキケロの共和主義の影響をも受けているとされる。つまり政治家やエリートのみが上からパターナリスティックに垂示する観念ではなく、本来は人民間の友愛が強調されて、相互連帯・相互扶助が慫慂されるべきものだ、というのである。

ただ、当時のイタリア都市国家は、実際には、党派争い・階級闘争がたえまなく、その理想はとても実現できなかったし、あらゆる妥協の試みは虚しかったようにも見える。それでも、イタリアのコムーネでは、政治・司法と財政政策が〈公共善〉の理想に則って実施される一方、皆に役立ち、市民の誇りになりうる公共建築物の建設や都市整備が盛んに行われた。それはポデスタ支配(ほぼ十二~十三世紀)のときから始まり、ポポロ支配(十三~十四世紀)で加速した傾向である。

そもそもイタリア諸都市における、全都市空間に及ぶ十全な政治的コントロールのきっかけとなったのは、「コンスタンツの和」(一一八三年)と、それに引きつづく都市への自治権委任政策の適法性の皇帝による承認であった。やがて司教や貴族の持っていた古い権利も取り上げられるか局限されて、ポポロ(平民)層の担う政権が、「公共」

のもの、都市のもの、としてそれらの権利を管理するようになった。コンソルテリーア（閥族・家族連合体）間や党派間の不和対立を鎮めるのも、政治を担う指導層の役割だった。

ポポロ政権は、〈公共善〉を旗印に、「都市（コムーネ）」による都市内および都市周辺領域の一元的管理、そのための行政区と市民の権利と義務の明確化、犯罪の徹底検証、さらには家族のあり方にまで介入しようとした。そしてその標語のようになり、各種イメージによって伝達されていったのが、都市の「美」であり、また「名誉」である。このことについては、第1章以降、順次確認する折があろう。さらに、宗教的な施設をも含めて、あらゆる公共建築物を都市当局が管理し、ときには自ら経営に乗り出すことまでして、社会的差別と貧困問題への対策、弱者救済を進めることで、〈公共善〉を実地に移そうとした。私的な利害は〈公共善〉に従属すべきであり、その善を犯すのは大いなる犯罪であった。不正・恣意・詐欺・強奪・虚偽・ごまかしは悪であり、さらには不名誉なもの、穢いもの、周縁人（マルジノー）は、名誉ある美しい都市から追い出されるべきなのだ……。

だが、中世都市には大きな問題があった。なにより問題なのは、いくら「共和政」といっても、完全な「民主制」などほど遠い政治体制であったことである。「公共」とは、どのような意味で「公共」なのか、「誰にとって善は共通か」という問題である。政治はいつも選択・妥協・調整の産物であろうが、寡頭政的な共和政下では、〈公共善〉がほんとうに実現できるとはとても考えられない政治状況がつづいた。政権を握った者たちは、富、正義、通商、慈善事業、キリスト教儀礼など、あらゆる道具を使って、自分たちこそが、都市という政治体の中で〈公共善〉を体現していることを示そうとしたし、その善意に偽りはなかろうが、いくら美徳ある政治家・役人であっても、まずは自分たちの身分・党派・家族を贔屓してしまう性《さが》は、どうしようもない。いずこの都市でも、〈公共善〉の旗印の下、醜い党派争い、私利私欲追求が行われたのである。多様で身分差・利害対立の激しい中世都市社会においては、〈公共善〉とは、だから固定した望ましい状態ではなく、けっして完成しないし実現もしない、たえざる生成の下にある、生き方であり理想だったのではあるまいか。

後期中世のイタリア都市で、ステレオタイプのように、〈公共善〉のイデオロギーが都市条例で何度も繰り返され、建築計画で称揚され都市年代記で彫琢されたが、じつはこの理想は額面通りにはとても受け容れられず、その裏には党派的な政治の駈け引き・闘争が潜んでいるのではないか、と見る研究者も実際にいる。[13] もちろんこうした道徳的言説の素晴らしさと実践の現実の乖離に、同時代人たちは意識的であったし、また集合的利害の概念は、たえず政治家たちにより、直近の目的に連関して新たに練り上げ直され、権力の交替を正当化するために持ち出された。この観念が、政治闘争時の戦略の一部になっていたのは、どうやら疑いようがない。

しかしだからといって、〈公共善〉理想は、そのときどきの為政者にとって、都合のよいお題目、私欲を隠す隠れ蓑だ、それだけのことだ、というわけでもあるまい。彼らは彼らなりに、より広い民衆層をも含む、市民全員にとって分け隔てのない正義・福利を実現したいと、真剣に望んでいたのではあろう。もし都市を強力で富んだものに——それは政権担当者の党派にとっても良いことだ——に保とうとするなら、慈善活動も含めて、効果的に諸サービスを機能させるべきであるのは当然だし、経済を保護推進し、法規範を改良してより多くの市民に役立つものにするのも、理に叶った目標であろう。それと同時に、市民にとっての共通遺産たる古代の栄光に連なる都市イメージを広めて、可能なかぎり多くの市民に、自恃の念を持つとともに政治家が「公共物」について選択し関連する政策を推進するのを認めてほしいと、そう思っていたはずである。

だから、中世都市には〈公共善〉が実現していた、と考えるところにも、反対に〈公共善〉がたんなる虚妄のイデオロギーであったとするところにも、歴史の真実はない。実際、エリートたちは、権力闘争、党派争いから離れられなくても、それでもある条件の下では、無私の公共性への希望を抱き、それゆえ実際に、公共生活を良くする都市政治を行うよう促された、ということもある。[14] 政権担当者は、それぞれの時期、特定の政治的・社会的利害を高揚させつつ全般的な善との折り合いを図ろうとしていたのである。

最近、ロレンツェッティの「善政の寓意」図についての、興味深い解釈が提示された。フランスのP・ブシュロン、そしてそれを継ぐイタリアのP・スキエーラの解釈である。[15] すなわち、北側図の〈公共善〉の左横に座る「平和」の姿は、中世のイコノグラフィーの伝統による「メランコリー」の姿、つまり右肘をつき頬杖をして半ば横たわる姿をしていることへの注目である。[16]

もうひとつ、この「平和」を謳歌するはずの美徳溢れる「正義」のアレゴリーの図に、「恐怖」の要素が忍び入っていることも、違和感を感じさせるのではあるまいか。たとえば上部左に描かれた第四枢要徳の「正義」giustizia armata は、「配分的正義」像として罪人の首を切っている恐ろしいものだし、すぐ下の「和合」の鉋は、たしかに優雅な道具だが、それは歪んだものを同形にするため滑らかに削り取る道具で、鉋を掛けられる者には残忍な拷問・処罰の道具にほかならない。またもう一人の公的な善き統治の「正義」像は、右手に剣を、懐に処刑者の頭を抱えている。また市民たちが手に手に持ってつないでいるロープは喜悦の印ではないし、〈公共善〉の左手（向かって右）下、三人の美徳の足もとに一群の兵士が縛られた囚人を見張っている姿は、無気味である。「平和」さえ右脚で大きな黒いヘルメットを踏んでいる。右（東側）壁の真ん中上部の「安全」Securitas の熊手は、小さいがよく切れて効果的であり、恐怖政治を思わせる。

そもそも、この「ノーヴェの間」に入ってまず目に入るのは、西壁の、「悪政の寓意と効果」であり、政治的な堕落がもたらす恐ろしい結果である。角を生やし牙を剥いた悪魔的なやぶにらみの人物がいて、TYRANNIDES（暴政・僭主政治）と銀で書かれている（口絵3）。彼も王のようだが笏のかわりに右手に短刀を持ち、足は「色欲」Luxuria の象徴たる山羊の上に載っている。そして、IVSTI[TIA]（正義）像は、その玉座の下に囚われて横たわっている。周囲には、一連の悪徳たちが取り囲んでいる。都市も農村も荒れ果てて混乱している。

この悪政図からは、暴君の支配下にはびこるそうした悪徳とその結果を、シエナ市民たちが恐れていたことが窺われるし、政権担当者たちは、まちがってもこうした状況を招かないように自重し、〈公共善〉の立場から、正義を行い平和をもたらすことを自戒を込めて自らに言い聞かせたのだろう。しかし、こうした「悪政」が「善政」と等価値でならびおかれていること自体、政体が、善悪いずれにも、たやすく転びうる危険性があったことを示しているし、実際、しばしばそうした転落が起きたのであった。

だからロレンツェッティ描くところのこの理想の「都市」は、善政の効果で幸せに満ちているというのではなく、むしろ非常によく統制が取れている警察国家、皆がシエナの強圧的な法に従わざるをえない……、という図なのではないか、という解釈が成り立ちそうなのである。それは裏返してみれば、こうした統制がいかに難しい課題だったか、その政治的安定の必要性の痛感とそれを失う恐れが、十四世紀半ばに厳然とあったことを意味していよう。「平和」は「憂鬱」にならざるをえないのだ。つねに疑わしく、いつも不安定で、「平和」と「和合」はあやうい均衡の上に立ち、いろいろな操作と配分をその都度試みないと、逃げ水のように逃げてしまう。あらゆる身分・団体に潜在する争い、それぞれの勝手な利害や名誉追求、そうしたものをいかに抑え、またまとめ上げていったらよいのか、非常な難問であった。この「平和」と「和合」は、放っておいてやってくるものではない。〈公共善〉は、市民たちに、その権利よりも、じつに多くの義務を要求するのである。それだからこそ、なよなよと横になっている「平和」の女性像は、メランコリーに陥っているのであって、存在と非存在の間で揺れ動き、是非とも治療せねばならないのだ(17)。

＊

ところで、都市における市民たちが、いつでも都市全体のこと、〈公共善〉に留意していたとは、とても考えられまい。彼らは普段、より身近な集団に属し、そこに属することが生きていく上で不可欠であったのであり、市民である前に、個々の団体のメンバーであった。血縁・地縁・職能・信仰、さまざまな役割が、多くの集団に分与されて、市民たちの生きる縁《よすが》となっていたのが、まさに中世都市の現実の姿なのであった。それらの団体には、旧来の封建的な人間関係を引き継ぐものもあれば、都市の成立・発展とともに、まったく新たにできた団体もあった。

では、都市全体を視野に収めた〈公共善〉と、こうしたミクロな社会関係はいかに関係するのだろうか。都市全体の構造の中に、諸団体はうまく組み込まれて〈公共善〉が自然と実現する、別言すれば、諸団体が、都市という共同体の理想の秩序を実現する「駒」に、すんなりと納まったのだろうか。そんなことはありえないだろう。

人と人とがつながり、一緒に生活・活動すると、集団内部でもあるいは外部との関係でも、対立することがままる起こるし、また仲間意識が高まれば、余所者を排除しようとし、ひいてはあえて憎しみの対象たる余所者を創り出そうとさえする。しかも仲間は、居住区などで人工的・制度的に作られることもあるが、その多くは、生活・職業・娯楽などの必要から、人と人とが出会って、自発的に作られていく。家族や街区、信心会（兄弟会・兄弟団）などの団体形成のあり方は、それらの団体に寄せる個々人の願望・利害と、都市全体の理想、その両方の合力・出会いから、その存在様態が決まってこよう。

そして、水も漏らさぬ徹底的な管理を推し進めようとする都市当局に、市民の生活の中から生まれた知恵と戦略が対峙することになるが、ときには両者が融合するケースもあっただろう。あるいは、都市の〈公共善〉を、市民たちが尊重するような身ぶりをし、言葉を発しながらも、じつはそれによって、より身近な団体の名誉や利害が否定されてしまうことなく、むしろ〈公共善〉を表に掲げながら、裏では、自分たちの私的利害と名誉をしたたかに押し通す場面も見られるのである。

こうしてかならずしも〈公共善〉を実現するために活動をするわけではない諸団体ではあるが、だからといってそれは、つねに〈公共善〉に反する動きをするのだ、とも評せない。むしろ〈公共善〉が、特定階級や党派によってイデオロギー操作がなされるのを崩すような、そうした要素を、これらの諸団体は有している。いわば、小さな団体の利害や私利私欲、個人的願望を実現するための社会的結合関係が、イデオロギー的な〈公共善〉を脱皮させ、変容させる触媒となることもあるのではないか。これこそが、古代のポリスにも近代の国民国家にもない、ヨーロッパ中世の自治都市の歴史的存在意義なのではないか、というのが本書の最終的な主張である。

そしてその脱皮にもっとも大きく貢献したのが、後期中世とりわけ十四世紀後半に澎湃と湧き起こった信仰団体とそこを拠点とする慈愛の精神および活動であった。つまり、上に、フィレンツェのドミニコ会士・神学者レミジオ・デ・ジローラミが、〈公共善〉をキリスト教的に解釈しなおし、都市 civitas＝キリスト教世界 civitas Dei との等値によって、市民および政治家たちに美徳の修養を求めたことを述べたが、半世紀ほど遅れて、シエナでは、こうした上から与えられる理念に従うのではなく、下から、民衆たちの社会的結合関係から醸成された、慈愛の精神と活動が、レミジオの夢をある程度実現したのではないか、と考えられるのである。

そしてもうひとつ、後期中世では、都市全体に関係するものにせよ、あるいは家族や隣組や信心会などの小さな組織のまとまりに特有なものにせよ、いくつかの特権的イメージが、人と人をつなぐ媒介、あるいは小さな団体と都市を結ぶ媒介として流通していたように思われる。媒介というのは、それが感情の通り道、感情の制御板となり、またそこを通過することによって、意味が作られ、変容していく、ということである。当局がイメージ操作をし、上から押し付けようとしても、かならずやそれを自分流に解釈しなおそうという個人や団体が現れるし、その複数の解釈が、あるいは対立し、あるいは融合して別の意味を紡ぎだしていくのである。この特権的イメージも、社会的結合関係がイデオロギー的な〈公共善〉を脱皮させ、変容させる触媒となる、という上記の議論と関わっている。

十四世紀を中心とする後期中世のシエナは、珍しく長期政権であった執政九人衆体制の後、疫病や傭兵のためにひどい打撃を受け、経済は衰退し、ふたたび党派争いの嵐が湧き起こった。そこで、十三世紀後半から十四世紀前半はシエナの黄金時代で、平和と安定と経済的繁栄を享受した時期であったが、十四世紀後半から十五世紀は、混乱と衰退の時代だった、としばしば決めつけられた。だが、じつはそんなに簡単に二分できるものではない。むしろ十四世紀前半までがシエナにおける芸術作品の黄金時代だとすれば、世紀後半は「宗教活動」の一大展開期だったことに注目したい。いくら政治が乱れ経済活動が停滞しているように見えようと、精神活動は、あいかわらずきわめて活発であったことに着目しなくてはならないのだ。

十四世紀後半は、政治的にも経済的にも危機の時代で、シエナは一時的にミラノのヴィスコンティ家に臣従までしたが、それでも宗教的なルネサンスを迎えていたのである。いやそれどころか、中世シエナ史研究を長年牽引してきたM・アスケリによると、総合的な精神の状態を見れば、執政九人衆（ノーヴェ Nove／ノヴェスキ Noveschi）体制の崩れた一三五五年から共和国が崩壊する一五五五年が、シエナの「ルネサンス」期だと看做せるのである。[18]すると、黄金期と称えられた「執政九人衆体制」崩壊には、政治史の上でもたいした意味は見出せなくなる。十四世紀末〜十五世紀初頭のヴィスコンティ家によるシエナ支配は、フィレンツェと教皇の利害の集中により――それに対抗すべく――共和政伝統が阻止された局面のひとつにすぎないし、また十四世紀半ばからの執政十二人衆（ドディチ Dodici）および執政改革者衆（リフォルマトーリ Riformatori）の統治とその崩壊は、九人衆の政治実験の終わりによる方向喪失という評価が可能になる。この方向喪失は、また新たな政治シーンの驚くべき展開を予感させるものでもあった。その後は、モンテ連合による統治が一般化し、とくにポポロ関係のモンテ三者が中心となって、十五世紀末まで進むのである。

十四世紀後半から十五世紀にかけての宗教的ルネサンスは、多くの傑出した宗教家たち、そして彼らの影響を受けた、さまざまな信仰団体の叢生として結実した。そして慈善施設とそれを中心とする慈愛ネットワークは、全市的にその網の目を広げていった。これは政治的ならざる、宗教的な公共性あるいは平等な友愛関係の理念を、強く押し出していった精神運動である。興味深いことに、こうした政治的な限界を超えた慈愛ネットワークは、為政者たちが推し進めようとした〈公共善〉が敵視していた、不都合な個人や小さな団体を連結させる推進母体となっていった。近隣・血縁・職業その他による社会的結合関係は、大きな信仰の共同性と結びつき、中世都市におけるこの両者の結合によって、〈公共善〉は偏狭な鎧から脱皮し、市民としての特権から排除されていた、しかし住民の過半を占める下層の者たちをも包み込むような、そうした民主的にして、また霊的・超越的でもある概念へと転生していったのではないだろうか。レミジオが理想とし、その時代のフィレンツェに実現不可能であった理想的コムーネとそこにおける宗教的な〈公共善〉理念が、実現への緒に就いたのが、後期中世のシエナなのであった。

十四世紀を中心とする後期中世のシエナの社会を研究することは、イタリアを中心とするヨーロッパ中世都市の、〈公共善〉の壮大な実験をつぶさに踏査することにほかならない。しかしそのためには、これまで主に行われてきた制度史や思想史だけでは不十分であり、社会の実際の仕組み、人と人との関係の諸様態を見ていく必要があることは、上に述べたところからも当然であろう。

中世シエナ史については、これまでアメリカのW・M・バウスキーやイタリアのM・アスケリを中心に、多くの研究者が、制度史面での諸問題について実証的に明らかにしてきたし、経済史、建築史、宗教史的な研究もけっして少なくはない。[19] しかし、中世シエナの人々の心性や社会関係を、包括的に扱った社会史的研究は、非常に古い逸話集合的な研究、L・ズデカウエルとC・ファッレッティ＝フォッサーティのものくらいしか、まとまったものはない。[20] とはいえ、近年では、個別の問題では法令・奢侈条例・出納簿・公証人文書・証書・遺言書などの史料を駆使し、婚姻や女性の法的な地位、家族の構造などについて詳しく調査する研究も世に現れるようになった。それでも、利用する史料の性格からか、いつも制度史的な議論に行き着いてしまう傾向は否めない。フィレンツェ史のような社会史・文化史がシエナ史については書かれることは、これまでほとんどなかった。その欠落を埋めたい、という希望も本書執筆の動機であった。

イタリアという国は、他のヨーロッパに比べて、とりわけ「都市の世界」である。そのために他の地域よりも複雑多様な展開を見せ、国（国民国家）としてのまとまりができるのは、かなり遅れた。しかしだからこそ、ヨーロッパ史上、あるいは世界文明に対して、より普遍的な意義を有する貢献ができたのだと考えられる。そして私たちが研究対象として選んだシエナは、最近、G・ピッチンニが、二〇一九年の「文化のヨーロッパ首都」capitale europea della cultura 選抜にシエナがふさわしい理由を説いた書籍で述べているように、[21] こうしたイタリア中世都市のヨーロッパ的貢献を、もっとも鋭く高度に体現している。またそれゆえに、銀行誕生・芸術・都市計画・文化・

慈善などの面において、ヨーロッパの都市的アイデンティティーの歴史をたどろうとする際、シエナは、その意義深さと多様性に照準を定めた望遠鏡になりうるのである。

だからこの、稀有のイタリア中世都市の〈公共善〉をキーワードとする再検討を試みた本書は、西洋中世史の見直しだけではなく、現在のヨーロッパ、そして世界の現代都市の行く末にまで、はるかな射程を伸ばしているのである。

b　政治・経済史的考察

本書は、人と人との結びつきのあり方を俎上に載せる「社会史」的研究が中核になっている。しかし「社会史」といってもいろいろあり、本書では、とくに「社会と政治の関わり方」を解き明かしたい。したがって、後期中世シエナという都市の舞台でおきた政治的事件や経済動向をあらかじめ眺めておくことは、無駄でないばかりか、人と人との結合関係やそこから生まれる感情のあり方を理解するためにも不可欠であろう。そこでここでは、十四世紀を中心とする後期中世シエナの政治と経済の動向を概観し、次節で、ソシアビリテ（社会的結合関係）の歴史の方法的な問題についても検討しよう。

後期中世シエナの政治的動向

後期中世シエナをめぐる政治的な動向には、どんな特徴があるのだろうか[22]。

イタリアでは自治都市（コムーネ）が十一世紀末から各地で成立し始めた。コムーネは、まず司教や皇帝の大権を振り払うよう努めながら、立法の評議会・顧問会議・行政機関を作っていった。中・北イタリアのほかの主要都市同様、シエナでも十一世紀末から十二世紀にかけて、いくつかの社会グループの争いと調整の結果として「コムーネ」が成立したようである。十二世紀になると、統領（コンソリ consoli）政府下のコムーネの進展が文書から窺われる。その当時の都市の代表は、司教であった。というのも、一一四五年に皇帝から司教に対して、封土としてシエナが与えられたからである。この司教を、有力市民たる統領たちが補佐していたが、一一六七年には、彼らは司教を追放して、総評議会 Consiglio Generale（「鐘の評議会」Consiglio della campana とも呼ばれる）を構成する。その後十二世紀末にかけて、貴族たちが政権を握り、統領職に就くとともに、ポデスタ Podestà（司法行政長官）、ポポロ隊長 Capitano del Popolo も、彼らが担った。これら執行部を、（三〇〇名の）「鐘の評議会＝総評議会」が補弼した。一一八六年には、シエナは自分たちで統領を選ぶ権利、さらには貨幣鋳造権とチッタ（都市中心部）およびコンタード（周辺農村部）の裁治権を、皇帝フリードリヒ一世赤髯王（在位一一五五〜九〇年）から授与されたのである。

シエナの町は、十二世紀半ばから十三世紀初頭にはまだカステルヴェッキョ（ドゥオーモすなわち司教座聖堂のある最古の集落部分）の丘にしがみつく小さな要塞にすぎなかったが、街道（フランチジェナ街道など）と商業の発展で大きく成長していった。四方に進出して次第に周辺地域を傘下に収め、周辺農村から人々が流入して人口も増大していった。コンタードの貴族らは都市に居を移し、市民権を獲得し、農村に城を構えて領地を支配した。

ついで統領制からポデスタ制へと政体が大きく変化する。最古のシエナのポデスタ制は、一一九九年、オルランド・マラプレーザ・ディ・ルッカによって始められたようである。(23) ポデスタは、内閣（最高行政府）Concistoro によって選ばれるが、都市条例に服従を誓い、条例を市民に遵守させることに力を尽くす。彼は総評議会の議長となるほか、都市の行政と司法・軍事を管轄する。任期は一年間と短かった。彼を助ける七人の判事がいて、それぞれの管掌があった。ポデスタ職に就くのはシエナ以外の出身者が原則だが、シエナではしばらくはその条件があまり守られなかった。しかもその後もまだしばらく、統領支配とポデスタ支配が不規則に交替した。十三世紀前半からポデスタは都市の指導者、最高権力者として、統領に取ってかわった。

当初、ポデスタを含め、主要役職すべてが大家門によって占められていたが、一二一二年のポポロ叛乱により、ポデスタはシエナ出身でなく、原則的に外部の人にかぎられるようになった。ポデスタは、外部者としての公平な立場で、騎士の貴族と歩兵の平民を仲介する。十三世紀には、経済的・社会的に力をつけた商人・職人らの平民（ポポロ）が、政治的にも台頭し、力強い組織——商業的な組合をモデルにした軍団 societates armorum——を作り、騎士 milites の軍団と対立するようになる。[24] ポポロはこの時代、経済的にはアルテ（ギルド）、そして軍事的にはコンパニーアにまとまっていき、貴族 gentili homini に対抗する政治勢力となって、政府に入ること認められた。同時に被選挙権範囲が広がり、総評議会に職人の名も見られるようになる。そして一二三六年には、政府は、ポポロと貴族の折衷政体である執政二十四人衆体制 il reggimento dei Ventiquattro となり、貴族たちの代表勢力と並び立つが、一二四〇年には二十四人衆がコムーネの実権を握るにいたり、貴族家門の至上権が抑えられる。だがこの体制では、貴族が排除されたというわけではなく、シエナ史上二度とない、貴族とポポロの純粋に公平な政体であった、と評価できる。

かくして、確実にポポロが新たな政治階級として台頭し、豪族らのヘゲモニーは徐々に崩れていった。これから、騎士にかわって、銀行・金融業で富を成した商人＝ブルジョワ階級が政治の中枢を担い、貴族、下層民と対峙するという構造ができあがる。ポポロ層は貴族らより人数がずっと多かったこともあり、十三世紀末にはコムーネはポポロに吸収されてしまう。この過程で商人らは、強力なメルカンツィーア（Mercanzia, 商人組合／商務局）の団体に組織され、またあらゆるアルテ（ギルド）の代表とともに、ポポロ隊長が軍事・防護の代表に躍り出る。そして「鐘の評議会（総評議会）」が特別委員会（バリア Balìa）や財務府（ビッケルナ）とならんで都市政府の中枢機関に位置づけられる。こうした中、最高官職のポデスタは、ポポロ勢力の圧力を受けるが、各党派・社会層の間の内紛を、都市分裂にならないように調停する役割は、相変わらず担っていた。またポポロは、鐘の評議会とは別に、独自のポポロ評議会 Consiglio del Popolo を構成した。

一二六〇年九月には、有名なモンタペルティの戦いで、シエナはフィレンツェ軍に対して記念すべき勝利を収めたが、その勝利の余韻に酔うのも束の間、ベネヴェント（一二六六年）、タッリャコッツォ（一二六八年）の戦いにひきつづき、コッレ・ディ・ヴァル・デルサの戦い（一二六九年）でフィレンツェに大敗する。しかもコッレの戦いでは、教皇がシエナを聖務執行停止にしたことで、教皇庁の御用商人として活躍していた銀行家を中心とするシエナの商人家系は痛手を被った。こうした中、多くの商人がゲルフ党に転向したことも力となって、一二七〇年にはシエナのゲルフ党が台頭し、ギベリン党に取ってかわり主導権を得た。そして、ついに執政二十四人衆の体制が倒壊したのである。

その後、まず貴族とポポロ混成の三十六人衆（一二七七年）、ついで十五人衆（一二八〇年）、九人衆、十八人衆、六人衆、と政体はめまぐるしく交替したが、一二八七年には「執政九人衆」という、ゲルフ寄り政体が誕生した。彼らの内閣は、ポポロのみで構成される、「中位の商人」media gente 中心の画期的なものであった。一二七七年の「反豪族立法」による官職除名貴族リストに含まれたマニャーティ magnati——カサーティ casati とも呼ばれ、五三の家門を数えた。一三一〇年には九〇にもなった——は、政権を担えなくなるが、そこには、もともとの農村貴族（コンタード貴族）以外に、富裕な商人＝銀行家からなる新たな都市貴族も含まれていた。後者の代表がサリンベーニ、トロメーイ、ピッコローミニ、ボンシニョーリなどの家門である。[25]

執政九人衆下で、たしかに銀行家・遠隔地商人・大企業家ら、中・上層ブルジョワの時代が訪れ、選出役人の半数は彼らポポロから選ばれるようにはなるのだが、貴族らも隠然たる力を持ちつづけたことを、忘れてはならない。すなわち彼らは、財務・外交・軍事、そして特別委員会などでは重要な役割を担いつづけた。一二七七年の反豪族立法の発布後も、貴族たちは顧問官となるほか、財務府の主要役人たるプロッヴェディトーリ（収入役）職やガベッラ（税務局）のエゼクトーリ（執行役）職を歴任し、シエナの経済セクションを思いのままに操った。また外交では彼らは大使としてシエナを代表したし、他都市のポデスタとして選ばれたりもした。またそもそもシエナの軍事力の大本は、彼ら騎士階級であり、いくらポポロの市民兵（歩兵）が徴兵されたとはいえ、貴族らの力なしには、シエナは外敵と干戈を交えることはできなかったのである。

かたや当初団結していたポポロの内にも、党派主義がはびこって組織がうまくいかず、こうしてすぐにポポロは全体として弱体化し、商人・職人組織たるアルテ（ギルド）も、シエナでは脆弱であった。すでに一二七四年には、ポポロ隊長は廃止されていた。じつは一二八七年政権に就いた執政九人衆は、いちおうポポロとはいえ、その実、富裕な国際商人・銀行家や毛織物商人たちであり、自らを「中位の商人」と規定し、ポポロの最上層部を占めていた。そのうち幾人かはコンタードに広大な所領を持っており、だから執政九人衆体制とは、ほとんどマニャーティ（豪族）と生活様式に差のない者たちの寡頭政なのであった。そして彼らはゲルフ寄りで、教皇との関係を修復、またフィレンツェとも協調関係を保つことに留意した。その後ポポロが再生し、隊長職もふたたび設けられたが、大きな力を得ることはなく、寡頭政権（執政九人衆）に完全に制圧されていた。

シエナは、もともとドイツのシュヴァーベン家の政策の忠実な支持者であったため、最初は、皇帝の旗下に参じた。しかし次第に皇帝の意向を無視して、自らの自律性確立と自治都市としての発展に努め、やがて教皇寄りの九人衆政権ができて、比較的安定した繁栄期を築いていくことになる、ということなのである。

一二八七年から一三五五年までつづいた「執政九人衆体制」では、「内閣」（最高行政府）は、プリオーリ（執政官）九人を中核として構成されたシエナ共和国最高の行政官の組織であり、これはフィレンツェなどほかの都市では「シニョリーア」と呼ばれていたものである。コムーネの全体方針と政治の具体的実施がこの役所に握られており、他のすべての役所・役人は、これに従属していた。政権担当者は、九人衆関係家系に属する市民（ノヴェスキ）から選出されるが、後述の「三分区」から平等に籤で選ばれ、二ヶ月任期であった。

最高行政府は九人衆のほかに財務府四収入役 Quattro Provveditori、四人の商人組合総代 Consoli della Mercanzia、三人の騎士の統領 Consoli dei Cavalieri（あるいは「ゲルフ党隊長」と命名されることも）の全四つのオルディネ Ordini（執行委員会）からなっていたが、彼らは政権の任命に依存しているので、九人衆がほとんど全権を握っていた。また立法権力を持つのは、あくまで総評議会ではあったが、その実際の力は次第に弱まり、内閣の力が強化されていったのである。一三三〇年代からはポデスタよりもポポロ隊長のほうが有力になっていき、司法でも軍事でも凌駕するようになる。さらに一三二〇年には将軍 Capitano di guerra 職ができ、平和を確立する重要な任務を帯びた。だが他の役職とちがって信任されひきつづき職に留まれたため、その権力は強く、次第にポデスタやポポロ隊長の領域を侵していった。

もうひとつ、非常に重要なマッジョル・シンダコ Maggior Sindaco（大監事）という外人の役職があった。これは、さまざまな役職の実務管理をさらに監督する役目だったが、それに加えて、総評議会におけるコムーネの利害を守護するというデリケートな仕事も担った。法の番人として、総評議会の議決が都市条例に合致しているかどうかを検討するのである。一三一〇年代以降、道路・橋・フォンテ（泉。第4章a「フォンテ」の項参照）、その他の公共工事に関わる問題の裁治権を得て、この役職の権限は拡張した。

総評議会について、もう少し説明しよう。前述のように、これは鐘の評議会とも呼ばれたが、それは評議員が鐘によって召集されたためである。[26] 十二世紀末から記録があり、十四世紀初頭にはもっとも重要な審議機関となって多くの官職を任命した。総評議会は、ポデスタが執政九人衆の要請を受けて召集するが、あらかじめ九人衆（内閣）で検討され財務府のカマルレンゴ（長官）と四収入役の承認を得た請願・議題を審議した。だから実際は立法府というよりも、内閣に従属する諮問機関であった。総評議会の構成員は九人衆によって任命された六ヶ月任期の三〇〇人——各三分区一〇〇人ずつ——の評議員と、それを補佐する他の役人からなっていた。また評議会は、とくに重要な問題を審議するときには、各三分区から五〇人ずつ選ばれ、一年その職にとどまる「ラドータ」radota と呼ばれる追加評議員によって、補完された。[27] この追加評議員は、もっとも有力な九人衆派閥の家族関係者であり、そのため政権の力はいよいよ決定的になった。

だが時代が下るにつれ、次第に特別な専門問題について、そのつど個別委員会が政権に任命されて作られるようになり、それに反比例するように、総評議会はたんに一般的な問題のみを扱ったり、九人衆が決めたことをそのまま批准するだけになって、役割は形式化していった。こうしてますます中央権力が伸長し、またその部局的位置づけの財務府および商務局／商人組合（メルカンツィーア）が大きな力を持つことになった。かくて、執政九人衆体制は、共和政とはいっても、かなり集権的・党派的な体制だったのである。[28]

このように執政九人衆体制は、強力な政権であるのはたしかだったが、任期が二ヶ月ごとのためつぎつぎにかわって、安定性に欠け思い切った政策を実施できない、という弱点があった。もうひとつ、貴族たちは、政権を担当できないかわりに、上述のように軍事・外交・経済分野での顕職を占める大切な協力者であったので、ポポロたる執政九人衆は、ポポロだけでなく、貴族の利害をいつも尊重しなくてはならない、という今ひとつの弱点を抱え込むことになった。逆に、人口の多数を占める都市の大衆は、経済発展の恩恵にわずかしか与れず、むしろ厳しい監視と権利剝奪に、不満を鳴らすことになったのである。

私たちの〈公共善〉と社会的結合関係をめぐる議論は、こうした政治状況を念頭において進めなくてはならないだろう。つまり、シエナの歴史上、もっとも安定した繁栄を導きだしたと称賛される執政九人衆政権――この政権下で前節冒頭紹介したアンブロージョ・ロレンツェッティの「善政の寓意」が制作されたのだが――でさえ、都市住民のコンセンサスの基盤を拡大するのにはほとんど成功せず、次第に「悪政」と「退廃」に堕ちていったのである。詩人のビンド・ボニキは、九人衆の中間層政体が閉鎖化して、金銭に執着していることを批判している。[29]

この時代はシエナの絶頂期と謳われ、たしかにそれは都市整備や美術作品、富の蓄積といった面では間違いではないのだが、その安定した華やかなファサードの背後では、諸社会層の激しい敵対関係が蠢いていた。執政九人衆体制の下では、巧みな政治操作によって閉鎖的で限られた家系のみが政権に就けるようになっていたし、細民は言うまでもなく、豪族も、ポポロのうち小ブルジョワも、判事・公証人も、権力から排除されていた。さらに大家門間の争いは絶えず、とりわけ対立するサリンベーニ家とトロメーイ家の間の陰謀・争闘、マラヴォルティ家とピッコローミニ家の反目はすさまじく、執政九人衆体制も繰り返し脅かされた。

九人衆に対しては、すでに十四世紀の初年頃から危険な陰謀が仕組まれた。とくに、一三一〇年にドイツ皇帝ハインリヒ七世がイタリアに南下してきて、衝撃を与え、ギベリン運動の再興をもたらしたときがそうだった。一三一五〜一六年にも、騒擾の火口があった。たえまない政治亡命者による襲撃である。ポポロ体制のコムーネに敵対的な貴族家門は、これらの機会を捉えては不満を吐き出し、公証人や下層アルテとも力をあわせて叛乱を起こした。その後も一三二〇年代にかけて、何度も叛乱・陰謀が企てられたが、いずれも失敗した。この頃にはひどい飢饉もあり、貧者の不満も爆発した。

そしてついに、一三四〇年代の銀行倒産と一三四八年からのペスト禍の最初の波が、執政九人衆体制崩壊の呼び水となった。世紀前半を無気味に点綴した不満は、一時収まったが熾火となって燻っていたのである。とくに政権の敵たちは、皇帝カール四世のイタリア来訪に期待した。カールがシエナにやって来たのは一三五五年三月二三日であった。皇帝は大いなる歓迎を受けたが、祭りが叛乱に変わり、「皇帝万歳、九人衆に死を」Viva Lomperatore e muoja li Noveとの叫びが町のあちこちで谺した。カールは一三五五年三月二五日に停戦を命じ、市民たちに新たな誓いをさせ、十二人の豪族と十八人のポポロに臨時政府を作らせた（いわゆる「執政改革者衆」）。九人衆らはペスト後の暴力と混乱を抑えられないばかりか、破廉恥・腐敗・ネポティズムの悪弊に陥っていたので、彼らへの不満はかつてなく高まった。まさに〈公共善〉をまったく実現できなくなっていたのである。

一三五五年に執政九人衆体制が倒れると、十四世紀後半にかけて、ふたたびたえまない紛争が起きたが、その過程で「モンテ」Monteと称される政治的党派の合従連衡の試みがなされた[30]。じつに党争の激しい時期で、モンテとモンテ、市民と市民が戦い、たがいを殺し合い追放し合った。政体は作られたかと思うとすぐに崩れた。正しい裁きなど期待できないアナーキーの時節であった。

モンテとは、さまざまなタイプのグループで、社会構成もいろいろだが、元来の家族・親族（クラン）の連合から、十四世紀には政治を担う党派へと変貌したものである。先駆的には、一二七七年以降政権から排除された貴族たちが、「貴族モンテ」Monte dei Gentiluomini を作っており、共和国の崩落まで五つのモンテが対立し、権力を争った。個人はモンテを通じてのみ、政治ゲームに参加できた。これは生まれたときに決まってしまい、変えることはできず、あたかも近世的な身分制のような制度だった。

モンテは、社会的・経済的ステータスによって五つに分かれており、ノーヴェ、ドディチ、ポポロ（ポポラーリ）、リフォルマトーリ（改革者衆、職人と商店主）、ジェンティルゥオーミニ（これは一二七七以来、都市の評議会から排除されていた土地貴族）の党派に基礎をおいていた。家族が党派に吸収された、あるいは裏から眺めれば、家族は党派を介してのみ政治参加できるようになったのである。

執政九人衆体制後、「執政十二人衆（ドディチ）」――大半が、小ブルジョワ、職人・小商人よりなる――が政権に就いた。[31] これは一三六八年まで継続する。政権参加人数は、九人衆時代よりはるかにふえ、九人衆を専制のように看做していた者には幸せな時代の到来と思われた。後にピウス二世は、この政体の担い手を粗野で無能で騒動好きの「軽蔑すべき商人」negotiatores abiecti と罵っているが、この政権の試みには、再評価すべき点もあるだろう。

執政十二人衆下で、職人・商人は以下の十二のアルテ、つまり毛織物業者、靴屋、判事・公証人、肉屋、食料品商、材木商、絹織物業者、銀行業者、織物小売商、布地切り売り商 ritaglieri、薬種商、火製品造り arte del fuoco のいずれかへの所属を義務づけられ、それぞれから代表者が選ばれて政権に就いた。政権を担う十二人衆は、二ヶ月任期である。中には富裕な者も少なくなかったが、そこからは九人衆時代に政権担当した上層の商人は排除されていた。だが残念なことに、ドディチ所属者たちには政治経験が少なく、数々の過ちを内外で犯したため、市民の多くから反発を受けてしまった。

一三六八年に執政十二人衆政体が倒れた後も、さらに叛乱が頻発し、不安定な暴力の時代がつづいた。一三七一年には先駆的チョンピと言うべき「ブルーコの叛乱」が起きた。[32]執政改革者衆（リフォルマトーリ）体制（一三六八～八五年）がしばらく継続したが、[33]一三八五年、サリンベーニ他の貴族が、ドディチおよびノーヴェの要素と結託して改革者閥族を政権から追いおとし、ポポロ閥族を中心とする政権（プリオーリ Priori 政体、～一三九九年）が成立、四〇〇〇人もの職人が追放された。

この目まぐるしく転変する時代には、より下層の者にも恩恵の及ぶ広い裾野を持つ政体ができたり、リジッドな階級区分のモンテを平等主義的なカテゴリーに置き換えようという試みもあったが、アルテ内部の親方とその他の職人の格差はいかんともしがたく、協力する素振りを見せた大家門が途中で手を引いて反対に回るなど、やはり党派的な争いによって、この時期にも安定・平和はけっして実現しなかったのである。

また十四世紀後半は、シエナの農村部がつぎつぎと傭兵隊の侵入によって荒らされた。[34]シエナ領域では、傭兵隊は十四世紀前半よりシエナからの追放者や解隊したドイツ傭兵を起源に小規模な活動を始めていたが、後半になると、ジョン・ホークウッド卿に率いられた者らをはじめとして、傭兵隊の数がずっとふえ、大規模になった。そして彼らはシエナ領域に侵入しては、多くの家畜を盗み、家々を略奪し、酒蔵のワインを飲み干した。もちろん殺人も伴ったので、人々は恐怖に陥れられた。傭兵隊への支払いは莫大な額に上り、市の財政も悪化した。なんとかしようとした政府は、強制公債 presta に頼り、市民も苦しんだ。問題の傭兵隊には、三年とか五年とかの期限を決めて、領土を荒らさないと約束させたが、その間に別の傭兵隊がやって来たので、けっして平穏は訪れなかった。

十四世紀後半は外交的にも失敗つづきで、帰属が揺れ動いていたモンテプルチアーノとコルトナを失い、アレッツォの取得にも失敗した。フィレンツェとの戦争に入ったシエナは、独立を保つために、一三八九年にミラノ公のジャン・ガレアッツォ・ヴィスコンティと、向後一〇年間の同盟にサインした。そして一三九九年にその協定・条約が失効するとジャン・ガレアッツォはシエナの僭主になって、都市は独立を失い、ミラノのシニョーレ（領主／

君主）に服した。が、一四〇二年に彼が亡くなり、すぐに僭主政は終わって共和政が戻ったのである。

十五世紀には、シエナはたえざる戦争に明け暮れて、経済状況はいよいよ厳しくなった。フィレンツェのほか、ミラノ、ヴェネツィア、教皇領、ナポリ王国などが覇権を狙って、トスカーナにも黒い触手を伸ばしてきた。しかしジャン・ガレアッツォ後のシエナは、政治的には比較的恵まれていた。というのも、新たな共和政は、三つのモンテの利害調整の上に作られていたが、そこからは（混乱要因の）貴族＝豪族が排除されていたからである。一四〇三年一二月には第二回目の九人衆、改革者衆、ポポロ衆の連合ができて、「第二ポポロ政府」「執政十人衆政府」Dieci Priori と呼ばれる。彼らは一四〇四年から一四五九年まで政権にあり、政治は比較的安定していた。そこからは執政十二人衆所属者は排除された。一方、バリア（特別委員会）が恒常的な役所になり、貴族エリート層がそれを手にして治めるようになった。その後シエナは、十六世紀半ばまで基本的に共和政を維持し、ヴェネツィアについで長く専制君主制から身を守った稀有な都市国家となった。[35] しかし一旦専制君主の苦杯を舐めた共和政下のシエナは、その後も間歇的にはそのくびきにつながれたのであり、ミラノ公の後も、一四〇八〜〇九年にはナポリ王ラディスラオに、一四三二〜三九年には皇帝ボヘミアのジギスムントに、最後に一四七八〜八〇年はカラブリア公アルフォンソの軍門に下ったのである。

それでも十五世紀のシエナの政治は比較的安定していたと言えるし、領域支配も拡張したことに着目しなくてはならない。そしてこの時代は、九人衆モンテの力が強く、その関係者のうち役職を務めたことのある「リセドゥーティ」riseduti が顧問として意見を述べた。やがて彼らは非公式ながら貴族的な存在となる。そして、政府の執行部に属したことのある者たちからなる「ポポロ評議会」が、十五世紀シエナ共和国の本来の基礎となったのである。

傭兵の攻撃がやむと、経済的な復興と、都市の組織の再活性化がはかられた。久しぶりに数多くの重要な公共建築が建てられ、傷んだものが修復された。

この時期には、都市計画がきわめて重要になり、主要建築物の建設と装飾が重ねられた。施療院とドゥオーモ

（司教座聖堂）の美化のための工事が進められ、商人組合のロッジャ（開廊。図5）も時間をかけて建設された。またフォンテとボッティーノ（地下水路）の改修・増築、市壁の拡張と補修、館や家々の改築、改修も行われつづけた。こうした都市美をめざした活動には、職人・徒弟だけでなく、外人・コンタード民も加わった。かくてきわめて多くの人を関係させた、都市の美化、秩序の構築とその可視化が、半世紀のときを経て、ふたたび活発に行われるようになったのである。[36]

それどころか、上層市民の間では、十六世紀初頭にかけて雅な生活が繰り広げられた。[37] 女性の衣服・装飾品はきわめて豪奢になり、けばけばしく派手な化粧も流行した。奢侈条例で、節度が奨励され自分と家族の富と地位をひけらかすような豪奢な布地や新たな形の衣服は禁じられたが、それでも、シエナ女性は、イタリアで「もっとも美しい」と評判になったほどである。家屋も衣装とおなじく、家具調度で飾り立てられた。この時代、豊かな振り付けのダンスがしばしば踊られ、それに合唱が伴った。親類・友人を多数招いての盛大な結婚式も挙行された。かくて、政治的な混乱と経済危機の時期にも、少なからぬ人が優雅な生活を目指し、清朗で優渥な様相が、激しい暴力的な世相を緩和したのである。

図5　商人組合のロッジャ

こうしたポジティブ面への注視は、近年、話題を集めているシエナの「ルネサンス」の再評価ともつながってこよう。[38] 中世的伝統にいつまでもしがみついていたシエナには、まともなルネサンスなどなかった、絵画も十四世紀前半の黄金期に比べると冴えないものばかりだ……、という見解がかつては支配的であった。たしかに、シエナの十五世紀の文化においては、天才的個人が英雄的な活躍をしたフィレンツェやヴェネツィアのような派手さや外向性はなく、知識人たちも、公共性への奉仕が強すぎる面がある。だがシエナにも、ルネサンスがたしかにあったのであり、それは人文主義面では、教皇ピウス二世になったエネア・シルヴィオ・ピッコローミニの活躍にまず指を屈するが、ほかにもシエナ大学の大盛況・発展を忘れてはならないし、十五世紀に「イントロナーティ」Intronati のアカデミアが作られ、さらに十六世紀初頭にはロッツィのアカデミアが創設されて、シエナにおける演劇に弾みを与えたことも重要である。女性の中にもラテン文学を勉強して名を成した者がいる。

だが、シエナはその後十六世紀前半にかけて、疫病・戦争・陰謀に悩まされ、政権が目まぐるしくかわった。コムーネとしての自由を再建・保持したいとの、多くの市民の切なる望みにもかかわらず、自分の軍隊によって守られ、自律的法律に支配された自治都市を維持することは困難になった。十六世紀には、ペトルッチ家の独裁政治（一四八七〜一五二四年）があり、とりわけパンドルフォ・ペトルッチがシニョーレとして、一四九七年から一五一二年まで統治した。さらに内紛に乗じてつぎつぎと外部勢力（教皇・皇帝・スペイン・フィレンツェ・フランス）とその軍隊が介入し、さまざまな勢力との同盟・協調策もうまくゆかず、シエナは一連の戦争に巻き込まれた。そしてついに、一五五五年、スペイン・メディチ連合に征服され、まもなくトスカーナ大公国に編入されて自治が終焉するのである。

経済状況

ではつぎに、後期中世のシエナにおける商業および経済状況はどうだっただろうか。簡単に見ておこう。[39]

中・北イタリアの諸都市においては、十二世紀末には両替商・銀行業などの金融活動がかなり盛んになっていた。生産力を高めた農村経済との絆が強まり、都市内部ではさまざまな職人業や建築業が興隆し、市民による消費だけでなく、外部との取り引きも活発になったためである。長距離の人間と商品の移動が可能になったことも大きく作用した。十三世紀には農村部から「農奴」servi della glebaが、領主の圧制を逃れて町にやって来て自由を求めた。また産業の発展の恩恵に与るための移民も徐々にふえてきた。

十三世紀前半より「資産評価台帳Liraへの登録」allibramentoをしないと市民としてのなんの特権も得られない、との方針ができるが、一二四二年にはこの義務が農村部の「森の市民」cives silvestresにまで拡張される。つまり、第1章で詳しく検討するが、コンタード民でありながら、一種の市民権を認められる身分カテゴリーができたのである。一二五六年には、資産評価台帳登録義務は全コンタードに広げられた。これはポポロが市政で勝利して改革を行ったためであった。十三世紀のうちに、ポポロは貴族たちと戦って彼らの免税特権を廃止し、そしてまず都市の貴族の、ついで「森の市民」の、さらにすべての農村貴族の特権を奪っていった。こうして、農村に拠点をおいて、免税などの特権を享受していた貴族たちからも税金を徴収できるようになり、それが都市の経済的発展に寄与したのである。こうしてダツィオdazio（資産に応じた直接税）は、シンダコsindaco（区長／総代）の協力の下、課税対象となる人物の身分によってではなく、後述の「リーラ」または「エスティモ」と称される資産評価額に応じて、課税されるようになった。

だが、シエナでは、フィレンツェなどに比べて経済発展において不利な点があった。それは、内陸の高地に位置していて水が貴重でふんだんに使えないということが第一、そして、商人組合による諸アルテ（ギルド）の発展の抑制が第二である。このため、当市では、産業といっても、農業や毛織物業をのぞけばあまり発展しなかったのである。その毛織物工業さえ、水不足が原因で、国際的競争力という点では、はるかにフィレンツェの後塵を拝したのである。そこで商人らは、むしろ銀行・金融業に活路を見出し、多くの古い貴族家系もこのビジネスに加わった。十三世紀には、シエナの銀行業・国際通商は大いに発展した。とりわけ十分の一税の徴収と両替およびローマへの運搬を教皇庁から一手に引き受けて、シエナ商人のふところは至極潤った。彼らはまた、イタリアを超えて、フランスにも、イングランドにも、フランドル、ドイツにも赴いた。シエナ商人は、領主、高位聖職者、修道院、他の団体に金を貸し、両替をし、また商品取引を手掛けた。もちろんイタリア内部でもトスカーナ・ウンブリア・ロマーニャ・ラツィオ・カンパーニア地方と交易を行い、小麦の調達のために、プーリアやシチリアとも取り引きした。商業・銀行業でヨーロッパで重きを成したのは、ピッコローミニ・トロメーイ・サリンベーニ・ボンシニョーリ・ガッレラーニなどの家系である。それぞれの商社は資産が盤石であった上に、パートナーらの持ち寄る資本にも期待できた。かくて中世シエナでは、政治的な最盛期と経済発展の頂点は、ほぼ一致していた。商業と商業を担った家系、コンパニーアについては、第2章で詳述しよう。

経済発展とともに、人口もどんどんふえていった。十二世紀前半には一万五〇〇〇人ほどしかいなかったのだが、一二六〇年のモンタペルティの戦いの頃の人口は二万三〇〇〇～二万五〇〇〇ほど、あるいは三万との説もある。人口は十四世紀半ば、ペストが襲う前には、マッセ（都市直近の郊外部分）も合わせて、四万から四万五〇〇〇、あるいは四万七〇〇〇～五万二〇〇〇とも推定されている。[40] ヨーロッパ全体でも指折りの大都市である。つぎつぎと新たな市壁を作って、新街区を中心部（チッタ）に含めるようになった。

じつは、モンタペルティの戦い以後、シエナは教皇アレクサンデル四世に聖務執行停止令を課され、それがシエナ商人の利益を損ない、債務者の負債不払いが相次いだ。滞納者は教皇の御墨付きを得て、債務帳消しを決め込んで澄ました顔をするようになったのだ。教皇は、シエナでギベリン（皇帝党）が台頭すると、ますます敵対的になり、財産没収の脅しまでかけた。こうした締めつけに耐えられず、シエナの大家門、サリンベーニ・マラヴォルティ・サラチーニ・トロメーイなどは、ゲルフ党への鞍替えを考えた。コッレ・ディ・ヴァル・デルサの戦い（一二六九年）でフィレンツェが勝利し、また教皇による制裁も強化されると、シエナ商人らは経済的な大打撃を被り、以後、二度と――国際商業の舞台では――立ち直れなかった。

だが多角経営の商人・銀行家たちは、しぶとく生き残った。国際商業から身を引いて、土地経営および地方的な商業・金融業へと舵を切ることで、商会の衰退を防いだのである。ゲルフ党の九人衆が政権に就くと、商人・銀行家の繁栄のおかげで財務府の収入がふえ、二万六〇〇〇リラだった一二八七年前半期の市の歳入が、一年半もたたぬうちに約八万リラになった。一三四三年の後半期には二八万六〇〇〇リラを記録した。あらゆる経済セクションが順調に、堅実に発展していった。移民が途切れることなくコンタードからやって来たことも幸いした。ゆえに執政九人衆がシエナの最盛期を現出したとされるのは、こうした経済的なデータからも間違ってはいまい。

シエナにおける主要な税はリーラないしダツィオであった。[41] リーラ（複数形はリーレ lire）はもともと不動産・動産合わせた資産評価のことで、その評価をし、台帳を作ることをアッリラメント alliramento（allibramentum）と呼んだ。十三世紀の間にこのリーラはますます重要性を増し、行政的にも、三分区がいくつかの徴税区――これもリーラと呼ばれる――に下位区分されることになった。そしてどの下位区分に住んでいるかで――その区分の経済状況などに応じて――税額が変わっていった。[42] 執政九人衆体制下では、厳しい税金が全市民に課されていた。空気と水以外すべて税がかかる、と表現する研究者もいる。商業活動が盛んなほど、コムーネにお金が入ってくる道理である。

もうひとつ間接税（ガベッラ gabella）も重要であった。ガベッラというのはリーラやエスティモ（資産評価）にもとづかない、あらゆる種類の間接税を含み、食品、原材料、織物などが市門を通るときに徴収された。また温泉のフォンテ所有者がその特権ゆえに税を取られ、それから賃貸借にも税が掛かり、コムーネの水車使用などにも掛けられた。一種の消費税・流通税だと看做せよう。これにより都市の収入は安定したが、職人や賃労働者は苦衷に喘いだ。ほかに、強制公債（ローン）preste / prestanze がしばしば発行された。市民全員に掛かる強制公債と、一部の者に限定された公債があった。

こうした、システマティックな徴税システムと好況のおかげで、シエナの財政は、十四世紀半ばまでは非常に豊かであったと言えるだろう。これは、これまで信じられていた常識――十三世紀から十四世紀の移行期前後にシエナの銀行に激震が走り、都市経済が一気に低迷した――はかならずしも正しくない、ということを示している。

たしかに、十三世紀にヨーロッパでも最大規模の、活発な活動をしていたボンシニョーリ（ブオンシニョーリ）家の銀行 la gran Tavola dei Buonsignori のコンパニーア（商会）が、一二九八年に破産して、シエナばかりかイタリアひいてはヨーロッパの経済にまで深刻な影響を与えた。しかも、その後はドミノ現象というのか、シエナの諸コンパニーアが、準備資産（流動性資産）の危機、貸し金の削減、信用の凋落のスパイラルに陥って、商会の閉鎖、債権者による告訴などが引きおこされた。トロメーイ・フォルテグェッリ・ガッレラーニ・マラヴォルティらの商会が、つぎつぎに深刻な赤字に陥るなど、危機に晒された。シエナにとっては十四世紀前半は、国際商業の面で非常に苦しい時期であった。

といっても、シエナ商人から起業心・イニシャチブが消えたわけでなく、元手がなくなったわけでもない。シエナ内の企業資本と信用の力が、あいかわらず都市の財政を動かしていた。ピッコローミニ家やサリンベーニ家は先手を打って国際商業から手を引いて商会を閉じ、一時的に資本・資産を局地的な次元へと移すことで破産を防いだ。サリンベーニ家は一三三七〜三八年には商業で非常な儲けを得て、その儲けを一族メンバーに配った。じつは一三四〇年代まで、シエナの商人たちは衰えを知らなかった、と考えられるのである。

要するに、大商会が十四世紀の間に国際商業から手を引き、こぢんまりと内向きな農村経営に舵を切ることによって、逆説的にも、シエナ市民はそれなりの安定と平和、自由を守りつづけられたのである。投資先の変更、多様化、財産の保全蓄積といった対策を講じることで、一三二〇年頃にはガッレラーニ・サリンベーニ・トロメーイ・マラヴォルティの四大家門で、シエナ全体の土地の五分の一を所有することになった。この傾向は、じつはもっと以前から始まっていた。貴族らは当初から、コンタードの土地と城の所有、領主権を持つことに執念を燃やし、銀行業と並行して、土地経営を自分の家門の方針としていたのである。シエナの内部でお金を使い――たとえば施療院に投資し――、都市当局もそれを後押ししながら資金を回していくことで、十四世紀という不況の時代にも、なお公共建築物の建築ラッシュがあり、美術作品が多数作られつづけた……、という不思議がようやく理解できるのである。経済的に衰退に向かっていたはずなのに、シエナの「黄金期」が生まれたのは、そのためである。

しかしその好況享受も、一三四〇年代までであった。一三四一～四四年に三〇近いフィレンツェ商会が破産し、シエナのゲルフ党寄り商人の多くもその大波に乗み込まれた。教皇庁も大打撃を受け、巨額の支払いをボンシニョーリ家に求めた。十分な補償を得られず満足しない教皇庁は、一三四五年にシエナをまたもや聖務執行停止とする。こうして経済的な危機がシエナを襲い、この度の銀行の倒産は都市経済全体に及んだ。一三四八年春には、すでに食糧危機にあった民衆を黒死病の災禍が襲う。それは秋までつづき、おそらく五万人程度から二万人台まで(四万二〇〇〇人が一万四〇〇〇人へ、との説もある)、人口は激減したと考えられる。[43]五月から十月にかけて、町のあちこちに累々たる死体が積まれて、多くの人は世の終わりと感じた。ペストは、一三六三年にも繰り返されて、さらに人口が減った。減った人口は、世紀末までほとんどふえない。この半世紀、疫病は何度もシエナに襲い掛かって、人口増加の芽を摘んだからである。

ペスト到来とおなじ一三六三年にドイツの傭兵部隊、ついで一三六四～六六年には少なからぬ地域がジョン・ホークウッドの軍に荒らされ、立ち去ってもらうための対価を払わねばならなかった。シエナ共和国の歴史上、これほどの財政難に陥ったことはないだろう。その頃には市民の徴兵制はほとんど消えつつあったので、傭兵に頼って国を守る以外になかったのであるが、それがかえって危険を増幅させたのである。一三六九～七〇年にも大飢饉が襲い、一三七四年にまたペストが蔓延した。羊毛組合が取り返しようもなく衰退し、下層の労働者は叛乱を起こした。

十四世紀後半には、市当局は財政をまかなうために、伝統的な税を課して搾り取るほか新たな収入源を模索した。直接税を上げることはしたくなかったので、間接税、そして強制公債を活用した。強制公債では、市民、マッセやコンタード住民、従属都市 censuales、さらに貴族からもお金を徴収することができた。傭兵にまつわる強制公債では、コンタードの共同体は、年間のガベッラの半分ないし四分の一を求められた。従属都市も強制公債を課された。教会（聖職者）にもより頻繁に公債が要求されるようになった。一三五一年だけで、コムーネは七万五〇〇〇リラ以上の強制公債を実現した。だが強制公債では、急場はしのげても公的負債が増大して、財政は非常に不健全になった。

また直接税が軽くなったわけではまったくなく、たとえば一三七五年のホークウッドの襲撃の際には、少なくとも三回、ダツィオが課された。財政危機の時には、ガベッラを吊り上げたりもしたが、それは民衆にとって痛手で、貧乏人は犯罪に走ることになった。こうした増税・臨時課税が、商業・産業の危機をますます高め、シエナとその周辺には犯罪がふえ、社会的流動性も増大した。

この時代、主立った家系の人たちは、その富をほとんど不動産に投資し、それに家畜所有を加えた。農園と家屋敷が主な財産だった。銀行業や毛織物・絹織物、リネンや皮革などの取り引きもつづけたが、その規模・額は全財産の四分の一以下だった。シエナは、小麦・家畜・金属の産出で、なんとか生き延びていく。

だが、つづく十五世紀のシエナでは、人口が大幅に減り経済規模が縮小したとはいえ、市民らは惨めな生活を送ったわけではない。いやむしろ、政治は比較的安定し、経済も堅調で、文化的にも「ルネサンス」を迎えたことについては既述のとおりである。

＊

さて、以上、後期中世シエナの政治と経済の動向を見てきたわけだが、一方にたえまない党争・紛争があったものの、他方では豊かな財政状況が比較的長くつづき、それが十四世紀半ばまでのシエナの繁栄と都市美化――これは十五世紀にも繰り返される――を支えていたことがわかる。こうした都市美化に象徴されるように、為政者たちが、都市シエナの名誉を高からしめようと、正義や平和を追求したこころには、嘘はあるまい。それは第1章で主に検討材料とする、都市と市民のあるべき姿を細々《こまごま》と規定した法規範の揺るぎない堅固さと、目まぐるしく変わる政権とは裏腹の、その一貫性からも推測できることである。

だがこの時代のシエナは、下層民・民衆にとっては、やはりずっと厳しい時代であったことを見逃してはならない。平和の危機は、すぐに食糧不足として彼ら弱き人々を襲ったし、飢饉の餌食になるのは、まず最初に彼らであった。彼らの要求や声が反映される民主的な政体は、中世シエナでは、ほんのわずかの期間を除いてまったく実現できなかったし、上の階級の者たちが彼らに色目を使うのは、自分たちを利するためでしかなかった。

それなら、都市住民の大多数を占める彼らにとって、抑圧的で差別的な、この時代のシエナにおける〈公共善〉とは、見せかけの看板にすぎなかったのか。どのように考えたらよいのだろうか。私たちは、これを、政治や法や都市制度からだけ捉えるのではなく、すべての都市住民が、日々、そこに巻き込まれて生活していた、社会的結合関係（ソシアビリテ）に身をおいて、考え直してみたいのである。さらに加えて、従来の〈公共善〉の議論にはあまり含まれてこなかった、信仰心、霊性といった要素と〈公共善〉との関連にも、思いを巡らしてみたいのである。それは、より長いタイムスパンでの〈公共善〉の意義、そして「都市」世界の意義を問い直すことにもつながろう。

c　ソシアビリテの歴史の方法

社会的結合関係とは何か

ソシアビリテ（社会的結合関係）は、一九七〇年代から一九九〇年代にかけてフランス史学で鍵となるコンセプトとなってきた歴史概念である。「社交性」という意味もあるが、そうした上辺の関係だけでなく、より継続的・常態的な「社会的結合（関係）」を表すものとして、使われるようになった。それまで社会を捉えるための中心的な概念であった「階級」や「民族」では捉えきれない、またそれらから導かれる歴史像とは別種の歴史像を求めて、新たに登場してきたのである。

まず、社会学の分野では一九三五年頃、G・ギュルヴィッチが、動態論的アプローチで全体的社会現象を捉えようとする中ですでにこの語をもちいており、自発的ソシアビリテと組織されたソシアビリテに区分した。前者はまた、集合体（大衆）、共同体（共同社会）、融合体（一体化）というように、結合度に応じて細分されている。(44) こうしたソシアビリテ概念を引き継ぎつつも、歴史学によりふさわしい概念に加工したのが、M・アギュロンである。彼は、一九六六年に提出した「南仏特有のソシアビリテ」*La Sociabilité méridionale* と題された第三課程博士論文で、アンシャン・レジーム期から十九世紀半ばまでの、南フランスの濃密なる人間関係をこの語で把握し、それがその後のソシアビリテ研究の礎となった。(45) すなわち彼は、こうした人と人との関係をもとに形成される多様なアソシアシオン（結社・自発的団体）を分析し、従来の階級や身分を中心とする社会の仕組みの捉え方に、一石を投じたのである。アギュロンは「南仏特有」の気質を力説して、それを理解する概念として「ソシアビリテ」を活用したのだが、後にそれは、社会的結合関係の諸形態を分析する「一般概念」へと拡大され、南仏をはるかに超え、ヨーロッパばかりか非ヨーロッパ諸国の歴史においても使われるようになってきた。

その後、今日まで欧米、そして日本の多くの研究者により、そうした社会的関係を基礎として作られるアソシアシオンの数々が析出されて研究の俎上に載せられるとともに、ソシアビリテという概念をより有効に使うための工夫や考察が加えられてきている。(46) それらに共通する傾向としては、階級・民族のような、抽象的で外から規定される概念とは異なり、ソシアビリテは内から、その具体的様相から捉えられる概念であるとされ、その発生の場における結合の形を見極める努力がなされてきた。しかしそれは、二宮宏之が述べているように、小さな団体組織の解明に自足するのではなく、ふたたびヴェクトルを転じ、上の審級、外の社会や諸制度との関係をも明らかにしなくては、十分な歴史的意義の解明にはならないだろう。(47) 社会的結合関係の諸組織というのは、通常「社会的」と呼ばれるすべての団体を包括するが、階級・民族・身分、あるいは都市や国家といったより包括的な団体と、日常の付き合いの場である小さな団体・結社におけるソシアビリテとの新たなつながり方を考える必要があるのである。内部のプラティーク（実践・慣習行動）をその発生の場で具体的に捉えるだけでなく、全体社会の中でどう捉えるのか、そしてとりわけ政治や権力秩序との関わりをどう捉えるか、ということが重要になってくるだろう。

ソシアビリテ研究では、しばしば個人の自発的結合形態としてのそれを重視しつつも、個と共同体の関係、個による共同体への主体的関わりの追求、という側面が抜け落ちて、共同性把握のみに力点がおかれがちであった。しかしソシアビリテについて、アギュロンも「人々が個人間の諸関係を生き、自分をとりまく多様な人々のうちに自己を挿入するその仕方」とも定義して、「間主体関係」を捉えていくべきだとしているように、小さな団体・結社の、全体社会の中での把捉やその政治との関わりを考えるに際しても、ソシアビリテの共同性を自明の前提として、それを上級政治秩序に位置づけるとの考えでは、旧来の階級概念に依拠した政治秩序の説明と大同小異の結論しか出てこまい。むしろ個々の人・成員が、それぞれどんな社会的結合関係を介して、そしてそれにいかなる心性（マンタリテ）を以て参与しながら、権力秩序とどう関わり、それがいかに社会的結合関係および権力秩序双方の変容につながったのか、これを見るべきであろう。つまり、社会的結合関係の外部と内部を連関させながら、捉え返す必要があるのである。

社会的結合関係には、制度化されたものと、そうでないものとがある。制度化されたものとは、フランス語でコルポラシオン corporation と呼ばれ、職能集団（ギルド）、あるいは信仰団体（信心会）、フリーメーソンなどの結社、また家族・親族集団などがその中に数えられよう。他方、形を持たないソシアビリテとしては、村や町の祭り・夜の集い・酒場の仲間・遊び仲間・旅先（温泉など）の客同士・街路での付き合い・スペクタクルでの仲間などがある。この形を持たないソシアビリテにも、それなりのコード化された付き合いがあり、そこから形のある制度化されたものへと発展するケースも多いが、両者は基本的にたがいに独立していることが、近年では強調されている。しかもどちらかというと、形のないソシアビリテが研究者たちによって重要視されている。しかしこれは近世以降に特有の傾向であり、中世に関しては、形のある制度化されたソシアビリテが主流だったことに、まずは注意しなくてはならない。

近代においては、都市の民衆が、形を持つ伝統的なコルポラシオンを超えて、開かれた場で自由に結びついていく傾向が強まる。それは従来の団体、いわゆる社団が変容して、安心してその保護に依存できなくなり、仕事場から居酒屋やカフェへ、家から街路へと出てゆき、そこに家庭的雰囲気や遊び仲間を見出したり、人生の悩みへの助言を得たり、気取らない会話とともに政治的な議論を交わしたりする気運が高まっていったからである。つまり「職場」と「家族」という二つの、形を持った社会的結合関係の空隙に組み入れられた非定型の社会的結合関係である。より高級な仲間の集まりとしては、貴族の屋敷でのサロンや、ブルジョワの読書クラブがあろう。

また近代では、職業ごとの排他的コルポラシオン――そこでは職人たちは親方との雇用関係や徒弟奉公といった従属関係にある――のほかに、職種間をまたぎ区別を超えた、労働者の連合体、生産と消費のアソシアシオンも作られる。まさに自発的な「個」の意志と行動を重んじる諸個人が、都市という社会空間の中で、いくつもの結社へとその利害関心に即して帰属していったのである。その結果、それまで貴族と官僚組織によって統轄されていた国家と行政の諸構造に対して、新たなブルジョワ的なアソシアシオンが飛躍的に成長するようになるのである。

ところが、中世世界では、そうした排他的コルポラシオンを超えた、人と人とのつながりをもたらすのは、信心会をはじめとする信仰団体くらいしかなかった。だが、中世のこうした信仰による水平のつながりというのは、じつは近代にはない、より広範で多重的な関係形成の可能性を秘めていたことを、ここで指摘し強調しておきたい。

また近代においては、自分たちの作ったアソシアシオンを通じて、社会の組織化や世界の支配に対する参加要求をするブルジョワたちに、国家行政は、経済や文化の面では比較的容易にその権利を付与することになったが、宗教および社会福祉の分野では、それはなかなか与えられなかった。ところが中世、とくにイタリア中世都市においては、まさに事態は逆で、慈善・社会福祉は、公的ならざる団体に任され、宗教的信心業についても団体依存度が高かったのである。

もうひとつ、中世で幅を利かせていたのは、明確な形をとる垂直原理が主体のソシアビリテであったことはたしかでも、内部の人間関係やそれを統べる原理をよくよく精査してみれば、それらは水平に編み上げる何本もの糸で絡み取られていたし、すんなりと上位の権力秩序に回収されない仕組みが組み込まれていたことも、以後の議論で明らかになるだろう。これは、中世都市の団体が、アンシャン・レジーム期の「社団」とは似て非なるものであったことの証左である。

中世都市社会の捉え方

それでは、中世の社会的結合関係については、どのように考えたらよいだろうか。全体的な研究はほとんどないが、個別の、クランやギルド・信心会・若者組などについては、それぞれのテーマ研究、地域研究が多数あり[48]、これらの個別研究を逐一検討することはここではできない。ただ、近世・近代のソシアビリテと比較して、中世のそれの特質と言えるのは何か、とくに中世の都市社会を考察する上で、どのようなソシアビリテ（社会的結合関係）に着眼すればよいのだろうか、その点は考えてみる必要がある。

中世の社会的結合関係について、R・モンテルが短いながら要点をつかんだ論考を書いている[49]。きわめて示唆に富むので、要旨を紹介しながら、私たちなりに敷衍して考えていこう。

中世あるいは前近代においては、社会的結合関係を親族構造から分かつことは難しい、とモンテルは述べる。それはさまざまな場における、人工的にして意志的な「兄弟関係」fraternités であった。とりわけ後期中世都市の政治的党派の基礎には、クラン（イタリアでは、コンソルテリーア）があったことが重要である。それは、伝統的な血縁関係をはるかに超えた庇護（パトロン・クライエント）現象になって、ある街区全体を包括することもあった。

またこの点とも関わるが、中世のあらゆる社会的結合関係の構造内部の権力関係は、結局のところ「家族モデル」に帰す。それは、不平等面では、「父」への服従をモデルにした修道院や、「長男」への敬意と忠誠に似た臣従礼に結実しており、これらは垂直的な社会的結合関係と捉えられる。ほかに平等の関係が支配的な結合関係もあるが、それにはキリストにおける「兄弟」をモデルにした、信心会、メティエ（ギルド・アルテ）、コミューンなどが数えられる。しかしそこでも、メンバーの集会で「指導者」が選ばれ、いわば垂直の権力構造によって、水平的な社会的結合関係構造が管理される点は、見落としてはなるまい。さらに、夫婦関係や、大家族、祖先との関係なども、中世の社会的結合関係における「家族モデル」の可能性と実用性を拡大させていった。

しかしながら身分制社会である中世では、教会組織においてさえ、初期中世から次第にヒエラルキー化が進捗し、あるべき秩序を樹立するためには、差異・差別を抱えた垂直的な社会的結合関係がふさわしいと、考えられるようになった。それに対して、人と人との平等形態を原理とする団体・共同体は、秩序を破壊・転覆させるものとして、長い間非難の的となってきたのである。そこから、たとえば初期中世におけるギルドのメンバー間における誓約の禁止や、十二世紀後半のギルドの信心会 confréries de métiers における誓約禁止などが由来しよう。これは完全な福音主義を唱えて、聖職者ヒエラルキーを無用とする者たちを異端視する動向とも、おそらく関係していよう。

ところで中世においては、あらゆる結社・団体が、いやあらゆる諸個人の一時的な集合さえ、聖なる領域におかれるという、もうひとつの大きな特徴がある。すなわち、コミューンは平和運動から発生してきたものだし、メティエ／ギルド（同業組合）も宗教的な信心会から由来した。一般には、時代が中世を下るにつれて、結社・団体においては世俗的要素が聖なる要素を凌駕していくのはたしかだが、聖なる要素は消えてしまうことなく、より大きな共同体全体（都市国家や王国）が、いわば外枠としてまとめて保証する特質として、生き延びる（聖なる都市、聖なる王国）し、小さな結社・団体も、そうした保証を得てこそ存在していると、信じられていたのである。さらに、もっぱら聖なる要素を中心的な存在基盤としている信心会が、後期中世に叢生したことも、中世の団体の聖なる側面の根強さを裏書きしていよう。

後期中世には、団体内の旧来の連帯性が制度化されることで、諸団体はいよいよ本格的に垂直的なヒエラルキー秩序に組み込まれ硬直化していく動向があり、人々の個人的な要求に応えられなくなる。たとえば、(1)托鉢修道会の影響で新たな信心の形、とくに死生観が生まれたのに、これまでの教会組織（小教区や司教区組織）だけでは、そうした信徒たちの霊的渇望に応えられなくなる。もうひとつは、(2)社会レベルで、利得の精神が発達し、貧富の懸隔が広がったが、諸都市が経済的促進者としても文化の苗床としても中枢的役割をはたす時代には、これがスキャンダルと捉えられるようになった。こうしたスキャンダルを、古い秩序・社会的結合関係は解決できなかったのである。さらに、(3)土地や家への根づきが弱くなり、個人主義が進展した都市では、飢饉・戦争・疫病の危機のトラウマが、新たな形態の連帯を求めさせるようになった。

以上の三点こそが、新たな都市的信心会などの信仰団体発展の理由であり、その会員たちは、既存のグループの凝集性を維持するためではなく、個々人の魂の救済という共通目標に向け、旧来のしがらみを超えて、おたがいに集まったのである。そこでは信心業や相互扶助・宴会などで仲間意識を高めるとともに、また弱く貧しい非会員に対してまでも、慈善行為を行うようになった。かつてない人と人とのつながり、ネットワークの形成である。

ところが、こうして出現した新たな社会的結合関係の団体でさえ、自発的な社会的結合関係から、制度的な、権力を分有し要求するアソシアシオンへの変化を免れない。制度化された団体は、リクルート法（現会員による新会員の選考・入会の推薦・高額の会費）や、スタイル（言葉・制服）、もしくは規約への服従の誓い、などで名誉ある存立を保証され、また違反者は、制裁金・追放などの方式で裁かれる。こうした規制は、しばしば上級の権威・権力（教会・国家・都市当局）の発する統制に引き継がれることもある。ギルドなどの職業団体はもちろん、宗教的な団体である修道院や聖堂参事会においてもそうだし、信心会にしても、教会から一定の自律を保ちつつも都市当局・王権などに緊密に統制される傾向が強まっていく。

なぜこうした変質が生じるのだろうか。それは、団体は、いつでもメンバーに一体性 unanisme を与え、会員は非会員より上位にあると思いたがり、会員は外部と区別されることを求めるからである。この一体性志向は、結局、既存秩序へと回収可能なものへと団体を変質させていく。団体内にはすぐに上下関係ができ、従属者は不満を募らせる。こうして中世の社会的結合関係のドラマは、社会的凝集性の要因でありつつも相違を主張する道具、不和の道具ともなるところにある。

個人は複数の団体に絡め取られ、関係し、日々多様な役目をはたしている。とともに政治体の一部として諸団体は機能する。それに加わって初めて、個人は「市民」としての役割をはたせるのである。そしてさまざまな利益・恩恵に与れるのである。おそらくこうした罠を避けるためには、団体らしくない団体、枠組みが明確ではない、ゆるやかな人と人とのつながりに止まるべきであるのだろう。近代とはちがい、中世ではほとんど許容されないそうした人間関係は、後段で論ずる、初期のマンテッラーテや、ジェズアーティといった、いまだ戒律・規律を与えられない、独自の信仰と信心業によるつながりしかなかったのだろう。

中世（都市）では、近代のブルジョワたちが自発的にその思想・趣味に合わせて創り出したような自由なアソシアシオンはほとんどなく、できたとしてもすぐに消滅していった。また当初、新たな要求に応じて創られた団体でも、やがて既存秩序強化の片棒を担ぐことになった。その証拠に、いずれの政体も、本来のマルジノー（周縁人）には、彼らにふさわしい固有の社会的結合関係の枠組みを、けっして許可しなかったのである。(50)

だがそれでも、こうした中世都市の社会的結合関係の限界のみを強調するのは、正しくあるまい。近代の市民革命につながるような、社会的結合関係の派手な動きはなくとも、中世都市には、古代にも近現代にもない、独自の社会的結合関係の創造性があった、と私は考えている。中世都市では、しばしばひとつの街区におなじ職種の者が集まっている。また街区が小教区と重なっている。つまり近隣地区団体と職業団体と宗教団体が、一体化することが多い。しかも、そうした諸団体のモデルが、結局は「家族」モデルに帰一する。これは、中世の社会的結合関係の保守性とか、既存秩序・権力構造への親和性というふうにももちろん捉えられるが、つぶさに実態を検証してみると、この「重層性」と「家族性」は、まったく別の評価が可能である。それは近代の社団ほど、制度的枠組として固定的でなく、内実が均質的でもないからである。

また中世においても、組織化された団体以外に、一時的な非公式の仲間組織・集団ができることがある。おなじ趣味や好奇心（サイコロ遊び・競馬・エロス・飲酒・狩り）、職業以外の、行動・生活パターン（水汲み・井戸端会議・洗濯）、身ぶりや言葉などによるつながりである。こういった出会いの積み重ねも、そこで交わされる「言葉」や「噂」の集積とともに、制度の枠組みを外から、あるいは下から、変容させていくことだろう。

さらに、信心会や第三会に結実したような、後期中世の俗人たちの新たな信仰心の高まりは、けっして既存秩序に回収されることのない思想・精神を、多くの人々のこころに植えつけた。後期中世から近世にかけて、諸団体は、より広域の権力秩序（公国・王国）に、従順に組み込まれていくように見えても、水面下には、中世から時代を超えて生き延びる世界と社会に対するヴィジョンが胎動しつづけていたのであり、それは、後期中世の都市国家における ある種の霊的な社会的結合関係と、そこにおける慈愛の精神の切磋琢磨が生み出したものである。

後期中世シエナという「都市」は、当時のイタリア諸都市の典型的縮図と捉えられる、と私は考えている。この時代のシエナの公的生活というのは、たえざる戦い・集団的な追放・財産没収・叛乱などが繰り返され、政体はたいてい、短期間で交替した。こうしたシエナの社会に、〈公共善〉の理想を追求する政治によって平和と秩序が保たれている、というのは、すでに指摘したように、まやかしの言説であるようにも思われる。

またこの時代は、もろもろの団体の叢生した時代でもあり、一人の人間がいくつもの団体に属することは、ごく普通であった。それらのあるものは制度化し、それとともに垂直の統治構造に取り込まれていくが、別のものは、そうした圧力をかいくぐって、個人的な意志や志操、理想を発揮することができる、そのような人と人とのつながりであった。そして、その後者は、後段で詳しく説くように、中世の社会的結合関係に固有の「重層性」と「家族性」に加えて、「聖なる次元」を具えていたため、〈公共善〉の影響を受けながら、その理想自体を超えていく道筋を示すことができたのではなかろうか。

シエナにおいても、都市の自律的世界は十六世紀半ばには完全に崩れて、メディチ家の当主を君主として戴く領域国家（トスカーナ大公国）の下で、新たな規範的システムの装備に従うことになる。諸団体の行動様式と社会関係の法的なコード化、官僚化さらには商業化が進捗し、合理的目標に向けて編成されるようになると、自由な個人のコミュニケーションは削られていくが、これはそのまま、ヨーロッパ近代国家のモデルとなるであろう。

それ以後〈公共善〉とは、なによりも、その都市や国家を支配する領域君主（公や王）が体現し、実現すべきものに変じる。すなわち近世ヨーロッパ的な〈公共善〉だが、その理想は、おそらく、アンシャン・レジーム期の王国における社団国家の体制と、正確に対応していよう。フランスをはじめとする王政は、もろもろの社団を認可することで、重要な収入源を確保するとともに、そうした社団を、制度的な序列、さらには威信の序列に組み込んで、自らの支配を確立していったからである。そのときには、ギルドや信心会だけでなく、都市や村落共同体も、そのような「社団」として位置づけられた。

それ以前の、イタリアにおける自由なコムーネ、共和政下のコムーネ、つまり、上級権力・権威の下に位置づけられる社団としての都市になる前の、皇帝や教皇の権威さえ不要と唱えるほど、独自の至高の主権を主張したコムーネにおいて追求された〈公共善〉には、それ固有の特質と意義があったと思うのだが、それは、たんなる政治的理念として考案され、政治家や市民たちの目標として追求されたのではなく、時代固有の社会的結合関係に対応し、あるいはそれと渡り合ったはずである。それは一体、いかなるものだったのだろうか。そしてそれにはどんな限界があり、また未来への可能性が開かれていたのだろうか。それを明らかにするのが本書の目的である。

本書の構成

ではつぎに、本書の構成を、ごく簡単に述べておこう。

第1章「行政上の地理区分と市民」では、後期中世シエナにおいて、いわば公的に、誰が仲間・味方であり、誰が外部の人間・敵と看做されたかについて、人々の居住区域ごとの法的な扱いの違いを解明するとともに、いかにして「市民」と公認されたかを、規範史料をもとに考察する。具体的には、都市の都市性（シエナのシエナ性）が同心円状に広がっていたことを、チッタ、ボルゴ、マッセ、コンタードについて調べることでまず明らかにする。それから、市内が三分区とコントラーダ／ポポロ区に分割されて都市の行政・軍事が展開するだけでなく、日常生活や日々の付き合いも、こうした区分に規定されていたことに触れる。また都市の住民でありながら、排除・差別されていた「劣等市民」「外人」についても、そのあり方を検討する。

第2章「さまざまな仲間団体」は、本書の中核をなす章であり、血縁団体・職能団体・遊興団体・信仰団体の四つに区分して、つながりの原理や外部世界との関わり、そしてとくに、都市に生きる市民たちにとって、それぞれの人間関係がどんな意味を有していたのかを解明したいと考えている。近隣集団については、第1章で言及することになるが、あらゆる集団にとって、地縁的なつながりが大きく作用する面があったことを押さえておきたい。またこれら諸種の団体は、便宜上区分を設けているが、実際は、たがいに重なり合っているところもあり、性格も通じ合うことが多い。つまり中世の社会的結合関係に固有の「重層性」である。それから、本書のキーワードである〈公共善〉という観点からは、都市当局の目論見・方針・理想と、各仲間団体の目論見・方針・理想が、どう協力・交差するのか、あるいは対立するのか、こうした点も重要な問題となろう。

第3章「噂と評判の世界——裁判記録から」では、十四世紀を中心とした、シエナにおける犯罪に焦点を当てることで、逆に当時の社会的結合関係を炙りだそうと考えている。というのも、犯罪というのは、人と人との関係、その不調の中で生じるわけであるから、人間関係についての考え方・感じ方の極端な表現が、そこに垣間見えるからである。史料としては、シエナ国立古文書館に所蔵されている、「ポデスタ」Podestà という裁判記録を使う。どんな犯罪が多かったのか、それはどんな局面のものかということにも言及するが、とりわけ「噂」「評判」「中傷」

といった、人間関係に付着している「言葉」に着目したい。またこの章では、一三四二年に、「サンタ・マリアの新ボルゴ」で起きた些細な事件を読み解いて、そこから近隣の人間関係のありようを考察してみたい。あくまで〈公共善〉を代弁する「正義」を行使しながら、犯罪を裁いて、都市の「名誉」を守ろうとする当局に対して、一般市民たちは、別の「名誉」を持ち出す部分があるし、また、近隣の人間関係が、擁護と告発の濃密な「言葉」と「声」のやりとりとともに浮かび上がってくる。そこからは、公的な社会のヴィジョンとまったく異なる社会のヴィジョンが透かし見えるであろう。本章の最後では、一〇〇年間の厖大な裁判記録の海の中に浮かんでいる「中傷言辞」を拾い集めて、そこからも名誉と政治秩序、社会的結合関係の連関についての洞察を導きだす。

第4章「社会関係の結節点」では、中世のシエナ市民たちが、都市の中での自分の場を定点観測し位置づけ、また周囲の人々とその重要性を共有することで、アイデンティティーを確認していった「トポス」を取り上げる。すなわち市門・市壁・教会・市庁舎などだが、多くの人が日々集まる「広場」がとりわけ重要である（主要な建築物については巻末の「シエナ市街図」も参照されたい）。そこで、本章後半では、シエナの中心広場であるカンポ広場を、支配空間・商業空間・社交空間・聖なる空間として吟味していく。これらのトポスは、政権担当者と市民たち、双方の表象が相異なる場合もしばしばある。しかしそうした齟齬を調整し、それぞれの局面で都市全体にとって、あるいは関係団体にとって、重要な意味を賦活するのが「儀礼」の役割であろう。行列に注目してその点を省察する。

そして第5章「イメージの媒介力」では、当時のシエナ人たちのこころを捉え、あるいは糾合させるのに大きな役割をはたしたイメージについて考えてみたい。具体的には、水と血、そして聖母マリア、動物、なかでも狼である。これらは、都市当局自らが市民に対して、あるいは外部に向かって都市の名誉ある来歴を宣揚するために使われる公的な意味の傍らに、より古い異教時代にさかのぼるレベルから汲み取られる意味もあって、住民らはむしろ後者に惹かれることが多かった。都市当局は、だから単純なイメージ誘導はできなかったし、住民たちが勝手に、それぞれの社会的結合関係の強化や理想護持のために、こうしたイメージを使うこともあったのである。第4章と

第5章では、〈公共善〉実現の手立てとして登場したものが、民衆たちの社会的結合関係の中で揉まれて、別種の理想・願望実現の手段として操作される可能性が示されるであろう。

最後に終章「新たな公共善へ——後期中世都市の世界」においては、第1章から第5章で明らかになった事実をもとに、後期中世の都市における〈公共善〉のあり方とその限界、さらにはそれを超える可能性について、示唆してみたい。それは、「都市」の新たな捉え返しにもつながるだろう。

第1章

行政上の地理区分と市民

財務府長官と書記

本章では、シエナの市民たちの行動・生活を法的に決定していた「身分」について考えていく。都市住民が「市民」として認められるかどうか、これによって、社会生活上の権利と義務が大きく異なり、日々の生活、付き合いにも多大の影響があるからである。また、そのような「市民」たちは、公的には、市内のいかなる「地理」区分の中に登記され、権利を享受し義務をはたしていたのか、この地理区分も、彼らの行動を左右するであろう。まずは、上から課された社会関係の枠組みについて調べてゆこう。

a　規範史料について

こうした規定を探るのにもっとも重要な史料は、都市条例である。(1) じつは、中世シエナでは都市条例がきわめて頻繁に発布され、イタリアでも例外的な豊かさを誇っている。都市条例というのは、近現代の憲法・基本法とは異なり、市民のあらゆる権利（義務）について規定しているわけではない。端的に言えば、ただ要するにシエナのポデスタ（司法行政長官）が、その任期中に遂行するよう努める、そうした規則・決まりの集合体である。だがそれでも、そこには私法の要素が大きく入り込み、市民の多面的な生活に関わる諸条項が事細かに規定されているので、「社会」のあり方を知るためにも、きわめて有用なのである。

シエナの都市条例は、十三世紀半ばから十六世紀半ばまで作成・改訂されつづけたが、公的な立法自体は、遅くとも十二世紀末には行われはじめた。現在残っている最古のものは、ウベルティーノ・ディ・ランドによる「役人の服務規程」Breve degli ufficiali で、一二五〇年に作成された。[2] それは、およそ五〇のコムーネの役人とその職務について私たちに教えてくれる。こうした役人の服務規程の痕跡は、一一七九年までさかのぼることができるし、[3] おそらく司教統治・コンソリ（統領）統治時代にも、司法・行政官についての諸規程があったろう。

シエナにかぎらず、イタリアの主要コムーネでは、十三世紀に法の整備が進むが、これには、政権から独立した法曹家 sapientes iuris / sapientes iudices が任を負い、彼らは「適法性」の定義をし、都市条例はじめ、さまざまな法の整備に携わったのである。[4] イタリア各地の都市に雇われる彼らの活動によって、ローマ法の伝統と精神が、イタリア中で共有されていくのであり、ポデスタ制とともに、こうした伝播現象は興味深い。

シエナでは、すでにポデスタ登場以前から「十三人都市条例改訂役」l'ufficio dei « Tredici emendatori del Costituto » という役職が設けられた（史料上の最初の証跡は一二二五年）。彼らは毎年、配下の公証人とともに条例の体系的な見直しを行い、整理・付加・削除をする役目を負った。それは、総評議会の委任で行われ、変更は評議員の三分の二の賛成で認められた。だからある決まった年に発布された都市条例でも、そこにはじつはもっと以前のさまざまな規定が入り込んでいるし、その後、全面的に改訂された新都市条例が発布されるまで、上記改訂役による追加条項がつぎつぎと加わり、欄外にビッシリと書き込まれることが通例であった。したがって、この史料群は、そうした事情を考慮しつつ柔軟に利用しなくてはならない。

十三世紀末から十四世紀半ばにかけては、都市条例最盛期というべく、とりわけ多数の都市条例が発布された。しかし今述べた「改訂」の事情からも窺われるように、すべて新たに作り直されるということは稀で、たいてい以前のものの手直し、加筆修正、補遺の追加といったやり方で対応し、むしろ政体が変わっても、基本的な市民の権利・義務は大きくは変わらない、という継続性も見られる。この継続性は、都市条例に〈公共善〉の理想が反映していることの証左と捉えることも可能であろう。実際、条例には〈公共善〉bene comune や「公共の利益」utilitas communis などの語が頻出するのである。もちろん代表的な都市条例は、まったく新たに作り直され――といっても内容は従前のものを大幅に引き継いでいる――、その後、数十年、いや百年以上、使いつづけられることがあり、したがって非常に浩瀚である。

本書で重点的に使用する都市条例について、やや詳しく解説しよう。

まず、シエナ最初の本格的都市条例として知られる一二六二年の条例である（註では *Const. 1262* と略）[5]。ギベリン党シンパの「執政二十四人衆」治下に作られた条例である。そこには従前の諸服務規程 Brevi の集合体という趣もたしかにあり、十二世紀後半からの諸法規がもとになっているのは事実だが、それでも新たに全体を検討した上でまとめ直した、本来の意味での立法の産物である。都市条例は通常、六部構成だが、本条例は五部からなっている[6]。本条例に対しては、十三世紀後半には実質的改訂が行われ、政体変革に呼応して一二九六年の条例となった。その後も付加・修正を受けながら、十四世紀においても基本的な内容は受け継がれたと考えてよい。この最初の本格的都市条例は、力を失いつつある貴族と日の出の勢いのブルジョワの妥協の産物としての政体（執政二十四人衆）の体制が不安定であったので、法規のみは、より堅固で構成の美しいものが求められたのかもしれない。L・ズデカウエルによる校訂版が、一八九七年に刊行されている。

つぎに本書で活用するのは、一二八七年にまとめられ（第六部は一二九六年）、一二九七年までたえず加筆・改訂された条例であり、執政九人衆体制最初のまとまった条例である[7]。全六部、羊皮紙三〇八葉からなるフォリオ版で、シエナ国立古文書館の所蔵番号では *Statuti di Siena* の第五番である（註では *SS5* と略）。これは十八人衆、六人衆という、本格政権の谷間の期間にももちいられつづけた。中には多くの加筆修正が含まれている。統治 governo に関する章（第六部）には、執政十八人衆によって書かれた部分もある。つづく *Statuti di Siena* の第六番の条例は、この第五番のつづき、つまり第七部を構成していたと推定されている。

また、一二九六年にまとめられ、その後一三三四年まで多くの補筆を含む完全版の都市条例――保存上の整理番号は *Statuti di Siena* 第十二番（註では *SS12* と略）――も興味深いものである[8]。通常通りの六部構成で、第二部となる。

第三部の間には「司法会議」Placito の部 Distinzione（=Costituto del Placito）が付録として付いている。三六三葉から

そして、シエナの都市条例のなかでももっとも著名なのは、一三〇九年から一三一〇年にまたがって作られた浩瀚な条例である（註では *Cost. 1309-10* と略）。本条例は、六部に分かれ、その中で、すべての法規定が標題 rubrica 付きの章 capitolo にまとめられている。本条例においてなにより注目すべきは、イタリア語史上、記念すべき俗語（イタリア語）で書かれた都市条例であることだ。最近、成立七〇〇周年を迎え、多くの研究集会や個別研究、より一般向けの市民参加のイベント、そしてそれらをもとにした書物、簡単な案内が出された。[9] A・リズィニによる校訂版が一九〇三年に公刊され、その後、近年（二〇〇二年）M・サレム・エルシェイクによる新たな校訂版が、充実したインデックス、語彙集などとともに出版された。

イタリア語の歴史を語るときにつねに言及されるこの俗語条例は、公証人であるラニエリ・ディ・ゲッツォ・ガンガランディが作成に携わった。彼が俗語で書いたのは、そこに含まれる規定・規則をすべての者、ラテン語の読めない者も、その内容を知り、理解できるようにしたいと願ったためである。そのため、誰でもそれを見て写しを取りたい者がそうできるように、公開用の版が財務府（ビッケルナ）に保管されていた（ただし盗まれないよう鎖でつながれていた）。これは、いわば、〈公共善〉の方針の情報公開・共有である。

古文書館所蔵写本で、都市条例 *Statuti di Siena* 第二三番とされているのは、一三二三年から一三三九年に及ぶ諸種の一五四項にわたる規定である（註では *SS23* と略）。これもきわめて大部で、五八七葉からなる。これが重要なのは、総評議会の議事録にもまったく載っておらず、他に知りえない規定も含まれているからである。都市条例に収録される法規やその改定は、かならず総評議会で議論され、投票の上決定されたはずだが、かならずしもそれに対応するテクストが議事録に挿入されたとはかぎらないのである。[10]

そして、一三三七～三九年になって、より総合的な条例が、全面改定版として長い準備の末に作られた（註では

SS26と略)。M・アスケリらはロレンツェッティの著名なフレスコ画と同時期のものゆえ、この条例を「善政の都市条例」Statuto del Buongoverno と名づけた。これは、執政九人衆時代最後の都市条例であり、シエナの自由な時代つまり十六世紀半ばまで有効であった。[11] とはいえ十四・十五世紀に、引きつづく政権により、多くの訂正・付加が加えられていることに注意しよう。この条例は、慣例の六部ではなく四部からなる三〇六葉の比較的コンパクトなもので、判事ニッコラ・ダ・オルヴィエートと法学者ミケーレ・ダ・プラートにより作成された。校訂版出版が間近だと予告されている。なお、シエナ共和国最後の都市条例は、一五四五年のものである。[12]

都市条例のほかに、都市全体に対して法的な強制力をもつ決定をまとめたものとして、「総評議会議事録」Deliberazioni del Consiglio Generale がある。シエナ国立古文書館には、N. 1〜N. 258（一二四八〜一七九七年）が所蔵され、半年ごとに冊子にまとめられている。中世についてはほぼ完全に遺されており、きわめて貴重である。軍事・外交・内政をとわず重要案件が審議されるほか、特定個人や家族についての案件もあり、非常に興味深い。貴重な史料群であるが、あまりにも厖大であるため十分目を通せず、本書では要所要所でしか利用しかできなかった。総評議会のあり方ともども、簡単に説明しておこう。[13]

総評議会に出席する権利があるのは、二五歳以上の選ばれた市民である。評議員数は限定されていて、一二六二年の都市条例以降は、三分区ごとに一〇〇人で、計三〇〇人であった。評議員は議案を承認するのみではなく、自ら提案をし、考えを述べることができた。そして最後に、秘密投票で決議した。総評議会は、したがって、かつてのパルラメント Parlamento からではなく、統領評議会 Consiglio dei Consoli から由来した、と言うべきである。司教を追放して、そこにあった評議会に替わる新たな評議会を作って、一二一二年に活動を始めたわけである。

総評議会の司会は、ポデスタが担当した。個々の会議で扱う議題については、そのときどきの政庁（内閣）の所在地で公示された。すなわちパラッツォ・プッブリコ（市庁舎）建設以前は、サン・ペッレグリーノ教会やサン・クリストーフォロ教会である。会議では、まずポデスタが取り上げる議題について説明した後、意見のある評議員が所見を述べ、その後秘密投票で採決した。白または黒の「ハウチワ豆」lupiniで決するが、白の豆を多数取ったほうの意見が勝利との決まりであった。ポデスタが不在のときなどは、「ポポロ隊長」あるいは「特別賢人」speciali Saviが司会した。列席した公証人が書記として議事録を取るが、後になると、出席していない公証人が、しかもずっと後日、何年も後に大筋だけ記載することも多くなり、実際の議論の行方や投票結果が不明な会議もふえていく。十五世紀半ば以降は総評議会の権限がずっと弱体化し、特別委員会に取ってかわられる。

前述のように、都市条例や総評議会議事録は、都市の諸制度はもちろんのこと、社会生活のありようもそこから窺うことができる、きわめて貴重な史料類型である。だがその性格上、逆に読むことが必要なケースもある。というのも、都市条例は、部族法典や勅令とおなじく、規範的性格の濃い史料であり、支配者による「あるべき秩序」の理念が示されているゆえ、そこに記され描かれている内容が、それが成立した時期の社会的現実をそのまま反映しているということにはならない。むしろ、違背する現実を正すためにあるのだとしたら、その正像から歪像を推測しなくてはならないことになろう。

しかしそれでも、あくまでも歪像が目の前にあって定めているのだから、現実からまったく乖離しているとも考えにくい。しかも現実に作用する規範であるので、どれくらい効力があったかは別として、作用の対象たる人や事態のあり方と、ある程度呼応していると推定できる。だから同時代の叙述史料や帳簿、他の史料群からの情報と合わせて考えれば、規範史料といえども現実を知る有力な手掛かりになろう。またこの都市条例は、頻繁な加筆修正がなされていくので、その変容ぶりにも目を留めねばならないし、他方で、長年変わらないものは、それはそのまま、かなり長期にわたって現実を規定し、現実から規定し返されていた、というように受け取ることもできる。中世では、市民とは、市壁の中に集まって住んでいる人たちというよりも、むしろおなじ法に従って生活している人々だ、と考えられていたのであるから、法はまさに、市民と市民生活の鏡であったのである。[14]こうした点に注意しながら都市条例を使っていこう。

ほかに本書では、アルテ（ギルド）や信心会、施療院の規約——これらも一種の規範史料——、裁判記録・年代記・メモワール（覚書）・書簡・聖人伝・文学史料などを使用するが、それらについては、以下、必要に応じて解説する。

b　チッタ、ボルゴ、マッセ、コンタード、ディストレット

シエナは、イタリア中世都市国家 Stato / Commune の例に漏れず、チッタ（都市中心部、ラテン語で civitas）と徐々にそのチッタに合併していく新街区（ボルゴ）からなっている。さらにその外部には、コンタード（周辺農村領域）が広大に広がっている。[15] こうしたいわば同心円状に種類の異なる支配領域が広がっていたという事実は、その住民の権利と義務においても濃淡があったことを意味し、当局による管理の仕方も異なっていたはずである。

チッタとボルゴ

チッタ città とボルゴ borgo / borghi は、一緒に並べて論じられることが多い。[16] ともに都市域を構成しているからである。両者の違いは、都市形成・発展の過程における順序の前後だけであった、とも言える。というのは、古代にまでさかのぼる中心集落であるチッタにボルゴが付け加わり、両者をともに市壁に含めるために、市壁が拡張され、新たに作り直される……、というプロセスが繰り返されたからである。だから、「シエナのチッタとボルゴのために（……）」per la città di Siena et per li borghi... といった文言が、都市条例には頻出する。

チッタには、なによりも「市壁内」という定義がある。都市域の中心となる集落が物理的に防護されているところが、チッタなのである。そしてチッタと外部（農村部）との境界線が市壁である。シエナも、他のイタリア都市

とおなじく、その発展は、まさに市壁が拡張されてチッタ部分が拡大していくことによって進捗した。言葉を換えれば、新街区たるボルゴが、市壁沿いや市壁外の街道沿いにつぎつぎ作られ、そこに農村住民が移り住み、ある程度の規模・人口密度になったとき、そのボルゴをも新市壁内に取り込んで、全体を「チッタ」にするのである。

シエナでは、初期中世には、もっとも高い丘であるカステルヴェッキョとドゥオーモに相隣接する小さな広場を核に集落ができ、そのまわりが市壁で囲われた。[17] その市壁には、オルフィア門、ドゥエ・ポルテ Le Due Porte（＝両門）、ヴェルキオーネ門、サラリア門が開いていた。その後、十四世紀にかけて人口がぐっとふえ、多くの教会が作られるとともに、その周囲に新街区（ボルゴ）ができ、それらのボルゴをつぎつぎ取り込んで市壁内に収めながらチッタが膨らんでいき、やがて今日なお目にすることのできる都市形態が造り上げられていったのである。もちろんこれは、シエナの都市国家領域の拡大、すなわち農村領域の拡大という、より外部への広がりとも平仄を合わせていたし、内部でのさまざまな産業や、国外での通商活動の発展とも歩調をともにしていた。

しかしシエナの場合は、以前の市壁をまるごと内部に含んでその外周に新市壁ができるのではなく、ある部分・方角に、市壁を付け足し付け足し拡大していったという特徴がある。二番目の市壁は十二世紀半ばに造られたが、これはフランチジェナ街道の長い区間、すなわちカモッリーア（門）から現在のフォッロニカ通りの接ぎ木部分を包含し、そこから壁は直角に曲がり、現在のメルカート広場のすぐ下を通って、従前の市壁に接合した。第三の市壁は一一五〇〜一二二〇年に造られ、オヴィーレの労働者街区やサン・マルティーノ三分区のかなりの部分を含めるために新設された（図6）。第四つまり最後の市壁は、一三二六年に工事が始められたが、都市集落の南部および東部の広大な未建築地区（サン・フランチェスコ修道院からフォッロニカのフォンテまで）を包み込んだもので、例外的に、都市の喫緊の必要を超えた、つまり必要に迫られて作られたのではない、将来を見越した計画的な市壁であった。

上述のように、新街区であるボルゴは、もともと市壁のすぐ外に造られるが、通常、新たな市壁によって早急に

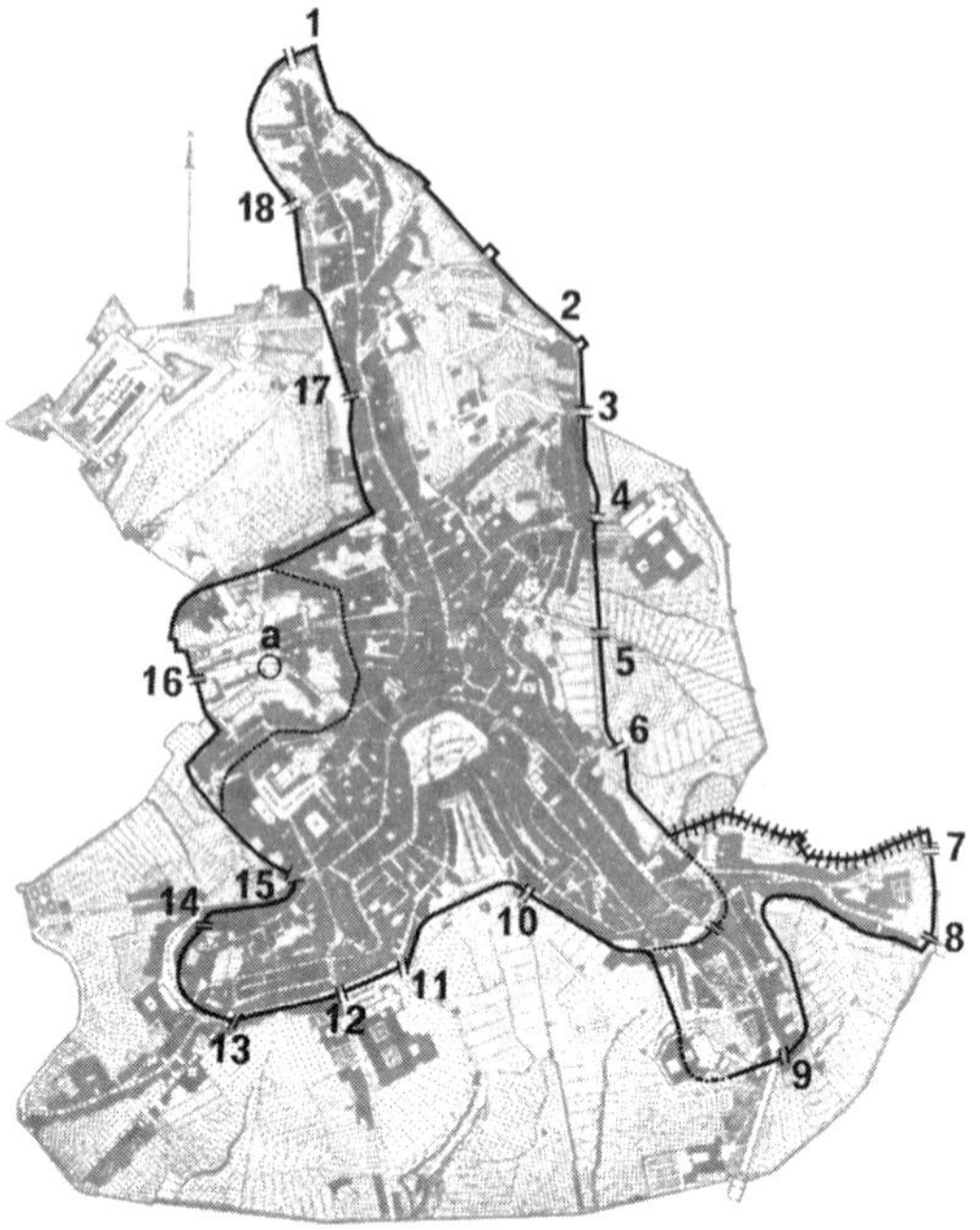

━━ 13世紀半ばの市壁
……… 先行する時期の市壁
┼┼┼┼ 後の時代に完成した部分
-・-・- 仮定の線

1 カモッリーア門　2 サン・ロレンツォ門　3 オヴィーレ門　4 フラーティ・ミノーリ（フランシスコ会士）門　5 サルヴァーニ家門　6 フォッロニカ門　7 ブッセート門　8 サン・ヴィエーネ門　9 ローマ門　10 ヴァル・ディ・モントーネ門　11 サン・ジュゼッペ門　12 アッラルコ門　13 不明　14 ヴァッレピアッタないし聖堂参事会員たちの門（ドゥエ・ポルテ）　15 ヴェルキオーネ門　16 フォンテ・ブランダ門　17 サン・プロスペロ門　18 ペスカイア門　a フォンテ・ブランダ

図6　13世紀半ばの市壁と市門

市壁内に取り込まれることになる。だから市民としての扱いは、ボルゴ住民もチッタ住民も、違いがないと言うべきである。事実、十三世紀初頭にはボルゴ住民も十全な市民権を持つことが認められた。

もともとカステルヴェッキョのみがチッタであったが、その東側にフランチジェナ街道が走り人通りが盛んになると、一連のボルゴが形成されていった。すなわちカモッリーア、サン・ドナート、サン・ピエトロ・ア・オヴィーレなどのボルゴである。ついでさらに移民が多くなると、十三世紀から十四世紀にかけて新たなボルゴが付け加わる。具体的にはラテリーノ、サン・マルコ、サン・タガタ、サン・マウリツィオ、アッバツィア・ヌオーヴァの各ボルゴ、さらにはサンタ・マリアの新ボルゴ borgo nuovo である。シエナでは、市壁に含まれてからも多くの地区がボルゴの名をそのまま残している。

ひとつ、興味深いボルゴについて紹介しよう。オヴィーレのボルゴである。[18] 十二世紀後半と十三世紀前半の発展は、この東部・南部の市域を、都市の組織の中、そして新たな市壁の中に含み入れたことが大きな推進力となった。もともと十一世紀に、自立していくコムーネによってこの地域も形を整え、また同時にローマに向かう貧しい巡礼たちのために、修道院・教会関係者によって多くの慈善・宿泊施設が地区内の街道沿いに作られた。移民もふえてきて、経済的にも社会的にも、また宗教的にも都市組織の一部となっていったのである。高台に貴族らがカステッラーレ castellare（城塞建築）を造り早く住みついたのに対し、開けた谷間には貧しい者が住んだ。オヴィーレの名は一一八五年の史料に初出する。それはサン・ドナート教会のある丘を望むところにあり、教会周辺に建物がふえていった。

十二世紀末～十三世紀初頭にボルゴとしてコムーネの一部になったオヴィーレ地区だが、十三世紀半ばには、小教区組織から世俗行政構造を分けるために、コムーネにより教区が二分されて「上のサン・ピエトロ・アド・オヴィーレ」san Pietro ad Ovile di sopra と「下のサン・ピエトロ・アド・オヴィーレ」san Pietro ad Ovile di sotto の二つのポポロ区が造られた。それぞれにシンダコ（区長／総代）と徴税官 collettores dei dazi が据えられた。このように、最初は教会組織たる小教区の形成が、市壁外住民の都市内への統合を推進することになるが、まもなく世俗的な――政治的・経済的――要因によって、その統合役が別の組織に引き継がれ、変形させられることがある、という事情を物語るモデルケースだろう。

ここは、やがて毛織物業の下層労働者の集まる民衆的な地域として知られるようになり、銀行家・大商人主体の政権が、コントロールに苦慮することにもなる。本書でも民衆たちの叛乱や犯罪にからんで、以後、頻出する地区である。

マッセとコンタード[19]、およびディストレット

マッセMasseというのは、都市の縁辺、市壁外の郊外の部分である。ボルゴのようにすぐに市壁内に取り込まれる市域ではないが、かといって都市部と明確に切り離されてもいない。マッセは都市そのものでもないが、コンタードでもなく、両者の「中間」である。[20]マッセには、チッタから六～七キロを超えない、というおよその目安があった。市当局は、この郊外を効果的に管理・統括するために、次節で扱う三分区（テルッォ）を延長するかのように、マッセも三つに分けた。それはとくに税金徴収と徴兵のためであった。マッセは、四一から五一の集落からなり、特別な計算の税金を徴収された。東西南北に延びていくつもの集落を抱えるが、フィレンツェのある北は、他より延びが短い。東はベラルデンガの方へ、西はソヴィチッレの平原の方へ、南が一番延びていてヴァル・ダルビアのクーナまで一〇キロにも渡って延び広がっていた。十三世紀末には、マッセは全体として二〇〇〇～二七〇〇の人口を擁していたという。[21]法的にはシエナの裁治権に属し、その上に別の領主はいない、というところが、代官（レットーレ rettore）を戴いていたコンタードと根本的に異なっている。徴税や司法・行政権力の行使において、シエナ当局以外に権限を持つものはいなかったのであり、シエナ当局の求めに応じて、「シンダコ（マッセ長／総代）」、「相談役」consiglieri、「条例」ordinamentiを定めたが、彼ら役人はいかに統治・行政するかを、直接シエナ当局に報告せねばならなかった。[22]コンタードへのガベッラ、また一般課税はマッセには及ばず、むしろチッタへの課税時（小麦のガベッラなど）にマッセも課税されるのが普通であった。

マッセは人口が多く、とくに南方と西方には、教会・修道院・施療院が稠密に建っていた。その街道は交通が密だし、商品の輸送路としても重要であった。そこで都市当局は、マッセについては、道路網の整備・改修・維持管理に非常に神経を使った。マッセの道路を発展強化させ、また守ることがシエナの〈公共善〉にとっても大切だと当局者が感じていたことが、「道路条例」*Statuto dei Viari* の諸条項からも窺われる。[23]

コンタードとチッタの中間ゾーンであるマッセは、元来はドゥオーモ付属洗礼堂の洗礼に従属するすべての領域、

すなわちドゥオーモの教会付き司祭（主任司祭）の管轄域ないし法人として理解される、ドゥオーモの聖堂参事会の財産を指していた。しかし次第に教会的意味から離れ、それとともに洗礼区とも範囲がずれていった。また一三三七〜三九年の条例では、「マッセ」との名称にかえて「コルティーネ」Cortine とも呼ばれるようになり、コムーネの行政区分を指示するようになったのである。(24) 要するに、法的・宗教的・経済的に、緊密に都市（チッタ）と結びついた郊外地区である。

ではコンタード contado はどうだろうか。コンタードは、チッタにとっての食料や自然の賜の補給地であり、また都市の産業を担う労働力の供給地でもあった。だから豊かなコンタードを所有し、そこを平和に守ることが、都市の発展につながるのであった。もちろん都市にとって、コンタードは軍事的にも大事な場所であった。つまり、そこを都市が完全に征服し服従させ、ライバルである他のコムーネへの防波堤として役立てることが、都市防衛上不可欠であったし、さらにコンタードは、チッタからの徴兵よりずっと多くの兵士を供出することを求められたのである。たとえば、一般に市民からは、せいぜい数百名の徴兵であるが、コンタードからは、数千人が徴発されることもあった。さらに、課税の対象としてもコンタードは意義が大きく、かなりの重税を課された。

中世では、都市（国家）たるものは、必然的にそのコンタードに主権（絶対的統治権）を及ぼさねばならない、そうした土地を持たねば都市とは言えない、と考えられていた。だが法理的には、本来コムーネは皇帝からその主権を委託されているだけ、ということで、皇帝はいつでもコムーネのコンタードへの主権を否認することができると解された。実際、皇帝の力が強く及んだ時期には、コムーネにコンタード支配権が否認されることもあった。だから都市にとってコンタードは、過去の歴史によって正当化された自然の領土、公権力をその上に及ぼせる空間であるとともに、これから征服すべき土地、あるいは不断に領有権を主張・保護しなくては守れない危うい土地でもあったのである。その領有権を脅かすのは、近隣のライバル都市であるだけでなく、皇帝でもあったのだ。

コンタードの土地というのは、もともと独立領主のものであるが、領主がシエナのコムーネに敗北し服従して、その忠実な家臣となり、彼の領主領がシエナ都市国家の一部となる。領主はさらにシエナ市民となって、一定期間シエナ市内に住むことを義務づけられる。するとやがて、コンタード全体へとシエナの主権が及ぶことになる。シエナ当局は、各領地に代官（レットーレ）を配置し、統治させる。代官を通じてシエナの公権力を発揮し、統制と保護を及ぼそうとしたのだ。しかし代官の中には、もともとのその領地（町村）の領主家系の一族が着任することがあり、彼が城に根を張って、その一族が勢力を伸ばしてシエナに反抗する可能性は、否定できなかった。それを防ぐための規定がいくつも設けられた[25]。

シエナは、フィレンツェはじめ他の都市国家のコンタードと接していたため、裁治権を守りそれを保全するために、代官のみに頼るのではなく、シエナ市民か外人の役人をコンタードに派遣することがあった。すなわち、ポデスタをそのファミリア familia（家中）の騎士や警備員とともに派遣したり、あるいはポポロ隊長を派遣することもあったのである。いわば巡察使としての役目だが、これには、人とモノを安全に巡回させて、また防備をしっかり固め、税制を保全する目途があった。

シエナにおいて、真に本格的なコンタードの領域的組織化ができたのは、十四世紀前半のことであった。それは、安全・保護の問題を解決するために、ポデスタに従属するコンタードの警察管区 distretto di polizia、および、代理区 vicariato が制定されたからである。後者はポポロ隊長に属しており、適切な人を――代理区隊長として――選んで兵役義務を配分させた。だがそれらができた当初は、両者ははっきりとは区別されておらず、用語上その他混乱があった。いずれにせよ、もともとはコンタードは三つのみに区分されていたが、あまりに人口が多いということで、一三三二年までには九ないし一〇の警察管区に分割され、それぞれが十一～四〇の共同体（村・町）を抱えることになった。警備・警察の役目は、ポデスタの「騎士」がはたした。つまり都市の警察に直属するチッタやマッセとは違い、別の種類の担当者が配されたのである。また代理区は、一三一〇年までにできたようだが、その代理区の隊長は、警察管区が「騎士」に任されていたのとは対照的に、シエナ人のポポロ階級の者が着任した。両方のコンタード分割については、一三三七年のシエナの条例に載っている。[26]

なお、次節で論ずる三分区は、マッセを超えて、さらにこのコンタードについても割り当てられていった。またコンタードは、ラテン語では comitatus と呼ばれる。この語は、ランゴバルド、カロリング期には伯領の意味でもちいられており、その後、都市の周辺の土地でその裁治権が及ぶところ、という意味に変化していったのである。また comitatinus はコンタード住民という意味であるが、シエナでは十四世紀になると、それに加えてコンタード市民（市民権を有するコンタード住民）をも意味するようになり、それはおなじ市民権保有者であっても、「シエナ市民」civis senensis とは対置された。

それでは、コンタードについて、より具体的な様相を眺めてみよう。シエナのコンタードとは、マッセの外部の、城砦・村・都市・小教区・修道院などである。多くのコンタードはシエナとおなじ裁治権に従った。つまり、そこにはコムーネの直接支配が及んでいた。シエナのコンタードは四五〇〇平方キロあり、南はオルチャ河を超えて、サン・サルヴァトーレ修道院とオルチャのカンピッリアまで、南東はアッソ河を超えてサルテアーノとキアンチャーノまで広がり、東はオンブローネ河を超えて、アレッツォ司教区内まで伸びていた。そして北はフィエーゾレとフィレンツェ司教区のところまで、西はエルザ河を超えてヴォルテッラ司教区内、南西はグロッセートとマレンマ司教区内にまで伸びていた。そして十四世紀初頭には一〇万人の人口を擁した。

ところで、フィレンツェなどのコムーネにおいては、コンタードのほかにディストレット distretto という領域範囲が設定されている。コンタードとは別の概念としてである。その場合ディストレットは、コムーネの政治領域に入ったもろもろの城や領地・都市のことだが、より近く緊密なコンタードの一部には属さずに、裁治権を別にしたまま従属する、つまり相互的で流動的な協約によって結びついた場所のことであった。[27]

だがシエナは、そのような町や村もコンタードと区別しておらず、ディストレットという呼び方はしていない。シエナの都市条例に出現する distretto の語は、コムーネに服従した領域、または行政区分という意味である。とはいえ、裁治権がチッタやコンタードとは別でありながらシエナと連合し、シエナによって管理されている都市は、シエナにもあった。たとえば、モンテプルチアーノがそうである。モンテプルチアーノは、法的には独自であるが、シエナと連合し、シエナに管理されていた。それは本来のコンタードではなく、シエナの裁治権および課税圧力から、多少とも離れて自由なままであった。ほかにもシエナに政治的に従属しながらも、コンタードの一部にはならないコムーネないし領主領が、いくつかあった。これは、双務的で流動的な協約・協定で定義されるゾーンで、一般にこうした同盟コムーネ・領主領には、貢租（地租）の支払いと、シエナ人の代官（レットーレ）任命が義務づけられていた。モンテプルチアーノなどは、フィレンツェの用語法で言えば、ディストレットということになろう。

こうした都市や領地は、本来、シエナにとっては、コンタードに統合されるべき場所と考えられていたが、フィレンツェやオルヴィエートといった敵対都市との間で、何十年間も、忠誠心に揺らぎがある不安定なところでもあった。たとえばグロッセートは長らく——十二世紀半ばから十四世紀半ばに——激しく揺れ動いた揚げ句、結局シエナのコンタードになった。グロッセートにとどまらない。シエナのマレンマ方向の境界域は帰属が不規則で四方に広がっており、コンタードとこの不安定で不明確な権力空間との間を、揺れ動いていたのである。

c　市域の三重構造——チッタ、テルツォ、コントラーダ

では、シエナのコムーネのもっとも中心をなす行政区域たるチッタは、どのような下位区分によって管理・運営されていたのだろうか。こうした下部の単位は、市民が政治・経済活動をするにも、あるいは軍事義務をはたす際にも、基本的な枠組みとなっていたし、人と人との日常のつながりが編まれる基盤でもあった。家族・親族そして隣組という、社会的結合関係とも密接な関連があるゆえに、とりわけ重要である。

三分区（テルツォ）

シエナの政治当局や市民には、「三分割」への偏執的なこだわりがある。それは、もともとローマ時代の集落を核として、街道沿いに新集落が付け加わっていく過程で、ちょうど逆立ちしたY字形に分かれた地勢区分が自然に作られていき、人々の生活上のつながりも、この三つの土地内部で密に編まれていったからである。

そこで、コムーネはこの三分割を市政にも生かそうとし、行政区としての「三分区」（テルツォ）ができたのである（図7）。三分区には十一世紀末から言及があるが、十二世紀後半に明確化し、はっきり名称が決まり規則化したのは十三世紀に入ってからのようだ。

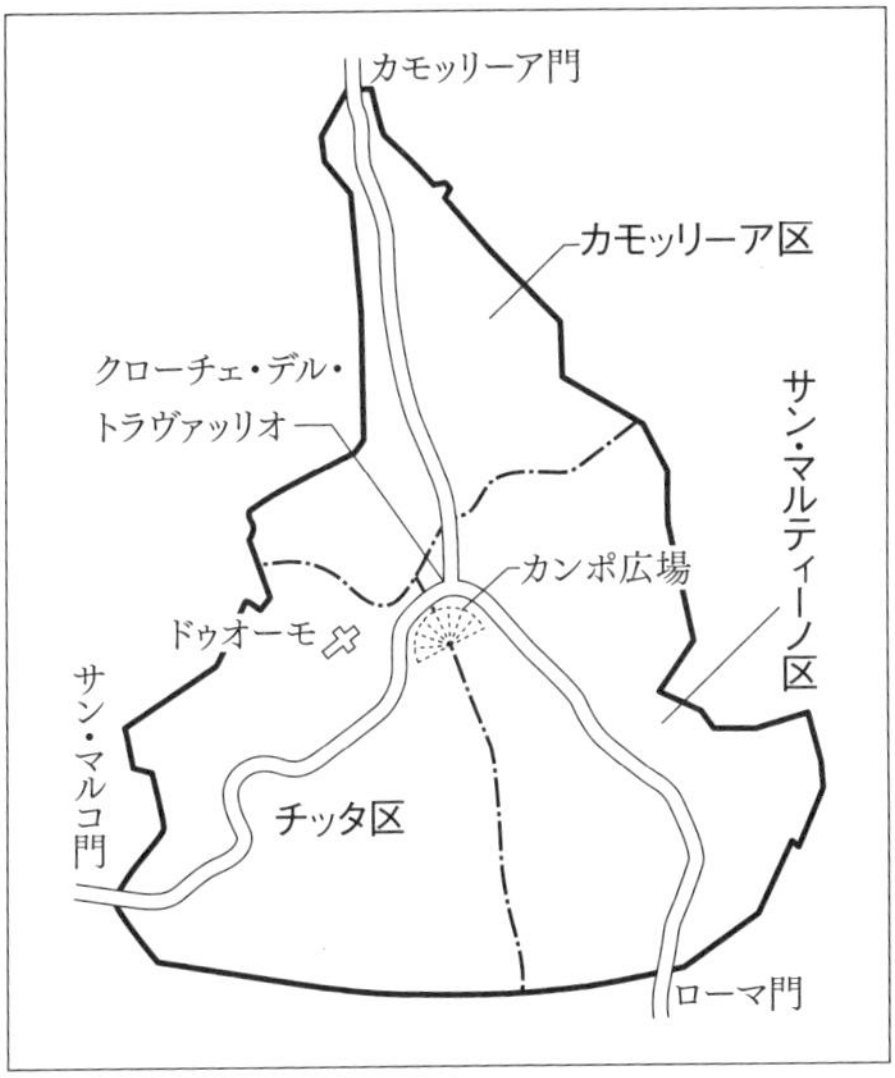

図7　三分区

三分区とは、具体的にはチッタ区、カモッリーア区、サン・マルティーノ区の三つである。カンポ広場のすぐ北の「クローチェ・デル・トラヴァッリオ」Croce del Travaglio と呼ばれる地点——バンキ・ディ・ソープラ通り、バンキ・ディ・ソット通り、チッタ通りの三街路の交点——が三分区の接合部となっている。三分区設定は、当初はおそらく軍事的要請から由来したのだろうが、一二六二年の条例ではすでに民事的区分となり、ますます土地に根づいた地区性を帯びていった。当条例では、この区分がまずもってもろもろの権限・権利・公共奉仕・役職などを配分する規準となっている。後続の都市条例でも同様である。

「チッタ区」は、「古シエナ」Sena Vetus つまり司教都市であった市街南西部の原初的なチッタに対応する地区である。ドゥオーモやサンタ・マリア・デッラ・スカラ施療院などの宗教センターが存在することが、この地区に特別な威信を与えている。

「カモッリーア区」は、都市中心から北の方に発達した地区である。フィレンツェ方面から直線的に南下するフランチジェナ街道の両脇に沿って古いボルゴができていったが、それらのボルゴを集めたまとまりが、このカモッリーア区なのである。一〇二八年および一〇七五年の史料には、すでに「カモッリーアのボルゴ」が語られている。重要な目印は、もちろん都市防衛拠点としてのカモッリーア門、それから市庁舎が完成する前、その中と前の広場で多くのコムーネの決議・法的行為が行われたサン・クリストーフォロ教会である。

「サン・マルティーノ区」は、おなじシエナ市内のフランチジェナ街道沿いだが、その南部を占めるサン・マルティーノの谷の地域に設定された。市域全体としては南東部に位置する。その名のとおり、そこには非常に古い歴史を誇るサン・マルティーノ教会がある。

これら三つの区は、すべて小高い丘を背にして作られていること、また主要街路を具えていることで共通している。そして皆カンポ広場——これはどこの三分区にも属さない——の凹面空間のまわりをめぐっており、それぞれの地区ごとにいくつもの街路・教会・塔・貴族の邸館などを擁している。そしてそれらの建築物が基準点となって、下部単位たるコントラーダ、リーラ（徴税区）、ポポロ区の範囲を決めていくことになる。

三分区は、もともと軍事的な役目から始まった区分であるので、その点から検討していこう。各三分区は一定数の兵士をコムーネに出さねばならなかった。徴兵は三分区ごとに割り当てられ、どの三分区もつねに、二〇〜六〇歳（ときには十八〜七〇歳）の男子市民をそのときどきに定められた人数、出せるように準備しておかねばならなかった。緊急時には総動員である。三分区は、内部が軍事コンパニーア＝コントラーダに分かれていて、その上部単位にあたるため、傘下の軍事コンパニーアつまりソキエタス societas を取りまとめる役目もあった。

各三分区では旗手長が指揮者として六ヶ月間任に当たる。徴兵者は軍事コンパニーアに組み込まれるが、十三世紀後半～十四世紀初頭には、各三分区四〇〇人ずつであった。[28] しかし執政九人衆は、軍事コンパニーア再編の後、一三一〇年から一三一三年の間に、各三分区四〇〇人から、一〇〇〇人ずつとし、計三〇〇〇人、さらにコンタードから五〇〇〇人、総計で八〇〇〇人が徴集されるようにした。[29] この徴兵目標数は、シエナを取り囲む情勢によって変動した。

地勢でのまとまりや一族郎党の集合、軍事的団結といったところから固まっていった三つの三分区は、たがいに利害が対立し、相互に妬みや対立が起きることもしばしばだったので、政権担当者は終始一貫して、中世末にいたるまで、三分区間の公平性に、神経質なほど注意を払ったことが目を引く。また身分間の紛争や党派争いによって、政権交代が幾度も起きたが、それでも「地理的公平性」については、なぜかつねに守られたのである。つまり「執政九人衆」時代なら、執政官は各三分区三人ずつ、「執政十二人衆」なら四人ずつ、というような内閣構成であった。この三分区ごとへの公平分配への配慮は、行政についてはは極小役人あるいは委員会の委員にまで行き渡った。

たとえば、総評議会などに参加する評議員は、もともと各三分区から同数で各一〇〇人で計三〇〇人。一三〇九～一〇年の俗語条例では、それぞれ五〇人ずつの一五〇人になった。また三分区各四人の代表がコムーネの歳入歳出をチェックし、おなじく各二人の代表がフォンテの監視・維持にあたる。そして各二人の代表がポデスタとともに共和国領域の監視と維持にあたる。[30] 道路管理のための委員も各三分区から三名ずつだし、[31] コンタード民が市民権にふさわしい義務をはたしているかを確認する役目も、三分区ごとに一人の市民が選ばれて、それぞれのコンタードと従属都市・地域に割り当てられた。[32] つまり、なんらかの公的な召集、選出が問題になるときには、三分区ごとに同人数を守ることが鉄の掟であったのだ。[33]

こうして、あらゆる役職は三分区ごとに平等・公平にそれぞれから同数出されたり、あるいは、順番にめぐってくるようになっていた。これは都市全体、市民全体に関わるものだけではない。アルテ（ギルド）規約にも、信心会の規約にも、さまざまな役職者選出規定に登場する。すなわちシエナでは、より小さな団体組織にいたるまで、公平性を確保するために、ほとんどつねに三分区から平等に役職者が出されるようになっていたのである。祭りや遊びさえそうであった。祭りや遊びは、パッションが噴出し、日頃の仲間意識・親愛感情が高揚し、確認できる機会である。だから、第2章cで検討するように、遊戯においても、三分区対抗試合になるケースが非常に多かったのである。

どうやら「地理的公平性」に注意を怠らなければコムーネの統合を損なうことはない、どの身分・党派が政権を担っても大丈夫だ、という不思議な公平感覚が、中世シエナ市民には染みついていたようだ。この地理的公平性が、〈公共善〉の精神のひとつの柱だったのだろう。

さらに面白いことに、ポデスタをはじめ、外人の役人は、三分区を交替で移動しながら住まなければならなかった。重要な役職者は、三分区を回遊する、と言おうか、おなじ三分区にずっと住んではならなかったのである。たとえば、ポポロ隊長は、一年ごとに三分区を移動して居住しなくてはならなかったし[34]、ポデスタは、前任者と違う三分区に住まねばならないという義務があった[35]。

また公証人や判事は、シエナの政治・司法・経済に決定的に重要な役目をはたす職業であったが、まさにそのためだろう、コムーネが判事の委員を選ぶときには、皆おなじ「判事と公証人組合」Arte dei giudici e notai に登録しているにもかかわらず、各三分区、同数を選ばねばならなかったし、また公証人は、自分の居住している三分区の仕事をすべきで、住んでない三分区の仕事まですることは禁じられていたのである[36]。

コンパニーアとコントラーダ

つぎはコンパニーアである。コンパニーアという言葉は、さまざまな結社・社団を指すのに使われる言葉だが、ここで扱うのは、軍事コンパニーアないし軍団 compagnia militare / societas である[37]。またコンパニーアとつぎのコントラーダは、ほぼおなじ集団を指す。それでも、コンパニーアが軍事的単位であるのに対して、コントラーダは民事的・行政単位である、というように区分できよう。

豪族（マニャーティ）を政権から排除して以来、コムーネの軍事は、基本的にポポロ（平民）が担った。当初、「騎士」のコンパニーア societas と「ポポロ」のコンパニーア societas が並立して、それぞれ騎兵、歩兵として都市の任を担い、各三人ずつの旗手 gonfaloniere を代表として有していたが、後期中世には、騎士よりも歩兵が都市防衛の主体となった。そして歩兵の母体は、平民（ポポロ）であり、市民兵とは、当然、このポポロたちから徴兵されるのであったし、そもそもイタリア諸都市で政権が統領政府を代表するマニャーティ（＝騎士）からポポロに移っていったのも、この軍制の変化と対応している。

ポポロとは、十八歳から六〇歳のすべての市民で歩兵隊を構成する者たちの謂であった。ポポロ構成員も都市の地理区分、先述の三分区ごとに分かれ、それがまたコンパニーア（コントラーダ）に細分されたのである。三分区が軍事組織として確立するとともに、より小さな単位の軍事コンパニーアが生じた、ということになろう。「シエナのポポロのコンパニーア規約」Statuti delle Compagne del Popolo di Siena によると、このコンパニーアに属すのは良き忠誠心篤いポポロで、シエナ市民であるべきだった。

コンパニーアの長が団長（レットーレ）で、三分区の旗手に服した。また三分区の旗手は、コムーネ軍の総帥かつポポロ党の首領でもあるポポロ隊長に従うことになり、ピラミッド型の命令系統ができあがっていたのである。コンパニーアの団長は三名の補佐（相談役 consigliere）に助けられる。またコンパニーアにも旗手がいた。役職者は三〇歳以上、六ヶ月任期であった。

彼らは、戦争時に武器を持って馳せ参じる以外に、市門と市壁の防護、市内の警護にあたり、市民生活の混乱を防ぎ、警察規則に違反する者を逮捕し、火事を消しに走り、またいくつかの公共事業・宗教的任務や他の仕事をこなした。これらは全ポポロに託されることも、あるひとつの三分区やコンパニーアに委ねられることもあった。危急時には、コンパニーアごとに体制を整えて出兵準備せねばならなかった。(38)

このコンパニーアの数は、十三世紀半ばには十八くらいになり、「水兵団」società dei marinai、「星団」società della stella といった名前のほか、「オヴィーレ団」società d'Ovile のようにコントラーダや小教区の名を名乗った。(39)

一三一〇年には「ポポロ隊長」の規約があり、このコンパニーアの制度の目的を定めている。(40)

興味深いのは、一三六八年十二月三〇日の、幾人かの市民による、新たなコンパニーア設定についての執政改革者衆への要求である。(41)

この要求が出されたのは、ポルタ・デル・ピアーノ・ドヴィーレのコントラーダが新設されたことが契機になっている。つまり、その市門とコントラーダを日夜監視する者がいないというのである。ピアーノ・ドヴィーレ地区は、七〇〇人を抱える二つのコンパニーアに隣接しているが、いずれもその管轄区域の端っこ――そこにピアーノ・ドヴィーレ門がある――まで行こうとせず、その門の警備にあたろうとしない。そこで、新たな一〇〇名の軍事コンパニーアを作ってくれ、と陳情し、その範囲をどこからどこまでと綿密に記載しているのである。

この史料からは、人口増加によって新たな地区が行政的にできても、かならずしも自動的に軍事組織が二重になったわけではなく、行政区・小教区としての細胞がまず最初にできていき、それが、軍事コンパニーアに再編される……、という経緯が窺われよう。

*

コンパニーアと（ほぼ）等しい都市区分がコントラーダである。コントラーダといえば、現在まで何百年もつづきシエナを世界的に有名にしている地区対抗競馬「パリオ」の出場チームの母胎であるが、それは公式には十五世紀半ば以降、市民遊戯の単位として確立されていった。しかしながら、現在のコントラーダの起源も、それ以前の中世にまでさかのぼることができる。(42)

コンパニーアの区域が行政的役割を持ち始め、とくに徴税単位として機能するようになると、それは、従来とは違った属性を多く備え、ときにポポロ区と重なるにいたる。だから、祭りの挙行組織としての隣組たる近現代のコントラーダ以前に、ポポロ区と同値されるコントラーダがあり、史料に頻繁に登場するのである。ポポロ区は教会の単位（つまり小教区）であるとともに、世俗の単位でもあって、しばしば教会の名前を取って、住民の宗教行事への参加の対象範囲になった。またその範囲の住民が、共通の問題（道路の平滑化・舗装など）を話し合うために、その教会に召集されることもあった。これに対してコントラーダは、本来、小教区内の行政単位であった。しかしシエナでは、ポポロ区とまったくおなじ意味でももちいられたので、事態はいささか複雑だ（図8）。

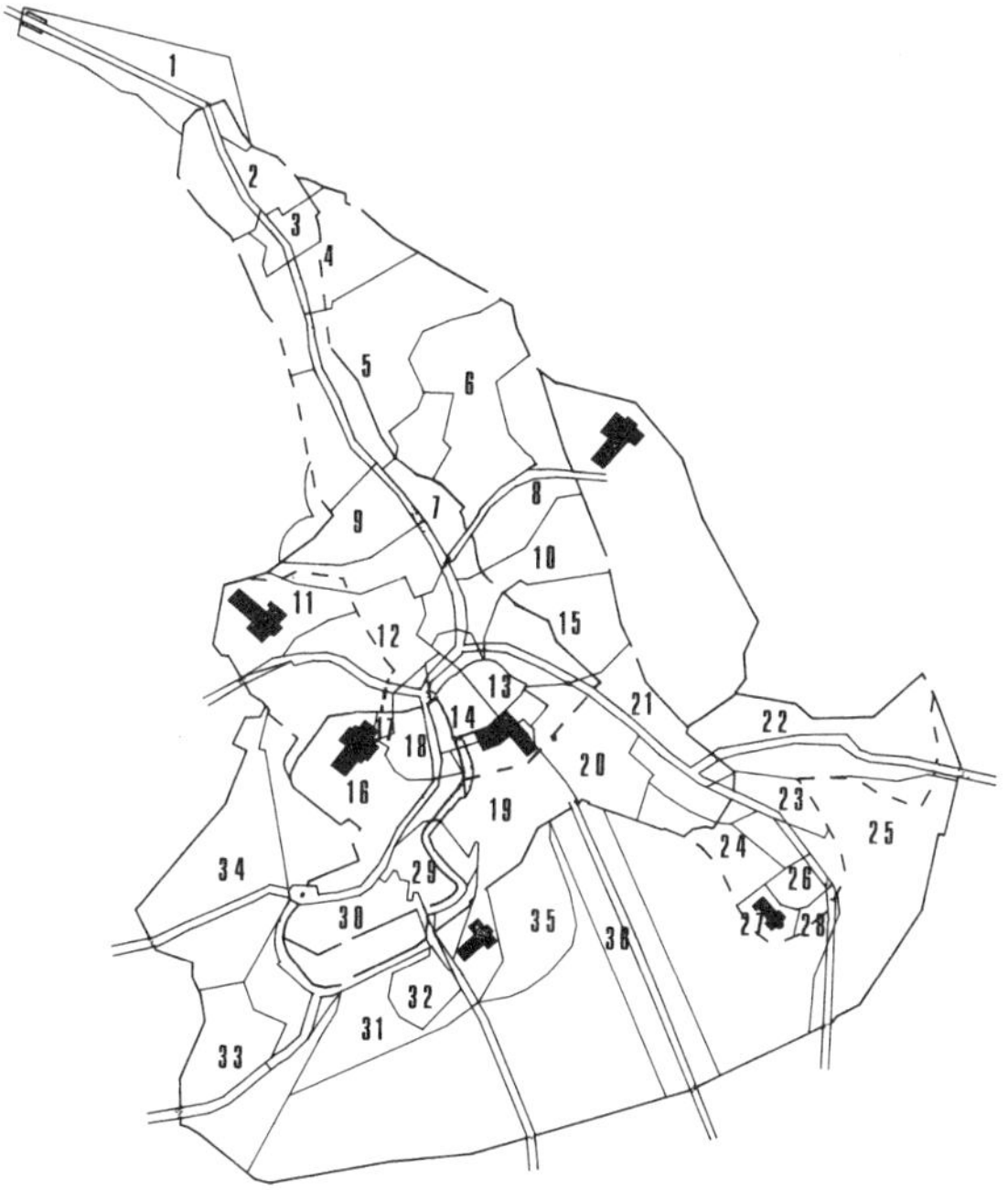

1 サン・バルトロメーオ区　2 マジョーネ区　3 サン・ヴィンチェンツォ区　4 サント・ステファノ区　5 サン・タンドレア区　6 アッバツィア・ディ・サン・ドナート区　7 サン・ドナート区　8 サン・ピエトロ・ア・オヴィーレ区　9 サン・テジディオ区　10 サン・クリストーフォロ区　11 サン・タントニオ区　12 サン・ペッレグリーノ区　13 サン・ピエトロ・アッレ・スカーレ区　14 サン・パオロ区　15 サン・ヴィジリオ区　16 サン・ジョヴァンニ区　17 サン・ジャコモ・アイ・カノニチ区　18 サン・デジデリオ区　19 サン・サルヴァトーレ区　20 サン・マルティーノ区　21 サン・ジョルジョ区　22 アッバツィア・ヌオーヴァ区　23 サン・マウリツィオ区　24 サン・ジュスト区　25 サン・タンジェロ・ア・モントーネ区　26 サン・クレメンテ区　27 カステル・モントーネ区　28 サン・レオナルド区　29 サン・ピエトロ・ディ・カステルヴェッキョ区　30 サン・クィリコ・ディ・カステルヴェッキョ区　31 サン・タガタ区　32 アッバツィア・アッラルコ区　33 サン・マルコ区　34 ラテリーノ区　35 ボルゴ・ディ・サン・タガタ区　36 ボルゴ・ディ・サンタ・マリア区

図8　14世紀のコントラーダ（ポポロ区）

コンパニーアとポポロ区の両者は、きまった領域を持ち、その中でそれぞれ自分の領分の裁治権を発揮していた。両者の違いといえば、ポポロ区はある小教区教会の司牧に服す全住民を含んだが、軍事コンパニーアは家長のみ、という点にあった。[43] ポポロ区と小教区がしばしば一致したのは、十一世紀に司教らの支配下で、住民がまさに地区教会や礼拝堂に集まって、共同利害に関わる問題を議論した慣習が存在したからだろう。

行政単位としてのコントラーダ（ポポロ区）は、シエナ社会の制度的区画の最小細胞である。コントラーダは、小教区教会や街路や住んでいる豪族、あるいは泉や市門などからその名前が付けられた。地理的な区画であるとともに当該地区の「家族」の集合体でもあり、シンダコ（区長／総代）が代表した。それは軍事コンパニーアに対して民事的な領域を表し、課税や強制公債に連帯責任を持ち、都市警備や街路の維持、街路・フォンテなどの清掃、他の奉仕にあたった。区長と彼を補佐する相談役は、住民自身が選んだ。区長はコムーネから給与をもらい他の役人、複数の団長（レットーレ）と伝令 balitore、および財政や公共事業担当（道路・泉・橋などの維持管理にあたる）の役人に補佐された。彼はコントラーダの生活が正しく規律あるものになっているかつねに目を光らせ、犯罪・違反を告発し、道徳を監視する任務を負った。

移民がふえて新街区（ボルゴ）ができていくと、そこに新たなポポロ区＝コントラーダが設置されるのは、当然の流れであろう。たとえば、かつてのカモッリーアのボルゴは、十三世紀の間に三つのポポロ区（サンティ・ヴィンチェンツォ・エ・アナスタージョ区、サン・ピエトロ区、サン・バルトロメーイオ区）に分かれていった。

こうしたコントラーダ（ポポロ区）における社会生活は、それぞれ主要な「家門」によって牛耳られていた、という事実を見落とすべきではあるまい。シエナでは、有力家門の多くが特定の地区にまとまって住み、その地区を地盤として、塔のある館を中心に一族郎党（コンソルテリーア）が活動したのである。[44] これらの家門は、大きな建物を所有し、それを店舗、借家・借間として貸し出し、地区のパトロン・顔役となる。コントラーダは、都市のさまざまな行財政の単位ともなるが、役人の選出、租税割り当て、軍隊徴募などに際して、こうしたパトロンの意向は無視できなかったであろう[45]。一例を挙げれば、カモッリーアのサン・ピエトロのポポロ区は、バンディネッリ家の邸館がそびえている広場から始まり、この教皇アレクサンデル三世を生んだ家系がとり仕切っていた[46]。

ポポロ区の数は、もともとチッタ三分区とサン・マルティーノ三分区が十二ずつ、カモッリーア三分区が十一で、計三五であったが[47]、一三一八年には三八、一三二七年には五九にふえている[48]。その五九の三分区別内訳は、チッタ区が二〇、サン・マルティーノ区が二〇、カモッリーア区が十九であり、一番多いポポロ区では、家長人口が六〇〇人近くということである。しかし、ペストで人口が大幅に減ったため、一三四八年以後は、ポポロ区の数は従前の三八に戻っている。すなわちチッタ区が十四、サン・マルティーノ区が十二、カモッリーア区が十二である。また前述のように、コントラーダはもともとポポロ区／小教区と同義だったが、十四世紀になると、場合によってはポポロ区よりも小さな領域を指すようになった。

十二世紀末ないし十三世紀初頭より、聖母マリア被昇天の祝日（八月十五日）には、蠟燭と貢租をドゥオーモに奉献する慣行ができたが、シエナ住民は、コントラーダごとにまとまって捧げに行く慣習があった[49]。政体がつぎつぎ交替しても、都市内外で戦争がたえずとも、もっとも安定していたのが、地域・地区組織たるコントラーダであり、すでに述べたそれらを包括する三分区（テルツォ）であった。長年住みついた一族やその郎党たち、親戚筋が固まり、また職業的にも同業者が集まるなど、このコントラーダ／ポポロ区においてこそ、もっとも濃厚な社会的結合関係が編み上げられたのであった[50]。ある職業の割合が多いことがままあったとしても、コントラーダには、非常にさまざまな身分職業の人が集まっていたことも疑いない。だから貧富の差や職業の違いを超えて、儀礼や遊戯にコントラーダ単位で参加し、多大のエネルギーを注いで、地区の連帯を確認・誇示したのである。ちなみにコントラーダが「徴税区（リーラ）」と呼ばれることがあるのは、コムーネによる資産評価台帳（リーラ）がコントラーダごとに作られ、それが徴税区としても機能したからだろう[51]。

最後に、コントラーダ／ポポロ区ができていき、それが住民の連帯の枠組みとなるさまを、オヴィーレ・ボルゴについて観察してみよう。[52] このボルゴについては、前節bでその形成過程に触れたが、十三世紀後半からは、羊毛組合関係者が多く住みついた。上述のように、十三世紀の間に二つのポポロ区、つまり「上のサン・ピエトロ・(アド)・オヴィーレ区」と「下のサン・ピエトロ・(アド)・オヴィーレ区」ができ、それらはまったく異種の細胞として別々の特徴を備えるようになっていった(後世のコントラーダの「キリン地区」Giraffa と「芋虫地区」Bruco に対応する)。

一三七五、八四、九四年のリーラ(資産評価台帳)によると、この地区には、さまざまな職業の者がいたことがわかるが、毛織物業者とそれに関連する羊毛加工関連業の労働者の多さが際立つ。また五人の旅館経営者がおり、これはフランチジェナ街道に近いことと、バディーア Badia(修道院)近くに貧民救済所(孤児院)があったことによろう。また十一人がサリンベーニ家に属するが、それはやはりバディーア近くにサリンベーニ家のカステッラーレがそびえていたからである。ドナート地区には何人かの貴族・市民・有力職人がおり、また「下のサン・ピエトロ・オヴィーレ区」には、石工の下働き・靴下屋・錠前屋・樽屋・箍《たが》造り・古鉄屋 ferrivecchi・蹄鉄工・鍛冶屋・刃物売り・食料品屋・洗濯屋など、より貧しい労働者がいた。[53] ほかに、多くのマンテッラーテ(ドミニコ会第三会所属の俗人女性たち)がいたことも注目される。

シエナの地区住民の結束は固い。その結束の固さの要因は、概して、古くからの隣人づきあいということであろうが、その上に、その地区の親分として、軍事・行政を差配している豪族たちとその一族郎党の支配力が加わった。またおなじ職業の、とくに貧しく、搾取されていた労働者たちが集まっていた地区では、そうした職業によるつながり、および共通に耐えている抑圧的状況が、強い連帯感を生みだしているのである。シエナでは、サン・ピエトロ・オヴィーレのような地区は、労働者階級が結束して、ときに暴力に訴えても生活を向上させ悲惨から逃れようと、親方衆に対抗した。それは、隣組(コントラーダ)という地区団体と、職業集団、さらには家族・親族関係といった、それぞれ異なる原理での社会的結合関係のメンバーが、実際は重なり合っていたことによっても、連帯の力を倍加させた（後述の一三七一年の叛乱）。

なお、この、おなじ地区に住む貧しい民衆たちの強烈な仲間意識については、第3章bで、より具体的かつ十分な証拠とともに示されるであろう。

d　市民と非市民

中世都市において、政治的・社会的権利・義務を決める第一の規準が「市民権」であった。市民であるかそうではないか、十全な市民か不完全市民か、そうした相違によって政治参加や社会的な分限が異なり、当局が思い描き、政策遂行する上での役割においても別々の「駒」となった。ひいては、それは市内における人と人との関係にも影を投げ掛けたことだろう。そこで本節では、「市民」と「非市民」について考えてみたい。

市民権

十四世紀初頭のシエナ。周囲七キロの市壁の内側、およそ五〇ヘクタールに住んでいたのは、五万人足らずの人口だったと考えられている。だが、ある程度正確に把握できるのは、世帯主たる「市民」とその「家族」の数のみであり、後で論ずる「劣等市民」や「外人」すなわち「資産評価台帳」に登録できないほど貧しい者や宗教者・ユダヤ人・外人・奴隷・徒弟・奉公人らの数は、推測に頼るしかない。正確な人口を算出するのは、とても不可能であろう。

では、シエナなどの中世都市において、正規の「市民」というのは誰を指したのか。誰が市民で、誰がそうではないのかは、一見するほど容易に峻別できる問題ではない。市民権は、誰がどうしたら得られるのだろうか[54]。市民とは、「決められた財産を持ち、市内に定住し、租税や防衛など、都市への他の奉仕をはたしうる者」と、まずは定義できよう。都市の共通利害を守る、という〈公共善〉の原則に忠実な（はず）の者であった。

都市条例によると、「市民」とその「家族＝妻・子供」は、人格と財産を都市コムーネによって守ってもらえるのであり、[55] しかも戦争での怪我・病気の治療費は無料で、身体障害者になり仕事ができなくなったときなどには、一生保護を受けられた。[56] そのかわり、市民たる者は、さまざまな義務を負った。なかでも納税義務と従軍義務が最重要の義務だった。市民権を有する者とは、市民軍に徴集されうる、二〇〜六〇歳の男子であったし、一二六二年の都市条例にはすでに、騎馬奉仕 cavalcata で積極的に奉仕をしない者は、政治生活から排除される、つまり完全な市民の列から転落することが定められている。[57]

当然のことながら、都市を取り巻く環境は刻々と変化していったので、新たに市民権を得ようと考える者、そしてしかるべき手続きを踏んで市民となる人の数は、時期により大きく異なった。年により数百人のこともあったが十人以下のこともあった。

シエナの都市条例では、シエナ市民になるには総評議会に請願書を提出し、評議員の三分の二の賛成が必要だと定めている。[58] その後はじめて、ポデスタが市民を受け容れたのだ。だが新市民はその際、二つの義務・条件を負った。それはすなわち、数日ないし数ヶ月以内に、財務府（ビッケルナ）の長官（カメルレンゴ）と四収入役に税（＝保証金一〇〇ソルド）を支払う義務（一二九六年に決められた規則）[59] と、保証人の（新市民が一年以内にチッタかボルゴに一〇〇リラ以上の価値ある新築家屋を建てるという）呈示（または文書での建築約束）であった。また資産評価台帳への登録も義務づけられた。義務がはたされないと、当局により家屋の二倍の罰金を科された。[60]

新家屋を建てる義務は、架空の購入契約を防ぎ、また市内の建物群をより良いものにするためだった。都市の整備、都市美の実現に、市民一人ひとりを参加させようというのである。当局は、新市民に家の建設予定地をあてがったり、家を建て永住する者への免税や特権付与で、市民権取得を後押しした。たとえば一二四六年にはシエナのコンタード外から来て新市民になった者に、十五年のインムニテート（免除特権）を与えた。[61] 一二六二年の都市条例の第四部七四項と七五項には、都市の発展、市民の増加を目指した市民権付与の条項がある。[62] ただしインムニテートを与えられた者でも、兵役と馬保有の義務は負った。

新市民は特別の課税台帳に登録され、家族と一緒に（一年以内に）シエナに住むことが求められた。市民の息子は、市壁内に生まれればすぐに市民権をもらえる。また毎年四ヶ月は居住し、直接税（ダツィオ）は、市民になってからは当然支払いつづけねばならない。以上の諸義務から場合によって免除されるのは、(1)公共のためになる医者や法曹家、また教師、[63] (2)都市にとって有益な大商人、(3)特別の市民権が付与されている貴族メンバー（コンタードの土地の征服に役立つ）、の三カテゴリーの人物である。なおこの(3)は、コムーネが貴族を服従させつつ報いる手段であり、まだ彼らの土地がコンタードに含まれてない場合には、その併呑の足掛かりになった。

シエナにおける市民権授与は、その際の念入りな儀礼によっても際立っている。申請者はあらゆる条件を満たした後に、ポデスタの前に出頭して、帽子を被らずに跪く。するとポデスタは、細い棒を申請者の頭におきながら「シエナ市の真の合法的な市民になりなさい」と言うのであった。[64] これが、封建的な臣従礼と非常によく似ていることはすぐにわかるし、バルトルスら十四世紀の法学者たちも、両者を比較していた。いわば主君になったポデスタが新市民を――家臣として――受け容れて保護する、という儀礼的表明であろう。かようにして新市民になった者には、シエナ市民はすべからく友好的であるべきで、彼は、火と水を拒否されず、隣人らは、黙って挨拶すべきではなかった。[65]

「市民」の中にも格差があり、古株と新米はおなじ扱いではなかった。一二六二年の条例では、政治・行政職、特別委員会メンバー、評議会メンバーなどに選ばれるには、三年間は市内に住まないとならないとされたが、[66] 一三〇九年の条例では、一〇年以上の永住市民としての居住に規定が変更された。[67] ただしシエナの裁治権に属する地域で生まれた者（コンタードから来た者）については、五年でよいとされた。[68] 一二六二年の条例でも、ポデスタや財務府長官（カマルレンゴ）の書記になるには、一〇年居住が求められた。[69] また総評議会に参加するためにも、チッタかコンタードの民で、一〇年間ずっと市民として居住することが要求された。

だが市中に住み、事業を営みながらも、故意に市民権を手に入れようとしない者も多数いたことを、看過してはならない。彼らもシエナの住民であることに変わりはないのだが。たとえば父親が市民で自身も税金を払っていながら、自分らは市民ではない、と申し立てる者もいた。[70] すでに別の都市の市民であったり、あるいは、シエナ市民としての義務をはたしたくないからだろう。たとえばフィレンツェ人のターノ・デッリ・インファンガーティは織物商人だったが、シエナに住んで税金を払って一〇年以上たった後、はじめて市民権を申請した。おそらくアルテ入会に、市民権所持が必要だったからだろう。逆に商人たちが、二重市民権を外部都市で求めるのはよくあることだった。それは輸入税を免れたり、その地の商人組合とその裁判所の保護を受けるため、あるいは、戦争や外交的紛争の際に、彼らの故郷の都市に向けられた経済制裁（報復＝rappresaglie）を回避する手段であった。[71]

そもそも実際には、大半の市民権請求は、すでに市域に住んでかなり時がたった者によって行われた。つまり市内での経済的・社会的基盤をある程度固めてから、ということである。なかには、二五年も住んでから、はじめて請求するというケースもかなりある。

市民の義務をはたさない者、とくに直接税、ガベッラ（流通税・消費税）や罰金を払わない者は市民権を失って、それだけで「外人」として扱われた。資産評価台帳に登録されて直接税を払わない者は、総評議会議員ほかの役職に選ばれなかったし、[72] また彼は、民事裁判で自己弁護したり、刑事裁判で都市の司法官の前で市民としての申し開きをすることもできなくなった。罪を犯したり追放刑にあった者、他人の金を持ち逃げした者も同様に扱われた。その場合、家族の連帯責任ということで、息子も市民権と居住権を失った。[73] だが、負の財産（債務不履行）ゆえに追放された者は、お金を債権者・財務府に払えば、ふたたび市民になることができた。[74] 市内に家を建てずに他人の所有する家を自分名義で建てたことにするまやかしがはびこり、それを防止するため市民になって一〇年間（のちに六年間になった）は毎年一回ポポロ隊長が査察する、との条項が、一三三三〜三九年の都市条例にある。[75]

申請者の中でも、敵対するコムーネからやって来て市民になりたい者は、優遇されることが多かった。たとえば一二九二年には、マレンマ地区とヴォルテッラの司教管区からシエナに来て市民になりたいと希望する者たちに「敵対地への報復」――犯人とおなじ出身地の者への連座制――からの免除が確認された。この規定はまた、一三四三年の商人組合の規約では、家族とともにシエナのチッタまたはコンタードに住みに来たすべての「外人」に広げられた。

ただし、シエナの市民権を新たに得ようとする者の大半はコンタード民であった。シエナにかぎらないが、後期中世では農村の土地の多くが都市民の手中に握られるようになると、富は都市に集中し、農村には小土地所有者・保有者が減り、プロレタリアや半プロレタリアが多くなる。こうして農村危機が起きたこともあり、周辺農村の農民たちが、都市のより良き生活に憧れてやって来るのである。

コンタードの住民はもともと不完全ながら市民権を有していたとも言える。[76] これは「森の市民」cives silvestresという身分である。コンタード民は、従来より、余所者、外人とは別の扱いを要求していたが、コンタードに留まっている住民にも、「外人」とは異なるさまざまな濃淡の権利、いわば不完全市民権が与えられていたのである。都市当局も、しばしばコンタード民に、市内に移住して「正規の市民」になることを奨励している。義務・権利・保証に関しては、十全な市民権を持つかどうかで、大きく変わってきたからである。コンタード民が正規のシエナ市民になる際の優遇措置として、コムーネへの直接税支払いが、一定年数免除されたりすることがあった。

コンタード住民は、市民になるために、シエナの旧市壁の外だが新市壁の内に、新たに家を建てるケースが大半であった。それはもともとボルゴであった地区であり、その際の家の建築方法や大きさなどが、法律で綿密に定められている。[77] 家が建てられる土地も、賃貸ではなく所有であるべきだった。これは都市当局が、移民を利用しつつ都市整備、都市計画を推し進めようと狙ったからであり、また農民が都市中心部にまとまってやって来て住みつくのを防ぎたいがためでもあった。第3章bで詳述するが、シエナでは十四世紀前半に、サン・マルティーノ三分区のボルゴ・サンタ・マリアの土地への移民を促す施策が採られた。[78] この都市南東部に、コムーネは土地を買って整備し、そこにコンタードからの移民を集住させれば監視しやすくなる、との目論見であった。

ところで、市民権を得たコンタード出自の農民は、家族とともに市内に永住しなくてはならないが、（小麦などの）収穫とブドウ摘みの時期は、農村にもどることが許された。[79] ただしそれらの時期以外で市内から離れざるを得ないときは、家族を市内に残しておかねばならないとか、一年に四ヶ月は市内に住まねばならないとか、都市から年三ヶ月以上不在ではいけない、などの決まりもあった。[80] しかし、市内居住義務は条例に明記されていても守られないことが多く、コンタード民は、コンタード市民となっても、家族とともに農村に住みつづけるケースが稀ではなかった。農村の自領に住んで自給自足している者は、なんらのガベッラも払わないことになるので、都市当局としては、是非とも防ぎたい事態であった。夫や父に従わずコンタードに残っている家族については、その分の財産の資産評価は、コンタードで行うべきだとされた。[81]

シエナ市民になったコンタード民と、古くからの本来の市民は厳密に区別された。またあるコンタード民の兄弟が市内に永住し、正規の市民権を持っていることは、そのコンタード民には有利にならないし、息子の市民権が父に有利に働くこともなかった。[82] 彼らは自身、公証人によって台帳に登記されねばならず、名前と出身土地がそれに明記され、それをもとに課税登録される必要があった。[83] このようにいささかの差別を受けながらも、農村からやってきた移民でもうまく立ち回れば、活動舞台を見出して、都市の高級な役職に就くことができた。コンセンサスを追求する政治システムが、こうした新来者に有利に働くことがあったのである。

ではここで、具体的にコンタードからの移民動向について見てみよう。十二世紀末～十三世紀初頭に農民が都市に大挙して押しよせる大波があった。コンタード住民や主人から逃げた農奴が農村を離れ去って、都市にやって来たのである。一二六二年の都市条例には、一〇年永住すれば誰によっても農奴とか小作農として返還を要求されえない、という条項もある[84]。

これらの条項は、当局がコンタードからの移民を奨励しているように読める。だが、この初期の時期には、同時に、大挙して来る農民を制限する動きもあったことを見落としてはなるまい。というのも、十三世紀の八十年代までは、政権は封建領主の手にあったのだから。そこで、農村の領主たちの反発を抑えるために、「主人から逃げてきた」« fugientes a dominis eorum » 農民は、市民になれなかったのである[85]。一二〇七年のシエナでは、一二〇四年までさかのぼりうる法律として、逃亡農民を市民として受け容れることの禁止が制定されていたし[86]、市民＝領主の小作人が町に移入するときは、少なくとも一戸あたり三人の男が農園上に留まるべし、その証拠を示さないと、認められない、と定められていた[87]。この条項は、後に四人の労働力のうち二人は都市に移れる、というように緩和された[88]。条例を無視する逃亡農民には、厳しい制裁が科された。彼の農園（土地への権利）や動産が領主のものになってしまったのだ[89]。しかしながらその場合でも、一部、所有することもできた[90]。こうしてこの時代には、農民とその領主、双方の痛み分けのような状況だったと考えられよう。

手工業が未発達なシエナは、コンタードからの農民の移民をあまり必要としないようにも思われるが、しかし善良にして良質の人間を引き入れることは、都市の発展にとって無意味ではなかった。そのためポデスタは各三分区ごとに二人の「善人」buoni uomini を任命し、選ばれた善人たちは、コンタードの一〇〇人の住民のリストを作った。それは「より良く、より高貴で、より富んだ者たち（……）、その人物の人格や富の卓越さ、若々しさを考慮して」であり、選んだ者たちを強制的に永住させ、一年以内に家を建てさせた[91]。これはコンタードから良質な——とくに財政的観点からだろう——要素を、都市に持ってきてくれるということで、その財力により商業活動、そして都市建築に貢献してもらおう、という算段であった。人口をふやして経済も活性化させる、との願いもあった。平和で発展した美しく殷賑な町、まさに〈公共善〉の理想に適った都市にするために、シエナ当局は移民政策を利用したのである。

まとめてみよう。シエナではフィレンツェやボローニャのように、コンタード住民に自由と市民権を、当初は積極的に与えるのではなく、いささか制限する傾向にあった。一時的には開放政策をとって、農民に門戸を開いたこともあったが、十三世紀の後半になると、農村の領主であるシエナ市民の土地収入を気にして、市民権の授与を制限することがあったのである。

だがこうすることでシエナ当局は、封建領主との戦いにおける有効な武器を自ら放棄し、私的な土地所有者の利益のために、都市としての主権を低減させたのではないだろうか。それは、シエナに居を構えながら、農村に広大な領地を所有して勢威を誇る大家門たちの恣の行動、とりわけ市内の平和・安定を脅かすヴェンデッタ（一族同士の血讐）を許すことにもなったのだから。

ただ十四世紀になると、人口が伸び悩み、とりわけ十四世紀半ばの黒死病で激減したため、労働力確保や都市荒廃を避けるべく、当局はふたたびコンタードからの移民への市民権付与に積極的になった。どんな者でもコンタードあるいはその外からやって来て永住市民になりたい者は、ポデスタから歓迎された。ヴォルテッラやマレンマからの移民も、そのために厚遇された[92]。市民に従属する農民が市民権を得ることも認められたが[93]、それはこの時期における市内の職人の急増や、産業の発展と関係していよう。すでに一三三三年には、コンタードからの移民に課税減額の決定がなされており、またそれまで移民が市民権を取るときに義務であった家屋建設が、必ずしも義務でなくなった。そのため農村部などからの移民は、ペスト後の一三五一年に頂点を迎えた[94]。人口が激減してふえてしまった空き家を、市当局としては、なんとかして減らしたかったのであろう。

さらに後期中世には、シエナに住まずに農村部や別の町（たとえばコルトナ）に居を構え、シエナと往復しつつ、市民権を要求する者（商人）もいて、それがしばしば認められた[95]。不在のままの市民権請求は、商売の幅を広げたり、出身都市とシエナとの関係ゆえだったりする。一三三七〜三九年の都市条例では、コンタード民以上に外人が優遇されている。すなわち外人がシエナ市民になるための税金は一〇リラだが、コンタード民は財産比例の額で、一リラあたり六デナーロ、最低でも二五リラだったのである。[96]

しかしこうした市民権獲得奨励策や、条件の大幅な緩和にもかかわらず、市民権を得ようとする者は、十四世紀後半の混乱と騒乱・経済的危機の時代には、大幅に減ってしまう。G・ピッチンニによると、十四世紀に市民権を要請した八七二人のうち、七五%が世紀前半であり、一三七〇年以降は二%にすぎないのである。[97]

劣等市民

その都市に生まれ育った者たちが、皆「市民」となれるわけではない。住民ではあるが、市民権を十全に持たない者はいくらもいた。女性・子供は、父・夫の保護下にあるのであり、自身で「市民権」を得られるわけではなかった。女性は、もし他の都市の男性と結婚すれば、自都市の市民権を失い、夫のそれを有することになるのは、あらゆる法学者が述べているところである。[98] かくて女性は、自身で「市民」の資格を得られず、夫の付属物といった趣であった。

課税台帳に載らない、貧しい者・賃金労働者・従者・奉公人・召使いも「市民」としての権利と義務を行使できなかった。前項で述べたように、「税」の支払いこそが、市民権を得る最重要の条件であったから、貧者は貧しいというだけでそこから除外されるのである。貧しい者は、いわば〈公共善〉を担うことができず、せいぜいその受け手になるか、さもなくば、排除される対象になるか、であった。

しかし、女性や子供のような、市民権を有する夫や父親の保護に与る者や、貧しいがために市民の資格を得られない者以外に、とくに差別される、劣った都市住民がいた。マルジノーとしてまとめられる者たちである。[99] 〈公共善〉の理想と、具体的なもろもろの社会的結合関係との関係を考える際にも興味深いので、彼らの状況を瞥見してみよう。

① 娼　婦

最初に取り上げるのは、娼婦である。[100] 一二六二年の都市条例によると、娼婦は都市内での滞在は許されたが、トラブルを引き起こすような性的関係を持った場合は滞在を禁じられた。ポン引き（女衒）はすべて追放された。彼女・彼らを泊めた者は一〇リラの罰金である。娼婦は教会から二〇〇ブラッチャ（約一二〇メートル）以遠に住まねばならず、その範囲以内に泊めた者は二〇ソルドの罰金を科された。その二〇〇ブラッチャ違反について、ポデスタが口頭か文書での告発を受けると、役人に正確な距離を測らせて、その密告を本人に通達後、一日滞在ごとに二〇ソルドの罰金、家の所有者にも一〇ソルドの罰金を科した。[101] 一二八七〜九七年の都市条例や一三〇九〜一〇年の俗語都市条例でも、娼婦やポン引き・泥棒・博打打ちらを滞在させる便宜を図った者への罰が定められ、また各コントラーダの区長は、違反者をポデスタに告発すべきだとされている。[102]

一二九八年にはペルッツィ門からサンタ・マリア・デイ・セルヴィ教会にいたる範囲、またオヴィーレ門からカンパンシ門にいたる線のところに娼婦がいてはならず、違反者は二〇ソルド、または一ヶ月の入牢の刑を科された。[103] これは、托鉢修道会などの教会がいくつもある、聖なる区域だからだろうか。一二八七〜九七年や一二九六〜一三三四年の都市条例、一三〇九〜一〇年の俗語都市条例にも、同様な規定がある。[104] すなわち、サン・マウリツィオ門外の橋や、ペルッツィ門、あるいは掘割近くのヴァル・ディ・モントーネ門などから、サンタ・マリア・デイ・セルヴィ教会まで、そしてそこからサン・レオナルド教会の街路の範囲にはいかなる娼婦も止まってはならない、またそこからサン・ドメニコ教会までもダメである、などと定められている。

一三〇九〜一〇年の条例ではまた、娼婦は執政九人衆の家から二〇〇ブラッチャ以遠に住むべし、さらに他のコムーネ公共建築からもおなじだけ離れるべしとされた。この禁令は、男女のポン引きにも妥当した。なお、ここでは娼婦とは五人の良き証人によってそう判断された者だ、と規定されている。[105]

娼婦や女衒への禁令が効果を発揮しないので、一三一〇年六月九日の総評議会決議では、良俗監視の役目を大監事giudice sindaco maggioreに委ね、彼に最大の恪勤をもって規定を守る任務を課した。しかし事態がなお改善しなかったので、すべての娼婦と女衒の追放を決めた。こうして、〈公共善〉の敵であり、平和や風紀を乱す娼婦やその関係者の排除を狙った都市当局は、罰則強化で対応しようとしたが、それでもどうしてもうまくいかなかった。一三二三年には、義務不履行の大監事への罰を二倍にするとともに、チッタおよびボルゴの住民に、自分の家などに娼婦や女衒を受け容れ、匿うことに厳しい罰金を科し、すべての娼婦と女衒の追放をふたたび決めた。

それのみならず、三分区ごとに三人の「善人」を選出して、都市およびそのボルゴの外に、娼婦が住んでも良さそうな場所を熱心に調べ当てさせ、とりわけ市壁外の修道士や修道女の生活場所を考慮して選定する任務を彼らに課した。そして適当な場所を見つけたら、大監事は、すべての娼婦と関係者に常にそこに住むよう命じなくてはならなくなった[106]。これはたしかに市内から遠く離れた場所に娼婦地区を選んで住まわせるという政策で、一種の赤線地帯の設定と看做せよう。

こうした赤線地帯の設定は、若者が、滾るような性欲に溺れてより悪しき道に走らないようにするための政策転換であった。やがてそれをいっそう推し進めるべく、当局は、娼婦宿の直接経営に乗りだした。これはイタリア諸都市のみならずフランスやドイツなど、他国の諸都市でも見られる事態である。シエナでは一三三八年、コムーネは娼婦宿を賃貸するための費用を払っている。ここでも几帳面に、各三分区ごとに一軒ずつ借りているのである。しかし後になって、おそらく管理・経営費用がかさむために、市庁舎の裏手、ヴァル・ディ・モントーネの一軒に統合した[107]。だがそれはカンポ広場に近いところなので、そこに通う若者が恥ずかしがることを懸念する政治家もいたという。

こうして娼婦らは、市内での「営業」をいちおう認められたものの、身持ちの良い堅実な女性と混じり合わぬよう、識別マークが強要された[108]。服装や帽子・髪型、ネッカチーフや腕などにつける布切れ、自由に出歩いてよい日や場所については、各都市でさまざまな規定があったが、シエナでは、「模様入り黒革靴」«aluptas stampatas»を履くとともに、吊り革にリボンで鈴を結んでつねに持ち運ばねばならなかった。また一度に二人を超えて歩き回ってはならず、夜は火の点いた松明を持たねばならなかった。

②奴　隷

つぎは「奴隷」についてである。[109] シエナでは長らく、奴隷は存在しないか、ごく稀とされていた。しかしG・プルナイが古文書史料をより徹底的に渉猟した結果、かなりの家庭に奴隷がいたことが明らかになった。

初期中世の農村世界には、王侯や貴族・教会・修道院などの大土地支配者と、自由な小土地所有者がいたが、小土地所有者は徐々にその土地を大土地所有者に接収されて、自由民ながら賦役義務を負う小作農となる傾向が強まっていった。他方で、古代の奴隷の流れを汲む農奴が、イタリアのみならずヨーロッパ中にずっと存在していた。彼らは領主に仕え、農作業・職人業・家畜の世話などを務めとする、移動の自由のない不自由民であった。こうした農奴は、盛期中世の流動性の強化の過程で解放され、その数は減っていく。

後期中世の奴隷は、そのような農奴とは別の由来を有している。イタリア都市で多く利用されたのは、オリエントからの奴隷であった。イタリア諸都市とオリエントとの貿易が活発になると、その「商品」のひとつとして、奴隷の輸入が盛んになったのである。異教徒はそもそも異教徒たることによって自由ではないから、奴隷にしてかまわないし、またより開明的な土地に連れてきて洗礼を受けさせ、カトリックの懐に導くのは良いことだとの、後のアフリカや新大陸への帝国主義的な侵略を正当化する身勝手な文明化の使命が、そこには早くも兆していた。

シエナの奴隷も、オリエントや黒海沿岸などから、ヴェネツィア商人を介してやって来て売買された者たちである。一括りに「タルターリ」tartari と呼ばれる人種の奴隷には、いろいろな出身者が含まれていて、モンゴル系とその親近の人種、すなわちカフカス人・トルコ人・ブルガリア人・ミングレル人・ロシア人・グルジア人などのほか、さらにギリシャ・アルバニア・カンディア・イストリア・ダルマチア・チロル・ボスニア・ハンガリア・スラヴォニアの奴隷もいた。シエナ人が、ヴェネツィアやジェノヴァで直接売買して手に入れた奴隷が、後期中世には数の上で一番多かったようだが、その実態はよくわかっていない[110]。

シエナ市内でも貴族の家、とくに商業に携わっている家では、大半が奴隷を所有していた。奴隷の義務は、契約期間中、ずっと主人とともにいて彼に仕え、主人が命じた仕事をこなし、彼の財産を守り、盗むことなく、また他人がその財産を盗むのに合意することなく、自分が手にしてしまった主人のものを返し、契約期間終了前に逃げないこと……、などである。

一二六二年の条例では、ポデスタは、コンタードから都市内に居住しにやって来た者を保護せねばならないが、その者たちの奴隷はその保護対象にはけっして含まれない、としている[111]。男奴隷は完全かつ無制限に主人に服従すべきで、さまざまな肉体労働を課された。また主人には「処罰権」potestas puniendi があって、矯正のために奴隷を叩いても許された[112]。

本来、ローマ法では、奴隷にはなんらの法人格もなく、債務について合法的に契約できず、売買・贈与・取り引き・契約・担保（抵当）の提供・裁判への出廷などの法行為を、自分の名前ではもちろん、主人の名前でもすることができなかった。すべてこうしたことの責任は、主人が負った。だがシエナでは、奴隷たちはまったく権利がなかったわけでも、非人間的な扱いを受けていたわけでもないことに注意しよう。奴隷の中には、十三世紀初めからある程度の権利を持ち、自身で不動産の賃貸借契約・請負契約を結ぶことができた者がいるし、そうした契約書もシエナ国立古文書館に残っている。またシエナでは、奴隷の証言は、なんらの制限なく認められた（ローマ法では、奴隷の証言は、拷問なしでは認められなかったのに）。

主人は奴隷への報酬を、金銭・食料・衣服で支払った。ときには、金銭や物資のかわりに別の形で優遇して報いることもあった。たとえば、公証人ピエトロ・ディ・ネーリ・ディ・マルティーノは、十五歳の子供を奴隷として雇ったが、食料と衣服を与えるほか、初等教育、読み書きを習わせた。シエナの奴隷たちが peculio servile（ペクリウム、特有財産、主人から奴隷に与えられる財産）をもらっていたかどうかは不明だが、おそらく原則禁止でも、もらっていた者もいようし、主人の遺言で、とりわけ女奴隷は、贈り物・報酬とともに、ペクリウムを設定されることもあったようだ[113]。

奴隷の数がふえると、シエナの法制も変えねばならなくなる。一三五五年十月十六日には、コンパニーアの長たちとアルテの組長（レットーレ）たちの集会で、「善き思慮深い男たちの委員会」una commissione di buoni e prudenti uomini が厳かに作られ、都市の良き平和な状況とコンパニーアと全コムーネの防備のための対策を講じることになった。この委員会は規定の中で、奴隷だけでなく、元奴隷や元下僕やかつての芸人たちも、少なくとも一〇年以上隷属的な身分を離れてからでないと、政府の役職に選ばれない、と定めた[114]。一三六六年にも、「賢明で思慮深き市民」savi e prudenti cittadini を任命し、この件について法制化を進めさせた[115]。今残っているのは断片的であちこちに散らばった規定のみであるが、この一三六六年の法規は、奴隷の逃亡についても気遣い、本人・共犯・保護者などに厳しい罰則を科している[116]。この厳しさはローマ法と蛮族法から由来した。シエナのあらゆる役人が逃亡奴隷を徹底的に捜索し、見つけたらすぐにもとの所有者に返さねばならなかった。

では、奴隷の子供の身分はどうなるのだろうか。シエナの法制では「帝国慣習」mos imperii が有効で、それによると奴隷の父と「自由腹から」ex libero ventre 生まれた子供は「自由人」つまり他者によって人格ごと所有・支配されることのない人間となったが、当初、逆の組み合わせの場合はそうでなかった。しかしやがて奴隷の母と自由人の父との間の子も自由人となった。だが後者のほうは、かならずしも徹底していなかったようで、母（奴隷）が解放されるときに、はじめて子供も解放されて自由になる例が「奴隷解放」の規定では多い。両親とも奴隷から生まれた子は、生まれながらに奴隷であった[117]。

男奴隷は、奴隷同士で、あるいは奴隷と市民との間で、しばしば暴力沙汰をおこした。性格の良い男奴隷もいるにはいたが、反抗的な者・無能な者もいて、いくら主人が口うるさく指図し厳しく咎めても、奴隷の能力・モラルは簡単には改善されなかった。そこで、一般に男奴隷よりも従順な女奴隷のほうが好まれた。女奴隷たちは、子守・乳母・子供の遊び相手になるほか、よりきつい労働もこなした。女奴隷のいない家はない、というほど、普及していたようである。しかし当然リスクもあり、買ってから悪い性格や病気が判明することもあった。また若い女奴隷は、男性の性欲の対象となりやすく、それは奴隷所有者にとっての「損害」につながった。他人の女奴隷との肉体関係が厳しく罰せられたのは、そのためである。これは奴隷が妊娠して働けなくなったり、出産で死んでしまって「財産」が奪われたりすることがあるからである[118]。もし出産で欠損したら、関係した男は三分の一の罰金、死んでしまったら全額罰金、息子が生まれたらその子は父親の身分に従うことになった。

このように奴隷は、多くの家庭に入り込んでいたのであるが、十五世紀末になると、ようやくシエナでも奴隷は衰退し、販売価格も高騰して、それは大貴族たちの館の贅沢な所有物となっていった。奴隷は、広い意味で「家族」の一員でもあるので、第2章aでふたたび話題としよう。

③ユダヤ人

第三に取り上げるのは、世俗社会においてだけでなく、宗教面でも特別視されたユダヤ人である[119]。シエナには小さなユダヤ人共同体があった。そして彼らは、遅くとも十三世紀からは独自の「規約」を持っていた[120]。一二二八年にはユダヤ人のフェッラブオイという男が、市民軍の一員として戦っている[121]。一二三〇年には「ユダヤ人グイド」Guido iudeus が、コムーネの総評議会のリストに姿を見せている[122]。一般に他の諸都市では、ユダヤ人は政治的権利をまったく与えられず、公的役職にも就けなかったし、学校経営や教育の仕事もできず、食品・新調服や金銀細工商品なども商えなかったので、これは珍しいことだろう。

シエナのユダヤ人については、十四世紀からはより明瞭で継続的な史料上の証拠がある。一三〇二年には、ユダヤ人の賭博胴元 giudeo barattiere への支払いが記録されているが、彼はシエナのコムーネに服し、都市の街路で泥棒たちを鞭打つ役目を負った[123]。また一三〇九年には、ユダヤ人が自分たちの公証人を持っていたことがわかる。また同年、幾人かのシエナのユダヤ人の金貸しは、サン・ジミニャーノのコムーネに対する利率を定めた[124]。十四世紀前半には、法外な利息を取るキリスト教徒の金貸しがあったので、政府にとってもユダヤ人のほうがましなくらいだった。ユダヤ人が金貸し業を営むためには、政府の許可を得て、また適当な保証金を国庫に払わねばならなかった。

次章で詳しく述べるが、シエナには銀行業を営む多くの貴族家系がいた。ピッコローミニ・サリンベーニ・キアラモンテージ・サラチーニ・アンジョリエーリなどの家門である。だが共和国の経済が沈滞し、フィレンツェに優位を譲ると、これらの家門も銀行業を縮小し、その空隙にユダヤ人がかなり多数活動するようになる。それはとくに十四世紀後半から顕著になった傾向のようである。[125]

金貸し業を活発化させたからだろうか、長らくユダヤ人が寛容に遇され、キリスト教徒と平和的に共存していたシエナでも、十四世紀前半からは――とくに下層民の間で――ユダヤ人が差別・憎悪され始め、黒死病の責任を転嫁されるなどして迫害が起きた。だが、ヨーロッパの他地域に比べれば、さほどひどいものではなかった。

それでも一三八四年五月には、ユダヤ人が主要街路の居住地から遠ざけられた。キリストへの信仰をバカにする彼らは、都市の美しい地区からは離れているべきだとされ、ユダヤ人らはクローチェ・デル・トラヴァッリオからポルタ・アッラルコ porta all'Arco までのフランチジェナ街道から追い出され、またカンポ広場に近接した他の街路からも遠ざけられたのである。ただし、ほかのところでの居住は許可された。[126] ここではまだ、道徳的モチーフ(ないし都市の名誉や美への侵害)による排除のみで、それはまさに賭博場経営者や娼婦に対するのとおなじだった。

一方、当局は、経済危機の時期には、追放の脅しとともに強制公債をユダヤ人に課した。たとえば一三九一年六月、財政難を補うために、強制的にユダヤ人に融資させたのである。[127] これは、フィレンツェとの協定を選ぼうとするトロメーイとマラヴォルティによる叛乱時の措置だったが、都市当局は反対に、ミラノ公のジャン・ガレアッツォ・ヴィスコンティに服することを、この三月に決めていたのである。

十四世紀末期からは、宗教的な理由、嫌悪にもとづく隔離や差別が昂進していき、またそこでは、説教師の反ユダヤ人言説が大きく作用した。たとえば聖ベルナルディーノなどは、ユダヤ人とくに高利貸しは、善きキリスト教徒の仇敵だと声高に説教したものである。ルネサンス期には、フランシスコ会の説教師の影響で、ユダヤ人を公的生活から追いだすのが原則となって、一四二九年二月二〇日には、シエナの総評議会も寛容策をやめて差別策を採用、一〇年後には識別マークも強要されることになった[128]。

いずれにせよ、イタリア全体、ヨーロッパ全体から見れば、シエナにおける明確なユダヤ人差別は、二〇〇年も遅かったことになろう。それまでは、経済状況や民衆の気分に合わせて、認可・譲歩と、嫌がらせ・苛政を交替させていたのである。奴隷に対する態度にせよ、ユダヤ人に対する対応にせよ、シエナは、他都市に比べて「寛容」な時期が長かったとの評価も可能だろうが、この点で、あまり特別視する必要もないだろう。

④病　人

最後に病人である。一二六二年の条例では病者、なかでもライ病者は都市に住めず、二マイル以上離れることを命じられた[129]。患者はそこの穴蔵・家・掘っ立て小屋、その他の場所に住まねばならず、その規定が守れないと、ライ病者が住んでいる家の所有者が一〇〇ソルドの罰金を課された。一二六二年の都市条例では、患者はテルツォーレのサン・ラザロのライ施療院ないしコルポ・サント Corpo Santo のライ施療院に住むべし、と規定されている。その他の場所では、匿った者に罰金が課され、さらに各三分区ごとに三人ずつ一年任期で、市内のライ病者を追放する委員が定められた[130]。そしてシエナ市民のライ病者は保護されるが、外人のライ病者は聖週間以外は追放されるという、内外の区別・差別も設けられた。一三〇九～一〇年の条例でも、テルツォーレのライ施療院とコルポ・サントのライ施療院に棲んでいるライ病者以外は、都市から二マイル以上離れて住まねばならない、と規定された[131]。

さらに望ましくない追放すべき人間の列に、盲人と四肢切断刑を受けた者が数えられる。一二六二年の条例には、犯罪を犯して四肢切断された者は、犯罪前に市民でなかったならば、シエナのチッタやボルゴに三日以上は住んではいけない、との規定があったが[132]、十三世紀末から十四世紀初頭には、そこに盲人も加わり、市の外の市門近く一マイルの範囲に入ってはいけないし家に匿ってもいけないとされ[133]、さらに一三八九〜九八年の条例では「盲人と四肢切断者は都市に留まれない」quod ceci et mutilati non possint stare in civitate とある[134]。ここでも時代が下るにつれ、差別が助長されたのである。

十四世紀末期以後、ユダヤ人差別が加速したのと合わせて、犯罪の烙印を帯びたり、穢く欠陥人間たる者たちが排除される傾向にあることが、公的な法制からは窺われる。つまりこれは、〈公共善〉の、いわば受益者になりうる者がかぎられていた、あるいは〈公共善〉が積極的に排除しようとしていた住民が多数いる、そうした傾向が中世末にかけて昂進していったことを示している。浮浪者・乞食もそのような者として排除されていくだろうし、貧しい労働者たちは、団結して立ち上がることがたまにあっても、彼らの境遇、政治的権利はなかなか改善しないだろう。これらは、共和政期のポポロによる支配体制の限界でもあり、また〈公共善〉理想が、あらゆる住民たちにとっての「善」ではなかったことを、雄弁に物語ってもいる。

外人

中世都市において、「外人」forestiero というのは、別の国の人間というだけでなく、そのコムーネに属さないすべての者がそう称された。「外部者」とでも訳したほうがよいかもしれない。シエナにやって来る外人・余所者とは、旅人、とりわけ巡礼者であり、また商人であろう。他都市の市民が、さまざまな用事で来ることもあろう。彼らはどんな法的な身分を持った（あるいは持たなかった）のだろうか[135]。

外人問題は、イタリア諸都市においては、あらゆるレベルで流動性が高くなった十二世紀以降、とりわけ十三世紀から先鋭化した。従属都市、コンタード住民の行き来が激しさを増したが、本来の外人もそうであった。一時的滞在者、永住に近い者、行ったり来たりを繰り返す者、さまざまな種類・レベルの「外人」がいた。

都市条例などでは、しばしばforensisとforetaneusを区別している。前者はシエナの裁治権下のコンタード民だが、後者は本来の「外人」で、シエナの裁治権に属さない者である。ただ外人でも、市内やコンタードに所領・財産を持つ者は直接税を払うべきだったし、税金をコムーネに支払うかどうかで、司法当局による保護の多寡が異なった。外人が市民権を取るのは、すでに述べたようにさほど難しくなかったが、かならずしも皆が市民権を取得しようとしたわけではない。

外人が市民と争うときには、通常不利な条件におかれ、権利を制限されたり、罰則が重いなどの差別があったし、とりわけ市民家系の女性と外人が結婚するときの嫁資についての制限、また商売をするときの制約が大きかった。とくに「外人」を脅かしていたのは、報復（＝同郷人連座制）の規定であった。つまり、シエナ市民がある外人による金銭詐欺、貸し金の不返済や他の犯罪の被害に遭ったとき、おなじコムーネや領地出身の別の外人が、その被害に遭ったシエナ市民から捕らえられたり強奪されても、それは合法とされたのであった（もちろん逆にシエナ人がこの報復＝連座制に脅かされる場合もあった[136]）。また外人なのに、家族で移り住んで長々と滞在しているのはけしからんと、課税を強く求められ、マッセやコルティーネ住民とおなじようなガベッラの支払いを命じられることもあった[137]。要するに、「外人」であることは、つねに不安定で危険にさらされている、ということでもあったのだ。

それでは、働き手としての外人について、まず検討してみよう。シエナに仕事のためにやってくる外人には、商人、労働者、兵士、芸術家、博士・学生、司法官などいろいろな身分・職業の者たちがいた。一般に、都市の「名誉」につながり、〈公共善〉に資する外人は、優遇される傾向にあった。

商人らは、たえず取引のためにやって来た。一二六二年の都市条例には、小麦・ワイン・オリーブ油などの食品類を売りにやってきた外国商人は、シエナ領域中でその身体と財産が「救われ保護される」salvetur et custodiatur——彼自身が盗人・文書偽造者・略奪者・追放者・シエナ市民の債務者でなければ——とされている[138]。とりわけ十五世紀になると、地域の行商人だけでなく、遠方から外国の、あるいは遍歴の商人が多数シエナ地域に来るようになる。彼らもガベッラを支払う義務があったが、さまざまな手段でなんとかその支払いを逃れようとした。

肉体労働者については、D・バレストラッチが研究している。彼によると、もっとも牽引力があり多数の労働者が外部から流入して来たのは建設工事関係で、他に鉱山業も多くの労働者を必要とした、ということである。もちろん、もう少し専門能力の必要な職業でも、外人がやって来て働いた。十四世紀半ばには、移住して来た「親方」が、シエナのほとんどすべてのアルテにいた。[139] こうした遍歴職人たちは、アルテに入り、市民生活により一体化するべく、今度は市民権を取ろうとする。だが、アルテにより、外人受け容れ制限のきついところと、緩やかなところがあった（第2章b参照）。

兵士・傭兵はどうだろうか。一三〇九〜一〇年の都市条例には、市の警護のための護衛兵は、一〇〇人がコムーネの支出により雇われるべし、との規定がある。[140] こうした市の外部からの雇われ兵士は、一種の傭兵だが、彼らは市内の政治生活に容喙することは厳格に禁じられていた。いずれかの党派に付くことが禁じられたばかりか、党派やあるクランに属することを示すシンボルや標章をひけらかすことさえ禁止された。[141]

市の防衛は傭兵だけでなく、コムーネの兵力ももちろんその任に当たった。そこでは上述の軍事コンパニーアの市民兵やコンタードの歩兵のほか、騎士（貴族）たち、さらには弩兵が重要で、あらゆる戦闘に活躍した。弩兵は、元来、各三分区から一〇〇人ずつ出て、それぞれ百人隊長が指揮した。他にしばしばマッセから、さらに補充が必要なときには外人も雇われた（傭兵）。一三七〇〜八〇年代には、弩兵隊は軍の通常の単位となり、傭兵の弩兵にはかなりの高額報酬が支払われることもあった。彼らは、危険が迫ると市庁舎の上や市門や市壁の各所に配置された。[142]

しかしシエナは、傭兵には助けられるよりは、逆に非常に苦しめられるケースのほうが多かった。一三四二年から一三九九年まで、傭兵隊によって少なくとも三七回襲撃されたが、それは、シエナには豊かな町との外見があったからだろう。またフィレンツェと教皇という、もっとも傭兵を雇うことの多かった両雄に挟まれ、さらにちょうどよくフランチジェナ街道沿いに位置していることも災いした。政権と対立する者が不満を抱いて傭兵隊に流れるケースも多かったが、市当局はなんとかそれを防ごうとした。そして呪われた部隊に入ると市内やコンタードの者（マニャーティ）は叛乱者とされ罰金を科されたのである。だが制裁はかならずしも一貫せず、より緩和した政策を採用して、亡命者・追放者を罰金減額を餌に呼びもどしたり、追放令を解消したり、強力な豪族らに、悪しき傭兵隊や無頼の徒と戦うよう促すこともあった(143)。

画家や彫刻家・建築家も、優秀な者は各都市から引っ張りだこで、シエナでも自都市に招き寄せようと高給を約束するだけでなく、都市での諸義務を免除したりした。たとえばドゥオーモの建築を主導したニコラ・ピサーノとドゥオーモ造営局長の間の一二六六年の契約書が残っている。そこでニコラとその弟子たちについては、契約期間中は（造営局長が彼らを）「上記の仕事期間中は、あらゆる物的・人的奉仕から解放しまた解放されるようにするだろう」とされている(144)。また、三人のフィレンツェ人彫刻家に、ポデスタと財務府長官および四収入役が、一二七一〜七二年、市民権を付与するという総評議会の決議がある(145)。さらにニコラ・ピサーノの息子にも、市民権付与とあらゆる課税免除特権が与えられた(146)。

芸術家以外にも、コムーネに役立つ人物だと外人でも特権が付与され、優遇された。それは医者・教師・法学者などだが、市民権授与の条件緩和に加えて、財政・法律上の優遇措置（家屋購入免除、軍役免除、さらに家賃免除など）が授けられた。十四世紀にシエナでもっとも多く市民権を得たのが知識人で、この世紀に登録された全市民権請求者のうち十七％が、法曹家と公証人であった(147)。

まず医師について見ていけば、医者は、都市でとりわけ有用な人士と考えられており、彼らに市民権を与える動きは十三世紀後半から見られる。ピエトロ・ダ・ピアチェンツァは、その医学知識が有用とされて、一二八六年に市民権を付与され、その際、あらゆる租税、そしてとりわけ軍事的性格の奉仕義務を十五年間免除された。彼は家族とともにシエナかその郭外区 sobborghi（つまりマッセ）に住むよう、厳かに誓わされた。またシモーネ医師は、シエナ市民権を認められたので、規定の一〇〇ソルドを払い一年以内に綺麗な家を建てるよう努めた。そしてドメニコ・ダ・キアンチャーノ医師は、医術にすぐれ学識豊かで、シエナ市民らに感じよく親切に接してくれると評判だったので、彼とその子供には、特別に「元来の生え抜きの市民」originales et domesticos cittadini としてのすべての恩典・特権・インムニテートを授け、さらには家屋を建て市民権税を払うという義務を免除する特別の法令を発することにした。[148]

ついで学生・教師はどうだろうか。子供たちに読み書きを教えるため、そして学校を開くために、シエナの裁治権の外からやって来た外人でシエナに滞在する者らには、シエナ市民同様の人格・財産への保護が約束されたし、兵役・軍事義務が課されない、という優遇措置があった。[149]

教育機関の中でも、もっとも重要な教育機関は、言うまでもなく大学であった。[150] 大学の栄えは、都市にとっての名誉と福利につながるが、その教育の失敗は、恥であり不名誉なので、優れた教師・学生がシエナに集まるよう、都市当局は切に望んだのである。[151] そもそもシエナでの大学成立は、外的要因に拠った。一三二一年にボローニャでのある事件をきっかけに、教師・学生らの短期的移住があり、彼らの一部がシエナにもやって来たのである。

シエナ外からシエナにやって来た教師や学生は、市当局による優遇措置、すなわち報復に対するインムニテート、安全保障、安全通行証、裁判特権、軍事的・市民的義務やさまざまな課税からの免除などが提示されるとともに、住居や教室の準備が進められ、その結果、シエナには外国の学生が数多く集合したのである。[152] シエナでは、自由学芸の高等学校 scuole superiori di artes は、遅くとも一二四〇年にはコムーネの援助を受けて存在したことが確認されているが、その後、コムーネからのより積極的な財政援助を受け、教師と学生が組合としてまとまり、その資格が法的にも整備されて、十四世紀半ばまでに「ストゥディウム・ゲネラーレ」つまり大学ができたのである。一三五七年に皇帝から大学認可の勅許状を得たシエナ大学は、コムーネが管理行政や大学生活まで自ら監督しようとした点で、際立っている。

できるかぎり優秀な教師や学生に来てもらうために、シエナでは使者を他の都市に派遣してシエナ大学を宣伝し、リクルートした。市民権を優先的に認める以外にも、引っ越し費用や宿泊費、家屋・学校の建設費などでも補助した[153]。十五世紀までの調査では、教師の一部は北イタリアから、だが大半は中部イタリア出身者だった。ウンブリアとマルケが多く、これら二州はまた長期にわたってシエナに教師を供給した。トスカーナも供給地だったが、興味深いことに、宿敵フィレンツェ出身者はけっしていなかった。シエナとそのコンタードからももちろん教師は来た。十四世紀には、法学・医学・算術などを専門とする外部の著名教師が来てくれた。だが十四世紀後半の厳しい経済・社会状況で、徐々に外人教師は後退していった。

シエナでは、教師（と大学生）は特別なカテゴリーとなっていった。十三世紀と十四世紀初頭には、すべての教師は外人だったが、その給与はさほど高くなかった。やがてシエナ人も教師になるようになると、外人の優位が際立てられ、彼らの給料は上がっていった。高給以外にも、外人教師にはシエナ市民と同様な特権授与が提示され、ときにシエナ市民以上の扱いを受けることもあった。もし彼らが侮辱されたり傷つけられたり殺されたりしたら、犯人はシエナ市民への加害の場合と同等の罰を受けた[154]。いや、被害者がシエナ市民のとき以上の罰則を加えられることさえあったのである[155]。

シエナ市当局は、外部の学生も住居を提供するなどして保護した。シエナでは、とりわけドイツ人学生の存在がよく知られている[156]。一二六二年以来、一連の都市条例では、学生が被害にあったときには保護されるように、その安全が一貫して保証されつづけた[157]。彼らは永住市民 cives assidui とおなじ権利を持つ者とされたばかりか、彼らを「報復」の対象とした市民には、やがて被害にあった学生への賠償以外に、五〇〇リラの罰金が科されるようになったのである[158]。だが学生の優遇措置は、規制措置と対になっていたことも忘れないようにしよう[159]。

法曹家はどうだろうか。十三・十四世紀には、農村部から都市部に公証人と判事が数多くやって来た。外人の判事および公証人は、二五歳以上でないと選出されず、三分区それぞれ一人ずつの民事担当と刑事担当の外人判事と、市全体に一人の未成年者・被後見人担当の判事、さらに財務府の判事などがいた。一三〇九～一〇年の都市条例には、それぞれの職務についての規定がある。[160]

外人判事は誰も、職務にある間、市内またコンタードで市民ないしコンタード民と食事してはならないとか、総評議会の許可なく勝手にシエナを去ってはならない、という条項があるなど、生活上の制約はいろいろあったが、[161]それを補うように、そうした者たちには、しばしば一定期間インムニテートが与えられて優遇された。ときにシエナに判事として長年仕えた者など、外人からシエナ市民になった者でも、一〇年間の税免除や官職への選出権が授けられ、古くからの出生の市民であるかのように遇されることがあった。[162]

旅人・巡礼としての外人はどうだろうか（商人については上述した）。

旅人はごく一時的な滞在者であるので、なにか問題を起こさないかぎり、思いのままに振る舞えた。外人は、平時なら市門が開いている間は自由に町にやって来られたのだが、ときに制限があった。たとえばサリンベーニ家とトロメーイ家の争いが激しかった十四世紀初頭、アレッツォ市民らが司教の指揮下にトロメーイ家を助けにやって来るという噂が立った。そこで混乱を恐れた執政九人衆は、ただちにシエナにいる外人すべてを退去させ、また誰も新たに入って来ないよう、掟を破ったら足を切る、との命を下した。アレッツォ市民に関する噂は根も葉もないものとわかり、それでこの通達はもう有効でなかろうと勝手に判断した数人が、仕事・取引のために外からやって来た。しかしあいにくポデスタはそのようには考えておらず、六人を逮捕させた。そこでポポロが蜂起して大混乱になった。その結果五人は解放されたが、一人は見せしめということもあり、秩序を乱した罪で斬首され、その死体が窓から投げられ、頭は銛に付けられて広場の群衆への晒しものとなった。[163]

ほかに興味深い外人として、アルメニア人がいる。[164]

西欧におけるアルメニア人の存在は、キリキア Cilicia にアルメニア人国家が成立したこと（一〇八〇年に君主国、ついで一一九九年にアルメニア王国）と、十字軍が関係している。十字軍では、情報提供や実際の支援をしてくれたアルメニア人と西欧人の関係は良好で、キリキアのアルメニア人と西欧の王侯との通商も活発であった。レヴォン豪華王 Levon il Magnifico（在位一一八七～一二一九年）と英仏君主との親交はよく知られている。十二世紀からイタリア各地で、アルメニア人共同体がその数をふやしていく。すなわちアルメニア商人と、アルメニア修道士の団体である。そしてローマ教会は、この共同体と直接的で安定した関係に入ることになる。

十三世紀半ばから十四世紀初頭には、宗教的性格の戦いと迫害が起因となって、東欧およびイタリアに入ってきたアルメニア人がいた。そして各地にアルメニア教会の修道会組織が創られた。この修道会はかなり堅固で中央集権的な組織を持ち、短期間にイタリア各地に広まったが、その支部がシエナにもあった。シエナでは一三〇九～一〇年の都市条例ではじめて、はっきりと「アルメニア修道士」frati Armini として記載され、十四世紀前半の史料でもいくつか言及されている。[165]だがその条例以前に、すでに都市に定着していたのだろう。というのも十三世紀半ばには、彼らの名前を採用した軍団が知られていて、「アルメニア団」Societas Erminorum と呼ばれているのだから。[166]そしてアルメニア修道士は、一三五六年には総長 priore generale の下に統合して聖アウグスティヌス会則とドミニコ会の規約を採用した。典礼はアルメニア語を保持しつづけた。彼らは徐々にイタリア化して重要性を失い、一六五〇年に修道会は廃止された。

最後に、政治的なレベルでの特殊な余所者がいる。まずポデスタである。[167]ポデスタについては、序章bで説明した。ポデスタに仕える判事や他の司法官も外人である。一二六二年の都市条例では、ポデスタとともに、二人の思慮深き賢明な外人判事が、各三分区一人ずつの「善人」boni homines による協議で、総評議会において選ばれるべきこと、またその義務や報酬などが記されている。[168]

ポポロ隊長も、執政九人衆時代は外人だった。彼は直接九人衆によって選ばれ、九人衆に従属していた。しかし執政十二人衆時代になると、ポポロ隊長は本来のコムーネの役人となり、シエナ市民から任命された。彼は六ヶ月ごと、三分区の交替で選ばれるようになり、さらに後には、非常な威光輝く市民が選出された。

ポデスタやポポロ隊長ら重要な外人役人は、シエナの名誉の所持者として大切にされ、彼らへの傷害や侮辱は非常に厳しく罰せられたし、まさに本来の市民と同等かそれ以上の扱いであった[169]。

他にも多くの外人役人がおり、きわめて弾力的に各所で活用された。たとえば道路条例では、外人判事の任命についての規定が以下のように定められている——「外人（外部）の判事、道路・泉・橋の判事と言われ称される者は、執政九人衆により毎年選ばれ、道路判事がすることが慣わしとなっているすべての任務をはたし、はたすべきである[170]」。

また造幣所 bulganus では、貨幣鋳造に詳しい外人あるいはロンバルディア人の労働が許可され、シエナ市民が彼らに対して悪口を言うことが、罰金をもって禁じられている[171]。

こうした外人役人は、党派争い、地区攻防の絶えないイタリア中世都市の政治運営における「知恵」であるとも言えよう。都市のどの党派や家門ともしがらみがなく、超党派で公平というメリットがあり、〈公共善〉のための良き手段であったのだ。制約の多い大変な仕事であったはずだが、選ばれ依頼されると、たいていの者はそれを「名誉」として引き受けた。中・北イタリア全域にこうした考えが共有され、慣行が広まっていたことは、イタリア中世都市の政治文化を考える上でも、きわめて意味深長である。

聖職者と修道士

シエナには、司教座教会があり、その下に小教区組織があって、各ポポロ区がほぼ小教区に相当していたことについては、すでに指摘したとおりである。また十三世紀からは、ヨーロッパ中で托鉢修道会の活動が始まり、シエナでもフランシスコ会やドミニコ会をはじめとする托鉢修道会の修道院がつぎつぎ建設され、所属の修道士らが托鉢しながら、市民たちを道徳教化するべく説教活動を始めた。そうしたことから、市内には数多くの聖職者と修道士が生活するようになった。たとえばW・M・バウスキーは、黒死病直前のシエナの総人口は五万人以上、そのうちには数千人の聖職者・修道士がいたと試算している。[172] 彼らはしかし、普通の「市民」ではもちろんなかった。法的身分がそもそも異なったのである。

イタリアのコムーネは、大領主権力から、ついで司教の世俗権力から徐々に解放されていき、自律的な「国家」res publica たる意識を持つようになった。それは、権威と権利の源であったはずの皇帝(帝国)に対してもそうであった。そうした中、都市こそがキリスト教の行政の中心地になったため、教会組織の頂点(司教区)と都市が重なっていくが、それは、都市が教会に服するという結果をもたらさず、その反対であった。都市は市内の教会を、都市の組織のひとつと看做そうとしたのである。

しかし、そもそも教会は都市とは別の法規(教会法)に従って運営されており、また十一世紀後半のグレゴリウス改革以来、教会ヒエラルキーおよび修道院の世俗からの独立と自由が高らかに宣揚されて、教会は、世俗権力からの介入をできるかぎり排除しようとした事実は紛れもない。そして、贅言するまでもなく、聖職者の身分および権利・義務は、教会法で定められていた。そのことは都市当局も認めていたが、それでも課税や裁判などをめぐって、両者はしばしば対立した。[173]

聖職者は個人財産を所有した(修道士とのちがい)が、彼の個人財産と、彼が働く教会の財産・収入とを区別するのはしばしば難しく、争いも起きた。しかも聖職者が亡くなったときの遺産相続は、ユス・スポリイ ius spolii(聖職者遺産承継権)もあるし、裁治権を楯に口出しする司教、さらに聖職者の親族の俗人も関わってきて、非常に複雑な係争になった。

原則として、聖職者を裁くのは教会裁判所で、世俗裁判所に訴えられ捕らえられた聖職者を、教会裁判所は救い出そうと努めた。教会案件だけでなく、聖職者がからむ民事事件あるいは刑事事件でも、聖職者を世俗の手から救い出して保護しようとした。世俗裁判所は、被告を教会裁判所に奪われると収入源を失うので、それに対していい顔をしなかったし、国家(都市国家)第一の権能こそ、裁くことであったので、その点でも都市当局は譲歩したくなかった。聖職者の特権の広がりも争いのもとであった。

争いになった場合、聖職者（でない）と証明するのは難しく、剃髪・服装・生活ぶり・教養程度・人々の評判……などで決められたが、「聖職者」の指標がかならずしも明確でなかったことが、事態を込み入らせた。まず、聖職者とは剃髪した者だ、という原則から、剃髪の濫用がおきた。イタリア商人の中には、偽りの剃髪をして世俗裁判所から逃れようとする者もいたのである。また実際、剃髪や聖職者服着用を怠ったり、禁じられた商業や高利貸しを営んだり、武器を使用する職業に就くと、聖職者の保護特権は失われた。

聖職者というのは、その生活をすべて宗教的義務に捧げねばならない原則があり、世俗の仕事には就かずに、祭壇収入で生活すべきであった。ところが「聖職者」でありながら、肉屋・織物業者・農民・蹄鉄工・画家・旅館経営・薬種商・金貸しなどの職に就く者がたくさんいた。彼らは、個人の資産管理を受け持ったり、国家や都市の行政・外交職に就くこともあり、さらに判事・弁護士・公証人になる者も多かった。教皇は非難したが、聖職者のみがそうした知識があった時代には、根絶することは不可能であった。

以上、ヨーロッパ全域に当てはまる事態を述べた。シエナではどうだっただろうか。

シエナでも、当局も市民も、世俗のことは都市当局に、キリスト教に関することは教会に、とはっきり区別はしていた。しかし人気があり市民たちによる喜捨や寄進がつぎつぎ集まる教会には、早くから都市当局に委託されて財産管理を行う俗人の役職ができた。(174)

またこれだけ多くの聖職者や修道士が住んでいると、彼らと一般市民あるいは市当局との間に、さまざまな軋轢・紛争が起きるのは当然だろう。そこでシエナでは、司教法廷と市民法廷の争いが生じた。交渉の末どうやら折り合いが付いて、コムーネは、司教裁判所は犯罪を犯した聖職者に対する裁治権を持つが、しかしもし聖職者が有罪と判明したならば、一般市民と同様に罰せられるという保証を得た。「高利」を払わないでよいとのキリスト教の原則を笠に着て、債務者が債権者をペテンに掛け、逆に債権者を高利貸しの罪で司教法廷に訴えて、債務を逃れないようにも取り決めた。さらにある市民が聖職者に、他の市民の損害になるような形で「自分の物権や個人的権利」sua iura realia vel personalia を譲渡してはならない、との規定もあった。[175]

都市条例には、都市の整備・修復・防備のために、ポデスタが司教を通じてシエナの聖職者に支援するよう依頼に赴くことが記載されている。[176] また道路条例では、街路や橋・泉などを造ったり改修したりするときには、関係する聖職者や修道士らは、他の一般市民とおなじように一部の費用を負担しなくてはならない、拒否するならば投獄される……、とも規定されている。[177] そればかりか、彼らは、市郊外の道を整備してペトリオーロ温泉まで伸ばしたり、オルチャ河の橋の欄干を石と煉瓦で造ったり、橋を直したり郊外のフォンテを造ったり……、といった任務を与えられることもあった。[178]

さらに詳しく都市条例を検討してみると、一二九七年の条例では、聖職者は市民としての資格でコムーネに保護されていたが、インムニテートが与えられており、コムーネが教会裁判所に要求して、聖職者に一般市民とおなじ罰則を科させようとすることはなかった。[179] 聖職者ももちろん――個人の資産についてだけ――税金は払ったが、[180] 債権については保護され、また特別な課税からは免れていた。聖職者が俗権の介入を免れるという「教会の自由」libertas ecclesie の原則はほとんどつねに守られ、例外はシエナ西方のセルヴァ湖（ピアン・デル・ラーゴ）での魚釣りが聖職者を名指して禁じられたケースなど、ごく少数であった。[181]

シエナ当局は教会施設と修道院に、定期的な喜捨、臨時の寄付・援助、いくつかの規制・課税からの免除特権を与えたし、教会建築に際しては、資材や資金の提供をした。その他にも、教会・修道院とその財産の保護・防衛に関してポデスタの役目とされている条例は多い。しかし他方で、刑事事件については、聖職者にも都市の裁治権を伸ばそうとしたし、聖職者やその属する施設からの自発的寄付や貸付を求めることもあった。

シエナでは、修道士らは特別な役目を負わされていた。財務府長官――ビッケルナのカマルリンゴ（カマルレンゴ）――がしばしば修道院のひとつから選ばれたのである。[182] たいてい近くのシトー会修道院であるサン・ガルガーノ修道院またはウミリアーティ会の修道士から選ばれた。当初はカマルリンゴは市民だったが、とくに一二七五年から一三四九年は、上記の修道院の修道士に任されたのである。[183] さらにサン・ガルガーノの修道士は、その多くが特定の職人業、たとえば建築・水力学技術・医学・薬学などを修めていて、その知識・技術を都市当局に提供したし、他の者は、判事・法律家・公証人・行政官となって、シエナの公共生活に貴重な助力をした。[184]

また一二六二年の都市条例では、三人の司法会議のコンソリ tres consules placiti（統領）のうち一人は収入役camerarius で読み書きのできる修道士であるべきだ、とされているし、[185] 一二九六～一三三四年の都市条例では、二人の「善き適法の」bonos et legales の修道士が九人衆によって選ばれるべきことを定め、彼らはコンタードの道路を分割配分して、どの町や村・団体・城・荘園・要塞に属するかを決める役割を負わされた。[186] 学識に優れているということで信頼された修道士は、都市が抱える係争、コンタードの城などにまつわる紛争の仲裁者となることもあった。

十五世紀にも修道士が多くの俗事を引き受けさせられ、聖ベルナルディーノが説教で苦情を述べている。[187]

まとめ

十四世紀イタリアでは、ローマ法のテクストの研究が進み、法学者たちの存在感が増すにつれ、註釈とともにローマ法が実地に適用されるようになる。そして時代の要請に合うよう修正されていった。「市民権」の規定についても、ローマ法の居住・住居関連の規定が影響力を持ったが、ローマ法そのままの規定が適用されたわけでは、もちろんなかった。

イタリアでそれぞれの都市国家が自律性を高めていくと、神聖ローマ帝国の上級の政治権力（権威）はいちおう認めても、コムーネは、自らを「自治国家」と自認し、帝国の観念はその適用範囲と力を弱めていく。

そうした中、「市民権」というのは、それぞれの都市への帰属であって、もともとローマでそうであったような、王国・帝国への帰属ではない、という考え方が広がっていった。聖職者や修道士のように、教会法に属する者たちでさえ、かなりの部分、都市の法に従い、都市の健全で平和な運営に協力することを求められたのである。これは、シエナなどイタリア都市国家が、都市内の教会組織を援助するとともに執拗に介入し、とりわけ慈善施設を法的にも財政的にも管理していったところに表れている。端的に、教会は都市に従属するようになったのである。そればかりではない。後に述べるように、都市自体が「聖なる存在」として屹立し、市民たちによる宗教行事や信心業が、「都市の宗教」「市民宗教」という形態を取っていくこととも、これは無関係ではない。

そして、都市内あるいはコムーネ内の行政区分も、コムーネ独自に法規を定めて、それぞれの政治的・行政的な地理区分に応じた、市民・非市民の権利・義務を定めていった。都市国家としてのシエナでは、チッタ、ボルゴ、マッセ、コンタードというように、各ゾーンに帰属する住民の権利・義務と保護が、同心円状に、段階的に区分されつつ管理された。またコムーネが領域政策を強化する中で、コンタードやコンタード外の封建領主や他都市を征服・懐柔し、制度的（代官の設定・市民権授与）、経済的（税の徴収）、儀礼的（聖母マリアへの服従）な支配の体制を作り上げていったが、その際も、それぞれの領域を区割りして、明確な地位を付与しながら行ったのである。

そもそも「市民」というのは、かなりの財力を所有せねばならなかったのであり、そうした分限者のみが、影響力のある役職に就き、公的な政治に参加できた。だから、シエナをはじめとする中世都市は、市民そのものが特権階級であるという根本的差別を内部に抱えていた。その差別にも濃淡があり、政治参加の制限という消極的なものから、娼婦や身体障害者・ユダヤ人・犯罪者に対するような、積極的な排除・烙印までさまざまであった。それから、共和政体においても党派的な政治から脱皮できなかった都市政治では、政権担当者とその党派に異を唱える者たちは、それだけで犯罪者のレッテルを貼られることにもなり、実際に、叛乱者は追放刑に処されたのであった。

また「報復」の法慣習に見られるように、中世イタリアのコムーネでは、市民は連帯責任を負う者たちであるとの考えもあり、家族・一族の連帯責任（ヴェンデッタに明瞭）が、あたかも拡張したかのような、奇妙で不合理な遺制を秘めていた。

かくてシエナでは、美しく調和した平和な時代を現出したと称えられる「執政九人衆体制」の時期においてさえ、構造的な差別の体制が支配していた、と評価せざるをえないのである。

シエナの都市内部は、三分区とポポロ区（コントラーダ）に分割されて、それらを、軍事・行政・課税・祝祭の基本単位とすることで、当局者は統治を潤滑に行おうとした。しばしば都市内の地理的区分（近隣関係）は、家族・親族の血縁のつながりや職業的なつながりとも重なり、そこには濃密な社会的結合関係が編み上げられていた。都市の政治を担う者たちは、こうした抜きがたい人間関係を生かしながら、それを都市全体の秩序・安全を構築する細胞としてしっかりと位置づけていこうとした。それは難しい課題であるが、そうした努力の跡は、改訂されつづけた幾多の都市条例の条項に現れている。その努力は多とすべきであろう。

〈公共善〉実現への方途は、なにか突如、高いところから降ってくるわけではない。それは、それぞれ相次いで政権に就いた者たちも肌で感じていたことだろう。むしろ、常日頃は、都市全体のことなど考えず、小さな団体に属しながら生活している住民たちを、いかに〈公共善〉に近づけるか、都市全体の福利や名誉に思いを致させるか、地道な働き掛けが必要になってこよう。だが、あらかじめ決まった姿の〈公共善〉があり、それを押し付けるというのでは、けっしてうまく行くまい。普段、小さく内密な団体に所属しながら感じ、考え、行動している都市住民たちの心性の奥底に下りてこそ、都市は良い方向へと進むことだろう。そしてその心性とは、さまざまな社会的結合関係の合力が作り上げていくものである。

次章では、後期中世シエナの主要な社会的結合関係とその舞台となった諸団体について、詳しく検討していく。それぞれの団体は、都市全体の秩序に半ば貢献する要素となりながら、他方では、自分たちの団体内部の仲間関係、友好意識をなにより大切にし、その「名誉」のためなら、〈公共善〉などどうなろうと、眼中になかったのである。ところが、後期中世に非常に活発になってきた、第三会とか信心会などの信仰で結ばれた社会的結合関係は、もともと、おなじく〈公共善〉を目睹としたものではなかったが、その超越性へのヴェクトルによって、世俗的な〈公共善〉をより広範な通用力のあるものへと脱皮させていく、そうした効き目を発揮することになるだろう。

第2章
さまざまな仲間団体

サンタ・マリア・デッラ・スカラ施療院の活動と生活

第1章においては、都市シエナの住民が「市民」としてどんな権利と義務を負い、また資格を与えられて市政に参加したのか、都市当局は市民をいかなる身分および地理的な区画に振り分けて統括しようとしたのか、公的な市民生活から排除される劣等市民（マルジノー）としては誰が名指されたのか、こうしたことを見てきた。本章では、市民としての身分を持ちながら（あるいは持たないまま）、日々の生活において、各人はどんな種類の団体に加わり、誰といかなる関係を結んでいったのか、それは公的な区分と対抗もしくは連携して、どんな動きをしたのか、「家族・親族組織」「職業団体」「遊興集団」「霊的な絆で結ばれた人々」の四つに大別しながら考えていきたい。

a　家族・親族組織

まず最初は、家族・親族組織である。誰しもその意思とは関わりなく、ある「家」の子供として生まれ落ちたときから、その家族・親族に囲まれながら育っていく。血縁で結ばれた家族とは、もっとも堅固な、そして強度の感情が備給された絆で結ばれた集団であり、また中世においては、あらゆる集団形成の「原型」になったゆえに、とりわけ重要である。

シエナの家族については、いくつかの貴族家系についてのモノグラフがある（本節「貴族家系について」の項とその註参照）。しかし本書の行論に沿うような社会史的立場の研究はほとんどなく、それぞれの家系の構築と分化過程、貴族の家門による築城と農村支配、都市制度・党派との関わり、コムーネの公共生活への参加、家産形成と経済活動、家族の修道院や教会との諸関係、婚姻戦略……、といったテーマが、従来の研究の主な対象である。もちろん、家族のメンバーの個人的な体験や各家族グループの数や規模と内的凝集性の重要性などを明らかにしている論考や、相続についての規定・戦略の紹介などは、家族・親族関係を探る上でも大いに参考になる。またR・ムッチャレッリのように、家族メンバーの人生のモザイク模様・家系の趨勢を、大きな歴史と突き合わせつつ説明している研究も役に立つ。これらの研究を参照し、また都市条例の関連条項を検討するとともに、例外的に残っているある公証人の「覚書」に着目しつつ、後期中世シエナの家族・親族の社会的結合関係について考察したい。

家族構成と家族意識

十四・十五世紀のフィレンツェでは、商人たちが「家族の書」libri della famiglia、「覚書」ricordi / ricordanze と呼ばれるジャンルの記録を熱心に書き記した。その家族の記録化への熱意と、それに随伴した記憶の抽象的な記号(家名・紋章など)を介した家族・親族関係の緊密化や遠い過去への遡及は、商人階級における父祖の神話化と、家系の連続性の意識や一族をまとめる非物理的紐帯の強化の動向を窺わせる。ところがシエナについては、あらゆる集団の社会的結合関係が、コムーネの支配網に接収され、絡み取られていた、といった外観を呈している。あたかもコムーネ自体が社会的結合関係全体の総元締めであるかのように、あちこちにこまめに介入を繰り返したのである。と同時に、強度の市民意識・愛郷心が、いたるところに発露し、結晶していたことが、この丘の上の都市住民に特徴的である。

十三・十四世紀のシエナ、とりわけゲルフ党寄りの商人階級が「執政九人衆(ノーヴェ)統治体制」を樹立し、一二八七〜一三五五年という、かなり長期の平和と安定を実現した時代には、都市の「自由」「名誉」「正義」「平和」などの理想が、すみずみまで浸透したように見える。パラッツォ・プッブリコ(市庁舎)やマンジャの塔は、まさに、封建的秩序ないし無秩序から解放された都市の自由の象徴であった。私的利害を優先する伝統的貴族は、十三世紀末にはもう経済や軍事に関する職と名誉職をのぞき、市政の主要ポストから排除されていたし、商人・法律家・公証人らのエリートのエネルギーの大部分は、公的な仕事に吸い取られていた。市民的課題はいつも私的課題に比べ勝っており、だから彼らは、自分とその家族を公共のために殉じたのだ、とされるのである。(1) 後段で詳しく述べるように、「都市の名誉」honor civitatis という公共的な価値は、政治・軍事や外交問題においてのみ追求されたのではなく、都市の美を実現するための不断の努力や、シエナ市民全員の「女封建領主」Signora Feudataria としての聖母マリア崇敬にも現れている。

このように、まさに〈公共善〉によって領導されていたかのように、市民一丸となって公共価値に挺身し、そのため愛郷心が強くまた広く浸透していた事実や、シエナ商人が同時代のフィレンツェ商人が多数ものした「家族の書」「覚書」をほとんど著していないことから、シエナ市民にはフィレンツェ市民のような、父祖を敬い、家系の名誉を追求し、家族・親族の絆をなにより重んずるような強固な家族意識はなかったのだと、極論されることがある。しかし仔細に観察すれば、シエナ市民の家族・親族関係の緊密さを直接物語る史料・事例は、いくつも見つけることができる。

一例を挙げよう。シエナ市民が婚礼や葬式の際に、親戚一同を集めて華やかに団結を誇示・確認するのに熱心であったことは、当時頻繁に出された奢侈条例が、秩序維持のためかような祭礼を取り締まり、規模や華美を抑制しているところから推測できる。宴会に招かれるべき人数と食物の数量はもちろん、上着に付けるボタンの数まで、正義と平等の観点から規制されたのである。(2) 奢侈条例がかくも執拗に発布されたのは、貴族や上層市民にとっては、衣服や食物が社会的威信の誇示の重要な手段であったからである。その威信は、けっして「個人」の名誉の誇示ではなく、あくまで「家」「家族」の名誉の標榜であって、シエナ市民の家族や階級への帰属心の強さを物語るものであろう。

中世では、いくら子だくさんの家庭でも、その子供たちの大半は成人に達する前に亡くなってしまい、跡継ぎがいなくなるケースも稀ではなかった。とくに、黒死病の大災厄に起因する出生・死亡率のアンバランスで、シエナの相当数の家族の構造が、不完全になった。すなわちそれは、最低一組のカップルを擁する核家族またはその複合体ではなくなり、片親がいなかったり、独身者や寡婦（寡夫）が住む、欠損ないし単独家庭がふえたことを意味する。とくに、女性が十二歳で結婚可能とされ二五歳前後の男性と結婚するのが一般的であったシエナでは、夫に先立たれた寡婦が急激に増加したのである。彼女らは多く、第二の人生として宗教生活を選んだ。

十四世紀半ばから後半にかけて繰り返しシエナをも襲ったペストは、人口を減らし、家族を解体させただけではない。それは生き残った者による家族間・家族内の激しい財産争いを生んだ。年代記作者が嘆いているように、骨肉相喰み、親戚・一族がたがいに憎しみあう。しかし、こうした時代であったからこそ、人々はなおさら家族への執着と依存を強めたのであり、本章dで詳述するように、それを非難する聖女カテリーナのような宗教者さえ、自分のまわりに作った「霊的家族」に対して、まさに母親mammaが子供に向けて優しく教え諭すように、（霊的な）家族愛、たがいの支え合い、仲間意識、落ち着いた幸福な生活を約束して、現実の家族に欠如した要素を補おうとしたのである。

十三・十四世紀のシエナで、他のイタリア諸都市同様、家族・親族の紐帯が強化されたことは、その法的扱いを眺めることからも判明する。[3] 十三世紀に男系原則が確立し、家族は父系を軸とする血族集団の謂で、そのメンバーは家父長権に服さねばならないとされた。ただしその権力は、古代ローマの家父長権patria potestasに比べれば緩和・縮小されていた。シエナの家父長権というのは、その基本は、息子の教育・矯正の権利・義務であり、具体的には、息子に敬意と服従を強く求める権利、必要時に彼に養育費を与える義務、彼の財産の使用権、彼を監禁する権利、彼の法的行為を裁可する権利などであった。

ところでシエナの都市条例には、父親のいない未成年者のために、財産を管理し法律行為を行う「後見権」についての規定がたくさんあるが、ここでも家族・親族集団による介入が見られた。後見人は、未成年者のもっとも近い二人ないし三人の家族（親族）の要請を受けて、自分の行った資産運営の報告をすべきであり、またかような報告の監査を専門の役人に任せている別の条項でも、その調査は、二人の良き血族または姻族の立会いの下、もしいなければ二人の良き隣人の面前で行われ、また、四親等までの親族が決算報告の場に参加を希望するときは、役人はそれを許可すること、と定めている[4]。おなじく後見人が、被後見人の（父の）財産の清算ないし整理を亡くなった父の同僚社員 socio たちとする場合や、被後見人の金銭・財産の契約を結ぶ場合は、三人ないし四人の近親者の同意がないとならないとされている[5]。また（父の死後）母が後見人となった場合、彼女が再婚して後に手掛ける被後見人の財産運用が彼に不利益をもたらさぬよう、それが司法会議統領 Consoli del Placito の命令と許可、および父方二人母方二人の被後見人の親族の助言で行われるべきこと、との規定も見られる[6]。

　これらの都市条例の条項からは、家族がかなりの権限を持つ家長の下にまとまろうとしていたこと、そして家族・親族の経済的基盤を崩さないように、一族が一丸となって努力していた状況が垣間見られよう。そしてもうひとつ注意すべきは、前章で取り上げた街区・隣組の社会的結合関係も、じつは家族・親族関係の網の目と大幅に重なっており、街区の結束の固さは、とりもなおさず血族の結束の固さとなっていたことである。

　ところが、後段で見るように、十二世紀末から十四世紀初めの貴族たちには、共通の父の息子たち（兄弟）が、不動産共有と資本提携 associazioni di capitali をするコンソルテリーア（閥族徒党）としての相続財産共有制が一般に見られるが、大家族は、この貴族たちにおいてさえゆっくりと分解して、核家族・単一夫婦世帯 monoconiugali となっていったし、より下層の民の家族では、なおさらそうであった。

　要するに、トスカーナ地方はじめイタリア各都市で、十三世紀後半から十五世紀初頭にかけて、「家族」がより小さい家庭・世帯のことを指すよう、意識が変化していくのである。フィレンツェの「家族の書」「覚書」にその意識は明らかに見て取れるが、シエナでもおなじことであった。商人階級がまずそうした変化の波に揉まれた。家長の死までは実質的凝集性があったにせよ、それはいつでも分解する可能性があった。家族の構造の継続は、偶然に委ねられる脆いものとなった。男系親族（血族）が特権を持つシステムの下で、さらに核家族化を捉す個人主義が台頭すると、血統はちょっとしたことで途絶える危険があったのだ[7]。

ジェンティレ・セルミーニのノヴェッラ（説話集）の第十四番では、血筋は良いものの、親もなく貧窮しているモンタニーニ家の姉弟が登場する。これもこうした分解による哀れな結果だろう。姉弟のうち弟が嵌められて投獄されたときに、サリンベーニ家の若者のアンセルモがお金を支払って解放してくれ、なけなしの家産を手放さなくて済んだ。アンセルモへの感謝をどうして表したらよいか悩んだ姉弟は、彼に仕えることで報いようとしたが、アンセルモは姉弟の、姉のほうのアンジェリカを愛しており、嫁資なしで結婚し、また弟とは、兄弟盟約 in tenuta della fratellanza を結ぶという形で、三人が仲良く住んだというストーリーである[8]。

家族の中での女性の立場について――相続については次項で検討するが――なお別の史料から窺われる点に触れておきたい。

S・コルッチによると、一般に女性の遺体は、家族の共同墓、通常「家父長」pater familias の名義か、夫の名義の墓に入れられた。が、彼女らの名前は墓にはまったく載せられず、せいぜい配偶者の脇に引用されるだけであった。またときには一族の女性がひっくるめて「女性の墓」に入れられた。そして初期には、女性らの墓が（楯型）紋章で飾られることは禁止された。というのも、彼女らは戦士ではないし、世襲の特権から排除されていたからである。

だが十四世紀のあいだに、女性の墓石の上にも肖像付き紋章がしばしば見られるようになった。これも「封」feudo の観念に結びついているのではなく、「家族」の観念に結びついているのである。個人としての女性が、家族の一員として、弁別的に承認されることになった、ということだろう。たとえば、十四世紀前半のエミリア・ディ・ミオ・ディ・クリストーフォロ・トロメーイの墓碑の上に（楯型）紋章が残っているし、一三三六年以前の、ギヌッチャ・ウグルジェーリの墓石の上にも、ニッコルッチャ・ディ・ビンド・グァダニョーリの墓の上にも、同

様に残っている。(9)

もうひとつ興味深いのは、奢侈条例に現れた葬式や結婚式での「女性」の扱いである。そこには、当時のイタリア都市における家族のあり方が透かし見えよう。すなわち「ドンナイオ条例」の第十二条では、葬儀のときに、女性は母妻娘はじめ五親等まで行列に参加すべきでなく、また葬式に集まっている人たちのところにも顔を出してはならなかった。違反者には罰金が科された。おなじく家に男たちが弔問に集まり始めたら、女性はもうその居間 sala に下りていったり遺体のところに行ってはならなかった。例外は、亡くなったのが女性のときや、一〇歳までの子供の場合で、そのときには、最大六人の女性が行列に参加できる、とされている。(10)

五四条も面白い。これはシエナやその郊外で厳かな祝祭があったときに、女性は人前に出るのに、けっして顔をヴェールやタオルなどで隠してはならず、誰なのか明瞭にはっきりわかるようにしないといけない、というものである。教会などでそうした違反が「ドンナイオ（婦人監察官）」donnaio の公証人ないし吏員によって見つけられたら、自分の父と夫の名前、三分区、ポポロ区、コントラーダを申告しなければならず、拒むと罰金は二倍になったが、進んで罪を認め上記の情報を申告すると四分の一に減り、嘘をつくとデナーロ貨で五〇リラを払うべし、というものである。(11)

これらの条項が物語っているのは、葬式というのは、とくに屋外での葬送行列は、男たちの行う公的な行事であり、女性は基本的に死者を密かに悼むべきで、表に出るべきではない、という公私の区別があったことだろう。女性は女性や子供の葬儀にのみ参加できるというのは、そうした弱き者同士ならば、公的な家の意思の表明にならないので、かまわなかったのだろうか。これは後述の女性同士の遺贈とも関係しよう。祝祭時など、顔をヴェールで覆うべきでないというのは、怪しい隠秘な言行をしない、という保証だろう。父や夫の名前の申告を求められたのは、女性の行動が、なにより家の名誉と関わっていること、女性は彼ら男性に従属していて、その振る舞いや飾りの逸脱は、家の男たちが責任を取るべき案件だったからだろう。

第1章dでコムーネにおける「奴隷」の法的な位置づけについて触れたが、ここでは最後に、「家族」のあり方との関連で、奴隷について一考してみよう。十五世紀フィレンツェの人文主義者レオン・バッティスタ・アルベルティは、その『家族論』で、「家族とは何ですか」との問いに対して、家長的人物ジャンノッツォに「子供たち、妻、そしてほかに召使いと使用人、奴隷たちだ」と答えさせている。(12) 奴隷はじめ、奉公人たちも家族だ、との考えがありうるのである。

中世・ルネサンス期イタリアの「奴隷」については、各地域の研究者の間でまだ十分調査が行き届いていないが、相当広まっていたようである。シエナでもたいていの中・上層市民の家庭には、下働きをする奴隷がいたこと、そしてアジアや東欧のいろいろな民族の者がいたことは、既に述べた。男奴隷より女奴隷が多かったのは、より従順で家事や女性的な仕事・子守・乳母、そしてとくに内縁の妻(妾)に向いていたからである。(13) 奴隷の数は、十五世紀には一段とふえた。

少女の奴隷が買い入れられたとしても、だんだんと年頃になり、健康で瑞々しくエキゾチックな魅力を持つ女性へと成長していったことだろう。個人主義の進展で家族が急速に分解していったとき、結婚を厭う者がふえ、むしろ内縁関係を結ぶ男女の数が増大した。こうした過程に奴隷、とくに女奴隷が介在すると、どんな事態に立ち至るだろうか。それは家の外での妾や、娼婦や、同性愛の代替としての性愛の対象にもなりえたが、またそれゆえにこそ、家族の分裂をもたらしたり、新たな家族再興・再編への妨げともなったのである。若者がある家の女奴隷と好い仲になって妊娠させてしまったとすると、それは奴隷の主人にとって経済的損失であり(奴隷は高い買い物で、誰かに犯されると商業価値が大きく下がる)、出産でもすれば、さらに損失は膨らむ。それのみか、女奴隷との関係が大きなスキャンダルを起こすと、公序良俗を乱すとして当局から罰則を科された。

女奴隷との間の子供を自分の子として大切に育て、他に子供がいないために跡継ぎにするケースもあったが、こういう場合には家産問題がつきもので、親族との争いが頻発した。あるいは怒った正妻が、捨て子養育院、つまりサンタ・マリア・デッラ・スカラ施療院にその子を入れてしまうこともあった。しかし、女奴隷と主人の子供が、認められ、大いに出世し、また名家の娘と結婚するというハッピーエンドも、もちろんありえた。ときには、夫が亡くなった後、女奴隷に慰められ、生きる力を得た妻もいたし、そもそも夫が妻への贈り物として女奴隷を買ってやることさえあった。女主人の子供の世話をしたり、化粧の手伝いや身繕いをしてあげたり、まるで女主人の友達のように遇される女奴隷、他の奴隷の上に立って権威を持ち、かなりの遺産配分を受けたり、あるいは、息子たちの養育を任される女奴隷、ついには解放してもらい、長年の奉仕への報い・愛情の印として女主人が使っていた毛織物やリネンの織物を贈呈されたりもした女奴隷……。数多くはないにせよ、心温まるホームドラマのヒロインになった女奴隷はたしかに存在した。

またこうした奴隷の家族化が、多くの家族のアヴァンチュール、思わぬ諍い、悲話をも生み出したのであり、それは十五世紀についてよく知られているが、十四世紀にも同様であったことだろう[14]。

十四世紀後半から十六世紀にかけて、フィレンツェやシエナをはじめとするトスカーナ地方の諸都市では、家父長の力の強い、多世帯を抱える大家族、すなわち共通の利害と不可分の財産で結ばれた一種のコルポラシオンとしての家族形態が崩れていき、ますます細分化・核家族化して各分家がたがいによそよそしく独立し、利害を別にする個人主義的な精神が際立つようになった、という考え方がある。だが他方では、そうではなくて、一族の連帯はずっと強く、たとえコンソルテリーア組織はなくなり核家族化が進んだとしても、その一族の精神は根強く残り、行動は個人主義的になり切れなかった、という説もある[15]。

おそらく後者の説が正しいのだろう。大家門が分裂し、そこからさまざまな支脈として形式的には分離し独立していった多くの分家には、その見掛けと異なり、じつはたがいを結ぶ強い連帯意識が残りつづけたのである。都市条例には、財産上の権利としてコンソルテリーアのメンバーが共有財産の中に個別の権利を持っているとする条項と、コンソルテリーア内の争い・対立を防ぎ、なんとか仲裁者や共通の友人に和解の労を取ってもらい、その団結・一体性を守らせようという条項の双方がある。[16] しかしそれでも、この時代には、徐々にであれ、性愛・経済・信仰などにおける新傾向が、家族の内部からその凝集性を崩していき、かつての「大家族」とは別種の社会的結合関係を新たに、そして幾重にも作っていったのではなかろうか。

ではシエナにおける家族関係はいかに変容していったのか、つぎに「相続」に着目して検討していこう。

相続をめぐって

イタリア・コムーネの法規定では、すでに十二世紀後半から相続における男系の特権が知られている。それは、父系血族 agnati の姻族 cognati に対する相続権上の優位や、家族の土地資産を父系の血族で保全する規定と関連している。前項で見たように、個人主義的傾向や核家族化、家族の分解といった潮流はたしかに強くなりつつあったが、それでも、貴族たちは邸館（パラッツォ）と塔を親族共同で守ろうとしたし、商人階級の過半も父権の下で家族代々の共同資産の一体性をなんとかして守ろうと努めたのが、この時代だった。職業活動も家産とともに一体で引き継いでいったのである。

シエナももちろん例外ではないが、それでもシエナなりの特徴があったはずである。確かめてみよう。

ある男が子供を持たず遺言せずに亡くなると、財産は彼の兄弟か、あるいはその子供たちに渡るが、各人に平等ではなく、分家ごとに平等、つまり「甥・姪」にあたる者は兄弟姉妹が少ないほど分け前が多くなった。[17] また女性には大きなハンディがあった。というのも、三親等までの男子親族のほうが、彼女ら女性たちよりも優先権を持ち、チッタ内であれコンタードにあるものであれ、家族の利害と権力に必須の所有地（資産）を彼ら男子が相続するべきだ、とされたからである。家門の力の象徴である塔やそれと結びついた邸館の相続は、是非とも男たちによって保全されねばならなかった。

子供に男子がおらず、父が遺言せずに亡くなったときには、女子が均分に相続するが、嫁資を受け取った女性はその分を差し引かれた。男子がいる場合には、嫁資をもらった女子は、父の他の財産はまったく相続できなかった。「嫁資ゆえの排除」exclusio propter dotem の原則により、シエナの条例では、嫁資をもらった女性はその他の家産への権利を失ったのである。しかしもらってないときには、彼女にも相続の権利が生じた。

遺言なしの場合における男子に有利な相続法は、以下のようなものだった。すなわち、死亡した者が遺言を残さなかったり、息子がいなかったりしたときには、嫡出の実の兄弟、あるいはそのかわりに甥 nipoti が、均分相続した。[18] とくに興味深いのは、父や兄弟や叔父から嫁資をもらえる娘は、父の家産からは排除されないのに、母の財産については差別され、男の息子がいるとそれはもらえず、息子の方にすべていってしまう、という一二六二年の条例の規定で、シエナの家族においては、その家産をできるかぎり男子に残したい、という願望がそこには結実している。[19] 一三〇九〜一〇年の条例もそのラインから離れていない。[20] ただし、彼女らのために特別の（救済）措置がなされた場合は別であった。[21]

シエナでは、男の相続人や受遺者の間での「相続共同体」societas fraterna / associazione については言及がないし、長子の権利義務や平等分割の要件などは規定されておらず、かなり自由に財産を処理できたようである。とくに貴族らはこうした自由をうまく使って、家系の権力と経済的地位を守ろうとした。だがその自由が女性に有利に働くことはあまりなかったようだ。

もう少し詳しく検討してみよう。E・リーマーは、シエナを含めたイタリアの中世都市における女性の身分、および財産継受における女性の権利と役割を、十三世紀の都市条例や中・上流市民関係の史料（公証人文書）を分析することで明らかにしている。[22]

それによると、シエナでは、ランゴバルド法（ムント権など）からローマ法への移行が十二世紀中に他都市よりも早く進んだので、十三世紀には、すでにその原則で相続が行われていた。女性は結婚すると嫁資を夫家にわたし、かわりに結納金 donatio propter nuptias をもらった。前者は土地が多いが金銭に換算して計算された。後者は実際に受け取ることなく、契約上の「権利」にとどまる。夫妻のどちらかが先立ったとき、嫁資と結納金のそれぞれ一部である pactum lucri（配当）を相手からもらえる契約を結んだ。つまり結納金は夫の死後はじめて現実化するのである。シエナの一二六二年の条例では、夫の相続人が嫁資を返し、またさらに結納金の一部を一年以内に返却するよう命じている。(23) また他の条例は、直接税を妻が支払わねばならなくなるのは、嫁資と結納金を受け取ってからであり、それ以前には、夫の相続人が支払うべきであるとしている。(24) また結納金の配当は、つねに嫁資の配当と同額であった。したがって妻は夫の死後の生活の保証として、嫁資の返還と、結納金の配当を持っていたことになる。ただし、配当は概して少額であった。

嫁資は、女性の財産権を保護するために、婚姻継続中もその持ち分として確保されていた。結婚後、夫がその分も使用する権利を持つ――妻は嫁資の四分の一しか自由に使えない――が、法・慣習にもとづき、それは彼女の固有財産として、婚姻終了時――夫の死亡時など――には彼女に戻されるべきであった。シエナの一二六二年の条例は、妻が勝手に、永遠に夫に嫁資を与えてしまうことを禁じている。(25) そのためには、三人の近親――彼女の権利を保護する役割を帯びていた――の同意が必要だったのである。市民法廷では、家産を不適切に管理して嫁資資産の全体性を損ねた者（夫）に賠償を命じる判決がたくさんあり、また妻より早く夫が死んだら、その相続人には、寡婦になった妻に夫の相続財産から嫁資分を返す義務が生じたのである。(26)

相続人は、嫁資が完全に返されるまで、彼女に衣食住を保証しなくてはならなかった。妻は夫の死後も、嫁資が子供とともにあるかぎり、その子と住む権利があった。それは彼女が再婚しない、という条件付きであったが。また子供（ないし相続人）は（妻＝）母に生活必需品を供しつづける義務があった。これは、嫁資を返さない方法とも看做せる。しかしもし母が法廷に訴えたら、子供らは二ヶ月以内に母に嫁資を返さなければならなかった。十三世紀中は、女性に関する案件はコムーネの通常裁判所に提訴されたが、十三世紀半ばまでに、嫁資に関わることは司法会議法廷 Curia del Placito に任せられた。その法廷のコンソリ（統領）らは、未成年後見についての裁治権を持っていて、女性・子供の所有権を守ったのである。婚家の家族紐帯の中に、外から来る嫁（妻）が溶け込む、入り込むのは大変なことで、彼女の利害は二次的にのみ考慮された。

また、もし彼女が遺言せずに死ぬことがあると、その嫁資の一部は父の家にもどるとされている。嫁資は父家にとって家産投資の大きな部分を占め、中・上層市民においては、これをどうするかが社会的・経済的に大問題であったので、それを保護する意図があったのである。夫が勝手に流用したり取り崩すことは禁じられた。そのため妻は、夫の財産中に嫁資とおなじ価値だけ抵当を保有していた。彼女は、夫の第一の債権者なのであり、他の負債に先んじてそれを返してもらう権利があったのである。

上記の「嫁資ゆえの排除」の原則を確実にすべく、シエナでは兄弟や父は、女性が余分の請求をしないよう確認させた。リーマーの挙げている兄弟の例として、一二四二年、ドゥカレッサという故クリストファーノの娘は、兄弟のジャコモとベンチヴェンノに、遺産相続時にいかなる請求も訴えもしない、との宣言をしている。というのは、すでに兄弟は、ドゥカレッサの将来の夫に嫁資として四〇〇リラを与えたからだという。父の中にも娘に相続権を放棄させる者がいた。やはりリーマーの挙げている一二四一年の例では、ディアマンテが父に父母の財産への全権利を放棄すると宣言したが、そのかわりに、八〇リラを将来の嫁資として割り当てることを父は約束した。

これら、他家に嫁入りした娘の相続権の規定が明示しているのは、シエナでも、他のイタリア諸都市とまったく同様に、「男系親族特権」privilegium agnationisが、財産移譲のときの大原則であったことである。そして条例・慣習・遺言、いずれもこれを裏書きしている。

シエナにおいては、時代とともに父系・男系の権利がますます強化され、娘、姉妹、その子供らが相続からはずされたり、妻、母も不利になったりした。十二世紀末からある「嫁資ゆえの排除」が、十三世紀後半から十四世紀にかけては一段と厳しくなって男系に有利な条件が整い、法学者も立法家も夫に利益になるような法制化を進めていったのである。(27)

すなわち、一二六二年の条例では、妻が子供なしで亡くなったら、夫は嫁資の三分の一を差し引き（留保し）、他の三分の二は女の実家に返した。が、一三〇九〜一〇年の条例では割合は二分の一ずつになった。シエナ法は、原則として女たちの大半の財産、嫁資としてのそれを、男性子孫のために保持・移行させようとしたのである。十三世紀から十四世紀にかけて、次第に女性相続人の「身分」status が条例で厳密に定められるとともに、制限も厳しくなり、妻ばかりか、娘・母・姉妹への差別もより大きくなっていった。

G・ルミア＝オスティネッリが言うように、シエナでは女性がより自由な遺贈ができるためには、寡婦になるか、子供がいない、という条件がなくては叶わなかった。普通の主婦で子持ちの場合には、そんな自由はなかったのである。[28] 一二六二年の条例は、母親は嫁資または嫁資外の財産の四分の三は自分の子孫に残すべきだとして、四分の一以上は遺贈・贈与・売却などにより自らの意志で処分してはならないとされている。[29] この条文は十四世紀の条例でも引き継がれた。女性の遺言は、父系制の不安定要因として歓迎されなかったのだ。

都市条例の規定を追っていくと、一二六二年の条例から一三三七〜三九年の条例へと、女性は男性によって次第に収奪されていくようである。一二六二年の条例では、娘は、男の兄弟がいないときには、家屋・塔と城塞をのぞいては父の財産を相続できたが、一三三九年には、娘は父親の男の子孫全体によって相続財産を奪われ、男系の直系卑属がいるだけで、何ももらえなくなったのだ。[30] 十四世紀半ばまでに、娘は――嫁資を与えられた者であれなかれ――遺言なしの場合の父の財産は、父親の男系子孫に与えられた後にのみ、もらえることになっていたが、母や母方の直系の祖先の財産は、娘をはじめ女系子孫には、よりいっそう制限されていたのである。[31]

またもともと同一親等の男性親族がいないときには、姉妹やその子供も遺産相続できる決まりだったはずなのに、ペスト後、制限がますます厳しくなり、一三三九年の条例への一三五五年八月の付加条項では、傍系親族 collaterali の位置が完全に変わってしまった。つまり、姉妹とその子孫は、もし――父から見た――男性傍系親族（兄弟と兄弟の子）がいるときには、後回しにされたのである。またすでに嫁資を付与されて結婚した、兄弟の子としての姪、および傍系親族の修道女も不利な扱いであった。またおなじ付加条項では、息子や娘がいる場合だけでなく、彼（女）らから生まれた孫がいるときにも、母親や祖母は自身の財産を自由処分する能力を制限される、と明確に決定している。[32]

さらに母系親族の相続権も十四世紀には容赦なく制限された。一三〇九～一〇年の条例では、母方の直系祖先（尊属）たる母と祖父がもしシエナ人なら、城や塔は除外して、息子や甥の財産の四分の一のみを相続できた。つづいて一三三七～三九年の条例では、もし息子や、父方の直系尊属と傍系親族（兄弟・姉妹・彼（女）らの子孫）がいるときには、母方の親族は誰もけっして相続できず、いないときのみ、塔・城塞をのぞいて四分の一を相続できるようになったのである。[33]

結局、シエナでは、フィレンツェや他のトスカーナ地方の都市のように、水平にも枝分かれした父系ではなく、より垂直方向に偏った父系に沿って遺産が有利に分配されていくシステムが存在し、しかもそれが、十三世紀後半以降、十四世紀にかけていよいよ顕著になっていったのである。実際、相続は厳密に男系ラインに結びついてまず直系卑属（子孫）へ、それから男系尊属（直系祖先）へとさかのぼるのだった。というのも、まず最初、息子とその子孫が相続し、ついで祖父・曾祖父が相続し、三番目にやっと傍系親《ぼうけいしん》が相続するからである。しかも男子子孫がいないときには――男系尊属より先に――娘たちが相続権を持つ、というのも彼女たちは下方に位置し、なおかつ男系親族型の絆で結びついているからである。

男であれ女であれ、子孫の（相続権の）後でようやく祖先が参加可能になる。だがここでは、上に見たように、母系親族は強く差別されている。その結果、母とその血族は実質的に財産分与から排除されるのだ。相続の第三階梯は傍系親に代表されるが、ここでも女性ラインは、とりわけ姉妹とその子孫は、ほとんど相続できる可能性はなかったのである。

だから要するに、これは男系親族ラインの垂直下方方向の優遇という方針で定義される相続システムであり、それによって、父の家族資産も母の家族資産も、ともに男系親族ラインの、しかも男の子孫に確保されることになった。またそれは、一方では娘たちの相続権の一部回復を認めるが、他方では、女性を介して獲得された親族には相続権を差別するのである。

だが、こうした強い「男系親族垂直下方ライン」中心の相続傾向を、補正する手段がないわけではなかった。条例が、未遺言遺産から女性を排除し、また父・兄弟がそれに努めたことはたしかでも、実際には多くの娘が、両親、とりわけ母から、遺言で遺産をもらったのである。

すなわち、遺言での遺贈は、娘のほうが遠い親戚よりはずっと好まれたようだ。リーマーは、母とりわけ寡婦がその遺贈において女性の子孫を優遇し、父はむしろ息子・娘を同等に扱ったと指摘し、また生前の贈与も女性が女性に与えることが多いと言うが、しかしその根拠となるデータはあまりに少ない（一二八〇～一三〇七年の十三人の男の遺言者と十二人の女の遺言者）。だからこれによって、都市条例の女性に厳しい権利が緩和・補塡されたと断ずるのは、おそらく言い過ぎだろう[34]。しかし生前にも、母はよく娘にプレゼントした。たとえばリーマーによると、ブルネッタという女性は娘のギスラに、生前贈与としてクェルチャグロッサ近くの全土地ばかりか、あちこちにあった動産・不動産を与えたという。このような生前贈与または遺言を書くことで、娘が母の財産分与にあずかれるようにしたのである。また姉妹同士の気遣いもあったようだ[35]。

父親に関してはどうだろうか。父は十三世紀から十四世紀にかけての頃は、ほとんど娘に遺贈しないが、十四世紀の間に娘を優遇しだすのだという[36]。さらに父は、義理の息子の相続人が、娘の資産を奪う、つまり娘が嫁資を返してもらえないのではないかと心配した。そこで、たとえばリーマーの挙げている例では、一二三九年に、ラネリオ・ルスティチーニは、三人の娘の誰かが嫁資を返してもらえず困ったときは、父の土地に戻ってきて家に住む――兄弟の一人と一緒に――べきことを遺言した。兄弟もしばしば、遺言中で姉妹のことを思い出し、何か残すこともあったたし、他の祖父母、兄弟姉妹、赤の他人からも遺贈されることがあったという。

まとめてみれば、中世シエナの家族は、イタリアの中でも父系の男子直系卑属への垂直下降ラインがなにより中心で、そこに家（族）の権力・名誉・財産の保全の礎を求めたのではあるが、これは、個人の自由な裁量でいささかなりとも緩和・修正することができたのであり、とくに女性の不利な立場が、「遺言」「贈与」などで修正されたのである。

貴族家系について

さて、シエナの普通の市民ではなく、マニャーティ（豪族・貴族）――コンタードに広大な領地を持ち、市の中心部に館を構えた貴族ら――については、家系や所領経営、また商取引などにかんする史料が残っており、研究もある程度進んでいる。そこからシエナの家族像についての補足的データを拾い集めてみよう。

シエナを代表する貴族家系であるトロメーイ家やサリンベーニ家、ピッコローミニ家、ボンシニョーリ家などは、十三世紀初頭以来、農村経営ばかりか活発な国際商業・銀行業を営んで財をなし、故郷の都市にも潤いをもたらした[37]。彼らが、家族・一族を基礎にコンパニーアという組織を作って、商業・銀行業を営んだことについては、次節で扱う。

こうした貴族についての史料は、かなり残ってはいるのだが、それらは経済的・法的史料が主体であり、土地・財産の明細、家・館の建設・購入・相続について、あるいは家系による商会の構成と活動、他の家系との相剋、修道院・教会や他の家門との所領・財産・聖職（禄）・政治的職務をめぐる係争、家産経営、寄進や投資などのお金の使い道などについては、詳細に知られる。だが、家族のメンバーとその生涯、また家族・親族関係については、代表的人物の市政での役職やその生涯の一部のほか、婚姻や家系成長戦略が、幾分わかるといった程度である。前述のように、シエナでは「家族の書」「覚書」がほとんど残っていないので、家族の人間関係とそれについての考え方は、十分知ることができないのである。

シエナの都市貴族たちは、もともと農村に基盤を持っていた領主が都市に入ってきたという者もいるが、それよりも、市壁内で台頭した商人・小貴族が、金持ちになって貴族の列に加わった、というのが多くのケースであり、彼らは十二世紀末〜十三世紀初頭にはじめて台頭してきた。そして婚姻戦略をめぐらして元来の農村領主と縁戚関係になり、領主権と貴族の所領を相続してゆき、ますます貴族らしくなった。つまり商業で財を成した大家系は、農村貴族とか伯家の出自ではなく、大半は市内で十二世紀末〜十三世紀初頭に台頭した新興貴族なのであり、祖先を偉大な遠い過去にさかのぼらせるのは、ファンタジックな神話にほかならない[38]。

各貴族家系は、一族が共有する館を構え、塔を伸ばし、あるいはロッジャ（開廊。一族郎党の集会や儀式に使用。前掲図5も参照）を備えて、それぞれの街区の中心的な建築物で周囲を威圧した。たとえばサンセードニ家はサン・ヴィジリオのポポロ区、マラヴォルティ家はサン・ドナートおよびサン・テジディオのポポロ区、ペトローニ家はサン・マルティーノのポポロ区、ガッレラーニ家とベンツィ家はサン・ペッレグリーノのポポロ区を本拠とした。カンポ広場のすぐ近くで、市庁舎とならんで市政の中心建築たるサン・クリストーフォロ教会のあるサン・クリストーフォロのポポロ区には、ピッコローミニ家、アリマンニ家、マコーニ家、ガッレラーニ家、サルヴァーニ家、トロメーイ家、スコッティ家などが、競うように邸館を建ててひしめき合っていた。またサリンベーニ家はカモッリーア三分区の中の、とくにサン・ドナートのポポロ区に一族の居住地が集結していた。

それぞれの館を本拠とするコンソルテリーアは、家長の下、共通の利益のために集まって治められた。それはごく小さな国のようでもあり、地区全体をとり仕切る名望家として近隣にも大きな影響力を及ぼした。コンソルテリーアには代表者とその役人、さらに一族内での裁判（司法）まであった。

ではもともと大家族が集まって生活していた貴族たちの、家族関係はいかなるものだったのか、トロメーイ家、サリンベーニ家、ボンシニョーリ家、ピッコローミニ家の順に検討してみよう。

まずトロメーイ家である[39]。トロメーイ家は、農村の小領主から出発して徐々に成長し、十二世紀初頭には大きな権力を掌握するようになった。十三世紀の過程で支配領域を拡大し、家産を固めて、グランディ（豪族）の身分＝ジェンティルゥオーミニ（貴族）に属し、一族の者はシエナの聖俗の要職を占めるにいたった。マレンマのマッサでの事業と、モンティエーリ銀山の開発で家産の基礎を築いた。コムーネ成立以前に、皇帝代理の伯 Conte が支配していた時代から、この家門は宮殿や塔を多く市内に所有していた。

トロメーイ家は、宿敵サリンベーニ家やマラヴォルティ家と、十三・十四世紀に城塞の支配とコンタードの経済的ヘゲモニー、あるいは商業覇権などをめぐって争った。厳しい生存競争を生き抜く一族にとって、その家族・親族の威信を外に誇示することは、存在条件でさえあった。富や力を備え持っているだけではなく、それを誇示しなくてはならないのである。立派なトロメーイ宮殿は、コンソルテリーアのメンバー全員にとっての不可分の共有財産であり、と同時に、偉大なコンソルテリーアのシンボルでもあった。それはトロメーイ家に属するメンバーに、権力の消散や細分化を避けて地道に縫い合わせ編み上げられてきた大家族の完全なイメージを差し出す。そして一人のメンバーの失敗で宮殿が破壊されないように、おなじ血と党派利害の絆で結ばれた一族皆が誇りをもって、協調した管理・支配を継続した。また、彼らは家族内部の「規約」statuto を備え、しばしばコムーネに反抗した。

トロメーイ家が金融と商業の世界に入ったのは、十三世紀初頭だと考えられている。初期には織物（生地・毛織物）、毛皮、小麦などを扱っていた。一二三〇年代になると取り扱い商品と交易範囲が拡大した。一二四五年からは、トロメーイ家が商業・銀行業に、コンパニーア（商会）として参加していたはっきりした証拠がある。

トロメーイ家の商会は、十三世紀の三〇〜四〇年代に、家族企業体として誕生したわけだが、それは、邸館 palatium の二人の建設者のうちの一人の、四人の息子たちの事業であった。この家族商会 azienda のメンバーは、おなじ屋根の下に暮らし、館は一族 casata のシンボルだった。家族には相互への無制限の信頼があった。社員は無限連帯責任をたがいに負った。もちろんそこには親族以外の社員も入ってくるが、商会における資本・信望・信頼の大半が、トロメーイという豪族の「家の名前」と不可分に結びついていたのである。

こうしてトロメーイ家の商会は、イングランドやフランス、フランドルでコンパニーアのメンバーが活躍したほか、教皇の両替商の役割もはたして、ぐんぐんと成長していった。シャンパーニュ大市での取引を活発に行い、また蠟や胡椒をイタリアに売ったり、布地を買い付けたりした。その利益で、市内に多くの家と広場を買い取ったし、農村経営も拡大していった。

トロメーイ商会は、十三世紀の末葉には衰微するが、十四世紀になると新規に拡張型のコンパニーアとなって再生した。つまりトロメーイ商会は一旦国際商業から撤退したかに見えたが、十四世紀に入るとふたたび、フランスのシャンパーニュ、またボルドー・ニーム・マルセイユなどで取り引きを盛んに始めたのだ。新たに「新トロメーイ商会」la Nuova Società Tolomei という商会が、九人の「家族」に、三人の家族以外の社員が加わってできたのである。そこでは皆、固有名（自分の名前）でたがいに義務・責任を負った。さらにそれに家族・親族と外部者が順々に加わって規模が大きくなっていった。基本はジャコモ・デッラ・ピアッツァの家系に属する者たちだが、商会形態は拡大・再構築されて一新した。コンパニーアは三年継続し、その課題はビジネス・取引を組み合わせて行い、交易を経営・整理し、布地を売り買いし、「寄託金」accomandigie を現金で受け取り、あらゆる種類の貨幣で売り買い・交換することであった。

だが注意すべきは、新商会においても、あくまでトロメーイ家の人間が確乎たる権威を持って商会内部の管理運営に当たり、商会経営のコントロール権を家門の中で維持しようとしたことである。また社員は、家族の者を多数にしておくことで、なにか問題が起き投票になったときも有利に決められる道を残しておいた。

トロメーイ家とシエナ筆頭家門の地位をめぐって争いあったサリンベーニ家については、A・カルニアーニが研究している。(40) サリンベーニ家の起源についてはいろいろな憶測がなされているのみで、どこからやって来たのかは不明である。最初にシエナでの存在がわかるのが一二二六～二七年だが、すでに商会を有し、市内ばかりか外国でも活発に活動している。その時の当主はサリンベネ・ディ・ジョヴァンニであった。十三世紀末からは二つの分家が表に姿を現す。ひとつは先ほどのサリンベネ・ディ・ジョヴァンニからの「サリンベーニ家」de domo Salimbeni、もうひとつが「ラニエリ・サリンベーニ家」de domo Raneri Salenbeni の系統で、当主がラニエリ・ディ・サリンベネ・デル・フ・リドルフィーノであった。

サリンベーニ家は、すでにその頃からトロメーイ家とならび非常に強大な家門として重きを成していた。サリンベーニ家は、ボンシニョーリ家ほど多くは教皇庁関係の仕事に携わらなかったものの、それでもシエナ外部でかなりの規模の銀行・金融業を展開したようである。そしてモンタペルティの戦い（一二六〇年）のときには、シエナでもっとも豊かな家門になっていて、十一万八〇〇〇フィオリーノの貸付をコムーネに対して行った。またその邸館の立派さもシエナ随一である。

サリンベネ・ディ・ジョヴァンニとその家族は、十三世紀二〇年代から銀行業を展開し、あらゆる種類の金融取引を行った。二人の息子のほか社員が数人いた。だがトロメーイ家の社員はなにより当主の兄弟たちが中核、つまり「水平型」であったのに、サリンベーニ家では、まずサリンベネ・ディ・ジョヴァンニ・サリンベーニとその息子たちが中心で、ついで孫たちが加わっていく……、というように「垂直型」であったことが特徴的な点である。それは十四世紀になっても変わらず、男系垂直軸のまわりに家族的な統合をより強化していった。この家では、とくに銀行業に専念して、いくつかの商品・農産物などの生産・取り引き・販売については、他の関連商会に任せていたと考えられる(41)。

サリンベーニ家は、十三世紀後半には、その居住区（ポポロ区）での存在感をいや増すべく家々を買い、工房、広場、商館を手に入れ、塔や館なども他の家門から購入した。また別の地区でも不動産を買い入れた。と同時にコンタードの領地経営を拡大して投資をふやし、その経営で富を得た。十三世紀末からは農村経営の方が大きなウェイトを占める。というのも、国際商業が失墜してしまったからである。そして十四世紀になると、史料では、（まだ倒産してなかったのに）もはや「商会」societas を語らず、個々人が個別に行動し、分家のどちらの商会の仕事か区別できなくなる。トロメーイ家とは違った形での商会の再構築、というより分裂がおきたのだろうか。そしてサリンベーニ家は、その後、銀行業よりも小麦と金属の通商に力を入れるようになっていった。

つぎにボンシニョーリ家である。[42] ボンシニョーリ家は、十三世紀半ばのボンシニョーリ・ディ・ベルナルドからその家門名は来ており、その二人の息子ボニファチオとオルランドが家門の主要家系の祖となった。この大貴族＝大商人家系は、「グラン・ターヴォラ」Gran Tavola で有名だが、それは十三世紀ヨーロッパでもっとも有力な銀行組織であり、他のシエナ家門の銀行同様、家族的連帯を核としていた。同商会＝銀行は十三世紀初頭に形成され、一二六〇年前後に最盛期を迎えた。当家にはもともとシエナとそのコンタードに広大な土地財産（モンテ・ジョーヴィ、モンテ・アンティコ、モンテヴェルディ、モンテネーロ、バーニョ・ヴィニョーニ、ポテンティーノなどの土地と城塞）があり、それを元手に銀行・金融業を展開できたのである。グレゴリウス九世以来の教皇庁に十分の一税や賃祖の徴集と両替を任され、また貸付もするなど、ボンシニョーリ家の商会は大きく発展していった。

モンタペルティの戦いの後、シエナとその商人に教皇から制裁が加えられて一時的に苦労したが、すぐに信頼を回復、教皇庁との協力関係を取り戻した。支店をローマ・ジェノヴァ・パリ・ロンドン・マルセイユ、そしてシャンパーニュ地方におき、事業を展開したが、次第にイタリアの他の都市の商会などとも競合して、勢いを失っていく。

一二八九年には古いコンパニーアは清算されて新しい「ボンシニョーレの息子たちの商会」Società dei figli di Bonsignore と称される商会が作られた。ところが、ボンシニョーリ家外部の社員とボンシニョーリ家との間に争いがおき、後者は自分たちの手に商会の管理運営を集中させようとしたと告発されたが、なんとか合意・取り決めに持ち込むことができた。しかしその後も共同経営者となった外部社員とのいざこざが繰り返された。コムーネの仲介もあったが、とうとうフィレンツェの銀行家など債権者の要求によって、一三〇一年、商会の財産が差し押さえられて破産してしまい、商会は清算させられた。これは、商会内のいざこざゆえに破産したのであり、本当に家産が傾いたためではなかった。実際、破産によっても、ボンシニョーリ家はその資産を大きく損なうことはなかったのである。

もともと、教皇との友好な関係で栄えたボンシニョーリ家は、その家門の資産を少数の家に集中させるようにしたため、一部の家長の資産は大変なものだった。一三一六～一三二〇年のシエナの「資産評価（エスティモ）」では、ボンシニョーリ家の総資産は十二万九三二七シエナ・リラで、そのうちオルランド・ディ・ボンシニョーレの子孫らが八万七九〇六リラも占めた。ウーゴが四万一四九一リラ、グッリエルモが三万六七四三リラで、いずれもきわめて富裕だった。この資産は一二九八～一三一〇年のコンパニーアの破産と解体にもかかわらず維持された。もちろん破産は大打撃ではあったが。フィレンツェの債権者集団やフランス国王によるボンシニョーリ銀行の全資産差し押え要求やシエナ商人への圧迫もあり、シエナ市政府も対応に苦慮した。また教皇庁は、この破産で失った債権を回収しようと、シエナに聖務執行停止令を発して圧力を掛けた。やむなく「グラン・ターヴォラ」の社員の相続者らは、一三四九年から八年間かけて一万六〇〇〇フィオリーニを支払うことにした。

ボンシニョーリ家の当主らは、しばしば軍事・財政部門の役職や大使などとして、コムーネに仕えた。一二八〇年から一三一四年まで、ニッコロ・ディ・ボニファチオとその息子フィリッポが、ゲルフ政権（執政九人衆など）に武装して敵対する、という事態が発生した。ところがオルランド・ディ・ボンシニョーレの子孫はそれに加わらなかった。ということで、そこから二つのボンシニョーリ家系 rami は大いに政治的な立場を異にしたことがわかる。それでもオルランドの四人の息子たちは、一二九〇年から一三一〇年に、ボンシニョーリ家の事業に協力しつづけたのである。

かくしてボンシニョーリ家のメンバーたちには、政治的党派を超えて「家族・一族」としての事業・商売には協力するという、家族的連帯の最優先の方針が窺われるのである。M・キアウダーノの言うとおり、ボンシニョーリ家は国際的銀行業を大規模に展開したが、その銀行業の発達には、この家系の、あるいは他の家系にも通有の、シエナ的な家族的連帯が重要な役割をはたしていたのである。家族・一族の利害や名誉は、都市政治の帰趨や都市の名誉とは別に、大切に守られたのだ。

最後に、ピッコローミニ家である。ピッコローミニ家については、トロメーイ家を研究したR・ムッチャレッリが探究している(43)。彼女の旺盛で綿密な仕事は驚くほどである。ピッコローミニ家は、その起源は不明だが、十三世紀初頭にはすでに強盛な家系となっていた。その後、統領（コンソリ）政府にも加わったことだろう。彼らの家系に列なる人々は、ほとんどすべてサン・マルティーノ三分区に住んだ。すなわちマガロッティのコスタとカンポ広場の間で、その邸館・塔はパンタネート通りに面していた。彼ら一族は農村、とりわけヴァル・ドルチャに広大な所領を有し、また商業に携わって巨利を得た。ジェノヴァ・ヴェネツィア・トリエステ・アクィレイア、さらにはフランス・オーストリアに銀行を所有していたし、ドイツにも商売を広げていた。だがコンパニーア同士の敵対やゲルフ、ギベリンの対立に巻き込まれて苦労した。

ピッコローミニ家は、他の家門の商会と違って、ひとつの金融商会を作って家族的な範囲内でビジネス・取り引きのやり方の初歩を学び、伝え、利益を図ることを目指したのではなかった、とムッチャレッリは言う。そうではなく、個人的な付き合いやイニシャチブの試みが、当初あったのである。

すなわち、十三世紀初頭に信用業務を行っていた家族メンバーは、オルトレモンテの息子たち、つまりピッコロモとその兄弟ロベルト、またウゴーネの息子たちであるバルトロメーイオとアラマンノ、さらにキアラモンテーゼの息子たちであるトゥルキオとウーゴであった。彼らは、この最初期にはしばしば共同で行動したが、ときには別行動を取った。また個人の資格での外人との取り引きと商会としての取り引きを、こもごも行った。活用できる資産の大小、遭遇が予想される危険の大小、生活パターンなどが親族・縁者の間に一時的な一致・協和を作り出して、そのつど取り引き仲間が出来ていったのである。しかしこの世紀の初頭には、不安定で変わりやすい国際通商の条件下で、彼らはさまざまなパートナー・社員（共同経営者）に協力を仰いだ(44)。

一二四〇年代から五〇年代には、ピッコローミニ商会は、より家族的な経営の商会となる。事業・取り引きを経営するのは、今度は厳密に家族・親族メンバーとなり、ほとんど外部の人の加盟はなくなった。すなわち、ピッコロモ以外には八名の親族が加わるが、そのメンバーの名前は、家系の幅広い分家代表が選ばれていたことをはしなくも語っている。つまり唯一の会社組織 organismo societario に集まったのは、リナルドの子孫、キアラモンテーゼの子孫、ウゴーネの息子バルトロメーイオとグッリエルモの子孫、ルスティキーノの子孫、さらにオルトレモンテの子孫である。外部社員としては、わずかにエルミニオ・ディ・ベンチヴェンネとその息子エルミヌッチョがいるだけだった。この時、家族の銀行業の最初の段階を特徴づけた混乱した平衡、個人的イニシャチブの複雑で不安定な絡み合いは、一族中心のアジエンダ（会社）構造に席を譲り、それはその内部で、メンバーたちが発揮する最良の企業家エネルギーを集約することになったのである。[45]

家族・親族関係の重視は、企業経営だけに表れるのではない。ピッコローミニ家では、婚姻にも細心の注意を払って、親族の人脈形成に努めた。ピッコローミニ家のグッリエルミーノは銀行家の息子であり、また銀行家の甥であった。そして姉妹のお蔭で、政権にあったゲルフ党の中層商人の階級メンバーと姻族になれた。良き結婚は良き親族の網目を作るし、有力な後援者・仲介者・保証人は、経済生活にも政治生活にも役立ってくれた。グッリエルモはこのことに意識的で、だから息子メウッチョに、ノーヴェ（執政九人衆）家系の女子を押しつけたのである。

ピッコローミニ家は、じつはすでに、バコ・ディ・プリオーレに嫁した、コンテの娘たる姪のテッサを通じて、ノーヴェ家系とは親戚関係にあった。メウッチョのお相手には、商人テーリ・ディ・プリオーレという、冶金部門で活動する商会の主人である人物の娘ニッコルッチャ、つまりバコの姪に白羽の矢が立った。バコ・ディ・プリオーレもグッリエルモの娘（グッリエルミーノの姉妹）が嫁したラヌッチョ同様、内閣（最高行政府）にいたことがある。こうして婚姻による関係形成を繰り返すことで、ピッコローミニ家は、行政府仲間との親類関係を密に、濃厚にしていったのである。[46]

もちろん、重要なのは個人よりも家門、一族、家系であった。それは遺産相続のやり方からも明らかになる。たとえば上に言及したグッリエルミーノは、サロモーネ・ディ・バルトロメーイオを包括名義による相続人に任命したのであり、グッリエルミーノの息子メウッチョも、一三四七年に遺言を書くときに、唯一の息子ニッコロ（托鉢修道士になっていた）と兄弟のジョヴァンニに遺産を残すことを記しながら、すでに恩恵を受けた従兄弟サロモーネの五人の息子たちを等分割での包括名義による相続人に指定したのである。これは家門全体としての家産の細分化を防ぎ、同族のうち唯一の家系に集めるという戦略のようだ。[47] だから、しばしばそれが直系男子に不利になることもある。これはまた、メウッチョの唯一人の息子が托鉢修道士になったという「選択」をも説明しよう。個人ではなく、あくまでも一族としての戦略であり、こうしたことは、ペストの大災厄前夜で家系が途絶える危険に怯える分家が出現したときには、いよいよ重要となったことだろう。

また遺産相続の原則は、男子の子供の間で平等であったが、実際には父親の意志である子供を優遇して、その者に集中させることもできた。[48] こうした自由な裁量も、資産の分割・分散による家門弱体化を防ぐ方途として利用された。

*

もう一度家門が経営する商会の話題にもどろう。企業経営において、個人の資格での行動や外部の協力者との積極的な関係など、例外的な出だしが目を引いたピッコローミニ家でさえ、十三世紀半ば以降には「家族」中心の経営になっていったことを上に見た。シエナでは、十三世紀後半から十四世紀にかけては、あらゆる大家門において、商会経営の家族中心主義が貫徹していたのである。[49]

シエナで大家門のコンパニーア（商会）があのように拡大し成長できた秘密は、彼らが同一の家系に属するという堅固なまとまり意識のもとに経営を固めていったところにある。[50] 初期の資本は、父と息子たちの共同出資であり、父亡き後は、兄弟らはその資本を分割することなく、共同責任で事業を引き継いでいった。これは、まさに家族を核とした企業体であった。一般に、家族の資本と経営拡大の過程で必要に応じて受け容れた他の外部資本とは厳密に区別され、新参の外来メンバーは、けっして事業の主たる経営には参加できない契約であった。またその一族の一体性と、大土地経営で保証された大貴族の「名前」が、高い信用をかちえることを可能にしたのであった。これは、シエナにかぎらず、トスカーナ、いやイタリア半島全体に見られる連帯のアジエンダ（会社）で、血の絆の緊密な表現である内的連帯性を、企業精神へと移し替えたのである。

トロメーイ家の最初のコンパニーアは「ジャコモの息子たちの商会」societas filiorum Jacobi との名で、この家門の一支脈を指し示していた。これはまさにジャコモ・デッラ・ピアッツァの子孫たちからなっていた。ついで一三一〇年にできた第二のコンパニーアは「トロメーイ家の商会」societas Tolomeorum の名で、それは外部社員を含んだが、家族社員が数的優位にあり、また資本金拠出も多かった。サリンベーニ家やボンシニョーリ家の商会も、共通の祖先へと家系的に結びつける限定を付けて呼ばれている。「サリンベーニの息子たちのコンパニーア」または「サリンベーニ商会」societas Salimbenorum や「ブオンシニョーレ（ボンシニョーレ）の息子たちのコンパニーア」compagnia dei figli di Buonsignore（のちには Gran Tavola とも）とかである。十三世紀から十四世紀初頭にかけて、マラヴォルティ、ガッレラーニ、スクアルチャルーピらの家門も、銀行業・商業を展開するが、彼らも「家門の名」を商会にくっつけて呼んだのである。(51)

家門の不可分性、一体性を守る方策は、さまざまな観点から行われた。相続においてもそうだった。上に、ピッコローミニ家の努力・試みについては述べておいた。また、より一般には、前項で述べたように、シエナの都市条例自体によって女性の家産への権利が制限されていて、過半は男性が受け継ぎ、塔や塔付邸館については、女性は相続できなかったのである。(52)

貴族家門は、つねに邸館や塔は一族共同で所有し、その美しさを維持しようとした。家産の経営管理の原則は、十五世紀になるまでは「共同所有」で、それゆえ相続時には頻繁な家系の再編成がなされた。というのも、多くの子孫・家柄が世代を重ねることなく、かなり早く途絶えたからである。彼らの館はもとは軍事的用途の城砦のような有様だったが、当局の指導を受け優雅な貴族的な館へと姿を変える。塔も低くなり、全体として、館は垂直よりも水平に広がる。だが都市条例には、邸館・塔が一族 consortes の間で共有されていてもそれぞれの持ち分が資産評価 allibrare されて、その分の直接税（ダツィオ）を支払えばよいとの条項があり、邸館・塔は一族全体のもの、との一体性が崩れつつある様子も窺われる[53]（第4章a「貴族の塔と邸館」の項参照）。

一族の家産を分割せずに維持する方法のひとつに、そのかなりの部分を教会や修道院に寄託し、それを家族の次三男（以下）によって治められるようにする、というやり方があった。その教会や修道院には、一族やそれ以外からも寄付・資金援助がなされ、こうして家産の相当部分が一族共有のものとして残り、保持・拡大されるのである。事実上の私有教会ということだろう。

いかに貴族家門の家族的結合力が強かったかは、あいかわらず横行しつづけたヴェンデッタが示している。十三世紀にはもちろんのこと、十四世紀に入っても大家門同士の憎悪の炎は再三燃え上がった。とくにひどいのがトロメーイ家とサリンベーニ家のヴェンデッタで、一連の襲撃・報復・侮辱・復讐が、十四世紀前半には絶えることなく、ほぼ三〇年ほどもつづいた[54]。そして個人の怨念が一族を巻き込んで、血の海を拡げていった。封建的戦闘精神は都市社会でも健在であり、司教やコムーネ当局の度重なる呼び掛けを嘲るかのように、貴族のヴェンデッタは市の平安を脅かしたのである。ライヴァル関係にある貴族家系は、威信と名誉、市内での覇権をめぐって、ことあるごとに争い合った。血縁と党派心に結ばれた家族・親族の名誉と矜持以上に大切にすべきものがあろうか、それを犠牲にしてまで、都市の名誉や〈公共善〉などに力を貸すわけにはいかない、というわけである。

彼らはまた、機に臨んで宴会を催して意気を挙げ、連帯を誓った。これも一族の力と名誉・威信を華々しく誇示する機会になった。とりわけ大掛かりであったのは、家族・友人を集めて盛大に催された「騎士叙任式」であった。

騎士のタイトルの授与を許可する権限はコムーネにあったが、儀式自体には介入できなかったのである。儀式はしばしば二週間にもおよび、カンポ広場では槍試合が行われ、一族と貴族身分の結束を誇示した。

だがこの家族一体性には、十四世紀のうちからひびが入る。おなじ一族が、市内の別の場所にもうひとつの館を新流行のルネサンス様式で建てたり、また共有だった一族の館が、ただ一人のものになって、他の人の所有権がなくなったりしたのである。上記の一族共有の邸館の、個人別資産評価方式も、こうした経済的個人主義と関わっていよう。これは十四世紀末から十五世紀前半、さらに後半にかけて加速した。すなわち家族のメンバーらが、一族の共有財産にあまり興味を持たなくなったということであり、それは、マラヴォルティ家・トロメーイ家・ウグルジェーリ家・サンセードニ家などで生じた事態である。

また多角経営の企業体では、製造部門の責任が一族と無関係の第三者に委ねられる、ということがままあった。工房（店）が一族以外の者に貸し与えられたり、一族の分家に財産が分割されたりもした。個人主義の進展と家（族）の凝集性の弱化が、十四世紀後半からたしかに垣間見られるのである。

さて、後期中世シエナにおいては、シエナ市民としての強い矜持や連帯感とこの家族・親族意識が矛盾なく同居していたし、それは、三分区やコントラーダへの帰属感が、シエナ市民への帰属意識と矛盾しなかったことと同様だろう。だが、矛盾なく同居しうるとしても、貴族たちの一族意識、「家」の名誉と威信の宣揚が、相互に対立することにより、都市本来のあるべき姿である平和、正義、秩序が蹂躙された事実は否めない。政治で党派争いが絶えない一因もそこにあった。〈公共善〉の理念からすれば、こうした貴族、マニャーティらの目立った威信の誇示を押さえることが必要であり、ポポロの政権担当者は、彼らの独立した力をなんとか制御しようとした。

多くの奢侈条例の条項に、結婚式・葬式・洗礼式・宴会の規定が含まれ、その規模や人数、料理に至るまで事細かに定められたのは、有力家系の仲間が大勢集まる機会に、現今の政体への不満が噴き出すことを当局がなにより恐れたからである。さらにこれらの機会が、貴族家門の力——富と人数——の誇示となり、そうした標榜によって、市民たちのこころが特定の人・家族・党派に向かっていくのを心配した、という事情もあろう。また貴族の中には、慈善施設に熱心に寄進をしたり、施療院を建立したりして、都市コムーネの慈善政策に資するように努めた者も多かった。なかなか家系の利害に反する行いは難しかったが、死に直面して、家族より個人を重視するかのような振る舞いも、十四世紀半ばから後半には確実にふえたのである。E・D・イングリッシュは、十四世紀シエナの宗教文化は〈公共善〉への関心を市民の間に広めたが、しかしそれは、困難に直面したエリートによって涵養・推進されたのであり、下層の者たちの平等を求める要求から、というわけではなかった、と述べている。(55)

しかし下層の民衆の平等への希求は、おなじ時代、霊性の飛躍、慈愛の精神の流露と結びついて、別の方向から〈公共善〉のあり方を変えていくことについては、本章の後半以降、詳しく見ていく。

ある公証人の場合

本節の最後に、シエナでは例外的に「覚書」を書き残している一人の公証人を取り上げよう。クリストファーノ・ディ・ガーノ・グィディーニ（一三四六～一四一〇年）である。彼はシエナおよびそのコンタードで公証人として活躍し、一〇巻に及ぶ公証人記録集（一三六二～一四〇九年）とともに、自伝的覚書を残したのである。(56)

クリストファーノは、一三四六年、コンタードのベラルデンガで生まれたが、二歳にもならないとき、黒死病の蔓延直前に父が亡くなって一家は困窮し、母と叔父（父の弟ナッドゥッチョ）と母方の祖父が彼の世話人となった。シエナ近郊のリゴマーニョ・イン・ヴァルディキアーナで祖父に養われて育ち、その祖父の薦めでシエナで勉学、すぐにラテン語に熟達し富裕な家の家庭教師としての仕事を得た。シエナではナッドゥッチョ叔父さんの厄介になった。クリストファーノは公証人を目指して勉強をつづけ、資格を獲得、シエナにやって来て公証人としての仕事を始めた。ポポロ隊長や内閣 Signori の公証人、財務府（ビッケルナ）の公証人、サンタ・マリア・デッラ・スカラ施療院の公証人など、重要な職務にも携わった。またその間何度も公証人の統領 console dei notai にも選ばれた。公証人の後は、一三九一年、サンタ・マリア・デッラ・スカラ施療院に献身して「兄弟」となり、上級書記、ついで「総監」governatore を歴任した。(57) 当施療院で一四一〇年に亡くなった。

帳簿の自伝部分では、以上の自分の生い立ち以外に、父母のこと、家族生活とくに子供の誕生とその里親(乳母)、公的な活動、不動産取得、税金支払い、小作人との関係などが几帳面に書かれている。ほかに、自身の霊的希求と聖カテリーナとの個人的関係を記しているのが、特記すべき点だろう。

では、彼の記述の中から、「家族関係」「家族意識」を映し出す、注目すべき点を検討してみよう。

彼は、結婚で得た嫁資の使い方や、子供の誕生、名前のつけ方、死について記録しているので、まずはそこから眺めていこう。

嫁資(三五〇フィオリーノ)については、その大半を妻の衣服と、また自分に必要な家の中のものの購入に充てたこと、ほかには、オヴィーレ地区の家を、一五〇フィオリーノで古布売りのキメント・ディ・ニッコロから購入したが、それはアブラ・ディ・チオーネ・バロッチのものだったこと、さらに嫁資の残りで故郷のアルマイオーロのグァルディマンノにある一片の土地を六八フィオリーノで購入したこと、などを記している。(58)

子供は、結婚後五年以上できなかった。ところが、一三八〇年十月から一三八九年七月まで、妻はたてつづけに妊娠し、七人の子に恵まれた。クリストファーノは、子供が生まれた日時・堅信礼の日・参加者・死亡の日時・里子に出した子と日付・費用などを精確に記録していく。(59) しかし、飢饉とペスト(一三九〇年の)で妻と六人の子供がバタバタと、一ヶ月ほどで亡くなってしまった。子供のうち生き残ったのは、九歳で修道院に入れられたナッダのみだったようだ。

子供をめぐる記述から、いくつかのポイントについて考えてみよう。

まず名前のつけ方であるが、長男フランチェスコの名は、クリストファーノが信奉していた聖フランチェスコからつけ、長女のナッダは、母方の祖母の名をもらった。次男のガルガーノは、父方の祖父（つまりクリストファーノ本人の父）がガーノという名前だったので、そのようにつけたという。三男四男（双子）は、三男はマンノだが、これは曾祖父、つまりクリストファーノ本人の母方の祖父から名づけ、四男のゲラルドは、彼の誕生日の聖人、聖ゲラルドへの敬意からつけた。次女アニェーザの名は父方の祖母（クリストファーノの母）の名から取った。三女をカテリーナと名づけたのは、聖女カテリーナへの尊敬の念と代母になってくれたカンポレッジのマンテッラーテ（托鉢修道会の傘下で、俗人身分のまま敬虔な生活を送る女性たち）のカテリーナ・ディ・ゲットーへの敬意からだと、自ら誌している。

子供たちには、当然、洗礼時の代父・代母がいる。クリストファーノの「相親《あいおや》」になるわけだ。長男フランチェスコの洗礼で、クリストファーノの相親となったのは、絵描きのアンドレア・ディ・ヴァンニ親方、シエナの食料品店主「賢者」ジャコモ・ディ・ドータ、そしてモンタルチーノの公証人セル・ネラット・ディ・ニッコロである。長女ナッダについては、アンドレア・ディ・ジョヴァンニ・ヴェントゥーレと薬種商のマッテーオ・ディ・グィドであった。次男ガルガーノについては、サン・ピエトロ・ダ・ウヴィーレ（オヴィーレ）教会の司祭であるシエナの聖堂参事会員ミッセル・ルカだった。三男四男のマンノとゲラルドの代父は、「神の偉大な僕」セル・ピエトロ・デッリ・アポストッリ・ダ・ラ・ポルタ・トゥーフィだった。次女アニェーザの代父はキゥスリーノの司祭セル・フランチェスコ、代母はモンナ・ジェンマ・デル・マンナイアだった。三女カテリーナについては、上述のように代母のカンポレッジのマンテッラーテ、カテリーナ・ディ・ゲットーが記されている。

また子供を皆里子に出し、その期間や月極の費用などが細かに記載されているのが興味深い(60)。

フランチェスコ（一三八〇年十月二九日生）は、一三八〇年十一月七日に、フィレンツェのコンタードのフェイオ・ダ・ブロリオの妻モンナ・アンドレアに月五〇ソルドで里子に出したが、翌年五月末には乳母が妊娠して、戻された。同年六月三日にはまた、ビアジュオーロ・ダ・ラポラーノの妻モンナ・ミーナに月三リラで任された。一年間その下で育った。だがまもなくモンナ・ミーナが妊娠してフランチェスコは家に戻り、その後は乳母に預けず家にいた。

ナッダ（一三八二年七月十四日生）は、九月二八日にラポラーノのドナート・ディ・ルッジエロの妻モンナ・ヌータに月五五ソルドで里子に出された。二二ヶ月間そこにいた（さらに二ヶ月、無償で預かってくれた）。彼女は唯一子供時代を生き延びて（他の子供はすべて一三九〇年に死亡）、サン・マルコ門外のサンタ・ボンダ修道院に入れられた。

ガルガーノ（一三八四年十月二二日生）は、同年十一月十四日にアントーニョ・デル・フェッラッチョ・ダルマイゥオーロの妻モンナ・ジェンミナに月四七ソルドで里子に出した。だがクリストファーノの妻マッティアに双子が生まれると、マッティアはガルガーノを引き取って母乳で育てた。

マンノとゲラルド（一三八五年十二月二八日生）は一緒に生まれた双子だが、まずマンノの方は、一三八六年一月十二日に、ヴェスコーナ近くのプリエミネのジョヴァンニ・ダンドレア・ピアンターニの小作人モンナ・ジョヴァンナ・ディ・ヴィーヴァに、月四五ソルドで里子に出されたが、三月十七日、乳母が妊娠したということで戻ってきた。そのためしばらく母の胸で育てられた。その間、兄のガルガーノに乳母が見つかり、ゴーロ・ダ・シエナの妻モンナ・バルタロメイア（サン・ドナートのアッバディーアのポポロ区）に、月五五ソルドで預けた。同年の三月二八日まで預かってくれた。そのおなじ日、マンノがヴァル・ディ・ストローヴェのアンドレア・ディ・ピエロ・ディ・ジョヴァンニ・ヴェントゥーレの小作農であるピエロ・ダニョロの妻モンナ・フィオーレに、月五八ソルドで里子に出された。が、一三八七年八月十六日には、乳母が妊娠したということで、ふたたび家に戻ってきた。

双子のもう一人のゲラルドについては、一三八六年二月六日、ラポラーノのメニクッチョ・ディ・ビンド・ダ・レ・セッレの妻モンナ・フランチェスカに、月四四ソルドで預けられた。しかし一三八六年八月十三日には、乳母が妊娠したということで戻ってきた。同月十五日にその子をミゼリコルディア会の小作人グレーコ・ディ・ヴァルディストローヴェの妻モンナ・チェッカに月五八ソルドで預けた。だが翌年五月の末日には、妊娠したということで子供を戻された。そこで六月二日には、その子をリストーロの妻でバルターロ・ダ・ラルニーノの娘モンナ・ラジアに、月五八ソルドで預けた。八月末日には、その子は連れ戻された。

次女アニェーザ（一三八七年二月十二日生）は、二月二五日にクーナ近くのトレッサのバルタロ・ディ・ヴァンニーノ・ダ・サンクト・アニョロの妻モンナ・フランチェスカに月三リラで預けられた。一三八九年九月二二日まで預かってもらったが、戻された。

三女カテリーナ（一三八九年七月十九日生）については、フィレンツェとの激しい戦争が始まっていたので、乳母に預けず母が自らの胸で育てた。だが引き続いての飢饉・ペストで、母親のマッティア自身が一三九〇年八月十七日に亡くなったため、八月十八日にはモンナ・ピアという、コムーネの市壁脇のオヴィーレのコスタにいる女性に月四リラで預けられた。

以上、計十二人の乳母（里親）を雇ったが、そのうち一〇人は田舎（コンタード）に住んでいる女性であった。これは当時のトスカーナ地方の市民らの慣習で、コンタードの貧しい家計事情をチッタの人間が補塡したのであり、また市民と農民との間の人間関係の一局面でもあった[61]。授乳期間は長く平均十九〜二〇ヶ月、一人の乳母だけで済むことは稀であった。

修道女となったナッダをのぞいて、一三九〇年に妻とともに子供たちも皆亡くなり、家系は絶えてしまった。しかしクリストファーノ自身は公職をつづけ、一四一〇年まで生存している。

ほかに非常に興味深いのは、このシエナ切っての有能で繁忙な公証人の、宗教体験、とりわけ聖女カテリーナとの関係を示す覚書の箇所である。

彼はカテリーナのサークルに一三七五年以前に加わったが、それはカテリーナの側近になっていた貴族のネーリ・ディ・ランドゥッチョ・パッリアレージとニージ・ディ・ドッチョ・アルゾッキの斡旋によるものだった[62]。クリストファーノはカテリーナの教えに感動し、世俗のものを捨てることを教えられ、その取り巻きのコアメンバーになる。彼は、カテリーナの著作（『聖寵対話』）をラテン語訳するなどして、その教えを広めるのに貢献したことでもよく知られている。また散逸しそうになったカテリーナのほとんどすべての書簡を集めて、二巻にまとめたのも彼である。

クリストファーノはカテリーナの奨めで宗教生活に入ろうとした。ところが、母は息子が宗教生活に入るのを望まず、また自分を捨てないでくれと重ねて頼んだので、心ならずも結婚を選んだ。母の言葉とクリストファーノの思いを引用しよう――「『お前は私を捨てようと言うのか？ 私にはもう誰もいない。私の父親は死んでしまい、私はお前をさんざん苦労して育てたんだよ。二八ヶ月、お前は私の下にいた。そして私はお前を離したくなかったので、再婚など望まなかったんだ。』――そこで私（クリストファーノ）は、良心がひどく咎めるように思われ、母のために、妻を娶ることに同意し始めたのです(63)」。

候補は三人いた。カンポレッジのフランチェスコ・ヴェントゥーラの娘、そして現在の妻、そしてもう一人は憶えてない、ということである。

クリストファーノは、当時ピサにいたカテリーナに、三人の候補のいずれを選ぶべきか尋ねた。カテリーナはいちおう、父母兄弟、自分自身を捨てて来ないものは私に相応しくない、とのキリストの言葉を引いて、クリストファーノを、悪魔の唆しで世俗の家族やその務めを霊的なことより優先している、と叱責した。それでも、嫁選びの助言など自分のする柄でないと遠慮しつつも、親切に答えてくれた。おそらくカテリーナの奨めた女性（カテリーナはフランチェスコ・ヴェントゥーラの娘を推した）でない人、プロヴェンツァーノのコントラーダ在の毛皮商フェーデ・ディ・トゥリーノの娘マッティアと結婚したのだった。

またマッティアが亡くなったとき、彼女はマンテッラーテとしてフランシスコ会の墓地に埋葬されたとある。彼女は生前カテリーナの側近に加わり、そこには、クリストファーノの母アニェーゼも加わったようだ。[65]

さて、いろいろと興味をそそる箇所の多い、このクリストファーノの家族・結婚をめぐる記述からは、どういう社会的・心的状況が窺われるだろうか。

まず、子供についての記載からは、当時の家は子だくさんだが死亡率は高く、子供の夭折が当たり前の時代であり、生まれた子が成人まで育つのは難しいこと、そして「家」「家族」は容易には継受されず、途絶えてしまう危険がある（実際クリストファーノの家は途絶えた）ことがまざまざとわかる。また、生まれた子供はすぐに里子に出す習慣が確立していたことも知られる。これは夫婦の愛・生活を優先させ、またつぎの子供をすぐ作るのに必要な措置であり、子供への愛とは矛盾しなかったのだろう。

また子供の名前のつけ方からは、祖先や聖人の記憶と遺徳を取り込もうとする志向が見られる。クリストファーノの場合、聖人や宗教家の名（聖フランチェスコ、聖ゲラルド、聖カテリーナ）と、祖父母および曾祖父の名から子供を名づけたケースが大半を占めており、祖先の名については、父方も母方も平等に二人ずつ選んでいる。Ch・クラピッシュ＝ズュベール女史によると、十四世紀トスカーナ地方の貴族たちには、男の子の名前をつける際、家系の中の「死者」を再生させるべく配慮し、名前を再創造する、という慣習があったという。[66] 先祖や最近亡くなった親族や赤子の名を新たにつけることで、死んだ人を再生させ、その人を作り直すのである。この傾向は、われらがシエナのクリストファーノのケースでも裏づけられる。

子供の代父・代母の選び方には、その家が周囲にどんな社会関係を構築したいと考えているか、そのヴィジョンが透けて見えるものである。フィレンツェではエリートは多数の相親を持つのが流行だったようだが、[67] クリストファーノは、ごく慎ましやかである。彼が代父になってもらった人たちの、絵描き・薬種商・食料品店主・公証人といった職業からは、身分の上下の選択に決まった傾向は見えず、親しい友人を選んだのだろうと推測できる。ただ、司祭、聖堂参事会員、マンテッラーテなど、教会関係者がやや目立っているのは、クリストファーノの信心の影響だろうか。

クリストファーノは、聖女カテリーナ・サークルに加わり、きわめて信仰心が篤かった。また自分だけでなく、結局、妻や母もおなじサークルに加わってマンテッラーテになった事実は、信心のあり方、霊的人間関係の構築が、個人のイニシャチブに拠りつつも、家族を巻き込んだ「家族的事業」になることを示している。

クリストファーノの生涯は、一見、仕事の面からは、功成り名を遂げて順風満帆である。公証人の修行をして、ノーヴェ（執政九人衆）所属二家族の息子の家庭教師を務めた後、一三六二年からドディチ（執政十二人衆体制）終焉、リフォルマトーリ（執政改革者衆）政体の初年まで、シエナのコンタードで名誉ある地位に就き、故郷アルマイオーロの代官にもなった。一三七五年までに、市庁舎の公証人職を定期的に手に入れた。ポポロ隊長や内閣などの公証人として活躍したのは、まさにシエナのエリート階梯を登りつめた証拠である。順調な仕事のかたわら、エリートとして恥ずかしくない家・土地を購入し、さらに土地財産はどんどんふえていった。何度も総評議会の評議員となったし、一三八三年と一三八四年には、最高行政府の十五人のうちの一人となった。

彼はドディチ・モンテ追放後の、支配的モンテ（リフォルマトーリ）の一員であり、ドディチ派追放後必要となった新たな公証人として、政権近くに滑り込んだのである。また彼は、リフォルマトーリ・モンテの一員ではあったが、その活発分子とは考えられなかったので、その後政体がさらに変わっても、公証人をつづけられたのであろう。

こうして、いささかの紆余曲折はあったが、クリストファーノは、公的にはまさにエリートコースを歩んだ。だが、翻って家庭はどうだったろうか。もちろん想像するしかない。妻についての記述はごく少なく、詳細はわからないが、おそらく多忙な夫を支える妻として、また子供たちの母としての役目を着実にこなしたのだろうし、クリストファーノも妻を信頼して家を任せていたのだろう。だが一三九〇年、妻と六人の子供を一気に失った不幸は、あまりに大きい。

クリストファーノは、聖女カテリーナに傾倒し、その取り巻きの中心メンバーの一人になっている。だがそれは、妻も子供たちも――一人を除いて――、皆、疫病で亡くなるという不幸に襲われて、人生に無情を感じたからではなく、すでに結婚前からのことであり、また彼は生涯、公証人として世俗の仕事に勤しんだので、彼の心中では世俗生活と対立することなく、敬虔心をもって深い信心を保つことができたのだ、と考えてよいだろう。こうした生き方は、おそらく彼だけにとどまらなかった。本章dで詳説するように、後期中世の(イタリア)都市世界というのは、こうした聖俗入り交じった生活形態、信仰形態を、苦もなく送ることができたという稀有な時代・空間なのであった。さらに言えば、この時代のシエナでは、世俗・宗教両方の社会的結合関係が、多くの面で交差しオーバーラップしていたのであろう。

最後に、この「覚書」を書きながら、クリストファーノは何を目指していたのだろうか、想像してみよう。覚書を執筆する彼は、「読者」を想定していたとも考えられ、自分のおかれた家庭的・社会的状況を、他者に理解してもらおうとしたのかもしれない。しかしそれは、よくある家系図や家族の書が目指したような、輝かしい一族の賛美ではまったくなく、むしろごく個人的な、自身と直近の家族の記録であった。彼は、家系を延々とたどることはしていない。とくに男系親族はほとんどその覚書に出てこない。父の死後、少しだけ面倒をみてくれた父の弟、ナッドゥッチョ叔父さんくらいだ。そのかわり、母系尊属は頻出し、より高く評価している。母と母方の祖父マンノは彼を育てて一人前にしてくれた命の恩人だし、母方の叔父にも世話になっている。こうした、男系親族の後ろ楯のまったくない家庭で育った自分を、彼は「しがない出自」vile nazioneだ、と言うのだ(68)。

だがR・ムッチャレッリも説くように、それはもしかしたら、意図的な言明かもしれない。「しがない出自」と言うことは、彼のポポロ階級所属により大きな説得力を与える手段であり、自身の政治的なアイデンティティーについての主張を通しやすくする。だから、父系はもとより、母系についても長々と栄光をたどらない。望めば、母の家系から祖父の騎士チオーネ・ディ・アラマンノ・ピッコローミニにたどりつけただろうに(69)(ピッコローミニ家はれっきとした豪族（マニャーティ）)。これも自分がポポロ階級所属だと、外部に示す戦略なのだろうか。

この覚書の隅々から窺われるひとつの大きな感情の動きがある。「母親」への孝心と愛情である。クリストファーノの母は、名門ピッコローミニ家の地方分家のひとつに生まれた。クリストファーノの父は一三四八年の黒死病蔓延前後に死んで、多大な負債を残した。そのため母は、結納金も取り戻せず、嫁資も借金返済などでなくなってしまい、非常に苦労した。母は再婚もできただろうが、もしそうすると唯一の息子を亡父の家族に渡すことになる。それが耐えられなかった母は、子供とともに実家に戻ったのだ。その後のクリストファーノの閲歴については、上に述べたとおりである。

クリストファーノの母は、ずっと「母」たる役割を唯一の支えとして生き、また経済的にも息子に頼らざるを得なかった。息子が結婚した後は、嫁とともに家の中のこと、家産管理の手伝い、子供の世話をしたことだろう。こんな子離れできない母親は、やっかいでうっとうしいかもしれないのだが、クリストファーノは、生涯、母に忠実で優しかったようだ。母は自分を一人前の公証人にしてくれた恩人であるし、母と母方の祖父マンノこそ、彼の情愛の希望の星でありつづけたのだから。自分が幼少時に父が亡くなりほとんど父の記憶がないことも、母への愛着を強めた要因だろう。

この覚書の端々から立ち上ってくる、母や母系への忠誠と情愛の流露は、後期中世に父権制への傾向を強め、法制度的に父系血族（親族）の直系子孫へと、家・家族の権力と財産を集中・継受させていこうとし、その家・家族の秩序の上に、都市の政治構造をも確立しようとした、コムーネの全体傾向とは逆行している。これまでにも、こうした法制度の結果を、贈与や遺贈など、実際の個人的行動において補正しようとする試みがいくつもあったことを指摘してきたが、クリストファーノのケースも併せて考えてみると、このような逆行や補正の試みは、後期中世シエナの「家族」というものが、都市当局の構想する都市の秩序、〈公共善〉に指導された秩序の細胞として、政治的・社会的に機能するだけでなく、たとえば、宗教・信仰世界における人と人との新たな関係形成のモデルとなりうる柔軟性を秘めていたことと、無関係ではないだろう。この点は、本章dで改めて考察の対象としよう。

b　職業団体

つぎに、職業団体ないし職能集団について考えてみよう。[70] 中世において「職業」に就くためには——親の仕事をそのまま子供が引き継ぐ場合もあろうが——修行をし、資格を取り、そして同業組合（ギルド、アルテ）に所属しなくてはならなかった。だから、この職能を介した人と人との結びつき、社会的結合関係は、なによりも技術の習得と伝授という師弟の関係が媒介になっていようし、できた作品（商品）を売り買いする経済的な回路の特質も、その人間関係に巻き込まれていくだろう。後期中世シエナの親方と職人・徒弟との関係や、親方同士、職人同士の仲間関係は、どのようなものであったのだろうか。また外部の者との関係もしばしば職業団体のあり方、姿を決めていくので、それについても一考したい。

コンパニーア

シエナの貴族たちは、土地経営のほかに、遠隔地商業・銀行業に携わることが多かった。彼らは十二世紀半ば以降、フランスのシャンパーニュ市ではルッカやフィレンツェの商人たちとともに活動したし、十三世紀には教皇庁の御用商人として、司教らへの融資、十分の一税の徴収、両替などの金融操作にあたった。イタリアのほかフランス・イングランド・ドイツ・フランドルにも活動の場を広げて、王侯貴族・都市・聖職者らへの貸付、オリエントと西欧との間の取り引きなどに携わった。まさに当時のヨーロッパ世界の銀行・金融業の前衛的位置にいたのである。それは、本社はシエナにおきながら、支店をヨーロッパ各地に据えて展開されていったのであり、そのため彼ら商人は、ギルド（アルテ）とは別の組織、商会（コンパニーア、あるいはソチエタ societa）を形成した。[71] コンパニーアについては、前節でも「貴族家系について」の項で、主要家門を紹介する中ですでに触れたが、全体の動向をまとめる意味もあるので、まずこれについて瞥見してみよう。

この時期のシエナにかぎらず、トスカーナ地方の選ばれし商会の構造は「コンパニーア」であった。コンパニーアは、今日の合名会社の先駆と言えるものであり、その主要性格として、商会における社員（共同経営者）の無限責任があった。それは起源を伝統的家族から引いており、メンバーはおなじ屋根の下に住んで共同の資産を持ち、その結果、無限の信頼・信用が他のメンバーとの間にあったのである。[72] 注意しておかなければならないのは、中世の商会とは、今日の会社でイメージされるような固定的な組織体ではなく、幾人かの商人および投資家が限られた年数——少なくとも二〜三年——パートナーとして、ともにある事業のために働く契約にもとづいた、柔軟で随時的な組織であったことであり、そこでは、事業手段とともに、現在・未来の投資家による投資額と、利益・損失の分配方法などが決められた。

中世の時代が下るにつれて、こうした商会の伝統的な性格が変わり、家産・資産が相続人らの間で分割されるようになっても、それはかなり長い間、ほとんど家族的な事業でありつづけた。だからその商会としての資本金への参加は、家族・親族メンバーに限定され、またたとえ商会の拡張のために、かなり遠い親戚を社員として参加させる必要が生じたり、場合によってはまったく親族関係にない者への参加が許されて法的に平等になったとしても、資本の大部分、商会への信用・信頼、商会によって提供される保証などは、相変わらず「家門の名」と不可分に結びついていたのである。すでに見てきたとおり、シエナのコンパニーアでも、ピッコローミニ・サリンベーニ・トロメーイ・ボンシニョーリなどの商会は、この種のタイプのものであり、あくまで「家族」がその中心にいた。

遠隔の地での営業・取引・契約が、規模の拡大のため商会の会長以外の者によってなされるようになると、社員の間に、相互的な受託とそれに応じた義務が発生することになる。そのため、組織のあり方は変化するが、しかし家族的連帯性はまだ保持されたままである。管理者 amministratori とも呼ばれる社員は、商会を代表して旅をし、市に行く。そして取り引きを行ったら、手紙を書き、別の国・市場にいる者に伝える。また取り引き記録（帳簿）libri di commercio を付けるのも彼の仕事である。だが、彼は勝手に行動するわけではなく、仲間の総意を汲んで行動するべきであり、とくに創業一族の意向には沿わねばならなかった。

しかしトスカーナ地方などのイタリアでも先進的な経済が展開した土地では、少しずつだが、こうした血と土地・館の共有によるつながり、つまり古いコンソルテリーアのシステム、集団として不分割で個人の資産というものの存在しない会社から、分割し相互に結合していないもろもろのコンパニーアが、独立性を保ったまま連携する傾向への変化が見られる。それは、活動の拡張に伴う資本増強の必要に迫られた結果でもあった。初期には、安定して永続的に活動する要素は本社のみであり、支店は副次的な役割しかはたさなかったが、支店の独立性が高まるのである。商会には、家族以外の人がつぎつぎ加わって、拡大家族の資産の組合的な組織という特色が薄れていく。そして家族としてではなく、個人として自分のお金を投資すると考える、「ホモ・エコノミクス」が出現するのである。そして十三世紀を移行期として、全体として合名会社から合資会社へと移行する、と考えられている。

商会が分割され、独自に活動できる支店が多くの土地に設立されるようになると、状況は変わっていく。全体として法的統一性を有する商会においては、それぞれの支店は最初ある幹部社員 socio によって設置・指導されるが、後にその管理は非所有社員の代表、つまり雇われ社員 fattore によって行われるようになる。その雇われ社員は、それぞれ得意分野で能力を発揮し、キャリアを積んで特別に幹部社員になることもある。すると商会組織はコンソルテリーア（門閥）を超えていく。いわゆるアジエンダの誕生である。

このアジエンダがさらに増加・分散して、ピラミッド状になることもあり、十四世紀の最後の二十年代には、F・メリスが「アジエンダ・システム」sistema di aziende という名で呼ぶ組織体ができた[73]。もともと従属的な、支店としての役割を担っていた周縁の組織すべてにおいて、自律性・独立性が導入されたことで、法的実体の複数性が、かつてのいくつもの支店に分割されたコンパニーアの唯一の法的実体に取ってかわったのである。だが少なくとも当初は、おのおのの新しい会社（アジエンダ）は、唯一の本拠地に具現していた、という意味で共有・共同であった。それでも一種の「防水隔室」compartimenti-stagno がたくさんできて、もしもそのいずれかの関連会社が逆境に陥り破産しても、他の会社の同僚を破滅させないような仕組みへと進化したのである。

しかし本格的な合資会社は十六世紀初頭にしか登場しない。それまでは、多様な形の分解と結合があり、取り引き実体に合わせた調整がなされたのである。

以上のコンパニーアからアジエンダへ、そしてアジエンダ・システムへ、という変遷は、フィレンツェの商会をモデルとしている。ではシエナではどうだったのだろうか。

コンパニーアに関する規則は一部「都市条例」に含まれているが、実際の商業発展に合わせた組織の変容には追いついていないようでもある。一二六二年の都市条例には、直接、商会に関わる規定はない。第二部には、やや関係がある条項が載っている。[74] すなわち、外国での代理人（受託者）についての規定で、彼らは procuratores / factores / gignores / nuncii などと呼ばれ、収支決算報告などの義務が記されている。すなわちシエナの商会では、「幹部社員／共同経営者」と「雇われ社員」は区別されず、socio の語も fattore の語もまったく同様に扱われている。商会では、それぞれの社員は外での仕事から戻ってきたら――あるいは求められたら――、大多数の社員の求めに応じて、自分が関わった契約の内容や債権や負債、とくに受領したお金、債務証書や為替手形で獲たものについて、説明しなくてはならなかった。もし隠匿・詐欺行為をすれば、隠したり騙したものの二倍をコムーネに払い、また当然、不正入手したものは請求者に返却すべきであり、そうしなければ、永遠の追放刑に処された。

これは外国に出張している社員だけに関わる規定ではない。シエナ在住の者にも、当然説明義務はあったのであり、社員としてお金を受領したら、他の社員たちにすぐに通知すべきであった。領収書保管を引き延ばしたり拒んだりすると、ポデスタの命令で逮捕された。シエナの商会はそれぞれ固有の、社員らの出資金からなる財産を有していた。それゆえ一般に、商会の負債のため、社員はその全財産を差し押さえられるリスクはつねにあった。そこから逃げようとすると、彼とその家族は禁固刑に処せられた。

だが社員は、きちんと会計報告すれば、その商会から出て、他の商会に加わることができた。ただし誰も社員として、一時に二つの商会には属せない決まりだった。未成年の息子は父の保証ないし後見で商会のメンバーになりえたし、死んだ仲間の息子は自動的にその商会のメンバーに属すことができた。利益は出資金の割合に応じて配分された。

シエナの一二六二年の都市条例第二部八九条では、商会のメンバー全員への同種の義務が説かれている。つまり、コンパニーアの社員が誰か亡くなり息子ら相続人が残ったとき、仲間の社員らは、その相続人――未成年の場合は後見人と保佐人――に、亡くなった社員の正しく合法的な持ち分を割り当てるべきだ、としているところである。すなわちそこでは、社員間の身分の違いには言及されておらず、この条例はまだ「合名会社」を想定していると思われる。[75] 一三〇九～一〇年の俗語条例も、コンパニーアを問題とするのに、accomandigia や comandigia という言葉は使っておらず、compagni とか compagnia とのみ呼んでいる。[76] シエナの都市条例に登場する accomandigia / comandigia の語が指すのは、他のイタリア都市の商人らが遠隔地商業で広く利用していた「コンメンダ」commenda（出資者が代理人＝企業者に金銭や商品・船舶を提供し、代理人が取り引きして利益が出たら、出資者は元本と利益の一部を、代理人は労働の対価として利益の残りを得る、という協定。損害が出ても、出資者は投資額以上には責任を負わない）のことではなくて、たんなる「寄託」deposito であり、そこには寄託額に応じた儲けの分配はなかった。[77]

つまり寄託者がその寄託額限度までにかぎって、利益参加（利潤分配）や危険の負担をする、というシステム（合資会社）ではないのである。[78] そうではなく、シエナの商会は、メンバー間の平等で無限の責任によって特徴づけられ、メンバーの中では、ある人物はほかの人たちから、ただ受託者（代理人）としてだけ区別される。シエナの商会の組織形態の展開は、フィレンツェなどよりも遅れていたということなのだろうか。

たしかにシエナの商会は、近代的会社組織への道を足早に歩んだフィレンツェなどに比べて中世的で、ずっと核となる一族の力・役割が大きかったようだ。それは前節で述べた、「家族」の組織というよりも精神が、シエナでは長い間、屈強な力を発揮したことと無関係ではないだろう。

商人組合(メルカンツィーア)に服するアルテ

つぎに、メルカンツィーア Mercanzia(商人組合ないし商務局)について、調べてみよう。(79)

一体商人組合とはどんな存在なのだろうか。シエナでは、商人組合は、最初から、他のアルテ団体に先駆けて独自の発展を見せていた。その統領(コンソリ)は都市政治において大きな力を有していた。すでに彼らは、一一九二年にはかなり重要な法行為の証人としての任をはたしているし、その後も、コムーネの多くの条約・休戦・和平締結に携わり、政権幹部の会議に列席している。シエナにおいては、商人組合以外のアルテは、羊毛組合をのぞいて政治的にほとんど力がなかったので、商人組合の富と力の大きさが際立っている。

さらに一三三五〜三六年には、商人(つまり遠隔地商業、銀行業などの)と、「ピッツィカイオーリ(食料品商)Piççicajoli(彼らは小麦、香辛料・薬種、および贅沢品の輸出入を卸売りで行っていた)双方の組合が合体し、新たな商人組合が構成され、それはその統領を通じて、事実上、総評議会(鐘の評議会)の恒常的部分になった。

商人組合の役目は、シエナにおける個々のアルテを統括し、規制するところにあり、また都市の経済活動の最高決定機関としても機能した。それは公的な連合組織で、現代の商業会議所、商業裁判所のようなものである。実際、商業に関わる裁判も担当し、裁判官は統領が兼ねていた。彼らは専門の判事・公証人ではなく、また騎士でもなく、一般の俗人であったが、商人組合の全体会議で選ばれ任期は六ヶ月であった。この最高役人である統領は四名、ほかに収入役がおり、彼は財務管理を行い、三つの帳簿を保管した。他にも多くの役人がいた。

執政十二人衆時代の一三五五〜六八年は、より民主的な体制を目指したため、アルテ=システムが再編された。

商人組合以外の諸アルテも、選挙権を有するようになるなど、制度的に重要性を増していったが、この短い期間以外は、商人組合の首位は揺るがず、他のアルテはすべてこれに服していた。かくて、商人組合は、たんに遠隔地商業や銀行業などに携わる商人たちの組合というだけでなく、シエナの都市経済の公的統治・管理機関であり、またアルテのセンターでもあって、企業家の連帯・統合を象徴したのである。

すべてのアルテはこれを上級の審級として服し、各アルテのメンバー（親方）は、自分のアルテに誓約して登録するとともに、また商人組合の服従者 sottoposti として、その服務規程に宣誓して服さねば、商人組合所属とは認められなかった。所属を免除されていたのは、騎士、判事と公証人、毛織物商（羊毛商人）のみであった。服従した者は商人組合の統領に服し、その裁治権に従った。

この商人組合の規約としては、一三四二〜四三年の規約が、最古のものとして残っており、一九〇七〜一〇年にQ・セニガッリアにより校訂出版された[80]。しかし、その記述には、その時点ですでに商人組合がしっかり組織運営されていることが窺われるのみならず、古い規約への示唆がある。また一二六二年の都市条例にも商人組合規約への言及があるので、より古い規約が存在していたものと推定される。ほかに、シエナ国立古文書館には商人組合規約が幾編か保存されており、最近、一四七二年の規約が校訂出版された[81]。時代の変遷につれ、当然、制度や指導層の選出方法も変わっていったので、たえず改革・部分的撤回・問題点明確化などを繰り返しつつ、修正の上、長い間使用されたのであろう[82]。

これらの規約には、さまざまな制度的規定、商人組合と他のアルテとの関係、守るべき祝祭、役員の選出方法、彼らの特権、管轄権・司法権、また仲介人の仕事とそれに結びついた禁令、司法手続き、商人組合に下属するアルテに関わる営業上のさまざまな違反行為とその規律・処罰・罰金、内外の政治との関係、などが記載されている。コムーネの法令のうち商業的なものに関わる条項と折り合いをつけ、関係を調整しようとして作られた規定が多い。

一三四三〜四三年の商人組合規約から、下属する諸アルテへの商人組合の優位・指導性が明瞭な、以下の条項を引いておこう。まず注目されるのは第四部の「前文」proemio である――

そして統領たちは、商人組合が発展するように努め力を致さなくてはならず、あらゆる方法でできるかぎり、その名誉と良き状態を増進させねばならない。また商人組合の収入役も、おなじようにすべきである。それから、統領は各任期つまり六ヶ月ごとに、少なくとも五〇人に宣誓させ商人組合の服従者にすべきであるが、追放者や悪事を働いた者や宣誓が有効でない者は、受け容れてはならない。また、すべての荷馬車屋に宣誓させ、もし彼らが宣誓しないときは、ポデスタに訴えること。さらに統領は、おなじ宣誓を、毛皮商人、ベルト商人、染物屋、そしてあらゆるアルテの職人についても行わせて手に入れるよう努め、すべての者が商人組合に縛られるようにしなくてはならない。そして上述の宣誓は統領たち、あるいは少なくともそのうち一人の面前で行われねばならない(83)。

また同規約第一部二一条・二二条・二四条には、下属する職人のアルテが不正なく仕事しているかを確認する監視役人が選ばれる旨が記され、それぞれ薬種商・染物屋・仕立屋が対象となっている。他にもさまざまな罪・不正への罰則が、いくつかのアルテ・仕事ごとに記されている。

たとえば二一条は、「統領たちは、役職に就いてから六ヶ月ごとに、十五日以内に三人ないしそれ以上の良き、また商人組合に服した誠実な薬種商を選ぶこと、そしてそれらの良き薬種商は、誓約の上、悪しき、良くない製剤を作り、所持し、売る薬種商について、彼らに対して処置を講ずること、ならびに彼らのアルテに関わるすべてのことについて同様にすること。また統領たちは、上に述べた時期に商人組合に服する三人の善き賢人を選び、彼らは誓約の上、また配慮をもって、少なくとも毎月一度、シエナのチッタとコンタードの薬種商と食料品商 pizzichaiuoli の工房を丁寧に調査し、探索して、製剤やその他、薬種商組合に関わるどんなことでも見つけること。そしてもし、何かひとつないし複数の悪しき、良いやり方で作られなかった製品、良くない製品を見つけたら、そうしたものを持ち保持しているそれらの人物を、商人組合の統領らに報告・告発すること。それは、規約と上述の措置 provisioni に定められた罰で、その者たちが罰せられるためである（……）」。[84]

シエナのもろもろのアルテは、それぞれ規約を決めて内部統制を行っていたが、上に商人組合を戴くことで、二重に厳しく拘束されていたことになろう。

服従と連帯

都市では、新たな工業・商業の展開とともに、封建勢力、伯や他の領主に対抗し経済的にも自律性を獲得するため、コムーネの形成と並んで商人・職人の同業組合たるアルテ（ギルド）も作られていった。アルテの発展は、コムーネの自律的発展と並行するのであり、両者はたがいに影響しあった。つまり産業・商業の発展が富裕な市民を作り、それが力を蓄えて貴族に取ってかわる。シエナでは、史料的にはアルテは十二世紀末から十三世紀初頭に登場するが、十四世紀前半にコムーネの体制強化とアイデンティティー確立とともにアルテも旺盛に発展し、都市の偉大さと繁栄のイメージを作るのに動員されていった。

十四世紀シエナのアルテは細分化しており、一〇〇あまりもの職種が知られている。そこから窺われるのは、おなじ「産業」――たとえば毛織物業――の各工程で作業する者たちが、別々のアルテ所属として細かく分けられていることである。[85] しかしアルテは固定しておらず、組織の誕生・消滅・融合・分裂がたえずあった。[86] 十四世紀半ばが細分化の最盛期であり、その後まとめられて、数は大幅に減少する（十二になる）ことになる。

ところでシエナでは、職人たちのアルテは、フィレンツェなど他都市に比べ非常に力が弱かった。それは、貴族たちが、見掛けでは政治参加への権利を縮小されたとしても、実際は隠然たる力を持ち、外交・軍事・財政に関わる職に就き、コムーネの資金を左右しながら、本節最初の項で述べた家族経営の商会により、商業と両替を営んで巨大な富と力を得たからである。そして前項で説明した商人組合を牛耳っていたのは上層市民で、やはり商業・銀行業を営む、ノヴェスキ（九人衆家系）らを中心とする家系であったからである。

かくてシエナでは、多くの職人アルテは、閉ざされた上流階級への従属を余儀なくされたのである。シエナのポポロ支配体制、とくに執政九人衆体制は、ポポロ（平民）が政権を担い、貴族たちが排除されている表向きではあるが、じつは経済・軍事・外交面で彼らに依拠し、ゆえにその意向と力が政策決定にも重きをなしていた。そのことが〈公共善〉をイデオロギー的にした、つまり党派的・貴族主義的にして、民衆・下層民たちにとっての福利から〈公共善〉の精神が大きく逸れてしまう傾向があったのであり、それが、この都市のアルテのあり方からも垣間見られるのである。

各種職人のアルテは、コムーネの組織の一部でありつつも、自分たちの組織がコムーネの法と調和するかなど、気に病むことはなかった。少なくとも、もともとはそうだった。そしてそれぞれのアルテには、排他的かつ世襲的な性格があり、コムーネと対立する側面を備えていたし、ときにはアルテが叛乱の温床になった。そこで都市当局は、アルテの規約を改訂させたり、さまざまな権利・財産・所有地を奪ったりして制裁を加えることもあった。〈公共善〉から見てふさわしくない職人の規約は、直接間接にコムーネから強いられて再検討・修正されることが、時代とともに多くなる。コムーネへの違背を禁じた明確な規定の一例を挙げれば、肉屋組合の規約第七〇条に、「いかなる肉屋ないし当該アルテ所属の商人も、シエナのコムーネに対抗するセクトや同盟を結んではならない」とある。(87)

そして前項で示したように、そのような諸アルテ管理の仕事は、徐々にコムーネ当局の一部と化した商人組合（メルカンツィーア）に任されることになったのである。またやがて各アルテ長は、コムーネや商人組合の負託を承けて、アルテの秩序を維持し、コムーネにとって有益なものとするための活動を命じられる。アルテ自体が貴族主義的になり、親方はほとんど世襲になって、親方と下の職人らの差が広がってゆく。アルテの運営を独占する親方は、従属者を頭ごなしに押さえるだろう。

シエナでは、強力な商人組合が全アルテを統括しており、フィレンツェのような大アルテと小アルテのはっきりした区別もなかった。すべてが小アルテだったとも看做せる。唯一の例外は「羊毛組合」であった。都市が羊毛交易のもたらす利益に大いに関心を持ち、また羊毛産業には大きな資本が必要で、そのためそれは大家門・貴族家系によって牛耳られていたからでもある。加えて、フィレンツェとは比べものにならないにせよ、シエナでも前期資本主義が発展し、マニュファクチャー的工房で分業が行われて、それがとくに毛織物業発展に寄与したという事情もある。また食糧配給をとだえさせてはならないとの理由で、製粉業者のアルテが重視されたし、都市の美化に貢献著しい画家・石工のアルテも保護されていた。

本項と次項では、数々のアルテのメンバーの間に、どんな社会的結合関係があったかを調べてみたい。さまざまなアルテには、ほぼ共通した形式の規約 statuti / brevi がある。それはアルテに属するすべての者によって宣誓された慣習的な決まりを定めた法規である。一連の条項で、メンバーらにその職業を真面目に遂行させ、製品の製造・通商を規制し、仲間間の関係を規律化する、そうした規約集である。都市当局やその手下と言うべき商人組合の規制が反映した拘束的な条項が多いのは当然だが、それでもいくつかの面では、それぞれのアルテごとの、かなり際立った自律性が残っている。都市の秩序や名誉とアルテの秩序や名誉とは、いかにせめぎ合ったのだろうか、考えてみよう。

シエナ国立古文書館の Arti という標題の下にまとめられた写本集に、アルテの規約が含まれている。[88] またアルテ規約については、その内容の概要を、G・プルナイがすでに八〇年ほど前にまとめている。[89]

シエナの職人たちは、早くから非常に活発に活動していたはずだが、十三世紀末になって初めて規約を定めた。残存する最古のものが「肉屋組合」（一二八八年）と「羊毛（毛織物）組合」（一二九八年）の規約である。ともに活字になっている。[90] そして、大半のアルテ規約は、十四世紀後半から十五世紀にかけて作られた。それはつぎつぎ手を加えられ、追加条項がふえ、変化・増大していった。

プルナイのまとめによると、一般に規約の条項は、以下のような内容に分かれる――アルテ内部の組織・規律と規約制定・改訂についての条項、仕事の誠実さ・正当性を確保し、外部との競争から内部を守る経済・産業・技術・商売についての条項、アルテ全体の安全・福利・利害についての行政的性格の条項、和合のための相互扶助・友愛規定、宗教的なお勤めと儀礼の規定、アルテとコムーネの関係についての規定などである。[91] これらは組合(員)全般の利害を守る条項であるし、また他方で公衆・客をも守ることが目指されていた。さらに親方と労働者の権利も定めている。しかしながら、個人のイニシャチブの余地はどこにもなかった。「工房」bottega は学校のようなもので、親方の指導の下で徒弟は修行し、やがて職人として助手を務め、いつの日か親方になることを目指す……、という上意下達の保守的な組織であったのだ。

アルテの頂点にはアルテ長(レットーレ)がいた。その人数は一人から六人。彼はアルテの司法・行政を管轄し、それを収入役と公証人が補助した。アルテ長と収入役は六ヶ月任期である。アルテ長の役目は盛りだくさんであった。彼はアルテの秩序維持や合法的で良き仕事ぶりが損なわれないよう監視し、組合員に規約を遵守させ、評議会と集会の決議を実行に適したものにし、組合員の要望をコムーネや商人組合に伝え、アルテの名誉と威信を外部の蹂躙から守り、組合員の和合を維持し、十分の一税や他の税の制定・増額・廃止などに携わった。

宣誓者(親方たち)は当然のこと、アルテ長の誠実で正当な命令には従わねばならなかった。もし従わないと罰金を科され、さらに繰り返し従わねば罰金は増大していった。

アルテへの登録の主要な条件は、シエナ市民であること、そして「良く、合法的に」bene et legaliter 職業を営むことであった。しかし登録するかどうかは、各人の自由に委ねられた。新たな登録者は、登録料と年会費を払うべきであり、綿密に規約を守ることを誓わねばならなかった。もちろんどのアルテも「営業独占」で、登録しない者の営業は禁じられた。言うまでもないが、アルテに登録する親方のみが正式のメンバーであって、職人や徒弟はその正式メンバーではなかった。またアルテに所属することが、政治的権利を持つ条件でもあった。

アルテには助手 garzoni、職人 lavoranti、徒弟 discepoli、親方 maestri の四つの階層がある。助手はアルテのメンバーではないが、一定期間——たいてい一年間——報酬を決められてある親方の下で働く若者であった。一方、職人はすでに仕事に熟達した労働者で、親方が仕事の援助者として工房に抱えていた。職人には外人もいた。だが、助手と職人は区別がされないこともあった。

徒弟は正規の契約で採用される若者で、一定期間ある親方の下で仕事をした。徒弟はほぼ一年中働きづめで、まったく報酬をもらえず、食べ物・飲み物の現物支給のみであった。だが彼は将来の親方候補であり、厳しい伝統的な年季奉公と試験の後、親方になることができた。彼はかならずしも親方の家族でなくてもよかった。いちおうこのように区別されるが、用語法は史料ごとにバラバラで注意が必要である。

以下、いくつか興味深い条項を、諸アルテ規約からピックアップしてみよう。

まず、アルテは職業の独占と外部者の排除をそのひとつの目的としていた。だからアルテに登録していない者の営業は、なんとしても妨げようとした。非登録者はけっしてその仕事をしてはならなかった。親方は宣誓しない職人や弟子を雇ってはならず、また逆に職人らは、非登録親方のところに職を得ることを禁じられた。各アルテはそれぞれそのように定めているのだが、面白いことに、後にコムーネ当局のほうが、都市全体の利益のためにより自由な競争原理を取り入れようとしたのであった。

具体的に規約を眺めてみよう。ある手工業職人（親方）artigiano は、所属のアルテから抜けるまでは、他のアルテに登録できない[92]。彼があるアルテを去ったら、そのアルテのために被った損害の賠償や、使った費用の払い戻しの権利がなくなり、また法律上、彼が他の加入者（登録者）に対して有している彼の債権は無になる[93]。だが、新たに誓約しなおし、不在期間の会費（十分の一税 decima）を払えば、もとのアルテに戻ることができた[94]。

しかしながらアルテは、かならずしも外部者を敵視し、厳しく排除するだけではない。外人がシエナやそのボルゴで仕事することを予想して、外人の登録希望者はとくに排除していない。アルテの管理の下で働くかぎりでは寛容に遇して、抑止策を講ずることはとくにしなかったのである。だがこの点はアルテごとに事情が違い、職人が少なくて人手不足なら、寛容になるのは当然だろう。十四世紀後半には、おそらくペストのためにさらに人口が減って、職人の犠牲者も多かったから、外人でも優遇されるようになった。

一般に、外人でも二倍の加入費を払えば登録できた。[95] 金銀細工組合では、外人がこの職業に就こうとするときは二五リラを払うべきことが定めれていた。[96] また画家組合では、一フィオリーノ払った上に保証金を二五リラまで要求された。[97] 石工組合については、四リラの支払いであった。[98] 錠前屋では、外人は、シエナ人の錠前屋がその外人の出身地で支払うべきアルテ入会金を払うべきだったが、ほかに担保 ricolta として、二五リラを請求された。[99] 肉屋については、外人商人はシエナの都市、コンタードで家畜を買ってシエナの肉屋組合員に売ることはできなかった。また家畜を売りに来た外人肉屋について、統領ないし収入役の前に苦情を申し立てた組合員は、その外人肉屋にお金を払わせることになっていた。[100] 判事・公証人組合では、本人か父親か父方の祖父がシエナ出身でない場合は、そして信頼のおける人が保証してくれないときには、シエナ市のアルテには受け容れられなかった。[101]

＊

つぎに、連帯の強化の方策、組合員の人間関係、社会的結合関係を窺わせる規約に着目してみよう。組合員がたがいに守るべき規定としては、他人の店・職人・客・仕事の掠め取りの禁止、平和と協調、損害の賠償、借用品の返却、他のメンバーの害になるような経済的圧迫の禁止、組合員相互の争いを解決する仲裁人の存在、アルテに負債がある者に商品を販売したり留め置いたりすることの禁止、などがあった。こうした規定に従わせることで、アルテ内部の破滅的な競争を避けながら、アソシアシオンの凝集性を守ろうというのだ。いずれにせよ、個々の組合員がそれぞれ個人的な利害追求に走らないように釘を刺し、アルテ自体を無傷で守り、その利益を損なわないようにしようとしたのである。

もうひとつ、友愛と社会的相互扶助が、あらゆる機会に全組合員に求められたことが目立っている。困難に陥った仲間を物心両面で助け、また誰も物的被害や暴力や侮辱に会わないように留意しなくてはならない、などという規定である。また組合員のうち、病人や囚人がいれば、彼らは援助を受けるばかりか、アルテ長自ら訪れて慰めた。たとえば、「煉瓦積み工組合」Arte dei muratori では、慈愛深い人物が選ばれて、病身の貧者や病気で仕事ができず収入のない者のため対策を講ずべき任を与えられた。(102) この役職のほか、煉瓦積み工組合の統領は、何人かの看護人を任命して病気の職人を助けるようにさせていた。(103) 野外でのきつい仕事で、怪我人・病人が多かったのだろうか。

さらに活発なのは、宗教的な規定であった。どのアルテの規約にも守るべき祝祭日が明記され、キリスト教の主要な祝祭や守護聖人の祭りを、しっかりと祝うべきことが定められている。すべてのアルテは守護聖人を持ち、その祭日には日常の仕事は制限され、教会に行列して蠟燭を捧げるなどの義務が生じた。(104) たとえば画家組合の一三五五年の規約では、画家たちは聖ルカ祭を厳かに祝い、蠟燭を自分の出費で一本持ち運び、また二本の二枝燭台を持って行くべきことが規定されていた。(105) 金銀細工師らは聖アローの祝祭日を守り、蠟燭と二本の二枝燭台を持ち運んで参加しなければならず、さぼると罰金であった。(106) 薬種商も、規定祝祭日にはちゃんと閉店すること、復活祭や聖母の祭りも上の戸 lo sportello di sopra を、一回しか開けてはならない、などと定められた。(107) 旅館組合では、アレクサンドリアの聖カテリーナの祝日に蠟燭を捧げるため二列になって、街路を行列して礼拝堂にいくこと、その際、二本のラッパ、一組のカスタネット、一本のチャルメラの楽隊が先導するべきことが書かれている。(108)

祝祭日の宗教行事への参加規定とともに、どのアルテの規約にも規定されているのは、組合員（とその家族）の葬式への参加義務である。親方や血縁の近いその家族、あるいは成人の職人・徒弟が亡くなると、すべての登録者、あるいは工房ごとに少なくとも一人の親方は死者のところに行き、教会か、アルテの礼拝堂で厳粛な葬儀が催された。(109) またたとえば、金銀細工師の規約では、アルテ長が亡くなったら、どの親方も埋葬が済むまで工房を開いてはならない、またその葬儀にはすべての親方・職人・徒弟が参加すべきだし、親方 capo maestro orafo が亡くなったときも、組合仲間の親方や職人・徒弟が、アルテ長に従って葬儀に出るべきであった[110]。薬種商組合の規約では、誰か組合員やその父母・妻・息子などが亡くなったときには、収入役は薬種商たちを各三分区にあるアルテ長の工房に集めて、彼らと一緒に死者のもとに赴くこと、と規定された[111]。

祭りや葬儀以外についても、教会の掟はとにかく守るべきであり、規約のかなりの部分がこうした宗教的規定に充てられている。日曜の労働は禁じられ、嘘を誓ったり、冒瀆言辞を吐いたり、悪口を言ったりした者は罰せられた[112]。アルテ規約は、いつも宗教的な祈願に先立たれ、誓いは福音書に触れながら述べられ、規約内容には宗教感情が満ちていた。アルテのそれぞれの職業をつつがなく行い、また発展させるために、いつも神・聖母・聖人のご加護が求められたのである。アルテは独自の教会を持ち――あるいは教会の中に独自の礼拝堂を持ち――それの美化・礼拝に彼らのお金が使われる。組合員は敬神と宗教のためにしばしばその教会に集まった。アルテ（ギルド）が、もともと宗教的な活動を目的とした団体として形成された誓約団体だという、そのヨーロッパ史上の起源にまつわる事情や、また後期中世に隆盛した信心会などの純粋な信仰団体とアルテとの密接な関わりが、おそらく、アルテ規約における宗教的な規定の重さを印づけているのであろう。

もう一点、アルテ、職人たちの世界でも「名誉」の護持が非常に重んじられたことを強調しておきたい。たとえば、アルテ長や収入役の前では悪口雑言を発してはならず、ましてや彼らを侮辱したり穢い言葉を吐いてはならない、という規定は、大半の規約に載っている[113]。

「毛皮商組合」の規約（一三四三年制定）からまず見てみよう[114]――

「アルテ長の誰かに嘘をついた者」c.v.

以下のように規定し命じる。すなわち、もし当組合の誰かがいずれかのアルテ長に、彼の職務中、嘘をついたり侮辱的言葉を吐いたなら、そのように侮辱されたアルテ長は、侮辱した者に四〇ソルドから二〇ソルドまでの罰金を科し、返さないこと。

「組合の誰かに嘘をついた者」c. v-vj.

以下のように規定し命じる。すなわち当組合員の誰かが、いずれかのアルテ長の前で、組合員の誰かに嘘をついたり侮辱的言葉を吐いたなら、アルテ長らは悪罵を吐いたその者に、五ソルドの罰金を科し、職務中のことなら返却しないこと。

金銀細工師のアルテ規約でも同様である。

その第六条は、「アルテ長や収入役や相談役、または使者を侮辱する言葉を吐いた者について」と題され、親方・職人・徒弟の誰であれ、これら組合を代表する人たちを誹謗中傷したら、罰金を科されることが定められている。[115]その他のアルテにおいても、アルテの所属者が統領 signori Consuli（やアルテ長や収入役）の前で誰か他人の誹謗中傷や悪口雑言、あるいは誰かを対象にでなくとも、冒瀆言辞や侮辱や嘘をを言ったら、罰金を科される、との規定が含まれている。[116]

さらに、どのアルテでも自分のアルテに商売や仕事の邪魔、不正な制作・売買や盗み、その他の支障をもたらしたり、書類を偽造したり、物的損害を与えたときのみならず、組合の利益や名誉や「良き状態」bonum statum を傷つける行いをする者、侮辱・損害を与えた者には罰則・罰金が科された。たとえば、画家組合の規約では、他の人に仕えている画家を引き抜いたり、そのために媚びへつらったりするようなことは、理由のいかんを問わず罰金をもって禁止されている。[117]

ほかに、金銀細工師の規定では、他人の工房 buttiga を取ってはいけないとあるし、[118]別のアルテにおいても、他の親方の徒弟 discepolo や助手 gignore であった者を、その契約期間前に引き抜いたり、親方間での話し合いや金銭上の折り合いがつく前に引き抜くことが禁止されている。[119]

不名誉に陥りやすいのは、遊び・賭博であったので、その規制もある。たとえば、「判事・公証人組合」ではサイコロ遊びは禁止され、違犯者は罰金を科されたし、また高利貸しを利用する者は都市のいかなる役職も引き受けてはならない、とされている。[120] 一三五五年に編纂された旅館組合の規約では、第二三条で、旅館にはいかなる泥棒も悪しき境遇・評判 fama の男も、娼婦も、ザーラ遊び（次節「遊びと賭け事」の項参照）をする人も、泊めてはならないとあり、[121] またけっして盗品を受け取ってはならない、それが返却されるためにもたらされたものでないかぎり、との規定もある。

これら個々のアルテでの「名誉」追求は、都市の名誉や安寧を守るものとして、当局の理想と歩調を合わせた方針だとも考えられよう。既述のように、そもそもアルテの規約は、コムーネに服し、コムーネのために全力で働くという建て前で作られているので、それは当然であろう。だが逆に、都市当局の名誉と対抗して、独自の名誉を追求する場合もあったのである。

公証人・判事は、とりわけ共同体（都市）に対して誠実さと威信のイメージを提供する慣わしなので、モラルの低下・買収を避けるための一連の規定があった。[122] たとえば、アルテの組員が、ポデスタや外人の判事や役人、あるいはほかの誰かに侮辱されたり、不当に権限を侵犯されたなら、そのアルテの名誉が損なわれたと考え、それがもし不当ならば、統領は要求に応じて問題の性質に従った援助・忠告・支持を与えること、とある。[123]

また、商人組合が牛耳っている商業世界、そしてシエナの政治に、その他の弱小アルテが発言権を求める、というのも、自らの利害および名誉を主張する行為であろう。執政九人衆が倒れた後に政権に就いた執政十二人衆は、幾多の寡頭政的制約を廃止し、そのかわりに、より下位のアルテの職人たちの声が直接、政府に届けられるようにしようとした。新しい政体は、より広範な支持を取り付けようと試み、一三五五年十二月から一三五六年十一月まで、都市の諸アルテの改革を慎重に実行したのである。

職人や商人は十二のアルテのいずれかに登録することを義務づけられ、そのアルテ長 priori は——二ヶ月ごとに執政十二人衆とポポロ隊長によって交替させられるのだが——、ポポロ隊長の参事会 il collegio dei consiglieri を構成するものとされた。ポポロ隊長もあるアルテに登録することになり、彼は全アルテ長の第一人者"principalis prior omnium priorum"であった。さらに十二人のアルテ長は、各アルテから一人ずつの「執政十二人衆」メンバーの選出手続きにも参加が求められた。なおその十二人は、各三分区四人ずつという地理的バランスを保つよう、配慮された。

だがこの政権は短命に終わり、小アルテ関係者たちの夢は叶えられなかった。そればかりか、十二人衆の施策も、実際のところ派閥主義の欠点を逃れられず、本当に一般組合員の利害を反映した民主的な政体ではなかった、との批判もある。しかしそれでも、かつてなく多様な職人らの代表、富裕な商人・銀行家から質素な鍛冶屋、染め物師、皮鞣し業者の代表まで含めた政権を作ったことは、大きな功績である。

＊

最後に、規約からだけではなかなか具体的にはわからない、個々のアルテの実情、構成員について補足しておこう。

まず、十四世紀半ばの旅館組合の規約には、組合員のリストが載っている。[124] 最初、第二葉表から三葉裏にかけて、三分区別のちょうど一〇〇名の登録組合員の名前が列挙されている。チッタ区が二九人、サン・マルティーノ区が三〇人、カモッリーア区が四一人である。全体のうち一〇名が女性である。男のうち幾人かは「判事ないし公証人」padre giudice o notaro である。またシエナ人でない者も多い。彼らはアッシャーノ、クーポリ、ポネータ、ヴォルテッラ、コモ、パルマ、ファエンツァなどの出身であり、またロンバルディア人とドイツ人も一人ずついた(彼らはシエナの市民権を取ったのだろうか)。

それから少し後の時代(一三九九年)の旅館と旅館業者について「第三八葉表」以下、やはり三分区に分けて登録組合員の名前が載っている（チッタ区七名、カモッリーア区二三名、サン・マルティーノ区二七名）が、不完全な表で、実際はもっといたはずである。

つぎに、上述のように、アルテに属しているのはそれぞれの「親方」だが、各親方はどのくらいの規模の工房を所持していたのだろうか。職種によって違うのは当然で、一概には言えないだろう。たとえば十四世紀の染め物師のランドッチョ・ディ・チェッコ・ドルソの場合、つぎのような人員であった。

親方はもちろんランドッチョ自身で、工房の責任者である。彼以外には、まず管理職的な従業員として妻のカテリーナのほかにもう一人男性（唯一の熟練職人）がいた。[125] また助手ないし職人は、一三六七〜六八年には四名、一三七九〜八〇年には六名である。妻の重要性が際立ち、毎日簡単な仕事、綿（原綿）の漂白や桛《かせ》への巻き付け作業を受け持ったが、ときに不在の夫のかわりに従業員への給金の支払いや、少額のお金の引き出し、工房の外部で作らせた商品の引き取りなどもした。一三八〇年頃妻が亡くなると、「われらがマッダレーナ」と呼ばれる女性が妻にかわって工房で働きだした。娘なのか後妻なのか、愛人なのか、不明である。

この工房でもそうだが、シエナの職人工房は、「家族」が中心になっていることが、なによりも目を引く特徴である。妻のほか、息子たちの助けを得たり、親族の援助を仰いだりした。従業員は「助手／職人」garzoniが主体だが、これは未成年者ばかりか、実際は年配の者もおり、なかなか昇進できないのであった。未成年者の場合はその父親と交渉・契約することになっていた。ランドッチョが妻以外にどの程度家族の助けを得て仕事をしたのかは、不明である。しかし彼の父親も、そして二人の兄弟も染色工であり――兄弟の工房は別にあった――、染色工一家であった。ランドッチョのところでは、職人にも、年齢と経験・技術の差のある四名がおり、給与も別であった。しかしどの弟子も、半年〜二年でやめてしまい、二年を超すことは少ない。ランドッチョのところはささやかな工房なのだろうが、けっして珍しくない成り行きであったろう。

また面白いことに、この工房直属の従業員のほかに、ランドッチョは、何人かの市内在住女性に、単純な仕事を依頼している。つまり桶から出された糸を解す作業と、それを“aspo”と呼ばれる誂え向きの道具を使ってふたたび枠に巻き付けていく作業である。これは紡毛女工としての内職で、修道女だったり、マンテッラーテだったりする女性たちに委ねられた。(126)

女性について、さらに触れておこう。

一二九七年のシエナのリーラ（資産評価台帳）の写本の断片が残っている。(127)それによると、シエナの貧しい女性たちのもっともありふれた職業は、飲み水を公共泉から汲んで家々に水を運ぶ「水汲み」であった。この時代には各三分区にかならず水汲み女がいた。富裕な家は毎朝そこから水を汲んできてもらった。女奴隷にやらせるときもあったが、多くの場合、専門の水汲みにこの辛く卑しい仕事を託したのである。水汲み女の傍らには、洗濯女が相当数いた。彼女らの主な仕事は市民の家の洗濯だろうが、しかし羊毛組合もこうした女を雇って、アルテの水槽で洗わせたようだ。

さらにこの史料で頻繁に出会うのは「トレッコラ」treccolaである。これはカンポ広場での女売り子でもあるが、よりしばしば安物・中古品販売をする行商・呼び売り女を指した。彼女は頭に商品を積んだ籠を載せ、あるいは手押し車を押しながら街路を歩いた。そして大声で商品の名を叫んで買い手の気を引いた。こうした古物を、彼女は小売りというより切り売りして、貧しい人たちも顧客に取り込んだ。もともと男もいたが、時が過ぎるにつれて女性の専売となっていったようだ。もっとも権威のあるトレッコラの女たちは、カンポ広場に陳列台をおいて営業した。この者たちに営業形態が近いのが、野菜売り女 fogliaiuola であった。

アルテに正式に所属している女性もいた。「羊毛組合規約集」breve della Lana には、その規約集に宣誓する糸紡ぎ女工 tessitrici がいた。地位が高かったのは旅館の女主人 albergatrici で、その数も十四世紀にはかなりものだった。(128)都市条例にも女職人が言及されることがある。上述のトレッコラや野菜売り女のほか、パン売り・ワイン売り・煉瓦造りなどの女店員・職人である。ほかに女性の職業人としては、裁縫女・お針子・婦人帽造り・フリーズ女工・

女靴職人などがいた。

しかし、商人組合は、さまざまな職種に女性が入るのを喜ばなかった。その証拠に、商人組合は、商品を売らせるために女性にそれを渡した者には、非登録者を働かせた者に対するのと同等の罰を科すよう決定したのである。だが、この商人組合の政策はうまくいかなかったようだ。ここにも、シエナの公的な政治・社会における男性中心主義に、微かなほころびがある。こうしたほころびをあちこちから拾い集め、またつぎなる連帯の輪が作り上げられていく。そうしたヴィジョンを示すのは宗教者である。これについては、本章dおよび第5章で十分に論じられるであろう。

いずれにせよ、庶民の女性はかなり厳しい生活をしており、彼女らの境涯は、奢侈条例の対象となり化粧やファッションに夢中だった富裕な家の女性たちの境涯とは、鮮やかなコントラストをなしている。人数的には貧しい女性が圧倒的に多かったはずだ。貴族や富裕な商人の「妻」に納まる恵まれた女性ではない、おびただしい女性たち、彼女たちに〈公共善〉の理想は及んだのだろうか。

細民の叛乱

上述のように、シエナではアルテはすべて、商人組合に押さえつけられていたし、一般のアルテ所属者は、政治参加もままならなかった。そこで彼らは政体のあり方を変えて、それを改善しようと謀をめぐらしたり、他の党派・階層と手を結んだりして、しばしば政変がおきた。十四世紀半ばの、執政十二人衆時代の前後には、そうした騒擾が頻繁に発生した。

また、親方のみがアルテの正式メンバーであるため、下働きの職人は、悲惨な状況におかれた。もちろん、アルテはアルテでまとまり、その利益のために皆力を尽くし、名誉を守ろうとしたはずだが、それは建前で、実際は、アルテ内部で階層ごとに大きな対立を潜在させていた。といっても、職人にせよ徒弟にせよ、アルテ内で任されている仕事が色々違っていて、そのため個々のアルテの枠を超えて、「賃金労働者」として一致団結して親方に対抗することは、なかなかできなかった。しかしときには、団結して叛乱を起こすことがあった[129]。

とくに生産工程の特殊性ゆえに、他の手工業よりも分業が明白な毛織物業では、多くの専門工に分かれていたが、梳毛や他の単純な工程での、賃労者・未熟練工の悲惨な状況が際立っていた。フィレンツェやネーデルラントとおなじく、シエナでも政体を脅かす民衆叛乱の多くが、毛織物業の非熟練工から始まったのである。

シエナでは、最初、一三一八年とそれに引きつづく年々に激しい暴動が起きた。まず、フォルテグエッリ家、トロメーイ家、そして公証人や医師などその他の不満を抱えた社会層の間に秘密の企みがめぐらされ、それに肉屋や多くのポポロが結びついた。それら雑多な身分・職業の組み合わせの中でも、貴族らの家系は、とくに自分たちの目標を明確に持っていた。すなわち、公共の政治に参加する権利の再獲得である。この年から数年にわたり、執政九人衆体制を打倒しようとする陰謀、叛乱が渦巻いたが、政権はなんとかポポロの歩兵隊によってそれを押さえ込み、見かけ上の改革を行うふりをして慰撫に努めた。こうした貴族らを中心とする陰謀・叛乱にも、おなじく不満分子として下層民が加わることがあったのだ。

より本格的な民衆叛乱は、十四世紀半ばから後半にかけておきた。一三四六年八月十三日に、何人かのトロメーイ家の人に唆されて細民が叛乱をおこした。それはオヴィーレ門近くでのことだった。食糧不足に苦しむ中、叛乱者は裕福な者を呪って「ポポロ万歳、われらを飢えさせる者に死を」「ポポロとアルテ万歳」と叫びながら裕福な者を襲ったが、九人衆体制はいつものように叛徒を厳しく制裁した。政権は兵士を呼び、犯人を捕まえたら千フィオリーノやろうと約束し、実際多くの首謀者が捕まった。幾人か（二人の仕立屋と一人の梳毛工）は極刑となり、参加したトロメーイ家の人間は追放された[130]。

つづいて一三四八年前後の飢饉・疫病（ペスト）、ならびにその後の危機に際会して階級意識を強めた労働者たちが、団結して闘争を始めるという動きが、イタリア各地で同時発生的に現れた。ペルージャでもフィレンツェでもそうだったが、シエナの労働者もおなじ動きを開始した。これはシエナ史上最初の賃金労働者の叛乱であった。[131]

さらに一三五五年のカール四世来訪時には、細民らがその機に乗じ、また貴族層の教唆もあって、叛乱に立ち上がった。彼らは商業会館（メルカンツィーアの建物）を襲い、羊毛組合の館を燃やした。つまり、シエナの貴族主義的な商業・経済体制を象徴する二つの建物を標的にしたのである。この叛乱は、執政九人衆体制（そこでは毛織物業の親方が重要な役割をはたしていた）転覆と、その後のめまぐるしく変化する一連の民衆的政府興亡へと引き継がれていった。

こうして、九人衆よりも下層の者が実権を握ったことで、政治の組織がラディカルに改革された。既述のように、おびただしい数あったアルテが十二に再編され、それが新たな政権基盤となって、「執政十二人衆」の政体が成立したのである。これは、諸アルテの参加に開かれた、より民主的な意図を体現した政体であるはずだったが、すぐに大家系が実権を詐取してアルテ支配は形骸化していった。

さらに有名なのが、一三七一年の蜂起である。

これは特殊な政治事情の中でおきた蜂起であった。一三六八年に、すでに貴族らに骨抜きにされていた執政十二人衆体制が倒れると、「改革者衆」が取ってかわった。執政改革者衆は、「細民」（ポポロ・ミヌート popolo minuto）に好意的な革新的政体で、政府の役職も彼らに委ね、貧しい者を救う措置を採った。と同時に、当局は、追放されている外部の貴族とも協定しようとした。また改革者衆は、政府から九人衆や十二人衆の残存者を追い出そうと手を尽くした。おそらくブルーコのコンパニーアの叛徒らは、当初、改革者衆を支持しながら、細民の権利獲得をなんとか目指したのであろう。「ブルーコのコンパニーア」というのは、オヴィーレのコントラーダに根拠をおく軍事コンパニーアで、もっぱら平民で職人である者たちが武装団に組織され、三〇〇名ほどが結集して謀反をおこしたのである。その首領はドメニコ・ディ・ラーノという古布売りで、彼は一三七〇年五～六月の二ヶ月、カモッリーア区代表として――ポポロ隊長にして正義の旗手だったから――改革者衆政府に加わっていた。

だがブルーコは予想以上に革命的で極端に走ったので、変革の試みはかえってうまくいかなくなってしまった。年代記作者によると、最初の叛乱は一三七〇年八月二六日におきた。飢饉のため貧しい者たちが食糧不足に陥ったので、彼らはまず小麦を要求する動きに出た。(132)

これが翌年（一三七一年）夏の叛乱につながった。飢饉がより悪化し、穀物局 l'ufficio dell'Abbondanza の対応も悪かったため、一三七一年七月十四日にふたたび叛乱が始まったのである。そのきっかけとなったのは、一週間前に、改革者衆に当時属していたブルーコのコンパニーアの梳毛工三名（チェッコ・デッレ・フォルナチ、ジョヴァンニ・ディ・モンナ・テッサ、そして通称バルビコーネのフランチェスコ・ダニョロ）が逮捕される、という事件だった。彼らは羊毛組合の中で、不満を抱え待遇改善を求める職人・労働者・梳毛工らのグループを指導していた。しかし叛乱者は市庁舎に入れてもらえず、その前で大騒ぎして脅し、羊毛組合の親方衆たちを殺すぞ、と意気込んだ。(133) しかし聞き入れてもらえないばかりか、指導者三名が逮捕されてしまったのだ。

この三人が捕まったことで叛乱はますます激化し、民衆は市庁舎を取り囲み、逮捕者の解放を求めた。最初の蜂起に三〇〇人も参加したと言われ、全体としては二六〇〇人の毛織物業関係者が加わったともされている。(134) まさにオヴィーレ地区全体を巻き込んだ形である。要求が通り三人の解放を得ると、叛徒はいよいよ力を自覚して、平穏になるどころか、「大騒ぎをしながら、市庁舎に押しかけて、〝ドディチもノーヴェも裏切り者だ〟」«andaro con gran romore al palazo de' signori, gridando 'Sieno tratti e' Dodici e' Nove» と叫んで政府から保守派を追い出すことを求めた。それから満足して、大挙してサリンベーニの家に押しかけた。彼らとしては、従前とおなじくサリンベーニ家が加勢してくれることを期待していた。ところがサリンベーニ家は今度は同調しなかった。そこで怒り心頭に発した叛徒らは、同家の者たちに暴力を揮うことになった。ブルーコのコンパニーアの隊長、フェッラッチョ某が、サリンベーニにつながるナンヌッチョ・ディ・フランチェスコを殺し、他のサリンベーニ家の一人を傷つけた。それでもブルーコ団の暴挙はまだ完全には収まらず、その一部は何人かの貴族をリンチに掛けようとした。

そこで恐れをなして退場したノーヴェとドディチにかわり、細民の代表七名が政権に加わることになった。彼らは市内平和のために完全な大権を「執政改革者衆」に与えることにした。だが、同年七月二九日には、保守派が反攻を企てた。すなわち、改革者衆を痛めつける陰謀が十二人衆とサリンベーニ家によって画策され、ブルーコ・コンパニーアを粉々に壊滅させんとしたのであった。(135) 改革者衆はその陰謀の首領の多くを捉えたが、陰謀者は、二九日の夜にコンタードから武装団を招き、都市の要所をおさえ、オヴィーレのコスタでブルーコ団はじめ貧しい労働者を虐殺(改革者衆は、そこに守りに駆けつける間がなかった)、女子供もひどい目にあい、機や布まで破壊されたという。

その後、改革者衆は十二人衆を罰する措置をとり、彼らをこの先五年間は政権から排除することを決めた。新たな政権ができ、十二人が細民(小アルテ代表)から、三人がノーヴェ・モンテから選ばれて、内閣を構成した。また羊毛組合も、アルテの構造の根本的改革はなされなかったにせよ、労働者の要求の一部を受け容れ、ある程度の改善策が採られた。そもそも羊毛組合には、その下に幾多の工程の職人、つまり、打毛工・梳き工・紡績工・染色工・皮鞣し工などを含み、従わせていたのであり、各工程に従属的な親方がいたのである。だがそうした親方たちは、自分の家で職人・徒弟とともに零細に働いていた。だからこうした親方は羊毛親方 Lanaiuoli に搾取されていると感じていた。資本といっても、彼らには仕事に不可欠の道具くらいしかなかった。

「ブルーコの叛乱」後は、羊毛組合では、アルテの統領 Consoli の選出法や評議会 Consiglio メンバー選びについて、羊毛組合親方と従属工程の親方に公平になるように規約が変えられ、またアルテの管理は、羊毛親方および各種セクションの主立った従属親方 sottoposti に公平に割り振られた。これはたしかに改善であり、一歩前進ではあったろう。だが改善の恩恵が及んだのは、あくまで従属工程の「親方」までであり、大半の羊毛関係労働者は悲惨なままであった。貧しい職人＝細民の本当の待遇改善のための改革策は、実施されなかったのである。

このブルーコの叛乱は、シエナのアルテの階級闘争とも評すことができ、アルテが、いかに不公平で差別のある構造であるかを白日の下に示すことになった。叛乱の大もとは、羊毛組合の従属的メンバー、つまりそれぞれの工房で働く賃金労働者や職人・徒弟、とくに梳き工であって、彼らの生活はずっと低い条件に貶められていて悲惨だったのである。

アルテの凝集性は分断されていて、名誉といい平和といっても、内部の階級によって考え方が異なっていた。この蜂起が起きえたのは、十四世紀半ばになって、上層市民・貴族による支配体制が絶対的なものではなくなり、下層の者にも権利伸張のチャンスがめぐってきたことを示している。それは、ポポロ・ミヌートが台頭して権力がより下層へと移りゆく横滑りの文脈中にある。ただし、それは一時的な政治世界への噴出にとどまり、またすぐに、地下ないし陰の世界へともぐりこんでしまったのだが。そこにより恒久的な光を当てたのは、本章dでテーマとする、シエナ独自の霊的な光源であった。

もうひとつの注目点は、この叛乱が地区組織を基盤としていたことである。だからここでも、もともとは汎都市的な運動ではなかった、ということになる。彼らのコントラーダ＝コスタ・ドヴィーレは、全体に貧しい労働者のみからなる地区で、毛織物業諸部門で働く者たちのほか、他の労働者や小職人がいた。オヴィーレ地区という、シエナでももっとも貧しい職人たちが数多く住んでいる地区である。その軍事コンパニーアがブルーコのコンパニーアと称されるのである。

そもそも軍事コンパニーアは、地区を統括し、政権の命令に従い、危急のときには集まって、叛乱や騒擾に対抗すべき都市の軍団の細胞であった。だがこのブルーコの叛乱では、コンパニーア自身が叛乱の先頭に立った。そのため政権は、従来の軍事コンパニーアにかわる都市防衛の組織として、新たな市民軍を作り――やはり三分区ごとに徴集されるのだが――そこにコンタードで雇われた領主の庇護民らからの傭兵も加わって、ブルーコ部隊を叩き潰したのである。

だから「ブルーコ」の叛乱とは、階級として労働者・職人がまとまり、他の階級に対峙した全般的な階級闘争というより、特定の区域の特定のアルテ所属の労働者が、貴族間、モンテ間の争いに巻き込まれた形であった。アルテに間接的に属する工房付きの労働者のほかに、ほんとうの未熟練・非専門労働者として、日雇いで工事現場から工事現場へと、町から別の町へと、あちこち渡り歩くおびただしい労働者もいたのである。[136]

それでも、執政九人衆体制という七〇年間継続した寡頭体制による安定後の不安定な時期は、逆に九人衆体制の最盛期には水面下に潜っていた、表には現れない権力構造の矛盾、公的に主張される理念と現実の体制の齟齬、これを白日の下に晒したのではないだろうか。それは言葉を換えれば、ロレンツェッティの絵画に華々しく描かれた〈公共善〉の矛盾であり、また「平和」の憂鬱が限度を超えて吹き出した、ということでもある。この十四世紀後半は、だから一方では社会的・政治的な硬直化がたしかに進んだのだが、同時に、より広い政治的・理念的地平が開かれる、少なくともその端緒が見えた時代なのである。

彼ら叛徒は自分のアルテを構成しようと狙ったのではない。というのも、そうしたとしても、超弱小アルテにとどまって、参事会 capitolo ではなんら発言権はなかったろうし、そもそもシエナの経済界で真の権力を発揮してきた商人組合の力が揺るぐ気配はまったくなかったのだから。むしろ彼らは、「公共」に関することの運営・行政に、ポポロ・ミヌートの構成要素がより積極的に関わるべきだと感じ、行動したのではないだろうか。すなわち、無意識であれ、〈公共善〉の理念の実現様態を変更させ、より民主的に、すなわちより裾野の広いものにすることを、密かに狙っていたのである。

これは他の社会・政治構成要素の反発を招くので、危険な計画でもあった。しかしまったく無駄ではなかった。執政改革者衆（リフォルマトーリ）のレジームは、不十分ではあっても、羊毛関係労働者の要求にまったく耳を貸さない対話者であったのではない。この短命で九人衆の名声に比して不人気な政体は、もっと評価されてもよいのではないか。執政十二人衆の政体が、中小アルテ親方に政治的発言権を与えようとした政体だったとすれば、その後につづいた「執政改革者衆」の民衆政体は、より下層の細民にまで「公共性」への参画をもたらそうとしたからである。その政体下では、八〇%の執政官が一度のみの着任で、何度もおなじ人が選ばれた排他的寡頭政の九人衆体制下とは、この点でも正反対であった。

だが、この不器用で政治経験の未熟な政治家たちは、とても平和を確立することはできなかった。なおも民衆叛乱は引きも切らず、それを利用して貴族・上流市民らが政権の一部と結託し、政府を倒したのである(一三八五年)。その結果、四〇〇〇人以上の改革者衆派の者たちが逃亡して、シエナは経済的な大打撃を蒙った。と同時に、彼ら細民の夢も雲散霧消してしまったのだ。

ところがおなじ十四世紀後半には、まったく別の方向から、そして別の次元で、彼らの夢が実現する種が芽を吹いた。つまり清新な信仰心・宗教感情の発動によって、新たな社会的結合関係が作られていき、それが〈公共善〉の対象の大幅な拡張をもたらすのである。その理念的地平を切り開くのは、繰り返すようだが、宗教者の役割であり、またその薫陶を受けた、一般信徒たちの信仰による結びつきであった。

c 遊興集団

仕事や家庭を離れて、非公式にして脱日常の行為が行われるとき、身分や職業などの差にかかわらず、新たな人間関係が生まれることがある。中世においては、あらゆる人とその行為が、身分・階級・職業に規定されていたので、非公式・脱日常といっても、それらとまったく無関係な社会的結合関係はほとんどありえないのだが、それでも、そこから離れようというモメントが含まれる活動があったことは、強調しておかねばならない。それをここでは、二つのカテゴリーに分けて考察してみる。ひとつは「遊び」「遊興」であり、もうひとつは「霊的な絆」である。

まず「遊び」から。シエナの人々は遊びにも政治的な地理を持ち込み、自分の所属する三分区やコントラーダを応援し、代表して他の地区と戦い遊ぶことが多かったが、そうではない出会いと関係の形成をもたらす遊びもあった。そのような上からあてがわれた枠に囚われない遊びについて、最初に考究してみよう。(137)

遊びと賭け事

中世のシエナは雅な生活の町、官能の悦びに浸る町、楽しいスペクタクルが満ちた町として知られていた。フィレンツェ出身のダンテが「浮薄な民」と批判しているように、この町の人々は活発で喜悦に満ちているが、ときとして狂気のごとく、全財産を気違いじみた美食や賭け事に使いはたす。(138) そのため、他のイタリア人よりも、むしろフランス人との関連を噂されるほどであった。気紛れでちょっとしたことで気分が急変し、極端から極端へと移りゆく……、と。

では後期中世には、そんなシエナ人を熱狂させる、どのような遊びが流行っていたのだろうか。

L・ズデカウエルは、イタリアの遊び、とくにシエナの遊び――なかんずくサイコロ遊び――について先駆的な研究をしている。(139) 以下、彼の研究を参照しつつ、また多くの都市条例に記された遊びの規定をも調べてみることで、この問題を検討していこう。

もっとも広まっていた「ザーラ遊び」は、盤なしで、三個のサイコロ（＝taxilli）で遊ぶゲームで、テーブルなど平らな面さえあれば、どこでもできた。(140) 三つのサイコロを投げる前に、合計数を宣言して、そのとおりの数が出た人が勝ち、というゲームのようである。三、四、一七、一八などは出にくい数だった。その出にくい数は「ザーリ」zari と「アザーリ」azari と呼ばれて、「数」のうちに入れられず、無視されたようだ。また「ソーズム sozum」、「スーズム suzum」と称されるのも同様なサイコロ遊びだったが、こちらは「より大きな数が出た人の勝ち」というルールであった。他にもいろいろな変種があった。当然お金を賭けるので、単純なルールなればこそ遊び手はますます燃え上がり、そのため通例、市当局によって禁止された。

他に盤とサイコロを使う、盤上ゲーム ludus tabularum も何種類かあったようだ。双方十五個、合計三〇個の駒をもちい、サイコロの出た目により位置を変えていく双六、あるいはバックギャモンのような遊びだったと推測されている。一般に広場や街路は、「名誉ある公の場所」であった。そこで、いわば正々堂々と当局に許可された遊びをするのは、もちろん許された。だが、隠れてやるのは御法度で、私宅や中庭、ポルティコ（柱廊玄関）やロッジャなどでは、おなじ遊びでも禁止された。とくにワイン商の店や居酒屋では厳禁であった。これらの店の雰囲気が暴力沙汰につながったり、悪人の参加で悪い方向に誘導されたりするためで、こうした場所での遊びは、しばしば罰金が加算された。

しかしながら、シエナの都市条例を見ると、遊びへの規制、許可・禁止対象の詳細は、数十年の間に目まぐるしく変わったようである。一二六二年の都市条例では、公道や公共広場で自由にザーラ遊びをしてよい、とまで言っており、統制がゆるいように見える。またクリスマスにも街路でどんな遊びをしてもよい、としている。[141] クリスマス週間以外では、地区の守護聖人の祭りや市が開かれるとき、外人を引き寄せるためにも許されることがあった。だが、一二八七〜九七年と一二九六〜一三三四年の都市条例では、シエナのチッタとボルゴおよび市外三マイルまではザーラなどサイコロ遊びは禁じられ、昼ならシエナのデナーロ貨で二五リラ、夜なら五〇リラの罰金を科され、他の都市よりも厳しいようだ。[142] 昼、公の場で盤上ゲームをすることは認められたが、ただし夜隠れて遊ぶと二五リラの罰金だった。[143]

一三〇九〜一〇年の条例では、夜昼、市内、ボルゴまた市の外部三マイルでのザーラ遊びとサイコロ遊びを、はっきりと禁じた。自分で遊ぶ者ばかりか、サイコロ遊びのために家や窓・台・サイコロ・盤・菜園や庭を貸す者には、昼は二五リラ、夜は五〇リラの罰金。とりわけカンポ広場では厳禁で、違反者は投獄されることもあった。もちろんチッタとボルゴでは、誰であれ賭博場を開いてはならなかった。このサイコロ遊びは、復活祭やクリスマスとそれらの直前も禁止され、[144] さらに温泉郷でも禁じられた。[145]
ところが、面白いことに一三一七年には、カンポ広場で賭博の胴元は自由に遊んでよいが、テントは取り去るように、と定めたし、一三二四年の規定は、博徒に教会近くとカンポ広場での遊びを禁じた法令を廃止している。そしてカンポ広場でのみ遊ぶように促している。しかしそうした場所の制限は効力がほとんどなく、職人や商人の店や工房、ときに教会や墓場でさえ賭博の場になった。一三二三〜三九年および一三三七〜三九年の条例には、監獄で遊ぶ者への罰則があるが、裏を返せば監獄でさえ遊びの場となったということだ。[146]
市内における場所の限定ということでは、とくに神聖で、穢れの許されない宗教施設の近くでは、サイコロ遊びはより厳しく禁止された。全教会の六〇ブラッチャ以内でのサイコロ遊びが、罰金二〇ソルドの脅しをもって禁じられた。[147] ペルッツィ門からサンタ・マリア・デイ・セルヴィ教会までの間では、遊び場（賭場）設営が居酒屋やワイン小売店などとともに禁止されている。[148] とりわけ標的とされているのは、遊びの専門家、盤やサイコロ、カードや駒を貸し、あるいはお金を貸し付けて遊びを組織する者、胴元・ごろつき・ヤクザらである。
実際ザーラはあらゆる身分階層に広まっていた。とくに賭け事になったザーラは、皆を熱中させた。性別も経済力も関係ないし、商人や銀行家も、徒弟も職人も、兵士、役人、いや聖職者までが夢中になった。早くも一二三二年には、シエナ司教ブオンフィッリオは、公の場でギャンブルする聖職者を破門する、と脅さねばならなかった。[149]
十三世紀後半から十五世紀初頭まで、都市条例が改訂されるたびに、罰金刑を伴う禁令がたえまなく繰り返されたのは、無力な規定だったからだろう。生まれ落ちた「家」のいかんで人生の大半が決まってしまう時代、「運試し」で一気に上下関係を変えられる魅力は、誰にも堪えられなかったのだろう。
だから、と言うべきか、早くも十三世紀半ばから、都市当局は公営の賭場 barattaria / barattiere を作ることになった。[150] これには遊びの統制と、そこからの収益確保、という二重の利得の目論見があった。その賭場の経営は、もっとも良い賃料を提示した人に任された。十四世紀半ばが公共賭場の最盛期だったようだ。賭場の権利を買って、経営者はそこからの上がりで儲けるが、市にガベッラは支払う。経営者とは別にその賭場主人・胴元を任されるのは、じつはしがないごろつきで、仕事もねぐらもないような者たちだった。その管理を任せ一定の分け前をこうした人物に与えるようになったのは、一二九七年からである。彼らは特別な放浪者、いわば遊び歩く遊び人である。最後には自分のシャツまで賭けてしまうことだろう。遊びから遊びへと渡り歩き、冒瀆言辞と不名誉な行為ばかりする。普通考えると、この最悪の評判の男らは〈公共善〉の大敵であり、都市の「名誉」と背馳すること著しいのだが、なぜか、市民生活から排除されないのだ。

彼らは、癒しがたい遊び人ゆえ、特別な特権を与えられる。合法的な場所でなら、賭け事を自由にしてよいとか、罰金の免除・軽減といった特典である。だがこうした「権利」を当局からもらうためには、彼らは、賭場の管理に加えて、もっとも卑しく嫌われる仕事、臨時兵士・スパイ・畜殺人・死刑執行人となったり、井戸掃除・税金徴収などを引き受けねばならなかった。

賭場は、フォンテ・ガイア近くやシニョーリ・ペッピーネ・ディ・メリアダ邸館の向かいなど、カンポ広場に三ヶ所あった。テント張りあるいは掘っ立て小屋だった。コムーネの請け負いとして胴元を引き受けたごろつきは、当初、年三〇リラのガベッラを支払った。さらに十四世紀初頭には、市民の賭博熱が熱烈で抑えられないことと、都市の財政難のため、後述の温泉地にも新たな賭場が作られた。やがて都市当局は、ごろつきたちを胴元とする請負制から直接経営へと方針転換し、それまでの賭場を、本来の公営賭場へと衣替えする。すると賭博が「合法的」になり、ごろつきは「公共の役人」となるだろう。

さて、都市当局が賭博遊びを禁じた理由について、考えてみよう。

まず第一に、お金の不道徳で反社会的な管理運用という点が挙げられよう。それは個人を不道徳にも有頂天にさせるのみか、しばしば破産させ、共同体全体を危殆に瀕せしめる。まさに〈公共善〉を脅かすのである。一二六二年のシエナの都市条例の条文には、サイコロ賭博について「遊びは多くの悪行の機会になり金持ちが貧乏人になってしまう」とある。[151] 賭博ではお金が人の手から手へと速く移りすぎ、ひとつの階級から別の階級へと不自然な移動をするし、資産をつぶし家族の絆も失った遊び人は、マージナルな人間に転落してしまう。共和政の都市という、平等の表看板の下、じつは身分制に則った社会が厳然としてあった都市国家の秩序を、それは壊す恐れがある。さらに賭博は金が金を生むウズーラ usura（利息付金銭取り引き）であり、生産過程からはずれ、流通過程をショートカットし、所有概念をも脅かす。要するにそれは、正常の経済の上に成り立っている都市の名誉、平穏を脅かし、真っ向から〈公共善〉に反する悪徳の行いなのだ。

また第二に問題なのは、遊び人はすぐに「冒瀆の言葉」を発する。つまり、「悪しき言葉」により都市社会を穢すのであり、彼は言葉とともに、身ぶりも顔も醜く歪めて、「良き言葉」が行き交い、美しい調和が支配すべき〈公共善〉に統べられた都市を侵害する。だからそれを埋め合わせるべく、この不名誉な罪の泥濘に嵌った者には、公開の罰として、晒し刑・市中引き回し・水に入れ何杯もの水で洗う……、という加辱刑が科されたのである。

それから、賭博に夢中の輩は、泥棒や娼婦などと触れ合う、悪の道に否応なく流れていく人種だ。さらに彼は、労働の時間としてリズム化されていた都市の時間をも破壊する。とりわけ夕刻労働が終わり、外出が禁じられ火を消す、そうした夜の休息の時間にも賭博に夢中になっている人が数多くいて、浄く正しい市民たちに害毒を流すからである。

結局、当局にとって賭博遊びは、悪しき欲望のみでつながった束の間の人間関係を作り上げるが、それは〈公共善〉の指令するあらゆる美徳に反し、他のより安定的で秩序の駒となりうる団体・人間関係を溶解させ、破壊していく……、ということだろう。

しかしながら、都市における社会的結合関係の諸相という観点からは、賭博遊びを含む「遊び」に、積極的意義を見出せないわけではないと思う。もちろん、賭博遊びには欠点も多いだろうし、中世には、近代の自由な市民、公民が形成されていく、そのための社会的結合関係たるアソシアシオン、そこで言葉を交わし、歌を歌い、情報を交換し、社交を磨いていく、そうした水平的な自由なつながりの形はほとんど見られなかった。したがって、あらゆる団体の縁辺に押し出された、束の間の人と人との関係たる「遊び」が、社会関係の形成素となることもなかったかもしれない。だがそれでも、堅固な垂直的な構造が行き渡っていた中世のコルポラシオン組織を、組み替えないまでも、変質させる役割・意義は、「遊び人」つながりのような、非公式的な人間関係の中に潜んでいたのではなかろうか。

ここで注目したいのは、賭け事が飲食を供する場所でしばしば行われたことである。もちろん宿屋、居酒屋もその場所であった。そこでは、初対面の人間がしばしば出会い、いかさま師が横行した。いかさま師は、経験のない素人をカモにしてもうけた。一三〇八年の警吏 berrovieri の監視義務のひとつに「居酒屋その他似たところで、法を守らずに賭博遊びをする遊び人を逮捕する」[152] ことがある。一三五五年の「旅館組合規約」は、そのメンバーに、彼らの旅館・宿でのザーラ遊びを禁じている。[153]

居酒屋の世界は、常連・知り合いに出会う場であるとともに、また旅人や外人との偶然の出会いの場でもあった。そこで酒が入って見知らぬ人と賭け事を始めれば、もう風俗紊乱まであと一歩であったから、当局は神経を使った。[154] 第3章で見る犯罪の温床にもなったわけだ。しかし、娯楽によって結ばれる流動的で雑多な人間関係は、一時的・非公式な関係でありながら、そこに飛び交う噂話や評判によって、情報の共有と利害の調整がなされ、身分・階級を超えた政治的な共同へといたることもありえただろう。たとえば叛乱の準備である。遊び仲間が、信心会などの信仰団体と同様な機能をはたすこともあったのだ。さらにそれは、〈公共善〉を掲げる政府が押し付ける、あまりに堅苦しい正義と秩序への無言の反抗でもあった。

＊

もちろん、賭博遊び・サイコロ遊び以外に、シエナには公的な「遊び」もあり、これには、非日常の人間関係を作り上げるよりも、都市当局が市民たちの不満をガス抜きし、都市全体の秩序を確認させるという役割があった。こうした公的な遊びは、従前から団体を成している者たち、とりわけ地区団体が単位となったことも、他の遊びとの違いである。プーニャとエルモラ[155]、そして後述のパリオなどが、こうしたジャンルの遊びに包摂されよう。

シエナのプーニャは十三世紀にさかのぼる。カーニヴァルなどのお祭りやマリアの記念日（八月十六日ないし十七日の夕べ）に、「素手での殴り合い」をする。基本的に三分区対抗（たとえば、チッタ三分区に、サン・マルティーノとカモッリーア三分区の連合が迎え撃つ）で、コントラーダ代表が出場して行われた。この試合では、あらゆる身分の若者の二グループが対峙し、合図とともにつかみ合いの喧嘩、殴り合いになり、しばしばひどい混乱に陥ったが、シエナ人は大いに楽しんだ。一二五九年には、総評議会が禁令を出している。また一二六二年の都市条例の断片には、毎年一回行われるプーニャ遊び（実際はエルモラのことだろう）のときに多くの人が死んだり瓦や家が割れたり壊れたりするので、カンポ広場や周囲の家々に石を投げてはならず、もし守らなければ四〇ソルドの罰金を課す、とある。そしてプーニャ遊びは鐘の評議会の三分の二の承認がないと許可されなかった[156]。

もうひとつ、十三・十四世紀に流行したエルモラとは、抑制なく棒で殴り石をぶつけ合う遊びで、それは審判が終わりを告げるまでつづく。まず最初に石を投げ合って、それからとっくみ合い、さらに棍棒（ないし、木製の槍と刀）の殴り合いへと進む。頭は、藺草で作られたヘルメットで保護し、革製の楯で守った。エスカレートして流血の惨事になり、死傷者がでることもあった。観客や仲裁人であるべき者たちが、戦いの当事者に変身することもザラだった。とにかく皆の頭に血が上り、激しく野蛮に戦い合った。

市当局（ポデスタ）は不十分な防備しかない者——たとえば、楯を持っていない者——の参加を禁止し（一二三八年）、さらに一二六二年の条例では、エルモラは完全に禁止されるにいたっている[157]。ところがその禁令を無視して、以後も三〇年ほど、この激しい遊戯は行われつづけた。たとえば一二九一年十一月一日、サン・マルティーノの三分区とチッタ三分区との戦いで、まず拳骨、ついで、棒、最後に剣をもちいて荒々しく戦い、流血の惨事になった。ポデスタとその兵士が鎮圧したが、死者が多数でた。「この日、都市の政体は転覆しそうだった、それほど人々は戦闘で興奮したのだ」[158]という。そこでポデスタはエルモラをやめさせ、プーニャのみを許すとの措置を出した。[159]一二九六～一三三四年の都市条例では、エルモラもプーニャも禁じられている。[160]

禁令はほとんど守られなかったようで、十四世紀に入ってもこの野蛮な戦いは行われた。一三〇九～一〇年の条例には、市内およびその周囲一マイルで、兜・籠のヘルメット・頭巾・楯・棍棒での試合（エルモラ）や、石のぶつけ合い、またプーニャが禁止された。[161]全体を禁止したのではなく、やや穏やかなものにしようとした、とも受け取れる。だが、まったく穏やかになった気配はないのである。

一三一八年二月十二日、例年通りカーニヴァル期間に、カンポ広場でプーニャ大会が催された。カモッリーア三分区とサン・マルティーノ三分区の合同隊が、チッタ三分区と戦ったが、貴族、平民とも大挙して参加して、自分のコンパニーア（コントラーダ）代表選手の助太刀をした。商店主・職人も店舗を閉めて、自分たちの仲間を応援した。どちらも負けを認めず、互角だったので、石ころ戦となり、夜までつづいた。ポデスタや執政九人衆が、やめて家に帰るよう命じても聞き入れられない。頭をかち割られ、一〇人が死亡、一〇〇人以上が負傷した。[162]禁令にもかかわらず、一三二四年のカーニヴァルの日曜にも同様な繰り返しがあった。[163]一三二三～三九年の都市条例でも、プーニャや石のぶつけ合い遊びが禁止されている。[164]

十五世紀初頭、ジェンティレ・セルミーニのプーニャ遊びについての歯切れ良い記述によると、この遊びでは、各地区の若者たちがつぎつぎと繰り出して、情熱を迸らせながら戦い合うのだという。さらにこれらの若者＝競技者と観衆が、一連の雄叫び・侮辱・励ましの言葉を交わして、熱気がますます加熱する。その結果、終わってみれば、どの参加者の顔も体も、傷だらけだ……。

記述の最後の部分で、セルミーニはつぎのように書く――「さあ、もう行こう。明日、君は、綺麗な黒目と素晴らしい青白顔、そして包帯を巻いた多くの手・腕、失われたおびただしい歯、などを見るだろう。身体内部に損傷を負い、今後何ヶ月もお目に掛からないだろう人たちのことについては、何も言わないことにしておくが。もちろん、われわれは何日にもわたって話に聞くだろう。打撲した脇腹や捻挫した背中や、あるいはその両手の労働で生活の資を得ているのに負傷して日々のパンを稼げなくなった哀れな職人について話しても、無駄だろう」と。[165]

こうした危険な地区対抗競技によって、さまざまな身分・職業の者たちが隣り合って生活している「隣組」の団結が、いっそう強化されたことは想像に難くない。しかしそれだけではない。そこには日々の生活で隣組同士・団体間・党派間・家門間の争いや敵愾心がたえず、必然的にシエナ人の心の底に蓄積していった憎悪・緊張を解き放つ効果もあった。十三世紀後半以降、都市統治の表舞台から去ることを余儀なくされた豪族（マニャーティ）つまり貴族や富裕家系は、古い時代の闘争心・党派心をずっと心中に抱えており、これが、このような競技の際に吹き出したのである。この試合の出場者は、戦いの巧みさ・力・勇気を示すことができ、また対抗する家系や、相手地区への恨みを晴らすチャンスもあった。

だが祭りやそれに付随する公的な遊びは、そのときには激しい敵愾心で対峙しても、終わった後には都市内の居住街区・家系・身分・地位の相違を超え、おたがい許し合い認め合って皆和合する、というメリットもあったのだろう。だから、当局の立場も両面的で、式次第に則った祭りや遊びはむしろ奨励したのである。[166] とにかく政府としては、危険な雰囲気が盛り上がり、体制批判となることだけは是非とも避けたかったようだ。

街区（コントラーダ）対抗の競馬、今日でもシエナを世界的に有名にしているパリオも、そのような公的な遊びのひとつである。[167] パリオの起源は十一世紀にさかのぼるが、一二三八年の史料では、はっきり八月半ばの祭りと関係づけられている。すなわち「走り」の規則を破って罰金を受けた男が登場するのである。一三〇六年には、シエナ当局が、福者アンブロージョ・サンセードニの名誉のため、毎年パリオを行うことを公的に認めた。さらに一三一〇年には、総評議会が、毎年八月十五日にシエナ市と聖母マリアを祝うべく、パリオを走ることを決定、都市条例に含めることにした。宗教モチーフと政治モチーフが重なって制度化していったことがわかる。

当時は、現在のように年二回（七月二日と八月十六日）という決まりはなく、マリアの祝日の八月十五日以外にも、より頻繁に馬は走っていたようだ。とくに十五世紀以降は、聖体祭・福者シエナのアンブロージョの祝日・聖アンサーノの祝日・他の守護聖人の日など付加的な他のパリオも、祭日カレンダーに導入された。いずれにせよ、これらのパリオは現在のカンポ広場を周回するレースとちがい、直線の競走 palii alla lunga であり、また元来、馬を所有できる貴族の遊びで、民衆はそれを観戦するだけだった。初期の頃には他のルートもあったが、十五世紀初めまでに市壁外のフォンテベッチを出発点とし、都市中心部を縦断してドゥオーモ前広場をゴールとするルートが決まってきた。一三三七〜三九年の都市条例でも「誰であれ、都市中心部（チッタ）も新街区（ボルゴ）も、またシエナ市にいたるレースの出発点のある街路も、馬に乗って走ってはならない」とあって、このことが裏づけられる。(168)

パリオにせよプーニャやエルモラ遊びにせよ、仕事のない祝祭日に、祝祭の一環として執り行われたことは共通している。宗教行事である祭りは、シエナでも一年中を点綴していて、都市全体を巻き込むものもあれば、地区ごとの守護聖人祭りもあって、性格はさまざまだった。地区別の祭りには、その地区の名誉を誇示し、結束を固める作用があったし、都市全体のもの、とりわけ聖母被昇天（八月十五日）の祭りには、町の理想像をイメージ化しながら都市の秩序と序列を可視化し、公的で複雑なイデオロギーを示す狙いが込められていた。

祭りにつきものの、激しい肉体のぶつかり合いであるプーニャやエルモラなどの「遊び」は、都市内の諸団体の間にわだかまった対抗心を祓い落とす効果が期待されていたのだが、都市当局としては、ハレとケの時間をはっきり分け、そのカレンダーおよび場所——つまり時間と空間——を管理し、情念のぶつかり合う遊びさえも規則に則って行わせるのが、〈公共善〉に適うと考えられていたようだ（図9）。

最後に、当時の史料から窺われる、その他の遊びや暇つぶしについても言及しておこう。

とくに暦と無関係な、邸館・塔・バルコニーからの石投げや、弩射撃などの遊び（あるいは敵対者への攻撃）は、

図9　カンポ広場でのお祭り（17世紀）

いつもあったようで、都市条例で繰り返し禁止されている。ローマ門（ポルタ・ヌオーヴァ）外の掘割のところにあった射撃場では、弩競技が行われたという。[169] ほかに、さまざまな道具でハトを捕らえたり殺したりして遊んだり、捕らえたハトを売ろうとする者もおり、都市条例には、かなりの紙幅を割いて禁令が載っている。[170] ウズラやヤマウズラに罠を張って捕らえたりする遊びもあった。[171] また市民たちには、水浴び・水泳も楽しみだったようで、フォンテに「水浴び場」guazzatorium が付設されて市民が水浴びできるようになっていた。さらに一三六二年には、もっぱら貧者のためのプールが建設された。[172] 居酒屋で時間をつぶしたり、教会で美女を品定めしながらじろじろ見るのも、庶民の大いなる楽しみであった。[173]

騎士の儀礼と浪費連

つぎに、都市内での騎士の儀礼について考えてみよう。

イタリア都市コムーネについては、軍事制度や騎馬での戦争に関する研究はかなり進んでいるが、「騎士の威信・特権」dignità については、まだあまり進捗がない。しかしこれは、豪族・貴族・騎士・歩兵・ポポロなどの「身分」「階層」を論じる者が、かならず触れている大切な主題であることは間違いない。より掘り下げた研究が望まれる所以である。

もともと騎士の威信・威厳は「豪族の印」であったが、後にはイタリア各地の自治都市のポポロ出身者が、騎士身分ではないのに、「ポポロの騎士」cavalleria di Popolo となることで、都市貴族の一員に加わろうとした[174]。シエナにも、代々騎士身分を有する豪族たちがおり、領主として農村部に砦・城を構えて支配していた。だが、それ以外のシエナ人が「騎士」に目覚めたのは、モンタペルティの戦いで、マンフレート軍やフィレンツェのギベリンと接したからだろう。シエナの都市条例は本来の「騎士」milites と、「コムーネのために馬を保持する騎士」milites, qui pro comuni equum tenent を分けて記載している。前者はいわゆる騎士身分・騎士特権・威厳と結びついた者たちだが、後者については、かなり裕福な者たちへの一種の税・負担の割り当てで、コムーネの軍事制度・慣習においてカヴァッラータ cavallata とかカヴァルカータ cavalcata と呼ばれた「騎馬奉仕」の負担の担い手である。戦時に備えて一頭ないしそれ以上の馬を供出するか自ら騎馬して仕えるが、さほど資産のない者は、お金で代替してもよかった。いずれにせよ、ポポロたちのうちでも上層の者たちの間には、騎士的・貴族的心性が広まっていった。

当時、本来の騎士特権は、マニャーティ（豪族）の印とされていた。まさに政治的な基準の目安であるが、彼らはそれによって「ポポロ」らの家系と区別されようとした。そこには、コムーネ成立期に軍事組織を率いたコンソリ（統領）貴族のほか、後に政治的・社会的上昇をはたして、騎士階級入りした農村の領主家系や都市起源の大商人（銀行・金融業）の家系が含まれていた。そもそも一二七七年の「反豪族立法」で、執政三十六人衆の執政官（プリオーリ）になれるのは、豪族のメンバーでない者のみに限定され、一三三七～三九年の条例[175]でも、こうした騎士はポポロに属せないと定められていた。この規定は執政九人衆体制の終わりまで有効だった。シエナにはフィレンツェなどとはちがい、「ポポロの騎士（制度）」は欠けていたのだ。

騎士身分の者たちは、その身分に付随するお祭り騒ぎも頻繁に行った。騎士叙任式は、家族・友人が集って楽しく盛大に、最大で二週間つづけられ[176]、その間、新たな騎士は、カンポ広場の中に設えられた木製の囲い・柵の中で友人たちと宴会をし、また騎馬槍試合で腕を競った。新騎士はじつに気前よく、来る者皆に祝儀を配り、また宴会に加わることを許したのであった。騎士身分は、制度として、また特権・威信として重要なことはもちろんだが、そこにはかならず儀礼が伴い、その儀礼によって、彼らは集団としての結束を固め、存在意義を確認していったのである。彼らの儀礼には、また特権的な「遊び」「祭り」の側面もあった。

年代記作者アニョロ・ディ・トゥーラは、一三二六年十二月一八〜二五日のフランチェスコ・ディ・ソーゾ・バンディネッリの騎士叙任式の祭りについて、記述している。[177] それはかなりギベリン党色の強いものだった。というのも、わざわざこの儀式のためにフィレンツェからやっていた「ゲルフ」のカラブリア公カルロ（在位一三〇九〜一三二八年）には叙任式の司式を任せず、フランチェスコは、帯剣礼を自分の父によって行うことを許されたからである。彼は、騎士叙任式の中心部分をドゥオーモの説教壇で行った。その場所が選ばれたのは、参集者ができるだけ多く集まり、またその聖なる・模範的性格を強調する——そもそも説教壇とは説教の場であったから——ためだった。

マニャーティは、ポポロ勢力によって政権担当からはずされても、あいかわらず名望家であり、隠然たる力を持っていた。すでに騎士である彼らのみが執行できる騎士叙任式は、その力を見せつける絶好の機会だった。ポポロ政権下でも、当局は、騎士らの高い威信と名誉は都市の栄光につながる、という考えを持ちつづけていたから、コムーネは騎士らが威厳・特権を得ることを促し、またその叙任権（許可）を自分の専権としたのである。都市が騎士の名誉の総元締めになれば、騎士たちの名誉は都市の名誉に変ずるのだ。[178] ここにも〈公共善〉が作動し出す。「都市の宗教」とならぶ「都市の騎士道」の誕生と評してよいだろう。

すなわち、十三世紀後半から十四世紀前半には、シエナをはじめとする中・北イタリアの都市国家では、都市がその名誉 honor communis のひとつとして騎士への叙任 honor militiae を認め、ないし追認することになった。そして都市同士の戦争の際に新たに多くの騎士を叙任したり、守護聖人の祭日を選んでとくに叙任したり、ということが頻繁になったのである。

後期中世のシエナでは、一部の上層の者たちを中心に富が溢れ、散財が可能であった。十四世紀前半、そして十五世紀は、シエナ中が建物や芸術によって美化された時代でもあった。シエナ人は「甘く静穏な生活」vita dolce e riposata という言葉を好んだ。実際には、緊張と悶着の絶えない市民生活であったはずだが、それでも洗練された習俗を生きる幸せを追求したのである。だが、それはときに行き過ぎを生んだ。騎士的な優雅な生活の誇示が、常軌を逸してしまったケースもあった。

＊

ダンテも『神曲』の中で、フランスとシエナのうぬぼれ・虚栄の比較を行っているが、両者の結びつきは、都市の起源の伝説にも負っている。(179) その伝説によると、シエナ人の祖先はフランス人なのであり、両者は体型・顔つきや肌の色、風俗も似ており、フランス人同様、シエナ人ほど自惚れの強い市民は少ない、とされた。下記の「奢侈の戒め」の項で述べるように、実際シエナの女性たちの流行モードも、虚栄に満ちたものだった。だからダンテ以来のシエナ人の評判は、あながち根拠がないわけではなかったのだろう。(180)

ビンド・ボニキ（一二六〇頃～一三三八年）という詩人＝モラリストも、シエナ人の道徳の頽廃、軽佻浮薄に警鐘を鳴らしている。(181) 彼はそのソネットで、同時代のシエナ市民らは美徳を忘れ、とくに貪欲や高慢の罪からひどい拝金主義と見掛け倒しの欺瞞に陥っている。自分は外面だけ繕って、その自分が持たない美徳を相手に期待する。なかでも一番ひどいのは聖職者や修道士だ……、と糾弾している。(182)

当時のシエナにおける優雅で贅沢な遊び人の代表が、「道楽者」（ガウデンティ gaudenti）であり、これはダンテが『神曲』地獄篇第二九歌で「浪費連」brigata spendereccia と記している若者集団にほかならない。(183) 彼らは、十三世紀シエナに浸透していった騎士のエートス・宮廷文化を、金が溢れる商業都市で実践しようとした、時代錯誤の逸脱者であった。裕福な若者たちが仲間団体を作って、宮廷風にとんでもない贅沢な共同生活をしたのである。

名前をよく知られている一人は、都市貴族のマコーニ家のラーノという人物である。[184]彼は、一二八三年と一二八八年には総評議会の評議員であったし、一二八五年と一二八七年には軍事遠征をしたことが知られている。また彼は、シエナのカンポ広場で、モンタペルティの戦いを記念してしばしば開かれていた武芸試合でのもっとも有名なチャンピオンでもあった。そして彼は、その浪費癖と冒険好きで鳴り響いていた。ボッカッチョは、ダンテの神曲への註釈で、ラーノがシエナの都市貴族の金持ちの若者で、その仲間は「浪費連」を作って金を使いまくり、須臾の間に貧乏になった、などと記しているそうで、ボッカッチョの時代に、まだこのシエナのブリガータ（遊び仲間）は生き生きとしたイメージを保っていたのだろう。

また浪費連らの拠点「浪費の館」Palazo della Consuma についても、興味津々たる言い伝えが残されている。これは、オヴィーレ門を下った左手ウミリアーティ会の建物近く（現在のガリバルディ通りの中央あたり）にあり、ベンヴェヌート・ダ・イーモラの語るところでは、そこで十二人の金持ちの若者（ティツィオは十八人という）が、虚栄に満ちた仲間団体を作り、自分らは貴族、そして「廷臣」curiale と呼ばれたがった。ところが民衆たちは彼らを「浪費連」spendaritia と呼んだ。彼らは各人一万八〇〇〇フィオリーノを拠出し、個人のために使うことを追放罰で禁止し、皆が一緒に楽しく使いまくることを決めたのだという。

彼らは非常に美しい館を借り入れ、そこで各人が自分の部屋を持ち、豊かに家具が備えられて、毎月二回の昼食と二回の豪勢な夕食を摂った。すべての饗宴は三つのサービス servizio からなり、華美に飾られた食卓には珍味佳肴が集められ、高価な香辛料をふんだんに使ったが、じつに奇妙な行為もあったようだ。すなわち、金銀でできた器とナイフは、食事が終われば惜しげもなく窓から投げ捨てられたし、クローブ（丁字）の木で雉や去勢雄鶏を炙ったり、ソースにフィオリーノ金貨を入れて調理し、後で小骨だったかのように吐き出したりしたともいう。また彼らは、馬に銀の蹄鉄を付けたとも伝えられる。シエナにやって来たあらゆる貴顕の士が盛大に招待され、贈り物をもらった。

これらのオルギアとどんちゃん騒ぎは一〇ヶ月間つづいた。そのはてに、彼らが拠出し合った全財産二一万六〇〇〇フィオリーノは底をつき、軒昂たる浪費家は尾羽打ち枯らして貧窮の底に落ち、民衆の嘲笑の的となって乞食に堕するか、あるいは施療院にかくまわれた。

十三世紀末から十四世紀初頭のフォルゴーレ・ダ・サン・ジミニャーノとチェーネ・ダッラ・キタッラのソネットでも、同様な浪費連・道楽者が歌われている。[185] フォルゴーレによれば、彼らは、経済的心配 negotia から解放されている者たちだった。そして狩りや漁遊び・恋愛ゲーム・スポーツ・軍事演習・グルメなど、快楽追求を楽しんだ。

その「月々の歌」Mesi の最初、「ブリガータに捧ぐ」Dedica alla brigata では、つぎのようなシエナの裕福な男衆が称えられている――。

高貴で宮廷風雅に溢れたブリガータ、
彼らはどこに行こうとつねに、
明るく陽気で贈り物を携え、
犬たち、鳥たち、そして費えのためのお金も忘れない、
彼らは馬に乗って足早に進み、ウズラを鷹狩りで捉え、
ポインター犬が狩り出し、俊敏な猟犬が懸命に走る。
この王国ではニコロ Nicolò が王様だ、
なぜなら彼はシエナ市の精華なのだから。
ティンゴッチョとミン・ディ・ティンゴとアンカイアーノ、

バルトロにムガヴェロにファイノット、
彼らは皆（トロイア最後の王）プリアモス王の息子たちのようだ、
かのランスロよりも勇猛で礼節を貴び、
必要とあらば槍を手に
キャメロットで騎馬槍試合をするだろう(186)。

ここではブリガータメンバー六人とその王ニコロの名が挙げられている。

ついで「一月」では、ブリガータたちの優美な世俗の祭礼の言祝ぎが始まるが、あらゆる経済的な気遣いから解放された彼らは、宮廷（館）を舞台に粋な楽しみに耽る。まず、部屋もベッドも家具もすべて美しく整えられ、絹のシーツとヴェール（リスの毛皮）の毛布も用意されている。身体は暖かい服に守られ、どんな風が吹いても平気だ。時に外に出て娘たちがいれば、綺麗な白い雪を投げたりする。また「七月」は、全編が食べる快楽に捧げられているソネットだ。トレッビアーノ・ワインがいっぱいのカラフなどから高貴で珍しい珍味（並はずれたゼリーの料理・ヤマウズラのロースト・若い雉・茹でた去勢雄鶏・至高の子山羊など）まで山盛りだ。彼らはブルジョワの中庸を得たセンスに挑戦し、これでもかと過剰に食べる。そして、家庭の財布を守る倹約の守護神たる「妻」に、ポレミックに挑戦するところで、このソネットは締め括られる。

フォルゴーレがそのソネットで歌ったのは、先述の現存した「浪費連」そのものというわけではなく、彼らや、それに多少とも似たような生活をしようとした、貴族のお坊ちゃんたちの、いわば理想的イメージを描き出したものだろう。

もちろん「浪費連」にせよ、フォルゴーレ描くところの「ブリガータ」にせよ、極端な例で、シエナ市民皆がそのような生活ができるわけもなかった。だが、嫋々たる気風、快楽追求の雰囲気は、おそらく多くの上流市民に共有されていたものだろう。十三世紀後半から十四世紀前半は、シエナ経済の最盛期で、大規模な産業と通商の成功のおかげで、貨幣の流通量と速度が増し、商品が溢れ、贅沢な生活を送る機会がふえたのだろう。ファツィオ・デッリ・ウベルティは、十四世紀後半になってさえ、この町は優美さと麗しき風俗、雅な女性と騎士道精神に溢れた男性に満ちている、と言っている[187]。さらに、フラ・フィリッポは、自分の孤独な僧坊から、官能の悦びに浸る市民たち、とくに高利貸し・冒瀆者・貪欲者・賭博好きなどの悪人の姿を観察し、彼らを神の怒りを持ち出して断罪している[188]。

こうした浪費連や贅沢な遊び人が人々の注目を浴び、影響を及ぼすようになると、ますます利己主義がはびこり、名誉や祖国愛の義務に耳を傾けない人が多くなる。罪深い快楽に身を沈め、放埒が幅を利かせ、まさに「柔《やわ》なシエナ」molles Senae そのもの、「虚栄の民」vana gente たるシエナ人、ということになってしまう。シエナ当局が、風紀と質実剛健な秩序を乱す「道楽者」ガウデンティと戦いつづけたのは、だから当然である。

貴族の若者集団の無軌道な行動は、ポポロの理想とする政体と都市像にはとても合致しなかったが、とは言っても、都市に富をもたらすのは彼ら（の一族）であったし、彼らが自分とその家門を輝かそうと追求する壮麗さ・名誉は、たしかに都市の高貴さ・名誉にもつながった。また彼らの家門は、コントラーダの名望家として地区細胞をとり仕切っていたので、都市の平和と安定のためにも、彼らの意向・希望をむげに退けられない、という事情もあった。騎士（の若者）たちの、団体意識・社交・社会的結合関係の強化は、共和政下の都市のまとまりにはマイナスであろうが、いずれの都市も、それなしには発展できなかったのである。

このような利己主義に蝕まれ、名誉といえば、自分とその家族の名誉を第一に考えるような者たちに、〈公共善〉理想を押しつけるのは、困難であったろう。そこで、彼らの勢力誇示の行き過ぎを掣肘し、ポポロへの悪影響を避けるべく、都市政府がすがったのが、後出の「奢侈条例」であった。

温泉郷にて

シエナ市民の遊び・気晴らしは、市内で行われるだけではなかった。都市城壁外の農村地域（コンタード）には、いくつもの「温泉」「水浴び場」があり、身分の上下を問わず、良い季節にそこに出掛けていって遊んだのである。[189]こうした、ちょっとした非日常気分を味わえる温泉地での人間関係には、束の間で偶然的要素も多分に入ってくるが、しかし、だからこそ普段の力関係・人間関係を、より効果的に調整・誇示しうると考える人もいて、その「場の力」にも期待が集まった。

イタリア半島の温泉地は、ローマ時代に栄え、一旦衰えたあと、十三世紀初頭に復活し、十五世紀になると温泉行は馴染みの慣行になった。シエナ領域は他の何処より温泉地の数が多く、当局はその管理に早くから気を配ってきた。そしてそれまで出されたさまざまな規定をひとつにまとめて、一二九二年「温泉規定」Ordinamenta Balneorum と呼ばれる集成にした。シエナ政府は、徐々に保護管理領域を広げていき、十五世紀にはペトリオーロ温泉（図10）、マチェレート温泉、ヴィニョーニ温泉、サン・フィリッポ温泉、サン・カッシャーノ・デイ・バーニ温泉など、一〇ほどの温泉地の管理を保証した。

温泉の目的は、鉱泉によって病を癒す湯治のためということもあるが、夫婦で訪れて、子宝を授かろうとするケースも目立った。浸かるだけでなく肝臓や胃の治療のため、飲む温泉もあった。入浴にしばしばシャワーが組み合わされた。金持ちは、かかりつけの医者にあらかじめ処方をもらってから湯治した。「治療」は一般に、瀉血・蛭・通じ薬から始まった。

しかし多くの客にとっては、治癒効果よりも、気晴らし・遊び・社交がなによりも大切な目標であった。温泉場には、一般に小さくカラフルな家・広場・フォンテ、そして壁で仕切った二つの大きな浴槽があった。貴族とその夫人は楯持ち・小姓を引き連れ、一族うちつれて馬・駕籠・牛車などで赴き、荷馬車には荷物を大量に積んで行った。庶民は家族で歩いて行った。「入浴のガベッラ」の領収証を入手した者だけが入浴できたが、それは六デナーロと二ソルドの間に値段が設定されていた。額は身分により、または移動手段によって変動した。このガベッラは、シーズン中（五月と六月）ならどの浴場でも使えるフリーパスのようなものだった。

非日常気分を楽しもうという客のために、娯楽・社交を盛り立てる工夫にも欠けてはいなかった。芸人が歌い踊り、皆、賭け事やゲームに興じ、恋が芽生えることもあった。聖女カテリーナの母は、娘が十四歳のときヴィニョーニ温泉に連れてきたが、それは温泉地の浮き浮きした気分をよく心得ていたからであり、浴場の楽しさ・娯楽・恋によって、娘の修道女のような生活、禁欲行をやめさせようとしたのであった。[190]

図10　ペトリオーロ温泉

温泉場では、日々の仕事、活動から離れて湯治をしつつ、自由時間を満喫できた。が、下手をすると、無為に苦しむことにもなる。そこで娯楽を追求したのである。ふだん、市内では禁じられた「遊び」も、温泉場では許されるケースもあった。十三世紀末から、ペトリオーロやマチェレートではいくつかのサイコロ遊び、盤上ゲーム（バックギャモン、トリック・トラックの祖先）と計算ゲームが許され、ペトリオーロ温泉の旅館のひとつの財産目録からは、調理場にいくつかのチェスボードが存在していたことが知られる。[191]だが、賭博や賭博場での遊びは、興奮のあまり冒瀆の言辞や暴力沙汰を引き起こす危険があったために、禁止された。許容される遊びは厳格に管理されていた。[192]コムーネは温泉場での遊びを厳密に統制しつつも、旅館経営者には、自分の客にチェスやサイコロで遊ばせることを許したのである。

こうした普通の娯楽は、騎士階級が常宿としている旅館とその周辺では、しばしばもっと特別なもの、トーナメントや舞踏会に取ってかわられた。音楽演奏やダンス・歌が加わり、賑やかになることもあっただろう。騎士たちの間の一騎打ちもあった。あらゆる人が参加できるわけではなかったにせよ、その場を盛り上げ、見物人の平民を楽しませた。こうした催し物は、貴顕の士に主催が任された。「浴場の長」Signore dei bagni である。

さらにお喋り時間も長かっただろうと想像できる。だから湯治客はたがいに訪問し合い、また友だち同士グループになって楽しみ、親戚や代父・代母などに出会うこともしばしばだった。そこは（知り合いとの、あるいはまったくの他人との）出会いの場、粋な付き合いの場、さらには放蕩の場ともなった。温泉という緊張を解く雰囲気の中、普段ならしないような行動に及ぶ者もいたであろうし、新たな人間関係が結ばれることもあったろう。娼婦もいたかもしれない。温泉宿では客にワインや食べ物を売ることが許されていた。ただしシエナの条例を守る限りでだが。(193)

前述のフォルゴーレ・ダ・サン・ジミニャーノは、「月々の歌」のソネットの十一月で、ペトリオーロに行く金持ちを描く——。

そして十一月にはペトリオーロ温泉へと、
三十頭のラバにお金を山積みにして出掛ける。
通りは全面、絹で覆われよう。銀のグラス、錫の瓶が使われ、
すべての商店主が大いに儲かる。
さらに松明に、キアレータから来た二枝燭台、
ガエタのシトロン入り砂糖菓子、
そして皆が飲み、仲間を力づける。
そこはしばしば大変寒く、暖炉の火が入り用なことがたびたびだ。
焼いたり茹でたりした、雉、ヤマウズラ、ハト、挽き肉のソース、

ウサギ、ノロジカなどの肉も山盛りで、
いつも食欲を充たしてくれる。夜、風が強く空から雨が降ってきたなら、
君たちは十分設備の備わったベッドに入ればよい、と。[194]

フランコ・サッケッティの「ノヴェッラ」第二六も、フィレンツェのダブレット(胴衣)業者のバルトリーノが、ペトリオーロ温泉で、二人の医者トンマーゾ・デル・ガルボ先生およびディーノ・ダ・オレーナ先生といろいろ楽しい話をしていて、「おならに瀉血をする仕方」の話には、皆笑い転げて溺れそうになった……、との逸話が語られている。[195]

いずれにせよ人々は、多少とも日頃の拘束から免れた雰囲気の中で、踊り歌い、チェスやバックギャモンをして遊び、また狩りをしたりお祭り騒ぎをして興じた。それは、旧交を温める舞台にもなれば、新しい出会いも多く控えていた。

十四・十五世紀には、シエナ郊外の温泉郷はトスカーナ(とりわけシエナとフィレンツェ)の諸都市の市民だけでなく、聖俗の君公も豪華な出で立ちと装備でやって来て、そこが外交の場、政治的な出会いの場ともなった。温泉場というのは、偶然の出会いの場のように見えても、じつはそこには、それなりにコード化された贈与や身体的な慣習行動(プラティーク)にもとづいた社会的結合関係が存在したのである。

だからフィレンツェのメディチ家の当主をはじめとする君公にとっては、温泉地は政治的・外交的な操作の場にもなった。この社会的結合関係は、ときに際立った統合力を発揮し、君公らはその蕩々とした雰囲気の中で、尊敬・敬意を集め、取り引きを有利に進めるのを得意とした。シエナ郊外の温泉場は、数ある温泉地の中でももっとも開かれたダイナミックな社交場であった。領域国家ができつつあるとき、温泉は政治化された出会いと対抗の舞台として、君公たちの人気を集めたのである。[196]

＊

イタリアでは、すでに十三世紀には各地に多くの宿屋があった。それは都市の中にも、また市門の外にもでき、つぎの世紀にはいっそう発展していった。[197] もちろん温泉郷もそうだったが、シエナ市内および近郊にも多くの宿屋があった。偶然の社会的結合関係が結ばれる場として重要な宿屋・旅籠について、ここで調べてみよう。

シエナとその周辺の宿屋は、旅人を泊めたり飲食を供したりする施設であるが、思いがけぬ邂逅、諍いも数多かった。[198] そのため、宿屋は滑稽な出会いと駆け引きの舞台として、ノヴェッラ作者らの格好の取材先になった。次章で指摘するように、そこでは犯罪も多発した。そのため、各三分区二人の秘密の密告者 accusatores secreti が選ばれ、宿屋での犯罪を発見し、ポデスタに報告する義務を負っていたのである。[199]

シエナで旅館業が栄えたのは、この町がフランチジェナ街道（シエナではただ「道」la Strada と呼ばれた）沿いにあって、ローマへの巡礼者や商人たちが盛んに行き交ったからである。十三世紀にシエナの銀行家の事業がアルプス以北で活発になったことも、商人の往来を活発化させた。

一二八八年には、市内の旅館組合には、九〇件の登録があった。その後、十四世紀末まで数がふえていき、郊外の小街道にまで行き渡るようになる。一三〇〇年と一三五〇年の聖年に、ローマへの大巡礼があったことも、旅館業発展に有利に働いたであろう。年代記作者アニョロ・ディ・トゥーラは、「宿屋を経営したり取引したり街道を利用する者たちは皆金持ちになった[200]」と、観光業で儲けた宿屋について記している。

この業界は儲かるので、大土地所有者がつぎつぎ投資・経営するようになった。サリンベーニ、マラヴォルティ、ピッコローミニ、マレスコッティなどの富裕な家門のほか、サンタ・マリア・デッラ・スカラ施療院やサン・マルティーノ教会など、教会施設までが経営に乗りだしたのである。もちろんもっと小さな経営者もいた。大きな経営者はそれを専門業者に貸与・管理させた。宿の主人は女性（女主人）が非常に多かった。

一三五五年の「旅館組合規約」lo statuto degli Albergatori が残っている。残存する最古の旅館組合の規約である。シエナに旅館組合ができたのは、おそらく十三世紀末以前のようだが、その際、市当局が有効な規定を定めて旅館業を完全に管理しよう、とりわけ税務面で管理しようとし、まず最初の規約が作られた模様である。現存の規約は、その最初期の規約の改訂版だと考えられている[201]。

この規約によると、旅館業への登録は五リラだが、外人の場合は倍額支払わねば営業できなかった。誰であれ旅館業を営むには、このアルテに所属せねばならない決まりだが、実際には、所属していない人もいたようだ。登録者は、この規約作成の頃一〇〇人前後であり、おなじ年に二五三人いたフィレンツェよりもずっと少ない。登録すると、旅館の外にひとつ「看板」insegna を出すことができた。規約の条項が定めているのは、他のアルテ同様、役員の職務と選出法、組員のもろもろの義務などである。興味深い条項としては、店のすぐ前以外での客引きの禁止や、宿泊客が外人の場合に書面で管理係 Conservatore ないし他の権限を有する役人に通告する義務、あるいは経営者は客からお金を預かってはならないとか、料理はかならず宿屋内で行い、野外ではいけないとか、キリスト教で禁じられている日に肉を振る舞ってはならない、悪人 persone di malaffare を泊めてはならない、賭博遊びをさせてはならない、などがあり、風紀の乱れないよう、危険が町に及ばないよう、いわば〈公共善〉の立場からさまざまな規制が加えられたことがわかる。

規模・サービスによって、宿屋は大きく三種類に分かれていた。(1)「旅館」albergo とは、旅人に宿と食を提供して馬屋も付属しているもの。(2)「宿屋」locanda は、中小の宿で設備と規模で(1)に劣る。(3)休息施設として市内に広まっていたのが「居酒屋」taverna で、酒を飲ませるだけのところと、食事したり、宿泊もできるところがあった。シエナでは「居酒屋」は厳しく規制され、酒の提供のみ許し、食事はパンとフルーツ以外は禁じられていた。しかし違反も多かった。

以上三種の中では、(3)の居酒屋が、ひっきりなしに人々が行き交う、庶民的な交流の場となっていた。仕事の合間や一日の終わりの娯楽、また休みの日に楽しもうと人々が集まり、あるいは逆に良い取り引きをするためや新たな仕事を探して訪れる、という仕事熱心な人もあったろう。客には外人も多かったし、コンタード住民もしばしば訪れた。労働者・職人・使用人・小商人・荷馬車屋・巡礼など、中・下の階層がもっとも頻繁に利用したが、司祭もよく立ち寄ったようだ。公職にある者は居酒屋利用を禁じられた。それは買収・贈賄につながるからである。[202]

(2)の宿屋は、階層的にもっと多様な人がやってきた。あらゆる職種の職人、労働者などが必要に応じて泊まったが、常連と言うべきは地方の小商人や運送屋で、つねに移動している者たちであった。またワインと暖かい食事に惹かれて、巡礼や旅人も宿屋を訪れた。貴族も、(1)の高級な旅館に宿が取れない場合は、中程度の宿屋に泊まることがあっただろう。それゆえ偶然の出会いが頻繁で、それは楽しい思い出にも、嘆かわしい経験にもなりえた。まったく予想もしない、一時的な社会的結合関係の形成である。

奢侈の戒め

後期中世の都市、とりわけイタリア都市では、十三世紀から十五世紀にかけて、奢侈条例が繰り返し発布された。シエナもそうであった。[203]そこには、道徳的な動機として質実剛健で真面目な風紀を守りたい、という意味が込められていたが、もうひとつは、豪族や大商人・銀行家などが、ことあるごとに常軌を逸した派手な演出をするのを防ごう、という狙いがあったと考えられる。貴族・上流市民らによる威信発揚のための顕示行動は、相互の競争を招き、それが彼らの家産を侵害し、ひいては政治的な混乱に発展する恐れがあったからである。

一二四九年には、早くも長い引き裾と頭飾りが条例違反として罰せられている。[204]この事実から窺われるように、奢侈条例は、最初は服装についての規定から始まった。シエナでは女性の華美が際立ち、夫にねだってドレス、装飾帯、金・銀・真珠の飾りやアクセサリーを買ってもらい、美しく装って趣味の良いファッションを見せびらかそうとしたからである。シエナ女性のこのファッション自慢、贅沢の行き過ぎは、他のどこの市民よりも勝っていた。[205]

十四世紀前後のシエナには、女性たちの間に大変な化粧熱があったのであり、貴族でなくとも、貴婦人のような雅で美しい装いを願う商家の妻・娘が多かったのだろう。非常なエレガンスへの趣味が、ときには過剰なファンタジー、俗悪趣味に陥ることもあった。

いくら非難されても、派手で豪華な衣服を着たい女性、化粧をやめない女性もいた。フラ・フィリッポは、その『教訓逸話』*Assempri*（ノヴェッラ）で、夫を口車に乗せて美麗な服や装飾品を買わせる妻の手練手管を紹介している。また美しくすっきり見せようと衣服を非常に強く締めつけていた女性が、自分の結婚披露宴の席で、多くの男女とテーブルに座っていたところ、食事を終えるやそのまま息絶えた、という話を記している。それからある市民女性が美しくなりたいと、白粉を塗り紅を差し、その美しさで夫からも世間の人からも讃仰の眼で見られていたが、じつは彼女は悪魔に仕えていたのだ、という教訓話も載せている。その化粧熱に囚われた女性は、鏡を見て自分より別嬪になったと思っていたのに、やがて他人が一目見て卒倒してしまうほどの、ただれ・虫喰い・赤化・黒ずみに冒され、醜くなったのだという。[206]

宗教家もシエナ婦人のあまりの厚化粧に対し、非難を重ねてきた。聖ベルナルディーノは、シエナ女性はこの化粧への余念がない点で、他のいかなるイタリア都市の女性をも凌駕していて罪深い、と述べている。そしてそれは自分をダメにするばかりか、男たちをして女性嫌いにするのであり、この化粧により口から、そして身体中から悪臭が放出されている、まさに悪魔の仕業だ、と呪っている。[207]

こうした行き過ぎた華美・贅美を抑制するべく、シエナでは奢侈条例が発布されることになったのである。そのためにまず、一二八四年十月に、奢侈を抑える九人の委員が設けられた。十三世紀末には、ポデスタが各コントラーダに密告者＝良き合法的な探索者を任命する義務を負い、この密告者の告発は、一名の証人によって追認・有効とされて証拠能力を持った。[208]また一二九二年には、ポデスタは彼の外人公証人の一人を任じて、葬式と衣装の規制監視に当たらせた。監視人は葬式のある家に出掛けていって、前夜にはきちんと禁令が守られているかチェックし、違反があればそれを書き留める。また女性の衣服については、祝祭日にシエナの各地区と教会をめぐり、違反者を見つければ本人の名前とその夫か父の名前を書いて、三日以内に自己弁護する機会を与える。もしそれが十分でないなら、ポデスタが罰する。この監視義務をちゃんとはたさない公証人やポデスタに対しても、罰則があった[209]。

十四世紀初頭には、この取り締まりについては、(ポデスタから) ポポロ隊長へと責任が移り、ついで一三二四年にふたたびポデスタへと移行し、ポデスタの扈従である騎士の一人に任される。すなわち「作物監察官」campaioである。一三四三年には「ドンナイオ＝婦人監察官」が「作物監察官」から独立して、もっぱら奢侈関係を扱うことになる。この役職ができて、奢侈条例のより効果的な適用が可能になった。そして同時に、正式の奢侈条例が発布された。同職は一四〇三年に一旦廃止されたが、一四一九年に再開した。また一四七二年には「衣裳秘密監視三官」officium trium secretorum super ornatum hominum et mulierumという役職が創られた。

ドンナイオは、祭りや毎年の記念祭には、人々の集まるところに監視に出掛けて女性の衣服などを観察し、襟ぐりの大きさなどにも注意を向けた。違反者を見つけると彼女に宣誓させた上、友達二〜三人とともに、違反を認めさせる。もし違反を認めるか、あるいは宣誓を拒否するなら処罰となるが、違反を認めない場合はつぎのようにした。すなわち、ドンナイオは自分で襟ぐりを測ることはできないので、その日または翌朝、問題の服を彼の下に持ってくるように命じる。その際、服を変えたり、手を加えたりしなかったことを福音書に掛けて誓わせたが、効果のほどは不明だ。

では、衣服・装飾については、具体的に何が規制・禁止されたのだろうか。

シエナ女性は、高級布の衣に綺麗な刺繡・飾りをつけるのが好きであった。とくに好んで花飾りと宝石をつけた。そこで禁止されるのは高価な布地や宝石、金銀などの装身具、真珠のボタン、繊細なモスリン、金銀を織り込んだ絹やビロード仕立ての高級織物、衣服に使われた金の薄膜、金や宝石のついた手袋、飾り立てたスリッパ、エナメルと真珠で飾ったアクセサリー、指輪やベルト、花輪、冠、飾りバンドなどだった。完全に禁止されるというよりも、その数やつける場所、機会が制限されたことが特徴的である。彼女らはスカートやチュニックをライオンやオウム、その他の動物模様で飾ることも大好きだったが、執政九人衆はこうした装飾を誇示するのを禁止し、また履き物を金銀の綬で飾ることも禁じた[210]。

もう少し詳しく見ていけば、一二六二年の都市条例では、召使い・婢が引き裾をつけることを禁じた。一二七四年には、いかなる女性にもそれが禁じられた。一三三〇年五〜七月には、奢侈禁止のキャンペーンが行われ、男女の派手な服装についての規制が出された[211]。罰金は非常に高額になり、しかも衣服については、はじめて社会階級ごとに種類別の禁令が導入された。

「ドンナイオ条例」（一三四三年）でも、服装規定は細かく定められており、衣服や帽子・被り物、飾りバンド、それらにつける帯布装飾、宝石類、装身具、バッグ、財布などについて規制があるが、全面禁止ではなかった。飾りの重さや材質（金か銀か絹か毛か）や価格、つけられる体・服の部分、衣服やその部分の色・長さなどによっては許可された。罰金は、着用した本人＝妻（娘）が半分、それを許した夫か両親が半分であった。おなじ宝石やボタンや引き裾にしても、つける場所や個数や長さに規定があったりするなど細かいのだが、その理由が不明なものも多い[212]。

職業によって許される衣服や、娼婦のみが許される衣服もあった。たとえば、高価な宝飾のついたバッグ・財布あるいは繊細な絹地の織物は、騎士・判事・医者・教師には許可された[213]。また、娼婦のみが、ソックスだけ、ソックスとスリッパ、開いた靴や皮紐付靴などで外を歩くことが許された[214]。また娼婦や芸人、兵士のみが絹、モスリン、またはセーマイト製の衣服や被り物をまとうことが認められた[215]。さらに娼婦と芸人のみが、ほかの人には禁じられている文字や実在・架空の動植物・果物などのさまざまな紋様・図柄が描かれ縫い取られ編まれた衣類や被り物を許された[216]。逆のケースもあり、娼婦・女ポン引き、その他悪しき身持ちと評判の女は、品位ある女性のみにふさわしいマントをまとってはならなかった[217]。

以上のような「衣服条例」は奢侈条例の根本部分で、その大部分を占めるが、ほかに、都市条例中の奢侈条例部分では、結婚式・騎士叙任式などに関する規定も多い。そうした晴れやかな機会に、客人や芸人を招いて賑やかな祝祭をする際、何人招いてよいか、どのくらいの価値・種類の布地を与えてよいか、そもそもご祝儀はいくらならよいか、宿泊・食事を供してよいか、などが細かく定められている[218]。

一三四三年の「ドンナイオ条例」では、披露宴の食事の量と質が細かく決められた。たとえば昼食（正餐）は最大三皿からなるべきで、第一の皿 incisorium には、ただ一種類のみの肉、若い雌牛・去勢雄鶏・去勢羊・子山羊などの茹で肉を、最大六リッブラ載せ並べてよかった。おなじ大皿に、お好みに応じて豚肉を加えることは許可されたが、これは安価だからだろう。つづく皿はロースト肉のためにあり、通常二種類の肉が出された。ただし、それだけで「ごちそう」となりうる、去勢雄鶏・鴨（家鴨）・ガチョウの丸焼きの場合は、一種類のみ許された。すべての大皿はすべからく二人用でなければならず、招待客は最大で四〇名が許容された[219]。

このように「ドンナイオ条例」では、衣服のみならず、宴会についても詳細に規定されたのだが、こうした詳細さは逆に、いかに貴族や上層市民たちが、衣服・装飾品や宴会の華やかさの誇示により、ほかの身分、あるいはライバルの家門に対する差異を際立てて、その力・趣味・名誉を公の場に示そうとしたかを物語っている。

しかし、それにしてもなぜ、こうも執拗に奢侈条例は発布されたのだろうか。それにはどんな意味があり、また、各身分・階層の人々は、どう受けとめて対応したのだろうか。

D・O・ヒューズは、奢侈条例を、ルネサンス期のイタリアの社会関係の生き生きとした現場の反映として位置づける[220]。それは、とりわけ女性が家系の内外へと出たり入ったり、とくに嫁資のやりとりと関係するところに照準を定めている、つまりそこで両義性と緊張が生まれる結節点が問題になっている、という。またそれは、私的空間の脇に公的空間ができてきたために、衣服の問題が、それを着る人の個人的な好みを超えて、公的な徴によるコミュニケーション手段となったこととも関わるという。衣服が具体的な、所属・内包・排除の印、社会的なアイデンティティーの印となったのである。ただ、ヒューズはポポロたちが貴族を拘束したがったというが、むしろ貴族たちは適用を除外されているので、それは当たらないだろう。

一方、R・C・トレクスラーは、多くの奢侈条例が、戦争や食糧不足や疫病といった危機に見舞われ、秩序への回帰が強く要請される時期に発布されたことに注目している。(221) 神の怒りを鎮めるため慈愛の行為を促すとともに、水平的な結合関係のアソシアシオンが登場してきたことに対抗する、身分職業の区別を明確化するヒエラルキー志向の結果だとも看做せよう。

他にイタリア都市の都市条例についての見解としては、経済的な理由もしばしば取り沙汰されている。すなわち、十二世紀以後の商業革命・経済発展が、都市に多大の贅沢品を新規にもたらし、それらは熱狂的に消費された。贅沢品の多く（絹・ビロードや真珠・宝石）が輸入品なので、それらをあまりたくさん買うと、市内の貨幣が外部に流出してしまう。だから浪費に走ることなく、お金はコムーネの福利と名誉のために使うべきであるし、また贅沢品を自都市で作れるならそれが望ましい——こうした保護主義的な要因があったのでは、というのである。(222)

もちろん、これらの見解は間違いではないが、妥当するのは部分的なケースである。イタリア都市でもっとも熱心に奢侈条例を制定したのがポポロ支配の共和政体であったことを思えば、「奢侈条例」発布の全般的な目論見は、彼らの理想とする都市秩序を実現するためであったろう。いわば〈公共善〉の道具としての奢侈条例である。

壁に囲まれた市内では、家から一歩外に出れば、誰でもすぐに人から見られ、その様子がわかってしまう。そこで力と浪費の能力を見せることは、公的な悪徳である。しかしその顕示が、富と力のあるパトロン＝貴族らが、庇護民を信用させて引きつける手段になっている。それは困った事態だ……。ポポロらには独特な宗教的色彩の倫理があり、彼らは、華美の誇示の行き過ぎは、質実剛健なブルジョワ倫理に反するし、クラン・家系同士の富の見せつけ合いが、市内の紛争・戦いに発展すると大変だ、と考えていた。だからこそ、結婚式や葬式への参加人数といった問題にも、細かく規制が及んだのである。奢侈条例の要諦は、正義と公平性の問題、つまり〈公共善〉なのではないだろうか。

だから、公平性の埒外にいる外人や大学生は奢侈条例の対象にはなっていないし、特定の職業人（医者・判事・公証人・騎士など）、つまり職業や学識、血縁によって、名誉ある存在として尊敬を集めている者たちには、許されている衣服もある。貴族たちよりも、むしろポポロ自身が標的にされているようでもある。面白いのは贅沢自体が禁止されているのでなく、禁止されているのは、それを見せつける、という「顕示」のみだということである。いくらでも金持ちになっていいが、それが嫉妬の原因になったり社会的混乱につながったりしてはいけない。奢侈条例中に、家具や調度品など室内のインテリアについての規制がないことは、家具は、衣服や贈り物、また葬式・結婚式・祝祭などとちがい、公的な場で公開されて富として示されるのでなく、家族や親族・親しい友人のみしか目にする機会がないものだからだろう。「外部に見せる徴表」、富そのものでなくその使い方が問題なのである[223]。

もちろん、こうした妬みと敵意を醸成しうる公的見せびらかしの禁止という考えは、道徳的な質実剛健・風紀改善のための規定、とりわけ、女性の慎みなさや品位あるべき女性とふしだらな女性の区別の消滅を槍玉にあげる衣服条例と連関している。それが、挑発的な大胆な襟ぐりの服や贅沢な服のほか、仮面・ヴェール・マントで「隠蔽」して悪事を働くことがないように狙いを定めているのは、そのためだ。上に、サイコロ遊びなどを、公の場でするのはよいが、どこか隠れた場所での遊びが禁止されたことを指摘したが、その趣旨はおなじであろう。市民としての活動は、白日の下、衆目の集まるところで正々堂々と行うべきなのであり、誰が何をしているのか、隠蔽してはならない。陰謀・セクト・詐欺・虚偽への徹底的裁断と、それを防ぐための密告の奨励や噂の収集、あるいは秘密の査察官の派遣などは、すべてこうした秩序観を反映していようし、それが当時のイタリア都市における〈公共善〉理想を、特異なものに偏向させていたとも推察できるのである。おそらくこうした当局の立場を逃れうるのは、「家族内のこと」として「公」が介入しないと決めた、小さな私的領域での行為と、世俗を超越しているゆえにやはり管轄外であった、霊性に関わる行為のみであっただろう。

いずれにせよ、シエナをはじめとする後期中世のイタリア都市においては、秩序の乱れ、平和と風紀の紊乱の防止が、外部の表徴・外観を厳しく規制し「表面」にふたたび秩序を課すことで遂行されたのである。当局の立場を思念すれば、このような意図が感じられる。しかし、奢侈条例にはまったく効果がなく、繰り返し何度もこのような条例が発布されさらに修正されていったことからすれば、そうした欲求は根絶することが不可能で、ほとんど守られなかったのだろう。贅沢を禁止するといっても、何が贅沢で何がそうでないかは、法令制定者の主観によるし、また目まぐるしく変わる衣服や装身具の流行に対処しなくてはならないので、対応には切りがない。何が淫らで何が上品かという判断も、時代の趣味・規範によって、大きく変わっていこう。本来は「表面」ではなく「内面」を変えるべきなのであったが、都市当局の掲げる〈公共善〉にはそこまでの力はなく、そのためには霊的な力に頼らざるをえなかったのである。

華美な服は個人を飾るのではなく、家具や宝石とおなじで、家の財産として家の名誉につながる、との考えもあった。母から娘へと遺産相続されていく良質で豪華な服が、その象徴的なものであった。娘は母から譲られたその衣服を、流行モードに合わせて手直しして着るのである。四〜五世代にわたって伝わることも珍しくなかったという。また女性の服は、女性のものでありつつ、家父長的な家族構造の下では、男性にとっても無視できない家の徴であった。つまりそれは、女性を保護する立場の父なり夫なりの属する家系が蔵する、家産の可視的な表現となりうるのであり、家の発展・繁栄・ランクを、なによりも簡単かつ効果的に、周囲の人々に見せつけられるのは、まさに女性の衣服であったのだ。だからこそ、奢侈条例に違反すると、夫（父）も罰せられたのである。

美しく着飾った女性が多くいれば、都市全体が美しく華やかになろう。豪華な宴会・食卓もおなじく家の名誉であり、と同時に都市全体の豊かさの象徴ともなりうる。このように外見・表層の美・装飾は、個人にも家族や他の集団にも都市全体にも、回収されることがない。いずれにも関わりながら、じつは別次元の力を有しているのではないだろうか。別言すれば、奢侈条例からは、家の名誉と都市の名誉の対峙と共同、反発と融和などの諸相を窺うことができるのであり、それはとりもなおさず、〈公共善〉の通用力と限界をも、はしなくも語っているのである。

シエナでは、一二九一年、新しいポデスタとしてアラス伯のロベールが到着したときに、女性たちが彼に陳情書を送って、金銀を材料に使い真珠や宝石をちりばめた冠や花輪への制限令を廃止してくれるよう、内閣（最高行政府）に対して要請してくれ、と嘆願し、一時的だが廃止を勝ち取った。[224] だが、そうした貴人がやって来て力を貸してくれる機会でもないかぎり、他の手段、すなわち、なんとかごまかして法をかいくぐることしか、彼女らにはできなかった。監察官に禁じられたボタンを咎められれば、それはボタンでなく飾りボタンだ、アーミンの毛皮を咎められれば、それはアーミンでなくラッティッツィという別の動物の毛皮だ、房飾りのついたフードのひさしを咎められれば、これはじつはリースだ……、と言い逃れした。また罰金覚悟で派手な衣装を着る女性もいたし、監察官を襲う勇猛な女性もいた。

罰を受けても魅力的で豪奢な服をまとい、化粧しまくりたい、という女性が多数いたことからもわかるように、ファッションというのは「遊び」一般と同様に、〈公共善〉、都市の正義といった理屈が作用しにくい領域なのであろう。次節で取り上げる宗教的な信仰心と、ヴェクトルは逆でも、その点では通じ合うところがあったのである。後期中世シエナに花開いた女性の霊性や女性のファッションについて考えていると、女性性という原理が、公的な政治・社会秩序にどう——無意識に——影響を与えるのか、という、玄妙なるテーマにまでも思いが至るのである。

d　霊的な絆で結ばれた人々

さて、第1章で扱った、ポポロ区やコントラーダの隣組、そして本章でこれまで取り上げてきた社会的結合関係は、それが血縁にせよ地縁にせよ、また職業上の関係にせよ、基本的にこの世のしがらみで結ばれている。シエナのさる家庭に生まれ育ち、長じて生業を営むようになった人たちが、その過程でたがいに知り合い、睦み合い、仲間となっていったのである。だが、中世にはもうひとつ重要な、より意志的に選択された人と人との関係があった。それは神への愛と隣人愛で結ばれた人間関係、あるいは死後の世界への希望でつながれた人間関係である。ここにももちろん、他の血縁・地縁・職業関係や党派性などによる制限もじつは大いに働いていたことを見逃してはなるまいが、その本質は、あくまでも個人がまったく自由に選び取る、そのため自由意志が大きく働きうる、生者と死者を含めた特異な社会的結合関係たるところにあった。

こうした霊的な社会的結合関係のスペシャリストは、言うまでもなく宗教者である。十三世紀以降、シエナにはドミニコ会・フランシスコ会・アウグスティノ会・聖母マリア下僕会などに属する修道院がつぎつぎと建てられ、それぞれ色あいの異なった霊性を追求していた。彼らの掲げた霊的理想は、しかし修道会の正式メンバーだけではなく、後援者たる貴族や近隣住民など外部の俗人も、第三会という在俗組織のメンバーとなったり、あるいは説教師の説教に耳を傾けることで、分かち持つことができた。

俗世を捨てた修道士らの形成する霊的共同体の余光を浴びる以外に、俗人固有の霊的な社会的結合関係に参入する道があった。すなわち信心会 confraternità の設立と入会である。これについては、本節二番目の項で扱おう。さらに信心会以外に、シエナ市民の慈愛の気持ちの発露として、病人・巡礼・捨て子の救済施設たる施療院が多数作られたことにも注目すべきである。貴族や富裕市民は、土地を提供したり財産を分けたりして、施療院を設立するのに力を尽くした。この世を超えて、あの世をも視野に入れた人間関係を創ったこれらの慈善施設について、まず最初の項で詳しく見ていこう。

サンタ・マリア・デッラ・スカラ施療院

市域・コンタードの数多の施設を併呑して傘下に収め、十三・十四世紀にシエナの慈善事業の中枢機関に成長したのが、ドゥオーモ前に建てられ、聖堂参事会の権威下ついでコムーネの権威下に入って、市当局との緊密な協力のもとに発展したサンタ・マリア・デッラ・スカラ（階段の聖母マリア）施療院である（図11）。この、シエナというコムーネと一体化して発展していった施療院を、まず第一に検討しなくてはならない。

この施療院は、慈愛と死の隣り合った社会的結合関係のセンターとして、シエナ中の救護・慈善活動を指揮するとともに、巡礼の世話、病人の看護、捨て子・孤児の養育、喜捨の施し、土地の経営、市民と市当局への貸付など多角的な活動を展開した。そしてこの大施設になんらかの関わりを持つことで、シエナ市民は、いわば巨大な霊的共同体に参加することができたのである。このきわめて興味深く重要な施設については、現在多方面からの研究が進められている[225]。

本施療院は、もともとドゥオーモの聖堂参事会（員）の「公共宿泊施設」xenodochioとして、巡礼や旅人を受け容れるため、そして捨て子・貧者はじめさまざまな生活弱者を保護するために誕生した[226]。最初の言及は一〇九〇年三月二九日であるが、おそらく十一世紀後半にはできていただろう。が、まもなく司教や聖堂参事会員の介入から解放されて、コムーネの諸制度へと関与を強めながら独自の制度を整えていく。そして十二世紀末には、当施療院の財産は、聖堂参事会員から施療院の兄弟たち（つまり俗人）へと移るべく、教皇庁判事による仲裁裁定が出され、また「院長」（レットーレ）も自ら選べるようになった[227]。俗人主導になるにつれ、市当局との関係も密接になった。

こうして自律の道に入り、不特定多数の男女が集まって慈愛の生活を追求するサンタ・マリア・デッラ・スカラ施療院とその関係者は、司教座聖堂参事会のすぐ近くという地理的メリットを生かし、教会の影響も受けながら発展していった。十三世紀後半には新たな不動産を購入し、建築物としても拡張・再編されて役割に応じたいくつもの部署に分かれ、複雑なシステムの施設として形を整えていく。それとともに、シエナのコムーネとの関係・相互依存も密接の度を深めていく傾向があった。早くも一二六二年の都市条例では、ポデスタがこの施療院の「財産と権利」bona et res et iura を守る義務を負っている。[228]

図11　サンタ・マリア・デッラ・スカラ施療院（上：正面, 下：背面）

　十三世紀末から十四世紀前半にかけて、当施設は男女の貧しい者（人口はふえたが経済情勢や疫病により貧困化した者も多くなった）ばかりでなく、比較的富裕層から「兄弟」confratres、「姉妹」consorores と「献身者」oblati / oblate を集めることになった。これは、市民全般における宗教的な熱誠の高まりと関連していよう。イタリア内の（つまりとくにローマへの）巡礼が盛んになるのも、この時期である。[229] 十四世紀にこの施療院の多様で広範な役割はもっとも大きく展開して、地域随一の際立った慈善センター、否、ヨーロッパでも屈指の施療院となったのである。

本施療院は、トスカーナのいたるところ、いやウンブリア、ヴィテルベーゼにも下属する小さな施療院を建て、所領も着実にふえ経済的な重要性が増していった。コムーネによる助勢だけでなく、富裕家族の寄進によって規模が拡大し、ついには「都市の内部の都市」と言われるまでになる。かくしてサンタ・マリア・デッラ・スカラ施療院は、シエナ市民の信心生活のみならず、慈善事業、さらには経済・政治の利害関心の中心に位置していったのである。

サンタ・マリア・デッラ・スカラ施療院は、十四世紀にはまだ慈善・福祉施設の性格を持っていて、近代にそうなったような「病院」ではなかった。中世の本施療院は、なにより貧者・巡礼・捨て子・病人のための保護収容・支援施設にして、施し物の分配センターであり、そこでは、さまざまな生活弱者に避難場所と寝床、とくに健康でバランスの取れた食事が供された。さらに本施療院は、コンタードに広大な農地を所有して経営にあたり、都市内にも資産を持ち、市民への担保貸付、さらには国庫（コムーネ）への貸付もした。かように、じつに多角的な性格の事業体であった。市民たちは当施設に対していろいろな関わり方をしたが、遺贈や寄進がもっとも一般的であった。ある程度名を知られた家の者で、この施設の維持発展に貢献しなかった者はいないだろう。

十三世紀におけるサンタ・マリア・デッラ・スカラ施療院の事業への市民の参加について、とりわけ当施療院とシエナおよびそのコンタードの重要な社会組織との多面的関係性に着目しつつ研究したO・ルドンが指摘するように[230]、コンタードの封建貴族たちは、しばしば、当施療院の管轄下におかれた支部施療院の建設を援助・促進した。たとえば、サッソ伯とスティッチアーノ伯が（オンブローネの）サッソ橋の館（施療院）のために支援し、また、キジアーノの領主が豊かな家畜飼育に必要な広大な空間を、サンタ・マリア・デッラ・スカラ施療院のために拓いた。建設の手助けや土地提供のほかには、当施設（の貧者たち）に遺贈することでも、後援者らはその広大な慈愛のネットワークに入って己と家族の魂の安寧を確保できた。

サンタ・マリア・デッラ・スカラ施療院には、前述の「兄弟」と「姉妹」と呼ばれる者たちがいた。彼らは「献身者」とか「助修士」conversi と呼ばれることもあった。この「兄弟」「姉妹」となって神に身を捧げるのが、土地・財産の寄進よりさらに一歩進んだ慈愛ネットワークとの関係の持ち方であった。予想されるように、世俗を捨てて「兄弟」「姉妹」になるのは年配者が多く、大体四五歳から六五歳くらいの間の者であった。もちろん皆――女性の場合だが――、入会とともに父（夫）の後見からは解放された。夫婦はその結婚の秘蹟の絆を切れないので、夫婦そろって入会・献身した。ただし、相手の死後は「純潔」castità の義務を負った。[231] また彼らは、しばしばコンタードの土地を持参した。一二五〇年から一二七五年については、九〇人分程の「献身証書」が残っている。[232]

彼ら・彼女らは、初期中世から盛期中世における修道院への幼年献身者とは異なって、成人して、自らの意志でその身と財産を献上する、いわば「成年献身者」である。施設全体の管理が「兄弟」と「姉妹」によって行われていたので、非常に重要な、施療院の屋台骨となる存在であった。彼ら、聖俗のあわいにいる敬虔なる男女は、もちろんイタリアだけの存在ではなく、ヨーロッパ中で、十二世紀以降の宗教的覚醒の雰囲気の中で一気にふえた境涯の者たちである。[233] 彼らは、ある宗教施設（施療院、ライ施療院、あるいは修道院）と契約を結んで身を捧げるのであり、ベギン・ベガール・第三会会員・助修士とも近い存在様態だが、しかし大きな違いがある。というのも、全財産および自分の物理的身体を捧げるかわりに、彼らはそれらの施設・制度との「友誼・同僚関係」に守られ、さまざまな便益を享受しながら、世俗のそして霊的な財産の活用に参加できたからである。一般に自分の財産の用益権は、生涯持ちつづける。サンタ・マリア・デッラ・スカラ施療院の規約によると、成年献身候補者――frati / conversi / familiares / converse / suore / donne / offerti などと呼ばれている――は、全財産を施設に寄進して自分は用益権しか持たなかった。しかし小金は留保していたようだ。[234]

もう少し彼らの様子を注視してみよう。彼らは特別の服装やとくに記章の着用、そして、施療院の日々の活動参加を強要されるが、しかし修道誓願をすることなく、また貞潔・清貧を課されもしなかった。だからカップルにとっては、結婚したまま修道士・修道女に近い生活を送る方法として脚光を浴びた。献身者らは、カップルで回心し、子供を持つこともできたのである。だが、自己献呈の後、結婚することは禁じられた。[235] 契約関係が基礎なので、両当事者の意見相違によって、契約は破棄できた。

じつは、献身者（兄弟・姉妹）にも大きく二種類いた。施療院共同体の運営メンバーは、二つのグループ、つまり「内部の兄弟／院内兄弟」frati conventuali / frati di dentro と「外部の兄弟／院外兄弟」frati di fuori / frati extrinseci に分かれていたのである。[236] 前者は施療院内に住みそれぞれ与えられた役割をはたすが、食事の時には施療院の食堂に集合する。[237] 衣服・靴代などの生活に必要な経費として、いささかのお金が支給された。[238] また五〇リラ以上の資本は寄託しなければならなかった。それでなんらかの土地・資産に投資し、その利益・所産を享受することはできたが、死亡時にはすべて施療院に所有権が移る決まりだった。[239] 外出には院長かその代理の許可が必要で、女子修道院や隠修女のところに行って、勝手に女性とお喋りしてはならなかった。[240] 彼らは施療院のもっとも中核的なメンバーだと言えよう。

一方、「外部の兄弟／院外兄弟」は、自己と自己の財産を寄進した後、もともとの自分の住居に住み、夫婦の義務をはたし、従来通りの仕事をすることができたし、寄進した財産によって保証される収入で、つまり施療院が反対給付してくれる用益権で生活した。ただ「誠実・威儀」honestas は守るべきであった。市外に出掛けるには院長の許可が必要だった。[241] 彼らも十全な資格で施療院に所属してその運営に積極的に関わる点で、内部の兄弟と変わらなかった。

さらに、外部の兄弟には、「コンタードの兄弟」として分類されうる者たちがいて、「都市の兄弟」と区別されていた。彼らは、自分の農園 massarizia に住んで、日曜ミサのときにのみ施療院に来ればよかった。[242] もしそのままコンタードに住むなら、その用益権は確保できた。[243] この農村献身者は、十四世紀後半に勢いよく成長したが、それは農村にかかる増税と経済問題がこれを説明しよう。一三七〇年代に自己献呈が突如急増するのも、経済的理由からだろう。[244] 農村危機のたびごとに、こうしたコンタードの自己献呈者がふえていったようなのだ。

一三一八年の規約は、職業を持つことの禁止には触れずに、高利貸しや不法な儲けは禁じている。[245]彼ら献身者のすべてが、日々慈善の業を行ったかどうかは不明である。男子は剃髪し、きちんとした衣服をまとい、梯子印のついた帽子を被る。マント使用は、識字能力のある兄弟 frati litterati のみに制限されることになるが、それによりマントは宗教衣としてより高い象徴価値を備え、共同体のエリートたることが目に見えるようになった。[246]共同体には何人かの司祭がいるが、副次的役割のみで、主に管理の仕事をした。院長はじめとする主要な役職は、俗人の献身者らが引き受けた。

彼らは、自身（とその家族）の魂を救い、また犯した罪から免れることを希望して、自分とその財産を施療院に捧げ、死ぬまで当該施設とそこに保護された貧者（や病者・孤児など）に仕えることを誓った。もちろん、この献身のおかげで、老いの不安と孤独から守られ、課税からも免除されるようになるし、さらに霊的恩恵の報いも大きかったので、非常なメリットがあった。だがそのかわりに、彼らは院長への服従と尊敬を要求された。献身儀式の際の平和の接吻と手交礼 immixtio manuum――封建的な臣従礼を思わせる――が、その象徴であった。彼らの第一の仕事は貧者の世話であり、また院長への助言義務も負っていた。さらに、能力・適性に応じて石工になったり、不動産取り引きに際して施療院を代表して出席したりと、さまざまな役割を引き受けた。

かように男性は、それぞれの得意な資質・手職を生かしたが、女性セクションの共住院 convento（食堂と寝室付）では、結婚しない娘が「姉妹」たちとともに暮らしていた。女性は役職には就けず、十五歳になるとこの僧院に、いわば隔離されたのである。子供の共住院では、より小さな子供たちが一〇〇人ばかり、田舎での里子期間を終えて戻ってきて、乳母（育ての親）とともに住んでいた。付属学校があって男の子は読み書きを教わった。また女性用の巡礼室、牢屋や庭もあった。

だが、サンタ・マリア・デッラ・スカラ施療院においては、全員が自身と全財産を寄進して回心する、つまり（成年）献身者 oblati になるのではなかった。そうではなく、まったく自発的に労働を施療院に提供し、財産の一部を寄進して、「家族」の一員になることもできた。施療院は彼らもおなじように受け容れて、梯子の印で特徴づけられた悔悛服を着せ、それぞれにより相応しい生活を送ることを認めた。このように、本施療院は、非常に柔軟で開放的な施設だったのだ。

「献身者」よりも従属的な身分のメンバーは、伝統的修道院でいう「助修士」conversiという範疇だが、当施療院関連史料では「兄弟」frate、「看護人」ospedaliere、「献呈者」offerto、「同朋」confratelloなどと呼ばれていた。これらは、本来の「献身者」oblatiの呼称とおなじなので、いずれを指しているかわからずに、史料解釈に困ることも多い。彼らは従属的身分とはいえ、たとえばコンタードの土地の一部を寄進するとともに、参事会Capitoloのメンバーとして、また多くの事業において当施療院の代理・代表として、活躍することもあった。

さらに施療院中には一群の使用人がいて、給料をもらいながら、いろいろな仕事をした。しかし彼らといえど、上長に真摯に服し忠実に献身して慈善事業に携わるのであり、だから献身者や助修士とも、親密な仲間としての絆は強固であった。彼らのうち職人は、その職を生かして仕事をした。石工・大工・粉屋・パン職人・ワイン商・鞍造り・蹄鉄工・毛皮製造業者・洋裁師・リンネル製造業者・絹織物業者・仕立屋・刺繡師などとして働いた。ただし、成年献身者らもこうした仕事に携わったことは、既述のとおりである。

こうして、以上のメンバー構成の一覧からだけでも、サンタ・マリア・デッラ・スカラ施療院においては、じつに多様な身分・職業の者が一同に会し、慈善と魂の救済という目標に向かって挺身して活動をしていたことがわかり、いわば、血縁や職能や近隣関係とはまったく別の、固有の社会的結合関係が編み上げられていたことが理解されよう。

ここで気をつけなくてはならないのは、シエナ市民がサンタ・マリア・デッラ・スカラ施療院の慈愛ネットワークに入ろうというのは、かならずしも個人的行為でなく、むしろ家族的行為であった事実を見落とさないことである。一人で入会するときでさえ、家族の利益を考えての決断であることが多かったし、また後継者のいなくなった家では、家族・親族全体の希望で、一家族がまるごと施療院に忠誠を誓って傘下に入った。ルドンの挙げている例によると、グイデンガ・クレスケンティイは、寡婦になると自身とその財産を施療院に献呈し、またその施設に亡夫の魂を託して、彼が遺言状で命じた「不当利益」の返還の手続きを当施設に任せた。またボルガリウスの妻ベンヴェヌータは、一二四一年に二〇〇リラをサンタ・マリア・デッラ・スカラ施療院に捧げるかわりに、年金を食糧の形で——小麦とブドウ搾汁を終身——もらう約束をした。二〇年後、孫の二人とその従兄弟は、当施療院を喜捨の対象に選んでまた希望を託した。夫が施療院に土地を寄進しそれを未亡人やその家族が使いつづけるときには、使用料を払わねばならなくなる、ということもあった。というように、祖先の誰かがまず最初行った遺言・遺贈により、子孫まで長きにわたり「家族」としてこの施療院と関わっていく様子が、窺われるのである[247]。

サンタ・マリア・デッラ・スカラ施療院で「兄弟」「姉妹」の世話の対象になった貧者らも、天涯孤独の境遇のまま「お客」としてバラバラに留めおかれ、世話をされたのではない。ここで保護されることによって、家族を失い、家族から捨てられた彼らは、いわば、新たな家族的人間関係に入ることになったのである[248]。

すなわち当施療院では、その最初期（十一世紀末）より捨て子・孤児の保護と養育が主要な仕事であったが、都市の発展と人口増加は貧困層も倍加させ、相変わらず減らなかった不義の子と併せて、捨て子の数はうなぎ登りとなった。幸運にも施療院に保護された子は、施療院の「嫡出」子になることができた。だが彼らはその「嫡出」の印として、胸のところに「十字架抜きの黄色階段」の印をつけなくてはならなかった。これは烙印でもあるが、飢えや危険から守られているという保護の印ともなった。そして彼らは、自然の家族ならぬ擬制的な家族、院長を天辺とし「兄弟」「姉妹」を中軸とするピラミッド形大家族の、底辺に組み込まれたのである。

かくて彼らは施療院の「嫡出子」になるのであり、院長を頂点とする垂直的連帯に組み込まれる。ときに本当の親が窮状を脱して、子供を引き取りにくることがあり、その主張の正当性が裏づけられれば、その子は親に返された。そうでないと、施療院の出費で三歳ないし六歳まで里子に出される。戻ってからは、女子セクションに女の子ともども住んだ。ただし、男の子は八歳になるとそこを離れ、男女の運命は大きく分かれることとなる。施療院に保護された男の子は、八歳になると読み書きを学び、適性に合った労働を順次行うことになった。男子は、十八〜二〇歳で手に職をもって施療院を去ったが、完全に見放されるのでなく、いつも潜在的には「施療院の子」でありつづけ、困難に陥ったときには保護を得られたし、しばしば施療院の影響範囲内に自らの意志で留まった。[249] 一方女性は、保護も束縛もより厚くきつかった。[250] 彼女らは読み書きは習わず、八歳になると女性の仕事、つまり、裁縫と料理を習った。その後、施療院での給仕、市民・貴族家庭での家事手伝いをしながら進路を探した。進路は二つ、結婚（たいてい小職人と）するか修道院に入るかである。いずれの場合も施療院が嫁資を手配してくれた。[251] 結婚しても困ったとき――投獄されたり、狂人と結婚してしまったり、寡婦になって行き場がなくなったりしたとき――に、施療院はいつでも助けに介入した。十五歳過ぎても結婚しない娘は、修道女になる道を選ばなければならなかった。

施療院では、病人の世話、捨て子の受け容れ、寡婦への援助、貧者への施与のほか、外人＝旅人に寝所を提供した。十四世紀初頭の規約では、まだ「巡礼室・巡礼係」pellegrinai といっても病人の世話のみであり、いまだ巡礼は受け容れていないようだが、十四世紀末には、巡礼者のベッドが多数準備されていることが資料的にわかり、また外人（旅人）用の部屋が整えられた。巡礼としてサンタ・マリア・デッラ・スカラ施療院に世話になった者の出身地は、ヨーロッパの東西南北、全体にわたるが、ドイツ人（現在のドイツよりもずっと広い範囲）とフランドル人がとりわけ多かったようである。[252]

では、改めて規約を眺めることで、当院の組織・制度・生活について、まだ触れていなかった特徴的な側面を抽出してみたい。

規約には、一三〇五年の俗語（イタリア語）のものと、その前のラテン語のもの（まだ未校訂）、そして一三一八年の俗語のものがある。[253]

役員としては、院長のほか収入役が六ヶ月ごとに選ばれて、収入と支出をチェックした。その脇には書記がいた。院長は少なくとも四〇歳の「兄弟」かつ「騎士」だった。幾人かの「兄弟」は、コンタードの財産管理にあたり、施療院の財産と権利を記載した。とくに施療院への遺贈や寄進された財産の承認・認知手続きが必要で、そのため彼らは、契約書および遺言書の写しとともに所定の帳簿をつけ管理した。巡礼役 Pellegriniere も重要な職で、彼はあらゆる用務をする人たちの世話人・責任者であり、それは病人の世話や食料分配にまで及んだ。他によりマイナーな役職があった。これらの役に就けるのは、すべて献身者にかぎられた。献身女については、参事会に参加した形跡はない。彼女らは女性の巡礼室 pellegrinaio の管理世話をしたようだ。

施療院内で共同生活を送る「内部の兄弟」たちは、院長の許可なく外出できなかったし、集会で俗人とつきあってもならなかった。もちろん悪口雑言や不名誉な言動をすると処罰された[254]。さらに彼らは、共同の祈禱義務を負った。彼らの主要な日常業務には、病人の看病と捨て子の世話のほかには、つぎつぎやって来る貧者と巡礼の世話、施し物の配布があった。市内とコンタードの貧者は、この施設に養われ助けられた。外人の扱いは、院長代理 Vicario del Rettore が決定した。毎週、新（まるごと）パン pani interi の施与が、市内の貧窮家族に供されたが、彼らはそのための帳簿 libro に登録されれば、ずっと配給に与ることができた。だが施療院の門に現れる未登録の貧者には、「割れパン」の施し、つまり職員や病人の食卓に出されて余ったパンが供された[255]。

サンタ・マリア・デッラ・スカラ施療院に来た貧者や病人は、優しく丁重に受け容れられねばならず、医者と巡礼係が決めた処方に沿って世話されるべきであった。そしてシーツや他の備品の備わったベッドできちんと寝るように配慮された[256]。薬や食事は、各人にふさわしいものを与えられるべきであった。食事係の男女の役職者と使用人には、食卓の準備をし、パンを切り、ちょうどよい時間に食事を出す責務があった。

保護した巡礼や捨て子への世話についての細心の注意は、以下の一三〇五年および一三一八年の規約規定にはっきりと表れている。すなわち一三〇五年の規約の第十六条「巡礼役は、貧者と病者の世話をするのに適した良き女召使いと使用人を保持すべきこと」、おなじく第四七条「施療院の女召使いと使用人に、はたすべき職務においていかに振る舞うべきかを教えるための一人の女性を任命すべきこと」、さらに第五七条「院長は一年に六回、貧者、病者、捨て子に仕え、これについて公的記録を取ること」などの規定においてである(257)。加えて一三一八年の規約には、捨て子についてのまとまった条項があり、哀れな子供たちが細心の注意で世話を焼かれたことがわかる(258)。

兄弟・姉妹たちは、お勤めとして一日最低五〇回は主禱文を唱え、それとともに天使祝詞も唱えること、決められた時期に断食すること、三ヶ月ごとに罪を告白すること、などが決められている(259)。

シエナのサンタ・マリア・デッラ・スカラ施療院は、他の諸都市に例を見ないほど都市コムーネに従属する施療院として、当局からの保護を受け、その反面義務も負った、という特徴がある。それは一三〇五年および一三一八年の規約の最初の条項に、役員も兄弟・姉妹たちも奉公人らも、関係者全員が、こころからコムーネとその役人たちを愛し尊重し仕え、騙したり（金銭的に）ごまかしたりしないよう望み定める……、とあることからも窺われる(260)。

これと関連して、ここで是非とも注目したいのは、サンタ・マリア・デッラ・スカラ施療院が、司教・教会から独立してコムーネとの結合を強め、むしろコムーネの非常に重要な一施設として機能していくときに、慈愛という宗教的なイデー・感情が、お金・財産という物質的なものとますます結合度を強めていくこと、そしてそれが、都市当局にとっては〈公共善〉のためになる、と考えられたことである。

実際、シエナの施療院が、都市当局と結合して〈公共善〉に尽くすというのも、あながちこしらえごと・夢物語ではない。このドゥオーモの真正面に堂々と建つサンタ・マリア・デッラ・スカラ施療院の建物の威風と豊かさと十分な設備、都市組織の中でのトポス的な中心性、慈善事業を支えるコンタードにまで延び広がった経済的システムは、たんに病人や困苦者を助けるだけの働きをしたのではなかった。シエナの商業エリートが、自分たちの資金で建てた施設をその巨大な慈善センターたる当施療院に従属させることで、それらはますます大きな、都市・コンタード全域をカヴァーする経済的・財政的意義を有するようになっていったのである。要するに個々人や家族の私的な慈善行為は、都市コムーネの政府の諸機関——サンタ・マリア・デッラ・スカラ施療院はその最重要のものになった——の意向・奨励・保護のおかげで、公的価値を獲得するようになっていったのは、たしかなところなのである。

十二世紀以降、ヨーロッパ諸都市においては、商業が発展し、人口がふえるにつれ、貧富の格差が広がり、貧者・弱者の数も増加していった。隣人愛というキリスト教の理想と、〈公共善〉という世俗統治の理想が結びつき、そのための蝶番たる慈善施設が注視されるようになるのは、こうした状況下においてであった。慈善とは、ありていに言ってしまえば、富の再配分であるから、個人や家族や教会よりも、〈公共善〉に導かれた都市（あるいは国家）こそが、それを公平かつ効率的に実施できる、と為政者たちは自ら考え、市内の慈善施設を保護・優遇し、一方慈善施設の方も、都市による優遇を力に、経済的な活動を抑制するどころか、大いに展開していったのである。

こうした動向の先進地であるイタリアでは、十三世紀末にはもろもろの施療院が大企業体になり、なかでもシエナのサンタ・マリア・デッラ・スカラ施療院はその代表格であった。当施療院は、投資・売買業務を都市国家の枠を超えてまで広げていった。そこで遅くとも一三二六年には始められていた銀行業は、十四世紀の間に集中的に展開された。このような金融事業は、初期キリスト教の理想とは大きく背馳するのだろうが、中世都市シエナでは、慈善事業を担う最大のセンターが、いわば都市最大規模の金融業・銀行業を営む企業体になっていったのである[261]。

とりわけ出資者の数の多さ、裾野の広さが注目すべき点であり、閥族・貴族や富裕市民だけではなく、一般のとりたてて富裕でない市民でも、きわめて多くの者がこの施療院にお金を預け、あるいは投資した。そこには利息目当てもあるし、安全な保管場所、という理由もあるが、まとまった額の嫁資や遺産を預けておいたのである。そして諸個人からお金を集めた施療院は、他のどこよりもコムーネに貸し付けるのである。ここに、非常に多くのキリスト教徒とユダヤ人の私的な銀行業・高利貸しによって形成された金融世界の市民的な網の目の内部に、半ば公的性格の金融業が誕生したのである。サンタ・マリア・デッラ・スカラ施療院は財産譲渡税や不動産税は優遇されていたが、それによるコムーネの税収の減少などここでは問題ではなかった。というのも、市民による当施療院への寄進・遺贈がふえることで、また献身者が増加することで、都市当局としても、家族の相続ラインから多くの財を引き離して、それを〈公共善〉に向けることができたからである。難なく富の社会的再配分を実現して、市民たちへの無償の奉仕が可能になったのである。

〈公共善〉を理想とする都市当局者にとっては、これにより、もっとも富んだ人のお金がもっとも貧しい人の救済に使われるような、うまい回路を作ること、しかも税金徴収のような強制的で不人気な策ではなく、市民の善意と希望にもとづきながらそれを可能にする道が拓けたのであり、まさに画期的であった。かくて、執政九人衆下では、都市はサンタ・マリア・デッラ・スカラ施療院の莫大な財産に目をつけて、それを「コムーネの」施療院と位置づける。そのためコムーネは、当然のように、サンタ・マリア・デッラ・スカラ施療院の管理にも、うるさく口を出し始めたのであった。

施療院はお金の徴収機関にして、諸奉仕の組織者・供給者であったが、同時に、つぎのような瞠目すべきプロセスの影響力ある仲介者でもあった。すなわち個々人をして自分たちの財産・労働を他人のためにもちいるよう促す個人的かつ倫理的な衝動が、それを本当に必要としている人たちすべてに対する公的な奉仕に変換される、といったプロセスである。つまり私的善意が社会的・公的に有益な方向に導かれたのである。

その背景には、たしかに個人的善ないし家族や党派にとっての善よりも〈公共善〉が優先する、という観念が、シエナの政治家のみならず、貴族・市民・下層民らあらゆる身分・階層のこころの中で、ゆっくりと錬成していった、という事情があったのだろう。これは、市民に対する（都市）国家 res publica の義務という近代的理念によく似た理念を、後期中世の都市社会が周到に作り上げるにいたった、ということを意味している。施療院が、まさに善意の集団的精髄の旗振り役になり、連帯の都市文化建設の起爆剤となった、ということではあるまいか。ちょうど十四世紀前半という時代に、〈公共善〉の議論が法学者・神学者・宗教者の間で沸騰したのは、偶然ではないだろう。

そして、党派やイデオロギーを超えた、本来の〈公共善〉理想の芽を育てた最初の苗床は、この時代のシエナを代表とする中世都市における、俗人たちの間の、独自の宗教的な色彩の社会的結合関係であったことを、改めて強調しておきたい。これはサンタ・マリア・デッラ・スカラ施療院のような施療院をネットワークの中心としていただけでなく、本節の以下の項目で順々に説いていくように、信心会や第三会あるいはよりアモルフな形の、じつに多様な形態の信仰団体が、手を携えて創り上げていったのである。いわば民衆レベルでの信心の高揚が、独特な霊的関係を創り出す契機となり、そうした心性の広がりが、〈公共善〉の党派性・イデオロギー性を超克する手助けとなったのではないだろうか。

これは、かつて司教や修道院や教会が独占していたキリスト教世界の慈善事業のあり方を大きく変えたし、また、社会的結合関係という点でも、他の支配組織はむろんのこと、アソシアシオンにもない、死後の境涯を見据えたつながりであったからこそ、あらゆる身分・職業の者が、血縁とは無関係に、あるいは近隣関係とも無関係に、顔を合わせ、助け合うことになったのである。それは、ごく一時的なつながりかもしれないが、別次元では、永遠の友愛に列なっている。このようなつながりは、市民原理・理想としての〈公共善〉を支持し援護する面もあるが、それと対立する面、それをはるかに超え出ていく面もあることを心得ておこう。

もうひとつ、シエナでは教会制度としての制度化を免れた、つまり規律ある（律修）共同体とはならない、当初の兄弟団的な特徴をとどめつづけた慈善施設が多かったことに留意したい。それは、慈善施設を創設し保護する都市貴族家系の重要性の反映だろう。施療院の設立・運営に関しては、当初より貴族クランの影響がとても強く、それは司教（区）諸権威の改革的ディスクールに対抗する効果的な砦でありつづけた。十三世紀にはシエナ司教の大半がマラヴォルティ家の出身で、同家は、いくつかの施療院を建ててもいる。司教の権力はしかし、マラヴォルティ家が設立し司教権に従属する施療院網の外には及ばなかった。[262] こうした家門の重み、教会改革に抵抗する封建制の遺産が、逆説的にも、慈善施設の教会当局のくびきからの解放と都市との結びつきを容易にしたのである。

＊

サンタ・マリア・デッラ・スカラ施療院とともに中世シエナの三大慈善施設と称されるのは、ミゼリコルディア施療院（ミゼリコルディア会）とモンナ・アニェーゼ施療院である。ここでその二つについても述べておきたい。

ミゼリコルディア施療院は、シエナ貴族家系を代表するガッレラーニ家のアンドレアが、十三世紀前半、突如、暴力的な生活を悔いて祈りと慈愛の生活に入ろうと、仲間とともに作った「献身者」男女の集まりが起源となっている。彼ら・彼女らは、身を賭して、また財産も寄付して、貧者・病者・巡礼の慰藉のために尽くした。集った献身者は、その多くが靴屋・馬具製造人・締め金造りなどの職人であった。[263] 最初ガッレラーニの家が活動拠点であったが、やがてサン・ドメニコ教会に通じる街路沿いに施設を建て、慈悲の聖母マリアの家 Casa di Santa Maria della Misericordia と名づけた。[264] 当初からガッレラーニ家の資産が核となっていたが、一二五一年のアンドレアの死後も、貴族らの土地財産寄進や年金設定のおかげで発展してゆき、加えて都市当局の免税措置などの優遇も受けた。十四世紀前半には、資産がふえ慈善活動も活発化して、新たな規約が定められた。

モンナ・アニェーゼ施療院も重要である。[265] 後述するマンテッラーテであったアニェーゼが、十三世紀後半に作った施設である。もっぱら俗人女性によって指揮・管理されたこの施設は、寡婦や未婚女性のみか既婚者にも開かれ、また付属の男性部門も小さいながらあって、男性を受け容れた。いずれにせよ施設の中心的担い手は自分たちを「家の家族」famiglia di casa と自任していた男女、とくに女性である。彼女らは一種の「献身女」oblate であった。献身女は自己と財産を神と宗教施設に献呈・寄進する。そして服従・貞潔義務のほか、共同生活の制限を受けるが、衣食住を保証され、品位ある未来ともろもろの権利・特権・免税などの共有という特典を得られた。そして彼女らは、共通の利害のために運営と善き信仰の堅持に努めた。

使用人は一〜二対七〜十二で女性が優勢、また院長はつねに女性という点が特徴であった。他の施療院同様に、妊婦や新生児の受け容れ、貧者・病者・捨て子・孤児・巡礼の世話も行った。しかしこの施設は、とりわけ（貧しい）妊産婦の保護で世に聞こえていた。この施設で生まれた子供は、貧しい女性の子であったり不義の子であったり、あるいは庶子であったりするが、そこで洗礼を受けた後、興味深いことに、その子の「家族」——本当の父親や、その妻（その子の母ではない）——が施設の下僕・女召使い fante として働いたり、施設の仕事を職人として受け持ったり、当施療院の献身女が紡いだリネンを購入したり、といった関係を持ちつづけることがよくあった[266]。したがって当院は、法律と慣習でがんじがらめにされた世俗の「家族」にかわる、新たな家族関係の創設の発出点となっている宗教施設だ、と意義づけられよう。さらに院内の女性たちは、紡績・機織り・仕立屋・絹織り業など、繊維業に活発に携わった。

都市当局は、このモンナ・アニェーゼ施療院やミゼリコルディア施療院をも、サンタ・マリア・デッラ・スカラ施療院と同様、厳しく管理するとともに、税金などの面で優遇し、制度的に保護した。たとえばこれらの施設は、コンタードから小麦・ワイン、その他のものを大量に仕入れていたが、十三世紀末にはそれらへの税が免除された。これは、こうした慈善施設をいよいよコムーネと離れがたく結びつけ、慈善施設を媒介として、富の社会的再配分——〈公共善〉のひとつの実現！——を行わせる。だが、それをコムーネ自体が統括するという図であるのは、上にサンタ・マリア・デッラ・スカラ施療院のケースについても確認したとおりである[267]。主要三施設をコムーネがプロモートし、そして寄進や遺贈がふえていったが、やがてこれら三施設へは、毎年三人の「誠実な男たち」onesti uomini が執政九人衆と商人組合の統領 Consoli della Mercanzia により選ばれて財産管理の監査をするようになった。管理の手は十四・十五世紀にも継続・強化されることとなる。

ところで、こうした施療院に身を捧げ、働いた半聖半俗と言うべき境涯の者たち、彼ら・彼女らについては、次項以下に、第三会会員ほかジェズアーティやマンテッラーテはじめ、きわめて多様な形態があったことが示されるであろう。信心会も含めれば、いっそう多くの市民を巻き込んだことになる。だが、たとえ個々人に着目すればある特定の修道院や施療院に結びついていても、こうした半宗教者の社会が、たがいに無関係な小グループの叢生で、全体としてバラバラで無秩序……、ということではなかった点に注意しておきたい。

個人の伝記が知られるときに明らかになるのだが、宗教の道は帰するところひとつだったのだから、という理想論ではなく、むしろシエナとその周辺には一種の「信心ネットワーク」ができていたようで、いつも敬虔者たちの小さな諸社会の間で、独特な社交性・社会的結合関係があり、信心会にいた者が、今度はどこかの施療院に自己献呈したり、またある修道院から別の修道院に気軽に移ったりもできたのである。

代表例は、詳しくは後述するコロンビーニのケースである。彼は一三五五年頃回心した後、シエナの半聖半俗の宗教生活をあれこれと経巡った。つまり二年間乞食して暮らし、シエナの施療院、とりわけサンタ・マリア・デッラ・スカラ施療院で病人とライ病患者の世話に励んだ。一三五九年には、彼はこの施療院傘下の有力信心会である鞭打ち苦行信心会の会長 priore に選ばれ、さらに数年後には、ドミニコ会のピンツォケレ（マンテッラーテ）とそのもっとも代表的な女性たるカテリーナに接近するのである。

聖女カテリーナについても、同様のことが指摘できよう。彼女は、サンタ・マリア・デッラ・スカラ施療院を、己の慈善活動の原点に据えて、まず最初、そこで貧者・病者の世話をすることによって、慈愛の道ににじり寄っていったのだし、現在「聖女カテリーナの夜の祈禱室」と呼ばれる部屋は、彼女が瞑想し祈る、サンタ・マリア・デッラ・スカラ施療院内の小暗い一室であった。その施療院での体験を、ドミニコ会とその傘下のマンテッラーテばかりか、シエナ全体、いやイタリアや世界にまで広めようとしたたぐい稀な霊力こそ、彼女の真骨頂である。だが、当施療院の役職者などと知り合い、彼らをカテリーナが「家族」の一員として遇し、かわりにさまざまな点で助けてもらったことを考慮すれば、実際には重要な人間関係が、そこにはあったということであろう。

信心会

つぎに、シエナでこの時期に非常な広がりを見せた「信心会」（兄弟会・兄弟団・コンフレリなどとも呼ばれる）を取り上げよう。北・中部イタリア諸都市においては、十三世紀後半から十四世紀いっぱい、驚くべきスケールで信心会の運動が発達した。とくにフランシスコ会、ドミニコ会に付属した信心会が盛んであった。信心会の簇生の結果、富裕な貴族から貧しい職人まで、俗世に留まりつつ追求できる新しい信心の形が、発達した都市生活の中に作りだされたのである。メンバーは、特定の聖人への共通した信心を抱き、あの世での救霊への切なる思いと現世・来世双方にわたっての相互扶助の努力でたがいに結ばれていた。そして彼らは、たんに修道士らの霊性を模倣するのみか、独自の信心を追求したことにとくに着目すべきである。

シエナの信心会についての研究は、G・モンティが、イタリアの信心会の歴史を一九二七年に最初に概観した折り、「十三〜十五世紀の中部イタリアの信心会」の第六章と、第八・九章の中部イタリアおよびトスカーナ地方の「鞭打ち苦行信心会」を扱った章でまとめている。[268] より最近では、M・A・チェッパーリ・リドルフィが、シエナ国立古文書館所蔵の、シエナとその支配領域における信心会関連の羊皮紙写本 pergamene（一二四一〜一七八五年）を徹底調査し、シエナ司教区、グロッセート司教区、モンタルチーノ司教区の三つに分けて、それぞれの証書、全一〇四七通の年月日、所蔵番号、内容概要を紹介しており、非常に便利な研究道具となっている。その内容は、土地の売買・寄進、遺贈・遺言、代理人指定、債権・債務、といった無味乾燥なものが大半であるが、使い方によっては面白い結果も導けよう。[269]

シエナには、職人のみの信心会のように、メンバーを限ったものもあったが、多くは身分や職業の別なく参加でき、新たな信心形態を模索して能動的な宗教活動をめざした。シエナにもっとも特徴的であったのは「鞭打ち苦行」信心会であった。聖ニコラおよび聖十字架系、聖アンサーノ系、聖アントニオと聖マルティーノ系、聖アンドレア系など、十三世紀末には、計十二の鞭打ち苦行信心会があったという。これらの信心会は、一二七四年以来、十三世紀後半から十四世紀にかけて飛躍的に発展した。

トスカーナには、隣接のウンブリア・ラツィオ・マルケ以上に、鞭打ち苦行信心会が大きく展開し、その中でもシエナで一番栄えたのである。最古のものは、「聖ドメニコの鞭打ち苦行信心会」で、全小教区の貴族・民衆の男女がそれぞれ数百人ずつ登録した。それはおそらく、一二六〇年以前にすでに存在していたさまざまな信心会が、鞭打ち苦行信心会に姿を変えたのではないか、と考えられる。他に「聖母と聖ドメニコのコンパニーア」「聖十字架のコンパニーア」「聖ニッコロの鞭打ち苦行信心会」「サンタ・マリア・デッラ・スカラ施療院下の聖母の鞭打ち苦行信心会」「使徒聖アンドレアの鞭打ち苦行信心会」「殉教者聖アンサーノのフラテルニタ」「鞭打ち苦行者のコンパニーア」「モンタルチーノの聖十字架の鞭打ち苦行信心会」「聖アントニオと聖マルティーノの鞭打ち苦行者のコンパニーア」というように、鞭打ち苦行信心会系の信心会が圧倒的割合を占めたのである。

またサンタ・マリア・デッラ・スカラ施療院も、ミゼリコルディア会も、さらに各托鉢修道会も、それぞれ別系統の信心会を持っていたし、十四世紀末までさまざまな信心会が創られつづけたので、後期中世のシエナ市民の大半は、いずれかの信心会に属していたのではないだろうか。もっとも重きをなした「聖マリアの鞭打ち苦行信心会」は、二つないし三つの別々の信心会の融合したものか、あるいは、ひとつだが、いくつかの本拠地を持っていたのか、もろもろの見解がある。「聖マリア信心会」と「聖マリアの鞭打ち苦行信心会」はおなじ信心会だという研究者もいるが、おそらくもともとはそうではなかっただろう。(270)

鞭打ち苦行信心会は、定期的に「主の賛歌」を歌ったり、毎週日曜のミサ、金曜の鞭打ちや行列を集団で励行して、贖罪と魂の救いを追求した。死んだ仲間の魂のために、その罪の免除を願って捧げる祈りはとくに重要であった。毎月全体集会があり、また聖木曜日には、食後、各メンバーが集会場に集まり、信心会長はその中から一人を選んで、自分と二人ですべての兄弟の足を洗うしきたりになっていた。さらに信心会の財産は、死者と生者を含めた皆のものだと考えられていた。

入会には厳しい審査を経なくてはならず、罪を償っていなかったり、高利貸しを営む者は入会できなかった。会員となれば、病気の兄弟を見舞い、貧しいメンバーにパンを届け、死んだメンバーの葬式に出席する義務を負った。仲間の死後一週間は、彼の魂のため、毎日、一〇〇ずつの主禱文と天使祝詞を歌わなくてはならなかった。他に、処刑前の罪人の心理的苦痛を和らげたり、貧しい娘に結婚資金を与えたりという社会事業も行った。

もう少し、史料にさかのぼって吟味してみたい。

シエナで最古の信心会は、うたがいなく「聖母と聖ドメニコのコンパニーア」と、「サンタ・マリア・デッラ・スカラ施療院下の聖母の鞭打ち苦行信心会」である。前者は、一二〇〇人もの男女会員を集めたし、それは一二二一年までさかのぼるという。元来は鞭打ち苦行信心会ではなかったが、ウンブリアからのこの運動の波及の結果、鞭打ち苦行系の信心会に姿を変えたと考えられている。

この「聖母と聖ドメニコのコンパニーア」信心会への登録に必要な条件は、二〇歳以上で、良き生活を送り職業を「合法的に真面目に」«lecito e onesto» 営んでいる人で、かつ、他のコンパニーアや信心会に入っていない者、またいかなる修道誓願もしたことのない者だった[271]。なにか強制やしがらみではなく、自発的に入会を希望した人のみが受け容れられた。審査を経て入会を認められると、新たな兄弟は神に一着のマントと一本の蠟燭を奉献し、自分が蒙った侮辱・被害を赦す準備ができていると宣し、不正蓄財を返却し、サン・ドメニコ教会に蠟燭を持っていくことを義務づけられた。会長 Priore はついで「平和」の挨拶を与え、義務や避けるべきことを伝える。最終的に受け容れられると、聴罪司祭の前に告白をし、聖体を拝領する。

「サンタ・マリア・デッラ・スカラ施療院下の聖母の鞭打ち苦行信心会」も同様で、入会するにはかなりハードルが高かった。というのも希望者の入会について誰でも文句をつけられ、さらに三分区ごとに二名の調査員がその者の生活ぶりを調べて会長に報告、八日後に会長は評議会を開催して評議し、その後全体集会に諮るという手順であったからだ。もし受け容れ可能とされたら、彼はマントと頭巾と鞭を準備しなくてはならなかった。そしてマントと火の点いた蠟燭（少なくとも一リッブラの蠟の）を礼拝堂の祭壇に捧げる、などの儀式をやり終える必要があった。もちろん高利貸しや高利貸しの証書を作成した公証人、ならびにまだ赦免されてない罪に服している者、あるいは修道誓願をしたり二〇歳以下の者や他の信心会に属している者は、入会できなかった。[272] 誠実に良心をもって職業を行うこと、また手仕事（職人業）をやめた者は、信心会からも排除されるという興味深い規定もあった。つまりこれは、現役職人だけからなっている信心会なのだ。ほかにも、さまざまな要素からなっている信心会も多かったが、中には特定のアルテに結びついている信心会もあった。

会員は他の信心会には加わってはならない、との規定は、アルテや軍団の排他・専属性と似ている。他の信心会に移るのは大変であった。諸信心会間には一種の敵意が燃えていて、別の信心会に加わったことがわかると、その者は追放された。かつての所属者で一旦やめた者は再加入できたが、そのときはやめた理由などを調査され、また一年以上の期間をあけないと再加入できなかった。軽微な罪で離れていた人は、再加入に際しては自分の罪を告白し、不在期間中の十分の一税（会費）を払うべきであった。だが、「別種」の団体——たとえ信仰団体でも——への重複所属は許され、というよりそのような多重帰属による重層的なネットワークこそが、シエナをはじめとする中世都市の霊的な社会的結合関係の特徴であった。

信心会がどのような活動をしていたか、その霊性はいかなるものかについては、まずは信心会の規約から窺うことができる。代表的なものを眺めてみよう。シエナの鞭打ち苦行信心会の記録は、十三世紀後半にさかのぼる。その世紀末（ないし十四世紀初頭）に最初の規約が作られた。[273] それはいくつかの信心会が「鞭打ち苦行信心会」societas frustatorum に変化したのを契機としている。その前にもなんらかの規約がおそらくあったろうが、現存していない。[274]

シエナの聖マリアの鞭打ち苦行信心会——これは、サンタ・マリア・デッラ・スカラ施療院下の聖母の鞭打ち苦行信心会およびそれが発展したもの——の一二九五年の規約 Capitoli dei Disciplinati によると、会長は一名で彼を六名の相談役――各三分区二名ずつ――および一人の収入役が補佐した。[275] 新会員は三ヶ月以内に遺言書を公証人の手でしたためねばならず、それをしたら八日以内に信心会の収入役に、当該公証人の名前を届け出ねばならなかった。[276] 重要事項は参事会集会 Capitulo で決した。兄弟の一人がしばらくの間集会に来なかったときは、彼は二人の仲間によって信心会の活動を再開するように促される。その誘いにも応えないでさぼると、信心会から排除される決まりであった。

仲間が亡くなったら、皆が埋葬に立ち会いミサにも参加すべきであり、その魂のために主禱文と天使祝詞を唱えた。[277] 誰か外人が信心会にやって来たときには、印璽で封印されたその外国信心会の紹介状がなければ受け容れないし、本信心会の費用では二日以上滞在させないことになっていた。[278] 信心会での財産や施しや祈禱は、生きている兄弟および死んだ兄弟との共有とされた。[279] 兄弟らは毎日七つの主禱文と七つの天使祝詞を唱え、金曜にはそれが十二になった。そのうち五つはイエス・キリストの傷を敬って唱えられた。[280] 待降節と四旬節では、こうした祈りは十四にまでふえた。一日のうちで、食卓につくときや、席を立つとき、ベッドから起きるとき、床につくときなど、主禱文と天使祝詞を一回ずつ唱え、敬虔に十字を切るべきだった。さらに十五日に一回は告解し、年三回は聖体拝領を受けねばならなかった。[281]

集会や街路で兄弟同士が出会ったときは、一人が「イエス・キリストの褒め称えられんことを」laudato sia Jesu Cristo と言えば、もう一人は、「永久に称賛と祝福あれ」laudato sia Egli sempre e benedetto と答えるというように、挨拶も決まっていた。また他の人たちのいる前では、非常に控え目な声で挨拶し、聞き咎められないようにする。[282] 不誠実な言葉、偽証、サイコロ賭博や居酒屋や悪所通いを見つけたら、密かに日曜ごとに会長に密告すべきで、違反者は会長から償罪の業を課される。[283] 信心会のことについては秘密を保持すべきで、破ったら償罪の業を課されるか追放される。[284] 兄弟たちは毎日曜日信心会本部に出向かなければならず、また毎金曜には鞭打ちを義務づけられた。連続三回来ない場合追放されることもあり、また一回ずつの怠慢に対しては、七回とか一〇回とか二五回とかの、主禱文および天使祝詞を唱える間、鞭打ちされる、との規定もある。[285] また毎日どこかの教会に赴いてミサを聞くか聖体を見るべきであった。[286] 断食の義務もあった。

三月のマリアの祝日の祝祭には、会長は、それぞれ八リッブラの重さの蠟付きの四本の二枝燭台（大型蠟燭）を購入し、厳かにサンタ・マリア・デッラ・スカラ施療院に捧げなくてはならなかった。[287] 毎週、永続的にイエスとマリアへの愛と尊敬をもって施し物をすることが定められたが、それはすなわち、焼いたパン十二スタイオを貧しく悲惨な貧者と羞恥の貧者（没落した貴族・ブルジョワなど）や慈善施設に施す、ということである。[288] 全体鞭打ち行のときには、鞭打ちは皆一緒に礼拝堂で行うべきであり、密かに勝手にやってはいけない。これは偽善や見せびらかしの虚栄を避けるためである。が、ほかの時の鞭打ちはおのおの好きなところでやってかまわないとされた。[289] さらに、十二月八日の聖母マリアの御宿りの祝日の崇敬行事や、聖母の訪問の祝日（七月二日）の行事、その他すべてのマリア記念日に荘厳ミサを行って歌を歌うことなどが、定められている。[290]

もし町の通りで聖母のいる壁龕のところを通過したら、天使が聖母に挨拶するのと同様な挨拶をすべきであった。毎日ミサを聞き、聖体 SS. Sacramento を訪れ、また毎年ほかの人と一緒に少なくとも五回は聖体拝領すべきであった（うち一回は聖体祭 Corpus Domini のとき）。一年間まったく聖体拝領しなかった場合は、当信心会から排除される。再加入が認められるには、信心会の教会で、全参事会の面前で罪の告白をするか、自分の小教区教会で少なくとも二人の「兄弟」の前で告白すべきであった。聖木曜にはすべての兄弟らは会長による洗足儀式に加わらねばならず、またその後の厳かな行列にも出る義務があった。聖金曜の行列は厳しい掟で、病人か、シエナから三マイル以上離れた人しか免除されなかった。

すでに「家族」や「アルテ」について見た、「名誉」を求める規定は、信心会の規約からも数多く抽出できる。たとえば、信心会が良き評判を保つために、その兄弟が、直接間接に、公然とあるいは秘密裏に、自分のためであれ他人のためであれ、いかなる悪しき不法な契約を結んだり利得を得たりしてもならない、との決まりがあった。

悪い契約や不当な利益を得ている仲間を見つけたら、会長に告発してもかまわない。こうした悪人を、会長は追放すべきであった。もし追放しないなら後任の会長が前任の会長を悪者ともども追放した。また信心会の秘密を漏らした者も、同様の制裁を受けた。要するに信心会が良き評判 buona fama でいられるように、悪しき評判 mala fama の者はとにかく会の内部から追い出すことにこだわったのである。[291] またふさわしい振る舞い・言葉遣い・品行が要求され、賭博遊びや酒場への通いが禁じられたのも、同様な会の名誉護持のためだろう。

会員同士の敵対は厳しく禁止され、もし二人の間に悶着がおこったら会長はできるだけ早く平和をもたらし、不和の原因を根元から絶つべきだった。このため参事会時に、会長はなにか会員の間に不和が渦巻いていないかどうか調査し、その不和・喧嘩・スキャンダルの芽を取り除こうとした。

この信心会には、もともと政治的な目的はなかった。後になると唯一特定のアルテ所属者だけの信心会ができるが、その前はより開放的であり、聖ドメニコの鞭打ち苦行信心会でも、なんらかの職人業に属していればよかった。だが実際、多くの信心会では構成員はより広く多様で、貧者と富者、貴族と平民、富裕な銀行家から貧しい日雇いの梳毛工・縮絨工までが肩を並べて活動していた。この雑居性こそが、社会的・政治的な和合の強力な手段であったのだろう。

他の信心会の信心業についても、瞥見してみよう。「聖十字架のコンパニーア」Compagnia di Santa Croce の信心業を見てみる。この信心会は一二七四年に初出する。メンバーは日曜のミサの後、つぎのような信心業をしたようである[292]——会長の合図があると、「適性と権限のある」« habili et potenti » 兄弟たちは、更衣室に赴きマントをまとい鞭を手にする。教会に戻ってくると彼らは跪き、鞭打ちをしない仲間とともに五回の主禱文と五回の天使祝詞を唱える間中、贖罪のために自ら鞭打つ。それから「アドレームス・テー・クリステ」Adoramus te Christe(キリストよ、われらはあなたを崇めます)を歌い、一人の兄弟によって歌われる「ユベ・ドミネ・ベネディケレ」Jube Domine benedicere(主よ、あなたの祝福を賜らんことを)およびその時々に必要な使徒書簡の一節を聞く。ついで密かに七つの主禱文と天使祝詞を唱えて鞭打ち、ふたたび「ユベ・ドミネ・ベネディケレ」とその時々に必要な福音書朗読を聞く。それからまたさらに二つの主禱文と天使祝詞を唱え（これも密かに、そして鞭打ちしながら）、最後に「受難の読誦」«lectione de la passione»とひとつの「賛歌」«lalda»を聞く。儀式はもうひとつずつの主禱文と天使祝詞の朗唱（沈黙のうちに、鞭打ちしつつ）、そして俗語およびラテン語の多くの祈禱——それも鞭打ちを間に挟みながら——で終わる。兄弟たちは更衣室でマントを脱ぎ教会に戻って、そこで聖書抜節を読み、償罪の業を課される。そのときはじめて、会長の許可でその兄弟たちは平和のうちに立ち去れる。

文学作品、ラウダ（俗語の賛歌）集からも、信心会の霊性を探ることができる。シエナでもっとも古く意味深いラウダ集は、「聖マリアの鞭打ち苦行信心会のラウダ集」Corpus di laudi dei Disciplinati del Santa Mariaである。(293) このラウダ集では、キリストの苦悩する人性への注視が際立つ。苦悩・苦痛の細部まで思いがおよび、キリストの犠牲の道具まで取り上げて歌っている。十字架、キリスト中心の信心である。たとえば、そのラウダ第二番の前文と第一節を紹介すれば——

嗚呼、苦悩の母の息子よ、息子よ、
誰が私からお前を奪ったのだ、嗚呼、悲嘆に暮れてしまう。
息子よ、お前は傷つけられて死んでしまった、
そして十字架はお前の血で染まった。
そして今、マリアは失意に沈んでいる、息子よ、
お前が死んでしまったのだから、私も死のう、息子よ。
全身お前は鞭打たれ
あんなにも酷く、叩かれたのだ、愛しい息子よ、

そして奴らはお前に残忍な平手打ちを喰らわせた、
そして顔中に唾を吐きかけたのだ。
だが、私もお前とともに引き上げられたらよかった
円柱へと、かの綱できつく縛られて、
奴らは私をもあんなに酷く鞭打ったので、
すべての男は「あの女は死んだ！」と言ったことだろう。
かつては「聖母」Madonnaと呼ばれる女性だった、息子よ、
そして今は「悲しみのマリア」になったのだ、息子よ。(294)

ラウダには、鞭打ち苦行信心会メンバーの霊性がはっきりと表れている。ラウダの大半がキリスト受難に捧げられたキリスト中心の悲愴なる抒情詩となっていて、その感情は、読者・聴衆のこころに直接、ドラマチックに響く。一方マリアは、熱い人間性の陰影に彩られる。(295)

元来、鞭打ち苦行信心会の目標は、十字架のキリストを模倣し、鞭打ちによって贖罪を達成して恩寵に与り、完徳に至りつくことであった。会員はなにより、個人としての救い、苦行による完徳を求めた。しかし、十字架のキリストに付随してマリアの崇拝が行われることもあり、一三九二年からは、十字架上の主とともに聖母を頻繁に崇め、彼女のための祝祭を祝うことがますます多くなった。十四世紀八〇年代から十五世紀初頭にかけて「サンタ・マリア・デッラ・スカラ施療院下の聖母の鞭打ち苦行信心会」が、「聖マリア信心会」とも呼称されるようになったが、それはマリア信心会が、鞭打ち苦行信心会に包摂されるようになったからだろう。シエナの鞭打ち苦行信心会には、マリア信心会、ラウデージ（賛歌信心会）、他の慈善活動系のコンパニーアが相次いで加入し合流してゆき、十四～十六世紀いっぱい、大きく成長した。これはまさに「マリアの都市」シエナにふさわしい動向である。そし

てこのマリアとの結びつきが、個人の苦行による完徳に加え、いやそれに増して、「慈愛」の精神を信心会員の心中へと浸透させていったのである。そしてそれは、シエナのあらゆる身分の者たちの結びつき、都市全体を範囲とする聖なる社会的結合関係を、原因としまた結果としてもたらした。

事実、「聖マリアの鞭打ち苦行信心会」の登録簿は、当時のシエナ社会における重要人物の加入を明らかにしている。高位聖職者や托鉢修道会の主要人物のほか、公証人、職人親方、商人・銀行家らがそこに名を連ねている(296)。この信心会は、サンタ・マリア・デッラ・スカラ施療院との密接な関係を梃子に、シエナの多くの主立った慈善組織に食い入っていっただけではなく、慈善と教育と政治の世界を結びつける役割をもはたした。つまり、都市当局、大学、主要な施療院（サンタ・マリア・デッラ・スカラ施療院のほか、聖ラザロ施療院、ミゼリコルディア会、カーサ・デッラ・サピエンツァ学寮）などの幹部が皆、同信心会の会員である、という事態が展開したのである。シエナの諸信心会は、多形的なサンタ・マリア・デッラ・スカラ施療院のコスモスに取り込まれ、そのことにより、市民たちの宗教経験と慈善事業が経済と政治への関心とつなぎ合わされ、世俗的事象がおしなべて倫理化・キリスト教化していったのだ。

またシエナにおいては、諸信心会の会員は、相互扶助および弱者への慈善行為を務めとし、病者・貧者・零落貴族・妊産婦・囚人・貧しい学生などの世話を積極的に行った。信心会員は、なかんずくサンタ・マリア・デッラ・スカラ施療院をはじめとする慈善施設に身を投じ、貧者と病者を救い、その魂のために尽くそうとした。また死後は財産を信心会に残す者が多かった。これは慈愛の輪・連鎖が都市内を縦横に延び、いやそれを超えて広がっていくことを意味していよう。まさに、慈愛の絆はあらゆる団体を結び、超え、病者と健常者、貧者と富者、死者と生者……、を包み込んで、住民たちの魂を天へと運んでいったのであった。

ところが、信心会はまったく世事と無関係であるわけはなかった。政治的に重要な人物の参加は、世事を倫理化・キリスト教化すると同時に、信心会に政治性を持たせたのである。それはときに、政府批判、政体転覆の画策の行われる場ともなった。そうしたフランス革命時のクラブのような役目も、シエナの信心会ははたすこともあったのである。たとえば「貴族モンテ」gentiluomini を復権させようと、いくつもの信心会がポポロ体制を批判するなどしたのが、そのケースである。信心会がからんだ一三六八年の貴族の蜂起の危機が起こした無秩序を体験済みだった内閣 Concistoro は、一三九六年には、シエナの諸信心会を閉鎖するよう命じて、信心会などの結社がポポロに及ぼす危険を未然に抑えようとした。(297) 信心会破壊・閉鎖のため、執政官らに加えて十二人の市民が選ばれさえした。

だがこれは一時的なもので、その後も信心会の活動は弱まらず成長していった。それは会員として、都市のエリートとりわけ聖職者の有力者を有していたため、政府による有利な決定を引き出すことができたからである。会員が政府高官に登ることも、友人の口利きやパトロン・クライエント関係によって可能になった。上にシエナの信心会を、「都市全体を範囲とする聖なる社会的結合関係」と表現したが、じつは同時に、それはきわめて俗なる関係でもあったことになる。後述の聖カテリーナ自身、そうした有力な会員に多くの手紙を送り、ウルバヌス六世支持を訴えた。(298) カテリーナも鞭打ち苦行信心会の力によって、政府を動かしてシエナの世論を教皇寄りにできると考えていたのに違いない。

コロンビーニとジェズアーティ

中世シエナに展開した神秘主義をテーマとするとき、聖カテリーナや聖ベルナルディーノがその代表者としてかならず議論の中心に登場する。しかし彼らに比べて縁辺に押しやられる傾向があるものの、ジョヴァンニ・コロンビーニという人物も非常に重要である。彼は、同時代の宗教・社会に大いなる影響を及ぼし、いわばカテリーナによる霊的な革命のための舞台を、静かに地ならししていた先駆者だからである。そのことは、最近出版されたI・ガッリアルディによる初の本格的研究が十分に示している。(299) 当研究究書は、コロンビーニとジェズアーティの運動を体系的でしっかりした分析によって再構成した、繊細にして博大な研究である。

コロンビーニは、一三〇四年、シエナのノーヴェのモンテに属する家系に生まれた。遊興生活を送りながらも、商業に身を投じて成功を収めた。だがある日、突然回心して贅沢を捨て、禁欲苦行に打ち込むとともに周囲の乱れた風習を批判し始める。その説教には人々が殺到した。彼がジェズアーティ Gesuati という会を作ると、そこに何千という弟子が集まって、皆で謙譲と禁欲の生活を営むようになった。ジェズアーティというのは、「キリストの貧者」のことで、コロンビーニとその仲間は福音の掟に忠実に生きようとしたのだが、やがて異端教唆の疑いでシエナから追放されてしまった。コロンビーニは一三六七年に亡くなった。彼は高い霊性を持ち、その影響は死後もつづいてジェズアーティ会の中に生き延びた。この運動はイタリア中に広まっていったが、しかし公的には無視され、排除された運動であった。

では、より詳しくコロンビーニの活動とジェズアーティの運動の展開について検討していこう。史料としては、コロンビーニ自身があちこちに書き送った書簡と、フェオ・ベルカーリが一四四八年に書いた伝記が中心である。(300)

そもそもコロンビーニ家の人々のこころには、代々深い信心と敬神の念が住み着いていて、父はシエナ郊外のウォーピニ Uopini に施療院を建設したほどで、その施療院は息子によって拡張された。またジョヴァンニ・コロンビーニのすべての女従姉妹は、教会によって「福者」beate とされた聖徳の女性であった。うちカテリーナは女子ジェズアーティ会 monache gesuate の設立者になり、フランチェスカとリーザは、シエナの聖カテリーナの熱烈な追従者として知られる。だからこうした家庭環境の影響もあり、ジョヴァンニが一旦回心するや、多くの慈愛の行為をするようになったのは、なんら不思議ではない。ただ彼は父以上に信心を突きつめようとし、あらゆる富を自らはぎ取り妻さえ放棄して、清貧と悔悛に生きる決意をしたのである。

コロンビーニには同志がいた。フランチェスコ・ディ・ミーノ・ヴィンチェンティである。彼ら二人は協力して初期の改宗グループを指導した。二人は一三五五年から二年間ほどともにすごし、イエスの例に倣い、卑しい仕事を進んで引き受けながら、まわりに同志を集めていった。彼らは二ヶ月間執政九人衆の執政官（プリオーレ）であったから、贖罪のため逆にもっとも栄光が欠如し軽蔑の的となる仕事をすることを願い、水や木材を運んだり、料理人の手伝いをしたり、墓穴を掃除したり、死体を埋めたり、教会に二枝燭台を持っていったり、要するにキリストへの愛のため、あらゆる厭わしい仕事をした。彼らは、乞食をしながら外で食べ、こうして自己を貶めることで霊的果実を得ようとしたのである。[301]

一三五五～五八年の間に、コロンビーニは「聖マリアの鞭打ち苦行信心会」に登録したようだ。それればかりか、信心会の相談役や会長にも着任したことがあった。[302] こうして鞭打ち苦行信心会とジェズアーティとの関係ができたわけだが、前述のように、後期中世に叢生した多様な俗人信心団体は、もともとたがいの境界が明確でなく、またネットワーク的につながっていたようであり、あちこち渡り歩く人物も多かったのである。これは、血縁や地縁、職能で結びついた他の社会的結合関係にはない特徴で、後段でもふたたびその意味を考える。

息子が亡くなって（一三六一～六四年の間、おそらく六三年）もうこの世に未練がなくなったコロンビーニは、家族・財産の絆を断ち切り、一三六四年には十三歳の娘のアンジョリーナをサンタ・ボンダ修道院に入れた。そして自身の財産を、この修道院とサンタ・マリア・デッラ・スカラ施療院に寄進した。

ところで、一三五七年かその少し前——一三六三年との説もある——コロンビーニとその追随者に追放令が出された。[303] それは、執政十二人衆が、世捨て人がシエナにふえて都市が貧窮化すると考えたからだとも言われるが、[304] もしそうだとすれば、まだ追従者はごくわずかだったのだから、杞憂だっただろう。彼らの運動を制度化から逃れる危険のある異端的運動と見たのだろうか。しかし、一三六六～六七年までほそぼそとしてであれ活動することができたと推定され、その頃には弟子の数は七〇人ほどになっていた模様である。一三六七年に彼らはシエナを出て、異端嫌疑を祓うべく、教皇庁に理解してもらおうとローマに出掛けた。幸いにも、枢機卿や教皇に正統性を認めてもらえた。

ではつぎに、彼らの霊性について考察してみよう。

コロンビーニとヴィンチェンティは、回心した当初、托鉢の乞食生活をするとともに、その教えを広めようと、「イエスの名」を大声で呼びながら通りを歩き回った。そして市民たちに「いと高き清貧」の花婿になることを奨めた。彼らのこの回心と見掛けの急変は、驚くべき見世物であり、市民らは彼らを気違いと看做した。が、その熱意に打たれて従う者も現れた。そして新たな信仰団体（ジェズアーティ）が創られたのである。初期段階では、制度・組織は問題にならず、どんな既存の修道会にも加わらなかった。

コロンビーニの主な目標は「愛」であった。だから外に出て愛と和合を説いて回った。また清貧と謙譲も生活の仲間として大事にされた。「あなたがたの主人にして隊長であるキリストに、清貧・忍耐・謙譲において従いなさい」と、彼は人々に呼び掛けた。(305) 神への愛に対する熱き思いが、イエスの名を大声で歌わせる強い願望に火を点けた。「眠らずに日夜、通りと広場で祝福されたキリストの名を叫ぼう」と。(306) また両親も子供も愛してはならず、彼らの世話をしてもならない、と彼は福音書の文言に忠実に従う。そしてキリストの中に入り、魂がキリストでいっぱいになって酔わねばならぬ。その揚げ句、キリスト享受の酩酊の中で叫ぶのだ。(307) このキリストの名の「叫び」の挙げ句、瞑想状態に陥ることがあり、むしろエクスタシーに陥るのにもよい方途であった。(308) コロンビーニは仲間の一団に、キリストの名を一日に少なくとも千度は呼び返せ、そして大きな声で呼ぶほど、高みに登るように感じられる、と説いた。(309)

コロンビーニらは、キリストの強き「騎士」から高き清貧の新たな「花婿」となり、この世のすべてを塵芥と看做し、毎日、飢え・渇き、寒さ・裸、恥辱・軽蔑、不自由などの苦難を、キリストへの「愛」のために担うことを悦び・慰めとした。(310) それればかりか、誰からも打ち捨てられていた半裸で皮癬と傷で覆われたライ患者を憐れんだコロンビーニは、フランチェスコとともにその病者を家に運び、世話をした。彼らはキリストを模倣し、その苦難を自らも負おうとしたが、別のところでは、最後の目的たるキリストとの合体へとその希求は進んでいく。(311)

ここで、コロンビーニと弟子たちの社会的境位を検討してみよう。ジョヴァンニ・コロンビーニとフランチェスコ・ヴィンチェンティのまわりに「キリストの従者」sequela Christiが形成されて、「キリストに夢中の貧者」innamorati povari di Cristo、自称「貧者連」brigata de' povari——まさに「浪費連」brigata spendereccia の正反対！——ができたが、この指導者二人は、ともに有力市民であった。前者は富裕商人で、有力な政治グループに属し、後者も名望家にして騎士、政権担当者でもあった。フランチェスコは貴族で、ノーヴェ（九人衆）のモンテのさまざまな役職に就き、また商人組合統領や大使をも務めた。二人とも突如、理由もわからぬまま回心して、富も栄誉も捨てて「真のキリスト教的生活」vita vere christiana に邁進した。彼らは悔悛服でシエナ市内を歩き回り、見捨てられた者を助け、自分たちがこれまで受けてきた栄誉に自ら復讐する、といったありさまであった。

こうした彼らに友や仲間が加わる。その内訳は大半が中・上層市民で、なぜか公証人が優勢であった。祈りながら時を過ごし、またサンタ・マリア・デッラ・スカラ施療院の建物で鞭打ち苦行信心会が催していた信心業に加わったりもした。だが彼らが通行人の関心を引き寄せたのは、公の場で連禱や祈禱を唱えながら興奮し、歓呼の言葉を救世主に向かって叫んだためであった。この行動は、見物人たちを、キリスト・永遠の救い・神への愛などにまつわる議論に引きずりこむ手段でもあった。

要するに、少なくとも初期のジェズアーティらは、大半が中・上層市民であり、そこには騎士階級も多く加わっていた。彼らが「貧者連」でありつつ「キリストの騎士」を目指したのは、そこに、逆転した騎士理想が働いていたからだろう。[312] アッシジの聖フランチェスコについて、その行動パターンや発想に「騎士道」への憧れがあることが指摘されているが、[313] おなじことが、コロンビーニやその徒輩にも言えるのである。

その証拠に、弟子たちを受け入れるのに、彼らは貧乏人の出で立ちで、いわば逆転した騎士叙任式を行った。すなわち著しく卑下した行いを実践したのである。コロンビーニの伝記にあるように、彼らはたいてい、カンポ広場に入会志望者をつれて行って、市庁舎前の礼拝堂に祀られた聖母の前で跪き、ついで泉（フォンテ・ガイア）に行って、同行の若者らに彼の靴を脱がさせる。そして、またマリア像のところにもどって来て、そこで世俗の服を脱がせて粗末な衣服を着せ、頭にオリーブの冠を被せる。それからコロンビーニとその仲間は、「いとしいイエス・キリストよ、あなたをいとも愛す人は」Diletto Gesù Cristo, chi ben t'ama という歌詞のラウダを歌った。そこでまた入会者を彼ら二人の間に挟んで、ドゥオーモへとつれて行く。この珍奇な見せ物を見に、町の大半の人々が出向いたという。[314] 名誉と武勇が輝くものではない、まさに軽蔑と嘲笑を受けることを望んだ、逆転の叙任式であるが、カーニヴァル的に派手な演出であることは、当時の貴族の叙任式と等しい趣だろう。[315]

いずれにせよ、十四世紀には、騎士理想・威信は、現実に戦場で戦う戦士とは遊離して、まさに貴族的・儀礼的なものとなっていったが、同時に、商人階級にも広く受け入れられた。だから叙任式は——実際に武人になるというより——ランク・社会的ステータスが上昇することを象徴的に皆に示す、公開儀礼となったのである。コロンビーニは、それを逆手に取ったのだ。逆転の儀式をすることで、そうした価値観自体をも転倒させようとしたのである。「キリストのための狂人」pazzi per Cristo こそ、最高の神による選抜だとしたのである。[316]

一三六一年頃、コロンビーニは従姉妹を説得して仲間に引き入れた。しかし彼女は「キリスト万歳、十字架上のキリスト万歳」Viva Christo, Viva Christo crocifisso を叫びつつ悔悛的巡歴をする「貧者連」の行いや、侮辱や嘲弄をあえて得ようとする、ぼろをまとった乞食活動はせずに、家の中で厳格な禁欲生活を送った。すると他の多くの女性が彼女を真似し始めた。その女性らは皆、じつは「貧者連」の面々と親族関係にあったのである。中世南フランスに蔓延した異端カタリ派などでも確認されている事実だが、新たな信仰伝播の淵源にはしばしば「家族」「親族」があるのである。この女性らは「ジェズアーテの貧しき女性たち」pauperes mulieres jesuistes のタイトルで自分たちが飾られるように求め、一三七三年からはサンタ・マリア・デッラ・スカラ施療院近くのヴァッレピアッタのコントラーダにある家に皆で籠もり、ビッツォケレ（ネーデルラントのベギンに類した半聖半俗の女性、マンテッラーテの同類）の生活をした。[317]

シエナの聖女カテリーナの弟子たちは、その多くが、鞭打ち苦行信心会会員とジェズアーティの出身者からなっていた。またコロンビーニの弟子たちとカテリーナの信者らが、親族の絆で結ばれていたことも、両者の交流を促した。彼らの弟子たちには活動面で交換があった。たとえば、G・パルディによると、ジョヴァンニ・コロンビーニの伯父クレメンテ・コロンビーニの娘のフランチェスカとリーザはともにジョヴァンニ・コロンビーニの従姉妹に当たるが、リーザはシエナの聖カテリーナの兄のバルトロンメオと結婚。バルトロンメオの死後、姉妹二人でカテリーナの熱烈な仲間になり、ドミニコ会のマンテッラーテに加わった。リーザは一三七四年十一月十三日死。カンポレージョのサン・ドメニコ修道院の墓地に埋められた。[318]

十五世紀のジェズアーティにとっては、カテリーナの教えがますます大切になる。コロンビーニの死後、ジェズアーティのうち幾人かがカテリーナの霊的な子供になる。前述のように、シエナでは諸信仰団体間の活発なネットワークが信者らの間にあり、ジェズアーティ、カテリナーティ（カテリーナ組）、また「聖マリアの鞭打ち苦行信心会」の三者は、一応別の団体でありながら、密接な絆でつながれていったのである。

ジェズアーティに対する追放令は一三六七年に解かれ、彼らはシエナにもどる。コロンビーニとフランチェスコの死後も、その弟子たちは生き延びる。ただしその性格は変わり、放浪する俗人の運動たることをやめて、修道士として修道院に閉じ籠もって生活することになった。

いずれにせよ、既存の制度に取り込まれる以前のジェズアーティは、古い社会的結合関係である、コントラーダ（隣組）やモンテといった党派を、軽々と超える信心形態であった。ところが奇妙にも興味深いことに、二人の創設者がノーヴェのモンテの出身者だったので、没後もノーヴェの支援を受けられた。これはカテリーナにも言えることだが、宗教者としてきわめて革新的で、都市の陋習にも古い党派にも身分や階級にも囚われず、イデオロギーも超越した、真に平等な魂の救済への道を差し出しながら、現実の活動では、いずれも血縁・親族関係や、党派、あるいは——騎士のような——身分と無縁ではなかったのであり、その事実はきわめて興味深い。

だがこの事実をもって、当時の宗教運動の限界と見る必要はあるまい。むしろ、聖フランチェスコのケースもそうであったが、こうした伝統的な社会的結合関係や身分・階級制度に乗っかっているように見えて、そして実際それを足場に伸張しながら、そうしたしがらみを、あたかも卵の中で孵化するヒヨコのように栄養吸収して、まったく別の形態へと転生させていったのであるから。

聖女カテリーナとマンテッラーテ

シエナの聖女カテリーナを、中世イタリアを代表する聖女、ヨーロッパの守護聖人として扱い、称える書物・論考はいくらでもあるが、彼女の著作・活動を学問的に丹念に検討した研究は、案外少ない。すでに一〇〇年ほど前に実証研究の基礎を据えたR・フォーティエとL・カネ、また戦後には、E・デュプレ・テセイデルがいるものの、[319]その後は、その生涯・行動と思想の歴史的な意義を解明する研究については、長らく停滞していたと言ってよいだろう。[320]

だが、最近、ふたたび彼女をめぐる論考・著作が立て続けに世に出て新境地が開かれつつある。[321]とりわけアメリカのF・トーマス・ルオンゴは、カテリーナの活動を、政治的・家族的なネットワークと市政の帰趨の関連に着目しながら、しかも宗教家としての理念や聖性・神秘主義の影響をも繰り入れて意味づけようとしており、私たちの所論にとっても示唆に富む。『シエナのカテリーナの気高き政治』という著作である。[322]私たちとしても、これら近年の業績にヒントをもらいながら、カテリーナおよびその周辺に集った者たちの霊的な人間関係、またそれと霊性との関連について探っていきたい。

カテリーナの生涯・活動について知るためには、なかでも彼女が公的活動を始める以前の段階については、主として聖人伝に頼らざるをえない。だが聖人伝とは、独自の譬喩と目標に縛られ、念入りに組み立てられた聖性呈示の書であることを忘れてはならない。だから記述を鵜呑みにせず、他の古文書史料や初期の奇蹟譚などとも読み合わせてみる必要がある。[323]

カテリーナ・ベニンカーサは、シエナの町のまさに中央、サン・ドメニコ教会から下ったフォンテブランダ地区に、一三四七年三月二五日に生を受けた。父は染め物師のヤコポ・ディ・ベニンカーサであり、母は、ラーパ・ディ・プッチョ・デ・ピアチェンティ（ピアジェンティ）である。二五人の子だくさんの、二三・二四番目（双子）だった。幼い頃より信心に傾倒し、六歳のときに最初の幻視を体験する。ドミニコ会の教会の上、空中に、司教服を着て使徒ペテロとパウロに伴われた玉座のイエスを見たのである[324]（図12）。

図12　カテリーナ最初の幻視

翌年、カテリーナは、最初の生涯にわたる処女誓願をした。だが家族はその召命を妨げようとし、彼女が自分の部屋を持つのを許さずに、家で召し使いのように家事を手伝わせた。そんなある日、カテリーナは、主禱文と天使祝詞を唱える姿を家族から隠したくて、サン・タンサーノ Sant'Ansano 門から外に出たところにある「荒野」の洞穴に隠れて祈り、自分をイエスと結婚させてくれるよう聖母マリアに頼んだ。するとマリアが現れ、嬰児イエスを連れてきて、指輪を授けて彼にカテリーナを縁づけたという。この洞穴のあるところは、現在のヴァッレピアッタあたり、ドゥオーモの丘を下りたサン・セバスティアーノ教会付近だが、十四世紀には、この近傍、あるいはローマ門やカモッリーア門付近には、多くの女隠者の共同体があり、公的に認知されて、個人や都市コムーネによる喜捨の受け手になっていた。そのことは、都市条例や遺言書他の史料から明らかだ[325]。

一三五九年、十二歳のとき、カテリーナは母と姉のボナヴェントゥーラによって、結婚するよう迫られた。なんとか抵抗していたが、一三六二年ボナヴェントゥーラは産褥で死んでしまった。それを、カテリーナは姉がいつも良い衣服を着て外観・身繕いに余念がなかったから、虚栄を罰せられたのだと考えた。そこで彼女は、ふたたび永遠の貞潔を誓う。三年間、孤独と沈黙の生活を家庭内の（屋根裏）部屋で送る。パン・水・生野菜しか食べずに痩せ細っていくが、同時に読み書きを学んで神秘体験を重ねた。そこにはキリストとの神秘的結婚も含まれている。

その頃、キリストから部屋を去って病人・貧者の世話をするよう命じられる。施療院で病人に仕え、ミゼリコルディア会とサンタ・マリア・デッラ・スカラ施療院の両方との縁ができた。父親はある日、彼女が祈っているのを見た。そのとき頭上にハトが止まっているのを目撃して驚嘆し、宗教への道を許す。カテリーナは一三六三年前後にドミニコ会とも結びついたマンテッラーテ（第三会会員）となる[326]。カテリーナがマンテッラーテになった時期については、異論もある[327]。一三七〇年頃には、母にまでピンツォケレ（＝マンテッラーテ）に加わらせ、さらに義理の姉妹のリーザも当会に登録している。

マンテッラーテになったカテリーナは、本格的に慈愛活動を始め、貧者・病人・囚人のもとを訪れるが、不恩と中傷の言葉を投げつけられる。カテリーナ伝へのトンマーゾ・カッファリーニによる『補遺』*Libellus de Supplemento* によると、彼女は誰かが良い死を迎えると心の中でとても喜び、嬉々として死んだ人の埋葬を手伝ったが、それはこの信心行為が、彼女もまた死すべきことを思い出させるからだという[328]。このカッファリーニは、カテリーナの弟子の一人で、彼女の列聖調査申請者として、その栄光化に全身全霊をささげたことで知られている。

一三七〇年前後から、まわりに従者が集まり始め「霊的家族」――「カテリーナ組」Caterinati と称される――を構成し、彼女は「マンマ」mamma と呼ばれる。彼女の令名は、シエナ外にまで広がっていく。種々な出自、身分・境遇の、シエナ市内とコンタードおよびシエナ領域外の者も含め、二〇人～数十人の男女の霊的「家族」が自然にでき上がり、彼女を「マンマ」として敬うようになったのである。そこには少なからぬ数の名家の者も参加した。カテリーナは世俗に対して徐々に積極的に働き掛け、キリストの命に従い、全世界を、愛・平和・喜びの境位に引き上げて天国と結び合わせるための鎖になろうとした。

一三七三年、彼女は内外の要人などと書簡を交わすようになる。一三七四年にフィレンツェのドミニコ会に召喚されて、その法外なヴィジョンのため疑いをもたれたが、正統性を主張して認められた。そしてよりいっそう活発な公的活動に乗り出し、ピサ・フィレンツェ・ルッカ・モンテプルチアーノなど近隣都市に出掛けて平和をもたらそうとした。フィレンツェでも、新たな友と弟子を得た。おなじ年、ペスト患者の世話に全力を尽くした。また反教皇の動きを抑えようとも努力した。共通の敵、トルコ人を打倒せんと十字軍を提唱したことも目に留まる。ピサの「隊長」capitano generale e defensore から招聘を受けてその地に赴き、そこで一三七五年四月一日、聖体拝領をするとエクスタシーに陥り、手、足、脇腹にイエスとおなじ（見えない）聖痕を承けた。

教皇庁のアヴィニョン捕囚に胸を痛めていた彼女は、一三七六年、まず五月フィレンツェを訪れ、ついで六月にはフィレンツェのシニョリーア代表の平和特使として（フィレンツェは教皇から聖務執行停止令を受けていた）アヴィニョンに赴き、十字軍を説くとともに、教皇グレゴリウス十一世を帰還させようとする。アヴィニョンには七月後半まで滞在した。グレゴリウスは一三七七年一月十七日ローマに到着する。カテリーナは、シエナに戻るとサンタ・マリア・デッリ・アンジェリ S. Maria degli Angeli 修道院を建設したり、近郊の一族争いを調停したりした。教皇の依頼で、平和をもたらすためにフィレンツェに行き、一三七七年七月十八日達成。グレゴリウスが翌年三月に亡くなりウルバヌスが後を継ぐが、対立教皇クレメンス七世も擁立されてシスマ（教会大分裂）となる。カテリーナは、同年十一月二八日、ウルバヌス六世を支持するために、四〇人の仲間とともにローマに赴く。

その時期に、神学書『聖寵対話』*Dialogo della Divina Providenza* とのタイトルを持つ書物を完成（一三七七〜七八年）させる。神と魂（すなわちカテリーナ自身）との対話形式で完徳・救済への道筋を指し示し、神の恩寵を誉め称えた神学書である[329]。また書簡活動をも活発化させた。現在三八一通の書簡が残っており、神への愛、そして宛先人――教皇・国王・枢機卿・諸侯・都市当局者や弟子たち――への慈愛に満ちた、火矢のごとき熱烈なる文章を書きつけた。だが分断された教会を見て、極度に苦悩し憔悴する。この世における最後の四年間に、聖体拝領の後に読誦された二六の瞑想的・嘆願的トーンの祈りを集成した『祈禱集』*Orazioni* が歌われ、今に伝わっている。これは他の著作のような口述筆記ではなく、カテリーナが恍惚境で祈っているものを、弟子たちが盗み聞きして書き留めたのである。そこでは弱き罪人たる彼女が愛に満ちて、至高の善たる永遠の神へと気持ちを高揚させるさまが、隠喩を駆使して描き出されており、その魂の飛躍を、受肉や三位一体などについての教義の堅固さと信仰の光で強化された意志が支えている[330]。一三八〇年四月二九日没。

彼女の弟子たちは、小さいながらも「カテリーナの家族」« **famiglia cateriniana** » として使徒的活動をつづけ、そこに「マンマ」の霊性を受け継ぐ教化的な宗教的歌謡も生まれた[331]。

＊

以上が、聖女カテリーナの生涯と業績の概要であるが、聖人伝特有の偏向・美化もあり、いくら他の史料と突き合わせてみても、どこまで正確な事実かは最終的には決められまい。だが、本章での課題である、霊的な人間関係の、いわば光源・焦点となった特異な女性の生き様は、この紹介で十分、あらわになったと思う。

ではつぎに、カテリーナをめぐる人間たちの社会的境位を見ていこう。カテリーナは、シエナのもっとも富裕な家族ではないが、それなりの高い社会的・政治的な力を持つ家庭に生まれた。父ヤコポ・ディ・ベニンカーサは、十三世紀には何人もの公証人や富裕商人を輩出した家系に属する[332]。母のラーパも、相当重要な家系の出である。その父はヌッチョ・ディ・ピアチェンテ **Nuccio (Puccio) di Piacente** という清新体派の詩人で、トスカーナの文学世界に属していた[333]。ヤコポと息子（つまりカテリーナの兄たち）のベニンカーサ、バルトロメーイオ（バルトロンメオ）、ステファノは染め物業者で、また同時に毛織物業の親方にして店舗所有者だった。社会＝政治的にはドディチのモンテに属したが、既述のように、このモンテは一三五五〜六八年までシエナを治めていた。バルトロメーイオは、何度かシニョリーア（内閣）メンバーつまり執政官に選ばれた。言い換えれば、カテリーナの幼少時代、その父・兄弟らは、政治の中枢近くにいたことになる。

先行の執政九人衆体制においては、商人組合のメンバーのみが政権を担う司法・行政官だったのに、執政十二人衆体制は、より広範な基礎を有する寡頭政で、繁栄途上にあり社会的にも動きの激しいアルテのリーダーたちのほか、公証人、富裕店舗所有者、他の有力者が担っていた。しかしポポロ・ミヌート（細民）は、相変わらず、ほとんどそこから排除されていた。[334] しかも執政十二人衆体制の終わり頃には、政権を担う十二人衆のメンバーら自身が、シエナでもっとも富裕で社会的に一流の階層になり始めたのである。それは租税額からも、あるいはノーヴェや貴族家系との通婚の事実からも明らかだ。バルトロメーイオと兄弟らは、一三七〇年までにビジネスを成功させ、フィレンツェにまで商売の手を広げていた。

カテリーナの家系は、だから執政十二人衆およびそのモンテ（ドディチ）と密接な関係があったのはもちろん、またサリンベーニ家とも昵懇であったようだ。加えて、他の多くの貴族家系の人たちともネットワークを有していた。彼女の家系は、いわばシエナの政治の指導層に属していたことになる。総評議会に席を占める人がいただけでなく、「執行委員会」Ordines と「賢人団」Sapientes の一員にもなり、「内閣」に加わる。シエナの政治世界上層部では、陥落しないためにはうまく立ち回ることが必要だったし、また実際にそれをやって来た親・兄弟たちであった。だからこそ、家族の結婚戦略の一環として、娘にも息子にも、ポポロ・グラッソ（富裕市民）の最高レベルと縁組した者が何人もいるのである。こうした家系に生まれたカテリーナに、結婚するべし、との家族からの圧力が強かったのは当然だろう。

このようなベニンカーサ家の政治的・社会的な境位は、宗教の道を進んだカテリーナの活動にも大きな影響を及ぼしていることが、最近、わかってきた。彼女の霊的「家族」の主要メンバーは、じつは貧しい職人ではなく、アルテのエリートおよびドディチ・メンバーであり、またサリンベーニ家と教皇の仲間たちであった。前述のクリストファーノ・ディ・ガーノ・グィディーニの覚書には、カテリーナの追随者リストがあるし、[335] それはカテリーナの伝記にも出てくる。

ルオンゴはその追随者について、聖人伝以外の史料を使って調べている。[336] 彼によると、カテリーナの追随者は一様な身分・階級の人物群ではなく、ある者はポポロ、ある者は貴族だというが、いずれにせよ、カテリーナの側近たちは、その大半が貴族かポポロの高位の者たちで、さまざまな時期に市政の重要な役職を担った上層民なのである。公証人で「執政改革者衆」（リフォルマトーリ）のメンバーとして内閣に入ったり、大使だったり、ドディチを代表する富裕な銀行家や毛織物業親方だったりした。また彼らの幾人かは、「聖マリア信心会」にも加わっている。その会長になった者もいる。ちなみにこのコンパニーア（信心会）は、豪族と富裕ポポロによって牛耳られていて、一三七〇年代までにドディチの牙城となった。一三七一年にドディチが禁止された後は、当信心会が潜在的な政権転覆のセンターとなった。もちろん――シエナにとどまらず――修道院長や施療院長や司教・大司教、神学教師・説教師など、キリスト教界の重要人物の中にも、彼女の弟子を自任する者はいた。

つまり、カテリーナの周辺に集った者たちは、霊的な「家族」として敬虔なるネットワークを形成していたが、それは、じつは政治的な特殊なアイデンティティーとも――部分的には――重なっていたのである。[337] カテリーナの権威は、経済・政治の諸条件を超克しているとカテリーナは主張し、弟子たちもそう望むのだろうが、カテリーナの経験と権威は、事実上、当時のシエナおよびトスカーナに特殊で現実的な家族関係、および社会的・政治的な利害の編み目に乗っかっていたのである。カテリーナは、自分では世俗の事柄から距離をおいていると言いながらも、彼女の仲間のネットワークこそが、彼女の行使する影響力や政治舞台におけるステータスを支えていたのである。この重要な事実を指摘し証明したルオンゴの貢献は、大きいと言うべきだろう。

だが、どうだろう。そうした党派性に我知らず囚われていたにもかかわらず、なぜ一人の女性が、世界の平和、人類の救済、無窮の愛へと、憑かれたように突き進みながら、どんな男性にも不可能だった巨大な行動ができたのか。そして霊性の面で、いわば歴史を超えた業績を残せたのか。よくよく考えてみる必要がある。

「平和」と「和合」はカテリーナの政治活動の究極目標であり、家系・門閥・党派の相争うイタリアの現実に心を痛めた彼女は、百年戦争や教皇・皇帝・国王の全ヨーロッパ規模の敵意のぶつかり合いをも、おなじ病巣から出てきた害悪だと考えた。だから近くにある家族の紛糾から始めて、派閥相互や都市間、そして都市対教会の争いに至るまで、そこに和合・和平をもたらそうと、エネルギッシュな調停工作に奔走したのである。カテリーナの活動舞台はつぎつぎ拡大し、自分の近辺の女性たちから男性へ、そして自宅近辺だけでなくシエナ全域へ、シエナからコンタードの町や村、ついで教皇のトスカーナ外交の一翼を担うことでフィレンツェ・ピサ・ルッカなどトスカーナ全域へ、さらにはイタリアの平和実現、そして最後一三七六年五月末には、長く危険な旅をイタリア中に企て、その延長で、隣国フランス、アヴィニョンへと赴いた。教皇を説得して、聖務執行停止令を取り消してローマに戻るべきことを説いた。「キリスト教世界」の平和の使徒となったのである。

こうした活動は、彼女が自分の家族を捉えていた政治的文脈に依存していたから可能だったのだし、宗教的な行動や発言の裏には、彼女の意識に上らないとしても、政治的・社会的ネットワークがあった……、というルオンゴの説も、あながち間違いではあるまい。カテリーナも彼女の霊的「家族」も、その宗教的レトリックにもかかわらず、リアルな家族関係・世俗政治のロジックに巻き込まれ、それらと強く太い絆でつながれていた。目標さえも同一だった可能性もあるという。がしかし、それだけではけっしてあのような活動ができなかったことも、歴とした事実であろう。また彼女の壮挙を、彼女の天分・資質のみに帰してしまうことも、またできまい。

そもそも家系のラインに沿った党派的な人脈形成というのは、男性の主要な弟子に着目するとそのように見えるのかもしれないが、カテリーナに従った女性たちは、より広く多様な出自であったし、それ以上に彼女は多くの名もない貧しい病人の世話をし、あるいはそうした者たちが彼女に追随していった。カテリーナが、男性有力者のコネで力とつてを借りながら活動をしたのはたしかだとしても、それは、より広範な民衆へと慈愛のマントを広げるための手段、足掛かりにすぎなかった、と考えてよいのではなかろうか。

さらにカテリーナが「マンテッラーテ」という聖俗の谷間の、曖昧な境遇にいたからこそ、ドミニコ会は彼女を女子修道院改革に利用できたのだし、男性にはとてもできない政治的役割を彼女がはたすこともできたのだ。マンテッラーテの組織がインフォーマルな構造で、まだ厳格な規律がなかったゆえに、彼女は柔軟に動くことができたのである。そして施療院や信心会などの団体とも人的ネットワークを結び、サポーターを雪だるま式に拡大できたのである。

そしてそのネットワークの中心モデルは「家族」であった。[338] カテリーナの書簡には、知的な革新性はないが、その卓越した主題たる「愛」の徹底性が際立っている。神の完璧な愛の喜びと慰み、および隣人愛へと彼女はたえず立ち戻っていく。主要な悪徳へと堕ちる源泉は、知性を曇らす自己愛であり、それが真実と虚偽を取り違えさせる。彼女は、あらゆる社会的・政治的な悪は、自己愛や、自己知識の欠如から由来するとする。それをまわりの人々、あるいは遠くの権力者に示すために、彼女はエネルギッシュに働き掛けるが、その際、つねに暖かい家族的感情を示すのである。自分を「マンマ」として霊的な「子供」に相対する。そして、相手が罪人であれ、都市役人であれ、職人であれ、王侯であれ、「キリストにおける兄弟よ」とか、「キリストにおける母と妹よ」とか、いずれにせよ「家族」のメンバーと看做して呼び掛けている。この言説は、それを受け取った相手をすべて、愛情の籠もった霊的な親子関係に絡め取る。たとえ顔を合わせてしゃべったことのない相手でも、である。なんと彼女は、グレゴリウス十一世やウルバヌス六世には、babbo（とおちゃん）と呼び掛けているのだ。

「家族」という、カテリーナが現実では軋轢を覚えていた、その人間関係を霊的なものに昇華させていったことの意味を、さらに検討してみたい。

すでに述べたように、カテリーナと弟子たちは、親密な感情で結ばれ、弟子たちはカテリーナをマンマと見立てた。たとえば貴族のステファノ・ディ・コラード・マコーニがもう一人の貴族ネーリ・ディ・ランコッチョ・パッリアレージに宛てた手紙は、弟子たちの典型的な感情表現となっている[339]——「われらの尊敬すべき優しいマンマについて君が書いたことに、僕は驚かないし疑いもしないよ。というのも僕は、君が書いたことよりもっとずっと大きなことを、彼女については信じるからだ。実際ほんとうに、僕らのもっとも親切なマンマは、あのマンマなのだし、毎日いよいよ明瞭な光の下、カテリーナこそがマンマだと堅く期待し、より大きな効果を期待して主張しますよ」と述べている。

またおなじステファノは『プロチェッソ・カステッラーノ（カステッロ列聖調査）』*Processo Castellano* でも証言し、カテリーナの母性愛 **materna carità** を強調しながら、彼が病気のとき、彼女は親身に世話をしてくれ、奇蹟的に治してくれたと述べる[340]。弟子たちにとって、回心とはカテリーナの「家族」の一員になることと同義だった。「兄弟」同士で、「母」の愛をめぐっての妬み合いもあった[341]。またもう一人の弟子サーノ・ディ・マーコに宛てたカテリーナの手紙は、マンマがいなくてもマンマへの愛を示すよう、そのことを書いた文章を他の子供たちにも読み聞かせるように言っている[342]。その「霊的家族」は、世俗の現実の家族の代替であるが、「霊的家族」への帰属感が高まると、世俗の家族、世俗の絆、それらに付随する社会的・政治的義務は軽視されることになる。

カテリーナの「母」としての慈愛の発露も、徹底している。弟子たちの間で疫病に苦しむ者が出たとき、なにより「母」のようにして励まし看病するカテリーナの姿が目撃されたし、その姿に接し話を聞いた者は、どんな病苦やつらさも忘れて慰められた[343]。彼女は喜んで疫病患者の世話をし、また手ずから埋葬した。弟子の一人フラ・バルトロメオ・ドミニチによると、カテリーナを中傷した者が臭い膿をたくさん出す伝染病（膿瘍）に罹ったとき、母親はじめ皆から見捨てられたその女性を彼女は世話し、膿を手で取って容器に入れた。いや、気持ち悪くなった自分に自己嫌悪を感じて膿を飲みまでしたのだ！[344]　カテリーナはいつも自発的に施療院に行き、病人を訪ねて気後れなく仕えた。あるときは、かつて娼婦だった女性が病気に絶望し、皆から見捨てられて食べるものもなかったときに、彼女を慰めて食べ物を与えた[345]。

より一層有名なのは、死刑囚ニッコロ・ディ・トルドのケースである[346]。死刑を宣告されたニッコロは、はじめは自暴自棄になっていたが、カテリーナが励まし諭すうちにおとなしくなり、カテリーナへの愛と望みによって、死の恐れを克服していった。カテリーナはその囚人の処刑に立ち会った。彼は彼女の胸に頭を休らえ、カテリーナを見て子供のように微笑み始めた。彼の口は「イエス」と「カテリーナ」としか言わなかった。彼の首は首切り台の上に置かれ、切断された。そして切られた頭を、カテリーナは両手に持つ。真っ赤に血を浴びたカテリーナは、恍惚境に陥り、その魂は血に浸り、イエスの脇腹に入っていると思い込んだ。彼女はニッコロの血にイエスの血を見たのだ。

さらに地上の家族を霊的家族に変えてしまう、そんなカテリーナの活動の例を挙げよう。ある家で、母が子供たちの乱脈を嘆き、とくに二人の娘がお化粧や虚栄に満ちた生活にうつつを抜かして、悪徳に染まりそうなのを恐れ、カテリーナに相談を持ちかけた。はじめはバカにしていた娘らも、カテリーナと話をするうちに、急に回心してマンテッラーテになった。それを聞いた、よそから帰ってきた兄（ジャコモ）が怒り狂い、マンテッラーテのところに行って、姉妹を取り戻すぞ、と脅した。そこで聴罪司祭がそのジャコモと話をし、一方でカテリーナは神に祈った。するとジャコモも気持ちを変え、カテリーナのしたことを良しとした。そしてその兄弟の一人は托鉢修道士になり、家族全体も敬虔に暮らしたのだった[347]。

一方カテリーナは、弟子たちが自分の現実の家族にあまりに執着し気遣うのは、キリストの花嫁を侮蔑することにほかならず、その愛着心をきっぱり圧殺する必要がある、とも説いている。家族愛を利己愛の一種として捨てるよう諭し、それを世俗へのしがらみの最たるものとして糾弾する[348]。だがそれでも、彼女が「世俗の家族」を反転させて「霊的家族」を築き上げたということは、当時のシエナをはじめイタリア都市国家において、「家族」の感情的絆がいかに強烈であったかを、鮮明に裏書きしていよう。

カテリーナには、側近的な女性がいたことにも注目しておこう。彼女には、いつも何人かのピンツォケレ（＝マンテッラーテ）が脇を固め付き随っていたようだ。カテリーナは毎朝、神により良く仕えようと苦行をし、聖体拝領したがったが、聖体拝領の後は顔をのぞいて感覚を失い、脱力して手足が麻痺し、毎朝二時間も動かずにいた。覚醒するのは九時だったというが、そうした彼女の脇には、いつもピンツォケレが一人ないし三人おり、彼女らはカテリーナからけっして離れなかった。彼女は自分のためでなく、その仲間のために一緒に食卓についた。(349)

『奇蹟録』によると、サン・ドメニコ教会のピンツォケレであったカテリーナが、一三七四年の五月にフィレンツェにやって来たが、そのときおなじ服装をした三人のピンツォケレが護衛についていた。(350)またカテリーナには、とくに親しい、いつも一緒にいるマンテッラーテがいた。一人はアレッシア・サラチーニという若い寡婦だった。彼女はカテリーナに忠実な「娘」で、カテリーナの奇蹟を目撃したり、彼女の家に何ヶ月もカテリーナが滞在したりもした。(351)さらにもう一人、カテリーナ・ディ・ゲットーという女性はカテリーナと不可分の存在でしばしば行動をともにし、カテリーナが恍惚境に浸っているときに傍らにいたり、空中浮揚の奇蹟の目撃者になったりした。(352)

こうした側仕えの女性は、男女の「霊的家族」たる「カテリーナ組」の中核をなし、またより緩やかにつながりながらカテリーナの影響圏にあったのが、同時代の「マンテッラーテ」というドミニコ会付属の俗人女性団体（第三会）である、というように、同心円的構造ができていたと想定できる。

「側近女性」に触れたついでに、ここで、初期のカテリーナの活動が大変な敵意を呼び覚まし、囂々《ごうごう》たる非難をあびた件について、一考してみよう。(353)公的空間と女性との関わりの問題である。

カテリーナは家から外に出て、町中にその姿を晒して活動した。しかし、そもそも女性というのは、世俗生活でもそうだが、宗教生活でも人目を避け、修道女として囲壁の中に閉じ籠もり、そこで観想生活を送るべきであった。だが彼女は家から外に出て、街路で、隣人の家で、あちこちの教会で、その行状が目撃され、また彼女はまるで見せびらかすかのように、人前でエクスタシーに陥った。禁欲・幻視・神秘体験が多くの者に目撃されると、それは誤解されやっかまれ、人気取りだ、いかさまだと難じられ、口さがない批判の言葉が行き交った。彼女を力づくで教会から追いだそうとする者もいた[354]。

それでも彼女は、次第に活動範囲を広げて旅をし、遠くまで出掛けて使徒的活動をした。その活動はいよいよ広い公的空間で行われるようになったのである。しかし、本来、公共の場での活動は男性にかぎられるべきであった。「公の女」とは娼婦にほかならない。処女の喪失が疑われ、性的紊乱や悪魔との結託が囁かれる。

しかし彼女がそうした非難や批判に耐えて、信念を貫き、大きな成果を得たのは、彼女のこころに神の恩寵への揺るがぬ信頼があったからである。神は彼女に、中傷者のほうが間違っているのだから、衆生の魂を救うためその試練を乗り越えるよう励まし、幻視や奇蹟、謙譲や忍耐、そして善意により、中傷者をも「回心」させる、そんな機会を幾度も与えたのだ。

だがもうひとつ、彼女を支えた直近の隣人や仲間たちの存在も忘れてはならない。この仲間・隣人たちは、蚕の繭のように彼女を守ったばかりでなく、そのポジティブな「言葉」の連射で、悪評を克服し、良き評判の波紋をシエナ中に、いやシエナを超えてまで広げていく、光源となったのである。

カテリーナの偉大なところは、女性である彼女が活発な使徒的活動をして、本来男性のものであった「公共性」を自ら引き受けながら、自身が堕落する――はじめは皆そう警告・非難したのだが――のではなく、逆に公共性の質を変えていったことである。それはおそらく、後段でより詳しく論ずるように、彼女が〈公共善〉の観念に意識的だったからこそできたのだと思われる。

では、カテリーナを支えた、身近な女友達、近所の仲間たち、そのネットワークとはいかなるものだったのか。カテリーナは、シエナでの使徒的活動を、じつは自分のごく近く、父の家から歩いてほんの二～三分以内の範囲で集中的に行っていた。シエナ中、そしてシエナを超えて他都市にまで赴く姿がクローズアップされるが、じつは彼女の慈愛の行為、幻視・奇蹟は、大半がごく近しい隣人たちの間で行われたのである。(355) 具体的には、カモッリーア三分区のフォンテブランダ地区のサン・タントニオ小教区である。そこはシエナでも貧しい人々の生活場所として知られていた。カテリーナはその地区の乞食に衣服を与えたり、疫病の患者を看病したり、貧しい寡婦とその子供に密かに食料を持ってきたり、怪我をした女性を救ったりした。そこで、彼女はエクスタシーや禁欲行・慈善業を目撃され、良き評判を勝ち得たし、彼女の世話を必要としているのが誰か、情報を得た。当初、彼女の伝記に登場するのは皆、隣人であり、知り合いであり、友達であり、友達の友達であった。

こうしたごく身近な隣組の人々、とりわけ女性たちは、その「言葉」と「声」でカテリーナを支えつづけた。必要な情報を彼女に伝えるのみか、カテリーナの美徳をさまざまな「声」と「言葉」に乗せて、周囲に伝えていったのである。ここには、第3章で紹介する、地区の仲間たちの「声」と「言葉」とおなじ種類のものがある。

ところで、そうしたごく身近な隣人たちの間に神秘的な「言葉」の繭を紡いでいくカテリーナのやり方は、男性の宗教家のアプローチとは大いに異なっている。すでに検討したジョヴァンニ・コロンビーニとその仲間たちは、のっけから公の場に乗り込んで、この上なく目立つ奇矯な言行をしてシエナ中の市民の耳目を欹《そばだ》てた。彼らは、シエナ中の街路で叫びまくるだけでなく、カンポ広場で「逆さまの騎士叙任式」をして、町中の物見高い連中を集めた。あたかも、家族や隣組といった、私的空間を否定することと、宗教活動とがひとつであるかのような、活動パターンである。一方、女性であるカテリーナは、宗教活動において、隣組・友人たちの小さく親密な私的空間を、公的空間につなげる、そうしたやり方を心得ていたのであり、それは、男性であるコロンビーニには、あるいはほかのどの男性宗教家にも、できない相談であったのだ。そして〈公共善〉のイデオロギー性を打破する理念を提示できたのは、カテリーナのほうであった。

ところでカテリーナをはじめとする後期中世シエナの聖人の霊性の不思議なところは、それがまさにローカルな聖性で、いつも「シエナのコムーネ」への強烈な関心に支えられ、自身や周囲の住民の霊的救いが、都市の政治的自由および平和の観念と不可分であることである。カテリーナのほか、先述のジョヴァンニ・コロンビーニ、さらにはベルナルド・トロメーイ（一二七二〜一三四八年）など、シエナの宗教家の心中には、つねに自都市（シエナ）の良き統治・善政への留意、そして市民らの霊的・道徳的な習俗の改革への強い関心があったのである。これは、後述の「都市の宗教」「市民宗教」という後期中世の都市民の信心のあり方とも関わるし、同時代の〈公共善〉理念の影響も関係しているだろう。

　カテリーナのように、キリスト教世界全体、いやさらにイスラームも含めた世界全体の救済を独自の十字軍構想で目指すようになることもありうるが、シエナの聖人たちの中でも、それはあくまでも例外であろう[356]。とはいえ、カテリーナが狭い殻を破って、外へと大きく広がっていくことができた、そうした展開を促す酵母のようなものは、シエナの都市の理念ないし精神自体に内在していたのではないか、というのが私の仮説である。つまり、カテリーナ以外の宗教家やその思想においても、また一般の俗人の信心業・信仰世界においても、シエナという聖なる都市の中で魂の救いへの道を掘り下げれば掘り下げるほど、一都市の狭い枠組みを突き抜け、世界大の渺渺《びょうびょう》たる大海へと我知らず漕ぎだしている、という塩梅なのである。

　それはなぜだろうか。どうして都市の枠組みに囚われ、そこから離れられないのに、大世界への飛躍が可能だったのだろうか。局地（ローカル）が普遍（ユニヴァーサル）に一転した秘密はどこにあるのだろうか。そこには、古代から自然の力と人の営為で形作られてきた都市シエナの地形・景観のもたらす無意識への作用と、そうした都市で、長い歴史の流れの中で生まれ、住民の感情に大きな作用を及ぼすようになったイメージが絡んでいると私は推察するのだが、これについては、第4章以下でじっくり考えよう。

　カテリーナが「魂の都市（国）」città dell’anima という概念で意味しているのは、幻視的イメージではなくて、かぎられた期間統治を任された為政者たちの具体的な要求だ、と説いているのは、J・ユングマイルである[357]。その概念は「シエナ市の執政官」signori difensori della città di Siena に宛てている書簡一二三にあるのだが[358]、それは、ロレンツェッティの〈公共善〉とほぼおなじ内包を有するのだという。訳してみよう——

> 都市そのもの città propria、それは私たちの魂の都市 la città dell'anima nostra であり、兄弟愛にもとづく聖なる畏れ、平和、そして神および隣人との合一によって手に入れられます。つまり真実の実際の美徳とともにです。しかしそれは、憎しみと恨みの中、不和の中に利己愛に満たされて生活している人には手が届きません。（……）貸与された政権・内閣 Signoria prestata というのは、市民たちの諸支配組織 le signorie delle cittadi またその他の一時的な諸支配組織のことで、それらは神の善性の気に入るかぎり、そして諸国の様式と慣習に応じて、臨時に貸し与えられているのです。ですからそれらは、死のためあるいは生のために、過ぎ去りゆくものなのです。

しかしどうだろう、ここに巧みに表現されたカテリーナの「都市」città のイメージから窺われるのは、世俗の〈公共善〉観念を換骨奪胎し、まったく別の地平に送り出そうとする、意志である。彼女の〈公共善〉についての考え方には、トマスやアリストテレス流の〈公共善〉概念に霊的次元が加わっていて、そのために他方向への転換と拡張が可能であることを見落としてはなるまい。これについては、近年、R・ペッツィメンティがカテリーナにおける「市民と公共善——非派閥的政治のために」という、本書の所論と関わりの深い論考をものしている[359]。それによると、カテリーナは〈公共善〉にきわめて意識的で、書簡中にもたびたび bene comune の言葉を使っているが、彼女は、目標を失った社会に受け身で生きる人や全体の機能にすぎない政治的な個人としてではなく、掛け替えのない単独の存在たる人間として、皆が積極的な役割と責任を持ってそれぞれの条件での貢献を考えつつ、〈公共善〉すなわち都市全体の善の実現を目指すべきだ、としているのである。

彼女によれば、法的秩序は、道徳をけっして汲み尽くせない。だから、敵意を離れたがいへの敬意がなければ、そして神を畏れ、謙譲の気持ちで他人のために祈り、進んで他人に善をなそうとする、そうした人たちの相互性・

連帯性がなければ、〈公共善〉は実現しないと彼女は確信している。カテリーナの「書簡第三七七（補遺第一二）」には、「もし誰か市民が市政府の執政官になったときは、彼の中には聖なる正義の真珠が輝く。そして彼は、小さな者にも大きな者にも、貧者にも富者にも、道理と正義をもたらす」との印象的な言葉がある。[360] カテリーナがもちいる città に「神の国」の反射があろうとも、彼女は同時に、現実の都市国家を見据えていたのだし、逆に、現実の都市や政体を想定した話にも、「神の国」の神秘性が宿っていた。

いかにしてこうしたカテリーナ流の、キリスト教的にして都市的な〈公共善〉のイデーは形作られたのだろうか。より大きな歴史の流れに身をおいて、考えてみよう。都市における政治・経済・社会と、宗教・信仰との関わりである。後期中世のヨーロッパ都市においては、「都市の宗教」「市民宗教」と近年呼び習わされる、まさに都市そのものを聖なる存在とし、そこで象徴に満ちた儀礼を行いながら、住民の救いを都市全体で希求する、そうした独特な宗教のあり方が展開していった。[361] しかも都市（当局）自体が、その宗教の中心的な推進母体となり、教会諸組織や宗教行事を管理・支配下におき、都市と市民の救済の実現に向け歩んでいく。そこには当然、政治性が濃厚であり、またそれは世俗的な社会的結合関係の諸様態を、踏み台にしている。

しかし「都市の宗教」「市民宗教」が足掛かりとし、枠組みとした政治や社会の土台と、都市当局との関係が軋み、当局者による〈公共善〉推進の政策が、市民の魂の救いと逆行するような局面も現れてくる。その政治・社会関係の裏面および意識の隙間に成長していったのが、霊的な社会的結合関係だと言えるだろう。これは、本節でこれまで詳しく論じてきた信心会や施療院を中心とし、その周辺にさまざまな未定型の信仰団体が叢生した、後期中世のシエナの社会が明示しているところである。そしてそれをもっとも雄弁かつ大胆に行動と思想で示した個人が、聖女カテリーナであった。それが可能だったのは、男性の宗教家、たとえばコロンビーニや後の聖ベルナルディーノなどとは反対に、自分のごく身近な仲間・隣人から慈愛の織物を織り広げていくという、女性ならではの公共性へのアプローチの方法が、彼女にはあったからである。こうしたアプローチこそが、〈公共善〉の内実をも変容させていったのである。

十四世紀もその後半になると、農村に厳格に課税が適用されて農民の数が減り、農業は衰退していった。折半小作 mezzadria が立ちゆかず、荒れ果てた農地が森に変わっていく。[362] こうした農業危機は、しかし労働者（農民）に有利に働き、農村にも社会的上昇の機運が芽生えた。逆に、領主である貴族たちは、その立場を弱くしていった。鞭打ち苦行信心会やカテリーナの周辺に、多くの貴族たちが集まったのも、世俗での活動の代替、逃避であったとの説も成り立とう。中世の末、とくに黒死病後は、経済景況も悪く、好景気のときとおなじような生活はできなくなったし、たがいに支え合っていた家族・親族メンバーがバタバタと亡くなっていくときに、どのように生きていったらよいのか、貧者のみならず、貴族にとっても真剣に考えるべき大問題だったからだ。

世俗での立身出世、政治的な野望にかわる宗教的な壮図、高い理想への献身ということを彼らが考えるようになったとしても、不思議ではない。ところが後期中世の都市においては、はじめから孤立した英雄的聖人になることなど、もうできない相談だった。その点、孤独な隠者が脚光を浴びたロマネスク期とは、ヴェクトルは逆である。むしろ、第三会や信心会に入会し、そこで多くの人と付き合い、共同の信心を学んだ上で、より高い霊性への道を探るようになったのである。ベルナルド・トロメーイもカテリーナも、あるいは後のベルナルディーノでも、そのような道程を歩んだ。[363] 鞭打ち苦行信心会をはじめとする幾多の信心会も、さらにシエナとそのコンタードの慈愛を統括する巨大なサンタ・マリア・デッラ・スカラ施療院などの施療院も、そうした霊的な人間関係の大きな源泉であり、ネットワークセンターとして機能した。

つまり、霊的な社会的結合関係が、この時代の霊性・敬神の基盤にあったのであり、いくら穎脱した聖人のように見えようとも、家族や信心会・第三会・隣組といった世俗的な社会的結合関係とのインターフェースに育った霊的な絆とその広がりの上に、皆、立っていたのである。だから、彼ら宗教者も、あるいは市民たちも、たとえばシエナのような都市国家の政治状況に棹さし、相対立する党派のいずれかに加わるかシンパとなったのだが、それにもかかわらず、というよりむしろそれゆえにこそ、この町の宗教者たち、あるいはその弟子たちは、その枠を超え出ていく跳躍力を備えることができたのである。それが、苦悩と貧困と病における「連帯」の思想、世俗の家族の反転した「霊的家族」といったイデーによる、世俗の――政治的な――人間関係の転轍であり、変質につながったのである。

さらにそれは、為政者たちが抱懐した〈公共善〉の理念をも転換させていく、そうした力を秘めていた。そのような苦悩と貧困と病における「連帯」の思想、世俗の家族の反転した「霊的家族」を携え、ふたたび「都市」の現状に真摯に立ち向かい、新たな〈公共善〉の姿を素描した宗教家こそが、聖女カテリーナであった。そこには、宗教における、そして政治における「女性性」の意味が大きく作用していたことは、すでに縷々《るる》説いたところである。おそらくそこに、シエナの「シエナ性」とも言うべき要素も関わってくると私は考えているのだが、この難しい問題については、第4章と第5章で省察する。

*

本項の最後に、カテリーナも入会して、その境涯を陰に陽に利用しながら活動することになったマンテッラーテ会について、検討を加えてみる。これはいわば女性たちだけの家族的集団であり、ドミニコ会に属するいわゆる「第三会」の一種である。托鉢修道会が、俗人への霊的なアプローチを活発化させる中で、周縁に一種の悔悛運動をする女性集団、ピンツォケレとかマンテッラーテとかヴェスティータエと呼ばれる者たちが現れた。こうした、聖俗のあわいにあるが、あくまで俗人身分にとどまる曖昧な境涯の者たちの悔悛・敬虔運動は、シエナではじつに多様な形態を取った。施療院での献身者や、上述のジェズアーティもそうだし、都市郊外の隠者・隠修女たちもまたそうである。いずれにせよシエナには、半修道士的な諸種の宗教家活動の余地が大きく切り開かれ、一種パノラマの観を呈していたのだが、それらのあいだの差異・境界はさほど明確ではない。そこから、さまざまな集団・団体の交流、ネットワーク的つながり、個人の事蹟における「はしご」的な参入が由来したのである。

では、カテリーナが加わったマンテッラーテとは、誰がいかなるモチーフで入会し、どんな活動をしたのだろうか。P・ミシャテッリが公刊した第三会会則の付録には、三種類の「名簿」が載っている。[364] ひとつは一三五二年以前のもので、三分区ごとに記名されているが、サン・マルティーノ区には十七名、カモッリーア区からは三四名、チッタ区からは十四名が載っている。また一三五二年八月十七日の名簿は、三分区別ではないが、全体で一〇〇名、一三七八年のものでは、一三三名の名が上がっている。一三七八年の名簿では、一三三名のうち一二名については、「これらは、マンテッラーテの参事会に受け容れられた世俗女性の名前であるが、彼女らは、臨終時ないし寡婦になったときには、しかるべきマンテッラーテの衣服を受け取らねばならない」という見出しの下にまとめられている、一種の予備軍のようである。

名簿を通覧してみると加入者の多くは敬虔な民衆であり、大家・貴族の女性は、かなり後の時代になってはじめてマンテッラーテになったことが窺われる。この名簿に掲載された人名のある者は、「サン・ドメニコ教会点鬼簿」libro dei morti di San Domenico には登場しない。[365] 途中で抜けたのか、別のところに埋葬されたのか、いずれかであろう。

さて、マンテッラーテらの生活を律した「会則」は、一三五二年のものが伝わっている。現在残っている会則は、トンマーゾ・カッファリーニが、十四世紀末にラテン語から俗語に直して「第三会の姉妹たち」のための慰みと便宜に供したものである。しかしじつは、この会則は女性だけでなく、男性をも対象とする第三会の規則なのであり、「聖ドメニコ殿の悔悛団の兄弟・姉妹たちの会則」La Regola de' frati e de le suor dell'Ordine della Penitenza di misser San Domenico と名づけられている。[366] 一三五二年には、シエナのドミニコ会付属の「姉妹」たちがサン・ドメニコ教会に集まって、マンテッラーテの衣服は今後、厳かにこの会則を守ると誓約した女性以外には渡さない、と誓ったとされる。

本会則は、全部で二二条からなる。シエナにおける信心業および、それをつうじた人間関係、という議論にとって大切な条項について紹介しよう——

第一条には、入会するための条件として、第三会会長とマンテッラーテ会長つまり女子会長や同団体の誓願を立てた姉妹らの大部分の賛同がなければならず、また綿密な審査でその誠実な生活、良き評判が証明され、異端や過ちの嫌疑がなく、カトリックの信仰の真実を守り、そして必要とあれば隣人と和解する努力をし、入会時には配偶者の許可・同意が公的証書として示されねばならないことなどが定められている。

第四条では、受け容れられてから一年かそれ以後、会長か女子会長または候補者が身を委ねた者らに適切で本人の希望もあるときには、祭壇前に跪いて誓願を立てること、およびそのときに唱えるべき文句が載っている。

第六条では、毎日の聖務日課の規定が記載されている。たとえば朝課には、二八の主禱文、晩課には十四のそれを歌い、他の時課には七つずつ。そしてマリアを崇めるべく天使祝詞を主禱文とおなじだけ唱えること。食卓の祝福に主禱文を一度、食事が終わって立つときには感謝を込めてミゼレーレ（痛悔詩篇）か讃詩を唱えるべきである、と規定されている。

第八条では、一年に少なくとも四回は告解と聖体拝領をすべきことなどが記されている。

第九条では、ミサや聖務、説教などのときには、沈黙して祈るか、神の言葉に耳を傾けるべきことが記されている。

第十三条では、好奇に満ちた会話をしないこと、とくに若い連中は一人であちこち行ったり走り回るべきではなく、結婚式やダンス、世俗的な放蕩の集まり、軽薄な見せ物などにはけっして行くべきでない。住んでいる都市や城の外には、会長か女子会長の許可なくでてはならないとされる。

第十五条では、仲間が病気になったときには努めて慈悲の気持ちで彼・彼女の下を訪ね、他の何より先に悔悛の秘蹟やその他の秘蹟を受けるよう促し、またできる範囲で彼・彼女の世話をすべきだ、と決められている。

第十六条では、仲間が亡くなったら、皆が埋葬に立ち会うべきこと。女は女の仲間、男は男の仲間のときにそうすること。死亡の八日後には、亡くなった魂のために、ミサ（聖務日課）を行い、五〇の詩篇を唱えるが、祭式を知らない者は、各人一〇〇の主禱文に、さらにおのおの死者ミサの入祭文を加えるべきこと、などの決まりが記されている。

第十八条では、マンテッラーテ会長の職務が定められている。まず彼女は教会を訪れてすべての姉妹を励まし規則の遵守を促す。そして皆が異様な立ち居振る舞いや奇抜な服装などで、隣人に迷惑をかけぬようにさせる。また姉妹たち、とりわけ若い娘は、いかなる男とも親しく付き合わないようにすべきであり、男は三親等以内で、誠実な生活と清廉な評判の者でないと近づいてはならない、とある。

そして第二〇条の前半では、姉妹たちは一年の毎月最初の金曜日に、サン・ドメニコ教会に集まって皆で師 maestro かその代理によるミサと説教を聞く。そして師（ないし代理）は、この会則についての説明をするとともに、姉妹たちの過ちや逸脱を正すようにさせる。兄弟たちも同様に、毎月一回おなじような集まりをする、とある。

この会則からは、一見、かなり整った規則、他の信心会や第三会と同様の規律を、十四世紀後半のシエナのマンテッラーテも与えられているように見える。だが、カテリーナ伝などから窺われる、じつに自由闊達な行動から推測すると、それがきちんと守られていたとは、到底、思えない。否、実際にこの会則が有効となって、遵守されるようになったのは、より後の時代のことであり、カテリーナの時代には、もっとゆるやかなルールしかなくて、各人の自由裁量に任されていたのだ、という説もある。十四世紀のシエナでは、まだカッファリーニによる、洗練されしっかりした会則があてがわれる前、「規律」ordinationes という簡単なガイドラインが使用されただけであったようなのだ。本格的な第三会会則は、悔悛運動を律修運動に規律化し、反異端の牙城にしようという動向の中で、（実際には）一三九八年にドミニコ会の総長の依頼でカッファリーニが初めて作ったもので、それ以前にはなかった、つまり一三五二年のラテン語会則は実在しなかったとも考えられている。[367]

規律がゆるやかであったことを利して、カテリーナの弟子たちのグループ（マンテッラーテ）と、他の曖昧な境涯の敬虔な者たちは、たがいに関係を結びだす。すでに「コロンビーニとジェズアーティ」の項で、こうした敬虔な男女は、はっきりした身分を持たず、制度化した組織に入ってなくとも、幾重ものネットワークでたがいにつながっていたことを指摘しておいたし、信仰の網の目と、「都市の宗教」「市民宗教」の一筋縄ではいかない関係についても、上に述べたとおりである。

マンテッラーテについては、さらにたとえばつぎのような絆が窺われる。一三七八年の史料から知られるのだが、この年の十一月に、サンタ・カテリーナ修道院（Monastero di S. Caterina）の修道女とサン・ドメニコのマンテッラーテの統合された「慈愛盟約」（愛徳姉妹会）carità が組織され、両者のメンバーは、その相手グループの仲間が誰か亡くなったときには、相互にその魂のために神に祈り、自分たちの仲間が亡くなったときとおなじ祭式に従うよう促されたのである[368]。シエナでは、聖俗のあわいにいる敬虔な男女、とりわけ女性たちが、輪郭・規律が曖昧であるからこそ、こうして霊的な絆を広げ強めていったのである。

死を前にした態度

生前から慈善活動に励む人は多い。貴族や富裕商人ら財力のある者たちは、その恵まれた境遇のためにどこかに罪の意識を抱えるのだろう、なおさら熱心に病者・貧者・巡礼・捨て子などを助ける施療院や修道院の建設を援助したり、土地財産を寄進したりして、死後の魂の救済に備えた[369]。

だが、もはやこの世から去る時が間近いと知ったとき、人は何を望むのか。死して後の現世のさまが気になることもあろう。本項では、シエナ市民の死を前にした態度を考察してみたい。家族関係を物語る遺贈や葬儀については、本章 a で述べたが、ここでは「遺言」と「墓」から、どのようなより広い関係形成が可能だったのかを考えてみたい。

S・コルッチは、シエナ市民の社会的条件の違いと、その墓地選択の関係についての研究を行っている[370]。それによると、ごく単純で碑銘のある板――家紋があったりなかったり、いろいろなパターンがある――が、職人から騎士・司教まで、多くの身分・階層で採用されたという。しかしこうした個人的な墓を持てるのは、職人といえども大アルテ（ギルド）所属の者にすぎず、しばしば内閣の常連だった。ポポロ・ミヌート（細民）は、共通の墳墓（穴）しか望めなかった。むしろ貴族がどうして質素で単純な碑銘板の墓に満足したかが不思議だが、それぞれ具体的理由があるのだろう。謙譲の精神からかもしれない。

もちろん貴族らの墓には、豪華な装飾を備えたブロンズ板に肖像がついていることもあったし、より個人主義的な傾向を表した墓、すなわち地上に置かれた板にジザン（墓石上の横臥像）の肖像が載っているケースもあった。こうした肖像は、聖職者はじめ宗教関係者のものが多く、ついで多数を占めるのが騎士たちであった。十三世紀末から十四世紀初頭には、肖像付は高位聖職者のみの特権であり、俗人には許されなかった。

教会内の墓は、宗教団体や市政府が、功績のあった者や聖性に輝く者のために費用を払って確保する場合のほか、個人ないし家族が、司祭や修道士に建物の床の一部の場所の提供を頼み、交換に施与や寄進をしてその権利を得るケースがより多かった。この場合しばしば採用された方式は石棺であり、そこには非常に早期から、家門の創始者かもっとも著名な祖先の名前付の石の紋章が備えつけられた。ついでおなじ家族の者たちの遺体をもそこに集中させることになった[371]。

またシエナの遺言書、とりわけ十四世紀のペスト（一三四八年と一三六三年）にひきつづく時期の遺言書作成では、遺志の最後の規定は、個人ではなく家族としての慈善活動に対応しており、その目的は、「包括名義による相続人」l'erede universale を指名して家筋とその記憶を永続化するためだったということである[372]。

ズデカウエルが編纂した一二六二～七〇年の都市条例の第五部では、死の翌日や命日に、朝、死者の家に行ってもよいか、ミサのために列席してよいか、一週間後はどうか、別のコントラーダでもよいか、仲間とともに赴いてもかまわないか、などについての規定が定められていて、じつに興味深い[373]。死に際しては一種の通過儀礼があった。遺体の化粧・着衣をはじめとし、哀悼・祈り・称賛・励ましをへて泣き叫びを伴う墓地への埋葬と近親者の帰宅そして宴会まで、さまざまな義務そして死者への表敬行為などの儀礼が、遺族・親族・近隣者・友人との間にあったのである。

十三世紀半ば以来、死亡のお触れ・大声での悲嘆の叫び・死者の家に集まることのできる人物・頭の飾り帯や被り物などに関する許可・禁止条項が、当局の発する一種の奢侈条例の中に含まれていた[374]。十三世紀半ばの「通達集」Charta bannorum 中の奢侈条例には、遺体は家の上階に安置する、女性・近親・運び屋のみがそれに近づける、葬儀のときのみ許されている「哀悼の叫び」bociarerium は埋葬の帰りは禁止される、埋葬の儀礼の後は近親者と隣人以外はその家をすぐに離れねばならない、などの規定がある。

外部者が皆去ったら、残った者はベッドまたは敷物を運び入れて、そこに泊まって家族を励ます権利のある人たちを迎え入れる準備を始めることができた。許された人数は非常に多く、男性の近い親族が各人一人の仲間とともに、また、女性の近い血族が各人二人の慰め役の女友達および隣人女性とともに、参加できた。他方、外部の女性がその家を訪れられたのは埋葬日の朝のみで、それは展示された遺体に敬意を捧げるためだった[375]。葬式では、衣服や二枝燭台の数、あるいは紋章・旗・旗竿・兜・記章などに関する規制・禁令があったが、一三三一年には騎士・判事・医師・博士（教師）らとその妻は、ここでもとくに名誉に相応しい職業として、例外的にそれらの使用を許可されたのである[376]。

一三四三年のドンナイオ奢侈条例の第二〇条では、死者が出たときの通夜、一周忌、七日忌の際の規定がある。それによると、そうした機会には、おなじ紋章を持つ一族・コンソルテリーア・近い親戚のみが、ドンナイオに届け出た上で集まり、教会で記念の行事を挙行してもよいが、他の人たちは集まってはならない、しかも蠟燭の量を守ること、とある[377]。人数制限をしたのは、死者を憶い悼んでの集会は、気分の高揚と感情の激変を伴いうることもあり、一族郎党が数多く集まると、現政権への不満分子の叛乱の機会にならないともかぎらないからだろう。蠟燭の量を守る必要は、富・力の誇示や贅沢を抑制する意味だろうか。

以上の諸条例の規定は、死を前にしても、家族の絆の重みがそのメンバーに大きくのし掛かり、家の名誉のために葬式を派手にしたい市民と、公共の安寧のためにその抑制を望む当局との拮抗があったことを窺わせる。そして死の儀礼では、死者およびその家族の身分に応じた名誉を追求してよいが、抑制のきいたものであるべきだ、と定められ、女性の嘆き叫びや身体自傷は禁止され、哀悼する女性たちは家の外に出ないように、と命じられる場合もあった。

だが、死を前にしたとき、シエナ市民は家族を気遣うだけではなかった。死の恐れを祓うべく、教会・施療院・修道院――フランシスコ会の教会とドミニコ会の教会はとくに人気が高かった――に鷹揚な寄進をしたのである。聴罪司祭や良き助言者に従い、聖人や聖なる施設に依拠することで、彼らは良心の呵責から逃れようとしたのだろうか。

すでに本章a「ある公証人の場合」の項で見た公証人クリストファーノ・ディ・ガーノ・ディ・グィディーノは、ペストを怖れ、一三七四年に遺言書を残す。そして包括名義による相続人として母と、母が亡くなったときにはサンタ・マリア・デッラ・スカラ施療院を指定した。[378] こうした世俗の職業で活躍し、巨額のサラリー（三六フィオリーノ）をもらっている者にも、施療院との絆は強かったのである。彼は、母と聖カテリーナの薦め・助言で結婚し、ついでサンタ・マリア・デッラ・スカラ施療院の献身者となって十五世紀前半に亡くなったことは、先に述べておいた。

ドミニコ会修道院への埋葬については、小教区教会とその司祭が大変な不平を鳴らした。貴重な収入源が失われるからである。それでも多くの者たちが、施し物によって教会建築に貢献するだけでなく、遺言で（生前の寄付や遺贈と引きかえに）、ドミニコ会修道院教会の蔭に憩いたがった。記憶を死後も保つために、自分の魂のための祈禱を求めることもあった。

サン・ドメニコ教会のネクロロギウム（点鬼簿）には、ドミニコ会所属の修道士・修道女のほかに、俗人たちの点鬼簿が含まれている。[379] これは一三三六〜一四三〇年の記録であり、総計三七三九名が出身地や職業、夫（妻の場合）や父（子供の場合）についてのごく簡単な記述とともに、埋葬された旨記されている。一通り眺めてみれば、おびただしいシエナの住民たちが、身分の上下を問わず、また職業の壁も越えて、このドミニコ会の準備してくれた来世への期待につながれた、ゆるやかな霊的共同体をなしていたことがはっきりと窺われる。

すなわちトロメーイ家、マラヴォルティ家、ピッコローミニ家、アルビッツェスキ家といった大家門の家族がいるかと思えば、医者・判事・公証人・文法教師・商人・施療院の院長・財務府長官・コムーネの書記局長・将軍・商人組合統領といった、エリート層もいた。また画家や金銀細工師といった教会を飾るのに貢献した者、さらに、薬種商・毛織物業者・染め物師・剪毛工・鹿皮職人ら、それこそありとあらゆる業種の職人・親方ならびにその妻や家族らが、多数、隣り合って永遠の眠りに就いていたことは言を俟たない。なお当霊園に埋葬された女性は、妻としてでなければ、マンテッラーテがもっとも多いが、ドミニコ会の俗人組織の人気から考えれば、当然である。[380]

これは、トスカーナに定着して一〇〇年経った托鉢修道会の影響力が、市内およびコンタードの隅々にまで及んだことを示すものに他ならない。ドミニコ会修道院教会の墓地に埋葬を望んだ者は、皆、生前しばしばこの教会を訪れて、説教を聞いていた者たちだろう。

アルテや信心会の、仲間の葬儀への出席義務の厳しさはどうだろうか。ほとんど例外なく、すべてのアルテそして信心会では、会長やアルテ長の葬儀だけでなく、同僚やその家族の葬儀に仲間として出席し、儀礼を滞りなく行わねばならなかった。それを怠けると、罰金などの罰則があった。こうした葬儀にまつわる厳しい義務は、これらの団体が「家族」的な様相を有すること、そして、死者をも包括した相互のつながりを重視していたことを示している。また信心会では、仲間の病人を見舞いに行くだけでなく、亡くなったら葬儀に参加し、決められた日数、たとえば一〇個の主禱文と一〇個の天使祝詞を唱えたり、あるいは三つのミサを行うなどの規定があった。そしてすべての死者のために年次ミサを行った。

後期中世の死は、家族の名誉と個人的な心情を秤に掛けながら、複雑に絡み合った家族的・市民的・宗教的な儀礼によって、昇華されていった。しかし、ペストの際の有名な記述からは、こうした儀礼を支えるべき家族・親族・仲間関係、つまり社会的結合関係が崩壊したときの、どうしようもない対応が垣間見える。

年代記作者アニョロ・ディ・トゥーラは、ペストが襲った一三四八年の項で、累々と積み上がる死体を前に途方に暮れる市民たちの様子を記している。市内あちこちに溝を掘って死体を投げ込みわずかな土を掛けるが、その上にまた死体を入れて何層にも重ねる。十分土を入れないため、犬に引きずり出されて食いちぎられる死体がいたるところに転がっていた。ドゥオーモ近くの墓地では、あまりに多くの死者が出たため、墓石も墓標も準備できず、おびただしい遺体が共通墓としての「穴」に放り込まれた。アニョロ自身、妻と五人の子供を自らの手で埋葬したのであった。[381] 家名も個人名も記憶に留める儀礼をすることができず、病気になった家族から逃げるようにして、死者との社会的結合関係が崩れていく……。

シエナ人の死と記念をめぐる社会的結合関係については、アメリカの研究者S・コーンが、遺言書の長期的な時系列研究によって手がけている。[382]

コーンの扱った遺言書は、貴族・商人・店主・職人・農民・聖職者など、シエナの市域とコンタードのありとあらゆる社会階層の男女のものだが、それは通常、公証人（まれに地区の聖職者）の手によって書かれ、しかも大半は決まり切った紋切り型であるので、少数検討するだけでは意味がない。そこでコーンは、この種の遺言書を大量に集めてデータ処理し、全体の件数、誰またはどの施設に遺贈するか、そしてひとりがいくつに分割するか、一件ごとの価格の大小の推移はどうか、その受け手に対するミサの指示が回数・時間・継続期間などの点で厳密に記されているか、を指標に分析している。

その結果、ヨーロッパ中を襲い甚大な被害をもたらした、そしてシエナでも何万もの人命を奪った一三四八年のペストではなくて、再来した一三六三年のペスト禍を転機として、死後の世界への期待に関して大いなる態度の変化が見られることが判明した、という。一三四八年のペストでは教会の財政が大きな影響を受け、貧者の困窮も深まったが、シエナ市民のメンタリティーは不変だった。すなわち十三世紀末以降一三六三年以前には、貧者や教会関係の諸施設に遺産を細かく分割してバラまくよう指示した遺言書が多かったのである。それは、ドミニコ会第三会所属の神秘主義者の説くような、死後、この世は死者にとって手の届かぬもの、この世のことは霊の救いにとって無関係で重要性のないもの、死にあたってこの世の財は何も役立たず、ただ障害になるだけ、との考えの影響であり、人々は、死後の財産に未練の残らぬよう、わざと不特定多数の貧者や施設に分割してバラまいたのだろうという。これは農民も小商人も職人も、あるいは都市貴族たちにおいても変わらない傾向であった。

一方、一三六三年以後、遺贈を一ヶ所ないしごくわずかの相手に絞り込んだのは、自分の死後のことであれ、遺言人はその残す財産の用途に関心を持つようになったからである。その関心は、それをより良く用立てる社会的関心であるとともに、ミサについての細かな指示に窺われるように、己の死後の魂の「記念」memoriaを、何にもまして重視するようになった、という意識の変化でもある。いわば、それまで托鉢修道士らの戦略で進められた自己否定と地上での記念・記憶の軽視という方向を、大きく変えたいという思いがそこにはある。また美術史家（M・ミースなど）の言う疫病、経済・社会的転変、戦争や飢饉が新たな厭世主義や現世の価値の拒絶をもたらしたという証拠は見当たらない。[383]

施療院・修道院・信心会などへの遺贈傾向はさほど変わっていないようである。しかし貧者への遺贈については、無差別多数への施しよりも、主に嫁資ファンドを援助することに力を注ぐ傾向が以後は強まり、そのファンドは良き性格の選ばれた少女ら少数の者に与えられることになった。従来の広範囲への小口バラマキで、使途について押し付けも条件も強制もないものから、遺言という法的チャンネルを通じて、墓の中から、遺贈する土地の未来についても心して操作しようとしたのである。十四世紀後半からは、いわば永続ミサや祝宴において、彼ら遺贈者の気前良さを名前とともに信徒たちに思い出してもらい、また彼らとその家系の永続的な記憶、記念のために聖なる場所に「記念額」が貼られるよう、あらかじめ配慮することも忘れなかった。

要するに、十四世紀半ばを転機として、死者も生者との社会的結合関係を欲するようになったのである。また宗教施設や貧者への敬虔な遺贈のほか、世俗的な遺産贈与を友人や親族にするときにも、この時期以降は、自分の「意志」「記憶」を受贈者に強いたい、墓の中から、贈りものを受け取った人の行動を操作したい、そういう思いがあるかのようだ。

コーンの研究は、図表の多さに比べ考察に深みがないきらいがあるが、それでも死の淵を超えてさえ、一種の社会的結合関係をもとめ、無私に徹することのできないシエナ市民のさがを浮き彫りにした功績は大きい。宗教的な人間関係は、もともとこの世のしがらみを超越した、まったく新たな人間関係の創出を動機としていたはずであるが、実際には、その霊的な関係さえ、この世の社会的結合関係を反映し、あるいはまた、この世の社会的結合関係の一部に組み込まれていた事実は、非常に興味深い。

まとめ

本章では、後期中世シエナにおいて、人々が所属した社会的な細胞組織、さまざまな団体・結社について順を追って検討してきた。家族・親族のような、生まれ落ちたときから所属を決められている組織もあれば、職業団体のように、技能により結ばれ、経済性を目指す団体もある。さらに、日常生活の厳しさから逃れようとするところに生まれる遊びをめぐる人間関係もあれば、おなじ日常を別の方向に超え、手をつなぐ、慈愛の輪の広がりと魂の救済を欣求する多様な信仰団体もあった。

　総覧して窺われる傾向は、後期中世のシエナにおいては、各種「団体」組織が、政治・社会生活においていよいよ比重を増してきたことである。もちろん都市内の「地理」の構造の重さは十三世紀からあったものではあるが、その政治的・行政的な区画を、十四世紀以後、本章で探究したような色彩の異なる各種団体が埋めていったのである。

　そもそも余所者も容赦なく入り込んでくる都市では、農村では考えられないほど、さまざまな身分・地位・職業の人々が入り交じり、それまで見たこともない他人とつき合い、交渉をしなくては、一日たりと生活は送れなかった。そこで市民たちは、諸種の「団体」を形成して利害を守り、あるいは、相互扶助ネットワークを編んで安心を得ようとする。都市の政治も、こうした団体相互の力関係の調整の上に展開したが、その調整には、次章で見るように暴力や紛争も含まれていた。

　団体化の波に洗われることは、宗教の領域も例外ではなかった。都市の宗教儀礼が、そこに簇生した団体に担われ、新たな霊性が団体の中で醸成されていったのは、それゆえである。一見奇妙なことだが、「個人主義」が目覚め、自分の才覚によって出世も転職もできるようになったはずの十三・十四世紀に、宗教運動とその霊性はかえって「集団化」したのであり、あるいは「都市化」したのである。そしてこの時代、他のどこよりも——農村ではなく——都市においてこそ、宗教的信心がことのほか高揚したのだ。

　これまで、主要な「団体」について、その特徴をつぶさに検討してきた。それらの諸団体の存在様態は、重なり合う部分もあり、対抗・相殺する部分もありえた。では、それぞれの団体の、結合原理と時代における社会的意味については、どう判断したらよいだろうか。要は、後期中世シエナにおける社会的結合関係と、都市支配の原理つまり〈公共善〉との関係である。

　全体にわたって指摘できるのは、いかなる団体であれ、市政府としては、それらに応じた規則を課したり、代表者を通じて管理したりして、いわば〈公共善〉に反する行いをさせないように気を配ったこと。もうひとつ、できることなら都市の秩序を、これらの団体を基盤にしてその上に築こうとも考えていたこと、である。そもそも政体自体が、家系の組み合わせとアルテの代表、そして地区（三分区）ごとの公平な選出から成り立っていたことを思えば、その方針は納得できよう。

第一に、地理的な区分（三分区、コントラーダ）は、諸役人の選出母体であるとともに、徴税単位でもあり、さらに市民軍徴兵の基礎でもあった。こうした地理的区分自体への信頼は、シエナでは、中世を通じて固く揺るがず、新たな街区（ボルゴ）ができていった場合でも、それはそのような区分へと、早急に組み込まれていった。ただ、街区（ポポロ区）に着目すると、いずれも、有力家門が在地のボスとしてとり仕切り、住民のパトロン的役目をはたしていたし、家門同士の争いが、都市全体を混乱に陥れる危険もつねにあった。また貧しい労働者が固まっている地区も、平和を乱す不安定要素となった。

つぎに、家族・親族組織とは、血縁と婚姻関係によって紡がれる関係であり、通常二世代ないし三世代を含んでいる。一族郎党を率いる大家族では、パトロン・クライエント関係をそこに重ねることがあった。他の団体との関連では、しばしばおなじ街区に親族が集まるケースがあり、宗教活動でも、家族こぞっての参加や、貴族・上流市民家族による、「家族の名誉」のための寄進・後援が盛んであった。この家族原理は、感情の絆がもとになっているため、私的な利害の影響を受けやすく、都市全体の福利を目指す〈公共善〉が乗り越えねばならない、最大の対立軸であった。ところが皮肉なことに、人は家を単位としてモンテに加入し、その所属は世襲的権利となる。しかも後期中世、とりわけ十五世紀以降のシエナでは、五つのモンテが拮抗しつつ、全体として特権的な階級として政界に盤踞し、他のモンテ未加入の家と、決定的な差ができた。モンテこそが都市政治の主役になったのである。

〈公共善〉と家族（の名誉）は最大の対立軸だと述べたが、しかし、あらゆる中世の社会的結合関係のモデルがまた「家族」的なるものであることによって、対立軸自体が知らぬ間に変容していった。モンテは、悪しき家族主義の政治への容喙だとしても、兄弟愛・親子愛・夫婦愛といった、家族における慈愛の諸相が、さまざまな社会的結合関係に投影されれば、それは別の面から〈公共善〉と手を結び始めるだろう。対立軸が変じて、伴侶となる局面がやってくる。

三番目に、職業団体とは、おなじ職業を営む者同士の関係であり、ものの売り買いという経済的な原理と、ものを作るという技術的な知識・手腕の共有・伝達という二つの側面からなっている。親方と若い職人や徒弟の二世代が中核であり、そこに妻や息子など家族が加わることも頻繁であった。しかしこの職業団体もまた、中世シエナでは他の団体とオーバーラップしている。多くのアルテには信心会的な側面があるし、地理的な職業空間がある程度定まっていることから、近隣団体、そしてそこに根を張る家族・親族関係ともクロスする。もちろん、資本の論理が有力になってくると、外部社員・外部職人が加入し、内部の人間関係にも変化が及ぶが、シエナでは、中世末にいたるまで「家族」の力が非常に強かった。

またシエナでは、諸アルテは、商人組合によって管理統合されていたが、都市全体の〈公共善〉の理想は、商人組合による諸アルテの支配、それからアルテ内部では親方の圧倒的な力による職人・徒弟への支配、という幾重もの上からの支配によって、保たれることになった。だがそれぞれのアルテは、おのおの独自の名誉と、仲間としての団結を求めてもいたし、下からの反抗（単純労働者が親方に対して、小アルテが商人組合に対して）もあって、上からの支配がつねに万全というわけでもなかった。

四番目に、遊興集団とは、原理的には日常の政治的・社会的利害を離れた、非日常的な時間を過ごすための、人と人とのつながりである。まったく偶然の、居住区の違いも血縁・職業の相違をも超えた、つながりを実現できる場合もある。だがむしろ、中世の遊びでの——当局にとっての——問題とは、つながりの溶解であり、秩序の無秩序への転落である。だから当局は、無駄だとわかっていても、〈公共善〉の敵、つまり不名誉な、悪口雑言の温床たる賭博遊びへの禁令を繰り返し発布したのだし、時間・空間を厳密に限定された、近隣団体や職業団体がベースになった対抗試合を推奨したのである。

これらの対抗試合は、それぞれの団体の意気を高揚させ、ライバル心をくすぐりつつ、当局への不満をガス抜きする。また都市全体の大きな祭りの準備も諸団体に担わせて、責任を持たせる。行列では団体間のあるべき序列が外部に現れるようにする。こうして当局は、市民の遊びのエネルギーを秩序固めに転化しようとしたのである。近代のサロンやクラブ、カフェのような、開明的な知識が伝達され、良き社会体制をもたらす改革のための語りがなされるような、そのような遊興空間は中世には存在しなかった。それでも、ガウデンティ（道楽者）の途方もない浪費や婦人のお洒落熱には、〈公共善〉を旗印に、市民生活への規制を強める都市当局に反抗する「自由」の気配があり、政治的・社会的抑圧からの脱出口への希望がある。

最後に霊的な絆で結ばれた集団は、おなじ自由への脱出口でも、遊びとは対極の脱出口を用意した。遊びが遠心的に作用するのに対し、霊的関係は、日常とは別のレベルで、求心的・上向的志向を持っていた。それは既存の団体、たとえば職業団体などと重なり合う人間関係であるときもあるが、あくまでも目標は地上にはなく、あの世の救済であるゆえに、また死者をも包み込んでいるがゆえに、その社会的機能は大きく異なっていた。

さらに中世都市では、あの世の救済と、この世の救い（慈善）が不可分に結びついていた。そして慈善を行うには、一人ではできない、というよりも、より効果的な慈善をし、魂の救いを確保するには、団体を形成するにしくはない、と考えられたのである。こうして、慈善活動と宗教的なお勤めとを同時に行う、俗人主体の多数の団体がつぎつぎと形成されていった。信心会・第三会・ジェズアーティ・マンテッラーテ・施療院……。シエナの際立った特徴は、すべての慈善施設・俗人信仰団体を統括するセンターとして、サンタ・マリア・デッラ・スカラ施療院があり、それが都市コムーネと一体化して運営されていたことであろう。

それでも、一体化とは言い条、サンタ・マリア・デッラ・スカラ施療院が都市の政体のいいなりになり、市民たちを上から統制していった、ということではない。逆に、都市の政治家たちは、サンタ・マリア・デッラ・スカラ施療院に関わることで、日頃の党派根性や家門の利害から抜け出し、慈愛のネットワークに絡み取られ、身分も階級も異なる多くの民と関係を持つにいたるのである。慈善はまた、〈公共善〉のもっとも重要な要素、すべての人の福利の手段となる。慈善を受ける人にとっても、慈善を行う人にとっても。都市当局は、自らの施策では実現できないことを、霊的な諸団体に任せ、いわば〈公共善〉の一翼を担わせたのだが、その霊性の息吹を吹き込まれた〈公共善〉とは、もはや、都市当局がもともと考えていた〈公共善〉、たとえば、貧者・外人・市民権のない者・娼婦や身体障害者といったマルジノーなどの排除の上に成り立つ〈公共善〉とは、異質のものになっていたのである。その点に誰よりも自覚的で、新たな〈公共善〉を指し示したのが、シエナの聖女カテリーナであった。

後期中世、とりわけ十四世紀後半以降、シエナで一大展開した宗教運動と信心業は、〈公共善〉に新たに霊的な次元を加えることで——たとえ政治的理念としての〈公共善〉と同列の理想として議論されたわけではないにせよ——その姿を一新させたのであり、また逆に言えば、慈善と魂の救済の事業が、教会や修道院ではなく「都市」と「市民」を主体に推進されていくことで、キリスト教の信心に、都市的な公共性と市民的理法が与えられたのである。これは、究極的には、共和政体の中世イタリア都市、その政治的・社会的・宗教的「実験」が、ヨーロッパ史上、あるいは世界史上に何をもたらしたか、というより気宇壮大な問い掛けを呼び込むだろう。

第3章
噂と評判の世界
——裁判記録から

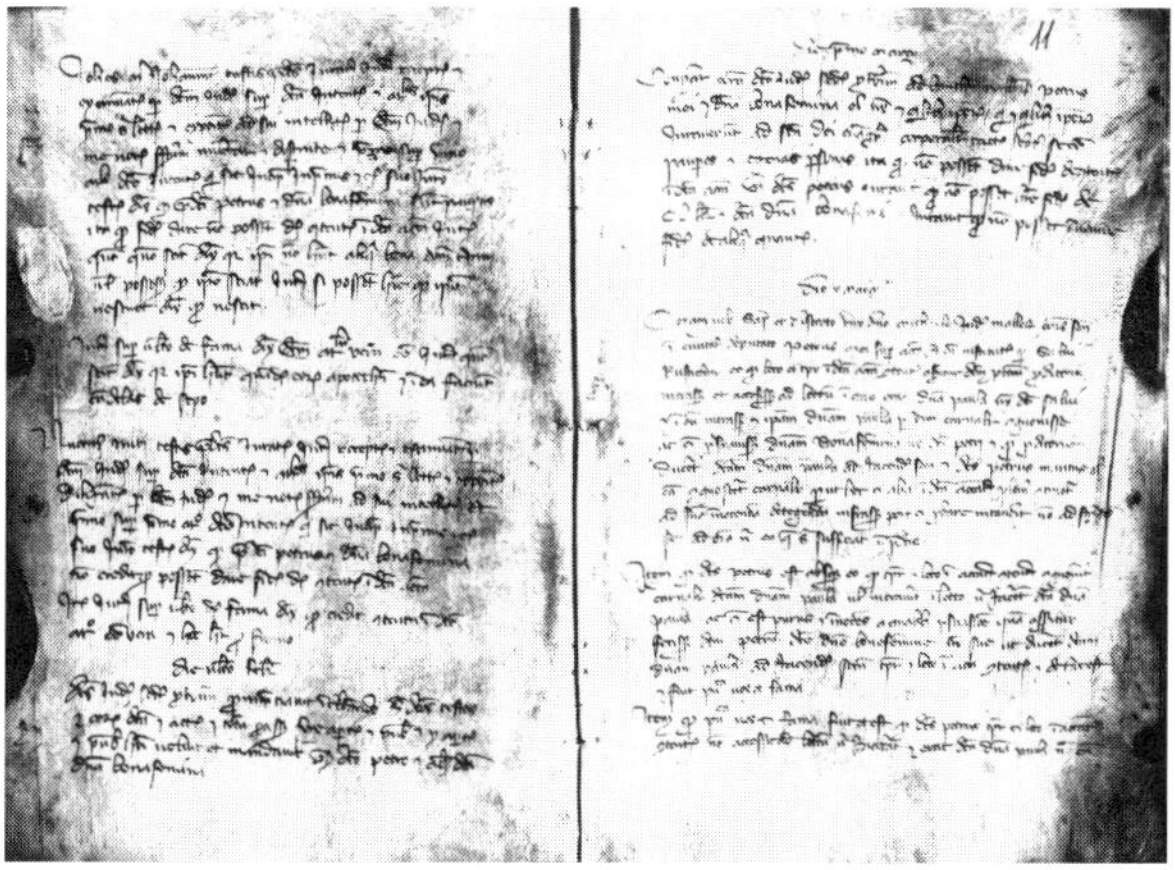

「ポデスタ史料」第32番の一部

前章では、中世都市の市民たちが生まれながらに、あるいは自由意志で加わったいくつかの主要な団体＝社会的結合関係の形態を検討した。本章では、ネガティブなあるいはマイナスの社会的結合関係として、「犯罪」「暴力」に着目してみたい。後期中世シエナの犯罪とそこに表れた人間関係について、未刊行史料をも駆使して詳しく調査してみよう。犯罪というのは、秩序や平和を脅かす、当局にとっても市民にとっても許しがたい行為であるが、時代固有の相を帯びている。いや、犯罪という反社会的行為から、社会の細部、その人間模様が写し出されることがままあるし、またそれを処罰・規制しようとする当局の態度からは、いかなる人と人との関係が望ましく、〈公共善〉に叶ったものと考えられていたのか、その様相が浮き上がってくる。裁判では、殺人・傷害事件、強盗や窃盗、家庭内暴力、侮辱行為など悪の百態が追及され、老若男女、外人やマイノリティーも登場する。都市条例などの規範史料からは知りえない情報の宝庫が、ここにある。

本書のこれまでの議論（第1章と第2章）では、史料の性格もあり、表に出てくるのは、言ってみれば中層以上の市民とその言動であった。無告の民である下層民の言葉は、ほとんど史料に残らない。彼らの姿が浮上してくるのは、叛乱の場面か、慈善の受け手としてか、追放や封じ込めの規制対象としてか、いずれにせよ〈公共善〉の担い手たるまともな市民の「陰画」としてでしかなかった。彼らが何を考え、どんな社会的結合関係を結んでいたのかは、なかなか知りえないのである。しかし裁判には、いかなる身分の者であれ公平に召喚され、証言を求められるゆえに、その記録から「民衆」たちのつながりの実態・仲間意識・名誉についての感じ方を窺い知ることができるのである。

これまで〈公共善〉については、その限界を超克する「霊的な絆」の影響力を強調してきたわけだが、もうひとつ、民衆たち、この公的史料にはあまり姿を見せないが、住民数としては圧倒的多数を占めた者たちの取り結ぶ人間関係、そこに生まれ受け継がれていく習俗も、〈公共善〉とぶつかり合いながら、無視できない作用を及ぼしたに相違ないのである。

a　犯罪傾向と処罰の体制

まず、後期中世都市の犯罪傾向と処罰の体制について確認してみたい。後期中世都市におけるその実態をより際立てるために、ごく簡単に、初期中世から中世末にかけての犯罪傾向と裁判・処罰のあり方を一瞥することから始めよう(1)。

中世が無法地帯であって正義を確保する権力・権威が欠けており、野蛮な犯行・復讐劇、盗賊・強盗殺人が横行していた……、というステレオタイプは、近年では否定されつつある。暴力・犯罪は、社会の価値観、秩序のあり方と不可分であり、中世には、それなりに平和を保ち、秩序を回復するための調整作業と抑制装置があったからである。当時の社会は、都市であれ農村であれ、住民相互の承認にもとづいてまとまっていた。中世の共同体にとっての危険人物とは、まずなによりそこから法的・道徳的に外れる者、外人や余所者、不名誉な職業の者などのことであった。そうした者たちを排除し押さえ込むことが、司法当局の第一の課題であった。

中世社会では、犯罪は犯罪と認められないと存在しなかった。犯罪の大小も今日とは基準が大いに異なろう。たとえば中世では「盗み」は大罪だが、「殺人」は、状況によってはそのように認められないのである。というのも、盗みという財産の意図的な破壊は、共同体の秩序の要諦たる個人間の相互信頼を揺るがすゆえ、共同体メンバーや共同体そのものの「生」を危殆に瀕せしめる。だから盗みはこの上なく卑劣で不名誉な行為だと裁断されたのであった。

一方、今日ではきわめておぞましく目にするのもいやな流血犯罪は、かつてはかならずしもそのようには考えられなかった。流血犯罪は、それがたとえ死をもたらそうとも、侵害された名誉を回復するために行われたのならば、正当化される。というのも当時の社会では、個人ないし家族・団体にとって、名誉ほど大切な価値はなかったのだから。さらに、今日あるような重罪と軽犯罪の区別は、当時は存在しなかった。今昔の大罪と小罪についての評価の大きな違いには、それぞれの時代における身体観の差も関連していよう。

ほかに性的犯罪は、実際に処罰されるかどうかはともあれ、法的には大罪に数えられた。冒瀆言辞と妖術は今日では犯罪を構成しないが、中世では深刻な罪であった。また中世社会は、構造的に暴力に晒されていたのは事実でも、それは規範化・規格化されていて、いわば、暴力自体が秩序の一部に組み込まれていたのである。暴力は法を介在させなければ暴力と認められないのであり、それは権利である場合さえ多くあった（父権・夫権、フェーデつまり一族の名誉回復のための復讐行為など）。

国・地域・都市によって、また時代とともに、何を犯罪とし何をそうでないと考えるのか、その規準は大きく変わっていった。許容できる閾がいつのまにかずれていくことが稀ではない。新たな感覚・習慣ができると、罪とされる犯罪内容が変わっていくし、司法による判決理由も変化するのである。だからこそ犯罪は社会の鏡なのである。

制度としてまた規範集成（法）としての中世の司法・裁判は、時代とともに大きく展開していった。刑事と民事を比べてみると、刑事的な諸制度は、中世の司法体系においては民事の一端にたまたま外挿されるのみであった。裁判は厖大な範囲の社会規制を行う務めを負っており、それが抱える懸案のうち犯罪はほんの一部にすぎず、大半は民事事件なのであった。しかし一朝、犯罪と認められたのなら、それは、公的な処罰を課されねばならなかった。

歴史をさかのぼってみれば、初期中世には、法の世界でも古代ローマとゲルマンの出会いがあった。まず最初は、ガロ・ローマ、フランク、ブルグンドなど、諸集団の法が並立していた。また自由人と奴隷との二身分があり、それぞれ司法的扱いがまったく異なった。この民族大移動時代の司法実践としては、「王宮裁判」placitum palatii という国王親臨の裁判集会と、「マッルス」mallus という自由人の裁判が相互補足的に行われた。マッルスでは伯が司会したが、判決はラキンブルギという、自由人から選ばれた者たちが下した。

この時期の裁判は、告発方式の訴訟手続きで行われ、被告が補償金を払うのが一般的であった。被告は自らの無罪や正当な権利を、神判や他の手段で証明すべきだとされた。審問の手続きはまだなかった。当初は、王のみが正義の源泉であったが、十世紀からは王権の弱体化とともに司法も分割されて、領主に受け継がれることになった。そして自治都市が成立すると、都市も自ら裁判権を持つようになるのである。

さて、中世都市というのはおそろしく紛争の多い社会であった。家族同士・ギルド同士・近所同士が争い合う。女も男もすぐにいがみ合う。都市では合理的な原理が統べていると思われがちだが、人間関係の実態は、伝統的な農村社会に近いものがある。争いが引きも切らなかった原因は、「名誉」をまず第一に問題にする社会だったからである。しかしその名誉とは、理想の名誉ではなく、日々の日常的な評価という些細なものが多かったことに注意しよう。悪口を言われただけで殺し合いになることもある。侮辱や悪口は、安定し潤滑な人間関係を取り戻すために、すぐに雪がれねばならなかったのである。

メディアの未発達な中世では、人々の肉体は接触しやすく、声は大きくなりがちで、また行動は素早い。さらに、第2章で詳しく論じたように、中世人は「集団的存在」であり、つねに他人の視線を浴びながら生きていて、集団内の、あるいは外からの評価、そして——些細な——名誉を価値の最上位において生活することを、いわば強いられていたのである。

こうして自分や家族、仲間の名誉を守るのは、都市社会でまともな「人間」として生きていく上での義務でさえあった。それゆえに、いたるところでたえざる口論・喧嘩・争いが渦巻いていたのだし、それを防ぐための規範が、何重にも張りめぐらされていたのである。

ここで留意しておきたいのは、中世都市に渦巻く暴力は、特定の価値体系の中に参与し、規則化し、コード化していた、ということである。それは思いも寄らない不条理な暴力なのではなく、多くの場合、「なるほど」と皆が納得できる力の行使なのである。だから、暴力が渦巻いている、というだけで市民たちの不安がまし、危険意識が高まるわけではなかった。彼らをそうした不安心理に陥れる咎められるべき暴力とは、規則に外れた暴力なのであり、あるいは暴力の行き過ぎなのである。言葉を換えれば、暴力は公然と透明な動機のために行われなければならず、それは逆説的ながら、規則によって、個人間の関係を構造化する社会的絆のひとつだった、とも看做せるのである。だから、その規則を一歩外れると、関係者の間に一気に憤慨や恐怖が湧き起こる。そして二心・隠蔽・秘密・理由なき暴力は、ひどく呪われることになる。中世では、裏切り者ほど嫌われた人物類型はいないのだ。

だが、いくら正当な暴力として集団内で認められても、都市全体の平和と秩序を預かる政権担当者にとっては、私的な紛争は調整されねばならなかった。公権力が犯罪抑止と処罰に介入し、公的な秩序をなんとしても取り返そうとしたのはそれゆえである。そして裁治権の最たる現れである「刑罰」が、その所を得ることになる。犯罪の処罰は、公的正義の華々しい表明として重視されたのであり、まさに〈公共善〉の尖兵なのであった。私的な正義と公的な正義、私的な名誉と公的な名誉、双方はかならずしもつねに相対立するものではなかったとはいえ、私的な正義・名誉の正しさは、公権力による御墨付きをもらって、はじめて証明されるのであった。

中世の刑事裁判は、しばしばそう考えられるほど苛酷なものではなく、被疑者は保釈されることが非常に多かった。判事らは法規を自由裁量で解釈して、しばしば赦免の方向に向かう。罰を軽くするべく、やむをえない緊急避難であったとの言い訳を聞き入れたり、未成年であることも考慮した。犯罪・係争が発生した際、裁判が唯一の解決のときもあったが、通常、仲裁・和解も並行して役立てられた。

一般にもっとも重い罰は、殺人・裏切り・強姦に科されたが、それらの重罪でも、事情によっては大した罰をうけなかった。殺人は、それが不意打ちだったり、夜間や休戦期間中の犯罪や、あるいは安全保障を得ている者を殺した場合に大罪とされた。裏切りは、そこに憎しみが隠されていると重く罰せられる。強姦は死刑もありうるが、多くの男性は、言い逃れをした。ほかには異端・大逆罪・ソドミー（同性愛）などの性的逸脱、贋金作りが大罪であった。盗みは「正当な殺人」より重い罪と考えられたが、それは一種の「裏切り」でもあったからである。さらに裁判を逃れるための出頭拒否も、それ自体が犯罪となった。ほとんどが罰金刑であったが、指定期間中に支払われないと身体刑が科された。

後期中世の犯罪と正義

後期中世都市の犯罪の特徴を、もう少し詳しく見ていこう。

フランスの「暴力」研究者C・ゴヴァールは、都市の暴力の特徴について、つぎのように述べている(2)。

彼女によると、都市世界では犯罪が多発したが、それはそこが内部の住民の犯罪を誘発させる根無し草の世界であったからではなく、むしろそこが犯罪の特権的な場＝多数の観衆のいる「劇場」であったからだという。多くの犯罪者は、外部の人間でありながら、規則的に都市と接触を持つ、都市的環境に親しい人間だったのである。これは、都市が保っている社会的結合関係の諸構造と関わっているとされる。つまり居酒屋・市場・礼拝の場（教会）、あるいは単純に街路、こうしたところが、農村の諸構造よりもより強力な社会的機能を具えていたのである。犯罪というのは、そこでは偶然起きるのではなく、またそこに、仕事で繰り返しやって来た者らが、一緒に飲んだ後、頭が熱してしまってその揚げ句に起きる……、というものでもなかった。

居酒屋や市場、教会などは、おなじ出身地の村人たちを集める場となったし、また村人たちは、都市という劇場の中に、声高く発せられる中傷の言葉や評判を聴取し聞き耳を立ててくれる人々の集まる場と機会、あるいは侵害された評判を回復するための行動に必要な聴取をしてくれる人々を見出した。都市は、その周辺に住んでいる住民にとって、紛争の解決に不可欠な公衆をもたらすが、それは、復讐の掟に必要な相識のテリトリーに、その都市からの距離が収まっている、という条件に適っていなくてはならないのである。

ゴヴァールによると、十四・十五世紀のフランス王国では、免ぜられた犯罪の約五七％が「殺人」だという。そのうち三分の一では、侮辱か侮辱的仕草が先立ち、また復讐が行使される八五％のケースで、殺人が後につづいた。というのも中世社会というのは、全般に「名誉の社会」であるゆえ、こうした犯罪は公然と行われねばならず、しかも殺人行為の理由を理解してくれる公衆の前で遂行されねばならなかったからである。ということは、すなわち現場に居合わせる人の数と資格が重要で、殺人行為が「妥当」だと、しかるべき人物たちに評価してもらえることが大切なのであった。さもないと殺人行為には「意味」がなくなってしまう。

だから犯罪をあえて犯すには、もっとも密に編まれた相識のテリトリーが大切で、この意味で、村人にとっては、通い慣れた近くにある都市こそ、より好ましい場所として浮上してくる。ある若者に、無理をしてもその好意を得たい憧れの女性がいるとして、彼は街路で夜、その若い女性を売女扱いして叫んでまわり、それが効果ないとなると、昼間、その女性を知っている人の多く集まるある市場で、おなじ振る舞いをする。するとその女性の兄弟が遅滞なく復讐の挙にでる……。このようなパターンが想定される。

こうしたパターンにおいて、途中「都市」を通過することは、犯罪を正当化するにせよ、否認するにせよ、そこに重要性を賦与するためである。田舎（村）での共通の噂が、わざわざ都市で言われると、それは噂の境位・価値が上昇したことを意味する。なぜなら都市とは、他者の目で見て読まれる名誉の形態・評判が、より優先的に流布する場所だからである。村人たちも、かような構造化した規則を弁えて、都市での振る舞いを工夫したのである。

このようにゴヴァールは記している。都市での犯罪・暴力行為の持つ一種の「価値」「社会的意義」の向上は、彼女がフィールドとしているフランス王国のみならず、イタリアの都市国家でもまったく同様であろう。だがイタリア都市の場合、もちろんコンタードの住民や外人が、毎日のように市門から入ってきては出ていき、中には都市の住民の多くと馴染みになり、知り合いになった者も多いし、そうした者が、わざわざ「都市」を犯罪の場として選ぶことはあったろう。

しかし、勘違いしてならないのは、村人、コンタード民だけが都市にやって来て犯罪を起こすわけではなく、市民同士の犯罪も非常に多かった、いやイタリア都市ではそのほうが圧倒的割合を占めたことだ。それは、以下に述べるシエナのポデスタ史料の博捜吟味からも明瞭だ。その場合でも、都市という諸種の社会的結合関係が入り交じり、重層し、密に編み上げられた世界の、さらに公共的な価値の高い場所、いわば都市劇場――居酒屋・市場・教会・街路・公共建築とその前など――での犯罪と、それへの対抗措置のお披露目・周知は、犯罪の「価値」「社会的意義」を倍加させたのである。

このような犯罪の「価値」「社会的意義」には、人々の「噂」と「評判」の、今日では信じられないほどの重要性が関わってくる。噂・評判が犯罪を引き起こし、犯罪を立証あるいは否認する。原告・被告の運命は、「噂」「評判」が公的に認められるか否かに懸かっている。捜査体制が不十分にしか整わず、鑑識技術もない犯罪立件の時代的な遅れにもその原因があろうが、そもそも犯罪の圏域が、ほとんどつねに名誉と不可分であったところにその最大の原因があろう。

そもそも噂とは、真実かどうか不確かで、出所もはっきりとはわからないまま、大衆の間に広まっていく話だ。それでも「真実らしい」という含みをかならず持って伝わっていく。またそれは、ある範囲のグループ・共同体に広まるのであり、無際限というわけではない。(3) 噂は中世末には、為政者が積極的に利用するようになり、彼らは、疫病・生態系の異変・蜂起などに際して広まった噂を、調べ集めることに汲々とした。噂を集め、誘導し、政治戦略に使うのだ。公権力の手に握られた噂は、統制の梃子になる。また宮廷では、貴族グループが敵対者を陥れようと、自分の利益になるように噂を使うこともあった。都市においてもおなじことである。都市とその周辺地帯に広まった――あるいは当局が意図的に広めた――噂は、人々の意識下に作用し、それなりに確実な機能をはたす。制度化されたお触れなどより、ずっと速く流布し、効果的なこともある。

噂は、広く認められた評判よりも非公式に、そして密やかに囁かれ、耳打ちされながら少しずつその輪を広げていく。だが、その内密な噂が、とても大きな力を発揮することがある。というのも、噂が評判 fama を養うことがあり、たとえば女性の普段と異ならない振るまいを、ふしだらにするからである。商品の売り方が不誠実で卑劣であるとされたり、ある女を魔女にしたりする素地を作るのも、そのきっかけは噂である。

しかし、たんなる散発的な噂だけでは、まだあまり効果はない。効果を持たせるためには、それが「公然たる評判」fama publica にならねばならない。fama publica とは、皆がそう信じている事柄であった。そして fama publica は「証拠」になるのであり、それがたんなる噂 rumor と境位の違うところだった。[4] こうした牢固に流布した――悪しき――評判は、その評判を立てられた標的（当人やその家族）にとって激しい侮辱になり、また暴力的行為も誘発して、彼・彼女らを追いつめる。噂は、湧き出たと思えばすぐに逃げ去り、その姿も未定型だから、当局者は、それが正しいかどうかを念入りに検証する。しかしいずれにせよ、当局者は噂なしにはいられない。なぜなら、噂には、彼らの知らない、もしかしたら統治にとって重要な情報が含まれることがあるからである。権力者は噂を利用することもできるが、しかしそれは、その無名性と潜在的な転覆・破壊力のために、彼にとっても怖いものであったろう。

権力者が政治運営のために「噂」を利用するだけではない。それは裁判手続きの中にまで進出する。都市での評判、噂の繁殖・輻輳が法的にも意味を持つ、言い換えれば、噂が証拠能力を持つようになったのである。人物についての事件との関わりの噂は、日頃の行状の「評判」と連携しながら評価されるのであり、そのことは本章 b の具体的事例でつぶさに観察する。

名誉社会たる中世においては、人物の評判 fama personae と出来事の評判 fama facti が重視される。評判は、いわば個人の肌にくっつき、その人物と一心同体なのである。法廷での証人尋問においてかならず「噂」が問い質され、「噂」と「評判」による証明が堂々と行われたのはそれゆえである。

ところで、当時のイタリア都市での裁判・犯罪追及においては、親告（弾劾）方式と審問（糺問）方式は、別々の訴訟方式に対応したが、実際の訴訟の進行では、両者が混ざり合っているのが通常だった。[5] むしろそれぞれの方式は、訴訟の状態とか局面に対応し、よりよい証拠が提供されるように使い分けられたのである。あらゆる訴訟は、両者を適当な割合で混淆していたと考えてよい。

最初告発（親告）から始まっても、ついで公権・職権による審問段階に移ることがよくあった。また「告訴」の範疇の中には、告発・密告・指示・報告が分類区分されていた。さらに fama（評判）は、もしそれが精確さと慎重な手段に伴われていれば、無気力な権利所有者——親告者——に取ってかわりうる合法的な論拠となった。そしてそのような「評判」は、判事に行動を開始させることのできる、暗黙のあるいは集団的な起訴形態だと公的に看做されたのである。

十三世紀の法学者たちには、つぎのような考えが広まっていた。[6] すなわち個人というのは、彼が社会的ヒエラルキーの中ではたしている役割、公私の生活での行動に照らして裁かれる。穢い仕事ぶりで自堕落な者は、良き評判の男が持つ恩恵・特典を得られないし、そればかりか不審の目で見られ、団体生活の周縁に追いやられる。こうした男は、法的・司法的レベルで制限を課された。「不名誉」な人間が公職に就けないのは、その制限のもっとも明白な表現であった。もしこのようなレッテルを貼られると、彼と一族は政治的影響力を失うにとどまらず、その社会的威信も失墜してしまう。だからこの「評判」は、法学者たちの考えでも、社会的統制の重要な道具、〈公共善〉へと合致した振る舞いをさせる支配の道具でもあった。社会的概念が法的概念と重なっていたのである。

これに関して、教皇教令 decretali の影響は決定的で、それはとくに証拠のメカニズムについての考え方に現れている。つまり近隣住民の過半の人々の「評判」fama の中心的役割である。これこそが「審問方式の裁判／糾問裁判」processo ex officio の鍵を握っていた。たしかにはっきりした罪の告白や現行犯などの目撃証人や明確な物証

――ないことがほとんど――があればよいが、そうでなければ間接証拠である「近隣の声」「近隣の大部分の意見」vox della vicinia / opinio della maior pars vicinie が、何よりも重要な証拠となるのである。これについては、本章bで、十四世紀シエナの一事件をめぐる裁判をたどる中で示すように、裁判で証人たちが「近隣の声・噂」について執拗に質問されているところからも、得心できる。

良き評判の人物、ある犯罪が行われたときにまだ損なわれていなかった評判の持ち主ならば、もしその者が当該犯罪の犯人として、二〜三人の証言によって名指されたときには、それだけでは有罪にならないばかりか、判事はこの人物に対して拷問したり、断罪したりしてはならなかった。というのは、良き評判は、人間性の永続的性格・本質の表徴として、たまたま湧き起こった噂よりも、より強力な無罪・無垢の指標だからである。しかし反対に、悪しき評判の人物に対しては、遅ればせの間接的な評判であれ、それで彼が犯人だという世間の単純な思い込みさえ示されれば、それだけで、拷問および断罪に進んでかまわなかったのである。

だからこそ、近隣住民の過半の者の意見は、判事の判決を導くのに決定的な役割をはたしたのだ。今日では不思議に思われるのだが、要するに人物の「評判」fama と事件の「噂」fama では、前者が優越する。判事も市民たちも、「一度罪を犯したやつは再び犯す」semel malus semper malus との考えを抱いており、ゆえに中世都市の糾問裁判は、共同体全体の集団的な裁判の様相を呈したのである。

中世都市の法令・条例というのは、過分とも言えるほど、つぎからつぎへと反社会的行動の数をふやしてあげつらい、市民として倫理的に許されざる行動を列挙していく。たんなる市民としての義務をはたすだけでは不十分、つまり軍隊（コンパニーア）に登記され、税務上の役割にも登録する住民たるだけではだめで、自らの手で働き、アルテに登録し、政治生活に参加し、賭博に身を落としてないと推定され、盗みを犯す必要がない……、という勤勉な「善良市民」boni cives である必要があったかのようだ。

善良市民たるか否かの推定と保証は、労働と生活様式、家族的編成、社会的地位などにおける「市民団」へのポジティブな帰属の印にもとづいて、いわば経験的に測定される。近所の評判という社会文法が、法的価値と結びついたのである。そこから排除された者たちは、さまざまな司法的な制度によって犯罪者の群へと追いやられていくだろう。このような司法の「正義」は、もちろん〈公共善〉を実現するためにあったのだが、それがいかに歪で偏りのある「正義」であり、したがって〈公共善〉をも不具なものにしてしまったかは、容易に想像できる。民衆たちが、自分たちを犯罪者に仕立て上げ、あるいは犯罪予備軍と看做すような「正義」と〈公共善〉のあり方に、どんなにしたたかに対抗したかは、本章bで掘り下げて考察してみよう。

イタリア都市国家における「都市の平和」というのは、十世紀末〜十一世紀前半に教会主導で行われた「神の平和」でもなければ、盛期中世以降の英国のような「王の正義」によってもたらされる平和でも、フランス王国のような「王国の平和」pax regniでもなく、市民たちの和合に具体化する平和であった。和合なくしては平和はないのである。アンブロージョ・ロレンツェッティの「善政の寓意」図では、「正義」が二重化して描かれ（前掲図1）、〈公共善〉の指揮の下で、「正義」が十二分に活動することによって、はじめて「平和」が——絵画全体の焦点に位置づけられた「平和」が——実現すると考えられており、加えて「和合」Concordiaの美徳が画面左手の「正義」像の下に特別なペアーを作っていたが（前掲図4）、これらの表現は、都市国家における「正義」「平和」「和合」の密接な関係と重要性を、雄弁に物語っている。

平和をもたらすことが国家（都市国家も含め）の一番の要件であり、公的な秩序の建設の条件なのであった。都市に平和と秩序をもたらすべき任務を負う政権担当者は、〈公共善〉の保証として「刑罰」を犯罪者に科したが、それは都市の良きシステムの印として、十三世紀の間中に徐々に比重を増し、頻繁に利用されるようになった。コムーネのため、そして公共のために、犯人が罰せられないままではけっしてならない。犠牲者への賠償・償いは、都市共同体commune civitatisによって、正義にもとづき、しかるべくなされねばならない。犯罪というのは、個々の被害者・犠牲者をではなく、都市自体civitasを侵害しているのだ。そのコムーネcommune civitatisの守るべき理念が〈公共善〉なのである。

イタリアの都市国家においては、なぜ「正義」や「司法」がかくも重要だったのだろうか。それは、「共和国」respublica であれば、自ら「正義」giustizia を施さねばならない、との原則からであり、それこそが封建時代との決定的な相違であったからだ。封建社会における仲裁者と都市共和国判事との違いは、技術面ばかりでなく政治的な相違でもあった。前者の仲裁者は、争い合う陣営から選ばれて、彼の振るまいはその陣営の意志に懸かっていた。一方後者の判事は、公権力 publica potestas によって上から与えられる公的役職であった。彼はまさに公的権威によって係争を解決し衡平をもたらす、〈公共善〉の奉仕者であったのだ。

イタリアの北・中部の諸都市で、それぞれよく似た裁判手続きが広まっていったのは、諸都市を経巡り回る法曹家たちが、あちこちの都市に雇われたからである。主たる裁判官（ポデスタ）は、半年ごとにあるコムーネと契約更新するが、もし更新しなければ他のコムーネへと移る。彼はもちろん一人で仕事するのではなく、下属する判事・公証人・警吏らを連れてきた。彼ら外人判事・公証人の集団を助けるのが都市の役人たち、触れ役などであった。もちろん別の裁判人グループ（ポポロ隊長を中心とする）もいたし、商業裁判（メルカンツィーアによる）は、ポデスタの担当外であった。教会裁判（司教法廷）はコムーネ裁判官の管轄外で、まったく異質であったことは言うまでもない。このように中世イタリア都市の裁判の大きな特徴として、法廷の多元性があった。

既述のように、裁判は被害を受けた者の告発（親告）によるか、判事による職権にもとづく行動によるか、あるいは公告つまり地方役人による告発によって起こされた。だが十三世紀の三〇、四〇年代からは、徐々に糾問手続きないし審問方式が支配的形式になっていく。

裁判に訴えられた被告のうち驚くべき割合の者（八〜九割）が放免・無罪とされたが、それは訴訟を進めて本当の解決・判決にまでいたることが稀れで、大半が中折れ状態であったことを示している。また、そもそも提訴するかしないかといった最初の局面での闘争圧力が重視されたのである。しようと思えば告発をすることができ、相手

を法廷に引きずっていける、ということに、裁判の内容・帰趨以上に重きがおかれたのであった。(7)

最後に、イタリアでの「司法顧問会」Consilia iudicialia の意義が、近年改めて注目されていることに触れておこう。(8) 彼らは判事へのたんなる助言者ではなく、判事に取ってかわって訴状 atti procedurali を新たに作る、そのため証人尋問をし、原告被告を召喚し、証拠書類を検討する……、といった役目があった。だからこの制度は、外人判事に対する市民判事による裁治権コントロールのための重要な道具であったのだ。

十三・十四世紀のイタリア自治都市（コムーネ）では、刑事裁判の担い手は外人のポデスタであり、ついで一二五五年前後からは、通常、やはり外人のポポロ隊長が引き受けた。外人判事はしばしば訴訟手続きに関する疑問点をどう解釈していいか不安に駆られたし、都市条例や特別なコムーネの法規の解釈にも困ることがあった。そういうときには、その土地の相談役の知識人、つまり当地の判事や法学者に尋ねるのであるが、こうしたところから「司法顧問会」が生まれたのである。

シエナの犯罪と刑罰の傾向

では、いよいよ中世シエナにおける犯罪の様子と刑罰の傾向について、見ていこう。

一般に、一二八七〜一三五五年の執政九人衆の治下は、珍しく治安が安定し、平和と繁栄を享受した時期だとしばしば考えられてきた。シエナ社会が混乱の極みに陥ったのは、この政体が倒れてから、つまり十四世紀半ばから十五世紀にかけてだというのである。だが、すでに指摘したように、九人衆時代に治安が安定していたというのは神話にすぎない。年代記を眺めてみれば、サリンベーニ家とトロメーイ家をはじめとする閥族同士のヴェンデッタ（血讐）や、ギベリン党とゲルフ党の党争、下層民の叛乱など暴動は絶えなかったことが一目瞭然だし、また裁判記録をひもといてみても、犯罪の多さに驚かされる。私がシエナ国立古文書館で閲読したポデスタ裁判記録には、刑事裁判の簡単な記録が数ヶ月ごとに冊子体にまとめられているのだが、十三世紀末から十四世紀末にかけて、平和でのんびりとした月などほとんどなく、町のあちこち、そしてコンタードでも大小の犯罪が繰り返されていたことが知られるのである。

犯罪はいたるところで発生する。喧嘩の末の刃傷沙汰や強盗や泥棒なら、街路や広場でも、家の中でも起きる。人気のない裏通りでの婦女暴行、郊外の街道筋の盗賊団などは、いかにもという場所で起きている。しかし中世都市には特権的な犯罪場所があった。宿屋と居酒屋である(9)。

宿屋・居酒屋では、出会った二人がたまたま積年の恨みを爆発させることもあるし、商売・取り引きの揉めごともあった。酔った勢いで暴言を吐いたために大喧嘩になることもあっただろう。口喧嘩から暴力に訴え、人殺しになることも稀ではない。しかしこうした宿屋・居酒屋の犯罪人としてむしろより注意すべきは、盗みを専門とする輩の多さである。彼らは町から町へ、城から城へと、居どころを変えて悪事を働くのである。金銭のほか、衣服・備品も盗まれる。サイコロやカードのいかさま師・詐欺師も横行した。小さな犯罪はひっきりなしだったろうし、娼婦も出没した。

一三〇九〜一〇年の都市条例では、ポデスタが市内とコンタードから旅人を脅かすあらゆる詐欺師や悪党を追い出すよう要請しているのみか、さらにいかなる宿屋も泥棒・娼婦・芸人・詐欺師を受け容れてはならないと命じ、秘密の告発者を派遣して発見させようとしている。またそこでは賭博も禁止された(10)。こうした宿屋・居酒屋の窃盗や詐欺は、広場や街路でわざわざ衆人環視の下で行われる暴行傷害や中傷と違い、隠された犯罪であるゆえに、なおさら憎まれた。

つぎに、刑罰について一瞥してみよう。シエナでは他のイタリアの主要都市とおなじく、十三世紀の間に法制度が発展していった。十三世紀に——ローマ法というよりも——地方の法・慣習にのっとった刑事訴訟の決まりがさまざま検討され、新たな法制が整備された。決められた日数以前に出頭しないと有罪となり、ただちに財産没収と追放命令が下った。シエナ市民・コンタード民を殺した犯人は、捕まったら三日以内に斬首される。暴行・襲撃はその傷や道具に応じて罰金が科される。処罰の迅速性が求められたが、被告の居住地や犯罪の性格によって必要な期間が異なった。このような大枠が決められた。

ポポロ勢力が政権を担当した共和政時代には、法廷の中央集権化や合理化も進んでいった。ポポロの支配は、訴訟を迅速で効率的、そして公平にした。古い神明裁判や宣誓は後退し、「噂」によって糾問裁判が始められる方法が確立していった。この「噂」は、後に部分的に証拠にかわりうるようになるが、証人のいない夜間や秘密の犯罪を扱う場合に、とくに効果的であった。また三分区ごとの触れ役が、一年任期で秘密投票で選ばれた。

ポポロや下層民にとっては、社会全体に蛮風を蔓延させる豪族たちの暴力は困りもので、ポポロ政府はその抑制に努めたのだが、豪族らの理解を得るのは大変であった。また、豪族間の党派争いにからむ多くの処刑は、その党派の者には行き過ぎで不法であると思われて、強い反発と疑念を呼び起こした。

一三一五年、ポデスタは、ある貴族党派の力を弱めるべく発布された平和令に反して市内に入ってきた六人の男の、それぞれの片足を切断しようとしたが、それに対して叛乱が起きた。ときに、判事たちはこうした処刑への関わりを避けようとした。一三五五年にシエナ当局が、二人の男に政府転覆罪の嫌疑を掛け死刑を宣告したときには、判事たちはこの死刑を不法な殺人と看做したため、当局自体が刑を執行せねばならなかった。一三七四年にサリンベーニ家の城で、追い剝ぎ・反逆者一行が逮捕されたとき、シエナのポデスタはすぐにそのうちの数多くを絞首ないし斬首したが、群衆の一派がいまにも叛乱を起こしそうになるまで、ジェーリ・ダ・ペロッラという男の娘を城壁から突き落としたサリンベーニ家メンバーには手を出すのをためらったのだった。(11)

いずれにせよシエナのポポロ政体は、十三世紀を通じ法律を改正して体罰を加える範囲を広げていき、たんなる罰金に加えて投獄と四肢切断の罰を科すことが多くなっていった。しかし四肢切断刑を科されるのは貧者が大半で、そこには身分による差別があった。(12)

もうひとつ、ポポロ政府の暴力抑制の努力の表れのひとつに、刑事的「追放刑」bandoがある。これは刑事事件の際の出頭命令不服従者に対して課される刑罰であり、司法命令として被疑者を都市やコンタードから追放した。しかも警察力のみに頼れない現状を鑑みて、追放刑の適用犯罪が次第に数を増していった。また追放された者への制裁や、それを解くための手続きも定められた。P・R・パッツァリーニは、シエナにおいては、十四世紀初頭以前には「追放刑」がほとんど唯一の、一般犯罪の予防と抑圧の手段であったとする。[13] 身体刑や罰金刑は、被告が逮捕され、あるいは裁判所に出頭しないと科せない罰であったが、追放刑と財産没収は、被告不在でも宣告できたので利用価値が高かったのである。

裁判手続きはさまざまな局面からなっていた。ポデスタが糾問裁判を始めると、被告を呼び出すためにその者の家に使者を派遣して、一定期間内に出頭して申し開きするように同日二回、決められた仕方で召喚する。それでも現れないと、同日か翌日、判事は触れ役に、被告の人格と財産における条件付き追放を宣言させる。そしてこの「叫喚告知」cridatio から三日たつと有罪が決定する仕組みだった。[14] 彼はシエナの都市とコンタードから永遠に追放されるのである。被告が放浪者などの場合は、犯罪の起きた場所、裁判所の中、市場の開催場所、さらに各三分区の公共広場、そして都市評議会でも叫喚告知された。

だから一三一〇年までに刑事的「追放刑」はたんに法的概念ではなく、司法の一環として制度化され、それは法的プロセスであるとともに処罰でもある、という特性を有していた。警察力が乏しく逮捕・処罰が困難であった時代の工夫であったと考えられよう。これには予防的役割もあり、ライ病者やヴェンデッタ参加者、トラブルメーカーを追い出すためにも使われ、さらに有罪になったのに罰金を払わない者への制裁ともなった。[15]

ではどんな犯罪がシエナにあり、それぞれいかなる刑罰を与えられたのだろうか。

犯罪の種類と処罰について、主要なものは都市条例に規定されている。[16] 一二六二〜七〇年の都市条例の最後の二部 Distinctio を、L・ズデカウエルが刊行しているが、そこにはじつにさまざまな犯罪とその処罰が規定されている。

武器を携行したり、弓を射たり、害意をもって仲間を集合させたり、石を投げて家を壊したり、禁じられた遊びをしたり、政権への反逆・フェーデ・騒動を起こしたり、畑・森荒らしや盗み、商売・職業上の違反、公共広場や街路でのゴミ遺棄、堕胎の薬や媚薬の調合・投与、性犯罪、誘拐、傷害や殺人、泥棒の匿い……、などである。傷害の場合は、どんな武器で襲ったのか、体のどの部分に危害を加えたか、血が出たか否か、などによって罰則（罰金とその額・追放刑、財産没収）が異なった。応報刑（身体刑）も見られる。

一三〇九～一〇年の俗語都市条例でも同様である。なかなか厳しいもので、既婚者が他の女性と姦通したときには、シエナのデナーロ貨で一〇〇リラを払うが、一ヶ月以内に払えないと右手を切り落とされる。(17) 自分の妻を殺した男、あるいは殺させた男は、その他の罰に加えて、その妻の嫁資や結納金や他の財産、また息子の財産ももらえないと定められた。(18) 女に流産させるための薬草や他のものを供与する者、あるいは悪さをなすために他人に何かを与えたり、惚れ薬、あるいは殺したり憎んだりさせるための薬を授けたり、そのやり方を教えた者は、デナーロ貨で二〇〇リラの罰金。ただしその薬で本当に死んでしまったりすれば死刑であった。(19) 民衆を叛乱に駆り立てた者、そして大声で蜂起をけしかけ、ポデスタやポポロ隊長や執政九人衆に立ち向かわせたり、他の市民に害を与えんとした者は死刑になり、全財産が没収されて害を被った者に与えられる決まりであった。(20)

殺人や放火・毒殺・強姦・誘拐・強盗・傷害などは厳しく処断されたし、また容疑者は判決が出るまでコムーネの牢獄に入れられていた。身体刑も多く、贋金作り・書類偽造者や泥棒は、目を潰したり、四肢切断で二度とおなじ罪を犯せないようにした。四肢切断は、決まった期間に罰金を払わないときにも課された。(21) 刑罰のうちもっとも厳しいものは火刑で、放火犯・異端・贋金作りなどがその罰を受けた。(22) おなじ犯罪（たとえば窃盗や殺人）でも、状況により――盗んだ品物の価値、加害者の身分、また被害者が市民か外人か――刑罰は異なった。(23)

名誉社会ゆえだろうか、ヴェンデッタは、許容されていただけでなく、やるべきものをやらないとかえって軽蔑された。とくに裁判が思わしい結果をもたらさず、肉親の被った死や危害の恨みを晴らせないときには、本人（下手人）に復讐することは許容されていた。市当局はヴェンデッタの拡大を抑えようとし、本人以外の無関係の親族まで傷つけ殺す者には倍加した罰が与えられることもあった。しかし一三〇九～一〇年の都市条例では、第三親等まで報復対象を広げても復讐者は罰せられない、とされた[24]。ヴェンデッタはむしろ一定の秩序維持機能を備えており、コムーネの司法政策はそれらの要素を取り込んだ上で実践されていたという、近年の公的秩序形成と紛争解決の実際との関係に踏み込んだ諸研究の成果は、シエナについても該当しよう[25]。

処刑・刑罰には、それを科される罪人および被害者の身分・性別などにより差があった。市民権を持つ市民と外人、市民と奴隷、男と女などで差がある場合があったのである。たとえば男女の違いとしては、傷害罪への罰金は男性に対するほうが女性に対するものより高額で、二倍になった[26]。外人への犯罪は市民へのそれより罰が軽かったし、暴行・傷害でもそうだった[27]。しかし、通常外人より優遇される市民でも、場合によっては罰が重くなった。たとえば殺人者隠匿などがそのケースである[28]。

興味深いのは女同士の犯罪についての特別な条項である。石や刃物で相手を傷つけるといった男性と共通の手口のほか、女性によく見られる、衣服を引き裂いたり、ヴェール・リボンを引きちぎって落としたり、他の女に姦通女と罵ったり、あるいは男に対して寝取られ男と罵ったり、といった罪への罰則が、都市条例には個別に詳しく記されている[29]。

性犯罪としてひどく恐れられたのは、ソドミー（男色）である[30]。これについて一二六二年の条例では、三〇〇リラの罰金で、もし支払えないときは男性器で吊り下げる suspendatur per virilia とされた[31]。その後の条例も、この規定をほぼ踏襲している[32]。

このように都市条例では、個々の犯罪に対応する刑罰が事細かに列挙されている[33]。身体刑が目を引くかもしれないが、しかし実際には、主要な罰は罰金であったのであり、ことさら残忍な刑罰が好まれたわけではない。むしろ現在の感覚からすると、こんな重罪でも罰金で済まされてしまうのか、というようなケースがきわめて多いのである。

さて、ではどうやって犯罪を証明するのだろうか。前項で指摘した、中世で広く行われた「噂による証明」は、シエナでも頻繁に見られた。シエナでも告発されたり取り調べを迫られるのは、そして断罪されるのは、噂と善き合法的な証人によって証明されたときのみであった。一二六二年の条例断片には、「そして、噂ともっともらしい疑念だけで誰かに対する訴訟が起こされるとき、犯罪捜査における噂の証明ないし疑念の証明については、一〇名の善良で適法な証人によって証明されないかぎり、そして彼らの言がコムーネの判事によって承認されないかぎり、公の噂（評判）ともっともらしい疑念によって証明されたとは看做されないこと。なんらかの憎悪か愛または誰かからの金銭か嘆願にもとづくものは考慮しない。担当判事たちは、提出された証言を熱心に詳しく調べること」[34]とある。

またシエナ市民を拷問にかける場合は、重罪犯たる者（大泥棒・偽造者・悪評者・嫌疑濃厚者）に対してのみであり、しかもまず五名の証言と蓋然性の高い推定により嫌疑が証明されないかぎり、拷問を課してはならなかった。だが、条件に適えば拷問して有罪を明らかにしてもよかった[35]。

さまざまな禁令を破った者の発見を奨励するために、罰金のうち半分は都市当局に、半分は「告発者」「密告者」に渡る、という規定も多い。とくに職人の仕事や商業上の違反を密告したときに、そのような（内部）告発者に褒賞が与えられた。そして偽の証言をしたり偽の証拠を持ち出したり、あるいは偽証させたりして、コムーネや特定の人物に害を及ぼした場合、そうした人物に対しては法に則って刑事訴訟が開始された[36]。

ポデスタ史料概要と利用方法[37]

シエナの国立古文書館所蔵の裁判記録は「ポデスタ」Podestà という名称の下に保存され、その証拠一式のうち刑事裁判 Malefizi 記録は、一二九八〜一五〇二年にわたっている。しかし欠損も少なくなく、また定型の繰り返しの文章がかなりの割合に達し、残念なことに、「訴状 acta、告発 accusatio にあるとおりの」として、嫌疑内容が詳しく書かれていることはほとんどない。そして被疑者の罪状にごくわずか触れるだけで、後は、証人たちの証言についての記載が型どおりに並んでいるというケースが多い。

しかし、こうした形式重視の裁判記録でも、使いようによっては非常に貴重な情報が引き出せる。というのも、そこには、事件の正確な年月日のほか、その場所——チッタかコンタードか、どの街区（ポポロ区／徴税区 lira）か、さらに誰の家の前あるいは隣か、誰かの家に面した公道か、あるいは家の中のある場所か——も明記されているからである。

裁判沙汰になった事件の「嫌疑」としては、喧嘩をして頭や顔や身体を殴る蹴る、髪を引っ張る、地面に殴り倒してからさらに蹴る、階段から落とす、怪我をさせ、場合によっては死に至らしめる、そうした話が大半を占めるようだ。男は男と、女は女と喧嘩するのが普通である。女同士が喧嘩して、悪口雑言・髪を引っ張り、頭被り・帽子などを取り、腕や手に噛みつく、といった案件も目立つ。しかしときには、逆上した女が男を刺したり殴ったりする事件も記載されているし、男が「売女」と叫びつつ、女に暴力をふるうこともあった。

加害の方法については、素手・足を使うのか、体当たりなのか、指で鼻を爪弾きするだけか、あるいは何らかの「武器」——板・剣・ナイフ・つるはし・槍・石・瓦・煉瓦・棒——を使ったのか、それは鉄製か木製か、傷つけた場所が顔か、右腕か左腕か、どちらの脇腹かなどが注記され、さらに何回殴ったり刺したりしたのか、石をいくつ投げつけたかなどの回数・個数、とくに血が出たか否かがかならず記されている。かぶり物や服を剝いだり破ったりしたか、頭巾・頭飾りを落としたか、また中傷の言辞についても、罪状として記されている。こうした細部が、罰の軽重を左右したのである。

三度（ないし二度）、触れ役が、ラッパや叫喚での召喚を行い、それを受けて被告は出廷する。被告は福音書に触れ、宣誓して自分の全面的無罪を主張するのが普通である。そして証人も三度、触れ役の召喚で集められて証言する。証人たち——被疑者や原告もそうだが、証人にも女性が非常に多い。被告・原告・証人すべてが女性のこともある——も、それぞれ知っている範囲で尋ねられた嫌疑の有無について証言する。犯行の場所と日時（夜、日没の鐘の後かどうか）も書き記され、夜の鐘の後なら罰は重くなるなどの、細かな記述もある。ときに土地財産の争いないし横領、（扉や窓を破って）家に侵入しての家財の窃盗、強盗、誘拐・拉致、強姦、穀物倉庫の放火といった案件も含まれている。いずれもシエナとそのコンタードの町や村が範囲である。有罪確定や出廷忌避により、罰金や追放刑を科されている者も多い。証拠がないとして、無罪 absolutus となっているケースもかなりある。告発したものの、立証できるだけの証拠がなくて嘘の訴えとされ、原告のほうが罰金刑を受けている事案も多々ある。

証人たちは、条項 articulus ごとに尋問されて答えているが、証言の保証として、事件やその他重要な場面に居合わせ、見聞した……、という直接証拠以外に、その人物をもう長年知っている、とか、「公の噂が流れている」ことが、根拠とされているケースがある。噂については、最後の条項として、かならず各証人に、どこの、どのくらいの大きさ（数）の噂かが、重ねて問い掛けられている。いずれにせよ、あたかも近隣での人品の評判こそが有罪・無罪を決めるかのようだ。物証が言挙げされることは皆無で、事件現場の目撃さえ、ほとんどない。前項でも指摘したように、後期中世のシエナにおいても、証拠というのは物品ではなく、自ら見たか聞いたか、あるいは伝聞、さらには「噂」のことなのである。決定的なのは「噂と評判」vox et fama であり、真面目な生活を送ってきた人物として人々の口に上っているのかどうか、ほかにどんな評判が流布しているのか、ということである。それはポデスタの裁判記録を眺めてゆけば、すぐに納得できる。

それでは、後期中世シエナの社会的結合関係を主題とする本書において、この史料をいかに効果的に利用できるであろうか。

犯罪の種類と結末、凶器の種類や怪我を負わせた場所、盗まれたものが何かなどについてチェックして、統計・グラフを作るというのも一方法かもしれないし、事件の「発生場所」に注目して整理するのもよいだろう。また、原告・被告両者および証人たちの地理的・家族的関係を徹底的に洗い出してみるのも面白いかもしれない。

しかし残念ながら、シエナの欠損の多いポデスタ史料では、いくら目を皿にして調べても、一〇〇年前後にわたった時期を対象にした統計処理にふさわしいほどの、完備したそして事案同士で均質のデータは抽出できそうもない。

そこでここでは、統計処理による事実の抽出は諦め、ひとつの事例を徹底的に読み込み、登場人物の立場や発言内容を判断することによって、後期中世シエナの人間関係を明らかにしていきたい。もちろんその中においては、証人の人数や立場についての統計的な数字も挙げて議論することになろう。

もうひとつの使い方は、私が徹底的に検証した十四世紀前後のポデスタ史料、七〇編ほどの中にある「悪口雑言」を集め検討してみることである。このポデスタ史料は、たとえばE・ル・ロワ・ラデュリの名著『モンタイユー』の史料となった南仏パミエの異端審問官ジャック・フルニエの『異端審問録』や、あるいはジャンヌ・ダルクの『処刑裁判』と『復権裁判』のような、被告や証人の生の声が詳細に採取され、生活ぶりや習俗・信仰のあり方・人間関係などがつぶさにわかるような史料ではない(38)。上述のように、きわめて型にはまった事務的な記載が並んでいるだけである。それでも面白いことに、被疑者やその相手が思わず言ったとされる「悪口雑言」は生の声がそのまま採取され、しかも、ラテン語史料の中に、その部分のみ「俗語(イタリア語)」で記入されているのである。

どんな「悪口雑言」が暴力や犯罪を誘発し、あるいはそれに伴うか、男女でどうちがうのか、などの点を明らかにできれば、当時のシエナにおける人間関係とそのほころびが見えてくるのではないかと思われる。

b　ひとつの事例より

ここで紹介するのは、ポデスタ史料第三二番の冊子に記録された事件とその裁判である[39]（本章扉図）。とりたてて大きな反響を呼んだ事件ではないのだが、ポデスタ史料の中では比較的詳しい審問記録が記載されているだけでなく、立場の異なる関係者それぞれの証言がきわめて興味深く、コントラーダ（街区）の人間関係とその軋みが窺われるので、取り上げてみた次第である。ただし、羊皮紙（ポデスタ史料の大半は紙だが、三二番は珍しく羊皮紙）の変色やインクの摩耗、繰り返しの使用などによる経年劣化が著しく、ほとんど読めない箇所も多い。

事件の概要

この事件についての審理は、一三四二年（中世シエナ暦では一三四一年）二月二四日に始まり、最後は同年十一月十九日の審理の概要記録まで残っているが、不完全な記録で結審のところまでは残されていないようだ。

事件の概要は以下のとおりである。最初の告発者サルヴィ・ルスティキという靴職人が、第一回の審理において告発しているところに、事件の顚末がごく簡略に記されている[40]。

すなわちそれは、サルヴィが、ボルゴ・ヌオーヴォ・ディ・サンタ・マリア（サンタ・マリアの新ボルゴ）地区のサン・マルティーノのポポロ区に住む、小間物店の主人ピエトロ・メーイとその妻ボナフェンミナを訴えたものである。訴状によると、前年つまり一三四一年九月のある日、夜を告げる第三の鐘の鳴った後、そして明け方を告げる鐘の音の前、その二つの鐘の間の時間につぎのような出来事があったのだという。すなわち、ボナフェンミナは、悪魔に唆されて悪行を企み、甘言を弄して、その頃仲良くしていた上記サルヴィの妻パオラを誘い込んで、「歓待するから、自宅に来て泊まっていかない？　一緒のベッドで寝ましょうよ！」としきりに勧めた。その際、ボナフェンミナは、夫のピエトロは「用事で出掛けてシエナの市内 civitas にもコンタード comitas にもおらず、もっと遠くに行って留守だから、大丈夫だわ」と言っていた。ところがその夜、ピエトロは密かに家に戻って、パオラが寝ていたベッドに入り込み、彼女を力づくで手籠めにしてしまったのだ。この卑劣な悪行は、じつはボナフェンミナが画策したもので、夫に助力と助言をした夫婦共謀の犯行であった。ボナフェンミナは見返りに、夫から自分の衣装のための布地をおねだりして、受け取った……。

概要は、審理の途中の記録にも繰り返されている。[41] また、それ以外に事件の様子の補足となっている証人の証言がある。すなわち、寡婦ルチア・アンジェリの証言中に、無理矢理犯されたパオラがなぜ叫ばなかったのかの理由が語られているのだが、それはピエトロがナイフで脅していたからだった。[42] シエナのポデスタ史料集にも、「助けて！ 誰か来て！」«acorri homo acorri homo» «accorre huomo, accorre huomo» «accuri homo» «accurrete» «accuri hoc» «accorri hoc» «acorri hoc» という叫び声が聞こえた、という証言が多数含まれているが、叫び声が問題になるのは、叫べば誰か気づいてくれただろうし、中世の司法観念によれば、その「叫び」が、犯人に貼り付いて、ただちに二度と消せない有罪の印になったから、ということだろう。[43]

なお原告夫婦は、被告とおなじボルゴ・ヌオーヴォ・ディ・サンタ・マリア地区の住人だが、ポポロ区（コントラーダ）は異なり、被告夫妻がサン・マルティーノのポポロ区であるのに対し、原告夫妻はサン・タガタ Sant'Agata 区である。この違いも、憎悪や噂の傾向と結びついているのだろうか。

地区の風評——糾弾と擁護の人間関係

それでは、この事件の裁判に召喚され、裁判官の尋問に対してさまざまな立場で答えた証人たちと、その証言について検討していこう。

まず、どのような人たちが証人として喚問されたのだろうか。この裁判は、以下に述べていくように大きく三つの局面に分かれる。その最初の局面であり、もっとも要となる審理を最初に吟味していきたい。サルヴィが訴えた、ピエトロとボナフェンミナの「犯行」に関するの証人尋問については、調書に召喚予定の、そして実際に出頭した証人リストが列挙してある。(44) もちろん召喚されても出頭しなかった者が何人かいる。

それらのリストによると、この審理に呼ばれ実際に出頭した証人は数十名に上り、男女ほぼ同数である。皆、近隣住民であり、職業・身分については職人が多いようで、胴衣製造業者・居酒屋主人・染色業者・鶏肉屋・ラッパ吹きなどがいることがわかる。女性はほとんどすべて主婦である。(45)

これらの証人は、一人ずつ判事に問われて、被告の嫌疑箇条につき順番に答えていくわけであるが、原告の主張に沿った発言をする者もいれば、被告を擁護する発言をする者もいる。

大きな傾向として、まず、被告を擁護する人たちは、本冊子（ポデスタ史料第三二番）の cc. 9r–24r に登場する証人たちである。彼ら・彼女らの主張はほぼ共通している。すなわち、その「事件」は、実際は原告夫婦のでっちあげなのであり、被告夫婦を陥れるための中傷にほかならない。彼らは無実でいかなる嫌疑からも無垢であり、そのように「公の声と評判」publica vox et fama がある。訴えられている事実はすべてありえないことだ、と繰り返し主張されている。そして被告であるピエトロもボナフェンミナも、良い人たち、良き身持ちの男女であり、誠実に生きてきた（homo bonus et legalis, homo bone conditionis et fame ; mulier bone et honeste vite）ということが、彼らを知っている人たちの間でのもっぱらの評判である。このように何度も主張されている。

もちろん証人たち自身も、皆そのようなピエトロとボナフェンミナの人柄の良さ、篤実さを信じていて、たとえば「どうして前記ボナフェンミナが無垢で無実だと知っているのか」と問われた証人プロヴェンツァリオは、「あの女性がそんな罪を犯すなどとはとても信じられませんから」と答えたのである。(46)

中でも面白いのは、被告を擁護するつぎのような見解が、証人たちによって繰り返し示されている部分である。すなわち、被告のピエトロとその妻ボナフェンミナは貧しい困窮者であり、彼らを知っている人たちも皆そう言っている、だから告発内容は信用がおけない、と。つまり、告発にあるような、高価な布地を買ってもらう、との約束で夫に女を世話し、夫が妻の提案に乗ったなどというのは辻褄が合わない、ということのようである。彼らには、今、「小間物店」apotheca の中に持っているものしか財産などなく、収入もない、ほかには貯えなど見たことがない、との証言もある。「彼らはその店で獣脂の蠟燭を作ってるだけですから」などと、より具体的に述べる者もいる。(47) また c. 11r では、ピエトロ自身、自分は一五〇リラなど持ってない、と証言し、告発内容は信がおけないと訴えている。(48)

こうした多くの支持表明からは、被告に本当に親しい人が証言してくれていることがわかる。被告と彼らを擁護する証人たちとは、具体的にどのような関係にあったのだろうか。それを窺わせる発言としては、「姻族ですから」「親戚です」「付き合いがありしばしば会ってます」「子供の頃からの知り合いです」「長年の付き合いです」「ボナフェンミナさんの家にはもう三年もやっかいになってます」「ピエトロとは十二年間も近所仲間です」「ボナフェンミナさんとは十三年以上の付き合いです」「二〇年来の知り合いです」「商売・仕事上で知っています」といった発言が注目されよう。(49)

では、つぎに原告の訴えに沿った発言をしている証人は、どのようなことを申し立てているのだろうか。どちらかと言えば原告寄りの証言をしているのは、同写本史料の cc. 2v–8v に登場する人たちである。

原告を支持するということで証言している人たちは、しかし、被告人を支持する証人たちに比べて、発言がそっけないような印象を受ける。そして、原告とその妻と知り合いではあるが、とくに親密な長い付き合いでもないようで、原告とその妻の良い人柄、信頼性を強調している人はほとんどいない。ただ、詳しいことは知らないが、近所で評判になっている、ということのみが原告支持の根拠とされている。

すなわち彼らは、当該ボルゴつまりボルゴ・ヌオーヴォ・ディ・サンタ・マリアでは、パオラが犯罪の被害に遭ったと多くの人たちの噂になっている（publica vox et fama, dici per maiorem partem gentium / dici a maiori parte gentium...）

というように証言するが、具体性に乏しいのである。またその噂の出所は、当の「犠牲者」パオラ自身で、彼女があちこちに触れ回っていた、ということが幾度も強調されている。たとえば、ギータ・アンジェルッチという女性は、「今年の聖ミカエル祭（九月二十九日）の前に、パオラから、ボナフェンミナが彼女を一緒に寝ないかと誘って、夫のピエトロが彼女を手籠めにしたことを聞いたし、そのことは前述のボルゴのコントラーダでもっぱらの話題になっているとも聞いたが、「公の噂と評判」の出所はまさにパオラ自身で、彼女が私（ギータ）とほかの多くの隣人たちに、そう言ったのだ」と答えている。(50) ほかに、夫のサルヴィのほうが触れ回っていたと言う者もいる。

だがひとつ興味深い証言が、ゴーラ・ヴィニアーニの証言にある。すなわち、彼女はおなじ話を、先の十月、パオラとその他の三人から聞いた。三人のうち二人は告発内容は真実だと言ったが、一人は真実ではない、と話したという。(51) 同一人の周囲でも、さまざまな噂が飛び交っていたことが垣間見える。

本裁判記録では、もちろん噂、評判が重要な要素となっているし、何度も何度も繰り返し噂になっていたことがしばしば証言されている。また噂はどこに広まっているのか、と問われて、それを具体的に答えている箇所が何ヶ所かある。興味深いので紹介してみよう。前節で、噂は無際限に広がるのではなく、ある「範囲」がある、と指摘しておいたが、そのことが当事件においても裏書きされるのである。

証人たちは、噂・評判の流れ行き渡っている範囲について「近所の人たち」「本人を知ってる人たち」「多くの人々」「シエナで」などと証言するほかに、「当ボルゴで」とか、「ボルゴ・ヌオーヴォ・ディ・サンタ・マリア地区で」「街路で」と述べるケースが大半であり、またより具体的な地名を挙げているところもある。つまり、それは「サライア門」であり、「カンポ広場」と「市庁舎」であり、あるいは「カルツォレリア通り」である。(52) また「商人」たちの間で、とくに噂になっていたとの証言もある。(53)

こうした言明は、噂にはかならず出所とその集中的な流布・伝播地区があることを表している。

立場の反転

さて、この事件の第一段階においては、被告は一貫して自分たちの無罪を主張していたわけであり、そのための証人も多くいた。この訴えはそもそも謀られたことであり、原告こそが彼らを陥れるための悪巧みを仕掛けたのだ、というのが彼らの言い分である。証言の途中でどんな悪巧みがあったのかという具体的推定が出てくる。最初に触れているのは、先述の証人プロヴェンツァリオの証言である。それによると、この茶番は、ピエトロを憎んでいる何人かの者たちの依頼でサルヴィが仕組んだかなり念の入った陰謀だった可能性があるのである。[54]

そして本案件に関しては、c. 33r からは一転して別の立場の一連の審理が始まっている。それは、一三四二年十一月十三日に開始された、いわば裁判の「第二段階」である。すなわちここでは先の、同年二月二四日の審理でピエトロ・メーイとその妻ボナフェンミナが訴えられた件は、偽りの誣告であったと被告夫婦が主張して、逆に訴えを起こしたのである。まず訴えられたのは、ミーナという女性であり、彼女は、先の三月二七日の審理の証人尋問で偽証をして、ピエトロとボナフェンミナを陥れたというのであり、それを証明するために一〇名の証人が召喚されて、証言しているのである。

証人らは口々に、ボルゴ・ヌオーヴォ・ディ・サンタ・マリア地区ではミーナが嘘を言ったともっぱらの噂だ、と言う。この誣告はもともとサルヴィの画策で、彼はミーナをお金で釣って偽証させたというのだ。二人はつるんでいて、ともにピエトロに悪意と憎しみを抱いていた。ミーナは貧しく身持ちの悪い性悪女であり、真面目な夫婦を陥れようとしたのだ、と証言された。[55]

十一月十六日には当のミーナが召喚され、自分への告発はとんでもない言いがかりだと身の潔白を主張しているが、判事は信じずに、ミーナをコムーネの牢獄に入れてしまった。[56] が、ミーナはなおも不服として法廷闘争をする。十一月二二日からは、当事者のほか、双方の言い分に加担する証人たちが召喚され証言している。[57]

この審理の中で、サルヴィの悪巧みの人間関係がはしなくも露顕する。[58] すなわち、サルヴィにはジャコモという染色業者の兄弟がおり、あるとき大喧嘩をし、ただ素手で殴り合うばかりか刃物で刺したりもし合ったが、仲直り後は一転、一緒に悪いことを考える仲になった（だが二人はずっと仲が悪く反目していたから共謀するはずはない、との証言もある）。二人の共謀の証拠としては、付き合っているのを見た、話しているのを見た、一緒に飲み食いしていた、などの目撃談も挙げられている。

ジャコモの義母に、フローラという女性がいた。このフローラと婿のジャコモがサルヴィと一計を案じて、さらにミーナに偽証させたのである……、ミーナは舌を切られて追放されるべきだ……、サルヴィは貧しく卑しい唾棄すべき人間であり詐欺師だ……、それに対してピエトロとボナフェンミナは誠実で良き人であることが、知人や地区の噂だ……、こうしたことがシエナ中とくにボルゴ・ヌオーヴォ・ディ・サンタ・マリア地区で噂になっている……。このように第二段階の原告（ピエトロとボナフェンミナ）を支持する証人たちは証言している。

だが他方でフローラ、ジャコモ、サルヴィを支持する証人もいて、それは、隣人としてよく知っている、親切な人たちだから、悪巧みなどしないはずだ、との論拠である。

つねにそうであるように、証人たちは原告・被告双方の側を支持しながら発言するのだが、その根拠はおおむね、「噂で聞いている」か、「隣人として付き合いがあって、人柄はわかっている」ということである。しかし、悪しき人柄を指摘されているのは、ジャコモやサルヴィそしてミーナであり、ピエトロやボナフェンミナに対しては、悪しき人柄との咎め立ては、ほとんどない。

一方、ミーナは、貧しく、悪い行状が強調されている。たとえば、fol. 41v では「同様に、前記ミーナ云々の告発条項について、彼女は貧しい女で、詐欺師や他の恥ずべき者たちと付き合っていることを知っています。他には存じません」との証言があり(59)、同様な証言を他にも何人かがしている。

またピエトロとボナフェンミナは、法律を守る誠実な夫婦であるとその人柄が称賛され、彼らはまた、小間物店を営んでいるが、付き合いの相手も皆誠実で良き評判の人たちである。近所の人たちからはそれに反する噂など聞

いたこともない、と多くの証人による証言があった。(60)

この第二段階がどう決着がついたのかは、残念ながら調書には記されていない。だが注目すべきことに、十一月十八日の審理から（c. 43v 以降）は、さらに事態が転回する。(61) いわば第三段階に入ったのである。それはサン・タガタのポポロ区のミーナ・ディーニがピエトロに偽証を告訴され、彼女がピエトロに不利な証言をしたのは誣告だったと言われたが、ミーナは、自分はそのピエトロと妻の犯行をサルヴィの妻とボルゴ・ヌオーヴォ・ディ・サンタ・マリア地区の大多数の隣人から聞いたからそのように証言しただけであり、ピエトロが自分を偽証で告訴するということこそ道理に合わず、自分は無罪潔白だ、と主張した。また当ボルゴでも、ミーナをピエトロが告発したのはお門違いの中傷・侮辱であり、真理に悖ってなされ、裁判官の前に提起されたのだ（fuit et est calumpnia et falsa et vituperosa et contra veritatem facta et instituta）と、もっぱらの噂、評判だとも付け加えた。

最初に訴えられたピエトロは、ミーナを逆に陥れようと画策したのである……。そのようなミーナの訴えの正否を見極めるための審理が始まった。そして以前の審理では悪しざまに言われていたミーナだが、今回はかなり好意的な証言が多い。彼女はその品行も生活ぶりも良く、夫とともに、自身、汗水流して働いているし、貧しくとも人の世話にならず、自力で生活していて、彼女を知っている人すべてがそう共通して述べている、というような、良い評判もある。(62) そうしたミーナを支持する証人として召喚された者は、二四人もいるのである。(63)

十一月十九日、実際に法廷に出頭したのは十九人で、大半がミーナの知り合いの女性であった。(64) 彼女らはコントラーダの近隣の人たちの噂で事情を知っているし、そうでないことは聞いたこともない、と口々に述べ、ミーナの言葉は、良い、適法な、よく知られた言葉だし、それは真実を言っていると思う、ピエトロのほうこそ有罪だ、と支持表明する。さらにこのことは、当該コントラーダでのもっぱらの評判だ、とも述べている。ミーナは、第二段階の審理では、あばずれの莫連女と非難されっぱなしだったのに、今回は、彼女を信じ援護してくれる仲間が証人として集まってくれたようである。

おなじ街区の、貧しいながらも懸命に生きている仲間の支援の言葉が、ごく簡明な記録の行間から湧き出ている。たとえば、証人のマルガリータ・ビンディは、ミーナが貧しくても人に頼らず生きていることを強調し、彼女が殊勝にも、自分や他の人のために水を汲みに行く姿や、木材やその他生活に必需なものを集めに行く姿など、働き者の彼女を紹介している。(65) またもう一人の証人パルメリア・ニコリも、おなじようにミーナが森から苦労して材木を集めてきて、自分の力で生きているけなげさを強調する。(66) さらにコーラ・ヴァネッリは、ミーナは良い人柄・品行の人で評判もよく、夫と自身の労働で生活しており、彼女を知っている皆がそう言っている、と証言している。(67)

おそらくミーナと日常付き合いのある近所の主婦たちが、いわれない嫌疑で告発された貧しいが一生懸命生きている女性をなんとか救おうと団結し、暖かい支援の言葉を法廷でつぎつぎ吐き出したのではないだろうか。こうした家庭の事情、細かな行動にいつも目が行き届くのが「女性」たちであるのも、印象的である。

このミーナを支持する証人たちの証言のところで、一件書類は途切れている。シエナのポデスタ史料は、不完全で最初から最後まで記録されているわけではなく、途中にも省略・欠損がある。そもそも最終的判決がどう出たのか、わからないものも多い。この案件もそうである。しかし、本書にとっては、最終決着はさほど問題ではない。たしかに興味はあるが、多くの隣人たちを巻き込んだ、審理の過程のほうが重要である。

本案件からは、近隣の人物評の主要トーンこそが、裁判の帰趨を決定的に左右していったという当時のシエナの司法のあり方が確認できるが、法廷で証言され、繰り返される「噂」「評判」は一色ではなく、いくつも対立する「噂」「評判」が存在したことが窺われる。そしてその「声」と「言葉」の、綿飴のようにつぎつぎ膨らんでいく粘着力ある力が、近隣関係をとり仕切り、守り、潤滑に動かしていることもまた、推察されるのである。近所には何でもすぐに知られてしまう、近所の人たちに嫌われると、それこそ安心して生活していくこともできない、という濃密な付き合いの長所と短所が、如実に表れているのである。とりわけ第一段階で、ピエトロとボナフェンミナ、とくにボナフェンミナを擁護した多数の主婦仲間たち、そして第三段階では哀れなミーナを擁護した、これまた多数の仲間の女性たち、こうした女の「声」「言葉」が司法の現場に実際に入り込み、繰り返され、大きく谺し合って、その判決の帰趨をも左右したのではないだろうか。

判事らは、〈公共善〉に指揮された「正義」をもちいて、犯罪を裁き「平和」をもたらす任務を帯びていたが、裁判では、どんな案件であれ巷に流れる「噂」を蒐集しなければならなかった。そして普段「公的領域」から排除されている貧しい者や女たちが、公的領域に闖入し、その思いを、間接的ではあれ語る回路がそこに開かれたのである。無告の民である下層の者でも、公的な裁判において、その言葉・声をつぎつぎ法廷に響かせ、エリートたる司法官を動かすことができた。その声・言葉は、ひとつだけなら無力だったとしても、二つ、三つと相互に支持し合う言葉を絡ませ編み合わせれば、大きな力になったことであろう。

〈公共善〉には限界があった。というのも、それを担えるのは、ある程度財産があり、税金を払い、軍事義務をはたし、政治に参加できる、中流以上の市民だけであり、下層民は〈公共善〉の消極的な受け手になるか、さもなければ紊乱要因として抑圧・排除される運命にあったからだ。また女性は、公的な場にしゃしゃり出るべきではないし、夫・父の「付属物」として、家に籠もっておとなしくしているべきだった。

だが本節で紹介した案件からは、隣組という、シエナにおける小さな人間関係が織り成す世界の中で、懸命に生き、助け合い、その人柄の誠実さを認め合い、良い噂、良い評判を流し広めさえすれば、下層民であっても、また女性であっても、その「言葉」「声」の力で、大きな世界、公的領域のあり方をも変えていけるという可能性がほの見えるのである。民衆たちは、とりもなおさず、既存の〈公共善〉の彼方を見据えていたのである。

＊

本節の最後に、この些細だが興味深い「事件」が起きたのはどういう時期で、またその現場はどんな地区だったのか、背景と時流を眺めてみよう。

まず、この事件の起きたサンタ・マリアのボルゴ borgo di Santa Maria 地区というのは、新たな街区であった。第1章bでチッタとボルゴの関係について述べたが、シエナでは、市壁内の空間が飽和してしまうと、新規に街区を――ある教会を中心に――区画化して作り、その後、その新街区をも包摂する新たな市壁を造っていった。十四世紀前半という、早いペースで人口がふえていった時期には、こうした新ボルゴに多くの移民を受け容れることになった。

サンタ・マリア地区はそうした新設街区の代表である。[68] それは市庁舎の裏手の急斜面の地区で、都市内で唯一の真っ直ぐな街路に沿って移民たちが集住していった。より具体的にいくつかの基準点を引き合いにだしてみれば、当ボルゴは、ペルッツィ門の外に広がり、メルカート広場の麓のヴァル・ディ・モントーネ門ともうひとつの（ポルタ・）ヌオーヴァ・ディ・ヴァル・ディ・モントーネないしジュスティツィア、あるいはサンタ・マリアの名をつけられた市門の間のゾーンであった。[69]

当局はまず土地を接収してボルゴの街路を建設し、その脇に移民が家を建てられるよう取り計らった。おそらく移民たちは、最初は賃貸借して住み始め、その間に新居を建設したのだろう。建設と入植は、一三二四年から始まった。その道路整備や建築に携わる労働者も多く集まった。そして新たな壁がいくつかのボルゴをその内に抱え込み、さらに、つぎつぎやってくる移民にそなえるために、あらかじめ緑地を囲い込んだ。毎年居住者の人数がふえ、教会建設の労働力としても迎え入れられた。

このように、ここにはコンタードの住民が都市の経済活動に惹かれてやって来るケースが多かった。コンタード民はなぜその場所を選んだのだろうか。それは、仕事場に近いということもありうるが、より可能性が高いのは、「郊外」のほうが居住可能な土地が多いし、賃貸借の場合もより安価だったからだろう。他にも多くの同様なボルゴがあったが、サンタ・マリアのボルゴは、コムーネにとってとくに都市発展プログラムの要地として重要であった。

だが一三四八年のペストに引きつづく何十年かは、人口が激減してより中心に近いところに人々が移ったため、シエナはその中心に向かって収縮してしまった。従来の都市計画は頓挫し、市壁に近いところには緑地・畑が拡大した。都市部拡張のために新たに造られてきた地区が、まず最初にそうした事態に陥った。まさにこのサンタ・マリア地区も、ペスト後はガラガラになってしまったのである。

しかし私たちが上に検討した一三四二年の事件の頃はペストの数年前であり、まだ非常に人口過密な地域であったろう。年代記作者アニョロはチッタで五万二〇〇〇人、ボルゴで二万八〇〇〇人、計八万人がペストの犠牲になったというが(70)、どう見てもそれは誇張であろう。当時の人口は、チッタ・ボルゴ合わせて、五万人程度と推定されているのだから。いずれにせよ、このボルゴには十四世紀前半にコンタードから多くの人がやってきて住みつき、建設業をはじめとする単純労働者として生計を立てたのであった。もちろんその他の職種の者も、近隣の者たちの日常生活に必要な物を供給する役割もあり、そこに住みついたであろう。

そのためこの地区は、古くからのシエナ市民家系が代々住んでいる地区とは反対に、コンタードから新入の市民たちが多数集住した新興住宅地であった。だから、裁判記録で「昔からの知り合い」との証言があっても、先祖代々の付き合いではなく、移住してきてから、せいぜい二〇年来の付き合いのはずである。出身地の村の人間関係を引きずる者もいただろうが、近隣に住むようになって、はじめて知り合いになった者たちも多かったろう。新興住宅街として元気があったに相違ないが、主要家門が牛耳っているコントラーダとは異なり、中流以下の、バラバラの田舎者たちがたまたま集まって、旧習に囚われない新たな人間関係が結ばれていったのではなかろうか。人間関係のほころび・危うさもあれば、頑張って良い関係を構築していきたい、との思いも強かったのにちがいない。そのような状態・思いは、上に紹介した事件と、証人たちの発言にも表れているように思われる。

c　中傷と冒瀆

悪態の数々

ではつぎに、ポデスタ史料からもうひとつの興味深い要素を拾い集めてみよう。ラテン語で記録されたポデスタの史料集の中に、それだけ「イタリア語」で書かれている、生の言葉、その大半をなす「悪態」の言葉を集めてその分析を試みたいのである。

私は、シエナ国立古文書館所蔵のポデスタ史料のうち、十四世紀の刑事事件を扱っている冊子をすべて閲覧して、そこに、犯罪扱いされている「悪口」「中傷言辞」を抜き出してみた[71]。すなわち、ポデスタ史料第一〇〜六四、三八一〜三八七番の全六二巻である。記述の精度はまちまちで、悪口が言われた状況や関係者の身分・階層・職業、あるいは場所などが、どの場合でもわかるわけではない。また裁判記録では、通常、そのような「悪態」「中傷言辞」が引用される前に、「[誰某は] 私を（あるいは原告を）侮辱をせんと、激昂して、悪しざまに、私の面前で、暴言を吐いたのです、云々」のように、証言されている[72]。

こうした悪態・中傷の言葉は、相手の家の前・広場・店舗・街路・公共施設の前などで吐かれている。大半は「公道で」in via publica / in strata publica とあり、中傷言辞は「公共」の場で言われなければ意味がないと考えられていたことが窺える。「公共」の場でこそ、名誉が守られ、あるいは侵害されるからである。多くの人に伝えるため、大声で公に叫び知らせることが大切であり、そのさまは「叫んでいた」clamabat / clamavit、「大声で叫んだ」exclamavit alta voce、「喚いた」gridavit などという語で、調書に記されている。しかも、あちこち近所中を走り回って喚き散らし、一度のみならず、何度も繰り返すことも多い。証人たちの証言では、かならず、二回とか、三回とか、何度も何度も、など回数についても触れられている。殴打・刃傷沙汰などの暴力行為に伴って発される悪口も多い。

また、これらの中傷事件は、有罪とされ罰金刑が科されているときと、証拠不十分として無罪となっているときとがある。中傷言辞を吐いたと訴えられた被告は、容疑を否認するときも、（一部）認めるときもある。

私が通覧したポデスタ史料で、悪口雑言・中傷言辞を放ったり、逆に投げつけられた人物は、総勢百数十人である。もちろん対立の一連の流れの中で、ときに攻守入れかわり何度か悪口の応酬をしている場合もあるし、別の日時・機会におなじ組み合わせの両人が、またぞろいがみあうこともある。

では、容易な基準でパターンを探るべく、男女の組み合わせから見てみよう。中傷言辞の投げつけの事例は、全部で八七件見つかった。[73] そのうち、男から男へが四二件、男から女へが八件、女から男へが九件、女から女へが二七件である。ひと続きの事件でおなじ人がおなじ相手を中傷した場合は、別の言葉であっても一件とした。ただし、売り言葉に買い言葉で、たがいに言い合った（AがBに、BがAに）場合は二件とカウントした。なお一件、イエスと聖母マリアへの冒瀆となっている言葉がある。[74]

登場人物の身分・職業などは明示されないものも多く、統計的な数字を挙げることはできないが、男性は、材木商・石工・鍛冶屋・薬種商・肉屋・食料品店主など職人や商店主が多い。ほかに農夫や公証人や司祭・修道士も登場する。いずれにせよ、さまざまな職業の者が他人と接して悪態を吐いた。女性については、主婦が大半のようであるが、未婚の娘もいるし、トレッコラ（鳥・卵・乳製品、または安物・中古品販売の行商女）といった職業を営んでいる女性もいる。

非常に興味深いのは、ポデスタ史料第二九番 c. 35rv にある聖職者に対する悪口で、「借金返せ！」《paga el debito che tu ai a pagare》、「借金返せ、さもないと痛めつけてやるぞ！」《paga el debito che tu ai apagare, se no io ti faro crociare》との悪態である。これは、なんと教会でミサを司式中の司祭に対し、カテリーナという主婦が司祭の腕帛（マニプル）を摑んで大声でこのように言ったのだという。教会に集まっていた会衆たちは大騒ぎになった。それでも司祭はなんとかミサを最後まで挙行したそうだ。

もうひとつ興味深いのは、第三五番 c. 9rv にある案件で、男の子を連れたジェンマという女が、ジョヴァンニ・トゥッチの家に入り込んで二階に上がり、ジョヴァンニの妻マルガリータに食って掛かる。それからマルガリータは助けを求めるが、ジェンマは外に出てきてなおも、「私にはあんたの恥になる息子がいるんだよ」« Ego habeo fancullum meum ad tuam ontam » という中傷の言葉を吐くのである（なぜか他の中傷言辞と異なり、ラテン語表記である）。これはどういうことだろうか。じつはジェンマはジョヴァンニ・トゥッチとかつて関係を持ったことがあり、マルガリータの知らぬ間に子供を産み育てていた、ということだろうか。

さて、それではつぎに、十四世紀シエナにおける中傷の言葉の傾向と代表例を見てみよう。

①男が男を罵る場合

男性同士の罵り合い・中傷が他の組み合わせに比べてずっと多いのは、公的生活を主に担うのが男性であったことからして、当然だろう。そこでもっとも頻繁なのは、「穢い盗人」soço latro、「不潔なロバ」soço asino、「大嘘つきめ」tu menti per lagola、「穢い裏切り者」soço traditore などの、相手を馬鹿にし、社会的信用を失わせるような悪罵であり、またつぎに多いのは「殺してやる」io tucidero / tollerocte lavita、「縛り首にでもなればいい」doueresti essere inpiccato、「シエナから追い出してやる」io ti cacciaro da Siena、「ほっぺた切ってやる」te taglio luna gota、「(残っている）もう一方の目ん玉も刳り抜いてやる」Io ti chauaro cotesto buono occhio のような脅し文句である。しかし関係に応じて、また場面に応じて、きわめて多様性に富むというのも、男同士の悪口の特徴のように思われる。

いくつか例を挙げれば、ある男が肉屋に向かって、三度「店の前で羊を焼くなんて、お前なんか縛り首にでもなってしまえ。そうすれば肉屋なんかできなくなるからな」と言った。[75]

材木商ドゥッチョ親方は、プッチャットという男に、「コントラーダ中を騒がせやがった、いかがわしい悪党め」と呪っている。[76]

おなじくコントラーダに関するものとしてバルトロメオという男がアンドレアという男に対し「お前なんか、このコントラーダを歩き回るべきじゃないぞ」と、隣組からの排除をちらつかせている。[77]

またマッテーオという男とヤコポという男は、マッテーオが「ヤコポの妹と性的関係を持ったぞ」と言いふらしたことから、たがいにそのことについて罵り合い、「お前とは親類になったんだぞ」「親類になったんなら、ぶん殴って懲らしめてやる」「シエナから追放して、殺してやる」などと何度も応酬している件もある。[78] さらに司祭への悪口もある。[79]

②男が女を罵る場合

ほぼすべてが性的な堕落を非難する常套的な悪態・中傷であり、「穢い売女め」「売女ババア」(soçça puttana / soçça somaia puctana / soçça puttana troia assina / soçça puttana ruffiana / soçça puctana vecchia) という悪態が中心になっている。もちろん「殺してやる」とか、「火炙りになってしまえ」などが付属している場合もあるが、中心にあるのは、つねに女性の最大の名誉である貞潔が失われ、不潔な淫乱ぶりで地域の風紀・道徳を乱している、との誹謗である。

③女が男を罵る場合

これは、立派な市民としての義務をはたさないとか、それどころか不名誉なことをしている、という非難が共通している。「裏切り者」traditore、「大泥棒」ladro publico、「ぬけぬけと嘘を吐く」tu menti per la gola など、つねに男性を非難するときに持ち出される悪口のほか、上に紹介した「金返せ！」というのも、しかるべき義務をはたしていない男性を公然と辱めているケースであろう。ほかに興味深いものとしては、「お前さんの弟のビンディーノが殺されたのとおなじように、ヴァル・ドルチャのチョーネのとこに行って殺されりゃいい」のような勇ましい脅しもある。[80] もちろん、この場合女性が自分で手を下すつもりはなく、他人に殺されればいい、という悪態である。また「穢い奇形のスモモさん」soçço boççachione「穢い洟垂れ小僧くん」soçço moccicoso のような悪口からは、男性も身体条件を中傷の的にされたことが窺える。[81]

④ 女が女を罵る場合

圧倒的に多いのが「穢い売女め、雌豚（売女）め、女ポン引きめ」との悪態であるが、もちろんその上に嫌がらせや脅しの言葉が組み合わされていることもある。たとえばいくつか例を挙げれば、「畑の溝にあんたの農民全部を引き込んだ穢い売女め」「穢い売女め、鼻を削がれちまえばいいんだ」「穢い売女め、目を刳り抜かれちまえ」「穢い売女どもめ、邸館 palazzo に行ってそこにいるかぎりの若者にぶちのめされればいいんだ」などのように。[82] これは男が女を罵る場合とほとんど違わないのだが、わずかな例からは、別の関わり方も見えてくる。たとえば、教会に蠟燭と小さなパンを進呈する役目のある二人の女性による声高な口喧嘩の例などもあり、そこからは他人との関係をめぐる女同士の微妙な意識のちがいが窺われよう。[83]

ところで、T・ディーンという研究者は、イタリアのサヴォーナでの調査で、十四世紀に起訴された中傷言辞は四八種類あったことを明らかにしている。[84] そのうち主要なものは、「不潔な虫の頭め」「汚れた腐った女め、ぬけぬけと嘘をつくな」「お前なんか嫌いだ」「腐ったお喋りめ。神がお前に不幸をもたらしますように。汚れた軽蔑すべきロバめ、なんでここらあたりにうるさくお喋りしに来るんだ？」「お前なんか犬みたいに嫌いだ。撲って蹴っ飛ばしてやる」「醜い腐ったポン引き」「お前は悪魔で汚物だ」「泥棒で詐欺師だ」「お前は家から出た方がいいぞ、さもないと俺がお前をサヴォーナから追い出し、お前の息子たちの頭を蹴ってぶっ飛ばし、お前の肋を折るぞ」「この恥さらしめ」「キリストの体にかけて、お前の頭をぶっ叩いてやらにゃならん」「気違い少年」「最低のことしやがれ」「魔女の売女」「お前の喉を掻き切って止めを刺してやる」「醜い恥知らずの女め、ケツの穴に男たちでも突っ込んでな」「犯されちまえ」「偽物ユダヤ女よ、どうなるか知ってるのか」「腐ったポン引きめ、俺らはお前を家から追い出してやる」「腐った犬みたいな売女」「腐ったロバ、下劣な奴め」「盗んだな」「醜い腐った売女め」「お前が撲ったから、お前の両目を指で突いてやる」「お前なんか町中引き回されりゃいいんだ」などだそうである。

また彼のまとめによると、「お前が憎い」がごく普通で一番多く、「大嘘つきめ」がそのつぎに来る。もちろん脅し・挑戦・呪い・神への冒瀆も混ざっていたという。また、侮辱は三つの原型を使ってなされて、その効果が倍加させられる。つまり「性」「排便」「腐敗」で、またそれらが身体、悪魔、動物と結びつけられている。身体は病気・醜悪・変態によって、異常・穢れを際立てる。女性はほぼかならず娼婦というレッテルを貼られる。

危害の脅し、悪運の呪いはもっぱら男が他の男に行い、女は、相手の男がそうした目に遭えばよい、と言うのみである。女は性的な侮辱を受け、男は公的な信頼・役割遂行上で、誠実さ・勇気・価値が「ない」と貶される。そして嘘つき・庶子・裏切り者などと侮辱を受けたり身体を馬鹿にされたりする。身分の違う者、とりわけ上の身分に対しては、下の身分の者は、侮辱度を倍増させて貶める。

ボローニャとトーディについての研究でもその傾向に違いはなく、女性は性と性的品位をめぐって中傷され、男性はその誠実さ・勇気・価値を問題にされる、との結果が導きだされている(85)。だから女性は「売女」と呼ばれ、男性は「嘘つき」「泥棒」「裏切り者」と侮辱される。女性への中傷は、共同体が娼婦を見つけ同定して印づけ、場合によっては市外に追い出す権利があることを利用して、言い触らされる。だが男に対してはより複雑で、都市全体の公共の利益を背景にした発言ではなく、激しい個人的対立・憤激にもとづいて、相手にダメージを与えようとしているようだ。だから「都市」からではなく、身近な「隣組」から排除すればよいのであろう。また男への中傷はしばしば権威ある地位、名誉ある職業にいる者に対してなされることも多く、「泥棒」「裏切り」「庶子」などと、地位の低い者が地位の高い者に対して言うと、その身分・階級の差が犯罪の重さを倍加するのである。

シエナの場合をこうした観点から眺めてみると、どのような特徴が認められるだろうか。

「お前が憎い、嫌いだ」というような悪口は、ポデスタ史料にはほとんど出てこないが、もちろんそうした態度は、悪態を吐く場面ではありありと示されたであろう。女性は性と性的品位をめぐって中傷され、男性はその誠実さ・勇気・価値を問題にされる、という傾向は、シエナでも、サヴォーナ・ボローニャ・トーディなどとまったく同一である。

シエナでは、対立する相手をコントラーダにいたたまれないようにして、排除するための「中傷」がいくつもあったが、裏を返せば、狭い範囲の隣人関係こそが、一般のシエナ人の生き延びるための巣であったことを、それは雄弁に物語っていよう。だから、コントラーダの名誉を侵害し住人たちの和合を乱す者、とのレッテルを貼られた者は、とてつもない痛手を蒙ったのである。前節で紹介した、近隣の仲間の「連帯の言葉」、暖かい支援とは正反対だが、おそらく両者は裏表の関係にあったと見るべきであろう。

悪口・中傷の重大さ

では、悪口・中傷の言葉が、当時のシエナ社会において持っていた意味と重さを、都市条例に照らして測ってみよう。多くの都市は侮辱に罰金刑を科している。都市によってあらかじめ罰則を加えるべき言葉を決めているところと、ポデスタの気持ち次第で判断するところとがあったし、侮辱の言葉はある相手に対して一時につぎつぎ発せられたら一回とカウントするのか、それとも侮辱語の数だけ侮辱したと数えるのか、さまざまであった。さらに、犯罪としての侮辱はその場所——市庁舎や法廷での場合のみ、など——を限定するかしないか、そのときの気持ち——たんに冗談とか、侮辱する気持ちはなかったとか、口癖とか——にも関係するのか、身分や場所によっての違いはどうか、身ぶりも侮辱に加えるのかどうか、なども都市ごとに違った。

シエナではどうだろうか。

一二六二〜七〇年の条例では、サイコロ遊びやその他の機会になんらかの仕方で神と聖母マリア、また他の聖人の名前を冒瀆したら、一回につき一〇〇ソルドの罰金で、もし支払わないときには投獄される。罰金のうち半分は告発者のものとなり、他の半分はコムーネ収入に加えられること、また誰かシエナ市民を侮辱する歌を作ったり歌ったりしたら、一〇リラの罰金を徴収され、中傷の言葉を吐いた場合は四〇ソルドの罰金、などと定められている。(86)

一三〇九〜一〇年の都市条例ではより厳しくなり、神や聖人への冒瀆がデナーロ貨で一〇〇リラの罰金、一〇日以内に払わないと舌を切られることになっていた。また他人への悪口を禁じ、それを言った者の身分や悪口の内容に応じて、デナーロ貨で四〇ソルドから二五リラの罰金を徴収され、さらに他人を貶め中傷する歌やソネットや文章を作った者にはデナーロ貨で一〇〇リラ、それを歌ったり唱えた者にはデナーロ貨で二五リラの罰金と定められている。(87)

別の規定によると、夜他人の家の前やその者の住むコントラーダに行って、中傷言辞や穢い言葉を投げつけた者には、二五リラの罰金で、その証明には、五名の良き評判の証人による「噂の証明」probatio fame で十分だった。(88)さらに、ポデスタ、内閣 Concistoro の関係者や、コムーネ、ポポロの悪口を言う者の行状は都市の恥辱だとして、どの条例でもそうした言葉を吐いた者への制裁規定がある。(89)

ところで、シエナの都市条例では、とりわけ不名誉で、穢く、破廉恥で、都市を堕落させ住民全員を穢してしまうゆえに、排除すべき者たちとして「娼婦」「女衒」「旅芸人（道化師）」の三者がつねに三つ組みで取り上げられるが、その一絡げの断罪の理由は、彼らの悪癖のひとつに、悪口を言うこと maldicoli があるからだった。(90)また「悪口」についても女性独自の条項があるのが興味深い。一例を引用してみれば「もし上記の女たちのうち誰かが他の女に『お前の旦那は寝取られ夫』imboççamarito と言ったり、シエナの男性を『寝取られ夫』と呼んだりしたら、一〇〇ソルドの罰金である。そしてもし何か別の穢い中傷の言葉を吐いたら四〇ソルドの罰金。外人女性がシエナ女性に同様な暴言を吐いたり、その逆であった場合も、おなじ罰金とする」。(91)

聖職者に対しても、冒瀆や中傷言辞への取り締まり規定が定められていた。一二九七年の「教会裁判所刑事法規」Statuti criminali del fôro ecclesiastico の第三〇条では、聖職者が、聖母マリアや聖人、あるいは神・マリア・聖人の名前を冒瀆したら、司教によって一回につきシエナのデナーロ貨で一〇〇リラの罰金、支払わなければ投獄される、とあり、シエナの一二六二年の都市条例をほぼ踏襲している。第三一条の、誰かに対する中傷歌を作り歌うケースでも、基本的に市民に対する都市条例の規定と変わらない。第五〇条では、聖職者が、夜、誰かの家の前または、どこかのコントラーダに出掛けて、中傷の穢い言葉を、そのコントラーダかもしくは特定個人に対して吐いたなら、司教によって一回につきシエナのデナーロ貨で二五リラの罰金とされ、ここでも都市条例の文言をほぼ踏襲している(92)。

この法規からは、聖職者といえどもとくに徳操堅固な人物ばかりとは限らず、したがって他人の悪口など言わないわけではない、それどころではなかったことが窺われる。

なお、第2章b「服従と連帯」の頃においてアルテの規約を検討したところで、アルテの名誉を汚すような言葉を述べた者、とくにアルテ長らに悪口雑言を垂れた者らへの制裁が、「名誉の護持」のため、いずれも厳しく定められていることを指摘しておいた。これはアルテだけでなく、さまざまな結社・団体すべてについて当てはまることである。家族・親族集団であれ、職業集団であれ、信心会などの宗教的団体であれ、その名誉、良き評判は、他の何よりも勝る価値であり、それにより、都市の中あるいはその外部にまで名声が広がり、人々の信用・信頼を得て団体が発展していくのだ、と考えられたので、いずれの団体も名誉を侵害するような言行には目を光らせていたのである。

ただ「遊興集団」のみは別であろう。これは、しばしば行きずりの、臨時の集団であったがゆえに、制度的な枠組みからすり抜けて、団体としての名誉を追求することはないからである。彼らなりの名誉はあるだろうが、それはたいていの場合、都市全体とも、他の制度化された集団とも背馳する価値観にもとづいていよう。第2章cで瞥見した「浪費連」はその典型で、質実剛健なブルジョワ気風などどこ吹く風、破滅するほど浪費しまくり、一般人の理解を超えた言葉を吐き、その狂気のような散財を人々に見せつけることこそ彼らの名誉であった。さらに貴族家系の散財が計算づくで家門の名誉追求が背景にあったのとは大きく異なり、この歯止めの効かない無鉄砲な若者集団の豪勢な出費は自己目的化していた。

そして遊び人の代表とも言うべき賭博者は、冒瀆言辞の専門家といってよいほどで、一旦賭け事にのめり込めばすぐに冷静さを失って、やけくそのように悪口雑言を吐きつづけた。だから、都市当局が彼ら博徒とその言葉に警戒を怠らなかったのは当然だ。一三〇九〜一〇年の都市条例では、賭博場では神や聖母マリアや他の諸聖人への冒瀆の言葉が毎日吐かれ、幾多の強盗・窃盗が犯されているゆえ、そこからは災難しかやってこないと、賭博場禁止の主たる理由のひとつを冒瀆言辞に求めている(93)。

良き評判は名誉につながり、中傷言辞はそれを損なう。だから都市全体においても、団体においても、名誉を傷つける言葉は、なんとしても根絶せねばならなかったのである。

良き評判と名誉

後期中世のイタリア都市では、「良き評判」や「名誉」は、たんに人々から敬われたり一目おかれたりする、というモラルの問題ではなかった。それは、いわば実体化・制度化していて、政治的な権利と不可分に結びついていたのである。そのような意味で、当時のシエナにおける「評判」buona fama や「名誉」onore が捉えられていたことについては、いくらでも具体例を挙げることができる。

そもそも執政九人衆ら政権担当者の責務は、シエナのコムーネとポポロの名誉や権利・公正を守るところにあった(94)。そして総評議会議員になるためには、二五歳以上という年齢に加え、善きキリスト教徒であることと良き評判が絶対条件で、破門されたり異端の嫌疑を掛けられている者はけっして選ばれなかった(95)。

さらにシエナの他の条例では、良き評判と名誉が、政治参加や社会生活上、公の場で大切だったことが窺われる。すなわち、役職中に虚偽、不正をはたらいた者、都市の名誉を失わせるような言行をした者、とくにシエナの敵対者に忠誠を捧げるなどした者は、総評議会議員や都市のさまざまな役職に就くことができなかったのである(96)。

ポデスタや内閣、商人組合の統領などの重要な役職者は、都市の名誉を体現すべく身を正し、振る舞わなくてはならなかったが、そのようなポデスタやコムーネの他の判事や九人衆（内閣）に危害を加えたり悪口雑言を吐く者は、コムーネ自体の名誉を傷つける者として処断された[97]。

次章で詳しく述べる都市造り、すなわち街路・広場や建築物を美しく立派にするために、官民一丸となって非常な努力を傾けたのも、一に掛かって都市の名誉、また一族・団体の名誉のためであった。評判や名誉をことのほか重んじるのは、都市自体がそのような価値を至上のものとしていたからでもある。だから、すでに指摘したところではあるが、不名誉な娼婦は、その現存によってとくに打撃を蒙る修道院や教会近くの地区をうろちょろしてはならなかったし、執政九人衆の住居の近くに住むことも禁じられたのである。娼婦や博徒が出入りする曖昧宿も、修道院の近くには作れなかった。

犯罪人は「不名誉」infamiaの典型であり、彼は恥ずべき、軽蔑すべき、信用のまったくおけない卑劣漢であった。ゆえに犯罪人は、公職からも、名誉ある地位からも、雇用からも、宗教的救済からも排除されるべきだとされた。反対に良き評判の人物は、誠実で信頼でき名誉があった。本章bにおいてひとつの事件を詳しく紹介・検討する中で、いかに執拗に、繰り返し「評判」famaの善し悪しが論われたかを見てきた。好評・悪評が、有罪か無罪かを決する最大のファクターであり、それを公正に判断することこそが正義の務めであったのだ。

当時の都市においては、世論・公衆の評判が人や団体の名誉・不名誉を決定づけたのであり、だからこそ、人々は悪口・中傷に異常なまでに敏感になり、また実際それが重大な結果を招いたのである。そしておなじ理由から、(根拠のない) 悪口・中傷は、それ自体が小さからぬ犯罪を構成したのである。

こうした、中世における名誉・評判・噂の政治的そして社会的な比重の大きさから、加辱刑の効果が由来する。犯人を市中引き回しにしたり晒し者にするだけではない。さまざまな手段で、犯罪者や都市への反抗者、都市の名誉を損なった者に対して公的に面目を失わせ、不名誉のレッテルを貼るという行為が、しばしば行われたのである。

そのレッテル貼りの興味深い代表例が、「晒し絵」である。この公的加辱刑に服するのは、たとえば贋金作りや証書偽造者であった。契約書・証書の偽造は商業的・経済的な違反・罪ではあるが、中世においては、それは政治的罪でもあり、さらに道徳を紊乱させる重罪であって、公的な屈辱に値した。だから罪人は裸にされ、ミトラ（司教冠）その他の帽子を被せられて晒し者にされたり、あるいは彼・彼女の犯罪を明示するモノを持たされた。そして犯人が逃走してしまったときに、かわりに「晒し絵」を晒すのである。晒し絵は市庁舎などの公共建築と犯人の家に描かれるのが普通であった。

シエナについて見てみれば、都市当局・ポデスタは贋金（偽造書類）作りを晒し絵にして市庁舎と他のコムーネの建物に掲示していたようである。ある期間が過ぎたら、それをそのまま貼っておくか取り去るかが総評議会で諮られた。(98) シエナを裏切ってフィレンツェに味方したマラヴォルティ家とその仲間が、晒し絵にされたこともあった。(99)

晒し絵にされたのは、都市全体に関わる偽造犯人だけではない。アルテの「名誉」を穢した者は、アルテで晒し絵にされることがあった。商人組合（メルカンツィーア）では、一三四二〜四三年の規約に、晒し絵についての規定がある。すなわち、なんらかの偽造または商人組合の統領らの法廷 corte で詐欺・不正行為をした者には多大の罰金を課し、仕事台や店舗・工房の所有を禁止することに加え、商人組合の館つまり商業会館にその氏名および罪状を付記した晒し絵を掲げる、と定められているのである。(100) また羊毛組合では、十三世紀末、アルテから何か盗んだり、アルテに所属するものを勝手に売り買いしたり、他の職人が作った作品 pezze に自分の「製造印」marchio di fabbrica を付けたり、仕事の材料をくすね取ったり、偽の書類を使ったりした者は、その晒し絵が集会所の特別な場所に掲げられた。(101)

これはもちろんシエナだけに関わる事態ではない。後期中世のヨーロッパの都市に共通する傾向だと推察できよう。団体の種類のいかんを問わず、人々が緊密に接し合い、その中での評判が、自身の地位も集団全体の評価も高めていくような小宇宙に生きている市民たちは、噂と評判をたえず気にし、またそれが傷つかないように汲々としていたのである。

まとめ

噂と評判、これがいかに犯罪とその審理で重要な役割をはたしたか、これまで縷々《るる》説いてきた。良き評判 fama と悪評 infamia のいずれを自分のものにするかは、被告にとっても原告にとっても、また証人にとっても決定的な意味を持っていた。それは、判事の心証を大きく方向づけ、裁判の帰趨を決めたからである。

「良き評判」と「悪評」は、法的な概念である前に社会的な概念であったのだが、両者は入れかわり交流していった。また「評判」は、都市における目に見えない公的な秩序維持装置であり、と同時に特権と差別の保証装置でもあった。〈公共善〉は、ここに思い掛けない助っ人を見出したのである。

だが、ここにも〈公共善〉の計画のほころび、あるいは別の面から見れば、新たな可能性への糸口があったのではないだろうか。

シエナなど、後期中世の発展した都市は、二重に重苦しい絆に絡め取られていた。市民はかならず、ひとつないし複数の「団体」に属して、その規範に従わなければならなかったし、また同時に、彼は都市全体の規範にも服さねばならなかったからである。都市当局は諸団体を、都市の平和と秩序を守る尖兵・駒として飼い慣らし規律化すべく、それらの組織内部にまで執拗に介入していった。そして各団体の行動を上から規制し、〈公共善〉に資する言葉と理念を押しつけようとした。

都市政府の理想は、コムーネ内に「良き言葉」が行き渡り、それによって人々の心が、〈公共善〉へと向くことであったろう。〈公共善〉の世界というのは、まさに「良き言葉」が流通している世界である。その逆が「悪しき言葉」のまかりとおる世界であり、悪政下では偽の告白・嘘・二枚舌・悪口がはびこった。「悪しき言葉」が跋扈すると、政治の言葉が変調して乱脈になり、「良き言葉」と「良き共住」の一致の上に成り立つ政治体全体の土台が掘り崩されてゆく。それを防ぐべく〈公共善〉は、「良き言葉」を分け合うのである。都市住民たちの間での、分け合われる言葉の平和的調整、これが、〈公共善〉のイデオロギーを主張する、ポポロの司法政策の一大目標であった。

しかしはたしてそうした調整は可能なのだろうか。そもそも、シエナ市民にとってもっとも近しい身近な集団、家族やアルテ、隣組や信心会、これらの原理は都市の市民原理とは位相を異にしていた。そのことはすでに前章で詳しく討究したところである。したがって、その中で紡がれる言葉、分け合われる言葉も、また〈公共善〉の言葉とは位相が異なるのである。たとえば家族ならば、家族の名誉の追求は、他の家族との敵対と衝突を生んで、中傷の言葉、憎悪の言葉を吐くことになり、それが都市の秩序や平和を脅かす。アルテならば、公正なる営業と競争をすればよいのであろうが、その公正さは、外部者と内部者をたえず分別することにもつながり、そこで排除の言葉が口にされるだろう。

都市にとっての「良き言葉」と諸団体にとっての「良き言葉」は、けっして同値されない。第2章で検討した諸団体、それから第1章で触れたコントラーダ／ポポロ区の近隣団体には、それぞれ独自の社会的結合関係が編み上げられており、それに応じた「良き言葉」が求められたからである。

中でももっとも位相が異なるのは、「霊的な絆で結ばれた人々」の団体である。サンタ・マリア・デッラ・スカラ施療院などの慈善団体、信心会やマンテッラーテのような信仰団体、さらには、くっきりとした輪郭を持たない、アモルフな宗教運動参加者たち。彼ら・彼女らの間には、本来ヒエラルキーは存在せず、あったとしても逆立ちしたヒエラルキーであった。そこには、中世シエナにおけるもっとも水平的な人間関係があったのだし、それは身分・職業などの限定を軽々と超えて、どこまでも広がり、またつながっていった。そしてそこで語られる「良き言葉」とは、低き者たちにまで分かち与えられる「愛の言葉」であり、いつも「あの世」「来世」から照らされた、換言すれば、世俗の政治・社会秩序を無化したところから発される（べき）言葉であった。

だから、いくら「慈善事業」が〈公共善〉の最重要の現れであり成果であると都市当局が考えて、宗教施設を統制していったとしても、それぞれの現場で語られる「良き言葉」によって、〈公共善〉の精神は、どんどん変質していく恐れ――都市当局にとっての恐れ――があろう。聖女カテリーナの言葉はどうだろうか。すでに第2章cでも少し紹介したが、独自のイメージ圏を動き回る彼女の「良き言葉」の豊穣なる威力については、第5章aで詳しく示そう。彼女が、シエナという都市の平和を希求して活動したことは疑いえないし、すでに触れたように、その活動を支えた「政治勢力」があったことも事実であるが、彼女のヴィジョンは、都市当局の理想とする〈公共善〉を独自の「良き言葉」とイメージによって飛び超え、世界へと延び広がっていったのである。

　ここで翻って、本章のテーマであった「犯罪」とそれをめぐる言葉、噂・評判について勘考してみよう。まず「悪態の数々」の検討からは、シエナにおいても他のイタリア中世都市とほぼおなじく、女性は性と性的品位をめぐって中傷され、男性はその誠実さ・勇気・価値を問題にされることがわかった。女性は娼婦と呼ばれ、男性は嘘つき・泥棒・裏切り者とされるのがもっとも堪《こた》えるのであり、そうしたレッテルを貼られた者は、〈公共善〉の支配する平和で秩序ある、そして名誉ある社会から、法的ないし社会的に追放されるのであった。だからこそ、みだりにこうした中傷の言葉を他人に投げ掛けること自体が犯罪だったのだ。

　このような価値観・名誉観が、広く一般市民そして下層民にまで浸透していたらしいことは、私たちの吟味したポデスタ史料に出てくる悪口雑言が、まさにその価値観・名誉観をなぞって、それに従ったものであったことから裏づけられよう。ということは、大多数のシエナ住民が、〈公共善〉の精神に沿って自分と他人を位置づけようとしていたことになる。

　だが、ことはそう単純ではないし、すべての住民が政治家たちの意向に沿った言動をしてくれるわけでもなかった。本章で検討した「ひとつの事件」をめぐって紡がれた噂・評判を注視してみると、このことがよくわかる。まず、これはあくまで地区・街区内のことにすぎず、全市的観点ではないことにも注意すべきだろう。ある程度離れたところでも「噂」されたとの証言もあるが、濃密な言葉の輻輳は、サンタ・マリアの新ボルゴという、地区内部で紡がれていた。

そして一方には、批判的な言葉があった。それは被告夫婦（ピエトロとボナフェンミナ）は相謀って、原告の妻（パオラ）を陥れたのであり、その企みは、被告のうちの妻ボナフェンミナが、夫ピエトロから利得を得ようと画策したものだという、告発の箇条に沿う証言をする者たちの言葉である。ところが他方では、そうではなく、彼らは身持ちの悪い不逞の夫婦に嵌められたにすぎず、むしろ被害者なのである、彼らは地区の評判も良く誠実な善人なのだ、付き合い仲間も評判の良い人ばかりだ……、という仲間の暖かい支援の言葉があり、両者は対立してどこまでも平行線をたどる。審理の様子は逆転、さらに再逆転するが、最後の「主人公」である貧しい女性、誣告罪で告発されたミーナには、悪い仲間と付き合うあばずれ女との非難もあったが、それに対抗して、非常に多数の仲間たちの支持の言葉が逞しく立ち塞がった。それは、貧しいながらも自分の力で一生懸命働いて生きている、真面目で律儀な女性だ、との「噂」とそれを証言する暖かい「連帯の言葉」であった。

この審理の過程では、「貧しい」ということが、マイナスの、不名誉・悪への接近の動機として語られている場面もあるが、多くの場合、「貧しい」ことがポジティブに捉えられ、被告を免罪する理由としても持ち出されていることが注目される。すなわち証言者たちは、判事とその公証人らがまとめた箇条をそのまま認め、それを「噂」「評判」と一致させる、いわばごく平均的な「〈公共善〉の言葉」を述べることもあったが、それに強く抗う、近隣の「連帯の言葉」をもしばしば発したのである。名誉をめぐる鍔迫り合いが、あちらでもこちらでも繰り返されたのであり、それを保証し、支え、盛り上げる、「言葉」「噂」「評判」が、「〈公共善〉の言葉」と対立し角逐したことが、このひとつの小さな「事件」とその裁判の検証だけからでも垣間見えるのである。

都市の名誉あるべき者や組織・制度に、「悪口」を言うこと自体が大きな罪だったので、当局は、名誉を損なう者には、「悪口」「悪評」を貼り付けて、その名誉ある社会から排除しようとした。このような「良き言葉」と「悪しき言葉」の自在な利用によって、中世都市の〈公共善〉が成立した。そして〈公共善〉には〈公共善〉の認める言葉の序列があったのだろうが、そうした序列に、各種団体、社会的結合関係は、かならずしもおとなしく従わず、それぞれの良しとする「言葉」を紡いでいったのであるし、また、政権に参加できない貧しい民衆たちは、自分たちを守るための、「連帯の言葉」を紡いでいったのである。

もう一度繰り返せば、後期中世シエナにおいては、聖女カテリーナの言葉に代表されるような霊的世界の照り返しを受けた超越的な言葉があって、それが〈公共善〉を上へと超克したとするならば、地区・隣組に根を張る貧しい生活者たちの言葉・声・噂の堆積は、そこに籠められた友愛の精神——〈公共善〉には欠けていた——によって、下から〈公共善〉のベースを変えていったのではないだろうか。

第 4 章

社会関係の結節点

市庁舎とカンポ広場

十三世紀から十四世紀前半にかけて、シエナは都市計画に則った建築ラッシュに沸き立ち、町の様子が大いに変化した。(1)これは執政九人衆統治のもっとも華やかで輝かしい成果でもあり、美を追求したその結果は、今日もまだなお目にすることができる。教会・宮殿・泉・橋・街路・広場などの新築・増築、造成・拡張、直線化・舗装……、これらすべての工程が全体の調和の中で立案され、実施に移された。毎年五月初頭には一大建築会議が行われて都市計画が論じられ、一年の綿密な労働計画が立てられ、多くの規定が定められた。技術的・経済的・法的な見地に美的観点も加えて、総合的に考慮されたのである。

建物や街路自体が、新設されたり拡張されたりする物理的変化すなわち景観の変化のほかに、一時的な特別な行事・儀礼がその場所で行われることによって、あるいは、たえずそれがなんらかの目的で使われることによって、その場所の意味が変わり、あるいはそこに価値が付加されていくことがある。そしてトポスによって行為・儀礼に意味が与えられ、反対に儀礼や特定の行為の反復によってトポスの隠された意味が開示される、という相互性がそこにはある。都市当局は、そうした意味形成をコントロールして、いわば〈公共善〉の理念の表れとして、市民および外部の共同体や個人にトポスの有様を見せつけ、都市のステータスや秩序、権力の所在や輝かしい名誉を示そうと努めた。(2)

式典や儀式は、静的なモメントと運動モメントを交替させ、特定の敷地・場所から共有空間へと、つまり市門や教会などのモニュメンタルな建物から街路・広場へと、フォーカスを調整していく。ドゥオーモや市庁舎他の都市モニュメントの意味は、それらを取り囲む公共空間（たとえば広場）によって強化され、また特定の儀礼的瞬間に活性化する。それぞれの公共建築物が、形式的・象徴的レベルの意味層を持っていて、それらをつなぐ運動が、新たな物語を賦活するのである。
後期中世のシエナは「聖なる都市」であり「市民宗教」が宰領していたがゆえに、一連の儀礼・シンボル・セレモニーによって、一方では都市世界の価値・制度・人物・慣習が聖化されるのだが、他方では、宗教的な諸価値が「市民的価値」を持つことが強調されるのである。シエナのドゥオーモは、司教座聖堂というキリスト教の儀礼の中枢であるとともに、市民儀礼のセンターとなって、まさに市民的価値の鎮護者の地位に納まったのである。[3]
こうした儀式の焦点になった主要建築物、そして広場について考えていこう。

a　都市空間と主要トポス

シエナのもっとも古いチッタ（都市中心）部は、現在、ドゥオーモ（司教座聖堂）がそびえる市内随一の高台にあった。この集落 castello はカステルヴェッキョと呼ばれ、もともと丘の上にある小さな区域であった。古代には、エトルリア人の定住地になった後、ローマの要塞ができた場所だと推定されている。[4] 周囲を統括するのに相応しい地勢である。初期中世にもほとんど拡張しなかったが、七〜八世紀以降ようやく人口がふえて、十一世紀には新しいボルゴ（新開地）が付け加わっていった。都市部の拡大につれ、カステルヴェッキョのローマ的構造も変化していき、周囲のボルゴと組み合わせた再編が行われ、それと同時に、都市の防備構造や市壁も造りかえられていった。

すでに十二世紀半ばから、コムーネは自らが考える都市空間作りのために多くの土地を買い占めてゆき、十三世紀末から十四世紀半ばにかけて、空間の組織化がハイピッチで進行した。これはちょうど、執政九人衆統治時代に相当し、その治下に、シエナの都市空間、主要建築物がすべてできあがった。すなわち公共事業として、新たな地下水道敷設、市壁・市門と市庁舎の建築、カンポ広場の造成、ドゥオーモ拡張、商人組合の建物（商業会館／商事裁判所）建設、道路の拡幅・直線化・舗装、さらには多くのフォンテと水槽が造られるとともに、また私的な家屋の外観にまで当局が介入したのである。これらは法制の整備と並んで都市に秩序を与え、美をもたらし、また名誉を謳うものだった。まさに〈公共善〉の目に見える表明であり、「公共美」のイデオロギー的な宣言である。[5] 都市条例自体にも、その旨が宣揚されている。[6]

かくて、市庁舎や広場、ドゥオーモをはじめとする教会・泉（フォンテ）・橋・街路・地下水路などの公共建築の美に、市民全体の価値観を向かわせて市民意識を高めようという考えを、歴代の政権担当者は抱いたし、都市を代表するポデスタや執政官のみならず、建設事業に携わる役人も、すべて〈公共善〉のために働くべきことが、条例の前文に繰り返し謳われている。[7] とくに面白い例は、カモッリーア門のすぐ外（前門との間）に整備された「草地」prato についての一三〇九〜一〇年の都市条例の規定である。そこでは、為政者が念慮すべきは、「都市の美であり、おのおのの優美な都市の主要な美しさは、市民や外人の楽しみ・悦びである草地や場所を備えることである」としている。[8]

「都市の名誉」という公共価値は、軍事や外交問題においてのみ感受されたのではなく、都市の美術的・建築的局面への恒常的注視の要求においても、それは際立っていたのである。当局も市民も、都市全体の美をいつも念頭においていた。これまで述べてきたように、後期中世のシエナでは、町並み（建物・市壁・道路）の補修改築が目白押しであったが、特別の役人が任じられて、新しい建築物の建設の監督や再建・増築プログラムの変更などの監督にあたった。道路にはみ出る「張り出し」や「バルコニー」は、全面禁止ないし厳しく制限された。橋やアーチも道路を覆わないように定められた。[9] 道路から道路へ、家から家へと見まわる役人たち。積極的な提言もあり、一三〇九〜一〇年の都市条例——これは一二九七年にさかのぼり一二八七〜九七年の条例（SS5）にも載っている規定——は、アーチ付き土壁 terra murata ad archi の家は、煉瓦でファサード・外壁などを建設すると都市の美化につながる、と述べている。[10]

公共美に対しては、市民皆が自覚を促された。シエナ市民たるもの、市の外観美に気遣うべきであった。もし自分の家を壊すときには、時をおかずに再建しなくてはならない。市の同意なく壊した家については、所有者は三ヶ月以内に再建する義務があった。草地や遊戯・気晴らしのためのスペースも、美に奉仕すべきであった。清潔も求められ、各三分区で四人の役人が選ばれて、その責任の下に街路や広場を毎土曜日に検査した。もし穢いと、地区住民が清掃を命じられる。清掃しないと罰金を課された。ゴミ・汚物、悪臭、動物などについての規定や、諸アルテの工房の集中を避けた配置の指示、あるいは街路やカンポ広場、教会前などにゴミ・汚物を投げ捨てる者への罰則や、皮革業者の皮剝の仕事の規制、各コントラーダへの監視員派遣など、市民全体あるいは特定業者に規制を求める都市条例の規定は、おびただしい数にのぼる[11]。

一三四八年の黒死病で、諸教会の増築・新築はパタリとやむが、それでもこうした都市の姿による政治イデオロギーの宣揚の要求は熱烈で根強く、その後も継続した。一三五九年以後の史料は、「装飾局」ufficiali sopra l'ornato / ufficio dell'ornato なる建築美を求める委員会の存在を示している。これは街路でのあらゆる工事に立ち会って、美の規準が守られているかどうか確認する役所であった[12]。本役所の役人は、街路をシステマティックに巡察し、その結果、ときに不適切な建物あるいは道路にはみ出るバルコニーなどが取り壊された。カンポ広場に面した店の店舗が、決まりより数十センチ前にはみ出ていただけで、店舗自体が取り壊された例まであった。

都市年代記作者、アニョロ・ディ・トゥーラやパオロ・ディ・トンマーゾ・モンタウリも、シエナは、その形・美・装飾で他の都市を凌駕するとして、市門やカンポ広場とその周囲の館、塔あるいは泉などを褒め称えている[13]。また市民たちも、外人が見物にやって来るし、商人や巡礼が通るからと、道路や建物は綺麗に維持し、都市の各所を美しく名誉ある場所にしなくてはならない、と考えていた。たとえば、総評議会での無名の市民の発言には、「シエナはつねに、トスカーナでもっとも愉悦に満ちた美しい都市だ」「訪問してくるすべての外人が、フォンテ・ブランダを見たがる」とある[14]。

市民たちは、当局から強制されてこうした規制にいやいや協力した面もあろうし、この美化が、都市イデオロギー的な要素を有し、個人の自由な発意・創意を制限していることもたしかだろう。だが、美の追求には、偉大な高さや深さを具えた建造物や自然が鼓吹する「崇高」の感情性とともに、イデオロギーを脱する志向性があり、それが、私的な名誉や利害を超えて、市民たちに当局の方針に従わせたのではなかろうか。

また、それぞれの建造物や広場には、都市美に資するという役割以外に、独自の意味を備えあるいはそれが付加されていったものもある。社会的結合関係のいわば結び目になったり、各団体の名誉の象徴になったりする、そうした役目である。

こうしたことを念頭におきながら、本節では、シエナの主要建築物について順に吟味したい。

市庁舎

シエナでは、執政二十四人衆政体倒壊以来、公的な政庁と主要な役人（司法・行政官）の居住地が必要だと痛感されるようになって、パラッツォ・プッブリコ（市庁舎）の建築計画が立てられた（図13）。執政九人衆が政権に就くと、すぐにカンポ広場に市庁舎を建てることを決定、七年にわたるプランニングが市民の委員会によって行われた。さらに九年かけて土地買収や準備作業が進められ、一二九七年に工事が始まった。古い造幣所（関税局）の拡張・修築から着手された工事は、十三世紀末から十四世紀半ばに大きく進捗した。[15] 工事はかなり速く進み、一三〇〇年には核となる二階中央部分が、一二八四年にはできていた造幣所の一階中央部分の上に乗り、一三〇五年には外面装飾を含めて四階まで完成した。下部は石、上部は煉瓦が建築材料である。さらに一三一〇年の間に、二階の両翼――向かって左がポデスタの翼（東翼）でポデスタの住居とされ（一三三〇年）、右（西）が執政九人衆の翼――が付加されるとともに、全般的な補強工事や諸部分の様式的な統合が進められた。三連窓への統一もこの頃のことである。つづいて進められた三階部分の完成（一三二五年）を心待ちにするように、マンジャの塔建設が始まった。正面左端に高くそびえる（八七メートル）このシエナきってのランドマーク完成は、一三四八年のことであった。それには、市庁舎の右翼の拡張による全体のバランスの崩れを補う美的調整という意味もあった。以後一六八〇年に新たな中庭および階段の付加と左右両翼の上層階（三階部分）の増築があって、現在の姿になった。

　この建物は、世俗ゴシックの代表的建築として有名だが、市庁舎の一階に開いている一〇個の扉には、すべてシエナ風ゴシック・アーチが載っている。シエナ風ゴシックは、鋭角的な尖頭アーチの厳しさを二重化した分円アーチで緩和し、見る者の目に優しい印象を与える。この一階部分の開口部に対応して、二階部分には一〇の三連窓が付けられた。二階の中央には、財務府（ビッケルナ）が入り、都市の物質的・財政的基盤を守った。

　カンポ広場の真ん中正面に堂々たる勇姿を見せている市庁舎は、もちろんシエナの都市政治の中心である。執政九人衆は一三一〇年からここに座を占めていた。そこは、後述するもろもろの街路が収斂する中心広場たるカンポ広場の片側を押さえていたために、なおさら市民生活の守り手として市民に愛され、その誇りの的となった。市庁舎は、シエナ随一の巨大で立派な建物だが、いたずらに威圧的ではない。むしろ広場の湾曲ラインと呼応して、両腕を広げて、広場に集う市民たちを包み込むかのように、少し凹型になっている（本章扉図参照）。いわば広場と市庁舎は、背を向け合うことなく「対話」をつづけており、その対話とは、上述のように、政権担当者と市民との「対話」ということでもあった。

図 13　市庁舎とマンジャの塔

　だから、この市庁舎は、平等な市民生活を保障する公正なブルジョワ統治のシンボルでもあった。以前の要塞のような市庁舎、あるいはフィレンツェのシニョリーア宮のような威圧的な市庁舎ではなく、洒落た邸館風の姿に一変したのである。塔はあっても、それは防衛のためではない。むしろランドマークであり、備えつけられた時計によって、市民皆に生活・商売のリズムを知らせた。開放性の証拠となるのが、市庁舎に扉が一〇もあることである。開かれた扉は、都市政治が階級も党派も超えて、誰でも受け容れられるよう開放されていることを象徴している。さらに市庁舎が貴族の館のような石造りでなく、一般家屋と等しいレンガ造りであったのは、庶民性・ポポロ性の現れである。だが、装飾と美しさはとことん追求されている。一二九七年の法令で、まわりの邸館に木製のバルコニーの使用を禁じ、逆に小円柱付きの窓（三連窓）を課したのも、そのためだ。他の世俗公共建築や貴族の邸館は、このシエナ美の精髄たる市庁舎建築を、模範として建設・改修されていくだろう。

中心トポスとしての市庁舎の意味をもう少し考えてみよう。市庁舎は、世俗統治そして市民生活の中心シンボルになるため、三分区それぞれから平等に離れ、またドゥオーモからも距離を取っている。しかも広場の土地の一番低いところに造られたのは、そこが広場の周囲からの視線の収斂点になっているためだ。

また都市支配者、シエナの場合は内閣 Concistoro を形成する者たち——執政九人衆ら——は、その任期中ずっと市庁舎に居住し、その住居を出るのは決められた「外出日」、またはシエナのコムーネやポポロや役人とその職務に利益となるときのみであった[16]。その居住地にいるかぎり、彼らの統一性と不可侵の権威は、建物自体によって物理的に代表され象徴されていた。またこの安定性は、厳格な式典上のルールに則って街区や地区広場へと移された。すなわち執政官らは、心して都市にとって意味深い地点を訪れること、そして三分区の公平性に配慮すること、それが彼らの公的な外出・周遊のすべてを統べていた掟である。

市庁舎のあちこちに、シエナ市の白黒の紋章（バルツァーナ）やポポロの紋章（後足立ちライオン）が、コムーネの継続を保証するかのように、多数施されている。それは政体が替わっても、変えられることはない。だが、「主権」が替わると変わるものもある。「平和の間」の西壁の上部フリーズに描かれた紋章に百合の花の模様が描かれているのは、シエナにおけるカラブリア公カルロの主君としての存在を示している可能性があるし、[17]皇帝カール四世が入市したときに、この市庁舎に彼の紋章を展示するような場合は、一時的にせよ、カールによって都市が政治的・法的に奪取されたことをそれによって明示したのである。また、一三九九年にミラノのヴィスコンティ家のジャン・ガレアッツォが一時的に専制支配したときにも、そのヘビの紋章が、市庁舎に飾られることになった。その後メディチ家支配に服すると、メディチ家の紋章が、市庁舎にも、他の所にも据えつけられることだろう。

市庁舎に飾られたシモーネ・マルティーニの「マエスタ」（後掲図27）では、天蓋の端が一連の紋章（銘）で飾られている。つまり、バルツァーナとポポロ党の「赤地の上の金のライオン」のほかに、ナポリとフランスのアンジュー家の紋章があるのが注目される。これは、当時ゲルフ党に近かったシエナとしては、その総帥たるロベール・ダンジュー（ナポリ王）の支配権を明示する必要を感じたのである。[18]とはいえ、いかなる政体になろうと、またいかなる上級領主が（名目的に）いようと、シエナは、聖母マリアこそがコムーネの主権を有し、市民全員が彼女の臣下だと信じていたのだが……。

市庁舎が、証書・条例・裁判記録などの「保管庫」であった点も重要である。コムーネが成立発展した頃には、それまでの羊皮紙のほかに紙の書物ができ、とくに冊子本が普及していったが、それとともに、公的書類を作り保管する専門家としての公証人が誕生したのである。その保管庫では、もろもろの役所からの公的書類をまとめ、役人が、また私人でも関係者が、自分の権利を確認するために調べられるようになっていた。[19]

十二世紀末から十三世紀二〇年代にかけて、それまで一枚一枚別々に作られ保管されていた同様な種類の証書が、折りたたんだフォリオとして綴じ合わされ、いくつかの小さな冊子からなる帳簿にまとめられるようになった。この技術的進化は、重要資料を作成・保管することで、為政者の政治行動をよりよくコントロールする必要から生まれたものである。共和政体として、為政者の恣意や党派意識に左右されない公平な政治・行政を行う必要である。

こうしてまとめられ整理されたのは、世帯調査や租税台帳・法書・都市条例・都市間協定などであり、それらの保管の規則も決められた。

当時は、こうした文書は歴史家の用に供されるわけではなく、もっぱら実用的な目的に奉仕し、しっかり保管し整理することで〈公共善〉に尽くすという目的があった。だが、しばしばその時々の支配者に都合の良いもののみ残されたので、政権が交代するときに破棄されることがあり、残っていないものも多い。政権交代とともに、〈公共善〉がその内実を変える側面があったことの表れだろう。もっとも重要な都市条例はいくつか写しが作られたが、そのうちひとつは大判で大きな文字で描かれて、市民が誰でも参照できるように――盗まれぬよう太い鎖でつながれて――市庁舎内に公開されていた。

かくて、たんなる頑丈な「建物」であるだけではない、象徴的な建物でもある市庁舎。ここに「居を占める」ことが、政権を取ることと同義である、という象徴的な行為も幾度かなされた。代表的なのは、一三五五年の政権転覆の叛乱（クーデター）である。ドナート・ディ・ネーリが年代記で語っているように、カール四世の来訪に合わせて、この年に執政九人衆体制への不満を爆発させた民衆叛乱が起きたとき、カール自身は諍いに加わらなかった。しかし都市の門と家々が焼け落ちなどして執政九人衆が市庁舎にバリケードを築いて籠もり、とうとうカールに援助を求めたとき、三月二五日、彼はカンポ広場に登場する。そして九人衆に政権を降りるよう促し、自分の彼らへの義務を無効にし、ただちに市庁舎を占有して、統治の象徴たる職杖の所有権を主張したのである[20]。

市庁舎が支配の座であることを明示するのは、そこが内閣の場、ポデスタとその役人・判事たちの場、総評議会の場、財務府の場などであって、統治の最高の責任者がずっと住みつき、あるいは各地区の代表が評議会に集合する、物理的空間であることがまず第一[21]。そしてそこで内閣が最重要課題を審議し、総評議会が開かれ、裁判が行われ、税率が定められ、軍隊派遣が許可され、条例が決められ、公共事業が監督され、都市財産が維持され、大使・外交官が派遣され、外国の特使や代表団・陳情者・客人が受け容れられ、選挙のための委員会が召集される……、という日々の政治・行政・裁判の中心であることが第二。それから権威の「言葉」「声」が、触れ役によってそこ（とその前のカンポ広場）から発せられ、また鐘撞きによって権威の「音」が鳴らされて、召集や法令公布、市門の開門・閉門、処刑などさまざまな合図が発せられる、という権威に満ちた音声の発出点であることが第三。そして最後に第四としては、上に述べたように「文字」の保管庫、すなわちあらゆる市民生活を規制する公文書が保管されている点を指摘できよう。罪人が収監される牢獄という、罰令の場であることも支配を印づけている。[22] 市庁舎は「まったく固有の永続的なシエナのコムーネの館であり、そこには、シエナの都市にしかるべく存在するだろう諸権力と支配・統治が住み宿るべきだ」とされた。[23]

こうした市庁舎の象徴性、そこに宿る支配権・権威を定期的に発揚し賦活するために、日々、市庁舎内外で、執政官と役人、さらには市民や諸団体を巻き込んで儀礼が展開したのであるが、それについては、本節最後（「街路と行列」の項）で解説しよう。

市壁と市門

本書冒頭で紹介したロレンツェッティのフレスコ画のうち東壁の「善政の効果」の場面で中央に目立っているのは、市壁と市門である[24]（前掲図2）。教会や修道院など宗教施設がほとんど描かれていないのに、市壁と市門がきわめて大きな存在感を示しているのは、この絵画がまさに、世俗政治の理想を表したものだからだろう。ほかにも多くの「慈悲のマリア」つまり聖母マリアがマントで都市を保護していることを表した絵画では、はっきりと都市を囲む防護壁やそれを補強する塔、そして門が強調されている。十四世紀に市門と市壁がいかに大切で、新しく作るのにどんなにエネルギーを要したかは、年代記作者が入念に市門・市壁工事について記述しているところからもわかろう。[25]

まず、市壁から見ていこう。

市壁というのは物理的かつ隠喩的な内外の世界の境界である。それはただ、シエナに入ってくる街路との関連でのみ開いている。大部分の市壁は、黒死病来襲以前の都市の発展期に造られたが、じつはその後も、十五世紀にいたるまで増築されたことは見落とされがちである。(26) 市壁が何度も造り直されるのは、それが包み込むべき集落が、人口増加とともに瘤のように付け加わっていき、そのボルゴ（新街区）を、チッタとともに市壁内に取り込むためである。

市壁建設の歴史については、第1章bで触れたので繰り返さない。ここではその市壁をめぐる当局や市民の考え方を検討していこう。

市壁は、都市域を農村からはっきりと分かっている。農村は市壁のすぐ近くまで迫っているが、都市部とは市壁によって明確に区分されている。それは外敵に対する防護であり、その存在が、市民の権利を保障する内部空間を創り上げた。市壁はまずなにより「意味あるもの」を包み込み、その中でのみ、都市独自の社会生活が展開する。市壁で囲まれた内部空間でこそ都市法が有効であり、新生児が市民権を得られるのである。

かように、市壁は軍事的・司法的な境界であるため、コムーネはその法規によって市壁内部を細心に守るとともに、周囲の領域との関係を明らかにするよう努めた。物資の交換は市壁内部では、外部においてとは違ったやり方で管理され、市民はまたそこで、特権を享受し安全を保証される。許可なく市壁を乗り越える者は罰せられ、敵に壁を破壊されれば、市民と都市は自由と特権を失うのである。

市壁により、市壁内の住民と市壁外の住民とは画然と区別されたのはたしかだが、市壁から一マイル以内は特別な保護地区になっていて、窃盗・盗賊などから守られるべきであった。これは、第1章で取り上げた「マッセ」の法的位置づけとも関わっていよう。さらにその背後に広がる「コンタード」も、まったくの野生の自然、無法地帯ではもちろんなかった。それどころではない。そもそもコンタードの農村は、都市の文化生活に敵対的ではなく、飼い慣らされていることに注意しよう。コンタードは副次的に、平和と秩序が支配すべき、コムーネの一部なのである。農村の産品は市内に、商品として平和裡に入ってくる。それはロレンツェッティの絵画にも表現されているとおりである。

いずれにせよ、中世都市の市壁はたんに物理的な障碍ではなくて、市民の政治的な生活スタイルの参照点でもあった。さらにそれは、聖なる存在とも看做された。多くの都市では、市壁造りの最初の石は、司教あるいは多くの聖職者・修道士らによって聖別された。また都市条例や聖遺物が、市壁に沿って、あるいは市門の上に展示されたともいう。シエナでもつぎつぎ新たな市壁が作られたが、その際、守護聖人の保護を祈願した。都市自体が聖なる存在であるのなら、それを保証する市壁も聖なるものでなくてはならないのである。

市壁は、つねに破損していないかチェックし、破損した場合すぐに補修せねばならなかった。ポデスタの仕事の中に、その任期のはじめに市壁・市門・堀を見回るという任務があった。都市条例には、市壁の建設・維持保全と警備、勝手な小門や胸壁作りや穴掘りの禁止、あるいは市壁脇の堀などについて詳細な規定がある(27)。

＊

市壁のところどころ、外部との唯一の出入り口となって開いているのが「市門」である。市壁とならんで、都市条例ではさまざまな規定が市門について定められた。市門は、市壁拡張とともに、また市民生活の必要の多様化とともに、その数をふやしていった。市門の数は一二四九年には少なくとも二六あり、それがやがて三六までふえた。だがそれらがすべておなじように使われていたわけではない(28)。十四世紀の間には全部で十五の市門が使われ、シエナへ入ってくる者たちを監視し規制した。これについては、D・バレストラッチとG・ピッチンニが同定している(29)。シエナの主要門は、ほとんど十四世紀の一〇～三〇年代に造られたが、その形態は、塔・前堡塁・内庭付きの堅固な要塞である。

市門は外部のコンタードと都市との隔離の点であるとともに、接触点でもある。あらゆる商品・農産物はそこを通って入ってくるのだし、そこではガベッラ（消費税／流通税）の支払いを求められた。だから市門では、経済的な監視も大切であった。主要街路の市内部の端にある、カモッリーア門とローマ門はとりわけ重要であった。これら二門をはじめとするシエナの主要門は様式的によく似ていて、すべて装飾的外防備（楼門）を備えている。より小さな門たちもたがいに似ていて、こちらは装飾はほとんどなく楼門も欠けている。

市門は、市壁に開けられた開口部として、外部からの侵入にさらされる弱点でもある。だから、軍事コンパニーアのメンバーは、危急時には、隊長や旗手の指示で、それぞれあてがわれた市門へと警戒と防衛のために急行するよう、規約で受け持ち場所が明記されている。[30]

最重要の二門は、フランチジェナ街道の一部を切り取っているゆえ、旅人が頻繁に行き交った。これらの門は、シエナを象徴する図像で飾られ、入ってくる者に都市の政体とシンボルおよび守護聖人を教えた。

ローマ門（図14）は、アニョロ・ディ・ヴェントゥーラによって、その再建工事が一三二七年に始められ、一三五〇年に完成した。それは巨大な要塞化した門で、堅固な楼門であることと、物見櫓が載っていることで、主要門たることが示されている。また外門内に巨大な守衛詰め所（砦）があり、狼像と双子が一対、左右の持ち送りの上に載っている。さらにそこには、シモーネ・マルティーニによる聖母戴冠の下絵が描かれた。[31]ローマ門には見張りがおり、市から給与をもらっていた。一三二八年、前述のアニョロ・ディ・トゥーラはローマ門について、イタリア中のいかなる門よりも大きく美しく力強いと記している。[32]またさらに逸名年代記作者は、翌年、ローマ門にマリア像が備え付けられて本当に高貴で美しくなるだろう、と述べている。[33]

執政九人衆体制が崩壊した後、カール四世がシエナを去ってローマへと行き、皇帝に戴冠してふたたび大いなる栄誉とともにシエナに入城したのは、一三五五年四月十九日のことであった。その入城はローマ門からであり、入城の間、彼は常ならず大人数のシエナの貴顕らを速やかに騎士叙任し、サリンベーニ家のカステッラーレ（城塞建築）へと向かった。[34]

ではもうひとつの最重要門、カモッリーア門（図15）はどうだろうか。カモッリーア門の外には、当門をより良く防衛するためにさらに頑健で高い「前門」Antiportoが一二五九年に作られた（一二七〇年頃完成）[35]。掘割および要塞化した壁を備えたカモッリーア門（と前門）は、侵入するフィレンツェや他の軍勢への防衛線として、何度も役立った。そして一三〇九年、両者に囲まれた空間は、市、商品売買のための草地として整備することが決められた[36]。美化することで都市の栄光を高められるし、市民や外国の旅人の楽しみ・悦びにもなるということで、快適な空間を作ったのである。この門にも、聖母像が描かれた。都市当局がカモッリーア門外の扉口（つまり前門）に聖母の絵を描かせたのだが、一三六〇年には市民グループから請願書が提出され、そこで彼らは、カモッリーア門のマリア像を彩色して完成させてほしいと願っている[37]。そして一三七三年には「祝福された水の側の門に面した施療院」に、ある聖人像を描かせた[38]。

図 14　ローマ門

図 15　カモッリーア門

「市門」は、都市中心部とコンタードの間の、法的・軍事的境界を印づけつつ、同時に市民（権）、都市権威、数多の都市共同体メンバーシップに結びついた諸価値にとっての、象徴的な「閾」となっている。そこは都市国家ないし都市の支配領域の中心部への入場地点であり、訪問者が最初に関わることになる都市建築の要素であった。

また市門は、外部と内部の閾であり出入りのフィルターであるゆえに、平和を脅かす者、あるいは穢れをもたらす者はそこから中に入れないように注意した。犯罪人はもちろんだが、都市の衛生や美にとって不都合な臭く穢い職業の者や、危険な疫病に罹った者もそうだった。ふだん狭くしか開けない門を大きく開くのは、（新たな）主人に屈服すること、あるいは歓迎すること、を示すものだった。門や壁を壊されるのは、あるいはその鍵を引き渡すのは、敗北・屈辱の印である。一三六八年の戦争で、シエナは愛想良く市門の鍵を皇帝に渡したが、彼が去ってからは、不承不承、その代官に渡さねばならなかった。(39)

市門は、都市組織と周辺コンタードの、二つの異なった空間現実を統合するものであるが、市門のすぐ外の地帯——たとえば上述のカモッリーア門外の草地——は、都市組織に内属しないまでも緊密な結びつきがある曖昧な地点、「中間的な地点」として、決闘場となったり、賓客の迎え入れ場所となったりした。そこはいわば儀礼によって、都市への帰属か排除が決められる「交渉の場」なのである。そこで、重要な客人（皇帝・君主・教皇・大使など）の入城のあり方が儀礼的に交渉されるが、忠誠・従属か独立・解放か、その程度はどれほどか、その最初の駈け引きが市門外で行われるのである。市内の行列も念入りに準備されて、儀礼のメッセージが示され、観衆によって解読された。

さらに、市門は市壁とともに超自然的な要素を抱えていた。そこは外部の脅威からの防衛・保護の境界にして橋頭堡であり、だから人力だけで守るのではなく、しばしば聖人像が天蓋型の石の壁龕に据えられ、その聖なる力によっても守られた。シエナではカモッリーア門やローマ門などをはじめ、聖母像が描かれることがほとんどのケースだった。聖なる力によって守ろうとしたのは、市門が脆弱な部分、敵の攻撃が加えられる恐れのある部分でもあったからである。

それから象徴的なのは、処刑や犯人の晒し刑は普通都市内ではなく、門の外で行われる、という事実である（シエナはカンポ広場での処刑もあったが）。シエナではカモッリーア門の向かいの草地でしばしば絞首刑が行われた。たとえば一三七三年、ポデスタは、アントニオ・ダ・リカーソレをカモッリーア門の前の草地で絞首するよう命じた。彼は数人の仲間とともに、市内で行きずりの卸売り商人から商品をくすねたために、罰せられたのだ(40)。またその三年後には、コムーネによる判決により、嘘の告発をした者が白い衣服を着せられて、おなじくカモッリーア門外の草地で絞首され、その際、被害にあった罪のない者は、黒い衣服を着ていた(41)。黒は政治生活では幸運な正義の色だった。もっと市壁・市門から遠いところでの処刑もあった。たとえば一三六八年には、裏切りの件で訴えられた三人の者が、三人ともサン・プロスペロ門外の草地近くで処刑され、また翌年には二人の盗人がおなじところで処刑された(42)。

また市門のすぐ外では「市場」が開かれた。まさに通商による、市の内外の交渉の場という性格を、市門とその周辺は備えているのであろう。もちろんシエナでは、カンポ広場が一大市場であったが、カンポ以外では、カモッリーア門近くの草地にも、在地の、または外国の遍歴商人が定期的に商売しにやって来たし、一三〇九〜一〇年の都市条例には、このカモッリーア門近くの市場設営の目的が述べられている(43)。

動物の市場にも触れておこう。シエナでの動物市場は、主にサン・マウリツィオ門の近くにあった。現在、フィエラヴェッキア通りとフィエラヌオーヴァ通りと呼ばれているところである(44)。アニョロ・ディ・トゥーラもサン・マウリツィオ門のボルゴの馬市場について述べている(45)。多くの行商がやって来ては、シエナの商人・市民と取引したにちがいない。動物市場はもともと初期中世には市庁舎裏の現在のメルカート広場にあり、その後サン・マウリツィオ門の近くのほかにカンポ広場でも開催されたが、何度も移動されて、最後にはヴァル・ディ・モントーネが開催場所になった。

托鉢修道会が市門との関係を持つことは、しばしば指摘されている。托鉢修道会は、都市内外を区別しつつつなぐ機能を帯びるその市門を、統制するような役割をはたしていたのではないだろうか。サン・ドメニコ教会、サン・フランチェスコ教会、サン・タゴスティーノ教会は、いずれも都市の主要門の近くに建物を構えていた(46)。またE・グィドーニの調査によると、ウンブリア地方とトスカーナ地方の何十もの都市では、三大托鉢修道会の教会の幾何学的配列が認められ、それらは市域に三角形を描いたその角の部分に位置を占め、三角形の中心は、都市の中心部、シエナの場合は商業会館（商人組合／メルカンツィーアの建物）にあたるのだという。ここからは、コムーネの都市空間整備・都市計画に、托鉢修道会が積極的に関わっていた事実が窺われる(47)。

最後に市門との関連で指摘しておきたいのは、シエナの裁治権所属の空間とそれ以外の裁治権（これは強者の裁治権で、いつでも変わりうるものだったが）を分けるものは何か、ということである。都市とコンタードを分けるのが市壁だったとすれば、コンタードとその「外部」を分ける印は、カストルム（要塞集落）であった(48)。

要塞集落（カストルム）は、コムーネとしてのシエナ領域の具体的な境界の印だったのである。上に、コンタードは都市と敵対する無秩序な野生空間ではないと述べたが、それは、要所要所に据えられたカストルムが、全体として防護システムになっていたからにほかならない。それらのカストルムは、シエナに行政的に組み込まれる場合と、たんに守備隊をそこに維持している場合と、両方のケースがあった。

そうしたカストルムはシエナのコムーネのために、その所有者（住民・領主）が責任をもって防備しなくてはならなかった。シエナ当局もカストルムをまさに外の世界との最終的な境界と考え、都市城壁と同様な装備で守ろうとした。とくに他の有力コムーネとのヘゲモニー争いで、危険に晒された地帯のカストルムは重要であり、だからそこに守備隊と隊長を配置したのである。カストルムは、シエナ領域を堅固に閉じる鎖のごとく、その領域に散らばり並んでいた。その地がシエナ人に対して開かれているということは、他者には閉ざされているという意味であった。だからカストルムの門の扉と鍵は、その防備・保管に細心の注意が払われたのである。シエナに対する公

然たる反抗や裏切りがあった場合には、そのカストルムは破壊された。一二六二年の条例に、そうした条項がある。(49)

宗教施設

イタリア都市国家では、当初、司教が都市政治の中心人物で、彼を支えるコンソリ（統領）が補弼していた時代がつづいた。その後司教が政権から排除され、さらにポデスタ制、ポポロ制と、政体は移りかわっていった。政体の変化とともに、司教座の政治的役割も激変した。だがそうした変遷にもかかわらず、ドゥオーモをはじめとする宗教施設は、終始一貫して市民皆の敬愛の的であった。だから教会の建築は、いずれも時代を超えた「公共建築」と言えるのであり、初期中世から公共の福利に属するものとされた。

図16　ドゥオーモ

シエナにある多くの教会群の中心に位置づけられ、市内およびコンタード各地の小教区教会を統帥しているのが、小高いカステルヴェッキョの丘にそびえるドゥオーモ（司教座聖堂、図16）である。この場所がまずもって重要である。そこは古代のローマ時代から――あるいはその前のエトルリア時代から――集落があったばかりか、中心にディアーナ神殿があったとされるからだ。最古の時代から宗教センターであったことになる。

イタリアでは、司教区の中心たる司教座を持つ都市こそ「キウィタース」civitas の名に値するものと看做された。そしてドゥオーモは、キウィタースの一種の象徴とされ、聖職者ばかりか市民一同、それを美しく誇らかに維持しようと、絶えず手を加え、時代の趣味に合わせて改築・修正した。実際、シエナのドゥオーモ建設も、長期にわたって多くの芸術家が参加し、その美化に努めたのである。カステルヴェッキョの丘に最初のキリスト教の聖堂が建てられたのは、おそらく十世紀だと推察される。それを建てかえて一一七九年献堂。その後、ようやく今の聖堂の建設が始まり、一二八四〜一三一七年に今日の形になった。(50)

このドゥオーモは、様式的にはロマネスクから初期ゴシックにかけての傑作であり、その建設にはサン・ガルガーノのシトー会修道士の寄与もあったが、あくまで俗人主体で造営された。ドゥオーモの外観は、まさに壮麗の一言である。ラテン十字、三廊式で六角形のクーポラ（穹窿）を戴いているが、全体として白大理石で築造され、ところどころにシエナ産の赤い大理石とプラート産の暗緑色の大理石によってアクセントがつけられている。著名な彫刻家ジョヴァンニ・ピサーノが設計して、十三世紀末から十四世紀初頭にかけて造られたファサードには、贅沢に使われた大理石という豪華な素材に劣らぬ、芸術家たちの粋を尽くした美麗な装飾が実現した。

ドゥオーモはもちろん、市民にとっての特別な崇敬の対象であり、多くの宗教行列の目標地であった。とりわけ八月の聖母マリア被昇天の祝日には、都市の役人から小教区やコントラーダ、そして個々人まで、いやシエナ領域の領主や共同体（都市・村落）も、貢租の支払いとともに、蠟燭をマリアに捧げに来た。つまりそこは、マリアに象徴される都市コムーネたるシエナと、そのあらゆるレベルの従属者たちが「出会う場所」であったのである。またその日には、商売をしてはならず公正証書を作ってもならない、という決まりがあり、すでに十四世紀初頭にはパリオの規定もあった。(51)

じつはそれ以前にも、シエナの多くの教会の聖職者らが、聖母マリア被昇天の祝日の晩にドゥオーモに行列して参集する古い慣習があったようである。十三世紀初頭の「聖務案内」*Ordo officiorum* の記載が、その慣習の存在の証拠となっている。(52)こうしたものの延長に、市民全体の蠟燭奉献の慣行ができていったのだろう。

つぎに取り上げねばならないのは、サンタ・マリア・デッラ・スカラ施療院である（前掲図11）。このイタリア、いやヨーロッパ有数の規模の大きな施療院は、シエナの歴史とともに発展していった。一〇九〇年頃にドゥオーモの聖堂参事会員らのイニシャチブで巡礼の歓待のために生まれたが、徐々に宗教一辺倒の施設ではなく、より多面的な施療院となっていった。シエナの慈愛センターとして、この建物には貧富・身分の上下を問わず、また市民・外人を問わず、おびただしい人間が集まり、あるいは立ち寄った。サンタ・マリア・デッラ・スカラ施療院の役割については、第2章dで詳しく述べた。ドゥオーモの正面に建てられて増築を重ねた煉瓦造りの巨大な建築物は、トポスとしてもドゥオーモに引けを取らない存在感を発揮しているし、相ともに、ドゥオーモ前広場を「慈愛の空間」に作り上げたのである。

図17　サン・ドメニコ教会

第三に取り上げる宗教施設は、修道院である。シエナにある修道院建築のうち最古のものは、オヴィーレのサン・ドナート修道院で、カマルドリ会によって建てられたものである。しかし大半の主要修道院建築物は、托鉢修道会に属している。ドミニコ会、フランシスコ会、聖母マリア下僕会、アウグスティノ会、カルメル会、さらにクラリッセ会、サン・トンマーゾのウミリアーティ会である。

現在の主たる托鉢修道会の場所とその建設、修道士の定着過程を追跡してみよう(53)。

まずサン・ドメニコ教会（図17）だが、ドミニコ会士がシエナにやって来たのは一二二一年以前のようである。マラヴォルティ家によって寄進された土地、フォンテ・ブランダの丘の上に位置するカンポレージョの丘の上に十三世紀に建てられた（一二二六年前後に建設開始、一二六二年頃にはほぼ完成）当修道院は、トスカーナ地方で最初のドミニコ会修道院である。大きさが不十分であったので、十四世紀にはより壮大な教会が新たに建設されたが、それには、市当局、敬虔な市民のほか、いくつかの施設、とりわけサンタ・マリア・デッラ・スカラ施療院が、費用を拠出してくれた。

つぎにフランシスコ会であるが、ラヴァッチャーノの隠者の庵にいたフランシスコ会士らがオヴィーレの上の丘にやって来たのは、一二三六年頃とされる。そこで新しい教会の建設がいつ始まったかは不明だが、一二四六年にはすでに始まっていた。もちろん市当局が大いに金銭援助をした。それはごくささやかなものだったが、十三世紀末に市当局がより壮大な教会の建築を決め、建設工事は十四世紀初頭に始まった。既存の教会の上により広闊なサン・フランチェスコ教会が煉瓦で作られたが、それは説教のときに多くの信者が入れるように、との考えからであった。

聖母マリア下僕会の教会は、十三世紀に建設された。それはヴァル・ディ・モントーネを睥睨する丘の上のカステッラーレの近く、つまり当時はまだ市壁外の都市部南西端であった。一二五〇年には、同会のためのコムーネによる最初の決議の証拠がある。[54] その後まもなく私人の寄進や当局の許可・後援を得て、建設が進められた。

アウグスティノ会とカルメル会は、もともと隠修士的な運動と結びついていたため、森林地帯や湿地帯のあるマレンマの方に住居を求めた。

アウグスティノ会は最初、十二世紀初頭に、シエナのコンタードでサン・レオナルド・アル・ラーゴ辺に領主に土地を与えられて住んだが、やがて十三世紀には市内に入ってきた。まずカンポレージョに、ついでより積極的な活動を目指し、広い場所を求めてチッタ三分区の縁辺を選んだ。当会は一二五八年に土地を購入し、一二六二年には教会が建設され始めたが、市当局やサンタ・マリア・デッラ・スカラ施療院、さらには篤志家の寄付・支援を得てもなかなか捗らず、完成には十四世紀後半までかかったようである。

カルメル会士は、ドミニコ会（一二二一年）とフランシスコ会（一二三一年頃）よりも遅れてシエナに到着（一二五六頃）した。教会（サン・ニッコロ・アル・カルミネ教会）は、一二六二年には現在のディアーナ通り Via della Diana（かつてのフォンダコ通り Via del Fondaco）とピアーノ・デイ・マンテッリーニ Piano dei Mantellini に建築が始められ、当局から金銭および大量の煉瓦などを寄付されたが、またサンタ・マリア・デッラ・スカラ施療院やピッコローミニ家からの援助もあった。一旦完成した後も、十四・十五世紀に拡張と美化を進めた。

当初、この修道会の修道士の数は、フランシスコ会やドミニコ会よりもずっと少なかったので、遅れを取り返そうと、カリスマ的な聖人を求めていた。そして市内での自分たちの存在感と威信を高めるべく、「聖体」Corpus Domini の祝祭を利用することに想到した。するとそれは、驚くべき人気の祝祭になった。一三五六年にはじめてシエナにおける聖体祭への言及があり、都市当局は、カルメル会によって行列で運ばれるべき蠟燭の提供を決定した。コムーネはこの祭りにより、市民たちの連帯性の感情を高めるよう企図していたのである。聖体はその愛の力によってシエナ人のこころを燃え立たせ、不可分の統一の火をつけるものと期待された。サン・ニッコロ・アル・カルミネ教会の傘下に、聖体礼拝に身を捧げた信心会が作られたのが一三二五年なので、その頃にはすでに、カルメル会を中心とする聖体祭が始まっていたのだろう[55]。

このように托鉢修道会の修道院は、すべて十三世紀の間に、都市の地勢の骨組みとなる尾根から離れた都市部の縁辺にある平らな丘の上に作られた。市街地を遠く取り囲む形である。フランシスコ会は東部、ドミニコ会は西部、アウグスティノ会は南部、聖母マリア下僕会は南東部である。建設当初は、それらはまだ市壁のすぐ外で、しかし人口が多く活気のある場所であった。言い換えれば民衆地区・労働者地区――オヴィーレ地区やサン・タントニオ地区が代表――とでも言うべきところで、異端がはびこりやすく、過激な平等主義が蔓延しやすい場所だったので、それに対抗して修道会の力で正統信仰を護持しようという意図があったのだろう。また、上述のように「市門」という外部からの害悪にさらされた都市の脆弱な部分を、聖なる力で守るという意味も含まれていたことだろう。

托鉢修道会の教会建設には、都市当局の支援と同意があったわけで、托鉢修道会は都市当局と協同しつつ、都市の平和維持や党派争いの沈静化など、都市の〈公共善〉を目指したと言えそうである。[56] シエナの伝統的な教会、すなわちポポロ区や小教区の教会が従来型で、その地区の住民のため（だけに）ある教会として都市の分断を志向したとすれば、托鉢修道会とその修道士たちは市全域を活動版図として、全身に延び広がる毛細血管のように都市内の諸要素を統合するとともに、全欧的な組織として、都市同士をもつなげていった。ポポロ政府、そして商人階級と好んで絆を深めていったことも、托鉢修道会の特徴である。だが貴族たちも、托鉢修道会を後援したことを看過できまい。というのも、そもそもエリートたちによる寄進・援助なしには、教会建設はできなかったからである。

それらの托鉢修道会の教会は、都市当局の援助と管理の対象であったが、同時に、それらが存在する地区の住民たちや、その周辺に集中する職人たちの特別の敬愛の的になっていったことは、贅言を要しまい。さらに特定の貴族家系やアルテとの密接な関係が存在するケースもあった。たとえば、ドミニコ会にはマラヴォルティ家が大いに関心を持ち、一二二六年に当会の核になる土地を寄進したし、さらに多くの寄進や、礼拝堂・墓をそこに創ることで関係を密にした。[57]

職人との結びつきでは、カルメル会と羊毛組合の関係がよく知られている。[58] カルメル会は、羊毛組合の賛同をえて発展していった。というのは、カルメル会はイスラエル初期の預言者エリアに起源すると主張し、それで自分たちの正統性と古い由来を周囲に向けて強調したからである。そしてその預言者と彼のカルメル山の荒れ地の泉とのアナロジーで、自分たちは水供給を統べる神的な力を持つのだ、と主張した。いつも多量の水を必要としていた羊毛組合は、こうした主張に引かれ、一三六七年、ついにカルメル会の聖体祭をアルテとして採用することに決めた。こうして羊毛組合はカルメル会を金銭的に後援し、お返しにカルメル会は羊毛組合の霊的な仲介者となったのである。

もちろん、ドゥオーモや修道院教会のような大きな教会以外に、シエナには小さな教会が多数あった。ポポロ区／コントラーダ（街区）の教会は、秘蹟執行をはじめとする、街区民のための宗教儀礼を日常的に行っており、地区住民の社会的結合関係の結節点となっていた。誰か子供が生まれれば、その小教区教会で洗礼式があり、「コントラーダの子」となるし、日曜ごとのミサでは、近所の人が顔を合わせ、さまざまな情報交換をしたことだろう。ただ個々人が神とつながるだけでなく、隣人同士がつながり、諸問題を話し合う、そうした会議の場所でもあった。これらの地区教会は、本当に民衆的な小さな建物で、誰でも入ることができた。権力との結びつきの強い壮麗なドゥオーモとは対極にある。ただ「コムーネのすべての法律と条令は市内の教会で公示され読まれるべし」という規定もあり、小さな広場などと同様、公的な場、いわば〈公共善〉を実体化するための最小細胞でもあったことは、見逃してはなるまい(59)。

最後に注視を促したいのは、サン・クリストーフォロ（サン・クリストファーノ）教会およびサン・ペッレグリーノ教会である。

トロメーイ広場に面して建つサン・クリストーフォロ教会は、十一世紀末までその史料的典拠をさかのぼることができ、コムーネの初期にはコムーネの政庁 Curia の所在地、より後には、司法会議 Placito の法廷 Curia の所在地となった(60)。それから共和政時代になると、コムーネ評議会の場としてしばしば使われた。とくに一二七四年までは総評議会（鐘の評議会）がここで開かれたし、その後もカンポ広場に市庁舎が建設されるまでは、市の主立った人々の住居となった。

またなによりこの教会を枢要な場としたのは、モンタペルティの戦いの際の特別な役割であった。すなわち、サン・クリストーフォロ教会とその前の広場では、シエナが歴史的勝利を飾ったモンタペルティの戦いに向けた発起集会が開かれ、またその決戦の前夜に、シエナを聖母マリアの保護下におくべく臣従する誓いがなされたのである。その事実の記憶・伝説は、シエナ市民たちに代々伝えられていった。

一二六〇年、シエナ市民らは、その教会のある広場（トロメーイ広場）からドゥオーモへと贖罪の行列をして、マリア像に市の鍵を捧げて献呈した。凱旋の行列・儀礼もここをひとつの起点とした。当教会は、宗教と世俗的な市民生活が公的に交差する、特異な場であったのである。十三世紀後半から十四世紀初頭にかけては、この教会は都市の市民的・宗教的アイデンティティーのイコンであったし、市庁舎ができてからもその象徴性を維持しつづけた。[61]「善政の効果」（前掲図2）図にもこの教会が描き込まれているのは、それゆえだろう。

サン・ペッレグリーノ教会も、最初の市政府の行政・統治の座であり、執政二十四人衆時代には、そこで鐘の評議会が開かれたし——その後サン・クリストーフォロ教会に移る——、また都市裁判所としてポデスタおよび外人判事が犯罪を裁き、判決を出し、また係争の解決を求めに来た市民に調停案や決定を授けるべきところであった。ポデスタ・ポポロ隊長・内閣がこの教会で会合を開き、そこには司法会議の法廷、財務府、婦人問題担当統領Console delle donne、さらには十分の一税・罰金・ダツィオ（直接税）の収税係が座を占めていた。[62]

フォンテ

つぎは「フォンテ」である。[63] フォンテ（泉）とは、地下水路であるボッティーノ（図18）で導かれた水の地上への出口でありその水の貯水池だが、シエナのフォンテには芸術的な価値があった。ほかのより大きな建築物とならぶ、重要な公共建築物なのである。フォンテ建造には、煉瓦・モルタル・木材・その他の素材がもちいられ、いくつかのパーツに分かれた長方形の水槽の上を、堂々たるレンガ造りのロッジャ（開廊）が覆っている。ゴシック調のアーケード構造で、角柱に軒蛇腹と胸壁がついている。しばしば美しい彫刻も施されていた。

この凝ったレンガ造り、簡素ながら洗練された装飾プログラムにもとづくセンスの良いデザイン、大きなプロポーション、シエナ風ゴシックのオジーヴ・アーチなどは、泉を落盤や汚染から守るためだけでなく、都市計画の一環たる「美の追求」を狙いとするものでもあり、水の大切さをシエナ市民に教えている。またそれは、水供給にかける都市当局の投資額の大きさをも象徴的に示しているし、もろもろのフォンテの統一的デザインは、この水システムを中央で管理していることを明示していよう。

　フォンテに水を導くボッティーノは、既存のフォンテにより多くの水を引き入れるために、いくつも掘られるケースがあったが、逆に新たなフォンテを作るきっかけを新導水路が作ることもあった。もともと市壁のすぐ外にできていたものが多いが、次第に新市壁内に含まれていく。もっとも古いフォンテは、古代にさかのぼる「フォンタネッラ」だった。「ヴェトリーチェ」と「フォンテ・ブランダ」も古く、この両者は、一〇八一年の史料に初出する。フォンテ・ブランダは、サン・ドメニコ教会裏手の坂下に今でも残っているが、ヴェトリーチェは現存しない。フォンテ・ブランダは、一二二五年には古水道に新導水管がつけられて、水量がふえた。ほかには、フォンテ・ヌオーヴァ、フォンテ・ドヴィーレ、フォンテ・ディ・ペスカイア、フォンテ・セレーナ、フォンテ・ディ・フォッロニカなどがある。

図18　ボッティーノ

　そういったシエナのフォンテのうちもっとも重要なのは、フォンテ・ブランダ（図19）であった。[64] 十二〜十三世紀に作られ、大きな三つの尖頭アーチ構造を備えたロッジャが載っており、上部には銃眼がある。その水は毛織物業者の仕事に不可欠だった。フォンテ・ブランダはトスカーナでもっとも美しいと、シエナ人はこぞって誇り、ダンテも『神曲』にその貴重な価値を歌っている。[65]

　フォンテ・ディ・オヴィーレとフォンテ・ヌオーヴァは、第2章b「細民の叛乱」の項で言及したブルーコの地域の泉である。オヴィーレ地区は、やはり織物業が盛んな場所

図19　フォンテ・ブランダ

だったので、その仕事に利用された。前者のフォンテは一二六二年に建てられたが、その付近は菜園も豊かに展開しており、人間・動物だけでなく、農作にもその水が使われた[66]。後者は一二九八年に工事が始まり、一三〇三年に完成。水を利用して動物の畜殺が行われ、また毛皮商人も豊富な水を利用しようと近くに住みついた[67]。

　フォンテ・ブランダと並んで「もっとも美しい」と、市民の誇りを輝かしてきたのが、カンポ広場にある「フォンテ・ガイア」（図20）である。他のフォンテは城壁近くの、いわば丘の麓にあるので、都市中心部からは水を汲みに行くのが不便だった。長い間、町の中心にはフォンテがなかったが、一三三四年に、水をそこまで引いてくる方途がようやく発見されたのだ。カンポ広場という市の南東斜面の高所にまで水が持ってこられたことで、これをチッタ区とサン・マルティーノ区に容易に分配できるようになった。それらの区域は、これまで、遠方のオヴィーレ、ポンテ、フォンタネッラをのぞくと、使用可能なフォンテの水がなかったのだ。これはまさに快挙で、シエナ市民は熱狂した。幾人ものマエストロが、悦んでこのフォンテの装飾を引き受けたことも、都市挙げての熱狂ぶりを示している。

　当初、まわりの欄干上に大理石製の淫らな像がおかれた。一三四五年頃、マラヴォルティ家の家の土台を掘っているときに、ギリシャのリュシッポスの作とされる極美のヴィーナス像、イルカに跨ったヴィーナスが発掘され、それがたいへんな喝采を浴びた。そこでフォンテ・ガイア建設の最後の段階で、このヴィーナスを——本来聖母マリアに捧げられた――フォンテ・ガイアの上部に据えることにしたのである。素晴らしいヴィーナス像を見ようと、すぐれた画家・彫刻家・金銀細工師たちが駆け寄り、一般市民の評判も当初は非常に良く、お祭り騒ぎになった。

図 20　フォンテ・ガイア

ところが一〇年ほど飾られていた後、一三五七年にフィレンツェとの紛争でシエナが負け、その原因がこの淫らな像に帰された。つまりこのような汚らわしい像を公の場に飾ったゆえにマリアの機嫌を損ねたのだと噂され、またこの像を飾ってから姦通がはびこり風紀が乱れるなど悪いことばかり起こる、これは偶像崇拝だ……、との非難の声が上がったのである。そこで新体制（執政十二人衆）は、これを取り去り粉々にしてフィレンツェの土地に埋めることにしたのだという(68)。そして十五世紀にはヤコポ・デッラ・クェルチャが、美しい浮彫りで彫刻を施し聖なるキリスト教的なモチーフを象ったのである。

フォンテに集まった水を溜める水盤は、通常いくつかあって階段状になっていた。最初の水槽は、人間の食事・飲み水用、その水槽から排水口を通って、水は家畜用の飲み水を溜める第二の水槽に流れ、そこから最後に洗濯場の水槽へと落ちていく。この第三の水槽の汚水が、さらに貯水池へと運ばれ、それを皮鞣しと染色業者らが利用した。また第三の水槽の汚水の一部は、導水管で運ばれて水車を動かすのに使われることがあった。しかしフォンテによって多少の違いがあり、野菜洗いの水槽があるところ、皮鞣しと染色業者らの貯水池がないところもあった。決まった時間に無料で水浴びできる水浴び場も、しばしば付設された。

フォンテの水は、そこに赴いた人によって利用されるのみか、個人宅にも届けられたし、また仕事柄必要な、皮鞣し業者や染色業者のもとにも持ってこられた。それは主に「水屋」が街路を歩き回り「水はいらんか、水はいらんか」と叫びながら配っていったのである。

都市の命綱とも言うべきフォンテの管理は厳重だった。多くの都市条例が水とフォンテについて詳しく規定している。清掃は毎日だったし、詐取したり汚したりする不埒な輩を捕らえるべく、密告も推奨された。十三世紀半ば以降、条例で肉屋・畜殺人がフォンテの近くでその仕事をすることは、汚染の危険ゆえ禁じられた。(69) この公共の財産を守るために、個々のフォンテには監視人がいた。すなわち特別の役人三名が市民から籤で選ばれて、フォンテ(とボッティーニ)を監督することになったのである。市民から籤で役人を選ぶのは、一三六八年までつづいた方式である。その年以降は、鐘の評議会は、その役を専門の役人に依頼することになり、さらに、各主要フォンテに管理人を据え、その上財務府の役人は、七月にフォンテの掃除と修理をするための委員会を選出した。また、大監事(シンダコ・マッジョーレないしマッジョル・シンダコ)自身が二ヶ月ごとに地下水道と泉を訪れて、人間や自然の力がそれを傷めていないかを精査したのである。

ペスト後、水の汚染が疫病につながるとの懸念が高まったが、当局は衛生に気を遣うだけではなく、水不足にも対応しようとした。そこで十四世紀後半、公共フォンテ建設に集中的に乗り出した。一三五二年には、熱心に計画が立てられた。フォンテ・ガイアとおなじボッティーノの水を使うペリッチェリーアのフォンテ建設が計画され、また住民からはカンポレージョにひとつフォンテがほしいとの要望があった。カザートのフォンテとマンドルロのフォンテの工事はうまく運んだ。(70) マンドルロのフォンテは、ドゥエ・ポルテ・ディ・スタッロレッジの外、まさにサンタ・マリア・デッラ・スカラ施療院の裏にあり、そこは恒常的な水供給が不可欠だったので、大変有り難かったようである。

最後に、フォンテは人の集合場所としても機能し、まさに日常的な社交場であった。とくに女性・職人・労働者の出会いと交流の場として重要であった。またそこは、都市のそれぞれの地区（街区）の焦点でもあった。毎朝、家から出て、かならず赴く場所であるため、隣近所・同職者の社会的結合関係の焦点のひとつとなったのである。

他の諸都市が水を売って大きな収入を得ていたのに対し、中世シエナでは水があまりに貴重だったため、それは公共物の最たるものとして、原則として私人に売ることは認められなかった。フォンテから導管で水を私宅に導いてくることは、例外的にしか認可されなかったのである。十六世紀になってやっと個人が貯水槽・井戸・私的フォンテに水を引くことが認められたが、菜園の灌漑や水車のための私的利用は、まだできなかった。[71] つまり中世のシエナ市民たちは、公共物たる水を、公的な建造物に保護されたフォンテから汲んでくるのが日課であり、その場に集う人々は、隣組の仲間とともに、公共のものの貴重さを学ぶことになったのである。

貴族の塔と邸館

都市内に拠点を移した貴族たちは、市内の重要な場所に一族の共通の中心拠点を作った。封建的な城の都市版と言うべき建物である。それは、不可分の家産から由来する共通の利害によってまとめられているコンソルテリーア（門閥）の糾合する象徴的な建造物であった。彼らはその建物に塔を建てて意気軒昂とし、また近隣住民を支配したのであった。[72]

彼ら貴族が最初に都市にやって来たときに、割拠する足掛かりとして作ったのが、カステッラーレと称される城砦であった。[73] もともとこうしたカステッラーレの一部に塔が付属していたのである。トロメーイ家の塔、インコントラーティ家の塔、エルチ家の塔などが著名だ。彼らは、まだ市壁に囲まれていないボルゴにカステッラーレを建設し、その一帯を押さえるところから都市進出を開始した。市壁にくっついている、ウグルジェーリ家やサルヴァーニ家のようなものもあり、市壁に自分たち専用の「通用口」を持っている家門さえあった。中庭があり、周囲にコンソルテリーアの建物・商館・店舗・厩舎・奴隷ないし使用人の宿泊所などがあった。

なお、貴族らの建物を分類しておけば、「邸館」palazzo は立派な屋敷、「塔状住宅」casa torre は邸館がより複雑な構造となって垂直性を強調したもの、また「城塞住宅（カステッラーレ）」casamento / castellare は、いくつかの建物が合体してひとつになり、しばしば市壁にくっつき、そこにひとつないし複数の塔がそびえているもの。それらはいずれも一族の複数家族によって共有され、まさにコンソルテリーアの共有物だった。

一例として、マラヴォルティ家のカステッラーレと邸館を取り上げよう。それらは十三世紀に建てられたが、その大きさで周囲を圧倒した。カモッリーア三分区の一番高いところ、その名も「マラヴォルティ家の丘」poggio detto dei Malavolti と呼ばれるところにあった。その巨大な建築物は、一族の住居であるとともに、販売する商品の集積所でもあった。ながらく要塞の様相を保ち、コムーネ軍さえ恐れをなしたほどである。そこには、マラヴォルティ家のいくつかの家系（分家）および家族に関係した一族郎党が住んでいた。十四世紀末に近くなるまで一族の共有だったが、一三九一年にはただ一人、オルランド・ディ・ドヌスデオの持ち物となった(74)。

貴族のカステッラーレや邸館が集中していたのは、サン・クリストーフォロ教会のゾーンであった。その近くにはロッシ家・サルヴァーニ家・トロメーイ家・マラヴォルティ家・モンタニーニ家・サリンベーニ家（図21）などの貴族家門が、居を構えていた。そしてこの地区は、都市組織のまさに結節点であった。そこは、カンポ広場のすぐ脇にあったし、主要街道の都市部、クローチェ・デル・トラヴァッリオという、古い街区（カステルヴェッキョ）と新しい街区をつなぐ接点を擁してもいたからである。

上述のように、貴族のカステッラーレは、もともと最初の市壁が囲っていた中心集落の外部、つまりボルゴにあったが、やがて拡大した市壁内に取り込まれて都市組織の一部となった。そのプロセスは、大家門の生活様式の都市化と符節を合わせている点に注意したい。カステッラーレが市壁内部に取り込まれ、徐々に都市組織の一部になっていくのは、十三世紀末から始まったプロセスである。それは別の観点からは、一階部分が店舗・職人の工房に——貸与や売られて——なるという段階であり、建築物の構造が、いわばブルジョワ化していくのである。そして、カステッラーレよりも、邸館のほうが立派に建てられるようになると、今度は貴族・豪族の市民化が始まり、その一族は好んで市内の中心部に居住しだす。そして彼らの誇りであった塔は、十三世紀の間中に、徐々に防備的な役割を失っていくのである。

塔は、もともとカステッラーレについていて防衛の役目をはたしたが、またその高さが一族の威信と力を表してもいた。十三世紀前半までは、都市化したコンソルテリーアの典型的住居が、塔と塔状住宅・城塞住宅だった。だが十三世紀のうちに塔の防衛機能が薄れ、貴族の住宅はポポロらの都市組織に合流していく。十四世紀初頭までには、塔が貴族占有物ではなくなり、市民の持ち物・住居になる、という事態も起きる。だがじつは、塔の貴族のシンボルとしての失墜はより早く始まっていた。すでに一二六二年の条例では、邸館や塔状住宅・城塞住宅から攻撃目的でものを投げたり投げさせた者には一〇〇リラないし二〇〇リラの罰金が科され、もし払えないと建物が壊される。少し後、十三世紀末には、一ヶ月以内に罰金を払わないと塔や塔状住宅を破壊し消失させるか片手を切断する、というように厳しく改正している。[75] マンジャの塔やドゥオーモの鐘楼を超えるような塔を建てることも禁止された。

塔の貴族性と威信の失墜は、カステッラーレの一階部分に店舗・工房が作られたことのほか、外部階段の設置が象徴している。このような、わざわざ敵の侵入を促すような不用心な階段設置などは、

図 21　サリンベーニ宮殿（左奥）

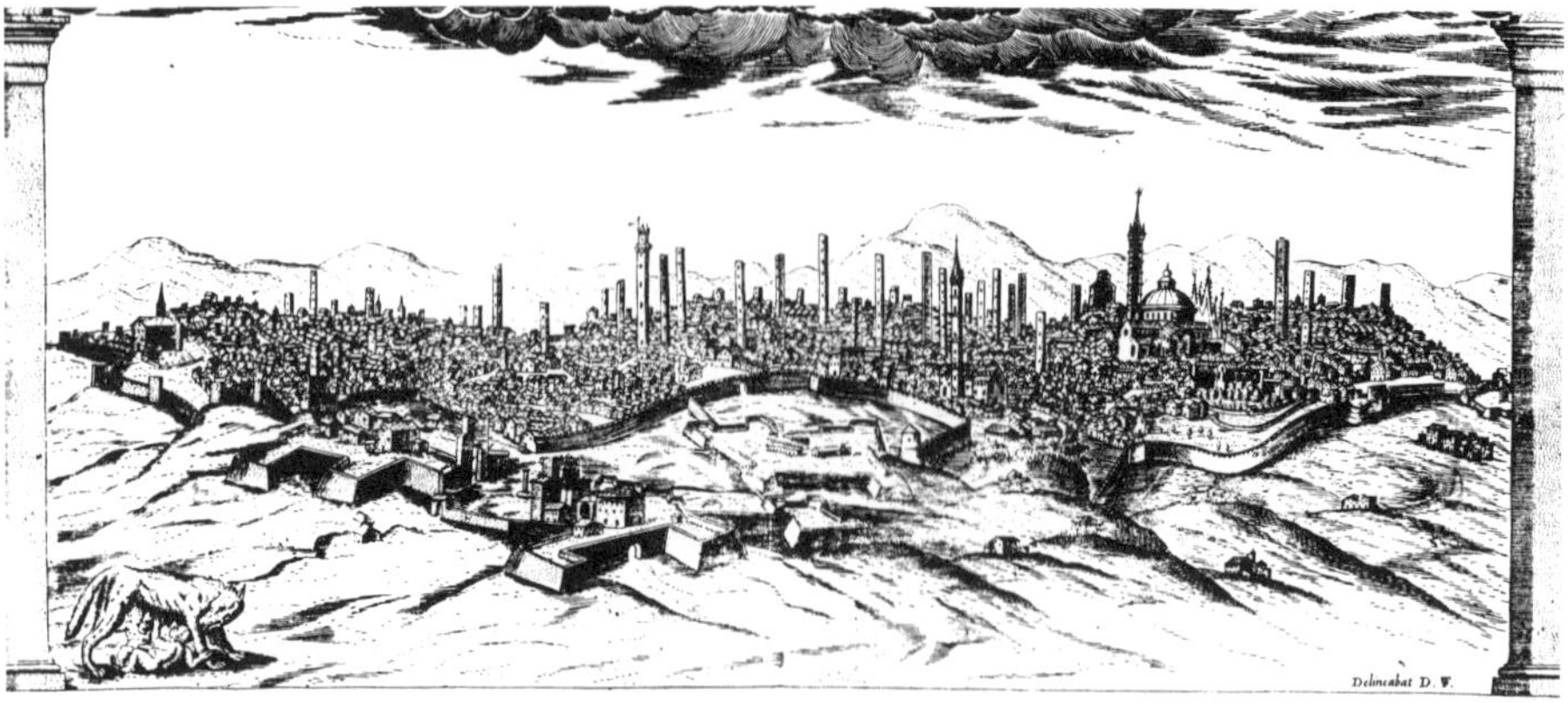

図22　塔が林立していた時期のシエナ（16世紀）

ポポロ時代以前には考えられなかった。都市当局は幹線にある貴族の塔を、ときに警備・見張り場所として使わせてもらうこともあった。塔の付属した建物の所有権が徐々に市民に移るプロセスは、一方では、建築構造のブルジョワ化であるとともに、他方では上層・中層のブルジョワたちの習俗の一種の貴族化とも重なっており、ブルジョワらは、高い塔のついた住宅に住み、生活様式も上の身分の者たちを真似ることで、貴族の威信の古い徴を自分のものとしたがったのである。これは、共和政期シエナの、貴族と市民の接近の興味深い例であり、その政治・社会が、両者の協同の下に安定していた――紛争も多発したが――ことの習俗上の表れでもあろう（図22）。

しかしやがて、貴族も貴族に憧れるブルジョワも、古くさい塔状住宅や城塞住宅ではなく、モダンな石・煉瓦の美しい邸館こそを、ステータス・シンボルとして欲しがるようになった。たとえばマラヴォルティ家の邸館は、一二五三年に最初に史料に現れる。トロメーイ家の邸館も、一二七七年の豪族抑圧の動きの後、建てられた。おなじ頃ボンシニョーリ家の邸館が建設され、十四世紀にはキージ・サラチーニ家、さらに十五世紀にはより多くの貴族の邸館が建てられた。一般に、十三世紀から十四世紀にかけては、貴族の家は石と煉瓦の混在で建てられたが、十四世紀後半には煉瓦造りが主流になる。外壁がすべて石造りという、かつての貴族を象徴する建築は消えていこう。また窓が次第に大きくなり、しかも単一窓ではなく、二連窓・三連窓が利用されるようになる。さらにカンポ広場沿いの邸館で義務化されたような、石と大理石の小円柱を窓に使うことも流行っていく。もっとも美しく立派なポポロ建築たる、市庁舎（パラッツォ・プッブリコ）が、こうした新建築の至上の模範であった。

邸館の足もとにはしばしばロッジャが作られた。ロッジャは、近くの店舗・工房を補う建物であるとともに、一族の会合・活動の拠点になった。たしかに邸館・ロッジャや他のいくつかの主要建物を、一族の共有とする慣習はまだ長らくつづいたが、しかし貴族らの建築といえど、もはや都市の他の建物から離れたところに建つのではなく、都市組織の一部を構成するようになり、いやむしろ、公共建築物とならぶ、都市美の重要な要素にさえなっていくのである。カステッラーレから邸館（パラッツォ）へ、孤立から連帯へ、門閥の利益から〈公共善〉へ。貴族たちが街区のリーダーとして近隣住民の信頼を得るためにも、このような態度の変化が求められたのだろう。

だがそれでも、貴族たちはそれぞれの邸館を拠点に、ライヴァル家系とヴェンデッタを繰り返すことをやめなかった。さらに、ドナート・ディ・ネーリがその年代記の中で特記していることだが、十四世紀の末になってもまだ、カステッラーレを軍事的用途に使おうという逆行的な動きが噴出したことが目を引く[76]。それは執政十二人衆の没落・倒壊という騒擾に満ちた混乱期のことで、マニャーティらは、短い期間だったにせよ、その政治的・軍事的役目を取り戻したのだ。そのとき都市の街路を統制・管理するために、もっとも有力だったマラヴォルティ家は、自分たちの邸館内に一〇〇〇人たらずのおびただしい歩兵を集め、マラヴォルティ家の橋 ponti と塔を修復し綺麗にする対策を講じたのである。その地区ブロックは、当時なおカステッラーレと名づけられ、したがって防御可能な組織体としての統合性を、かなりの程度保っていたのである。

この事実はまた、都市当局が都市内のいくつかの貴族の建物に、元来の「要塞」としての特徴を保たせ、長い間、都市の軍事的統制という非常事態への対処可能性を保持しておかせた、ということでもあろう[77]。頻発する内紛に備兵らの外患が加わった、後期中世シエナの政治的不安定さゆえに、ポポロが、騎士身分である豪族の軍事力に依拠せざるをえなくなったのである。

街路と行列

十二世紀から十三世紀、政治的にも経済的にも発展期にあったシエナにとっては、フランチジェナ街道が外部世界と自都市とをつなぐ主幹線であった。[78] この街道は都市のど真ん中を横切り、それを参照点として、ボルゴや他の街路がくっつき拡大し支脈を広げていった。また三分区も、この街道を規準に造られた。そしてフランチジェナ街道の都市内部分沿いに、貴族・大商人家系のカステッラーレや邸館、そして大多数の商店や両替商の売り台ないし勘定台（バンキ banchi）ができていったのである（今日でもシエナ中心部のもっとも主要な街路は、上のバンキ Banchi di Sopra、下のバンキ Banchi di Sotto と呼ばれている）。

フランチジェナ街道とは、言うまでもなく、北方のフランスからイタリアに入り、ローマまで至る中世の主要街道のひとつで、ローマ巡礼の行き交う道であるばかりか、商人をはじめとする旅人にとっても非常に大切な道であった。ほかに、十三世紀からシエナの都市中心とコンタードをつなぐ九本の幹線ができており、さらにそれら幹線から枝分かれした支線が密な道路となって、あちこちに結びついていた。

だが、こうした外部へと通じる街道だけを整備すればよいわけではなかった。十二世紀前半以降のシエナでは、経済発展の恩恵を被って、周辺住民が市内に集まり、新街区（ボルゴ）を発達させていく。市壁はそれを囲うように、何度も作り直される。だが街区が新設されるとともに、人や動物の通路たる街路も整備しなくてはならない。いくつものボルゴの間を突っ切っているその街路のことを、中世では「ルーガ」ruga と呼び、サン・ピエトロのルーガ、カモッリーアのルーガのように、教会やボルゴの名がつけられた。こうした狭い街路、またもともとある街路の整備・拡張も必要になってこよう。

一二九〇年から一二九八年の間に、シエナ当局は市内の街路の再編と直線化の一大計画を立てる。たとえばドゥオーモに至るいくつもの接近路が、再びデザインし直されたのはその一環である。また市内街路がフランチジェナ街道の一部と接続された。さらに十三世紀末から十四世紀にかけては、ボルゴ、あるいは都市中心部から泉（フォンテ）への道も改良された。おなじ頃、カンポ広場への通路、入口も立案・完成された。

街路は、大きな幹線から小さな街路・路地まで、規模も重要性もさまざまであったが、都市当局は、それぞれに応じた関心を示した。[79] 一三〇九～一〇年の条例では、市内の街路には障害物がおかれないように注意され、また「幹線道路の脇にあり、その道路につながる路地は舗装されるべし」と定められた。[80] 一二四〇年代に始まった街路を煉瓦で舗装する努力は、十三世紀末までつづいたが、その後一旦中断し、一三三〇年代に再開された。十四世紀までに大半の主要道路は舗装され、また舗装されていない横道からの穢い泥などが、主要道路に持ち込まれないように規則が定められた。

さらに道路の美化ということでは、舗装のほか、道路の上にぶら下がっている構造物の除去や、道路の直線化の努力もあった。直線化については、真っ直ぐな綱の使用によって裏づけられる。十四世紀には、二地点にロープを張って伸ばし、それに抵触するような建物は取り壊すことにしたのである。[81]

シエナには「道路局」Officium viarum と呼ばれる市内と郊外の道路の維持管理を専門とする特別な役所があり、独自の条例を備えていた。[82] このヨーロッパ最初の「道路条例」（一二九〇年）に集められた規定からは、市内・コンタードのそれぞれの道路が抱える諸問題、「道路役」Judex viarum の選出規定や権限・管轄の諸領域、あるいは修繕・直線化・舗装などにかかる費用の負担命令などがわかる。[83]「道路役」は、それまで他の役人や委員会が兼ねていた道路管理の職務を、専門に扱う特別の役人として、十三世紀末に登場したのであった。彼は、主要街路を広げたり、そのための土地の買い上げ、障害物の除去、石や煉瓦での舗装の仕事などをとり仕切った。この道路条例のもっとも古い部分は、当時有効だった都市条例から引かれてきたものだが、その後は独自に付け足されていった。公共の福利、〈公共善〉のためには、コムーネが市内のあらゆる建造物とともに街路をも管理すべきであり、私人の勝手な街路利用は許されなくなったのである。

「道路条例」には、主要な地点をつなぐ道が、狭かったり曲がっていたりするのを、人も動物も通りやすくなるように拡幅・直線化・舗装によって改善しようという条項が多い。たとえば、第二四条「サン・フランチェスコ教会に通ずる道について」では、「ウミリアーティ会の修道院の中庭 platea からインギルベルトゥスの息子たちの家々に達する道沿いの家々が、あまりに両脇から迫り出て低く狭いので、当修道院の修道士らが誰か死者を埋葬するために十字架を掲げて行列しようとするとき、十字架を曲げ降ろさねばならないし、住民もそこを快適に通行できない。そこで、薄絹商コンテの家の下方部分から上記ウミリアーティ会の修道院の中庭まで、その道を平らに真っ直ぐにすべきであり、そしてその道沿いの家々は、当修道院教会およびその教会の門が、道からはっきりと見えるようになるよう、上述の境界にまで後退させることを規定し命ずる。そして上記教会前の道とそこから上述の中庭までの道は、より良くまたより便利になるように、平らにし煉瓦で舗装されるべきだ（……）」とある。(84)

街路・道路の「美」は、都市の名誉を高めるものであり、また住民共通の福利のためでもあるが、その美とは、なによりも見た目の美しさと清潔に重心があった。一三〇九～一〇年の都市条例では、カモッリーア門からベッチのフォンテまでの道が拡張されたが、それはこの街路が美しく市民も外人も数多く利用するからだった。(85)どの通りの建設についても、シエナでは「美」について語られた。建物が建てられたり取り払われたりするのも「美」のためであった。ひとつの街路の整備・美化は都市全体のそれにつながると、いつも考えられたのである。

清潔も重視された。これについては、一二六二年以降、街路の清掃が毎土曜日に命じられ、そのための特別の委員会が作られ、衛生状態を密かに監視し政府に報告した。一二六二年の都市条例や一三〇九～一〇年の都市条例では、とくに托鉢修道会の教会や墓地など、宗教施設の周辺とそこにいたる街路に汚物を捨てないよう、命じられている。(86)おなじ条例で、道路の上ないし近くですのこ・細枝細工などをおいたり作ったりそうさせたりすることが禁じられている。(87)また手工業の職人たちの中には、とくに汚物を排出する職種があり、そうした者たちは、名を挙げて注意が喚起されている。煉瓦や舗石で舗装した街路が不潔で穢くならないように、そこで営業する職人・商人たちにさまざまな禁令が発せられたのである。

シエナでは九月が道路調査・修理の時期であった。都市の街路の結節点・臍と言うべき交差点「クローチェ・デル・トラヴァッリオ」には、多数の職人や商人が行き交い留まったが、そこで留まって通行の邪魔をしないように、野外で働く者はカンポ広場に移るよう、命が下った。染色業者には仕事から出るゴミを街路に捨てないように命じられ、亜麻を扱う者は堀に亜麻を浸してはならず、また荷鞍業者は野外でくず（綿）を叩いてはならない……、とお達しがあった。だが扉にカーテンを掛けて埃が近隣に飛んで迷惑がかからないようにすれば、工房内でこの作業をしてもよかった。また皮革業・紙業者は、公道で皮（の肉）を削いだり畜殺の残滓を道に撒いたりしてはならず、また工房の窓になめしてない皮をおいてもならなかった。獣脂業者はもっとも嫌われた職業で、都市条例でも「臭く穢い」とされているが、まず都市から一マイル、ついで四マイル離れたところに追いやられた。それから、いかなる蹄鉄工も今後は馬・驢馬・騾馬を街路上で瀉血してはならないし、蹄鉄の仕事は境界域、つまり見晴らしのよいところでやるべきだとされた。さらにピッチ作りは開拓・干拓の仕事と一緒に、都市から六マイル以上離れたところで行わなければならなかった(88)。

さらに美や清潔は、道徳的なものでもあった。「道路条例」の三九八条（1294-iii）では、マルボルゲット通りや九人衆の家の近くには娼婦が留まったりしてはならない、と街路の名誉・清潔の方策を規定している(89)。執政九人衆時代の都市条例には、街路から放浪者、娼婦、他の望ましくない者を排除する規定が載っていたことは、第1章dで述べたとおりである。ライ病者の市内滞在禁止が、汚物規定と並んでいるのも印象的だ。都市にとって望ましくない人物も、都市の「美」を穢す「汚物」の一種だったのであり、病気も美と背馳すると考えられたのだろう。

＊

街路と関連して、街路を通って町中を練り歩く「行列」について考えてみよう。

都市生活では、外部から貴顕がやって来る入市式はもちろん、他の祝祭や公的なスペクタクルでも、行列は欠かさず行われ、その参加者と序列、ルートなどにより、政治的・社会的・宗教的な序列や秩序を象徴的に示し、あるいはさまざまな団体・役職の間の取り引き・対話が行われた。この都市の象徴的秩序は、そのときどきの歴史的情況に応じて変化を与えられつつ、成型された。そうした機会には、市民の日常の行動や建造物の通常の役割の奥に潜んでいる「儀礼的な地理」が、浮上してくるだろう。だから、儀礼的な地理を明確化するために、なんらかの物語を作ったり、街路沿いに一時的な建造物が建てられたり、展示物が設営され装飾が施されることも多かった。

行列というダイナミックな儀礼行為は、個々の建物に焦点化した静態的な祝賀のモメントから、都市のメインストリート沿いに儀礼的出来事を拡散・普及させていき、都市全体の社会的・建築的な構造・編成が、ひとつにまとめられていく機縁となる。おのおのの祭りや祝宴は、それぞれ特殊な性格を具え、その行列の道程も独自だが、それらの反復・集合が、都市の創建神話・歴史・宗教的忠誠の諸部分を強化する。こうした都市全体の儀礼的統合を、政権担当者は望んでいた。シエナの場合では、君主の入市式、とくにカール四世のそれは、主権者である皇帝と都市政府や市民との、都市の統合イメージの違いや、駆け引き・交渉、それぞれにとっての街路や建造物の意味を明かしてくれる。

だが行列は、つねに都市全体規模に展開するとはかぎらず、信心会・アルテ・修道院・小教区など個々の団体の記念の祝祭の際に、より狭い範囲で一定のルートを通り決まった地点を訪ねて、その地区や建物・メンバーへの支配や友好関係を明示することがある。もちろん、それは団体外部の視線をも意識していて、自分たちの価値や伝統を、都市全体の公的舞台の文脈上に展示するという狙いも込められているだろう。だから逆に、もともとアルテや修道院の祭りとして始まった祝祭が都市に接収されて、全都市的な機能を持つに至る場合もあるのである。

シエナで都市全体規模の行列として知られるのは、八月半ばの聖母被昇天の祭日にまつわるものである。この宗教行列は、念入りに選び抜かれたルートを通って進み、象徴的にして儀礼的な価値と意味を、通過し立ち止まって各トポスに与えていく。そして都市とコンタードのマリアへの臣従を確認しながら、同時に、シエナとその従属・友好都市ないしコンタードとの間の緊密な関係、従属関係を再確認する機会ともなっている。さらにそれは、市内の諸団体の序列・関係の確認の場でもあった。

さて、シエナにおいては、聖母被昇天の祭日をはじめとして行われる全都市規模の行列では、ドゥオーモ、カンポ広場、サン・クリストーフォロ教会、という三点が重要であった。とりわけ中心となるのは、ドゥオーモである。[90] シエナの宗教行列の目標地点としては、ほぼつねにドゥオーモが選ばれ、またその内部での儀礼の展開も、綿密に決められていた。都市当局は、行列――その参加義務や序列など――とドゥオーモ内での典礼を操作することで、自己の権威と秩序のありようを示した。

つぎに、カンポ広場はどうだろうか。この中心広場は、シエナ人の行列の際には特別な訪問地点になっており、どの地点から出発しようと、かならず途中でカンポ広場を周回してから、終点を目指すことが多かった。たとえばドゥッチョの「マエスタ」完成のときの行列では、「彼らはいつものようにカンポ広場のまわりを回ってから、最後にドゥオーモまでその絵についていった」と逸名氏の年代記にある。[91]

第三に、サン・クリストーフォロ教会が重視されたのは、そこがカンポ広場に面した市庁舎完成以前の、評議会や内閣の場、また主要役人の住居でもあったからで、その前の広場は、いくつかの都市儀礼の場となり、ドゥオーモに向けた行列の出発点にもなったことは、上に述べたとおりである。

一例として、後期中世に非常に盛んになった聖体祭の行列を検討してみよう。この行列は、都市の三分区すべてを経巡った。M・イスラエルズの整理によると、[92] つぎのようなルートをたどった――出発地はサン・ニッコロ・アル・カルミネ教会で、サン・マルコ教会と、布で日除けされたカザートを経てカンポ広場へ。それから、市庁舎前を過ぎてサン・マルティーノ教会へと進み、さらにポッリオーネ通りとマガロッティ小路《ヴィーコロ》（ここには松明を点したダンスと宴会のセッティングがある)、さらに商業会館、トロメーイ広場、関税局Doganaへと進み、その後サン・ヴィンチェンツォ教会を経てカモッリーア門へと長い迂回をする。行列はそこでUターンして関税局まで来たら右折し、サン・ドメニコ教会へと進み、そこから毛織物労働者の地区を横切り、サン・タントニオ商館fondacoに沿ってサン・ペッレグリーノ広場へと行く。帰り道はカザートを経由してサン・ニッコロ・アル・カルミネ教会へと戻るが、そのときもカンポ広場を通っていく。カンポ広場での通過道は特別に重視されており、実際一三七一年には、カンポ広場へのもっとも広い入口通路であるコスタレッラ・デイ・バルビエリのアッカリジ邸館から市庁舎までの直線コースが、装飾されていたことが知られている。

このように聖体祭の行列では、行列ルートは諸地区と重要な教会をともに結びつけるように念入りに計画されたことがわかる。三分区のすべてと、カンポ広場やカモッリーア門といった重要地点を通るのは当然だが、カルメル会と羊毛組合に関わる地区と教会も登場する。これはすでに本節「宗教施設」の項で述べたように、カルメル会と聖体祭の深い関わり、および羊毛組合とカルメル会の密接な関係に由来するのだろう。だが、「ドゥオーモ」が欠落しているのが、非常に大きな特徴である。

聖カテリーナの行列にも触れておこう。この行列は、一四六一年のカテリーナの列聖の後、とくに盛んになったものである。五月最初の日曜日、サン・ドメニコ教会での祝祭の一環として厳かな行列が行われ、そこには諸アルテも参加する。またカテリーナの名誉のための囚人解放が儀礼に組み込まれているのが、特徴的である。参加者は、カテリーナの聖遺物を持って、彼女の生涯の記念すべき地点のほか、参加するドミニコ会・信心会・コントラーダにとって重要な場所を訪れつつ、町中を練り歩いた。彼らがカンポ広場の市庁舎前の礼拝堂に来ると、コムーネの牢獄から出てきた囚人が(一人のみ)行列に加わり、後に、サン・ドメニコ教会の、カテリーナに捧げられた祭壇でのミサの間に解放されるのである。(93)

一二一六年に作られた「聖務案内」には、シエナ教会(司教座教会)の聖職者らが、一年間のキリスト教暦の中で行うべき聖務日課が詳しく記載されている。どんな聖歌を歌うべきか、どんな祭服を着るべきか、教会内外のどの部分で儀式するべきか、聖水や鐘の鳴らし方はどうするか……、といったことだが、ここで興味深いのは、「行列」の道順や各所での儀礼である。

「聖務案内」に定められた「枝の主日」の行列の手順を見てみよう。その日には、シエナでは司教と全会衆が、雌ロバに乗って入城したキリストに挨拶するためサラリア門に赴く。サラリア門はフォンテ・ブランダにほど近く、ドゥオーモからもたいして離れていない。彼らはサラリア門の前に来ると、一人の聖職者が十字架を持ち会衆は合唱隊となる。そして先唱者が二人の聖職者とともに市門の閾まで行き、彼らとともに「ドミネ・ミゼレーレ」を歌うが、それは「聖務案内」に先行して作られた「行列の書」Libello Processionale に含まれているとおりである。そして合唱隊が「キリエ」Kyrie と応え、これを三回繰り返すが、毎回、より高い声で歌うようにする。また合唱隊が歌っている間、少しずつ十字架とともに近づいていくのである。[94]

市民たちを広く巻き込んだ行列が誕生する前に、司教座の聖職者たちによる宗教行列がキリスト教暦に則って行われていたことが、この「聖務案内」からは窺われる。シエナの諸教会が事実上、都市当局の管轄下におかれるようになって、宗教行列も、聖職者たちのものから市民主体のものへと性格を変えていくのであろう。

もうひとつ、行列で賦活される隠れた象徴的秩序、ということに関連して、「都市の宗教」「市民宗教」civic religion というキーワードで、考えてみることができよう。[95] 第2章dでも触れたが、ここでは少し違う角度から考究してみよう。

それまで、初期中世から盛期中世にかけては、さまざまな政治体、あるいは宗教団体や家門が、聖なる存在との関係を言い立て、そのための建物、礼拝堂や教会・施療院・修道院などを建て、聖人の聖遺物を保存して祀るなどしてきた。だが後期中世になると、都市の自律性が高まり、教会組織をも都市の統括下に含めるようになる。すると逆説的なことに、都市自体が「聖なるもの」と自任するに至り、都市全体が聖人と特別の関係を取り結んで、聖人から保護を受けるようになる。この動向は、後期中世に頂点を極めよう。貴族や大商人は、あいかわらず教会や礼拝堂、修道院や施療院を建設したり、そうした宗教施設に寄進をつづけるだろうが、それらすべての施設が、聖なる「都市」の管轄下におかれるのである。シエナの場合には、サンタ・マリア・デッラ・スカラ施療院という巨大な慈善施設を仲介として、そのような統制が行われたことについては既述した。

教会や修道院があるから都市に神聖な性格が付与されるのではなく、神聖な都市の内にあるから、教会や修道院が、より聖なるものとして鑽仰を集められる、というパラドクスがここにある。時代をさかのぼってみれば、ロマネスク期以前には、「森」の聖性が人に宿った。隠者が聖なる存在になりえたのは、彼が聖なる森に入っていったからこそであった。ところがゴシック期以降には、森は脱魔化・脱聖化され、人間そのものに、聖性もしくは悪魔性が宿るようになった。一方、施設・建築物に着目すれば、ロマネスク期までは、聖遺物を保管し天国の前庭と看做された修道院、そして神の家である教会は、どこにあっても聖なる存在であった。しかし十三世紀以降になると、たとえば托鉢修道会の教会の聖性があげつらわれることはほとんどない。托鉢修道士は、それぞれ個人的な壮挙と徳行によって聖なる存在になるのであり、その活動の舞台は「都市」なのであった。もちろんドゥオーモは、つねにその聖性が謳われるけれども、その聖性には、「都市の聖性」の収斂・結晶という趣がある。

このようにして、後期中世のヨーロッパでは、聖職者や修道士も、教皇を頂点とする普遍的なヒエラルキーより、それぞれが拠点をおく都市に服し、アイデンティティーを感ずるようになる。都市の諸制度と教会が密接に関係し、聖職者ヒエラルキーと都市社会が相互浸透していく。ローカルな教会生活と都市政府の多面的調和。都市の貴族と教会エリートが同一家系から出るのはごく普通であり、また（もと）市民が教会の聖職禄や主要な地位を得ることになるのである。租税などの点で都市と教会が争うこともあったが、その場合でも、教会人と都市指導者はおなじ身分出身者であったため、解決がつきやすかった。自治都市（コムーネ）においては、それぞれの伝統をひきずる固有の社会的・政治的経験の胎内において、宗教的な価値が表現されていったのである。

だから、祭日や記念日に行われる儀礼や行列も、そうした——キリスト教会と市民生活・都市政治の間の——関係を強化・確認するところに重きがおかれていることは、言うを俟たない。そして一群の信仰・価値・儀式・シンボルが、その都市共同体の生活に聖なる意味を授け、内的な相剋・相違を超えた上位の統一感をもたらすのである。もちろんこれは、本章で見てきたトポスの役割とも関係している。

聖俗共同の儀式には、市民の危機意識と不安を祓うという意味もあり、たとえば一三二〇年には、地震に怯える市民を宥め、市民たちがたがいに許し合って市内に平和がもたらされるよう、当局は司教と協力して三日間特別な行列を行い、それが効を奏したのである。(96)

北・中イタリアの都市は、まさにそうした「市民宗教」の中心地であったし、シエナはその代表格と位置づけられる。この独特な宗教の中では、神への愛と都市への愛はおなじメダルの裏表であり、キリスト教的慈善は都市的な隣人愛に姿を変じる。聖性の盛り立ては社会的に有用な事業そのもので、貧者への愛は、市民の責任となる。市民宗教とは、まさに都市の〈公共善〉へと向けられるのである。それを主体的に担うのは、もはや聖職者や修道士ではなく、俗人なのである。

そうした状況下、都市の政権担当者は、自分たちの政治行動に適したイデオロギー的な支持と文脈を探した。そして〈公共善〉追求の霊感を与えた市民精神と協調するように、コムーネ社会の構築、外敵からの自由、そして内部の平和を追求していった。そこでは、都市社会とコムーネの諸制度と教会の三者が同値されるが、それがとくに際立てられ表現される媒体こそが、行列をはじめとする一連の都市儀礼であり、そこで象徴的な意味を与えられたトポスなのである。これらが市民世界におけるさまざまな価値・制度・人物・実践を聖なるものにし、他方では、宗教的諸価値の、市民的内容を強調することになる。それこそが、都市守護聖人崇敬であり、毎年の祝祭時の行列であり、市内の教会や礼拝堂での儀式であるが、これらすべてにおいて、都市の政治的・社会的アイデンティティーの感覚は、都市と市民の宗教共同体への帰属意識と緊密に結びついていたのである。

後期中世のシエナでは、あるいはより広くは中・北イタリア諸都市では、キリスト教の信仰告白と、市民的価値の表明が緊密に混ざり合ったこうした「市民宗教」が大いに発展した。だから「市民宗教」の涵養は、かならずや〈公共善〉に資するとして、いずれの政権であれ、その党派心を超えて推進し、着実に実行したのであった。

とはいえ、すでに第2章dで詳説したとおり、「市民宗教」に収まりきらない「超市民宗教」へと舵を取っていく諸団体が数多くあったのは事実だし、〈公共善〉に新しい視界を切り拓いたのは、「市民宗教」ではなく「超市民宗教」のほうであった。

b　カンポ広場

都市民たちの大掛かりな社会的結合関係を紡ぎ上げていく中心的な場は、なんといっても広場、とりわけ中心広場であろう。本節では、シエナの中心広場であるカンポ広場の形成と役割について考えていこう[97]（図23）。

カンポ広場の造られた土地は、もともと起伏が激しく、小さな溝が無数にある厄介な地勢であった。それもそのはずで、都市形成の基礎となった三つの丘の斜面上の集落が寄り集まった、その合間にある窪地こそが、広場の前身であったからである。だから高度の平準化・穴埋めなどをはじめ、その整備や土壌の調整維持の手間は並大抵のものではなかった。広場の周囲に敷石が敷かれ、そこに通ずる道からのアクセスが徐々に改良され、十四世紀の曙に、ようやく今のような結構ができた。かつての関税局のあったところに市庁舎が建てられると、それは新たな権力のシンボルとなる。

シエナのカンポ広場はつねに、都市のトポスの中で最重要物として捉えられてきた。それは三分区の交点にあり、またローマ街道 Strada Romana つまりフランチジェナ街道からわずかに離れて広がっている。そのローマ街道は、広場をピッタリと覆いつくした建物群の脇を、迂回するように走っている。その場所柄から、当初、広場は自然な「市場」となった。関連する最初期の史料は十二世紀末にさかのぼり、そこは「カンプス・フォリ」Campus Fori と呼ばれている。一二六二年の条例ですでに特別な威信を与えられて、多くのゾーニング計画の制限対象となった[98]。

カンポ広場は十三世紀中にポポロとコンソリ（統領）らの意識の自覚化に応じて形態が定まっていき、一二九七年には都市当局はよりいっそう統一的な空間をそこに作ろうと、広場沿いのすべての建物のファサードは市庁舎に倣うよう命じた[99]。制度的な位置づけとならんで美的な気遣いがあり、たとえばカンポ広場に面した商店は、仕事スペースを店舗の外部に二ブラッチャ以上広げることを禁じられた[100]。

図 23　カンポ広場

衛生上の観点からの規制もあった。一三〇九年には、いくつかの職業がその広場から追い出された。皮鞣し、床屋、干し草・肉・皮・サフラン売りなどである。それらの職業が広場を汚したり、悪臭を放つという理由からだろう[101]。毎日の清掃は、豚たちの小さな一団に生ゴミを食べてもらうようにしていた。この豚放ちの権利は早くも一二九六年からあり、毎年契約が結ばれた[102]。また、都市条例では一年に三回、大々的な清掃が行われるよう定めており、たとえばそのひとつは、八月十五日の聖母被昇天の祭日の前である[103]。

十四世紀中には、市庁舎の建設・増築が進展し、と同時にその前に広がるカンポ広場も、最終的な形を整えていった。一四〇七年には穀物・小麦・家禽のマーケットは、カンポ広場から近接の「キアッソ・デイ・ポッライウォーリ」に移された。十五世紀には、カンポでは質の高い業者（金銀細工師・織物商・公証人・銀行家など）のみに、営業が許されるようになる。

＊

さて、ヨーロッパ中世都市の広場は、ぎっしりと詰まった建物群の狭間にポッカリとあいた、広い空地にとどまるものではない。広場がその名に値するためには、そこで人と人とが出逢い、言葉や物を交換し、たとい束の間ではあれ触れ合うこと、しかもその接触が、文化的ないし社会的価値を創造したり、権力の統制への欲望を呼び寄せたり、あるいは支配の現状への不満を共有させたりすることが不可欠である。それゆえ中世都市の広場は、都市空間全体の形成、および市民たちの社会関係の変容と密接に連携しながら形作られ、独自の意味を具えていったのである。(104)

十二〜十三世紀のコムーネ成立によって、都市全体が「公的空間」として統括されてゆくと、広場の配置と意味がふたたび変化する。すなわち広場を今いちど公的空間の中心地として位置づけようとする、強力な運動が始まるのである。コムーネ当局は、多種多様な敵対勢力の頑強な抵抗に遭いながらも、都市の織り地を再秩序化させるべく、規則・命令を矢継ぎ早に発し、また土地を接収・購入して公共の福利を追求した。だが、諸団体の代表が治めるコムーネ当局にとっては、既得権を守ろうとする各方面からの抵抗を一気に押しひしぐことは到底不可能で、いくつもの団体の利害の対立と調整の結果、からくも都市の地誌が決まっていったのである。言い換えれば、中世都市の景観は、はじめからひとつの計画に沿って作られたのではなく、広場の形態も地理的条件に規定されるとともに、それが作られた時期の社会関係や権力関係の縮図として解読できるのである。

自治権を得た都市は、外敵からの防衛強化を図る市壁建造と並行して、疫病を防ぐ衛生対策、市場の管理と食料補給の確保、職業別の住み分け、祭りやスポーツまた宗教行列などの秩序化のために、都市整備計画を推進する。そうした空間の組織化の一環として、市民集会や評議会、名望家の集会の場所を確定する事業にも着手したのである。これが中心広場の造成である。かくして、市民が市民としての誇り高い自意識を持ち、秩序・清潔・美を実現した都政の中枢＝シンボルを求め始めたとき、彼らの愛郷心の焦点となったのが「中心広場」なのである。中世の広場は、市民の集会と評議会の場所、都市条例が荘厳な誓いによって裁可され裁判の布告が出されるところであったばかりではなく、市民たちが、街区や党派や一族の対立を超えて集い、会話し、遊び、取引をする、全市的な社会関係の編み上げの中心点でもあった。

このヨーロッパ中世都市の中心広場についての概観は、シエナにも当てはまる。というより、シエナのカンポ広場は他都市の中心広場以上に、都市と市民の政治・社会・経済・宗教のあり方と密接に結びついていたのである。

カンポ広場のシンボリズム

カンポ広場は市壁や市門とともに、シエナにとってのもっとも重要な空間的シンボルである。都市の心臓、すべての市民を収容できる優しい受け容れ空間、市民全体の関係性・集合性のメタファーであった。

カンポ広場がその意味を完成させたのは、市庁舎という、都市政治の中枢機関が広場沿いにできたからこそであり、そのときはじめて、市民たちが公共の権力と話し合いができる、そうした広場になったのである。すでに指摘したように、市庁舎は広場に向かって開かれ、そのファサードはやや湾曲して広場を抱きかかえているかのようだ。こうした開放的な市庁舎というのは、その形態からも設置場所からも、シエナの大きな特徴となっている。他の都市の市庁舎の多くは、防塞様式の建物であったから。市庁舎の方へとなだらかに傾斜した、カンポの貝殻状の形態は、市庁舎と広場の「対話」を可能にする絶妙な形であった。ちなみに、八七メートルのマンジャの塔も、もはやいずれかの家門の威信のシンボルではなく、共同体全体の公共性のシンボルである。

広場は、十三世紀後半から十四世紀前半に徐々に形態を進化させ、完成した。アニョロ・ディ・トゥーラは、一三四六年の項に、「十二月三〇日、シエナのカンポ広場は、煉瓦で舗装し終えられた。そして、美しく豊かな泉と、それを囲む美しく高貴な館や店舗を備えたカンポは、イタリアのあらゆる広場のうちでもっとも美しい広場と看做された」と述べている。[105] シエナの最重要の広場であるだけに、都市条例では綿密な規定がなされた。[106] 同型の窓の設置など、厳しい設計上の規制に従った周囲の館ともども、自己完結的な統一的空間を作り上げたカンポ広場は、とりわけ市庁舎と美的・構造的な均衡を保っていた。一方の増築・修正は、かならず他方の改変に対応していた。建築条例の広場周辺への適用は綿密にして厳格、たとえば一二六二年の都市条例では、カンポに面した家の窓の大きさを指示し、また「広場沿いの家のポルティコは、少なくとも高さ八ブラッチャ、長さ（幅）三ブラッチャはなくてはならず、それ以下のものは、破壊されるべきである」と規定している。[107] その後、「新たな建物は、小円柱付の窓、すなわち二連窓にすべきであり、広場をとり囲む館の外に、バルコニーを作ることを禁ずる」などと定められ、こうした建築条例は、以後もたびたび繰り返されている。[108] 十四世紀には、マンジャの塔が立ち（一三四八年）、市庁舎が拡張され、中心部の敷石が敷かれて今日に近い姿となる。私邸は、高さや幅、屋根の形、窓・扉の形、素材などが公共建築とのバランスを考慮して建てられるよう要請された。シエナには、その監督をする専門の役所（装飾局）があり、その役人たる「装飾監督官」が厳しい取り締まりをしたことは既述した。

広場の形態上の秘密のヴェールを剝ぎとると、もうひとつの統一性が見えてくる。カンポ広場のトポグラフィックでシンボリックな意味を研究したのは、建築史家E・グィドーニである。[109] 過剰解釈との批判もある彼の解釈は、つぎのようなものである。普通よくある卵型でも半円形でもない、一種の梯形（半六角形）が、八本の輻輳線によって九つの二等辺三角形に分割されているカンポ広場の形は、中心の対称軸と一極への収斂によって、空間的統一性の印象を強く与える。この独特な形態の意味について、彼は、それはシエナの守護聖人たる聖母マリアのマント――シエナを包み込み、町と市民を保護する――を表現している、との仮説を提示している。これはシエナ市民の実感を反映していると考えてよいだろう。[110]

なお、グィドーニによると、おなじメタファーは、シエナとその周辺の絵画にも登場し、形や、対称軸と横断軸の割合が二対三で同一であることが、有力な証拠とされている。この仮説の当否はさておき、カンポ広場とは、シエナ市民にとって天上の神秘的世界と現実的世界の融合する場であり、十四世紀のシエナ住民の思考様式、感情の傾きの結晶であったということだけは、たしかだろう。

十四世紀、とりわけその半ばから後半にかけては、イタリアいやヨーロッパ全体を災厄が襲い、シエナも打撃を免れなかった。しかし少なくとも十四世紀半ばまでは、主要アルテの代表者からなる「執政九人衆」（一二八七～一三五五年）支配下の寡頭制的共和政が比較的安定した発展をもたらした。執政官職・都市評議員はじめ、一般市民も含めて、繁栄を極めた甘美な理想郷たるシエナに心理的に一体化することで威信を感じ、それをいっそう増進させるために、当局も市民も一丸となって都市整備に努めた。執政九人衆の都市改造プログラムの重点は、商業都市としての機能性と美観の二つにおかれた。シエナの都市形態は、この十三世紀末から十四世紀半ばに、ほぼ確定したといっても過言ではない。都市の臍として、すべての他の街路や建造物などが、それを参照点として作られるようになったのが、カンポ広場であった。

以下、四つの項目で説いていくように、統一的空間たるカンポ広場は、まず第一に商人と商業の広場として機能した。そのまわりには商館が立ち並び、市が開かれ、交易が行われたからである。だが、それは同時に防衛的・政治的・宗教的・祭儀的な役割をもはたし、都市生活の焦点として、ドゥオーモ前広場にとってかわっていった。さらにそこは臨時の、ないし恒常的な社会的結合関係の確認の場として、人々が寄り集まる社交的な広場でもあった。

それゆえカンポ広場は、複雑な社会構成を抱えた都市の広い意味での文化的統一を象徴していた。市庁舎とその上にそびえるマンジャの塔が、商人寡頭制的共和政治の象徴となっていたのと、それは相補っている。こうして都市のシンボルになった広場のいわば「聖性」を守ろうという根気強い施策が、別言すれば〈公共善〉の理念に駆り立てられた努力が、政体の交替を超えて継続したのであり、一連の規制は、ゴミや邪魔なものの排除、サイコロ遊びの禁止など、詳細にわたったのである。

支配空間

一般に中世都市の中心広場とは、そこで市民集会がなされ、騎馬槍試合が行われ、騎士叙任式が挙行され、軍が召集され、通達・布告が宣告され、刑が執行される場所、つまり市民皆にとってのもっとも重要な儀式が執り行われる公的空間であった。さらにより日常的には、そこは食糧調達・販売のための「市」が開かれる大きな空間であった。

シエナもその例に漏れない。ゆえに、そのカンポ広場には、以下の四つの機能が備わっていたと言える。すなわち「支配空間」「商業空間」「社交空間」「聖なる空間」である。それぞれの機能がどのようにはたされていたのか、年代記や都市条例などの史料を検討してゆこう。

まず、支配空間としてのカンポ広場から。カンポ広場では、必要に応じて市民や評議員や警吏らが召集され、そこで条例や判決の布告、そして処刑が行われた。危急の際の全市民の召集や、諸種の役職者の召集についての規約は、都市条例にはほとんど含められていない。自明のことだったのであろう。そもそもカンポ広場は、その南面に高く立ち塞がる市庁舎と一体をなしていた（本章扉図）。そのことは、市庁舎の建設・増設が、カンポ広場の形状・整備の進展とも不断に連動して、美的効果・視覚効果を十分に考慮しながら進められたことからも明らかである。広場の位置は、周辺の農村地帯へとなだらかに降りていく、その上方にあるが、これは都市とその領域の、中心的媒介となる市庁舎の位置づけをも示している。この四囲空間監視・睥睨の場の意味は、そこに下ってくる周囲の何本もの街路によって補足され、また、カンポ広場自体の凹んだ、劇場的特性によっても強化されている。

市庁舎こそ、都市権力の中枢であった。支配の座としての市庁舎の意味については、前節で解説したとおりである。したがって市庁舎前に広がるカンポ広場にも「支配空間」としての役割が付与されたのである。カンポ広場は、そこで執政官らの権威を高める楽師の演奏が行われ、黒死病を機に作られた聖母マリアの礼拝堂で宗教儀礼が挙行され、また行列の出発点・中継地となるなど、都市儀礼の中心舞台ともなったのだ。

ここでは、カンポ広場に市民が集まる特別な機会である宣誓と処刑について、興味深い例を引いておこう。

一三五五年、これは執政九人衆体制が崩れた年だが、三月二十五日、カンポ広場に集まった民衆の同意のもとに、神聖ローマ皇帝カール四世が幾人かの「総代」sindachi を選んだ。そして、悦びと華やいだ雰囲気の中で、これらの「総代」の市民たちは、皇帝に忠誠を誓ったという。選ばれたのは、「豪族」grandi から十二人と、「細民」(ポポロ・ミヌート)から十八人であり、都市を良き状態に改革すべきことが、広場に集まった者たちによって確認された。[111]

処刑の例では、近隣の小邑モンテプルチアーノがシエナに反攻し、執政十二人衆への服従を拒んでいたが、シエナの軍隊が送られてきたため、一三五五年に慌てて使節を派遣した。彼は、和解と服従の虚偽の手紙を携え、オリーブの枝を手に持ち、頭にも差していた。ところが彼は、内心の虚偽を見破られてしまった。そこでこの哀れな使節はカンポ広場で絞首刑にされ、手紙ともども何日間か吊るされて見世物になったという。[112] また、一三四四年には、ポデスタ、ポーロ・ダ・パルマの審理の被告であったフランチェスキーノが、トロメーイ広場で当のポデスタを襲って、その頭を数箇所傷つけた。隠れていたところを見つかり捕えられた下手人は、カンポ広場で斬首された。[113] 下手人が逃げてしまったときなどには、もし市民ならば、その家の家財をカンポ広場で焼き払うこともあった。[114] 断罪された同性愛者やその女衒は、デナーロ貨三〇〇リラを払わされるが、一ヶ月以内に払わないと、カンポ広場で男性器吊り刑に処せられた。[115]

さらに、触れ役が当局からの命令を大声で触れるには、市民が集合するカンポ広場がもっとも効果的であり、多くの史料に当広場での触れ役の活動が記されている。また決闘によって黒白を争う、神判の一種である法廷決闘がなされたのも、カンポ広場においてであり、そのときには、コムーネの大天幕(パヴィリオン)が設営されたようだ。毎週木曜日に、執政九人衆は市民たちから陳情を聞くことになっていたが、それは「公の開かれた場所」in loco publico et aperto で、と定められていた。[116] どことは特定されていないが、市内ならばカンポ広場をはじめとする広場であったろう。

かように、権力の執行が、市庁舎の面するシエナ随一の広場で、市民たちに目に見える形で行われたのだが、ただし、すべての権力（のシンボルとなる建物）が、この広場に面していたわけではなかった。それは他の場所にもあった。そのうちもっとも重要だったのは、カピターノ宮（ポポロ隊長の館）である。これはカンポからは比較的遠くにあり、むしろドゥオーモの目と鼻の先、ほとんどサンタ・マリア・デッラ・スカラ施療院の延長、今のカピターノ通り via del Capitano にある。そこからカンポに行くのはわけないし、むしろポデスタや内閣（最高行政府）とは別のところに本拠をおき、ポポロ隊長としては「ポポロ」の固有性を宣揚したい、という戦略があったのであろうか。

いずれにせよ、シエナでは聖俗両権力がひとつの広場にまとめられていなかっただけでなく、世俗権力もかならずしも一元化されていなかったことの象徴的事例だろう。

商業空間

市民たちの日常生活では、市場としての性格が、カンポ広場のもっとも重要な役割であっただろう。この役割を詳しく知るためには、ガベッラ（消費税・流通税）関係の史料、そして出納簿、また諸種のガベッラ徴収にかんする請負契約の史料が重要である。幸い、これらの史料を博捜した研究が、近年、M・トゥリアーニによって行われた[117]。

それによると、シエナについては市場が十二世紀半ば以前にまでさかのぼるかどうかは、史料上からはよくわからないようだ。一一六九年の史料にコムーネのコンソリ（統領）が今のカンポの土地の部分を購入し、その境界にサン・パオロ教会と「市場」がある、との記載がある。そして一一九〇年には、はじめて Campus Fori との名詞が現れ、一一九四年に谷間側の空間を画定した支え壁の建築——その空間の上にまず最初関税局の建物、ついで市庁舎が建築されるだろうが――が、カンポ広場の最初の形態を決定した。かくて十三世紀初頭には、この場所の空間的統一が実現したのであるが、カンポ広場は当初から「市場」として計画され、機能していたと推測される。

さて、市場としてのカンポの管理法こそ、司教からコムーネへの権力移転を表している。というのも市《いち》は、食料供給についての統制と、取引への課税という二重の管理で、公共物の鍵となる道具であったからである。そのために、一二〇〇年代の初めの頃から、この地区の「監視役」custodi が当局によって任命されている。その役目はいろいろだが、何より禁止されている畜獣の屠殺・解体、すのこ・籐細工造りや石の山積みなどを取締まり、許可なく煉瓦や木材などでカンポを塞いだり汚したりした者を、ポデスタに告発する役目を負っていた。また監視役には、土壌・地面の維持の仕事もあり、天候不順でできた陥没をならし、小さな溝や穴を埋める作業をこなすとともに、誰かがカンポの土をくすねてゆかぬよう監視した。大市の日である土曜には、以上の通常の職務に警察の役目が付加され、彼らは泥棒を告発し、争いごとを防ぎ、賭博ゲームをやめさせた。

監視役の任務についての規定は、一二六二年の都市条例の第三部、四九、五一、六〇項にある。[118] この役職は、ほぼ十三世紀中つづいたが、十四世紀になると別の役職に移管する。窃盗を防ぐために罰をより厳しくするとともに、監視役にかわる特別な秘密警備員 guardie segrete を任命して、犯罪行為を犯した者を告発し逮捕させたのである。

広場の維持・管理とならんで、広場にいてもよい職業団体の選別指定も不可欠であった。執政九人衆体制下では、それに関していくつもの重要な「措置」が出された。毎日の市への出店を許可された売り物には、食料関係が多い。肉屋とトレッコラ（鳥・卵・乳製品）屋が早くから「売り台」（バンキ）を持っており、また針・釘売り、皮革屋などの職人、その他いろいろな道具・食器・家庭用品など、遠方で作られているものも頻繁に売りにこられた。

この日々の商人たちに、臨時の、あるいは周期的に往復する商人が加わり、広場はいよいよ賑やかになる。農民は周辺農村の菜園から、卵・乳・チーズ・家畜を持ってきた。葡萄酒・栗などもそうだが、季節により持ち込まれる食材は変化した。また週二回、木曜と金曜に魚屋の売り台がカンポ広場に作られた。四旬節にはそれは毎日になる。エジプト豆・粟・稗なども、四旬節の期間には販売量がふえた。他の穀物とくに小麦類も広場の市で売られたが、コムーネが綿密に管理統制して、市民の糧食が円滑に備給されるようにした。だからそれらは、役人の監視下、また売買方法と値段の当局による設定のもとに売られたのである。

このような具合だから、毎日、とりわけ土曜にはカンポの大空間が商品と売り台、テントと売買人で占められ、商人と客が行き交い、声を出し合う喧騒がひとしきりつづいた。商品陳列の仕方の中ではテントがもっとも大きな空間を占拠し、それはトレッコラ屋・魚屋・肉屋などが使っていた。しかし大部分は売り台によって占められた。すなわちそれは木の陳列台であり、簡単に設置と撤去ができるものだった。もちろん、しょば代をとられ、その額は詳細に決められていた。

ところで、カンポ広場を挟んで市庁舎の向いの位置には、商業会館すなわち商人組合（メルカンツィーア）の建物がある。すでに第2章で説いたように、商業会館は、たんなる商人の集会所ではなく、どんな職種であれ、合法的な商売・職人業をする者はそこに登録しなくてはならない、シエナの経済活動の中枢であった。そこでは契約が行われて証書が保存され、諍いがあれば裁判が行われ、しかも刑務所まで備えていた。商業会館は市庁舎に従属するというのではなく、シエナ経済の中枢としてその自律的な権利を主張し、また広場を挟んで市庁舎と向かい合うことで、商人階級と社会的な支配層の緊密な協調を象徴していた。

もちろん、商品の売買は、「市場」で行われるだけではなく、さまざまな食品類を街路を歩き回って行商する者たちも多くいた。

社交空間

シエナでもっとも広い空間として、スポーツの舞台として活用されたのもこのカンポ広場であった。スポーツのうちでは、市民全体を巻き込んだエルモラないしプーニャと呼ばれる模擬戦が重要である。これについては、すでに第2章cで詳しく論じたので繰り返すまい。

またサッカーの一種である「ボール」pallone大会もカンポで行われた。これはマンジャの塔からボールが投げ入れられ、二チームが取り合ってそれを決まったゴールに持ち込む……、というゲームだ。[119] また「ゲオルギウス遊び」giuochi giorgiani も毎年の儀礼的遊びであった。それは聖ゲオルギウス像が龍と戦うペイジェントで、もともとパンタネート通りのサン・ジョルジョ教会前で行われていたが、観客が多くなり、市庁舎前（カンポ広場）へと移った。[120]

貴族たちだけの特権的なスポーツ遊戯である騎馬槍試合も、カンポ広場で都市当局の許可のもとに行われた。十三世紀の二〇年代から、出納簿の記録などに騎士叙任式の出費が計上されている。新騎士への祝儀が支出されるほか、ミサの出費も当局がもった。一二六二年の条例ではより綿密な決まりがだされ、新騎士がカンポ広場で祝宴を開き、木材で牆《かき》を設営して、彼の一族郎党の全メンバーを集めて最大十五日間使ってよい、と定められている。[121] 一二六四年、シエナの財務府長官（カメルレンゴ）は、カンポ広場にコムーネのパヴィリオン（大天幕）を設営し、そこで、モッツォ某の騎士叙任式の機会に壇を建てた何人かの男たちに、二二ソルド払わねばならなかった。貴族らの祝宴は、演劇性への趣味に彩られた豪華なものだったに相違ない。広場に設えられた壇は木製の身軽な構造体で、石や煉瓦の不動の姿に変化を与え、中世都市空間の大いなる可塑性を印象づけただろう。

サイコロ遊びの格好の舞台となったのも、カンポ広場であった。これについては、第2章cで説明したとおりである。

結婚式も――十三世紀には――着飾った新郎新婦がカンポ脇の通りからカンポ広場に降りてゆき、そこに公証人が婚姻契約書を作成するべく待っている、という方式になった。[122] 都市楽師たるトランペット・カスタネット・フルート奏者らが、新郎の家から鳴り物も華やかに行列し、もうひとつの楽隊行列が新婦の家から出発する。そして両者が出会うのがカンポ広場だ、という趣向である。結婚行列には親族や行政官や招待客が参加したが、二〇人ほどしか参加が許されていなかった。この人生最大の晴れ舞台には、より大きな公的性格が与えられ、しかも教会よりも世俗権力による公的な保証が大切だとされた。広場では、ユスティニアヌス法典に則って、「現在の言葉により」per verba de presenti、つまり新郎新婦の結婚の誓いによって、公開の「民事婚」が挙行されたのである。副次的な儀礼としては披露宴があり、大道芸人の奏でる音楽や離れ業で、大いに場が盛り上がった。

カンポ広場にはもともとそこで売買する者たちが捨てるゴミ・汚物が置かれていたが、このような社交・娯楽の空間として、市民の憩いの場でもある広場を気持ちよくしようと、一三一四年には、本来あるように法律で定められた場所へのゴミの運搬が、改めて命じられた。とくに夏の夕刻・夜に市民たちが集まるときに、悪臭がひどくなるから、「カンポ広場は市民たちの憩いの場である。そこで休みリラックスしたい人たちに相応しく清潔にしよう」ということであった。(123)

聖なる空間

最後に、広場の聖性ないし宗教的性格について瞥見してみよう。カンポ広場は、ドゥオーモ前広場やサン・フランチェスコ教会前広場などとならんで、托鉢説教師らによる説教の場となった。カンポ広場は、シエナのもっとも広大な空間として、おびただしい市民を前にした説教に使用されたのである。神を信じ、聖母マリアや聖人にすがり、堕落した生活を改めるよう、激しくも音吐朗々たる説教師の声が、そこには響きわたった。シエナ出身のフランシスコ会の著名な説教師聖ベルナルディーノは、一四二七年、市民たち、とりわけ女性をカンポ広場に集めて風紀の乱れを責め、雄弁をふるいながら道徳的教えを説いた（図24）。シエナは、デモンの攻撃に晒される四角い都市のアレゴリーで捉えられ、それらのデモンは、歓喜・苦悩・希望・恐怖の四つの門から入ってくる。それに対して一人の天使がシエナを護り平和を確保し、それがもう一人の天使たる説教師の言葉の有効性の前提条件だ、と言われた。そこでベルナルディーノは、カンポ広場には天使たちがいっぱいいて、彼らが聴衆をそこにつれて来て、説教師の神を称える言葉を熱心に聞かせているのだ、という美しい比喩でその場での説教の功徳を説いている[124]。また、一三五六年四月には、ナルニの司教がシエナにやってきて、やはりカンポ広場で十字軍の勧説説教をしたことが、ドナート・ディ・ネーリの『シエナ年代記』に記されている[125]。

第2章d「コロンビーニとジェズアーティ」の項で、コロンビーニが弟子たちを受け入れるとき、一種の逆転した騎士叙任式を行ったことを見たが、その際、まずカンポ広場に入会者をつれていって、そこのマリア像の前で世俗の服を脱がせて粗末な衣服を着せ、頭にオリーブの冠を被せて、ラウダを歌う……、という一連の儀式が執り行われたことを思い出そう。

宗教的な祝祭においては、ドゥオーモがシエナの聖性の元締めとして非常に大きな地位を保ち、そこでミサをはじめとする宗教儀礼が行われ、蠟燭行列の目的地ともなった。だが、カンポ広場も、もうひとつの中心舞台であったことを忘れてはならない。なかでも聖母被昇天（八月十五日）の大祝日が、もっとも重要である。前日の朝、決まった時間に、カンポ広場からドゥオーモに向かう行列が挙行されたのである。それは整然と並んだ行列で、ラッパ吹きと市庁職員に先導され、その後には、巨大な牛車の上に高々と掲げられたパリオ（聖母像を描いた大旗）と、聖書や寓意画を描いた大蠟燭という、奉納灯明を捧持した者たちが従った。さらにその後ろには、コムーネ・ポポロ・三分区そ

図 24　カンポ広場で説教をする聖ベルナルディーノ

れぞれの紋章旗とともに、執政官・外国の代官（レットーレ）・旗手・評議員、さらにあらゆる他の共和国の役人たちが手に手に蠟燭を持ち随行した。ドゥオーモでのすべての宗教儀式が終わると、新たに行列が組まれて、カンポ広場、そして市庁舎にもどっていった。

飢饉の際には、カンポ広場に当局からの施しを求めて貧者が並んだ。また、これは伝説であるが、プロヴェンツァーノ・サルヴァーニが獄中の友を救おうとして、カンポ広場で裸足で喜捨を乞うたという。だがときには、カンポ広場が、慈善を求める貧者たちの乱暴狼藉の場になることもあった。その例は、一三二八年の事件に見出される。毎年の慣例に従って、サンタ・マリア・デッラ・スカラ施療院が、パンの喜捨を貧者たちに行ったが、あまりに多くの都市、コンタードの貧者が殺到して大混乱になった。もらえない者が暴徒と化してカンポ広場に雪崩込み、小麦とパンの入っている樽を、「お慈悲を」misericoridia! と叫びながら略奪した。商店も荒らされて皆困ったが、施療院の院長がカンポ広場にやってきて、好きなだけパンを上げると巧みな言葉で貧者たちを宥めて、ふたたびサンタ・マリア・デッラ・スカラ施療院に導いていったという(126)。

＊

以上、シエナのカンポ広場について、その多面的な役割を検討してきた。その結果、カンポ広場は、支配空間、商業空間、社交空間、聖なる空間とさまざまに色合いを変化させる、市民たちの毎日の生活に欠かせない特別な空間であることが明らかになった。これはひとりシエナについてのみ指摘しうる特徴ではなく、世俗権力が教会より優位に立ち、都市文化を育てた中世の自治都市においては、程度の差はあれあてはまることであろう。広場は、都市の社会関係の、無数の糸の大きな結び目であり、その位置・形態は、日々そこに足を運び、広場の佇まいを目にする住民たちに身体的・感覚的な影響を及ぼしたし、他の空間や建築物の位置や形態との関係のもとに、知的・政治的エリートの意識的戦略と、民衆が半ば無意識に授ける民俗的・伝統的な想像の間で象徴的な意味を帯びる。であるならば、トポスとしての広場の研究は、都市全体の空間構造とその文脈の中で出来事が具える意味に照らして、はじめて完成しよう。

ところでシエナでは——他の中世都市いずれもそうだが——教会前広場、とくにドゥオーモ前の広場も、宗教的な観点からは、きわめて重要であったことは贅言するまでもない。[127] そもそも中世都市の生成期、十一世紀から十二世紀にかけては、公共のことは司教の管轄であり、市民集会 concio / arengo や代表者による評議会は、司教およびそのドゥオーモと不可分であった。だからこの時代の「中心広場」とは、司教座聖堂前広場を指していた。フランスやドイツなどの北方諸国においては、この事情は大要、中世末になっても変化がない。都市が世俗化して市政が教会から独立しても、市政の中枢たる市庁舎が、司教座聖堂（カテドラル・ドーム）前広場にそのまま建設されることによって、両者の連続性が保たれたのである。

ところがイタリアでは、とりわけ叙任権闘争を境に、トポス的にも両者の関係は変化する。すなわち、都市政治の中心がドゥオーモから市庁舎へと移り、それに合わせて広場も新たに作られるからである。この都市文明の国においては、十三世紀半ば頃から封建制から免れる道程が本格的に始まった。塔を建て、一族郎党を集めて割拠していた封建貴族たちに抗して、秩序安定のため、貴族の権限の縮減と都市による周辺農村の一元支配が推進される。教会・修道院なども、巨大な「封建領主」として、権利を削るべき対象になる。さらに、都市に人口が集中し、商人・職人の活動が活発化すると、広場はとりわけコンタードからの農産物を集める市場として、また職人たちの生産物やサーヴィスの規制の中心地としての性格を強くしていった。だから、ドゥオーモ前の政治＝宗教センターとしての広場から、市場の開催地としての広場へと、大きくその性格を転換させていったのが、十三世紀以降のイタリア諸都市の中心広場だと言えよう。しかもシエナをはじめとして、トスカーナ地方やエミリア地方など中部イタリア諸都市では、この政治的・経済的な大広場と他の広場は、はっきり区別される傾向にあったのである。

とりわけトスカーナ地方は、おそらく市民集会の場としての広場の組織化が一段と遅れて進んだゆえに、ドゥオーモ前広場とは離れたところに都市中心広場が設営されることになった。シエナのカンポ広場は、ドゥオーモ前広場と対立し、離れて形成されている。

一般に、聖俗両広場分離型都市――シエナ以外にもトスカーナではピサやフィレンツェ、ルッカなども同様であるが――においては、かつての中心広場であったドゥオーモ前広場には、都市内での司教権力の縮小と並行して、ほんのわずかの宗教建築のみが止まることになる。大聖堂（ドゥオーモ）に、鐘楼・洗礼堂・司教館の三者が寄り添うのがせいぜいである。あるいはまた多くの都市では、ドゥオーモ前広場はごく狭い、道の交差点がちょっと膨らんだ程度というところもあり、都市政治中枢とは別の広場に面している場合でも、市庁舎前広場とすぐ隣り合っていることが多い。

ところがシエナでは、聖俗両広場はかなり離れたところに位置し、それぞれ固有の重要なトポスとなる「二元性」を打ち出している。さらにシエナの場合は、ドゥオーモ前広場に、大聖堂と付属の鐘楼・洗礼堂・司教館のほかに、より巨大で圧倒的な存在感のある、サンタ・マリア・デッラ・スカラ施療院が、十二世紀から十四世紀にかけて建築され、しかもドゥオーモの真正面に大きく対面している。そのためドゥオーモ前・脇の広場が、宗教儀礼や説教が行われる宗教権力・権威の統べる空間、というだけでなく、病人・貧者・巡礼・老人・孤児などの「弱者」が出入りし、有志が彼らを暖かく迎える「慈愛と歓待の空間」になったことが、きわめて大きな特徴である。他の都市ではドゥオーモ近くに施療院があっても、それは正面ではなく側面にあるのだが、正面に対面して拮抗しているところに、シエナの聖なる社会的結合関係の力の秘密があるように思われる。

小さな広場についても一言述べておこう。

小広場はシエナにも数多いが、その多くは教会前にある。サン・フランチェスコ教会前広場のように、説教の場となったりするところもあったが、多くの教会前広場は、儀礼・祝祭時の信徒らの集合場所や聖職者の行列の出発・到着点となった。

しかし、各教会前広場は、こうした宗教的用途に使われただけではない。多くの教会前広場が地区のはずれにあって、それゆえ、そこは厄介なことに肥溜め置き場、あるいはさまざまな商品・製品・部品・材料の置き場になった。カルミネ教会前の広場近くには穢い水流があり悪臭を放って、教会で典礼をするのにも支障が出たようだし、サン・フランチェスコ教会前も、皮革業者・肉屋などの汚物がおかれることがあった[128]。一三〇九〜一〇年の都市条例には、サン・ドメニコ教会前広場で馬の集合やなんらかの展示（観兵式）mostraをすべきではないし、そこに至る道には娼婦や不名誉な女性が留まってはならない、とあり、そのような事態があったことが窺われる[129]。

もうひとつ、各地区（ポポロ区／コントラーダ）にも、小教区教会・井戸や泉・大貴族の館・軍事コンパニーアの建物などと接して、小さな「広場」があることもあるが、シエナでは、それらは概してきわめて面積が狭く、大半は街路がちょっとへっこんだだけ、といった程度のものであった。近隣の民にとっては、むしろ教会の内部が集合場所であった。

まとめ

十三世紀から十四世紀にかけてのシエナの統治者は、さまざまな党派・家系・職業の流れを汲み、それらが連合した政体は、けっして十分に民主的ではない、党派色のある寡頭政であったが、それでも〈公共善〉の理念にもとづいて、シエナをより良い都市、市民皆が融和した都市にしたいという祈念は、つねに持ち合わせていたように思われる。とくに、マニャーティ（豪族）にポポロ（平民）が勝利した、十三世紀後半以降は、そうした傾向が強くなってきた。アンブロージョ・ロレンツェッティのフレスコ画は、けっして画餅ではないのである。

そうした政権担当者にとって、コンタードに城を構える旧来の豪族にせよ、新たな商人・銀行家グループにせよ、各地区に根を張る強力な家門の勢力は、当局の統治権を脅かすものであった。同様に豪族たちは、その党派争いで都市統治を不安定化させたから、なお厄介な存在であった。当局は統治の権利を主張し、都市に秩序をもたらすために多岐にわたる戦略をもちい戦術を行使したが、司法・警察による厳しい取り締まりや、都市条例によるあらゆる生活面への綿密な規定が、その主たる手段であった。

その手段の一部に、私的な「建物」への介入がある。十三世紀から十五世紀まで、繰り返し細密に規定された都市計画や建築条項には、貧者および貴族に対する社会的・政治的なコントロールという意味合いがあった。貴族らには塔・要塞の建築を制限し、より貧しい者には都市の標準に合わせた家屋の外観の刷新を求めた。市民の行動をがんじがらめに規制し思い通り頤使するかわりに、社会秩序の理想を、建築デザインや装飾において目に見えるようにした。そうした都市景観を創り出すことによって、いわば無意識のうちに、都市の〈公共善〉の理想を、市民全体が私的な利害に優先させて追求するよう、都市当局者が誘導を試みたのではないだろうか。

公共建築の美に市民たちが高い価値を見出すよう誘導するだけでなく、私的な建築をもその「公共美」の世界へと組み入れること、これこそが〈公共善〉の精神であった。こうした執拗な美の追求は、建物、都市計画が聖なる性格を有していたことと無関係ではあるまい。次章で都市イメージを問題にするが、都市は聖なる共同体であり、もうひとつのエルサレム、いや楽園であった。ならば、魂の救いを求める人々にとって、シエナという都市全体の美の大伽藍に、小さくとも石を持ち寄り積み上げる手助けをすることに、ためらう理由はなかった。

おなじく「美」ということでは、ドゥッチョ、シモーネ・マルティーニ、ロレンツェッティ兄弟ら、シエナ派の名匠たちの筆になる絵画も、なにより都市とその名誉を顕揚するために描かれたことを忘れてはならない。こうした絵画は、大半が都市当局によって発注され、その意向を受けて、テーマやイコノグラフィーの細部、色彩・画材などにまで注文がつけられたし、托鉢修道会が、関係する聖人を称揚するために絵を発注する場合も、しばしば都市当局が後援しているため、その意向を無視できなかった。それらの絵が祭壇に飾られれば、市民や訪問者の目に触れ、そこからもシエナの美的な世界を感得できた。

シエナにおいては、当局者の旗振りで、都市計画・建築美を市民全体の努力目標とさせただけではない。日々の市民生活の展開や政治的・社会的な行事の結節点となり、またたえず言説の中に登場する「主要トポス」としての建築物および広場をいかにうまく利用できるか、代々にわたって独自の意味と機能を持つにいたったそれぞれのトポスを、〈公共善〉を目標に誘導し、都市の秩序・安定に資するものにするために、いかなる物語を紡いで、象徴の転換をさせるか、これも重要な課題であった。市庁舎やカンポ広場のような世俗建築物と、ドゥオーモをはじめとする宗教建築物、さらには市民が日常生活で頻繁に接して社会的結合関係の結節点となる諸建造物、いずれも都市の平和と秩序の安定につながるように、多くの規制が嵌められてきた。そのことは、本章で、それぞれのトポスをめぐって順番に検討してきたとおりである。

むろん、そうした統制からするりとはみ出ようとするもの、余剰となるもの、そうしたトポスもありうる。貴族の館・塔は、元来、都市全体の利害とは反する、家門の私的な名誉と富・力の象徴であったし、トポスの宗教的意味や遊興的意味は、当局の管理の手をすり抜けて、市民の行動を別様に導く可能性と危険性があった。これについては、第2章c・dで吟味した。しかし逆に、個人が自分の、あるいは家族の私的な利害を思って関わった結果の建築物が、〈公共善〉へと奉仕することもあった。たとえば貴族や教会組織がその所有地に作った橋がそうであった。また街道沿いの慈善・宿泊施設の建設に際しても、市民たちが自分や家族のために贈与・寄進・遺贈した財産が、大いに役立ったのである。橋や慈善施設は、身分階級の別なく、あらゆる人のためになったのだから。

本章では、広場・市庁舎・市壁・市門・教会・フォンテ・街路といった公共建築物を、〈公共善〉の重要な手立てとして、都市当局が意味づけ、価値を与え、それを市民たちが、半ば強制されながらも半ばは自発的に、受け容れていく道筋をたどってきた。そうした公共性と矛盾するトポス的意義は、貴族らの邸館・塔のほか、各コントラーダの教会や小広場、井戸端会議の場としてのフォンテなどに見出されるが、それはあくまでも〈公共善〉の余白の狭小なスペースにすぎず、その狭小なスペースにさえ、当局の監視の目が光っていた。

都市における正義・平和・和合という、ロレンツェッティの絵画で〈公共善〉に従う美徳たちの願いが実現するためには、シエナ市民らは、私的な利害や願望を徹底的に抑えねばならなかったのだろうが、それではあまりに息苦しい。後期中世のシエナは、どの街路を歩き、どの建築物を訪ねても〈公共善〉についての説法を聞かされるような、堅苦しく不自由な世界だったのだろうか。かならずしもそうではあるまい。というのも、都市空間とそのトポスの意味を考える場合には、より根源的な長期持続する作用についても思い巡らす必要があるからである。それこそ中世にできあがり、今日までシエナ人の身体と精神がそこで錬成されてきたトポスである。洞穴・ヴィーコロ(小路)・赤土・水……、太古にまでさかのぼる物質の記憶。

小高い丘、その三つのパーツの尾根と谷を巧みに利用しながら創られていったシエナの町には、蟻塚のような立体迷路ができあがっていったが、それは、その深部につねに、異教的・自然的世界を抱えていた。次章で詳しく見るシエナのカテリーナの血や水に取り憑かれた想念は、聖母マリアの子宮のような閉ざされた宇宙においてなされた、彼女の深く屈折した神秘体験から分泌されたものだ。またシエナ最古の集落、カステルヴェッキョの丘は、古代エトルリアないしローマにさかのぼり、古代ローマ時代に知恵の女神に捧げられた神殿の跡地に、まさにキリスト教の聖堂たるドゥオーモが建設されたのであった。

こうした地霊を抱えるシエナにおいては、キリスト教道徳や都市の明快な合理的理性とは相容れない、熱き異教のマグマが市民たちのこころの底にもいつもわだかまり、つねに噴出せんと身構えていた。極言すれば、聖母崇拝自体が、異教のミネルヴァ、ディアーナ崇拝の転身であったのであり、シエナ人の集合記憶の底には、異教の神々がたしかに沈殿して眠っていたのではないだろうか。シエナ人の動物への態度と、その都市象徴への選抜、熱狂から沈鬱、清澄から狂乱へ、いとも優しい慈愛から激しい憎悪へ――こうした極端な感情の交代劇、シエナ市民の長期にわたる心性・感性の特徴は、この深層へ鋭い視線を注がなければ理解できないし、それが、この都市の社会的結合関係をも底辺から規定しているのだろう。

こうした古層は、一見合理的な、しかし一部の身分・階級のイデオロギーに染まった〈公共善〉に対し、非合理な、しかしより広範な民衆に受け容れられうる理念が生み出される母胎であり、またお仕着せの身分・階級や人間関係ではない、新たな社会的結合関係の紡がれる、糸紡ぎ棒でもあったのではなかろうか。人間がそこに生まれ落ち、生活し、活動する環境ととり結ぶ関係が、その人間の心理、感情に大きな影響を及ぼすことは当然であるが、それが社会関係や文化の形態、ひいては歴史の動向をも規定することを歴史学的に実証するのはきわめて困難である。しかし、私にはそう思えて仕方ないのである。

都市エリートの主導する〈公共善〉は、(1)そこに、あらゆる身分・階級の男女を巻き込んだ霊的な次元が新たに加えられることで姿を一新していき、また他方では、(2)隣組・地区細胞における民衆たちの濃密な付き合いの形とそこで発せられ交わされる「声」「言葉」の力によっても、その基礎を揺るがされ変容していく。本書の大きなテーゼは、この二点——およびそれら両者と密接な関わりがある、中世独自の社会的結合関係の意味づけ——なのだが、もしそれが正しいとすれば、エリートたちの思考を導いた表層のトポスと民衆の生活感情の源泉となった深層のトポスの区別の必要性は、いよいよ高まるのではなかろうか。しかもこれは、次章「イメージの媒介力」の問題へとつながっていく。

第 5 章

イメージの媒介力

シエナと周辺都市の象徴動物

これまで、さまざまな団体に所属しながら、自分や家族の欲望・価値を実現していこうとするシエナ市民たちと、それを規制して、都市全体から見て適切な平和と秩序を実現し宣揚しようとする為政者との間の折り合いないしせめぎ合いを瞥見してきた。また前章では、都市空間内部で人間の身体が集まり動くことによって、どんな意味が創出され確認されるか、というトポスとその賦活という切り口で、社会的結合関係と市民的統合の連関を探ってみた。〈公共善〉を振りかざす政体の徹底的な住民統制策は、平和や秩序をもたらすためとはいえ、相当、圧迫感のあるものだったろう。当局の監視の目を逃れ、自由に仲間との付き合いを深めたり、〈公共善〉とは別種の高い理想を追求する道はなかったのだろうか。そんなことはけっしてあるまい。

都市住民の行動と思想を導き、意味づけるのはトポスだけではない。それ以上に、そしてそれと連動して、もろもろのイメージが彼らの感情を突き動かす機縁になった。そして、それを反対側から眺めてみれば、集団的な感情の結晶化したものが、大きな力を持つイメージなのだ、と言い換えることもできる。そもそもイメージは、コントロールの難しいものである。指導的人間が、自分たちに都合のよいイメージを作って広めようと考えても、その「受け手」たちの——時代・地域における、身分として、集団として——身心に染みついたハビトゥスに裏打ちされた慣習行動によって、別種の意味を備給されてしまうからだ。こうした別種の意味は、彼ら「受け手」にとっての社会関係の表象、外部との関係の表象となりうる。

歴史(的現実)が想像界を生み出すと同時に、想像界が歴史(的現実)を作りだしていく、という機制は否定できないのである。というのも、イメージには、抽象的な思考とも物理的な身体(現実世界)とも対峙して、独自の非現実世界を構築する力があるからであり、その別個の世界から、思考や身体、感覚や感情に作用が及ぼされるからである。各時代の民衆たちにおいて、親しみ深く定着し、生活全体にとって重要なイメージだと感じられるのは、それぞれの地域・時代における、象徴性の高度なイメージである。この象徴としてのイメージは、社会的な対立や矛盾を調整・宥和させ、時代の危機を乗り越えるような役目をはたすだろう。

ここではとくに中世シエナを代表するイメージ、水と血、聖母マリア、そして動物たち——とりわけ狼——についで見ていきたい(1)。後期中世シエナの住民たちは、これらのイメージを媒介として、〈公共善〉の彼方に向かって羽ばたくことができたのだろうか。

a　水と血

生命の母たる水

中世のシエナ人にとっての「水」のイメージについて語る前に、彼らにとって水がいかに貴重であり、まさに生命を左右するものとして必死でその確保に努めねばならなかったかについて、一言、述べておこう。

そもそも中世ヨーロッパにおいては、現代に比べ、水ははるかに大きな関心と懸念の的になっていた。食事や洗濯・体の浄化はもちろんのこと、農村では灌漑用水が畑に不可欠だし、都市でも多くの職種が大量の水を必要としていた。とりわけ肉屋・縮絨業・皮鞣し業・染色業などでは、多量の水を消費せざるをえなかった。水の取り合いで争いも絶えなかった。河の上流で、動物の血や染料などで水を汚されたら、下流に工房を構える職人は仕事にならないだろう。だから都市当局は、こうした職業の仕事場の場所や、水を使う時間・量などについて、厳しく規定したのである。

ローマ法には水の公共性の観念があったが、封建時代には水の権利は私有化される傾向にあった。レガリア（国王大権）として主君から譲渡されたものに、水の権利が含まれていたからである。教会・ギルド・貴族が水に対する権利（飲み水、河の漁や通行権）を持っていたが、やがてコムーネが台頭すると事態はまた変化する。とくにポポロ支配下でコムーネが水の権利を主張して水対策を行い、経済発展に対応したのである。そして十三・十四世紀に中・北イタリアのコムーネが発展するにつれ、公共の水の観念が共有されていった。

水の供給は、都市生活の維持にとっての死活問題だった。灌漑・水利なしには開発の始まらなかった農村が、近くの河や水路で水を必要なだけ引いてきたのとは違って、後発の都市は、しばしば人口がふえ産業が発展するにつれて、いよいよ水不足に苦しんだのである。河川沿いにある町はまだよいとしても、中・北イタリアに多く見られるような、容易には水を引けない丘の上・山の上に建設された町は、水を確保するために文字どおり格闘した。

内陸の高地（標高三二〇メートル）に位置し、大きな河が近くにないシエナも例外ではない。中世を通じてずっと水不足に悩んだのも当然である。食用にはもちろん、工業用にも大量の水が必要だったが、シエナの周辺には、どこにも大きな河は存在しなかった。トレッサの滝はあったが、水量不足で水車を多数回す力はなかった。だからコンタードの農民たちが粉を引くには、かなり遠方のメルセ河まで赴いた。そして都市住民も、そのメルセ河から都市内に水を引いてこようという、ほとんど実現不可能な夢想を抱いていたのである[2]。

シエナで都市の制度的輪郭が整ってきた十三世紀以来、くり返し発令された都市条例には、水に関する規定が驚くほど多い。洗濯はこうしろ、家畜の飲み水はああしろ、泉の掃除当番は誰だ、汚したらいくらの罰金だ……。重大な汚染への罰則は厳しいものがあった。シエナの条例ほど、水に関する規定がその湧口から取水口まで綿密に決められているところはない[3]。

そしてシエナの水を語る際にもっとも重要な技術作品が、地下水路（ボッティーノ）と泉（フォンテ）であった[4]。フォンテについては、すでに前章で述べた。一二〇〇年頃より人口増加・都市域拡大・経済発展のために大量の水が必要になった。そこで、新フォンテにつなぐため、あるいはもともとあるフォンテへの水量をふやすために、シエナ人は新水脈を必死で探し、そこに向けボッティーノを掘り進み、フォンテへと水を引いた。水脈探しと、導水路掘削、その内壁造りには多大な費用がかかったが、そんなことは言っていられなかった。

一三四〇年代が、ボッティーノ建設の飛躍的画期となった。人口が増加し、水消費量の多い毛織物業・皮革業などが、その他の産業に交じって発展した時期である。十三世紀より先進的な技術と商才で世界に飛翔していたシエナ商人は、まだまだ勢いを失っていなかったため、彼らがコムーネに圧力をかけて、積極的な水政策を採らせたのだ。ボッティーノは、多孔質で浸透性の地層とその下の不浸透性の粘土層の間を掘り進むのだが、仕事のはじめには荘厳な儀式があり、占星術師に相談し、また聖母に蠟燭を捧げ灯した(5)。

その後十五世紀にかけて、当局の命を受けた職人たちは、その技術の粋を尽くしてどんどんボッティーノを作り、それはシエナの地下に縦横無尽に張り巡らされることになった。かくて十五世紀前半には、シエナは二五キロもの地下水道を備えるにいたったのである。

*

さて中世都市シエナで官民一体となって守り、大切にした水は、その稀少性にもかかわらず、いやむしろそれゆえに、イメージ世界で伸び広がっていった。

水はたんに現実世界で相見えるだけの相手ではなかった。それは太古から、人間の想像力を強く喚起する物質でもあった。フランスの哲学者G・バシュラールが、じつに豊富な水のイメージ表現を文学作品に探り当てているのも、もっともなことである(6)。なにせ人体の大半が水でできているのだし、またわれわれ誰しも、生まれる前十ヶ月間、母胎の羊水に浮かんでいたのだから。水は生命の源なのである。恋愛や性と結びつく水のイメージも、やはりこの生命力と関係していよう。しかしネガティヴな水のイメージ、生命とは反対の死と罪の水のイメージもあった。水は生命の源であるとともに、ときに恐ろしいエレメントにもなったのだ。洪水や濁流、大雨、時化……、水に押し流されたり溺れたりすることへの恐怖は、かつては計り知れぬものがあった。もうひとつ、汚染への恐怖もあった。

さらに、水は当然のことながら女性原理と結びつく。「聖母の町」シエナでは、女性原理は聖母マリアが象徴すると考えてよいが、水に憧れて地下を掘り進んだ人々は、もともと異教の女神ディアーナの名を持つ「幻の河」を追求して、地下を掘り進んだことも覚えておこう。

古い伝説によると、一一七六年カルミネ修道院の修道士らは、カステルヴェッキョ近くで井戸を掘っていて、海とつながっていると想定されたある水流を見つけた。そこで、さらなる探索がなされることになった。掘削するのにもっとも相応しい場所を特定するため、占星術師に頼りさえした(7)。共和国政府はたび重なる決議により、コムーネの負担で「ディアーナと呼ばれる水」aqua quae dicebatur Diana を探すべし、と命じ、一二九五年には、この決議は総評議会で厳かに批准された。一二九七年とその後数年の探査は、「ヴィーコの丘」poggio di Vico まで進められたが、その工事の結果、そこにある修道院の教会があまりにも傷ついたので、執政九人衆は賠償せねばならなかったという(8)。

同様なことはその後も繰り返された。十二世紀後半から十四世紀初めにかけて、シエナ市当局はこの「地下の河」発見のために多大の労働力を募り、多額の金銭を投じ、怯むことなく掘り進んだが、ついに見つけることはできなかった。ダンテはこれについて『神曲』の煉獄篇第十三歌で皮肉っている(9)。

すでに紹介したように、フォンテ・ガイアには当初、一三〇〇年代もかなり進むまで、ヴィーナスの像が飾られていた（のちマリアの像に取ってかわられた）。ともあれ、シエナ市民は、困難を極めた水源探しを、異教の女神の探訪として地下を掘り進み、なんとかしてディアーナを探そうと奔走したが、結局、ディアーナとその河はファンタジーの中にしかなかった。

水から血へ

シエナ人を虜にした「水」への憧れ、水探究であったが、女性的な原理である水は、女性において男性以上にそのイマジネーションを刺激した。なかんずく十四世紀後半のシエナの聖女カテリーナは、その神秘思想を口述筆記させる中で、水や体液イメージをふんだんに駆使して、そのメッセージをわかりやすく伝えようとした。彼女によると、水には二種類ある。悪しき死をもたらす虚偽の水の系列が一方に、よき生命の水、恩寵の真実の水が他方にはある。

前者は悪魔が司るもので、カテリーナの作品では、急流・河・泉・荒れ狂う海・湧水などで表され、人を溺れさせ、困憊させ、憎悪させ、堕落や懊悩、永遠の呪いに導くものとして表されている。[10] 嵐の河は、その荒波で人を飲み込み、打ち据え、死の終点へとむかって悪魔の道を押し進める。この死の水・河には、アダムの罪と不服従によって苦悩と混乱が撒き散らされていると説かれている。そこから理解されるように、河とは何よりもまず、罪あるいは罪と虚偽に満ちた「現世」の隠喩であった。多くの者は世俗の誘惑に負けて、そこに満足して死の水へと連なる河をたどって溺れてしまう。

また他方には救いの水もある。これは、「平和の海」mare pacifico と呼ばれるもので、神の象徴である。[11] それはまた、罪と穢れに満ちたこの世を「橋」としてのキリストの神秘的体躯にすがりながら、黒い激流に足を掬われないで、忍耐をもって上昇過程をたどった者に永生を授ける「恩寵の水」である。その「平和の海」は、魂が神への愛と隣人愛とに満ちて、多くの真実の美徳の仲間となり、隷属的恐れの自己愛から知性の光の段階へと進み、そして最大の完徳を得ることを暗喩している。海の中に魚がおり、魚の中に海があるように、「平和の海」たる神は、魂の中にいて、魂は神の中にいる……、というのだ。

河や海・湖・泉などの自然の水域に加えて、カテリーナの著作には、あらゆる種類の体液が重要なイメージとして登場してくる。これらも人間の体の内なる「水」の変化態として、この丘の上の中世都市の「母性」を象徴していると看做せよう。またカテリーナの思考の迅速な展開、熱情は、言葉・文字の境界を越えて、メタファーがメタファーの後に従い、イメージがイメージを追って飛んでいく。まさに急流に運ばれていくようでもある。

だが、カテリーナにとってもっとも重要な体液は「血」であった。正義の人の魂は、血の記憶の中に生き、血に酔い、血においてへりくだる。カテリーナはほんとうに、終生、血の記憶とともに生きた女性であった。[12]

血にとり憑かれた彼女は、仲間を呼ぶときにも、血に浸って甘い言葉で感動して呼び掛ける——いとも愛しく親愛なる息子よ、皆でキリストの栄光に溢れた貴重な血に身を投げよう……、と。彼女は血に浸かり、その中に潜り、それで身を洗い、栄養を摂り、飽きるまで享受する。血によって元気回復し、暖まり、燃え、陶酔する……。

彼女の著作のどのページを繰っても、血潮で真っ赤に染まっている。それほど彼女は血のイメージにとり憑かれていた。『聖寵対話』は、血の神学書にほかならないし、「わたくし、カテリーナ、イエス・キリストの僕たちの婢にして女奴隷が、あなたに、彼の貴重な血に浸りながら、御手紙、差し上げます」「私、カテリーナは、あなたに回心してもらいたいという願望をもって、キリストの貴重な血の中で書いています」——これが、彼女が書簡の冒頭に記した常套句であった。[13]こうして血によって、身近な弟子たちだけでなく、面識のない遠方の者とも、身分の上下を問わず自身と非常に近しい関係を現出させる。血とそのイメージが距離を無化して、交わされる言葉を親密なトーンに染めるのである。

カテリーナは実体験上も、聖体のパンが割られると、それが血だらけになり、それを食した口中に血の滴りを感じた。また教会で祈りを捧げているときに、キリストが現れて、キリストへの愛のために敵の誘惑に抗し身体への厳しい苦行に耐えた報いとして、彼女の口を自らの脇腹の傷口に当てて、こころゆくまで霊妙なる血を飲ませてくれる、という幻視を頻繁に見ている。[14]

血の霊妙な作用とは何であるか。それは、不和の者たちを和解させ、裸の者にその衣を着せ、飢えたる者に食糧を与え、強情な者の心を和ませ、貪欲・驕慢・利己愛などの邪悪や穢れ・罪をとり除き、魂を強化し、人類から死と闇と虚偽を雲散霧消させ、光と真実をもたらすことである。[15] またキリスト教徒は血に酩酊することではじめて、勇敢に、死に至るまで苦しい生を耐えられる。

断るまでもなく、この血はイエスの受難の血、「受肉した言葉」の血である。そこには神の恩寵と美徳、善がある。肝要なことは、その血に浴し、いや溺れて酩酊し飽和すること、そして血の中で神の花嫁、つまり魂の顔を洗うことであり、それが隣人愛と神への愛を強化し、人間を和合させて救いに至らせるのだという。だからこの血のただなかに、意識が浴し、官能が浴し、人類・世界全体が浴することが、是非とも必要である。[16] イエスの血の源は、開いた脇腹であり、教会はその血の保管所、血液バンクとでも喩えられようか。だから教会は、キリストの体躯＝橋の上に店を構え、疲弊した旅人に血と生のパンを供する使命を帯びているのである。

キリストの血は、罪ある人を悔い改めさせ、病者を癒し、罪を洗い流す、とりわけ都市における不和な者同士、分裂した者同士を和解させる作用を持つ薬・糊であった。それは市民同士を結びつけ、市民生活を潤滑に動かす「信用」制度とアナロジーの関係にあった。会ったこともない赤の他人とさえ、たちまち関係を結ばせる抽象的な信用関係は、一種の融合作用を有している。カテリーナは、こうした金融操作に敏感であり、現世で美徳を重ねるのは、救いのための「担保」arraを得ているのだと表現している。[17]

カテリーナは、世界全体を一種の「病院」と考える。[18] 不潔と利己愛に蝕まれた人類は、すべて罪深いライ病に侵されている。それを癒す「医師」こそキリストであり、当然、薬とは彼の血だ、ということになる。別の観点からすれば、キリストの神秘体たる瑕疵なき衣が、カテリーナの時代に深刻さをましてきた人類の強欲や罪、愚昧な戦乱によって切り裂かれており、各人の魂にとっても感覚的利己愛amore proprio sensitivoが、隣人愛や神への愛からの分離分割をもたらしてしまう。その衣の裂け目のない完全な姿を回復させ、分離状態を接合する膏薬ないし接着剤が、「キリストの血」なのである。

家門同士相争うフェーデによって街路に流される血が、悪しき汚染＝分解作用を持つ血であるとすれば、他方のキリストの受難の血が、聖なる統合作用、浄化作用を有する血である。その血による修復儀礼を執行する祭司がほかならぬキリストであり、さしずめカテリーナは、それを幇助する巫女と言うべきか。血による洗浄・治療で、罪＝ライ病に侵された魂の顔、言い換えれば神の花嫁たる教会の顔は美しくなる。それは神の慈愛の火に照明されて、いよいよ輝くだろう。(19)

つぎにカテリーナには、キリストの神秘的体躯＝教会というメタファーがある。たしかに、原始キリスト教の頃より中世の末にいたるまで、福音主義的改革者らのうち極端に走った者が、あらゆる物質性から免れたキリストの神秘体としての霊的教会を夢想していた。だがカテリーナのものは、霊的でありながら生々しい身体的イメージである。血に浸った世界、それが、キリストの神秘的体躯としての教会であり、残余の悪魔の罪深い世界とは別の位相にある。言葉の受肉した教会とは、彼女の言葉を借りれば「無垢な仔羊」immacolato Agnello の血が保存された「血の商店」bottiga del sangue であり、その貯蔵庫 cellaio には、イエスの血とともに、すべての殉教者のそれも保存されている。(20) そこでは十字架上のイエスが、生命のパンと血を旅人に配布して力づけている。(21) それを実際に配るのは、血の鍵を持つ神の代理、すなわちペテロの後継者たる教皇である。彼はキリストの後継者として教義と秘蹟の有効性を保証し、教会の中に入った人々を正義と美徳の道に誘い、彼らに救いをもたらす使命を帯びている。

血以外にも、他の体液分泌物が、滾々《こんこん》と湧き出る彼女のイメージ群中に多出する。(22) なかでも「涙」は重要な要素で、完徳への階梯を上る途次に、五種類の涙が流されるという。涙とともに、おなじ身体から流れる体液として「乳」が大切である。(23) それはキリストの乳であり、人間は乳飲み子として、母＝キリストの乳房にしがみつき、甘美な愛の乳を吸うのである。乳は肉とともに、肉を通じて吸引され、忍耐と恩寵の中で魂を涵養する。さらに「汗」にも、死の涙と生の涙の対比同様、水の汗と血の汗の対比があることをつけ加えておきたい。

かくてカテリーナは、汚辱に満ち悪臭が鼻を衝く世俗世界に、超現実的理想である神秘的世界を対置させながら、「血」を筆頭とする諸種の「体液」のメタファーによって、救いへの道を説いたのだ。その際、世俗世界と神秘世界の二つは、切り離されているのではなく、かといって直接地続きでもない不即不離の二世界として表象されていた。両者の間には天から地へと、「キリストの神秘的体躯」からなる「橋」が掛けられているのである[24]。キリストの神秘的体躯としての教会＝世界という彼女独特のヴィジョン、統一・調和のシンボルとしての「橋」のイメージ、これは「受肉した言葉」であり、罪により天地の間にできた深淵に「橋」が架けられた、ということである。同時にそれは、地上と天国をつなぎ、罪の濁流に落ちないように罪人がすがって三段階を追って昇っていく「キリストの身体」でもある。キリストは人でありかつ神であることにより、恩を忘れ反抗的になった被造物と神聖で慈愛に満ちた創造者との再接合の輪となるのである。アダムの罪によって切り離された天と地、人性と神性の絆を、「橋」としてのキリストが再建するのだ。

b　聖母マリア

女性原理と結びつく水に憧れ、地下水脈をたどれば、異教の女神ディアーナを探り当てられると信じたシエナ人。そして水の変成した「血」をはじめとする「体液」を魂の救済の最重要の手掛かりにした聖女カテリーナを生んだシエナ。こうした事実は、シエナ市民らが、まるで母の子宮に包まれ保護されているかのような丘上の地下迷路を住処としていたことと思い合わせれば、彼らの間に、他のどこよりも強烈なマリア崇敬が広まった経緯を、ごく自然なことだと納得させてくれよう。

中世のシエナには、文字どおりマリアが溢れていた。そしてマリアへの崇敬の念が、いたるところで表明された。マリアはシエナ市民にとって、たんなる守護聖人ではなく、唯一の支配者であった。教会や他の宗教施設をことごとく、自都市の一施設のように看做して制度的に組み入れ、財政的にもコントロールしようとしたシエナ。なんたる世俗主義！　だが、興味深いことに、都市の政治は、いかなる党派が政権を担当しようとも、すべて聖母マリアによって委託を受けたものにすぎないのである。これこそ極端な世俗主義と究極の神権政治の結合ではあるまいか。シエナ人にとっては、神やキリスト以上にマリアが重要であった。これは女性的にして母性的なこの町の「地霊」がしからしめたのかもしれない。聖母マリアは、イメージとなっていたるところに進出し、シエナ人をその暖かなマントで包み込んだのである。(25)

マリアの町シエナ

シエナとマリアとの結びつきは、すでに九世紀ないし十世紀から認められる。民間にはその頃からマリア崇敬が始まっていたし、九一三年（以前）にドゥオーモの主祭壇がマリアに捧げられていた事実があるからである。だが、シエナとマリアとの結びつきの本格化は、盛期中世以降のことであった。

中心の教会たるドゥオーモから見ていけば、今のドゥオーモの前にあったドゥオーモ（最初のキリスト教の聖堂が建てられたのは十世紀）も、「聖母」Santa Maria に捧げられていたし、十二世紀後半、新ドゥオーモ建設開始時には、すでに主祭壇だけでなく、ドゥオーモ全体が「被昇天の聖母マリア」に特別に結びつけられていた。そればかりか、シエナ都市形成の核である、ドゥオーモが位置するこのカステルヴェッキョは、「聖母マリアの平地」piano di S. Maria と命名されたほぼ平らな空地であり、その上のすべての主要建物がマリアに捧げられることになったのである。つまり司教館は「聖母マリアの館」castelo sancte Marie と呼ばれたし、聖堂参事会員らの館も「聖母マリアの聖堂参事会館」canonica sancte Marie と称された。サンタ・マリア・デッラ・スカラ施療院は、その名前からしてもマリアに捧げられた施療院だし、その内部の教会も「お告げの聖母マリア」に捧げられている。なお一三五九年からは、マリアの聖遺物がこの施療院で保管され崇敬されている。(26)

シエナでは、マリアへの服従は政治的・外交的機能をはたす。たとえば十二世紀前半にシエナがコンタードに勢力を拡大していくときも、封建領主たちは「聖母マリア教会」ecclesia sancte Marie に「服従の決議」を誓うことを強要されたが、それは、シエナ人すべての統合の座、都市の女王 sovrana が聖母マリアだったからである。既述のように、八月十五日のマリアの祝祭日は、十三世紀初頭からもっとも重要な祭りとして祝われたし、やがてその日には、都市の各部署の代表、そして市民個人が、旗と蠟燭を捧げに行くだけでなく、従属諸都市・城・封建領主なども、同様な象徴的行為を強要されたのである。だからこの蠟燭捧げの行列は、都市の宗教生活で最重要の行事であり、市民・コンタード民の義務とされていた(27)。

ところで、シエナと聖母マリアとの決定的な結びつきができたのは、一二六〇年以来のことである。すなわち一二六〇年九月初頭のフィレンツェとの決戦となったモンタペルティの戦いで、それまでのマリアへの信仰心が、際立った市民礼拝の対象へと変じたのである(28)(図25)。

図25　モンタペルティの勝利（シエナを包み込むマリア）

同年九月二日、モンタペルティの戦いを前にした危急存亡のときに、市政府は一人の市民ボナヴェントゥーラ（ブォナグイダ）・ルカーリに軍事的全権を委任し、戦争の準備をさせた。彼はサン・クリストーフォロ教会前のトロメーイ広場で、政府関係者と民衆に向かってつぎのように言った――「シエナ市民の皆さん、われわれがマンフレート王に頼ることにしたのはご存知ですね。今や私には、われわれは財産と人格において、都市とコンタード全体を永遠の生の女王にして皇妃、すなわち栄光溢れる聖マリアへと捧げるべきだと思われるのです」と。そして悔悛の意を表そうと衣服・靴・帽子を脱ぎ、首のまわりに綱を掛けた。すると他の人もその例に倣った。

ブオナグイダはシエナ人を、街路を通って引きつれてゆき、行列しつつドゥオーモへと赴いた。彼は市民とともに司教の前に平伏し、司教と平和のキスを交わした。また都市指導者と教会の指導層も同様な所作をし、さらにシエナ市民相互もそうした。司教とブオナグイダは手に手を取って、マリアの祭壇前で祈りを捧げた。それからブオナグイダはマリア像の前で、教会およびコムーネの代表者と誓約をし、そこで、このシエナの町と全コンタード・ディストレットとそれらへの権力を聖母マリアに託すことを宣言し、彼女にシエナの市門の鍵を捧げたのである。[29]

この二日後、シエナはフィレンツェとのモンタペルティの決戦で勝利したが、それはマリアの超自然的な支援があったからこそだ、と考えられた。モンタペルティ以後、シエナ市民は全員聖母マリアの「家臣」となり、彼女を彼らのコムーネとコンタードの「女封建領主」とし、「当都市の守り手にして支配者としてのマリア」という呼び方が定着した。シエナのみならず、その従属都市・村も含めた服従を表す臣従の儀式が、毎年繰り返されるようになった。「聖母マリアの都市」となったシエナでは、パリオをはじめとする祝祭、その他あらゆる機会にマリアを称え、賞揚することを怠らなかった。面白いことに「マリアという名の娼婦はシエナの町に住んだり留まったりしてはならない」との規定まであったという。またコムーネは、二つの大きな蠟燭をドゥオーモのマリア祭壇の前に燃やすべきであるし、神とマリアを称えて牛に引かせる勝利の戦車の前にも、大きなランプを燃やすべきだとされたのである。

こうしてマリアに服したシエナにおいては、その後も危機が迫るごとに、天の宮廷への媒介者としての聖母マリアにすがる振る舞いが見られるだろう。シエナでは、都市自体がマリアに捧げられたほか、ほとんどの主要教会施設がマリアに捧げられていることは上述したが、そのマリアづくしは「市庁舎」という世俗政治の中枢機関にも及んだ。市庁舎には、一三一五年シモーネ・マルティーニにより「総評議会の間」Sala del Consiglio に「マエスタ

（荘厳の聖母）」（後掲図27）が描かれるとともに、内部のいくつかの礼拝堂も聖母に捧げられ、市庁舎自体が「マリアの家」Domus Virginis と規定された。また一三五二年、ペスト終息の祈願成就に、聖母の礼拝堂 Cappella が市庁舎前に造られた。そこではウィークデイには毎朝ミサが挙行され、すべての通行人・商品の売買をする者・店舗関係者がそれを聞くことができた。あたかもカンポ広場が、野外教会になったかのような趣だ。カンポ広場の形が聖母の保護を表すマントの形だと当時から考えられたことは、既述した。

おなじカンポ広場の市庁舎と反対端にあるフォンテ・ガイアは、フォンテの中では例外的に美しく装飾されているが、そこにも最初は、聖母像が描かれた（それに灯すための蠟燭代が、コムーネの支出記録よりわかる）。前述のように、ついで異教のヴィーナス像が一〇年ほど飾られ、不幸が重なった責任を取らされて壊されたが、十五世紀になるとヤコポ・デッラ・クェルチャの手により、新たな装飾が施された。そこにも聖母が造形されている。

マリアへの敬心は他の都市にもある。しかしモンタペルティ前後のシエナような振る舞いは例外的だ。マリアへの信心は都市条例の最初の条項にも記され、それは、当都市はもっとも栄光ある聖母マリアの楯（保護）に守られている、と宣言している[30]。

こうした、多少とも公的なマリア崇敬は、もちろん民間信仰的なマリア信仰が同時に勃興したからこそ、効果を発揮しえたのである。そして、このような儀礼や崇敬の高まりとともに、マリアを称える彫刻的・絵画的イメージがいたるところに普及することになる。彼女に捧げられた主要教会においては、マリアの絵画イメージの公的制作依頼が、十三世紀後半から十五世紀にかけて引きも切らなかった。市庁舎の大半の部屋にもそれはあるし、サンタ・マリア・デッラ・スカラ施療院のファサードにも、マリアの生涯のサイクルが描かれた。

モンタペルティでの勝利を感謝して、ドゥオーモ内には、「大きな目の聖母」Madonna degli occhi grossi ついで「祈願の聖母」Madonna del Voto の像が据えられた。しかしさらに立派な絵を、ということで、一三〇八年十月九日、ドゥッチョ・ディ・ブオニンセーニャに、大聖堂造営局長によって新祭壇画が発注された。現在ドゥオーモ美術館にある、イタリア美術史でも指折りの重要な作品、「マエスタ」（後掲図26）である。[31] ドゥオーモを飾るのに相応しい作品とすべく、金には糸目をつけずに高価な画材を使わせたが、ただしドゥッチョには、すべて自分の手で描くこと（一日十六ソルドで）、その間ほかの仕事は請け負わないこと……、といった条件を課した。

聖母子を中心とする巨大な祭壇画「マエスタ」が完成した際には、シエナ市民は、優雅な祭りで画家を称えようとした。一三一一年六月九日、交通を遮断して公務を休止し店舗を閉め、あちこちの塔から鐘が鳴り市庁舎の楽師らが楽器を演奏する中、市民らは、聖職者と都市政府 Signoria（九人衆）と役人たちの後をついて、灯火を手に手に、この絵をスタッロレッジのドゥッチョの工房から、ドゥオーモへと運んでいったのである。[32]

市門にもマリアが描かれた。カモッリーア門の「前門」Antiporto には、聖母マリア被昇天の図がある。これは執政九人衆によって市門を美化する一環として行われ、シモーネ・マルティーニが下絵を作ったと伝えられている。その後市民たちから、それに色を塗って町の名誉と信心のためになるようにしてくれ、と度重なる要望があり、おそらく一三六二年に、バルトロメーイオ・ブルガリーニがその役にあたった。これについては、すでに前章でも触れた。[33]

大きな絵画的イメージだけではない。小さなマリアもたくさん見られた。たとえば一二五二年には、公的な証書を確認するための新たなシエナの印璽にマリア像が含まれるようになった。それとともに、シエナにマリアのご加護を、との願いが込められた刻銘 Sena vetus civitas Virginis（古きシエナ、聖母の都市）が像の傍らに刻まれた。[34] 古い貨幣にもマントで都市を守る聖母像が刻まれた。そして一二八〇年代までに、シエナの貨幣にも印璽とおなじ銘が入るようになる。[35]

それからシエナでは、「インディクティオ」indictio（ローマのコンスタンティヌス帝時代から始まった十五年周期の年代記述法）においても、マリア生誕の九月八日を年初とする（先取り方式つまり一月一日を年初とする暦より一年前の九月八日に当該年が始まる）方式が使われることがあった。[36] 普通は九月一日を年初とするタイプのインディクティオがイタリアでも広まっていた。ほかにイタリアを含め各国で、九月二四日、十二月二五日、一月一日などのパターンがあり、十二月二五日・一月一日のローマ式ないし教皇庁式が、後期中世以降もっとも普及した方式だった。[37]ところがシエナでは、十三〜十五世紀の公証人文書に、九月八日方式が普通に使われている。このこともマリアへの信心の篤さを示しているだろう。

以上、要するに十三世紀半ばまでには、シエナ市とマリアとの特別の関係が成立しており、たえず絵画的イメージで確認されて普及していき、また儀礼によっても賦活されていた。マリアは至高の領主であって、いかなる政権担当者であれ、またどの党派であれ、マリアが保証する秩序の形を超えて、自己の目論見や利己的な主張を正当化することはできなかったのである。

シエナ派絵画の特徴と広がり

十四世紀シエナ派の画家たちは、フィレンツェ派とならんで、初期ルネサンス絵画史に多大の足跡を残した。ドゥッチョ・ディ・ブオニンセーニャ、シモーネ・マルティーニ、ロレンツェッティ兄弟が、その代表的画家として名を連ねていた。[38]

市庁舎（パラッツォ・プッブリコ）には、シエナ派絵画の傑作がいくつもある。ひとつはアンブロージョ・ロレンツェッティによる「善政と悪政の寓意と効果」で、時代の精神に呼応した単純で明快なアレゴリーであり、コムーネの自由とともに、市民生活の重要性と価値を宣揚しようとした。絵画が新たな市民価値を表明するのである。この作品については、序章で詳しく論じたところである。

シエナの大きな絵画としては例外的に、この絵画は、マリアの統括下にはない。マリアもイエスも描かれず、ただキャプションに文字として現れるだけである。ドゥオーモはじめ宗教建築がほとんど描き込まれず、目立つのは、世俗建築と職人・農民らの仕事風景のみという点でも世俗的であり、いわば全体がローマの統御の下にある。だが隣室には、シモーネ・マルティーニの「マエスタ」や多くの聖人像が壁画となって描かれていて、バランスを取っているとも考えられよう。

シエナ派絵画をここで詳論することはできないが、固有の基本的特徴のみは指摘しておきたい。まず、豊かな色彩の装飾的使用法としなやかで優美な曲線、ならびにフォルム・パターンへの顕著な関心が挙げられる。黄金期のシエナ派絵画においては、鮮やかな明色・暗色のオーケストレーションや、くすんだ陰、淡い背景とのコントラストなどによって、比類のない美しい色の組み合わせが観賞者の眼前に繰り広げられ、強い感情的インパクトを与える。曲線美に関して言えば、それは、前代の金属的で角張った表現にかわって、デリケートで繊細な、しかも張りつめた感情効果を及ぼした。衣裳の輪郭や裳の曲線に乗って、観賞者の視線は優しくリズミカルに運動する。

以上の色彩のオーケストレーションと曲線美は、協働して、優美な抒情空間を作り出している。抒情性こそ、ジョットーなどフィレンツェ派の叙事詩的・演劇的絵画表現に比しての、シエナ派の著しい特徴である。意味の充塡された個性的な人物や形象の相互関係ではなく、全体の構成上のハーモニー、音楽的情感、美が問題なのである。個々の要素ではなく、全体を律する統一的・論理的な連結諸単位のシステムが、シエナ派絵画の主役なのである。

つぎに、複雑な空間構成・遠近法的構成が、シエナ派でも——とりわけロレンツェッティ兄弟によって——フィレンツェ派（たとえばジョットー）と伍して、深く追求された。深く狭いヴォイド（空隙部）と、浅く広いソリッド（充実部）のバランスが作品を統一し、活気づけ、観賞者の立つ空間と画面の空間との連続性（無限の空間の創出）と奥行きの効果が、画面に一貫性と安定性を与えた。ただし見誤ってならないのは、この遠近法や統合的な空間表現が、シエナでは写実的な描写に奉仕するよりも、神秘で夢幻の気配の濃厚な象徴的ないし寓意的な描写に寄与したということである。シエナ派絵画の優美で洗練された調和的世界は、霊的・美的理想をシンボリックに表現したものであり、そこには永遠のハーモニーのヴィジョンが現前していた。

初期シエナ派の代表格グイド・ダ・シエナは、「聖母と王座に就いた嬰児キリスト」（一二七〇年代）を描き、まさにシエナ派の先駆となった。これは、ふんだんに金箔をもちい微細にパターン化された表面とヴィヴィッドな色彩が特徴である。ビザンツ絵画への依拠もあるが、画家は、マリアとイエスの現存をより明白で現実味のあるものにしようとした。その絵は観賞者を画内の関係網に巻き込み、マリアは直接観賞者を見るが、体は息子イエスの方に向かっており、イエスは母をじっと見つめている。上方左右角の隅部にいる六人の崇拝する天使たちも、観賞者の二人の聖なる人物（イエスとマリア）との感情的な関わり合いを促進する。

グイドはシエナ派の先駆者として無視できないが、なんと言っても、新たな絵画言語を「マエスタ」によって創始したドゥッチョの偉大さは隠れもない。

まず彼の「ルチェッライの聖母」Rucellai Madonnaを取り上げてみよう。これは一見、まったく伝統的・紋切り型の構図であるが、聖母とイエスの扱いでは色彩の配置がきわめて巧みで、繊細な色づけのグラデーションが、子供の肉体の柔らかさとその頭の丸さを強く印象づける。マリアのマントは、布地の垂れ下がり具合と中の体の形がわかるように、巧妙に造型されているし、それでいてビザンツの伝統もまだ生きていて、この世のものでない雰囲気も醸し出しているのである。

つぎにドゥッチョの最高傑作「マエスタ」（図26）はどうだろうか。これは非常に野心的で、多面的な作品である。頑丈な側柱や小尖塔の群などのデザインの特徴は、疑いなく同時代の教会建築から由来するだろう。また前面の中央画、つまり玉座のマリアの周囲に、非常に多くの人像を統一的な空間の中に集める描写は、初期キリスト教のモザイクやフレスコ画から想を得たのかもしれない。中央部は、三角形をなして聖母と幼児イエスが場所を占め、多数の天使、聖人、使徒たちが廷臣として脇を固めている。この新しい構図の聖母子像において、ドゥッチョは、金箔を多用したビザンツ的色彩を利用することで、抑制されながら張り詰めた強い霊的憧れを映しだすとともに、流れるシルエットと色彩リズムの豊潤さ、可塑的な空間を特徴とするゴシック様式の人間的表現をそこに結びつけた。

図 26　ドゥッチョ・ディ・ブオニンセーニャ「マエスタ」

ビザンツ絵画ではイメージが貧弱な時間性の中に凍りついていたが、ドゥッチョによる諸平面の微細な層序化、か細く哀感を帯びた明暗法、微細なぼかし画法による陰影の推移などにより、イメージはより深く脈動する複数のリズムに乗って、時間と空間の中に生気を取り戻し、それぞれの形態を獲得する。加えて、感情の複雑な流れを一本一本の線として、踊るようにあるいは流れるように、マントや掛け布の襞とその重なりの形態を創りだす描線のたしかさと、色彩構成の絶妙さ――たとえば、キリストとマリアの堅い青色と、使徒の衣のより柔らかな影（暗い部分）の強烈なコントラスト――によって、ドゥッチョは、以後のシエナ派の特徴をなす、感情の優しい抒情的動きを効果的に実現させることに成功したのである。ところが「マエスタ」は、その背面に目を向ければ、まったく異なる様相を示していて驚かされる。それは小さなスケールの物語図の連続で、全体としてまるでビザンツ教会の内陣（至聖所）を他の場所から分かつ仕切りたる「イコノスタシス」（聖障）のようである。キリストの生涯を描いたこの背面の小さな物語図では、聖なる出来事が日常生活と驚くべき巧妙さで関係づけられ、また主要な登場人物たちと彼らそれぞれの対照的な感情の表出が明瞭に描き出されているのである。

ドゥッチョにつぐシエナ派の代表者、シモーネ・マルティーニの

図27　シモーネ・マルティーニ「マエスタ」

絵には、どんな特徴があるだろうか。
マルティーニの描く「マエスタ」（図27）も、ドゥッチョとは異なる方式ではあるが、統一的でシステマチックな空間構造を備えており、すべての部分が相互に空間的に他とつながり、調和した構造をなしている。彼は、ドゥッチョの厳かなテーマをゴシック的軽快さ・気さくさで引き継ぎ、共和国の天の女王への敬神の情を熱烈かつ神秘的に解釈したのである。
「マエスタ」のマリアは、ゴシック風の透かし細工により軽快になった黄金の玉座の上に位置づけられている。その玉座の上には、絹の天蓋が波打ち、まるでトーナメントの観覧席のようである。そしてその光り輝く構成は、訓戒と祈りの上品で親切な言葉（格言）で註釈されている。この聖母は腕にイエスを抱き、天蓋の下にいる。天蓋は八人の聖人に支えられており、バルツァーナ（黒白のシエナの紋章）で飾られている。まわりには多数の天使と聖人が控えていて、手前では二人の天使がマリアに花束を捧げ持っている。さらに脇には左右二人ずつ、シエナの守護聖人が跪いてマリアを崇めているが、それは聖アンサーノ、聖サヴィーノ、聖クレッシェンツィオ、聖ヴィットーレである。顔つきも衣装の装飾も、エレガントで洗練されている。

この作品には、天上の天蓋の空間的な暗示、玉座のまわりを囲む人物たちの配置、人物像の量的なアクセント・抑揚がある。際立ったリズム効果を発揮する分節化した建築群、四分の三観面に絶妙に配置された顔、球形に丸められたピンクに輝く剃髪部分……、これらが、周辺の環界の深さを明瞭に分節化している。またはっきりした短縮法によって突然詰められる手と指、建築要素の上向進行を強調する確固たる線を持つ襞の広い法衣などの工夫があるが、すべてが、広やかでコンパクトなモジュールに従って扱われているのである。

もう一点のみ取り上げよう。マルティーニの「火の奇蹟」においては、空間はすべて建築的抑揚・カデンツァの驚くべき巧みな動きによって特徴づけられ、二連窓、アーチ、ヴォールト（穹窿）のリズミカルな繰り返しが、聖人と皇帝ヴァレンティニアヌスとの突然の出会いに伴う音楽の急速なフーガに同値されている。純粋な色彩、そして天・聖人・二人の兵士・馬のほか、テント・丘などの色彩関係が、フレスコ画に身震いするような強烈さを与えている。

ロレンツェッティ兄弟はどうだろうか。彼らもドゥオーモのためにマリアの絵を描いている。兄ピエトロは一三四二年の「聖母誕生」、弟アンブロージョはおなじ年の「幼子キリストの神殿奉献」である。ドゥッチョと比べより記述的なデザインと様相であるが、双方とも、室内内部——一方は家庭、もうひとつは教会の——の表現に、創意工夫を重ねた。またピエトロには、十四世紀の富裕な家系の寝室と子供誕生にまつわる社会的儀礼についての興味深い洞察がある。そして大胆な遠近法で広々した室内空間を見ているかのようである。アンブロージョも同様に、彼の描くシーンの舞台たる神殿の壮麗さと建物の奥行きをともに想像させる、目眩くような絵画効果を実現するという離れ業をやってのけている。

こうしたシエナ派絵画、とりわけマリアを主題にした絵画は、シエナ市内のみか、その周辺へと広まっていった。[39]

ドゥッチョ、シモーネ・マルティーニそしてロレンツェッティ兄弟らシエナの画家たちは、十三世紀後半から十四世紀にかけて、競うようにして「マエスタ」を筆頭とするシエナ独自のマリア表象を描きつづけたのだが、それ以後も、十五世紀のサーノ・ディ・ピエトロ、ドメニコ・ディ・バルトロなど、主立った画家たちがマリアのさまざまなエピソードを描くことを止めなかった。その結果、ドゥオーモやサンタ・マリア・デッラ・スカラ施療院はじめ、托鉢修道会の教会、小さな教区教会にいたるまで、マリアづくしのありさまを現出したのである。

　これらの絵画を介して、市民たちは、マリアに直接情動的に訴えかけることができた。マリアの絵の広がりは、シエナ人のマリアへの抒情的な思いを語りつつ、その思想・行動にも影響を及ぼすことになろう。シエナ市民たちの慈愛の精神の広がりは、マリアとの関係性を抜きには考えられないし、おそらく政治家たちも、その政策決定において、マリアから無視できない感化を受けたであろう。

　マリア絵画の広がりは、シエナ市内だけのことではなかった。コンタードにも、シエナの政治的・経済的な領域支配――多額の年貢の支払いを求めたり、シエナ人の判事や収入役を送り込んだりした――と並ぶ文化的な支配の一環として、シエナ市内に飾られた絵画にきわめて類似したマリア像・聖母子像が創られ、飾られていったのである。二つだけ例を挙げてみよう。[40]

　シエナ南西部にあるマッサ・マリッティマでは、自立心の強い貴族たちが堅く守られた城砦に立て籠もっていたし、ピサとの争いもあって、シエナにとっても、なかなか攻略は難しい町だった。しかしそれでも、周辺の豊かな農業地域や鉱脈があるため、シエナとしてはどうしても押さえておかねばならなかった。そこで、十三世紀から十四世紀前半、軍事的・政治的支配の努力を繰り返した。そうした中、一三一六年頃、マッサがまだ独立コムーネだったときに、ドゥッチョの「マエスタ」に酷似した、「恩寵のマリア」Madonna delle Grazie（作者不詳だが、ドゥッチョ周辺の画家だろう。マッサのドゥオーモの主祭壇に飾られた）が、この地で描かれたのである。もうひとつは、アンブロージョ・ロレンツェッティによる創意溢れる「マエスタ」で、一三三五〜三七年の作とされている。サン・ピエトロ・アッロルト San Pietro all'Orto 教会に飾られた。これは、シエナのマッサ・マリッティマへの支配がやっと確立した頃の作である。

シエナ南部のモンタルチーノは、よりシエナに従順な町であった。ここでは、バルトロ・ディ・フレディとその工房が、サン・タゴスティーノ教会とサン・フランチェスコ教会という二つの托鉢修道会の教会に、マリアの祭壇画を描いた。サン・フランチェスコ教会の「聖母戴冠」は一三八八年頃の作。もうひとつのはもともとモンタルチーノのサン・タゴスティーノ教会の「出産の礼拝堂」Cappella del Parto のために描かれたとの説が有力な「キリスト降誕と羊飼いおよび聖人の礼拝」という作品で、一三九〇年代後半の作である。バルトロはこの町のためにほかにも多くのマリアの絵を描いた。

シエナ近隣の町の人々、とくに政治家・修道士・パトロンたる貴族や信心会は、その町の名誉・美化のために、もっとも聖なる場所を美化すべく、シエナの画家に絵画制作を依頼した。これは、政治的な攻勢が及ぶ以前からということが多いが、シエナの画家たちの技能のすばらしさとともに、マエスタのテーマや平和理念、シエナ流の抒情に、コンタードやそのすぐ近傍のコムーネも強く惹かれたからだろう。

しかしそれは、かならずしもシエナ当局の意志による、政治的従属を後押しするための文化政策というわけではない。前述のように、都市全体の造形美が政治的党派性を超えていくように、宗教意識と絡んだ絵画の抒情性や崇高美も、イデオロギー的操作をすり抜けてゆくからである。

c　狼

シエナを訪れると、町のあちこちに「動物」が溢れていることに気づく。といっても、猫や犬が街路を元気に走り回り、ニワトリや羊が農園で飼われているということではない。そうではなく、動物たちが意匠となって、町の各所に描かれているのである。むろん、コントラーダがそれぞれ象徴動物を決めて、その印のもとに集団の価値を目立たせ高めようとしているから、という理由が大きいが、これほど盛んな動物登用のさまは、他の都市にはあまり見られないように思われる。普通の動物とともに珍獣、さらには幻想の動物も含まれている。(41)

現在の——パリオの単位としての——コントラーダの起源は、十五世紀にあり、いずれのコントラーダも動物を象徴にしているが、十四世紀以前にも、すでに動物を地区の象徴・標章とする動きはあったようだ。というのも、オルランド・マラヴォルティは、その『シエナの歴史』*Dell'Historia di Siena* で、一三〇九年に五九のコントラーダが四二に減ったとして、その名前を列挙しているが、そこには今日のコントラーダとおなじ動物名が含まれているからである。(42)

また年代記作者は、一三七一年の叛乱に先立つ年々、オヴィーレ地区の住民が「『ブルーコ(芋虫)のコンパニーア』と呼ばれる組織に集まった」とし、叛乱時には、オヴィーレのポポロ区が、「ブルーコの黄緑の軍旗」を最初にはためかせた、という。(43) さらに一三七五年の「資産評価台帳」には、「ピアノ・ドヴィーレのブルーコ(芋虫)住民への課税」«Tassazione degli abitanti del 'bruco del Piano d'Ovile'» と出てきて、公的に認められた呼び名となっている。そしてこれが今日までつづく当該コントラーダの名である。この地区に広範にあった菜園を襲って困らせた、大量の芋虫からつけられたようだ。(44)

それから、ジェンティレ・セルミーニが、プーニャ遊びを描写した箇所で、「ポッリオーネ」Porrione とか「カザート」Casato といった今日もある街路名とおなじ地区名とならんで、すでに「カタツムリ隊」schiera della Chiocciola とか「キリン隊」schiera della Giraffa と、今日のコントラーダ名(動物名)と同一のものを挙げているのも、早くから動物が地区の象徴に選ばれていた証拠であろう。(45)

崇められる狼とそのシンボル

こうしたシエナ市民の動物に対する親愛感はどこから来たのだろうか。個々の選抜動物の理由とともに、興味をそそられる問題である。

キリスト教は、動物たちを人間から峻別し、とくに人類の魂の救済史の上では、まったく別の地位を与えた。すでに聖書は、神の似姿に創られた人間に、他のあらゆる動物への正当な支配権を与えていた。また聖書では、動物はしばしば悪霊にとり憑かれた悪しきものであり、それは聖なる力にすがって戦い屈服させるべき対象でこそあれ、敬い崇めるものではけっしてなかった。動物蔑視と差別は、キリスト教の歩みとともに、しかも哲学や科学のお墨付き——とりわけアリストテレスの霊魂説を奉じた十三世紀のスコラ学者の学説——を得て、以後、二〇〇〇年にわたってヨーロッパを支配しつづけてきたといってよい[46]。

だが他方で、キリスト教会ではその教えを一般信徒らに広めるために、動物イメージを使うという方便が、早くより採用された。初期の教父たちが、動物・自然研究が聖書の意味の解釈に不可欠だと考え、より後の聖書釈義家らも、聖書の動物意味理解のために、ギリシャ・ローマの博物誌・自然学から由来する知識にすがった。プリニウス（二三？〜七九年）の『博物誌』などがその代表であるが、動物学的な知識を伝えるのにもっとも功績があったのは、『フィシオログス（ピュシオロゴス）』という書物であった。これは二世紀ないし四世紀にエジプトのアレクサンドリアでまずギリシャ語で編まれ、後にラテン語ヴァージョンができて、古代末期・初期中世から聖書解釈を深めるための動物理解の鍵を学者たちに提供した。

さらに十二世紀以降、フィシオログスをもとにしつつも、新たに動物誌 bestiaire というジャンルの作品が西洋各国の俗語で独自に作られるようになり、翻案もなされていく。以上は、いわばキリスト教のエリートたち、聖職者らによる動物イメージの聖書解釈学への取り込みであり、一般信徒教化のためのその利用であったが、しかし中世の半ば、十二・十三世紀に動物イメージが一気に蔓延したのは、教会側の意図的な方策だけに起因するのではない、別の大きな動きがあったことを見逃してはなるまい。これが、もう一方の方向からの作用である。いわば、民衆的、ゲルマン・ケルト的な動物観の影響であった。

たとえばアイスランドのサガでは、人間が人間の本性を保ちつつも動物の（すぐれた）資質を同化するという観念、一種の守護霊の考え方があったし、ゲルマン神話では、「死の王国」を司っているのは神々の頭オーディン（ヴォーダン）で、オーディンのまわりに戦場で命を失った者たちと、（罪を犯したりタブーを犯したりして）象徴的な傷を負ったゆえに、死んだと看做された者たちが集められる。この死の世界のメンバーの間には、オーディンの命令に従う狼たちがいる。いやそういったメンバー自身、狼に類する者とされた。また、ゲルマンの戦士らは、自分たちを熊に準え、彼らと匕首一本を持って対決し（通過儀礼）、その力を自分のものにしようとした。そして熊を自分らの象徴的祖先として崇めた。だから、人間と動物のアイデンティティーが交じり合うのはキリスト教にとっては不快至極であり、そうしたものは、当然、悪魔的な領域に押しやられたが、ゲルマンの習俗やケルト的な夢想を引きずる民衆たちにとっては、動物との交流は自然で、ときに好ましいものでさえあった。そこで十二世紀以降、広まっていった騎士の家系をはじめとする諸団体の紋章には、きわめて多く動物が出てくるのである。

農村と違い自然から遊離した都市では、市民らは自然を支配・収奪し、それを効率的に行うための機械的手段を編み出し、合理的計算をしたのだが、それでも、深層には異教的・呪術的な自然への態度が沈殿していて、人々の心性を動かしていたことを看過してはならないのである。イタリア諸都市の中でも、シエナにおいては、キリスト教以前の異教的な文化が、人々の心の深層にことのほか生々と躍動していたように思われる。それこそが、住民たちが動物イメージを非常に愛好した理由ではないだろうか。数ある動物たちの中でも、シエナ市民がとくに重視した動物があった。「狼」である。

狼のイメージは、十三世紀以来、シエナ中に広まっていった（図28）。彫刻・フレスコ画・都市印璽・掻き絵・モザイク・貨幣・旗・会計帳簿、あるいは絵画中などに現れ、それのみか生きた狼まで飼われ贈られたりしたので

図28　シエナの狼像

ある。十六世紀半ばの共和政終焉までに、シエナとその領域に、六〇以上の狼像の証拠があり、大半が十字路や広場の柱頭や、あるいは市門や公共建築の外壁など、公の場に目立つように展示されていた。これについては、M・カチョルニャとR・グェッリーニが、シエナ美術と文化の象徴的アイデンティティーを表すものとして取り上げ、検討した論文があるので、これを参照しながら考えてみよう。[47]

シエナと狼の、都市当局としての意図的で政策的な結びつきがはっきりしたのは、十三世紀半ば（以前）のことである。十三世紀半ばには市庁舎に生きた狼が飼われていたし——ジローラモ・ジッリの回想では、市庁舎の「世界地図の間」には、十三世紀初頭以来、家畜化された雌狼が徘徊していた、ともいう[48]——、また、狼供給が不足すると捕えた者に褒賞を約した。一二六二年の都市条例には、生きた狼を捕えた者への報酬額が記されている。[49]モンテルーポ Montelupo（その名も狼山）という、シエナ北方（フィレンツェ近く）に位置するコムーネは、シエナに生きた狼を贈って、気に入られようとしたようだ。[50]またディーノ・コンパーニの『年代記』においては、ギベリンとゲルフの対立を描く中で、シエナは、雌狼 lupa に擬せられている。[51]

だが、狼が政府によって、シエナの栄えある過去の記憶と結びつけられるようになるのは、その造形表現、とくに彫刻と絵画を介してであった。それらは短い期間に、急ピッチで市内各地に据えられていったようである。

トロメーイ宮の（前の）一部破損した雌狼のトルソ（胴体像）は、十三世紀末期にさかのぼる。さらに十四世紀の初頭には、市庁舎の屋根の角に樋出口の狼 le lupe-goccialatoi が作成されたが、それはジョヴァンニ・ピサーノ派の作だと考えられている。これらは、二人の子に乳をやる雌狼の姿に造形されている。二頭は市庁舎の翼壁に、八頭がマンジャの塔の角にいる（現在は複製）。またおなじ市庁舎のファサードの扉口のルネッタ（半月形部分）には、ポポロ隊長のステンマ（紋章）の両脇に、ローマの狼の彫刻があるが、これは一三三九〜四四年に、アゴスティーノ・ディ・ジョヴァンニによって作られたものだとされる。扉口の頂上には、聖アンサーノの像が飾られているので、世俗とキリスト教の両イメージが合体していると評せよう。市庁舎のノーヴェの礼拝堂の鉄製の柵の中にも、おそらくヤコポ・デッラ・クェルチャのデザインで、雌狼が造型されていたという。

シエナは、ローマを紀元前七五三年に創建したとされる伝説上の王ロムルスの双子の兄弟レムスの二人の息子によって建てられたと信じられていた。そこで、ロムルスとレムスに乳を授けて救った狼が、シエナのシンボルのひとつとなったのである。

それから現在はドゥオーモ美術館に納められている双子を伴う雌狼の作者は、ジョヴァンニ・ピサーノかその協力者に比されている。だが、もともと十三世紀末ないし十四世紀初頭には、すでにドゥオーモの入口前庭の二つの円柱のひとつの上に、痩せた脇腹の雌狼がいた（今は複製）。これが造られたのは、この聖なる主要建物（ドゥオーモ）にも、はっきりと市民的な性格を付与するためだった。

さらに、たしかな証拠はないがおそらく十四世紀のものと想定されるのは、サン・ペッレグリーノ・アッラ・サピエンツァ・エ・カンポレージョ教会 S. Pellegrino alla Sapienza e Campo Regio の円柱上の雌狼（複数）である。おなじく十四世紀初頭だと思われるのは、カモッリーア門の半円筒ヴォールトの側壁に一時据えられた狼である。おなじ狼はローマ門の上にも、ジョヴァンニ・ディ・ステファノによって設置された。そこでは二匹の雌狼が、それぞれ双子を伴って上方から都市を守っている。他にも十四世紀前半の樋の落とし口となった雌狼や、双子を伴う雌狼像がいくつか残っている。

カンポ広場のフォンテ・ガイアの装飾は一四〇八年にヤコポ・デッラ・クェルチャに依頼され、一四一九年に完成しているが、[52] フォンテ・ガイアの水槽の周囲の台形部分の彫刻として、両側とも狼の彫像が据えられた。一三四四年にはロムルスとレムスを従えた雌狼が、この都市の公認の印璽に刻まれることになった。[53] もちろんそこには聖母も描かれていて、上半分が「慈悲の聖母マリア」Madonna della misericordia で、マントを広げて人々を守っており、下半分が双子に乳をやる狼である。

彫刻から絵画に目を移すと、さらに多くの狼が見出せるであろう。まず、G・ミラネージによると、ヴェントゥーラ・ディ・グァルベリ Ventura di Gualberi という画家は、一二六四年、盾に、ライオンに襲われ顔から血を流す雌狼を描いた廉で三五リラの罰金を受けた。[54] ライオンはフィレンツェのシンボルでもあるからだ。また、すでに序章で見たように、ロレンツェッティの絵では、双子を伴う雌狼が〈公共善〉の老人の足下にいるし、財務府（ビッケルナ）の小板絵のひとつ（一三四四年）にも――アンブロージョ・ロレンツェッティによる？――同様な絵がある。これらの絵では、老人の端座している下に、双子に乳をやるペチャンと横たわった狼が描かれている。より以前、一三一五年のシモーネ・マルティーニによる、総評議会の間の「マエスタ」の外枠にも、他の紋章などと並んで双子を伴った狼が登場している。

現在ドゥオーモの床にある象眼細工（本章扉図）は、オリジナルをもとに一八六五年レオポルド・マッカリによって再構成されたものだが、もとは一三七三年の作品のようだ。[55] そこには、中心に双子を連れた雌狼がすでに描かれており、アレッツォの奔放な馬、フィレンツェのライオン、ルッカの豹、ピサのノウサギ、ヴィテルボの一角獣、ペルージャのコウノトリ、ローマの塔を載せた象、オルヴィエートのガチョウが、そのまわりを囲っている。また四隅にいるのは、マッサ・マリッティマを象徴する百合付きのライオン、ヴォルテッラを象徴する鷲、ピストイアを象徴するドラゴン、グロッセートを象徴するハゲワシである。こうした動物誌は、たえずシエナ人の眼の中に入り込んでいたことになる。

この絵では、中心の狼は木に寄り掛かっているのだが、これは多くの古代・中世伝説で語られたロムルスとレムス伝説にある「フィクス・ルミナーリス」（授乳の女神ルミーナのイチジクの樹）Ficus Ruminalis である。伝説にもとづけば、テヴェレ河沿いのパラティーノの斜面に捨てられた双子（ロムルスとレムス）を、羊飼いファウストゥルスが見つけた。彼が二人の子を助け、妻に預ける前のこと、二人が入れられた籠は、フィクス・ルミナーリスのある土地の麓の岸に乗り上げたが、そこに雌狼が駆け寄り、自分の巣穴につれ帰って乳をやって救ったのだった。リウィウスの『ローマ史』第一巻四章一〜七など、これについては多くの伝説の語りがある。

以上、シエナにおける狼像について、カチョルニャとグェッリーニの論考などをもとにまとめ、考えてきた。シエナにおいては、十三世紀後半にはすでに、ロムルスとレムスに乳を与える狼が都市のシンボルとされていた。だが、狼像造りの絶頂期は十三世紀〜十四世紀の移行期であり、その時代には、多くの狼像が、市庁舎・教会前や広場・四つ辻・門・橋に存在していた。それはシエナ本来の象徴として固定・整理されたが、十四世紀後半、執政九人衆体制が崩れ、シエナが混乱と派閥争いに苛まれ自由を失っていくと、狼を象徴として打ち出すプロパガンダも小声になっていく。いわばゲルフ党のトスカーナの他都市とわたり合う力がなくなり、カオスの中、フィレンツェとミラノの列強両雄の間に絡め取られてしまったからである。一三八九年にはミラノと同盟するが、一三九九年には自由を失う。ライオン（フィレンツェ）やヘビ（ミラノ）の前に、狼（シエナ）は力を失っていった。

しかし十五世紀に入って、狼像が姿を消したわけではない。十五世紀前半に独立と自由を取り戻したシエナは、ふたたび古代の伝承にさかのぼってローマとの結びつきを確認しようとした。そこで、各三分区にひとつずつ、円柱上の狼像が造られたし(56)、美術史的には、むしろ十五世紀になってから狼がコムーネの公的シンボルになり、シエナのイコノグラフィーの恒常的登場動物となったのである。

具体的には、ドメニコ・ベッカフーミによるルペルカリア祭の絵のほか、狼にまたがり、バルツァーナの旗を持つ子供の絵などがある。また、ジョヴァンニとロレンツォ・ディ・トゥリーノの原型に想を得て、十五世紀後半に一連の円柱上の雌狼が、町の各所で計画・実現された。青銅彫刻で作られたものも多い。だがこれは十四世紀以前のような、切実な政治的・社会的関心にもとづくというよりも、古代愛好的な嗜好、その関心の高まりによって絵画その他のモチーフとなってきたようだ。

政治的な利用もないわけではなかったことを付言しておこう。すなわち、十五世紀七〇・八〇年代には、いくつかの石造の雌狼がシエナの影響圏内にある土地に広められ、シエナとその協力者の手の下にある領域の境界画定の徴として据えられ、さらにコンタードのシエナ政府の建物にも、従属コムーネの城の扉口など、あちこちにシエナの支配・統治の印として狼像が配されたのである。

ローマとのつながりの意識

シエナ都市当局の政策として、狼像が市内の要所要所に積極的に建造され、また描かれたのはなぜだろうか。それはシエナがローマの後裔であることを示す、いやもうひとつのローマたることを示すためにほかならない。
中世に広まった伝説によると、シエナは、ロムルスの双子の兄弟たるレムスの息子たち、アスキウスとセニウスによって建てられたとされる。この二人は伯父ロムルス――アスキウスとセニウスの父を殺して王冠を簒奪した――の悪意から逃れようと、白馬と黒馬に乗って逃避行の揚げ句、シエナにやって来た。この伝説が、兄弟に乳を与える雌狼として表されているのである。二人の馬の色（黒白）がシエナの紋章（バルツァーナ）の色となっている。[57]
アスキウスとセニウスの伝説は、十五世紀以前には明文化されていないが、すでに述べたように、狼像はもっと前から広まっていたし、伝説も、口頭伝承としてはずっと以前から知られていたことだろう。執政九人衆政体は、狼のシンボルを盛り立てることでシエナをローマ建国に結びつけ、またアスキウスとセニウスの伝説を涵養して、シエナを栄光に輝かせようとした。
この時代、シエナはもうひとつのローマと自認したが、それはとくに独立した至上権（主権）を持つローマを模範に掲げたからである。執政九人衆が“Concistoro”(枢密会議)と称される会議に集まるようになったのも、かつてローマ皇帝がそうだったし、当時は教皇たちがそうだったからである。執政九人衆をはじめとするシエナの政権担当者たちは、ローマ的支配をシエナに実現しようとしており、この狼は、なにより、シエナと古代ローマとの連続性と一体性を確認する、シエナの政治家および市民の矜持と憧憬のシンボルであったのだ。

そもそもアスキウスとセニウスは、ローマ神話には登場しない、中世シエナで独自に作られたフィクションだった。その事蹟というのも、なんらの歴史的事実にももとづいていない。だがそれでもシエナ人たちによって、幾重にも真実性が主張された。シエナとしては、マルス神とウェスタの巫女レア・シルウィアの間にできた半神たるレムスとのつながりの証拠が、是非とも欲しかったのだろう。

では、シエナにとってローマはどんな存在だったのだろうか。

中世を通じて、古典的な歴史・法律・美術がシエナで人気があったのはたしかだが、それはフィレンツェにおけるような、人文主義とかルネサンスと呼ばれる澎湃たる文化運動に成長することはなかった。しかしながら、シエナでも十四世紀からラテン文学、古典研究が非常に盛んになり、また多くのラテン古典文学がイタリア語に訳されてよく読まれており、ローマについての歴史知識が広まった(58)。そのため、ローマ伝説の熱心な聞き手もふえたのだろう。アンブロージョ・ロレンツェッティは、古代ローマの偉人をテーマに壁画を描いたし(59)、シモーネ・マルティーニも市庁舎に、ローマの愛国者マルクス・アッティリウス・レグルスをフレスコ画で描いている。執政九人衆は、画家たちに委嘱するのに、たんにローマの主題を描かせるだけでなく、ローマ的な画風およびローマの美徳や市民美徳にもとづいた絵画プログラムを慫慂したのである。

一四八二~八三年には、造営局監督官Operaioのアルベルト・アリンギエーリの監督下に、ドゥオーモの左右側廊の舗床に一〇体のシビュラ図像が描かれ、ついでヘレニズム時代に生まれた混交宗教型の学芸をつかさどる神ヘルメス・トリスメギストスが画題に選ばれた(一四八八~八九年)のは、シエナにもヘルメス主義、哲学的=宗教的なシンクレティズムのうねりが押し寄せてきたことを示している。[60] そこにはギリシャ・ローマ、そしてそれ以前のオリエントの影響を指摘できる。こうしたギリシャ・ローマの異教的深層は、動物愛好に見られるようなゲルマン・ケルト的な異教の深層と合流して、シエナのイメージ世界に浸透していった。

後期中世においても、ローマは完全で正当性を持つ象徴的「中心」であり、シエナは、その傍らで誇らしく立っていた。当時の皇帝たち――名目上の法的な上級領主――は、正統であれなかれ、シエナの市民生活にとっては結局のところ、混乱のもと、不安のもと、トラブルのもとでしかなかったし、また世俗領域においても主張される教皇による至上権も、実際上ほとんど効果を発揮しなかった。イタリアでは、聖俗両至上権力はあいついで信用を失い、力をなくしていったのである。ただ、現実の「帝国」には反発が多くても、かつての「ローマ帝国」には、なお大いなる牽引力があった。だから古代のローマは、偉大なるモデルとして、つねに崇め、模倣し、継受すべき理念として輝いていた。イタリアにおける都市の司法・行政官の役職名――たとえばコンスル／コンソレ（統領）――や会議名――たとえばセナート（元老院）――が、古代ローマ風であったのは、そのためである。

だからシエナ共和国としては、より限定された領域で新しいローマを、ローマ的な国家 res publica を作り上げることが為政者の使命であり、そして市民たちの願いでもあっただろう。おそらく、そのための原理としてこの時代に浮上したのが、ほかならぬ〈公共善〉の理念であった。政治の中枢を担う Concistoro（内閣）――執政九人衆など――こそ〈公共善〉を体現し、シエナに至福の平和と秩序をもたらすべきなのであった。一三三〇年代に九人衆が新たな都市条例を作っていったが、その条例は、驚くべきことに Deo auctore（神の御佑けにより）で始まり、皇帝を立法者とする換喩的テクストを文字どおり使用していて、あたかも内閣自身が帝権の担い手であるかのようである。[61] つまりシエナは、自分をローマと同一視しようとしているのである。〈公共善〉の華々しい絵画表現である「善政と悪政の寓意と効果」には、皇帝のかわりに老賢者＝シエナの象徴が登場するし、教皇も教会施設も――サン・クリストーフォロ教会のほか、都市の諸建築の背後にちょっとドゥオーモが垣間見えるだけ――ほとんど描かれず、前面にはいかなる祭壇も宗教的イメージもないのである。

十三・十四世紀、中・北部イタリアは三つの部分に分かれていた。イタリア王国、ヴェネツィア、教皇領の三つである（なお南部イタリアはシチリア王国、ついでナポリ王国）。イタリア王国とはアルプスから教皇領まで伸びる中・北イタリアのことで、ドイツ王が治めていた。だがフリードリヒ二世の死後（一二五〇年）は、実質的に都市と封建領主の上に立つ司法・行政の高権は存在しなくなった。イタリア王国の諸都市は、一一八三年の「コンスタンツの和」以来、帝国の封建的構造に正式に組み入れられたが、と同時に、自治を完全に認められたからである。皇帝はその帝権・王権を、諸都市に及ぼそうと何度か努力したが、無駄であった。教会（教皇）と帝国（皇帝）の争いも、都市を内部分裂させアナーキーにした反面、それでも自治を保たせるのには力を貸すことになった。

そこでシエナなどの自治都市は、独自の法を自領域に通用する法として作り、政権交代や社会事情の転変につれて、改訂を重ねていった。立法と司法に、さらには貨幣鋳造権という、目に見える皇帝の裁治権に属する権限も、都市は自分のものにしていった。独立国家のように戦争と和平を自ら決めさえした。安全・社会保障・都市整備に尽くしたのも至上権を握る者としてであった。[62] その主権者としての都市の行動を導く理想こそが、〈公共善〉であった。

考えてみると、中世都市はいずれも、経済的・社会的に繁栄し自意識を高めていくにつれ、自己を栄光化するためのイメージや言説を紡ぐようになる。固有の世俗活動を活発化させながら、古代ローマにさかのぼる栄光と、独自の聖性を誇示しだすのである。一見不思議なことだが、まさに都市において教会と世俗（市民）の領域がはっきり区別・分離されるようになったとき、世俗当局は、自分たちが権力の聖なる源泉と直結するリンクを保持する必要を痛感したのである。

「都市賛美」のジャンル、およびそれを歴史記述と一体化させた年代記がその初期の証左である。[63] 初期中世の都市賛美は、都市内部の具体的風景が貧弱であったが、盛期中世からは記述がより充実していった。早いところでは、北イタリアのベルガモ（一一二五年頃）が代表例で、ほかにミラノ（一一八八年）、パヴィア（一三二九／三〇年）などの都市賛美がよく知られている。そうした都市賛美においては、都市のありきたりのトポスではなく、具体的な状況、さまざまな職業の発展とコンタードの豊穣な作物、堅牢で美しい建築物や潤沢で綺麗な水、市民たちが多くの用途に利用する広場……、などがその由来とともに語られ、都市が享受する平和で諸身分・階級が諧和した状態は、高貴で有徳な統治者の正義に満ちた統治のおかげである、と語られる。そこには、初期中世の賛美には通常含まれた、教会や司教や修道院を称える記述がしばしば欠けているのが特徴である。都市はそれ自体、きわめて「聖なる都市」であるのだが、神や聖人に直結していて、教会諸組織を必要としないかのようなのだ。

イタリアの主要都市はかならず、その都市をキリスト教化するのに貢献したり、その都市を特別に守ってくれる守護聖人を戴いていた。そして十三世紀後半から十四世紀にかけては、聖母マリアや初代司教をはじめとする守護聖人が、都市全体を守護する姿をイメージ化した図像も描かれるようになった。さらに、都市の理想としてエルサレムを持ち出し、自都市を「新たなるエルサレム」として位置づけ、神の救済計画におけるその役割を宣揚することも稀ではなかった。もともと天上の都市の写し絵がエルサレムだとされており、七世紀以降修道院建設が展開していった際も、天上の都市たるエルサレムを修道院という閉ざされた空間に実現しようという目論見が見え隠れした。そのエルサレムのイメージが修道院から都市へと拡大したのであり、ボローニャなど、実際に天上のエルサレムに準えられた都市も少なくない。[64] シエナでも、たとえばドゥッチョは、「キリストの誘惑」Tentazioni di Cristo（ニューヨークのフリック・コレクション蔵）で、まさに黙示録のエルサレム記述に沿うようなシエナの姿を描いている。

だが、盛期中世以降の都市賛美の書や年代記では、古代の遺跡の披露や古代の英雄の壮挙や所行と関連させた建国物語が目立っている。とくに十二世紀以後、異教の古代都市ローマへの憧憬が高揚したため、都市ローマ自体の賛美とともに、自都市をローマと結びつける伝説が各地の都市で創られるようになった。たとえばベルガモはガリア出身の首長ブレヌスによって建設され、それが、ファビウスという将軍に征服されてローマ化されたと説かれた。フィレンツェも、そのローマとの縁戚関係が年代記作者や人文主義者によってたえず強調された。レオナルド・ブルーニは、フィレンツェはローマが共和政時代でまだその高貴さ・美徳・才覚で輝いていた時代に、将軍シッラとその兵士らによって建設され、そのためその後のフィレンツェも、美しさと装飾、良き地勢、人民の威信と高貴さによって際立っているとした[65]。

シエナも守護聖人が全市民的な信心を集め、市民たちの統一を具体化させるのに重要な役割を演ずるようになった。上述のマリアへの臣従もそうだが、他に守護聖人としては、アンサーヌス（聖アンサーノ）、サウィーヌス（聖サヴィーノ）、クレスケンティウス（聖クレッシェンツィオ）、ウィクトル（聖ヴィットーレ）が早くから名指されてきた。シエナでは、聖母マリアこそが女王であったが、ほかにもこれら四人の聖人がシエナ市民の代弁者として、市民らの願いを天（あるいはマリア）へと取り次いでくれたのだ。ドゥッチョの「マエスタ」でも、この四人の聖人が聖母子の足もとに跪いているし、シモーネ・マルティーニの「マエスタ」にも、彼らは登場する[66]（前節「シエナ派絵画の特徴と広がり」の項参照）。

アンサーヌスは、シエナの洗礼者、シエナ人の祖先の改宗者として知られる。クレスケンティウスは、四世紀ローマの少年殉教者であり、サウィーヌスはもともとスポレートに埋葬された殉教司教、ウィクトルは兵士殉教者で、浅黒く髭を生やして表され、アフリカ人と考えられる。これら四人の聖人は、十三世紀からドゥオーモでの崇敬が始まり、一二一五年には彼らの聖遺物もドゥオーモの所有に帰した。そして十四世紀に入ると、彼らは教会から市民的領域に躍り出て、その崇敬が一気に盛んになるのである。

さらに、十三世紀後半から十四世紀初頭にかけて、シエナに居を定めた托鉢修道会は、それぞれゆかりの福者・聖人を盛り立てようとし（ドミニコ会はアンドレア・ガッレラーニとアンブロージョ・サンセードニ、フランシスコ会はピエトロ・ペッティナイオ、アウグスティノ会はアゴスティーノ・ノヴェッロ、聖母マリア下僕会はジャコモ、カルメル会はニコラ）、やがてこれらの修道会の守護聖人の記念祭には、当局による蠟燭奉献が行われるようになった。聖人の墓や礼拝堂建設への当局の財政的援助もあり、修道会の聖人祭はいよいよ市民的様相をまとっていくのである[67]。

また十五世紀になると、聖女カテリーナや聖ベルナルディーノもシエナの守護聖人となって（前者は一四六一年、後者は一四五〇年）、市民の篤い崇敬を集めるようになった[68]。ポポロ区（コントラーダ）やアルテ、信心会などにも、それぞれの守護聖人がいたことは贅言するまでもない。こうして聖母マリア以外にも多くの聖人たちが、都市全体の、あるいは諸団体の守護者として霊的な保護を賜った。だからシエナの暦には、守護聖人たちに祈願し、感謝するための祝祭が目白押しだったのである。

まとめ

シエナでは十三世紀以降、視覚的イメージの新ジャンル、一見してシエナ固有のものとわかる政治的表象のジャンルができていった[69]。こうした政治的画像・描写は、ただたんに当時の政治理想を反映しているにとどまらず、それを市民たちに知らせ、広めるためのプロパガンダにも使われた。もちろんシエナだけではなく、多くの中・北イタリア都市にも事情は共通しているのだが、都市の為政者たちは、一般に都市を栄光化し、そしてそれを担う自分たちの政策を正当化するために「美術」を使う術に非常に長けており、抜け目がなかった。だから、一見、無垢・中立に見える絵でも、特定の社会的・政治的な事項をプロモートしようという狙いが込められていたことを、見落としてはなるまい。シエナに特徴的なさまざまなレパートリーは、こうして作り上げられたのだし、そこでどんな構図・大きさ・形態にすべきか、何を描き入れるべきか、どの材料（絵の具）を使うべきか、画家とその弟子たちとの役割分担はどうするかなども、当局の息の掛かった者が緻密に指示し、それを制作期間や給与などとともに条件に書き入れて、画家と契約したのである。

ドゥオーモを飾る絵画については、造営局監督官が責任者で、それはたいていサン・ガルガーノの修道士らであった。しかし彼としても、当然、市当局・市民全体の意志・希望を無視できなかった。他の修道院建築については、それぞれの修道院の考え・希望があっただろうが、これについても大きな建築や祭壇画については、市当局、また寄進者・後援者らの意向を考慮に入れなければできなかっただろう。

ひとつ例を挙げよう、一四三五年、ドゥオーモの彫刻の仕事に携わっていたヤコポ・デッラ・クェルチャが、作品が完成しないうちに市を離れてしまい、なかなか仕事に戻ってこないので、造営局の相談役がボローニャにいる彼に手紙を送った。そこには、シエナの当局者の間でも市民たちの間でも、ヤコポがなかなか戻ってこないと噂されていること、この教会（ドゥオーモ）での仕事・職務をはたすことがいかに必要かを考慮して、ヤコポは市民すべての満足のために、そしてヤコポ自身の名誉のためにも、祖国シエナに戻って任された職務をはたすべきであり、そうすればヤコポは義務をはたしたことになり、内閣と全市民を満足させることになろう……、と書かれている。[70]

聖母マリアにせよ、狼にせよ、それらのイメージを絵画や彫像で作り広めていくのは、市民たちの自恃の念を高め、そして外部に対して都市シエナの名誉を輝かせるためであった。さらにそれは、それらのイメージを利用・プロモートする現政権を正当化するためでも、またあったのである。

しかしながら、それぞれの時代の政体の目論見通りの結果を、こうしたイメージの表象作用がもたらすとはかぎるまい。それらのイメージを賦活する強烈な情念のもとになっているのは、独特な風土・地勢であったり、そこにわだかまる異教的な信仰であったり、人それぞれの身体的・感覚的な欲求であったり、あるいは市当局の統制の及ばない社会的結合関係であったりすることも多いからである。当局の政策や〈公共善〉のイデオロギーが統御しえない、シエナ住民の習俗、遊興、あるいは慈愛の現れ、それらと関係する社会的結合関係に、別の形でこうしたイメージが作用し、あるいは逆にイメージが利用されることもあったのである。

本章は、シエナ人の水への執着ぶりを紹介したり、聖女カテリーナの血の神学を解説したり、シエナにおける聖母マリア図像や狼像の弘布をたどったり、ましてやシエナ美術の特徴のおさらいをするところに、議論の眼目があったのではけっしてない。そうではなく、本章の趣意は、当局が政治利用を画策して、自ら音頭を取って広めていったイメージであれ、たぐい稀な宗教家がその思想と霊性を伝えるために編み出したイメージであれ、それらが同時代の住民たちに受容・消化されながら影響力を及ぼしていく際には、法的規制や物理的強制とは異なり、かならず受け手の集合的な心性で揉まれて意味が生み出されていく、ということを強調したかったのである。

具体的な証明は難しいのだが、水・血・マリア・狼・ローマなど、後期中世シエナ人たちを傾倒させたイメージは、都市全体を視野に収めた立場から眺めた場合と、家族や信心会、隣組や遊興団体など、それぞれ独自の社会的結合関係を結ぶ団体内に身をおいた場合とでは、別種の意味と価値を持ってくるのではないだろうか。また古代にさかのぼる異教的習俗も、これらのイメージに偏向を与えたにちがいない。「マリア」は、神の母であるばかりか、慈悲深いシエナ市民皆の「母」であることが強調されたり、ときにはヴィーナスのごとく豊穣の「女神」と看做されることもあろう。「血」は、イエスの血が、現実に巷に流される血、家族で代々受け継がれる血とも重なって、さまざまな場面で人々の思考と行動に影響を及ぼそう。「狼」は、シエナの象徴動物から、後にはひとつのコントラーダの象徴動物へと転身するだろう。異教世界と容易に結合するローマともども、動物たちは融通無碍に、シエナ住民と諸団体の必要と願望に沿った意味を充塡されていったのである。

それから、後期中世シエナで創り上げられた美の世界も、おなじく政治やイデオロギーの思い描くとおりに市民らによって理解されたり、感得されることはないだろう。もちろん比類ない美しさだと、多くのシエナ市民が感じ取り、それを都市の誇りとするということはありうるが、規範としてのメッセージを発し、観賞者がそれに従って行動する、という直截的関係はそこにはない。美・芸術には、まったく個人的な感受の仕方があるわけだし、時代と地域に応じた集合的な感受の仕方もあろう。もっぱら人の手になる芸術作品にとどまらない。自然と人工の絶妙なるコラボレーションの結果できあがったシエナの景観美は、毎日その空間内部に生活し、その景観を目撃しつづけている人々のこころに、深甚なる作用を及ぼすだろうし、「カンポ広場の形態とシエナ人のこころ」というような、一見突拍子もない主題も、真剣に考えてみる価値はある。

景観美と心性との精確な関係を闡明するのは困難な作業であろうが、「絵画」の美と同時代の人々の心性の関係なら、まだしも大筋を示すことができそうだと考え、本章では、シエナ絵画の抒情性とその特性を考察してみた次第である。

たとえばおなじ「聖母子像」でも、十四世紀シエナ派の画家たちによる「聖母子像」と、クァトロチェントのフィレンツェの画家たちによる「聖母子像」では、そこから流露する、あるいはそれらが誘発する精神や情念が、まったく異なろう。そうした美意識は、政治やイデオロギーの与り知らぬところであり、それこそ、環境や歴史、社会的結合関係や習俗の深みに下りてみなくては、「なぜ違うのか」はわからないのである。

市庁舎にあるアンブロージョ・ロレンツェッティの「善政と悪政の寓意と効果」は、まさに絵画イメージによる〈公共善〉キャンペーンの最たるものである。だが、為政者はともあれ、この部屋を訪れて、当絵画を目にする機会のあった一般市民たちは、この絵を正しく解釈したのだろうか。美しい女性擬人像に異性への憧れを感じる者、悪政（悪魔）を滑稽だと笑い飛ばす者、「善政」ではなく「悪政」のほうに同時代政権担当者を準える者など、寓意を誤解・曲解する者は多数いたことだろう。しかしそのような誤読があるからこそ、イメージは豊かな可能性を拓けるのであり、またそれは、絵画のテーマたる〈公共善〉の硬直化を防ぎ、そこに霊的な次元を加えたり、あるいは、抜け落ちていた民衆的な足場を組んだりするための、縁にもなったのではないだろうか。

ロレンツェッティの「善政と悪政の寓意と効果」だけではない。いやそれ以上に、ドゥッチョ、シモーネ・マルティーニらを筆頭に描きつづけられたマリア像の独特な「美しさ」は、表面的には同時代の〈公共善〉の理念に奉仕しながら、それを超えて歴史を生き延び、いわば永遠へと接しているのである。

第2章dで、シエナの聖女カテリーナの目覚ましい〈公共善〉へのアプローチを問題にしたとき、彼女がそうした態度をとることができた要因を、「女性性」および「シエナ性」に求めてみればどうか、との仮説を立てた。第4章と第5章の議論には、その仮説に少しでも真実味を持たせられれば、という希望も託されていたが、成否のほどはどうだろうか。

終　章　新たな公共善へ――後期中世都市の世界

本書では、イタリア中世都市シエナに焦点を当て〈公共善〉をキーワードに考察を重ねてきた。それは、ヨーロッパ都市のうちでも早期から高度の発展を見、豊かな都市文化を展開させてきた地中海都市のひとつを選んで、その都市独自の政治と社会の関係を捉えたかった、ということなのだが、また同時に、他の多くの中世都市に共通する「典型モデル」としてシエナを俎上に載せる、という意味合いもあった。

中世都市の意義とは何だろうか。近代社会の発展を担った原動力たる、資本主義や合理主義の発生の母胎、または効率的で安定的な権力による支配や民主的な政体の故郷……、ということだろうか。ならばそこから遡行して、その起源や萌芽をイタリア都市に見る、という考え方もありえよう。だが私は発生の現場に臨場し、後に分化するものが、元来の文脈において他の要素と連関しているそのときの姿を見届けたい、という願望を抱いていた。換言すれば、遡及的な歴史の評価、近代主義を避け、政治体制やさまざまな理念がそこから生み出された各種の交錯する人間関係・社会関係の奥深い懐にまで、一旦、分け入ってみなくてはならないと考えたのである。

後期中世シエナの当局者は〈公共善〉bene comune / bonum communis を理想に掲げ、さまざまな政策を実行した。シエナだけでなく、同時代のどのイタリア都市国家の都市条例にも、また多くの神学者・法学者らの筆になる政治論の中にも "ad bonum et honorem nostre civitatis"（われらが都市の善と名誉のため）"de comuni bono et honore et utilitate civitatis"（都市の公共善と名誉および利益について）などの言葉が溢れているし、評議会で採択される決議でも、頻繁に'ben comune'（公共善）とか、'interesse publico'（公共の利益）について語られている。司法を預かるポデスタの規定はもちろん、また街路・橋などの公共工事を管理する役人の規定にも、それらの言葉が「前文」として欠かさず出てくる。

だがどうだろう。それは標語としての見掛けの麗しさとは裏腹に、実地に移す際には、かなり息苦しい抑圧的な政策に頼らざるを得なかったのではないだろうか。しかも、「正義」「平和」が強調される反面、そこには「友愛」の美徳が決定的に欠けていた。都市で活動するすべての団体が、都市の制度になんらかの形で接収・融合させられて、すべからく「都市」に服すべきであったのだ。寡頭政のもとでの〈公共善〉は、ポポロの主導する共和政の理想の中心概念であるわけだが、じつは共和政といっても、つねに勝者が操る党派的な政治体制であり、それぞれの時期における政権担当者が自らの党派の正当性を誇示するために、見目好い理想である〈公共善〉理念を鼓吹しているにすぎない、だからそれは一種のプロパガンダなのだ、という手厳しい評価も、一概に間違っているとは言えないのである。

ゆえに当然のこと、このような理想が、そのままなんの不満もなく実現したことはなかった。さまざまな身分・団体間の軋轢・対立は引きも切らず、都市内の貧民叛乱や党派争いは不断に発生し、シエナの領域支配の拡張には、コンタードでの叛乱や従属都市の離反がつきものであった。さらに「市民」というのは、シエナ住民のごく一部にすぎなかったのであり、大量の下層民・マルジノー・外人への差別・抑圧の上に、少数者の福利と平等が築かれていたことに、目をつぶってはなるまい。住民たちは一方で、〈公共善〉の理想に一応従って都市の美や名誉を重んじつつ、他方では、空間的および職能的結合、そして血縁的結合のあり方に応じた、多かれ少なかれ私的な名誉や便益を求めつづけたのである。こころならずも不名誉のレッテルを貼られ、なんの便益にも与れない下層民やマルジノーは、不満を膨らませるばかりだった。

本書冒頭に掲げたアンブロージョ・ロレンツェッティの「善政と悪政の寓意と効果」には、いくら殷賑な都市風景、そして都市と互恵関係にある調和した農村風景が描かれていても、シエナの政治と社会は紛争と対立の火種をずっと抱えていたのであり、その「現実」は、この著名な壁画では——一見したところ——糊塗されているのである。

つまり、ロレンツェッティに絵を委嘱した執政九人衆は、中世シエナ史上稀に見る安定した秩序をもたらしたとこれまで高く評価されてきたが、実際は、一部のモンテの利害を第一に据える寡頭政であり、より広くは商人組合（メルカンツィーア／商務局）に属する家系が主導する政体なのであった。彼らは全権を握ると、それ以前の時代の、十三世紀末までのポデスタ制を骨抜きにし、総評議会——かつては経済・政治で大きな力を持っていたのだが——からも実質的な力を奪っていった。執政九人衆体制に対しては、別のモンテ所属の者はもちろん、小さなアルテに属していた者たちも、じつはことあるごとに反発した。だからこの長期安定政権でさえも脆弱性を抱えており、それはとりわけ一三二〇年代からひどくなった(1)。

要するに、執政九人衆体制であれ、その前後の政体であれ、中世都市シエナの統治とは、制度とイデオロギー操作によって必死に異論を抑えつけ、自分たちの理想に従わせる「抑圧の体制」でもあった。それが、頻繁に発布される都市条例の綿密な規定や、厳しい裁判と処罰の体制などに反映しているのである。そして自分たちこそが唯一、正義・和合・平和・良き統治をもたらす政体である、とのプロパガンダを硬軟とりまぜて展開したのだが、その最高の旗印となったのが〈公共善〉なのであった(2)。

ところが、そのような抑圧の体系というように、後期中世シエナを捉えてしまうのも一面的にすぎる。それは、私たちが検討した「社会的結合関係」の実態から明らかになってくる。いたるところで、私的な利害と公的な統制の衝突、公権力による前者の取り込み、懐柔があった……、というのはたしかなのだが、それは、公的領域の一方的な勝利にはならなかったし、私的領域の隠然たる力が公的領域の本質を変えていくこともあった、ということが重要である。政権担当者による統制・抑圧は、表面から窺われるほどすみずみまで効力を発揮していなかったのであり、それは〈公共善〉の限界とも看做せるが、他の観点からすれば救いでもあったのである。

では、中世都市シエナのさまざまな「団体」はどのような原理でまとまり、どんな役割をはたしていたのか、それは、いかなる空間的な割拠と時間的な伝承を閲していったのか。

まず「近隣団体・隣組」から考えてみる。シエナの近隣団体は地勢の特徴により分割され、都市の軍事・行政単位にもなった三分区とその下位単位のポポロ区／コントラーダを範囲として、人間関係が結ばれた。もっとも小さな地区細胞はポポロ区／コントラーダであり、もともと教会を中心に集落ができてまとまりを持つようになった。それはたいていの場合、ボス的な貴族家門が牛耳り、周囲の住民とパトロン＝クライエント関係を結んでいた。またしばしばおなじ職種の職人たちが集まって住んでいた。だから近隣団体は、大家族的な団結の要素と、同業組合の関係者の集合という要素の両面を兼ねている場合があり、都市当局にとっては、これらの近隣団体をいかに確実に都市制度の中に組み入れていくかが大きな課題であった。当局は、祭りの際には行列や地区対抗試合で、近隣団体の役割を理解させ、また隣組同士の対抗関係や軋轢・憎悪を昇華させようとした。

つぎに「家族・親族組織」である。家族については、貴族たちはコンソルテリーアを作り、一族郎党うち揃って邸館や塔状住宅・城塞住宅に住んでいた。より一般の市民は、ささやかな家で生活していた。シエナ当局も、父系親族を軸とした家族の発展を支えるための相続規定を定め、とくに貴族の塔や邸館が分割されたり、当該家門とは別の者の所有になってしまわないように、また家族のうち女性や姻族に財産が渡らないよう後押しした。だが、時代が下るにつれて意識が変わり、個人主義的な要素が家族にも入り込んできた。核家族や欠損家族がふえていったのである。ところが、そうした傾向とは裏腹に、シエナでは家族意識はずっと強靭であった。それゆえシエナ商人たちの商会は、外部社員の増加にもかかわらず、家族がずっと中心を押さえていたし、子供の名前のつけ方などを見ても、家系の継続への意識はかえって高まった。さらに後期中世に叢生したもろもろの信仰団体は、「家族」をモデルにして集団を形成していったのである。

第三に「職業団体」はどうだろうか。シエナのアルテ（ギルド）は、商人組合の傘下にあり、またフィレンツェのような「大アルテ」がなくて、羊毛組合などごく一部をのぞいて、その力はきわめて弱かった。それでもそれぞれのアルテでは、自分たちの仕事の向上、名誉の護持、仲間としての結束に努め、そのための規則を定めていた。それぞれの工房は、親方とその家族を中心に運営され、やはり家族が基礎になっていた。しかし、親方のみがアルテの正式メンバーであり、服従する職人・徒弟の地位・境遇は低いものであった。ピラミッド型の人間関係と、家族モデルが組み合わさっていたと評せよう。また、アルテの外の貧しい女性などに、単純な仕事の下請けをさせることもあり、職能を介して、人間関係はかなり広がっていった。

より面白いのは、「遊興」とそれへの公権力の態度である。遊びは非日常的な時間をもたらし、そこで束の間の人間関係が作られる。それは息抜きとして是非とも必要な時間であったが、都市の平和・秩序を脅かすものとして、当局は警戒を怠らなかった。すなわち、許可される遊びと禁止される遊びに二分する、許可する場合でも、ある特定の空間・施設の中に閉じ込めて管理しやすくした上で許可する、という態度を取ったのである。とくに居酒屋などでは、遊びが犯罪の温床となったし、冒瀆言辞がしばしば発せられる点も要注意だった。しかし遊びを完全に管理することなどとてもできず、「遊び人」たちは、シエナの堅苦しい政治風土を軟化させる作用をはたしたし、それは、化粧やお洒落にうつつを抜かす雅な女性たちも同様だった。

さらにもうひとつ、中世シエナには「聖なる絆による人間関係」があった。

この社会的結合関係を考える上では、まずなにより、シエナが世界に誇る巨大な慈善施設、サンタ・マリア・デッラ・スカラ施療院の役割が重要であった。この施療院は、都市当局と密接な連携をして発展したため、やがて都市の一機関のような観を呈し、保護と引きかえにさまざまな規制を課せられるようになった。だが同時に、多くの献身者の慈愛の発露に支えられながら、おびただしい住民を巻き込み、経済活動でも社会関係でも、世俗政治の目指す方向とは別次元の方向へと都市と都市民を導いていった。だから、都市の統治の一機関になったかに見えるこの施療院が、逆に都市政治のあり方を変えていった面があるのである。

またこの巨大な施療院は、信仰深い数多くの人々の善意なしにはまったく存在できない組織であった。それは篤い信仰心以外なにも持ち合わせない、個人としての俗人たちが「兄弟」「姉妹」となって中心を支えていた。その兄弟・姉妹たちは、シエナとその周辺に広まった、無数の小さな信仰団体、第三会やジェズアーティ・マンテッラーテ・信心会などに属する人たちと、相似た目標を掲げて活動をし、実際に相互に交流があった。サンタ・マリア・デッラ・スカラ施療院は、このようなおびただしい信仰者たちのネットワークの中心に位置したのである。そしてここに作り上げられた霊的な社会的結合関係は、他の形態の社会的結合関係・団体と交差しオーバーラップしつつ、都市の理想的秩序、〈公共善〉のあり方をも変えていく力を具えていた。

振り返ってみれば、市当局はもろもろの団体を〈公共善〉の理想の下に懐柔し、あるいは都市制度に組み込もうとした。その組み込みに際しては、身分や地区・空間その他にもとづく規準、さらには「名誉」「不名誉」という分割基準をもうけ、それを詳細に規定して適用しようとした。だが、都市当局の掲げる〈公共善〉にせよ、名誉にせよ、かならずしも、私的集団、個人にとっての善でも名誉でもあるまい。そもそも、しばしば濫用された追放刑を受けた者、政治の実権から離された者たちにとっては、既存の政体の掲げる名誉は不名誉そのものだろうし、多くの貧困に喘いで穢い厄介者とされた下層の者やライ病者のような病人にとっても、〈公共善〉などは、差別を助長するとんでもない理想と感じられることがあっただろう。各集団にとっての名誉や善は、都市全体の公共の名誉や善に資する場合ももちろんあるが、そこから逸脱する、あるいはそれとは別の方向へと向くこともたびたびあるのである。だから、政治の権力者がいくら音頭を取って方向づけしても、捉えきれず掬えない感情・欲求があった。遊興や贅沢嗜好はその端的な表れだろう。

私にとって興味深く意味深長だと思われるのは、こうして容易には実現しない無力な〈公共善〉が、十四世紀後半に姿を一新していく気配がある、ということである。それはつまり、俗人の霊性の特異な発揚によって、もっぱら世俗的な理念であった〈公共善〉に、新たに霊的な次元が加えられたからである。シエナの聖女カテリーナをはじめとする宗教家たちの活動が、この十四世紀後半に、もっとも大きな高揚を迎えたという、理由もそこにはあるが、多種多様な慈善事業や俗人宗教活動が大展開し、人と人との関係に変化が生まれたというより広範な事情も与っている。家族や隣組・職業による結びつきを離れ、ましてや政治的な党派など軽々と超え、ひいては〈公共善〉からも排除されていた貧者・下層民・マルジノーなどをも組み込みうる新たな社会的結合関係が発展し、それにより〈公共善〉の理念にも変化が起きた、というわけである。

この新しい人と人とのつながりの形が、私的な願望や利害と無関係とは言うまい。いや、大いに関係しているのであろう。しかし世俗でのつながりの形を、新たな〈公共善〉の理念を介して超越的な次元へと投資することで、自分の従来の生き方を自らの意志で変え、それにより人間関係の質を一変させることができる。それは中世においては、都市という制度を枠にするケースがほとんどであり、また都市の公共性の理念と不可分であって、その意味であくまでも都市的な現象——都市の宗教・市民宗教！——でありながら、それを止揚する力をも秘めていたのである。

もうひとつ、後期中世のシエナでは、どんな身分であろうと、いかなる社会集団に属そうと、住民たちがひとしなみに都市の「美」を追求したこと、これは厳然たる事実として残る。それが彼らの市民としての威信・名誉の源泉・表明であった。どんなに政体が変わろうと、その政体はシエナ市民のこうした願望を受け止め、それを実現すべく辛い任務を担ったのであり、その一貫性と継続性は賛仰に値しよう。

パラッツォ・プッブリコ（市庁舎）の建設・増築、商業会館（メルカンツィーア）の建設、カンポ広場の造成、地下水路（ボッティーノ）の掘削、ゴシック風のフォンテ造作、装飾を追求したドゥオーモ建築、道路の舗装と直線化や拡幅、市壁の建築と拡大、カモッリーア門外のすばらしい公園造成などに、その美の追求は現れている。だがそうした公共建築の精神は、私的な建築、たとえば貴族の館にも波及して、貴族たちは自分の邸館の美化に努めた

〈サリンベーニ・トロメーイ・ボンシニョーリ・サンセードニ・マラヴォルティ・サラチーニ・ピッコローミニなど〉のであり、彼ら家門と党派の利害と名誉を第一に据える者たちでさえ、都市全体の美に奉仕しようという〈公共善〉の精神に導かれて行動することが、しばしばあったのだ。

その結果、十四世紀のシエナでは、町中に美しく調和のとれた景観が現出したのである。もちろん同時にドゥッチョの「マエスタ」をはじめとする数々の美術作品や、俗語都市条例といった文化的記念物もある。今日まで生き延びている中世文化の粋の数々、こんな「生きた中世都市」は、世界中どこを探してもほかにはない。シエナではその後七〇〇年にわたって、都市美が市民たちに悦びと慰安を与えてきた。多様で刺激と活気に満ち調和の取れたユートピア……。繰り返すが、ほかに類例はない。

この美への挺身も、慈愛への献身とともに、狭い政治的な〈公共善〉を超えるモメントとして生まれてきたものだろう。

また〈公共善〉の「転換」に関しては、市民の情念を導水するトポスやイメージの働きも無視できない。私たちは、シエナにおけるそうしたトポスやイメージ、一方で都市当局が自らの政治のあり方を正当化するために使いながら、知らず識らず別の方向へと感情を導くこともあった、いわば転轍機の役割をもはたしたトポスとして、広場や市門、教会やフォンテ、そして、古代にさかのぼる、独特な（母性的な）地勢風土を検討し、またシンボリックなイメージとして、水や血、聖母マリア、動物たちを取り上げて考えてみた。

シエナにおいて、とりわけ重要なのが聖母マリアである。マリアはシエナの守護聖人でありつつ、すべてのキリスト教徒の守り手でもあった。またシエナ市民は、マリアを都市と市民の主人、天の女領主とすることで、現実の皇帝の上級領主権をも副次的なものと看做そうとしたのではないだろうか。いや皇帝だけでなく、教皇も二次的存在なのであり、聖なる都市シエナにとっては、直接天と結びつくこと、そしてマリアに服することがなにより大切だったのだ。シエナ人は、聖母をシエナ自身と結びつけ、シエナは神の秩序の一部となる。ロレンツェッティの老賢者＝公共善は、コムーネの象徴でもあるが、それは、地上の別の権力構造に属するのではなく、天にのみ従属する至上の独立権力の象徴であった。

なぜシエナの絵画がマリアだらけなのか、いたるところマリアの像があるのか、それはシエナが「聖母の町」として、自らを位置づけたからであり、マエスタをはじめとする絵画の主題にとどまらず、彼女の麗姿は、都市条例・教会・貨幣・儀礼などあらゆるところに浸透している。こうして、政治の表舞台で早くから聖母がたえず持ち出されていたが、それが市民の社会関係においても重要な役割をはたすには、後期中世になり、聖母の慈愛の霊性が市民たちの胸中に広まってゆかねばならなかった。それは、シエナの聖女カテリーナをはじめとする宗教家、そして幾多の慈善施設の活動の成果であった。「家族」が地上の血縁の家族ではなく、霊的な家族として、転生したことが象徴的である。つまりマンマとしての聖母マリアである。

もうひとつ、中世都市には、近代フランスに発達したような、ゴゲット（歌の会）をはじめとする純粋に社交性のために作られ、集まった者たちが自由なつながりを結ぶような社会的結合関係はほとんど成長せず、いわんや、サロンや読書クラブのような知的な社会的結合関係はなかった。だが後期中世シエナで人々が興じた「遊興」は、アソシアシオンへと結実することはないとしても、それでも堅苦しい規範と抑圧を打破する小さな試みではあった。そしてそれは、いくら抑圧しようとしても抑圧しきれない情念の沸騰となって、政治や社会そして経済のあり方にも作用を及ぼすことがあった。サイコロ賭博、浪費連、プーニャやエルモラ、温泉地の遊興、騎士叙任式、贅沢の顕示……、おびただしい法律がこれらを禁止・規制するために発布されたものの、その種の条文は何年も、何十年も、虚しく繰り返されるだけであった。

また、シエナという都市において、とりわけそれぞれの団体内部で語られる「言葉」や「声」が、一方では厳しい統制と管理を受けながらも、他方では弱き人々を助ける大きな力を発揮した事実は、犯罪をめぐる近隣住民のさまざまな「言葉」と「声」の検討で詳らかにしたところである。都市当局は、都市の名誉を守り、その名誉を守ることで既存のヒエラルキーをも守ろうとした。それは「噂」「評判」の蒐集と管理統制に奔走して、〈公共善〉のもたらす正義・秩序を樹立しようとした。

ところが、その秩序から排除され、あるいは社会の低いところに押しやられた人々は、自分たちの「声」や「言葉」を集結させ、公の正義の審判の場に投げ込み、それを雪だるまのように膨らませていくことで隠然たる力を発揮したのである。この民衆的な「連帯の言葉」は、〈公共善〉の「良き言葉」の分かち合いという回路を使って、〈公共善〉の土台自体を作りかえる、そういった可能性を秘めていたのではなかろうか。そしてこの不思議なメカニズムは、聖女カテリーナが、女の身でありながら、公共の場に身を乗り出して人々の魂の救いのために活動することを強力にサポートした、近隣の弱く貧しい人々の「声」や「言葉」、とりわけ女性の仲間たちの「声」と「言葉」の保護作用と、瓜二つである。

＊

ここで〈公共善〉の理念・思想の歴史を振り返ってみよう。〈公共善〉についての議論は、シエナにかぎられるわけでも、イタリアに限定されているわけでもなく、ヨーロッパ全域で、とりわけ十三世紀以来、神学者・法学者らが重要なテーマとして論じるようになった[3]。

もともとイタリアでは、コムーネの成立以来、社会の指導層は党派分裂し、それらの間の闘争が都市の安定と平和を破って市民たちを苦しめてきた。それに対する救済策として〈公共善〉が掲げられることになったのである。古代ギリシャのアリストテレスとローマのキケロ、さらにはサッルスティウスなどの権威を得て、ローマ法学者と神学者がそれを考察の俎上に載せた。とくにトマス・アクィナスやアルベルトゥス・マグヌスはじめドミニコ会の修道士が熱心であり、その後も十五世紀のフランシスコ会オッセルヴァンティ（厳修派）の修道士たち、そして普及者としてのブルネット・ラティーニ、さらには十六世紀のマキアヴェッリやグィッチャルディーニにまで、議論が引き継がれていく。

〈公共善〉については、さまざまな考え方が提起された。人間社会における〈公共善〉と宇宙の善性の形而上的原則の結合を唱える者もいたし、個人にとっての善より共同体（ポリス・都市・王国）にとっての善（＝公共善）のほうがより完全でより高貴でより神的だ、しかも有徳の活動の〈公共善〉は神に存立の根拠を有している、と説くスコラ学者もいた。さらに〈公共善〉bene comune とは、なにより「コムーネの善」bene del comune だとする政権担当者お誂え向きの発言をする神学者もいた。

中世都市国家（コムーネ）における〈公共善〉の理念と実践の意義を確認するためには、もう少し時代を下りて考えてみる必要があろう。中世都市国家の共和政は、都市によってその存続期間の長短があり、シエナではヴェネツィアについで長く継続した。一般に、ロンバルディアの都市、ミラノ、マントヴァなどでは早期に君主制（シニョリーア制）へと移行していった。とはいえそれは暴力的な征服や簒奪によるのではなく、共和政の仕組み（の欠陥）をうまく利用して、まずは実質的な権力集中に都合の良い既成事実を作り、自分の支持者を政権とその周辺に多数集めていったのである。

早くも十三世紀中に、フェッラーラのエステ家やミラノのヴィスコンティ家が、まずひとつないし複数のコムーネの主要官職を簒奪し、それを広げて都市制度のシステムを骨抜きにし、実質をなくしていった。それらの官職が終身になり世襲されることにより、家（族）の力がいやましていく。最後には皇帝代理の職を得ることで、上位の正当化を享受する。リミニ、ウルビーノ、マントヴァなどでも同様であった。

こうしてシニョーレ（君主）になった者は、〈公共善〉のイデオロギーを遮蔽幕としてうまく使い、たとえば元来公共のものであった水を、家産として使うようになる。そして彼は、君主の鷹揚さの恩恵を臣下たちに分かち与える――水なら水を使わせてやる――、そうした存在になる。都市整備や公共建築の建設など、公共事業は君主の事業となる。〈公共善〉に導かれた輝かしい共和政の過去の記憶も、都市の新たな主人の個人的栄光化に奉仕させるべく動員されたのである。彼は、当初はしばしば〈公共善〉を政治の道具として使い、芸術の庇護者となって都市を美化しまた文芸を振興するが、それでも〈公共善〉の理念はすぐに虚弱になり、コムーネのかつての諸制度が歪められるにつれて沈下していった[4]。

もちろん本当の平和は、いずれにせよ党派が主導権をめぐって争い合うことになる共和政ではなく、君主制の体制下にあるとの考えは中世前半から見受けられ、君主制こそが平和と発展、栄光と偉大さをもたらし、その君主が美徳を積めば最良の統治が実現する、というマキアヴェッリ流の考えを受け容れ、実地に移そうとするロレンツォ・イル・マニフィコ（メディチ家当主）のような人物もいた。

その後、フランスなどで練り上げられた絶対主義統治理論では、国王とその官僚機構のみが「公」を体現する存在だと看做された。封建的分立と領主支配を乗り越えて国家統一をはたしたところでは、それまで私的な利害によって踏みにじられていた国家の諸権利を本来の姿に戻すため、「国王」が一手に公権力を掌握する必要があると考えられたからである。それが治安維持には一番だと思われたのである。

かくして、近世にはドイツの領邦にせよ、イタリアの公国にせよ、フランスの王国にせよ、正当なる君主権が〈公共善〉を体現する。君主こそ唯一の「公人」であり、他はいかなる身分の者でも私人にすぎなくなる。絶対君主らはこうして、自身の公の力を宮廷儀礼を通じて示威的に見せつけていった。要するに国王（君主）という唯一者が〈公共善〉の元締めになったのである。

ところが本来、〈公共善〉とは、人民に帰するべきもので、上から官が垂示するものではない。公共の福利とは、君主や寡頭政政治家が奪って己の手に収めてしまってよいものではけっしてない。やがて近代市民社会が形成されていくと、私人たちは受動的な臣民たることを終える。中でも教養ある市民層は、自己の公共性を主張する「論議する公衆」となっていく。古代以来の原義に、ようやく復帰するのである。しかもそこに生まれたのは、中世的な、都市やその指導集団による、あらかじめ上から与えられたものとしての〈公共善〉ではなく、個人の利害関心の価値づけの上に成り立つという、近代的な〈公共善〉が姿を見せるのである。この市民的公共性は、十八世紀にインテリ層が作った諸協会にはもちろんのこと、自発的結社（アソシアシオン）としてのゴゲットに集う民衆たちにも体現される。すなわち仲間たちの水平関係である。そして革命を経て、真の〈公共善〉の担い手としての民主主義体制ができていく……。

こうした近世および近代の〈公共善〉に引き比べてみると、中世の〈公共善〉は、ポポロ支配の共和政体の自治都市国家で発展した理想であり、それを体現するのは「君主」ではなかったが「民衆」でもなく、選ばれた「代表者」であった。しかし理念的には、その選ばれた代表者たちを、「市民」（これも住民の一部だが）がその背後で支えていた。だから中世都市の〈公共善〉は、近世——唯一の君主が担う——と近代——市民、民衆が担う——の二つのあり方の「中間」的にして、独自の方式であった。〈公共善〉の歴史における、この中間的なあり方を、たんなるエピソードとして葬り去るのではなく、もう少しその意義を反省してみる必要がある。

Q・スキナーが述べているように、そもそも十一世紀から十四世紀のイタリアの都市国家、都市共和国は、政治システムとして特異であった、と評価できる。というのも、それは教皇や皇帝の宗主権を向こうに回して、自身のコンソリ（統領）ついでポデスタを任命し、それに至上の司法権を与えたからである。(5)

もう少し詳しく道程をたどりなおしてみると、十一世紀末から十二世紀四〇年代までに中・北イタリアの諸都市で成立したコンソリ（統領）制は、やがてポデスタと彼が司会する評議会およびプリオーリ（執政官）に政治の実権を譲るが、コムーネは自分で役人を選出し自治するようになり、その体制は十三世紀になると充実する。だがこれはヨーロッパの法構造の歴史上では、じつはきわめて特異なあり方なのである。イタリアの諸都市は、本来皇帝の「家臣」vassallus であるし、法的には皇帝こそが諸都市の「君主」princeps なのである。さらに地上の統治は神から与えられた君主的統治権であるからには、世襲の君主制が唯一最良の支配だというのが、元来、神学者たちの考えでもあり、したがって共和政のほうが変則・異常な体制なのであった。変則で異例の統治構造を持つ共和政体の都市国家は、その統治のあり方をなんとか正当化せねばならなかった。

正当化はローマ法学者らが試みた。とくに十四世紀初頭のサッソフェッラートのバルトルスは、都市共和国を擁護して「自分にとっての君主」sibi princeps 理論で、おのおの独立した「キウィタース」civitas は自分自身の「君主」princeps と看做されうるとした。自治都市は、自身の主権を持つのだ。だがこれはそもそも十三世紀初頭からイタリアの都市国家で自覚されて、その下に統治されていた事実を追認し理論化したものであった。

その理論を受け容れた者たちにとっては、コムーネないしキウィタースは「共和政」であるべきだった。行政は選出された役人の手になり、彼らの行動は市民ないし民衆と彼らの制定した慣習法および法律によって規制されなければならなかった。そして市民的和合を保持するには〈公共善〉ないし「共通の利便」communes utilitates の理想を掲げて、いかなる個人的・党派的利害にも優越させることだ、と考えられた。こうしてこそ都市は成長発展し、富がふえ、民も良くなると、バルトルスら人文主義以前の著作家らは論じた。その際、ギリシャのアリストテレスのほか、古代ローマのサッルスティウスやキケロの議論を借用したのであった。

中世の自治都市では、平和の維持、共同体防衛、土地の世襲、これらが〈公共善〉や公共の福利のベースになる。とくにイタリアの中・北部の都市でこうした理念が広まった。規範史料のほか、最高行政府の決議・年代記・司法官や行政官の教育マニュアルなどに〈公共善〉が登場する。そして中世の〈公共善〉には神聖な次元があり――序章で紹介した、レミジオ・デ・ジローラミに明瞭だが、これは「聖なる都市」の観念から由来した――それが近世以降、国家の意味づけにおける世俗化された定義へと変化していくのである。

執政九人衆統治下のシエナでは、政治家は中層市民たちの活動的代表からなり、少なくとも建前上は共同体の利益に合致した共和政体の水平的な統治システムの形を取った。それは良くも悪くも、以後二世紀以上継続するシステムになった。まさに、バルトルスらが認める条件に合致した〈公共善〉の実験場であったのである。

だがこうした〈公共善〉は、シエナにおいても政治の舞台に登る者たちの利害に合わせて操作され、そこに限界があったことは、本書で何度も触れてきたとおりである。いくら、政権担当者たちが〈公共善〉を掲げた政治を行っても、政治闘争で敵対する党派は存在を許されない。敵対者は正当性を認められず、公的平安を乱すグループとしてまるごと追放されるのだ。だがこういうことをたがいに繰り返していると、政治は安定せず、諸団体も自律性を失い、市民生活が徐々に弱体化することは目に見えているし、実際シエナでも、やがて共和政から「シニョリーア制」へと移っていった。

それでもシエナにおいて、まがりなりにも約三世紀間にわたって継続したシステム自体は、安定と繁栄につながることが証明され、その後、そのシステムとそこに内在する理念は、近現代史の展開の中で改変されながらも、イタリアそしてヨーロッパにおける公国・王国・共和国・十全なる民主主義国家へと継受されていった。その効果を、私たちはじつは今日でも享受しているのである。

ところで、中世自治都市固有の〈公共善〉があったように、社会的結合関係にも中世固有のものがあり、その両者が結びつくことによって、〈公共善〉の上記の限界を超えていくような指向性が切り拓かれたのではないだろうか。それは、やがて共和政体が崩れ社会関係も変質することによって芽を摘まれてしまい、〈公共善〉の歴史におけるはかないエピソードとして忘れ去られたが、それでも、そうした事実が一〇〇年以上にわたって——シエナでは三〇〇年も——継続したことが、心的なあるいは理念的な影響を、どこかに残したのではないだろうか。

つまり、近世の君主制（公国や王国）の〈公共善〉とフランス革命以後の共和主義的ないし民主主義的な国家体制における〈公共善〉の、いずれとも位相の異なる中間的な〈公共善〉の姿があったことは、上にスキナーの見解を紹介しながら、指摘しておいた。それはその後の歴史へと素直に引き継がれない、ごく一時的にのみ通用した変則的で異常なものと捉えられるかもしれない。しかし考えようによっては、そうではなく、その短い実験は、固有の遺産を無意識のうちに後世に伝えたのではないか。そしてその遺産を形作ったのは、表舞台の〈公共善〉だけではなく、それを刷新させる「要素」——霊的な絆で結ばれた人々など独特の社会的結合関係と、身近な仲間・隣人たちの「声」「言葉」の公的な価値――が、同時に共和政の都市国家で育まれたからではないのかと、私はそう考えるのである。

序章で、中世的な社会的結合関係（ソシアビリテ）の特徴を検討したときに、つぎのように述べた。すなわち、第一に、中世の社会的結合関係は、（ほとんど）すべて「家族」をモデルにしていること、第二には、中世には、自由意志での結びつきである「アソシアシオン」がなく、「コルポラシオン」がその基本形態であること、の二点が重要である、と。たしかに、団体が叢生していった十三世紀以降には、自由な結びつきの結社や誓約団体は否定的に扱われ、そして全体の福利に反するものと呪われた。異端のセクトはその最悪のものであった。

だが、中世都市における「家族」モデルの「コルポラシオン」は、旧弊なモメントではなく、反対に、近世・近代にはない、ポジティブな社会的結合関係として、現在、改めて考慮の対象になりうるのではなかろうか。つまり、国家が公共性を専一に独占し、公共事業・公共政策がその「公共」との名のもとに国民の大多数を苦しめている、という近代国家のあり方に現在では批判が集まっているし、公共の事柄が指し示すものが、もっぱら国家の安全、秩序の安定、外敵からの防護に矮小化されてしまっている。近代社会が個人の多様な利害関心の価値づけの上に成り立つといっても、公共性がその元来の意味にあるように開かれていなければ、国民は公共性に参加することができないだろう。等質で一様な価値観ではなく、異質な価値観を持つ者同士が対話しながら豊かな関係が成立する空間は、どうしたら取り戻せるのだろうか。

H・アーレントは、近代以降、社会が勃興し家族と家計の活動力が公的領域に入り込んで、大衆社会がすべての階層を飲み込むことにより、もともとギリシャでは峻別されていた公的領域と私的領域が区別をなくしていったと言い、またそれは、政治的なものと私的なものの古い領域はもとより、その後樹立された親密圏（近代ブルジョワたちの家族生活の場）をも貪り食ったと主張する。(6) そしてさらに彼女は、中世は〈公共善〉の概念で、私的な個人が物質的・精神的な共通利益を持つことを示しているだけであり、さらに私人としての個人が私生活を維持しながら、家業に携わることでこの共通の利益を探し求めることができる、ということを確認しているだけだ、という。そこでは、私的利害が公的な意味を僭称しているのであり、家族内部の保護された生活とポリスの容赦なく身を晒される生活との間の深淵に気づかない……、と難じている。

しかし私たちは、後期中世の都市、ポポロが主導した共和政時代のコムーネでは、「私的利害が公的な意味を僭称している」政治性・イデオロギー性の強い〈公共善〉理念の使用もあったが、それを超える理念、「親密圏」と「公共圏」が一致するような驚くべきヴィジョンも打ち出されたことを、これまで明らかにしてきた。

もう一人の「公共性」の思想家J・ハーバーマスによると、前近代の社会では、政治と社会はいわば一体化しており、所有とか家族・労働様式などは、領主制や身分や同業組合の形態で国家生活の基本要素へと高められていた。それらはこうした形態で、個々人と国家全体の政治的関係、すなわち社会の他成員からの彼の分離・排除の関係を秩序づけてきた。それが、フランス革命をはじめとする政治革命後、すべての身分・ギルドなどの封建的な特権が打ち砕かれ、市民社会の政治的性格が払拭された。そして共和政すなわちブルジョワ法治国家形態の下で個人が独立し、私生活圏が自律的に現存するようになる。かたや政治的な精神は封建社会の細分化を脱して、公共圏としてまとまっていく。その公共圏は政治体制に依存しない個々の場所を超えた圏として、遠く離れた社会の成員同士がそこでメディアを通じて、あるいはより局所的には集会場やサロンで意見交換し、共通見解に達しうるのである。そして個々人は、公共圏における政治的な発言権を、市民生活の特殊要素から理念的に自律した普遍的国家の市民として行使した。(7) このようにハーバーマスは論じている。

本書の行論では、こうした中世と近代の社会の根本的な変換という近代主義的な考え方を、「都市国家」を舞台に再考することで修正しようと試みた。中世から近現代への公共性の歴史の変化は、より複雑で複線的なのである。宗教改革とフランス革命を経て生まれた、近代の〈公共善〉とそれを育んだ公共圏とは、近世までのように政治の内部にあるものではなく、政治の外部にあって、しかも世俗的な社会の一要素となっていた。そしてそれは、個人主義や経済的行為と密接に結びついていく市場経済の圏域と不可分であった。一方、ヨーロッパ中世自治都市においては、公共圏の政治的性格が濃厚であったのは当然だし、私的空間や親密圏の役割はごく小さかったことも確かである。とはいえ、都市というそれ自体聖なる存在の枠組みにたえず関係づけられることで、霊的な絆で結ばれた人々の間で、そして家族や近隣団体の中で、国家や教会に依存しない別様の〈公共善〉の姿が浮上してきたのである。宗教的でありつつ世俗的な生活圏を重視するという離れ業をやってのける〈公共善〉である。

私たちの議論は、ヨーロッパの「後期中世」という時代だけではなく、「都市」という世界にも、新たな光を当てないだろうか。都市は農村との対立のもとに形成された商人・職人的性格を備えた集落であり、囲壁をめぐらせた要塞としての性格を持ち、かつ「市場」という経済的な特徴をかならず備えている。都市史研究者たちは、都市をこうした経済的な指標で考えることがあるし、あるいは特権を与えられて自治を行い、そのため自らの裁判所を持ち、部分的には独自の法を備えている、といった法制的な観点からアプローチすることもある。さらに、経済や法制的な観点から都市を固有の世界とするのではなく、周辺地域との「関係」に着目した、中心地理論や都市農村関係論、さらにはネットワーク論での考察もある。[8]

だが私としては、「都市」というのは、人間や建物の集合体ではなく、行政機関や諸施設の集まりでもない、それまでの農村世界とは異なるこころの状態、慣習や態度、感情を生み出す世界、つまり独自の社会的結合関係と心性を醸成し、それによって新たな価値を創造する世界である、と捉えたい。

ヨーロッパ世界では、社会と空間のたがいのやりとりによって都市が発展してきた。市民の社会活動がそのまま空間の形を作るのでも、反対に空間の形態が市民の社会行動を一方的に決めるのでもない。多様な主体間の相互作用が創造的関係を促し、それが都市の力となってきた。これは中世以来のことである。制度空間は同時に現実の空間でもある。多様性を包み込む都市部。その街区に、人間として生きる時間と空間が持続してきた。中世においては都市がネットワークの結節点になったのであり、国民国家ができてからも、その仕組みは生き延びた。その都市中心部には、都市を率いているいくつかの立場の違う主体が身を寄せ合っているのであり、そこには多様と統一がある。さまざまな身分職業の男女が、また周辺農村の民もやって来て、時間と空間をともにする。そして彼らは出会い、関係し、新たな価値を創っていく。

私は、ヨーロッパ中世都市、そのひとつの典型たるシエナの歴史を探ることで、「都市」の創造力のより深い理解とそれを今後に生かす方途への道筋が発見できるのではないか、とも見当をつけて本書を書き進めてきた。イタリアの近代世界は、自治都市、コムーネの文明を基礎にし、それがまたヨーロッパ全体に「自己統治」のモデルを授けた。そこにはいかなる専制権力によっても抑え込むことのできない共和思想、平等の精神があって、それがさまざまに変奏されながら、その後のヨーロッパ各国、あるいはEUの政治に適用されてきた。実際には、対立や憎悪、追放や差別が絶えることなく、市民の自由と平等に影を落としてきたし、それぞれの「祖国」同士の対立は、解決が難しい課題として残っているのもたしかであるが。

しかし私たちが行ってきたように、後期中世シエナの歴史をつきつめて探れば、新たな可能性も見えてきそうである。いわば、「都市の公共善」を、「世界の公共善」へと開放していく道筋である。

本書は、後期中世シエナの社会について、その実態を解明する歴史研究であるのはもちろんだが、そうしたアクチュアルな課題へのヒントもそこに含まれているはずである。

あとがき

ようやく本になった。もっとずっと前に形になるはずだったのに、どうしてもまとめきれなかった。お前のシエナ論はいったいいつ出るんだと、狼少年扱いされるのが辛いここ数年だった。二〇年あまりかけてこの程度か、と言われればそれまでだが、これが精一杯のところだ。なにかと忙しかったので……、他にもいろいろやってたので……、と言い訳するつもりもない。

三〇年近く前、たまたま訪れたイタリア中部の都市シエナに心を奪われ、一生つき合っていこうと思い決めた。なぜそんなに惚れ込んだのか簡単には説明できないのだが、悩み多き青春の暮れ方、荒んだ精神状態でヨーロッパをほっつき歩いていて辿り着いた町で、それこそ母性に守られるような不思議な安堵感を覚えたからかもしれない。もちろんこの奇蹟的な都市に惚れ込んだ外国人は、古来、厖大な数に上るし、日本人の間にも同好の士は数少なくない。それぞれが、自分だけの「一目惚れ物語」を持っているのだろう。

当初は、どんな「研究」をしようと思っていたわけでもない。とにかく頻繁に訪ねたかったので、シエナを訪れる口実を手に入れるためにも、最初は研究しているふりをしていたような気がする。それでも何度も通ううちに、この都市の絶美の景観、そして現在も廃れていない、パリオに代表されるような住民の連帯意識や独特な感性、そうしたもののあり方を決定づけたシエナの黄金期を深く探求してみたい、という学問意欲がむくむくと湧いてきた。

当時の市民らが、日々、いかなる組織、集団、仲間の中に暮らし、どんな感情を抱いていたのか、それをそのまま現在に再現する術はないものだろうか。いやむしろ、私自身がその時代に移り住んで、後期中世シエナの一市民になりきれればもっと素敵なのだが……。たとえば十四世紀後半、フォンテ・ブランダ近くに工房を構える染色職人にでもなって、手や顔を染料で赤や青に汚しながらも、仲間と冗談を言い合いつつ懸命に働く。終業後はフランチジェナ街道沿いの居酒屋で一杯やり、休みの日にはカンポ広場でサイコロ遊びに興ずる。そしてサン・ドメニコ教会かサンタ・マリア・デッラ・スカラ施療院で、聖女カテリーナの言葉に耳傾けてみたい……。こんなふうに書くと、こころの中にポッカリ空いた空虚を埋める作業、自分探しという動機も見え隠れするかもしれないが、もちろんそれだけではない。当初から歴史家を志していたので、自己満足で終わらずに、新しい歴史研究として世に問うことのできるような作品にしたいと切望して、研究を進めてきたつもりである。

そのために私が取った方法は、単純にして基本的なものである。ひとつは、私を夢中にさせた時代に書かれた史料のアウラを感じつつ、徹底的に古文書を読み込むこと。この二〇年、シエナ国立古文書館に通い詰め、六〇〇年も七〇〇年も前の羊皮紙に実際触れてそこに書かれた文字を一字一字ノートに転写していく――途中からはノートパソコンにかわったが――作業をしてきた。じつに単調な作業なのだが、麻薬のような効果を発揮して、胡蝶の夢そのもの、それはそれは幸せな時間であった。もうひとつは、中世の街路・広場・建築をほぼそのまま現在に留める町を、隅から隅まで、繰り返し徹底的に歩き回ることだ。どんなに細く小さなヴィーコロ（小路）でも、誰も歩かないような町はずれの道でも、歩き残しのないよう何度も何度も跋渉してみること。歴史家は旅をしなくてはならない、とはよく言われるが、研究対象とする都市や村を、頭や目ではなく「からだ」が覚えるほど、歩き尽くすことも大切だと思う。

だがそうした古文書を通じての、また町歩きを介しての、過去への没入だけでは、まだ「往路」のみであって、「復路」を確保しないと歴史を描くことはできない。だからそのために、今度は逆にとことん醒めた目で、客観的に後期中世のシエナという都市の意義を考えてみる、という課題を自らに課した。しかも二十一世紀の極東に生きる一歴史学徒が、時間的にも空間的にも非常に離れた対象を相手にするのだから、たんに、イタリア史やヨーロッパ都市史上での意義を闡明するだけではつまらない。世界史的な意味と価値をなんとかして見出してみたかった。

没入と覚醒、この二つの、矛盾するかもしれない営みをうまく交差させ、過去のシエナの社会像を現代に浮かび上がらせること、これがどこまで達成できたのか心許ないが、その像を支える手立てとして、私は可能な限り多くの史料・研究文献を繙き、しかも従来のシエナ研究にはない、多方面の領域に目を配り、それらによって組み立てられた土台の上に、古文書史料からおぼろげに浮かび上がった像を明確なものとして定着させたいと願って作業を進めてきた。もちろんその際、実証的な歴史研究の技法は可能なかぎり遵守した。

二〇年通ったと言っても、後期中世シエナの悪筆の公証人が書きなぐった文字の解読は、遅々として進まなかった。遺言書・証書・公証人文書・都市条例・裁判記録・総評議会議事録・施療院や信心会関連史料……と、古文書館所蔵のさまざまな種類の史料をつぎつぎ書庫から出してもらっても、それらがスラスラ読めるわけもなかった。またどれだけ日数をかけても、実際使えるものに巡り会うことは、めったにない。あるいは、使えるようになるためには、それこそ、厖大な分量を読みこなさないとダメだ、ということを痛感した。それでもできるだけの努力はしたし、その努力だけの成果は、本書に結実しているはずである。

毎朝開館時間前に長蛇の列ができて、閲覧室の椅子を確保するのも大変だというフィレンツェの国立古文書館とは異なり、シエナの国立古文書館は比較的すいているし、職員は皆非常に親切なので、すこぶる気持ちよく仕事ができる。一年ぶりに訪れても、「やあ、いらっしゃい」と、まるで毎日通っていたかのように、ごく自然に受け容れてくれる。無比の博識で当館所蔵古文書に登場する人名・地名辞典を作り上げた古文書学者のマリエッラ――本当はマリアだがもう一人のマリアさんと区別するため、ちっちゃいからマリエッラ――、日本や東洋について私を質問攻めにして困らせる出納係りのルチアーナ、そしていつも鼻歌でも歌っていそうな気の良い複写係りのクラウラには、とくにお世話になった。本書の成立は、他の何にもまして、シエナ国立古文書館とその心優しいスタッフすべてに負っている。声を大にして「どうもありがとう」と言いたい。

古文書館に通い始めた頃、マリエッラ――あるいはパリ大学のルドンさんだったかもしれない――が相談してみたらというので、前館長のソニア・フィネスキさんに時間を割いてもらったことがある。「十四世紀シエナの社会的結合関係を総合的に研究したいんです」などと言う、日本からひょっこりやって来て大口を叩く若造にちょっと呆れたような顔をしながらも、真率で親切なアドバイスをして下さった。「それには長い長い時間を掛けた調査・研究が必要ね」との言葉が忘れられない。ほんとうに長い長い時間が必要であった。フィネスキさんはそれから間もなく、五八歳という若さで急病のため不帰の人になってしまわれた。

私は、一九八六年秋から二年間、パリに留学していた（そのときもしばしばシエナを訪れていたのだが）。パリでは社会科学高等研究院に通って興味を惹かれる授業に出席した。なかでもフィレンツェ社会史の大家クリスティアーヌ・クラピッシュ＝ズュベール先生のゼミがきわめて刺激的であった。このゼミに特別参加されていたパリ第八大学のオディール・ルドンさんは、十三世紀を中心とするシエナの農村史・社会史の専門家で、シエナでも偶然お会いすることがあった。短い言葉しか交わせなかったが、何を尋ねても的確な評言が返って来たことが印象に残っている。残念ながら、最近、まだお若いのに亡き人となられた。クラピッシュ先生のゼミは、毎週厖大な史料を持ってこられて、それをすごい勢いで読みながら、マニャーティ（豪族）の家族・親族関係などを解明していったと記憶している。もしかしたら、私は知らず識らず、クラピッシュ先生のゼミから大きな影響を受けていたのかもしれない。というのもフィレンツェでは、“parenti / amici / vicini（親族、友人、隣人）”などの、社会的結合関係についての興味深い研究が盛んなのに、なぜシエナにはないに等しいのかと、ずっと疑問に感じながら私は本書を書き進めたのだし、クラピッシュ先生が十四・十五世紀のフィレンツェをテーマに行ってこられた魅力的なテーマの研究を十三・十四世紀のシエナでやれたらいいな、という思いが、本書執筆中、何度も脳裏に去来したことも、事実なのだから。

そういえば、私が上に名前を挙げた方々は全員女性である。多くの女性の助力によって成った書物、それが聖母の町シエナを主題としていることは、偶然の一致とは思えない。

当初の予定——じつは一〇年以上前に出す予定だった！——をはるかに超えても原稿を出そうとしない私を、ずっと気に留めてくれ、いつも私の心意を測ったように、絶妙なタイミングで声を掛けてくれたのは、名古屋大学出版会編集部長の橘宗吾氏である。見放すことなく出版に力添えしていただいたことに深謝したい。編集部の林有希さんには、前著『ヨーロッパ中世の宗教運動』のときと同様、校正で大変お世話になった。私も気づかなかった小さな齟齬や符合・重複などをことごとく指摘してくださり、その綿密な読み込みには舌を巻いた。林さんにも、こころからお礼申し上げる。それから索引作りは、東京大学大学院人文社会系研究科助教の藤崎衛君の手を煩わせた。謝意を表したい。

本書がどう評価されるかはわからないが、いずれにせよ、今後、若い研究者が中世シエナ史研究を手掛ける際にヒントになる素材は、いっぱい詰まっているはずだ。私自身、まだまだやりたいことはたくさん残っている。シエナと出会ったときの鋭敏な感性は、いささか鈍磨した気もするが、それでも「功成り名遂げる」とか「円熟の境に達する」ということほど、自分にそぐわない境地はないと思っている。いつまでも一チャレンジャーとして、学生たちと切磋琢磨しながら、新しい領野に挑んでいきたい。

なお本書の出版に際しては、独立行政法人日本学術振興会「平成二五年度科学研究費補助金研究成果公開促進費（学術図書）」の交付を受けた。

二〇一四年　初春の東京にて

池上俊一

索　引

＊「イタリア」「カンポ広場」「シエナ」等の地名,「キリスト」「聖母マリア」等の人名,「アルテ」「コンタード」「市庁舎」「都市条例」「フォンテ」等の事項名は，一般的すぎる，頻出する，ひとつの章・節に集中している，などの理由で索引には含めない。

人　名

ア　行

アウグスティヌス（Augustinus）　11
アギュロン，M（Agulhon, M.）　40, 41
アゴスティーノ・ディ・ジョヴァンニ（Agostino di Giovanni）　435
アゴスティーノ・ノヴェッロ（Agostino Novello）［福者］　443
アスキウス（Ascius）　438
アスケリ，M（Ascheri, M.）　18, 19, 58
アダム（Adam）　412
アニョロ・ディ・ヴェントゥーラ（Agnolo di Ventura）　352
アニョロ・ディ・トゥーラ（Agnolo di Tura）　194, 204, 277, 320, 343, 352, 355, 387
アリストテレス（Aristoteles）　8, 10, 11, 265, 432, 458, 462
アリマンニ家（Alimanni）　131
アルビッツェスキ家（Albizzeschi）　276
アルベルティ，レオン・バッティスタ（Alberti, Leon Battista）　121
アルベルトゥス・マグヌス（Albertus Magnus）　458
アレクサンデル3世（Alexander III）［教皇］　77
アレクサンデル4世（Alexander IV）［教皇］　34
アーレント，H（Hannah Arendt）　464
アンサーノ（Ansano）［聖］（アンサーヌス）　427, 435, 443
アンジュー家（Anjou）　347
アンジョリエーリ（Angiolieri）　94
アンドレア・ガッレラーニ（Andrea Gallerani）［福者］　443
アンブロージョ（Ambrogio）［シエナの，福者］　191
アンブロージョ・サンセードニ（Ambrogio Sansedoni）［福者］　190, 443
アンブロージョ・ロレンツェッティ（Ambrogio Lorenzetti）　3, 4, 13, 15, 26, 58, 264, 297, 349, 351, 401, 404, 423, 238, 239, 436, 439, 447, 450, 451, 456
イスラエルズ，M（Israëls, M.）　379
イングリッシュ，E・D（English, E. D.）　143
インコントラーティ家（Incontrati）　369
ヴァレンティニアヌス（Valentinianus）［皇帝］　428
ヴィスコンティ家（Visconti）　18, 459
ヴィットーレ（Vittore）［聖］（ウィクトル）　428, 443
ヴィーナス（Venus）　366, 367, 412, 421, 446
ヴェントゥーラ・ディ・グァルベリ Ventura di Gualberi　436
ウグルジェーリ家（Ugurgeri）　142, 369
ウベルティーノ・ディ・ランド（Ubertino di Lando）　54
ウルバヌス6世（Urbanus VI）［教皇］　243, 253, 358
エステ家（Este）　459
エネア・シルヴィオ・ピッコローミニ（Enea Silvio Piccolomini）　32
エリア（Elijah）［預言者］　362
エルチ家（Elci）　369
オーディン（Odin）（ヴォーダン）　422
オルランド・マラヴォルティ（Orlando Malavolti）　431
オルランド・マラプレーザ・ディ・ルッカ（Orlando Malapresa di Lucca）　21

カ　行

カチョルニャ，M（Caciorgna, M.）　434, 437
ガッリアルディ，I（Gagliardi, I.）　243

サ　行

タ　行

ナ・ハ行

マ 行

ヤ・ラ行

地名・事項

ア　行

カ　行

サ　行

タ 行

担保 arra　415
血　409, 413–417, 446, 456
チェス　201, 203
チッタ Città 区（チッタ三分区）　69, 77, 171, 172, 188, 189, 269, 366
チッタ通り　69
中位の商人 media gente　23, 24
徴税官 collectores dei dazi　63
直接税 dazio　→ダツィオ
追放，刑 bando，令　82, 99, 245, 301, 302, 307, 315, 454, 463, 467
通達集 Charta bannorum　274
邸館 palazzo（パラッツォ）　3, 123, 137, 140, 141, 142, 185, 191, 346, 369–374, 403, 452, 455
帝国（神聖ローマ帝国）　108, 440, 441
帝国慣習 mos imperii　92
テヴェレ Tevere 河　437
テルツォーレ Terzole のライ施療院　95
天使　396, 427
天使祝詞　226, 235, 237–240, 251, 270, 277
伝令 balitore［軍事コンパニーア／コントラーダ／ポポロ区の］　76
ドイツ Germany，王，人，傭兵　24, 27, 29, 37, 89, 137, 153, 171, 224, 441, 460
塔　3, 127, 128, 137, 140, 141, 191, 346, 351, 369, 371, 372, 402, 403
ドゥオーモ造営局長　99
塔状住宅 casa torre　370–372, 452
同性愛者　391
塔付邸館　140
動物誌 bestiaire　432, 436
胴元　93, 184, 185
道楽者 gaudenti（ガウデンティ）　144, 195, 197, 199, 283
統領 consoli（コンソリ）　21, 55, 125, 137, 193, 357, 385, 392, 461
統領 Consoli［アルテの］　166, 169, 178
統領 Console［公証人の］　144
統領 Consoli［司法会議の］　108, 118
統領 Consoli［商人組合の］　158, 160, 161, 231, 276
統領評議会 Consiglio dei Consoli　58
道路局 Officium viarum　375
道路条例 Statuto dei Viarî　64, 104, 375–377
道路役，道路判事 Judex viarum　104, 375
読書クラブ　42, 457
特別賢人 speciali Savi　59
都市賛美　441, 442
都市の宗教　109, 194, 264, 266, 272, 381, 455
都市の名誉 honor civitatis　116
トスカーナ Toscana，市民，大公国，地方　30, 32, 33, 101, 118, 122, 128, 140, 147, 149, 155, 203, 218, 234, 254, 256, 257, 276, 343, 356, 360, 365, 399, 400
トーディ Todi　326
ドディチ Dodici［モンテ］　28, 150, 255, 256
トーナメント　→騎馬槍試合
賭場 barattaria/barattiere（賭博場）　94, 183–185, 330
ドミニコ会，士　10, 17, 88, 103, 104, 215, 232, 233, 253, 258, 269, 271, 276, 278, 359, 360–362, 380, 458
トリエステ Trieste　137
トリック・トラック　201
取り引き記録 libri di commercio（帳簿）　155
トルコ Turkey，人　253
トレッサ Tressa の滝　410
トロメーイ Tolemei 宮　434
トロメーイ広場　363, 364, 391, 419
ドンナイオ donnaio（婦人監察官），奢侈条例，条例　120, 208–210, 274

ナ　行

内閣 Concistoro（最高行政府）　21, 24, 71, 138, 143, 150, 178, 214, 243, 255, 273, 328, 330, 346, 348, 379, 392, 439, 440, 445
内部の兄弟／院内兄弟 frati conventuali/frati di dentro［施療院の］　220, 225
ナポリ Napoli，王国　30, 347, 441
ナルニ Narni　397
「南仏特有のソシアビリテ」*La Sociabilité méridionale*（M. アギュロン）　40
二十四人衆体制 il reggimento dei Ventiquattro　22
ニーム Nîmes　133
入市式　378
ネーデルラント Netherlands　175
『年代記』（ディーノ・コンパーニ）　434
ノーヴェ　→執政九人衆
ノーヴェ Nove［モンテ］　28, 178, 247
ノヴェッラ（説話集）　204, 207
「ノヴェッラ」（フランコ・サッケッティ）　203
「ノーヴェの間」Sala dei Nove　8, 14
農奴 servi della gleba　33, 84

ハ　行

マ　行

ヤ　行

ラ　行

図版一覧

口絵 1　ドゥオーモ（司教座聖堂）から見たシエナの街並み。写真：SIME/アフロ
口絵 2　「公共善」（アンブロージョ・ロレンツェッティ「善政の寓意」部分）
口絵 3　ロレンツェッティ「悪政の寓意」（部分）

図 1　ロレンツェッティ「善政の寓意」 …… 4
図 2　ロレンツェッティ「善政の効果」都市部 …… 4
図 3　ロレンツェッティ「善政の効果」農村部 …… 4
図 4　「正義」像（「善政の寓意」部分） …… 7
図 5　商人組合のロッジャ（Torriti, P., *Tutta Siena. Contrada per contrada*, Firenze, 2004） …… 31
図 6　13 世紀半ばの市壁と市門（Bortolotti, L., *Siena*, Bari, 1983［Le città nella storia d'Italia］） …… 62
図 7　三分区（筆者作成） …… 69
図 8　14 世紀のコントラーダ（ポポロ区）（Balestracci, D. e Piccinni, G., *Siena nel Trecento. Assetto urbano e strutture edilizie*, Firenze, 1977） …… 75
図 9　カンポ広場でのお祭り（1632 年，ベルナルディーノ・カピテッリ原画による版画，Bortolotti, *Siena* より） …… 192
図 10　ペトリオーロ温泉（Stopani, R., *I « tepidi lavacri » : Il termalismo nella Toscana del Medioevo*, Poggibonsi, 1995） …… 201
図 11　サンタ・マリア・デッラ・スカラ施療院（Sordini, B., *Dentro l'antico Ospedale. Santa Maria della Scala, uomini, cose e spazi di vita nella Siena medievale*, Siena, 2010） …… 217
図 12　カテリーナ最初の幻視 …… 251
図 13　市庁舎とマンジャの塔（Cairola, A. e Carli, E., *The "Palazzo Pubblico" of Siena*, Roma, 1964） …… 345
図 14　ローマ門（Vantaggi, R., *Siena, città d'arte*, Narni-Terni, 1986） …… 353
図 15　カモッーリア門（*Ibid.*） …… 353
図 16　ドゥオーモ（*Ibid.*） …… 357
図 17　サン・ドメニコ教会（*Ibid.*） …… 359
図 18　ボッティーノ（Balestracci, D., Lamberini, D. e Civai, M., *I bottini medievali di Siena*, Siena, s. d.） …… 365
図 19　フォンテ・ブランダ（*Ibid.*） …… 366
図 20　フォンテ・ガイア（*Ibid.*） …… 367
図 21　サリンベーニ宮殿（Vantaggi, *Siena, città d'arte*） …… 371
図 22　塔が林立していた時期のシエナ（16 世紀）（Tommaso Greuter 作？ Malavolti, O., *Historia de' fatti e guerre de' sanesi,* Siena, 1573 中の挿絵） …… 372

中扉図

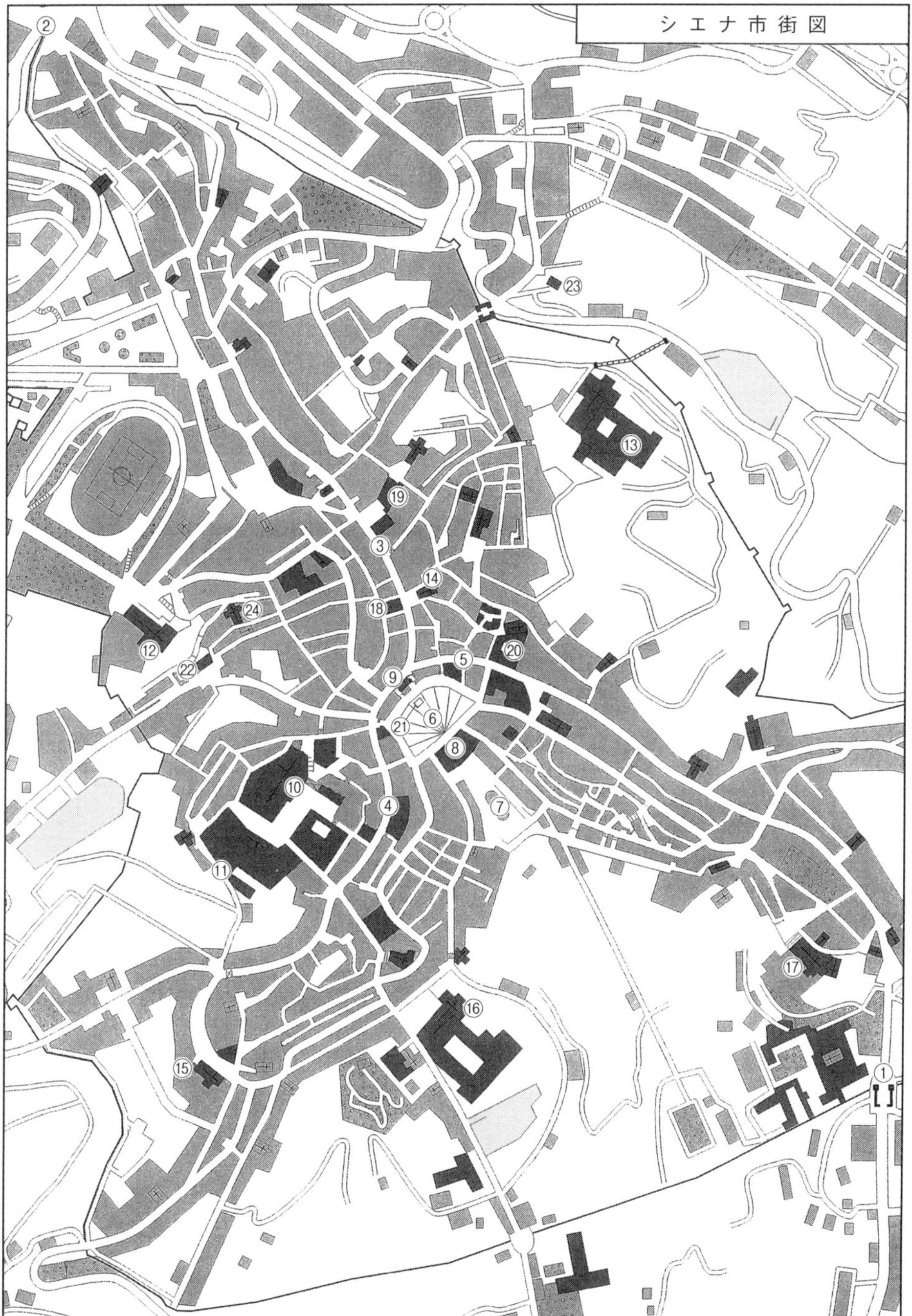

①ローマ門　②カモッリーア門　③バンキ・ディ・ソープラ通り　④チッタ通り　⑤バンキ・ディ・ソット通り　⑥カンポ広場　⑦メルカート広場　⑧パラッツォ・プッブリコ（市庁舎）　⑨メルカンツィーア（商業会館）　⑩ドゥオーモ（司教座聖堂）　⑪サンタ・マリア・デッラ・スカラ施療院　⑫サン・ドメニコ教会　⑬サン・フランチェスコ教会　⑭サン・クリストーフォロ教会　⑮サン・ニッコロ・アル・カルミネ教会　⑯サン・タゴスティーノ教会　⑰サンタ・マリア・デイ・セルヴィ教会　⑱トロメーイ宮殿　⑲サリンベーニ宮殿　⑳シエナ大学　㉑フォンテ・ガイア　㉒フォンテ・ブランダ　㉓フォンテ・ドヴィーレ　㉔聖カテリーナの生家（跡）

文献目録

略　号

AFP : *Archivum fratrum praedicatorum*

Annales HSS : *Annales. Histoire, Sciences sociales*

Arti : ASS, *Arti*

ASI : *Archivio storico italiano*

ASS : Archivio di Stato di Siena

BCI : Biblioteca Comunale degli Intronati di Siena

BEC : *Bibliothèque de L'École des chartes*

BISIM : *Bullettino dell'Istituto storico italiano e Archivio muratoriano*

BSSP : *Bullettino senese di storia patria*

CEFR : Collection de l'École française de Rome

CG : ASS, *Consiglio Generale, Deliberazioni*

Const. 1262 : ASS, *Statuti di Siena* 2 ; L. Zdekauer (a cura di), *Il Constituto del Comune di Siena dell'anno 1262*

Cost. 1309–10 : ASS, *Statuti di Siena* 19 e 20 ; A. Lisini (a cura di), *Il Costituto del Comune di Siena volgarizzato nel MCCCIC–MCCCX*

CS : *Cronaca Senese*

Dialogo : Caterina da Siena, *Libro della divina dottrina, volgarmente detto Dialogo della divina provvidenza*

DS : Documenti di storia, a cura di M. Ascheri

Frammento 1262 : *Il frammento degli ultimi due libri del più antico Costituto senese (1262–1270)*

FVSCSH : Fontes Vitae S. Catharinae Senensis Historici

ISIME : Istituto storico italiano per il Medio Evo

JMH : *Journal of Medieval History*

Lettere : *Le lettere di S. Caterina da Siena*, a cura di P. Misciattelli

LM : *Legenda maior* (=Raimondo da Capua, *Vita Catherinae Senensis*)

Lm : *Legenda minor*

MAH : *Mélanges d'archéologie et d'histoire*

MEFRMA : *Mélanges de l'École française de Rome, Moyen Âge-Temps Modernes*

Milanesi : G. Milanesi (a cura di), *Documenti per la storia dell'arte senese*

MS : *Manoscritti*

MSS : *Miscellanea storica senese*

NRS : *Nuova Rivista Storica*

NSC : *Nuovi Studi Cateriniani*

Orazioni : Caterina da Siena, *Le Orazioni*

PC : *Il Processo Castellano*

Podestà : ASS, *Podestà*
QC : Quaderni del Centro Internazionale di Studi Cateriniani
RIS (2) : *Rerum Italicarum Scriptores*, 2ª ed.
RS : *Ricerche Storiche*
RSI : *Rivista storica italiana*
SC : *Studi Cateriniani*
SM : *Studi medievali*
SS : ASS, *Statuti di Siena*
4 : ASS, *Statuti di Siena 4*
5 : ASS, *Statuti di Siena 5*
7 : ASS, *Statuti di Siena 7*
12 : ASS, *Statuti di Siena 12*
16 : ASS, *Statuti di Siena 16*
23 : ASS, *Statuti di Siena 23*
26 : ASS, *Statuti di Siena 26*
Statuti senesi : *Statuti senesi scritti in volgare ne' secoli XIII e XIV*, a cura di F.-L. Polidori e L. Banchi, 3 voll., 1863–77.
Statuto SMS 1305 : *Statuto ospedaliero del 1305*, in M. Pellegrini, *La comunità ospedaliera di Santa Maria della Scala e il suo più antico statuto (Siena, 1305)*
Statuto SMS 1318 : *Statuto dello Spedale di Santa Maria di Siena, 1318–1379*, a cura di L. Banchi
Supp. : Tommaso di Antonio da Siena "Caffarini," *Libellus de Supplemento*
SVS : *Lo Statuto dei Viarî di Siena*

写本史料

Archivio di Stato di Siena（ASS）

Arti :
Nr. 2–3, 31–33, 39–40, 42–44, 59–67, 70–75, 88–92, 105–108, 113, 116–117, 132–135, 165
Concistoro :
Nr. 191
Biccherna :
Nr. 116
Consiglio Generale :
Deliberazioni
Nr. 42–44, 48, 95, 123, 198
Diplomatico :
Archivio Generale, Nr. 11
Ospedale S. Maria della Scala, Eredità, 1188
Estimo :
Nr. 113
Gabella :
Nr. 28
MS :

Nr. D. 111
Notarile :
Nr. 99
Podestà :
Nr. 10-64, 381-387
Statuti di Siena :
Nr. 4, 5, 7, 12, 16, 23, 26
Biblioteca Comunale degli Intronati di Siena (BCI)
BCI, I. V. 22

刊行史料・古文書館所蔵史料案内

Ageno, F., *Il Bianco da Siena. Notizie e testi inediti*, Genova-Roma-Napoli, 1939 [Biblioteca della "Rassegna," 24].

Alberti, Leon Battista, *I Libri della Famiglia*, a cura di R. Romano e A. Tenenti, Nuova ed. a cura di F. Furlan, Torino, 1994 [邦訳，レオン・バッティスタ・アルベルティ（池上俊一・徳橋曜訳）『家族論』講談社，2010 年].

Anonimo Fiorentino, *I miracoli di Caterina di Iacopo da Siena*, a cura di F. Valli, Firenze, 1936 [FVSCSH, IV].

Antonio (Fr.) della Rocca, *Leggenda abbreviata di S. Caterina da Siena*, a cura di A. Saba, Siena, 1939 [FVSCSH, XV].

Archivio di Stato di Siena, *Archivio del Concistoro del Comune di Siena. Inventario*, a cura di G. Cecchini, Roma, 1952 [Ministero dell'Interno. Pubblicazioni degli Archivi di Stato, X].

———, *Archivio del Consiglio Generale del Comune di Siena. Inventario*, Roma, 1952 [Ministero dell'Interno. Pubblicazioni degli Archivi di Stato, IX].

———, *Archivio dell'Ospedale di Santa Maria della Scala. Inventario*, 2 voll., Roma, 1960-62 [Ministero dell'Interno. Pubblicazioni degli Archivi di Stato, XXXVII-XXXVIII].

———, *L'archivio notarile (1221-1862). Inventario*, a cura di G. Catoni e S. Fineschi, Roma, 1975 [Ministero dell'Interno. Pubblicazioni degli Archivi di Stato, Strumenti, LXXXVII].

———, *Guida-Inventario dell'Archivio di Stato*, 3 voll., Roma, 1951-77 [Ministero dell'Interno. Pubblicazioni degli Archivi di Stato, V, VI, XCII].

Ascheri, M. e Ottaviani, E., "Le provvisioni della raccolta 'Statuti 23' (1323-39) dell'Archivio di Stato di Siena : spoglio con un cenno sul procedimento legislativo," *BSSP*, LXXXVIII (1981), pp. 206-233.

Banchi, L. (a cura di), *L'arte della seta in Siena, nei secoli XV e XVI. Statuti e documenti*, Siena, 1881.

——— (a cura di), "Il Memoriale delle offese fatte al comune e ai cittadini di Siena," *ASI*, serie 3, XXII (1875), pp. 197-234.

Barduzzi, D. (a cura di), *Provvedimenti per le stazioni termali senesi nei secoli XIV e XV*, Siena, 1899.

Bargagli-Petrucci, F., *Le fonti di Siena e i loro acquedotti. Note storiche dalle origini fino al MDLV*, 2 voll., Siena-Firenze-Roma, 1906.

Belcari, Feo, *Vita del B. Giovanni Colombini da Siena fondatore de' poveri gesuati con parte della vita d'alcuni primi suoi compagni*, a cura di A. Cesari, Verona, 1817.

Bellarmati, M., *Il primo libro delle Istorie Sanesi*, Siena, 1844.

Bianco da Siena, *Laudi spirituali del Bianco da Siena*, a cura di T. Bini, Lucca, 1851.

Borghesi, S. e Banchi, L. (a cura di), *Nuovi documenti per la storia dell'arte senese*, Siena, 1898.

Breve degli officiali del Comune di Siena compilato nell'anno MCCL al tempo del podestà Ubertino da Lando di Piacenza, a cura di L. Banchi, in *ASI*, serie 3, III/2 (1866), pp. 3–104 ; Documenti e glossario, *ibid.*, IV/2 (1866), pp. 3–57.

Breve degli speziali (1356–1542), a cura di G. Cecchini e G. Prunai, Siena, 1942 [Statuti volgari senesi, I].

Breve dell'Arte degli orafi senesi, testo di lingua, a cura di M. Dello Russo, Napoli, 1870.

Breve dell'Arte de'maestri di pietra, senesi, dell'anno 1441, in *Milanesi*, t. I, pp. 105–135.

Breve dell'Arte de'pittori senesi dell'anno 1355, in *Milanesi*, t. I, pp. 1–56.

Bruni, Leonardo, *Laudatio florentine urbis*, in Leonardo Bruni, *Opere letterarie e politiche*, a cura di P. Viti, Torino, 1996, pp. 563–647.

Il Caleffo Vecchio del Comune di Siena, a cura di G. Cecchini e altri, 5 voll., Firenze-Siena, 1932–1991.

Cantari religiosi senesi del Trecento : Neri Pagliaresi, Fra Felice Tancredi da Massa, Niccolò Cicerchia, a cura di G. Varanini, Bari, 1965.

Capitoli dei Disciplinati della venerabile Compagnia della Madonna sotto le volte dell'I. E. R. Spedale di S. Maria della Scala (secoli XIII, XIV e XV), a cura di L. De Angelis, Siena, 1818.

Capitoli della Compagnia dei disciplinati di Siena dei secoli 13, 14, 15..., a cura di L. Banchi, Siena, 1866.

Caterina da Siena, *Epistolario di Santa Caterina*, a cura di E. Duprè Theseider, t. I, Roma, 1940 [Fonti per la Storia d'Italia, 82].

———, Santa, *Libro della divina dottrina, volgarmente detto Dialogo della divina provvidenza*, a cura di M. Fiorilli, 2ª ed., Bari, 1968 [Scrittori d'Italia].

———, *Le Orazioni*, a cura di G. Cavallini, Roma, 1978.

Cecchini, G. (a cura di), *La pacificazione fra Tolomei e Salimbeni*, Siena, 1942.

Cecco Angiolieri, *Il Fiore*, a cura di M. Stanghellini, Monteriggioni (Siena), 2009.

———, *Rime*, a cura di G. Cavalli, Milano, 1975.

Ceppari Ridolfi, M. A. (a cura di), *Le pergamene delle confraternite nell'Archivio di Stato di Siena (1241–1785). Regesti*, Siena, 2007 [Fonti di storia senese].

Chiantini, M., *La Mercanzia di Siena nel Rinascimento. La normativa dei secoli XIV–XVI*, Siena, 1997 [DS, 19].

Ciampoli, D. (a cura di), *Il Capitano del Popolo a Siena nel primo Trecento. Con il rubricario dello statuto del Comune di Siena del 1337*, Siena, 1984 [DS, I].

Compagni, Dino, *Cronica*, Torino, 1968 [NUE Nuova serie, 46].

Il Constituto dei Consoli del Placito del Comune di Siena, a cura di L. Zdekauer, *Studi Senesi*, VI (1889), pp. 152–206 ; IX (1892), pp. 35–75.

Il Constituto del Comune di Siena dell'anno 1262, a cura di L. Zdekauer, Milano, 1897.

Il Contratto di Mezzadria nella Toscana Medievale, t. III : Contado di Siena, 1349–1518, Firenze, 1992.

Il Costituto del Comune di Siena volgarizzato nel 1309–1310, 2 voll., a cura di A. Lisini, Siena, 1903.

Il Costituto del Comune di Siena volgarizzato nel MCCCIX–MCCCX, a cura di M. Salem Elsheikh, 4 voll., Siena, 2002.

La Cronaca di Bindino da Travale (1315–1416), a cura. di V. Lusini, Siena, 1900.

Cronache Senesi, a cura di A. Lisini e F. Iacometti, in *RIS (2)*, t. XV, parte 6, Bologna, 1931–1939.

CS attribuita ad Agnolo di Tura del Grasso detta la Cronaca Maggiore, in *Cronache Senesi*, pp. 255–564.

CS conosciuta sotto il nome di Paolo di Tommaso Montauri, in *Cronache Senesi*, pp. 179–252, 689–837.

CS dei fatti riguardanti la città e il suo territorio di autore anonimo del secolo XIV, in *Cronache Senesi*, pp. 39–172.

CS di Donato di Neri e Neri di Donato, in *Cronache Senesi*, pp. 567–685.

Dante Alighieri, *Divina Commedia* [邦訳, ダンテ・アリギエーリ（寿岳文章訳）『神曲』全 3 巻, 集英社文庫, 2003 年].

Documenti, a cura di M. H. Laurent e F. Valli, Siena, 1936 [FVSCSH, I].

Faluschi, G., *Le chiese di Siena. Raccolta di documenti dell'archivio dello Spedale e di altri archivi relativi allo Spedale stesso*, Siena, 1821.

Fazio degli Uberti, *Il Dittamondo*, Venezia, 1835.

Filippo degli Agazzari, *Assempri*, a cura di C. M. Sanfilippo, in *Racconti esemplari di predicatori del Due e Trecento*, a cura di G. Varanini, G. Baldassarri, III, Roma, 1993, pp. 250–600.

Folgore da San Gimignano, *I sonetti dei mesi ed i componenti la brigata in una cronaca perugina del Trecento*, a cura di V. Morandi, Siena, 1991.

Il frammento degli ultimi due libri del più antico Costituto senese (1262–1270), a cura di L. Zdekauer, in *BSSP*, I (1894), pp. 131–154, 271–284 ; II (1895), pp. 137–144, 315–322 ; III (1896), pp. 79–92.

Frate Filippo da Siena, *Novelle ed esempi morali*, Bologna, 1968 [Scelta di curiosità letterarie inedite o rare dal secolo XIII al XIX, Dispensa XXV].

Ghiberti, Lorenzo, *Commentari*, in *Prosatori volgari del Quattrocento*, a cura di C. Varese, Milano–Napoli, 1955, pp. 325–348.

Gigli, G., *Diario Sanese*, 2 voll., 2ª ed., Siena, 1854.

Giorgi, A., “Il carteggio del Concistoro della Repubblica di Siena (Spogli delle lettere : 1251–1374),” *BSSP*, XCVII (1990), pp. 193–573.

Grottanelli, F. (a cura di), *Alcuni miracoli di S. Caterina da Siena secondo che sono narrati da un anonimo, suo contemporaneo*, Siena, 1862.

——— (a cura di), *Regola del terzo ordine di S. Domenico, volgarizzata nel buon secolo della lingua da frate Tommaso da Siena*, Torino, 1814.

Grottanelli De' Santi, E. (a cura di), “Provvisioni senesi riguardanti schiavi e schiave nei secoli XIV. e XV.,” *MSS*, II (1894), pp. 102–106, 120–124.

Johannes Salisberiensis, *Policraticus*, a cura di C. C. I. Webb, 2 voll., Oxford, 1909.

Kalendarium Ecclesiae Metropolitanae Senensis, in *Cronache Senesi*, pp. 1–38.

Laudario di Santa Maria della Scala, Edizione critica a cura di R. Manetti, Firenze, 1993.

Le lettere del B. Giovanni Colombini da Siena, a cura di A. Bartoli, Lucca, 1856.

Le lettere di S. Caterina da Siena, ridotte a miglior lezione, e in ordine nuovo disposte con note di

Niccolò Tommaseo, a cura di P. Misciattelli, 6 voll., Firenze, 1939–40.
Il Libro del pellegrino (Siena 1382–1446). Affari, uomini, monete nell'Ospedale di Santa Maria della Scala, a cura di G. Piccinni e L. Travaini, Napoli, 2003 [Nuovo Medioevo, 71].
Lombardelli, G., *Vita del B. Bernardo Tolomei*, Lucca, 1659.
Luchaire, G. (a cura di), *Documenti per la storia dei rivolgimenti politici del Comune di Siena dal 1354 al 1369*, Lyon–Paris, 1906 [Annales de l'Université de Lyon, Nouvelle Série, II. Droit, Lettres-Fascicule, 17].
——— (a cura di), *Le Statut des Neuf Gouverneurs et Défenseurs de la Commune de Sienne (1310)*, in *MAH*, XXI (1901), pp. 23–64, 243–304.
Macchi, G., *Memorie delle chiese di Siena*, ASS, *MS.* D. 111.
Malavolti, O., *Dell'Historia di Siena*, Venezia, 1599.
Mazzi, C., "Descrizione della festa in Siena per la cavalleria di Francesco Bandinelli nel 1326," *BSSP*, XVIII (1911), pp. 1–28.
Il memoriale delle mantellate Senesi contemporanee di S. Caterina, a cura di T. M. Centi, in *Rivista di storia della cheisa in Italia*, I (1947), pp. 409–418.
Mengozzi, G., "Documenti danteschi del R. Archivio di Stato di Siena," *BSSP*, XXVIII (1921), pp. 87–182.
Milanesi, G. (a cura di), *Documenti per la storia dell'arte senese*, 3 voll., Siena, 1854–56.
Mondolfo, U. G., "L'ultima parte del Constituto senese del 1262, ricostruita dalla Riforma successiva," *BSSP*, V (1898), pp. 194–228.
I necrologi di san Domenico in Camporegio, a cura di M. H. Laurent, Firenze, 1937 [FVSCSH, XX].
Le Novelle di Gentile Sermini da Siena, Livorno, 1874.
Ordo Officiorum Ecclesiae Senensis ab Oderico ejusdem ecclesiae canonico anno MCCXIII. compositus, a cura di J. C. Trombelli, Bologna, 1766.
Pecci, G. A., *Memorie storico-critiche della città di Siena*, 2 voll., Siena, 1988.
Pernoud, R. (a cura di), *Vie et mort de Jeanne d'Arc, les témoignages du procès de réhabilitation, 1450–1456*, Paris, 1953［邦訳，レジーヌ・ペルヌー（高山一彦訳）『ジャンヌ・ダルク復権裁判』白水社，2002 年］.
Le prediche volgari di San Bernardino da Siena dette nella Piazza del Campo l'anno MCCCCXXVII, a cura di L. Banchi, 3 voll., Siena, 1880–1888.
Procès de condamnation et de réhabilitation de Jeanne d'Arc dite la Pucelle, t. I : *Procès de condamnation*, Paris, 1841［邦訳，高山一彦編訳『ジャンヌ・ダルク処刑裁判』白水社，2002 年］.
Il Processo Castellano, a cura di T. S. Centi e A. Belloni, Firenze, 2009 [Biblioteca di Memorie Domenicane, 2].
Il proemio dello Statuto comunale del 'Buon Governo' (1337–1339), a cura di M. Ascheri e R. Funari, in *BSSP*, XCVI (1989), pp. 350–364.
Provvedimenti economici della Repubblica di Siena nel 1382, a cura di A. Lisini, Siena, 1895.
Prunai, G., *I regesti delle pergamene senesi del fondo diplomatico di s. Michele in Passignano*, in *BSSP*, LXXIII-LXXV (1966–1968), pp. 200–236 ; LXXXII-LXXXIII (1975–1976), pp. 321–359 ; LXXXIV-LXXXV (1977–1978), pp. 223–266 ; XCVI (1989), pp. 319–349.
Raimondo da Capua (Beato), *Santa Caterina da Siena. Legenda maior*, Siena, 5ª ed., 1994.

———, *Vita Catherinae Senensis*, in *AASS*, Aprilis, III, Paris, 1866, pp. 853–959.

Le Registre d'Inquisition de Jacques Fournier, évêque de Pamiers (1318–1325) : manuscrit no. Vat. Latin 4030 de la Bibliothèque Vaticane, a cura di J. Duvernoy, 3 voll., Toulouse, 1965.

Il registro del notaio senese Ugolino di Giunta "Parisinus Latinus" 4725 (1283–1287). Alle origini dell'Archivio della Casa della Misericordia di Siena, a cura di V. Persi, Siena, 2008 [Fonti di storia senese].

Regola del Terzo Ordine di S. Domenico volgarizzata nel buon secolo della lingua da frate Tommaso da Siena, Torino, 1864.

Ricordi di Cristofano Guidini, a cura di G. Milanesi, in *ASI*, 1ª serie, IV (1843), pp. 25–47.

Rime di Bindo Bonichi da Siena, edite ed inedite, ora per la prima volta tutte insieme stampate, Bologna, 1867, ristampa, Bologna, 1968 [Scelta di curiosità letterarie inedite o rare dal secolo XIII al XIX, Dispensa LXXXII].

Le Rime di Folgore da San Gimignano e di Cene da La Chitarra d'Arezzo, Bologna, 1880 [Scelta di curiosità letterarie inedite o rare dal secolo XIII al XIX, Dispensa CLXXII].

Sacchetti, Franco, *Il Trecentonovelle*, a cura di V. Marucci, Roma, 1996.

Salem Elsheikh, M. (a cura di), "Testi senesi del Duecento e del primo Trecento," *Studi di filologia italiana*, XXIX (1971), pp. 113–145.

Statuta de ludo. Le leggi sul gioco nell'Italia di comune (secoli XIII–XVI), a cura di A. Rizzi, Treviso–Roma, 2012 [Ludica, 11].

Statuti criminali del fôro ecclesiastico di Siena (sec. XIII–XIV), a cura di L. Zdekauer, in *BSSP*, VII (1900), pp. 231–264.

Statuti de la Casa di Santa Maria della Misericordia di Siena volgarizzata circa il MCCCXXXI, a cura di L. Banchi, Siena, 1886.

Statuti delle Compagne del popolo di Siena, del principio del secolo XIV, a cura di G. Canestrini, in *ASI*, 1ª serie, XV (1851), pp. 13–25.

Statuti dell'Università ed Arte dei Carnajuoli, in *Statuti senesi*, t. I, pp. 67–125.

Statuti senesi dell'arte dei giudici e notai del secolo XIV, a cura di G. Catoni, Roma, 1972 [Fonti e studi del *Corpus membranarum italicarum*, VIII].

Statuti senesi scritti in volgare nei secoli XIII e XIV, a cura di F.-L. Polidori e L. Banchi, 3 voll., Bologna, 1863–77 [Collezione di opere inedite o rare dei primi tre secoli della lingua].

Statuti volgari de lo Spedale di Santa Maria Vergine di Siena, scritti l'anno MCCCV ed ora per la prima volta pubblicati, a cura di L. Banchi, Siena, 1864 [Piccola Antologia Senese, 1].

Lo Statuto dei Viarî di Siena : Viabilità e legislazione di uno stato cittadino del Duecento, a cura di D. Ciampoli e Th. Szabò, Siena, 1992 [Monografie di storia e letteratura senese, 11].

Lo Statuto del Donnaio (1343), in Ceppari Ridolfi e Turrini, *Il mulino delle vanità*, pp. 141–209.

Statuto della Mercanzia 1472, in Chiantini, *La Mercanzia di Siena nel Rinascimento*, pp. 3–80.

Statuto dell'Arte de' chiavari di Siena 1323–1402, in *Statuti senesi*, t. II, pp. 229–270.

Statuto dell'Arte de' cuoiai e calzolai di Siena 1329–1335, in *Statuti senesi*, t. II, pp. 271–336.

Lo Statuto dell'Arte dei pellicciai senesi del 1343, a cura di G. Prunai, in *BSSP*, LXII-LXIII (1955–56), pp. 100–139.

Lo Statuto dell'Arte della Mercanzia senese (1342–1343), a cura di Q. Senigallia, in *BSSP*, XIV (1907), pp. 211–271 e 67–98 ; XV (1908), pp. 99–186 ; XVI (1909), pp. 187–264 ; XVII

(1910), pp. 265-290.

Statuto dell'Arte della seta, in Banchi (a cura di), *L'arte della seta in Siena*, pp. 1-114.

Statuto dello Spedale di Santa Maria di Siena, 1318-1379, a cura di L. Banchi, Bologna, 1877 [=*Statuti senesi*, t. III].

Statuto dell'Università ed Arte della Lana di Siena, in *Statuti senesi*, t. I, pp. 127-384.

Statuto ospedaliero del 1305, in M. Pellegrini (a cura di), *La comunità ospedaliera di Santa Maria della Scala e il suo più antico statuto (Siena, 1305)*, Ospedaletto (Pisa), 2003 [Ospedali medievali tra carità e servizio, 3], pp. 85-151.

Tommasi, G., *Delle historie di Siena*, 2 voll., Venezia, 1625-1626/7, rist. anast. Sala Bolognese, 1973 [Historiae urbium et regionum Italiae rariores, LXXXV].

———, *Dell'historie di Siena. Deca seconda*, a cura di M. De Gregorio, 4 voll., Siena, 2002-2006.

Tommaso di Antonio da Siena "Caffarini," *Libellus de Supplemento : Legende prolixe Virginis Beate Catherine de Senis*, a cura di G. Cavallini e I. Foralosso, Roma, 1974.

———, *Sanctae Catharinae Senensis legenda minor*, a cura di E. Franceschini, Milano, 1942 [FVSCSH, X].

Tozzi, F., *Antologia d'antichi scrittori senesi (Dalle origini fino a Santa Caterina)*, Siena, 1913.

Tractatus de Ordine FF. de Paenitentia S. Dominici di F. Tommaso da Siena, a cura di M. H. Laurent O. P. e Valli, F., Firenze, 1938 [FVSCSH, XXI].

Ugurgieri Azzolini, Isidoro, *Le pompe sanesi o vero relazione delli huomini, e donne illustri di Siena e suo Stato*, 2 voll., Pistoia, 1649.

L'ultimo statuto della Repubblica di Siena (1545), a cura di M. Ascheri, Siena, 1993 [Monografie dei storia e letteratura senese, 12].

Varanini, G. (a cura di), *Cantari religiosi senesi del Trecento*, Bari, 1965 [Scrittori d'Italia].

Vita del Beato Ambrosio Sansedoni da Siena, raccolta da G. Sansedoni, vescovo di Grosseto, Roma, 1611.

Webb, D., *Saints and Cities in Medieval Italy. Selected Sources Translated and Annotated with an Introduction*, Manchester-New York, 2007.

研究文献・辞典類

Adams, J., "Economic-Change in Italy in the 14th-Century-The Case of Siena," *Journal of Economic Issues*, XXVI (1992), pp. 125-134.

Adams, N. e Pepper, S., *Firearms and Fortification : Military Architecture and Siege Warfare in Sixteenth Century Siena*, Chicago (IL), 1986.

Adorni Braccesi, S. e Ascheri, M. (a cura di), *Politica e cultura nelle repubbliche italiane dal medioevo all'età moderna : Firenze-Genova-Lucca-Siena-Venezia*, Roma, 2001.

Agulhon, M., *Pénitents et francs-maçons de l'ancienne Provence. Essai sur la sociabilité méridionale*, Nouvelle éd., Paris, 1984.

———, "La sociabilité, la sociologie et l'histoire," *L'Arc*, No. 65 (1976), pp. 76-84.

Amante, G. e Martini, A., *L'abbazia di San Galgano : un insediamento cistercense nel territorio senese*, Firenze, 1969.

Angeli Bufalini, G., "Catalogo," in S. Balbi De Cario e G. Angeli Bufalini (a cura di), *Uomini e monete in terra di Siena*, Pisa, 2001, pp. 246-253.

Angelucci, P., *L'Ardenghesca tra potere signorile e dominio senese (secoli XI-XIV)*, Napoli, 2000 [Studi e ricerche, 17].

———, "Gli Ardengheschi nella dinamica dei rapporti col comune di Siena (secc. XII-XIV)," in *I ceti dirigenti dell'età comunale nei secoli XII-XIII*, Pisa, 1982, pp. 119-156.

Arcangeli, A., "Gli Istituti del diritto commerciale nel Costituto senese del 1310," *Rivista di diritto commerciale, industriale e marittimo*, IV (1906), pp. 243-255, 331-371.

Arendt, H., *The Human Condition*, Chicago (IL), 1958 [邦訳, ハンナ・アーレント (志水速雄訳)『人間の条件』ちくま学芸文庫, 1994 年].

Argenziano, R., "Corpi santi e immagini nella Siena medievale : i santi patroni," *BSSP*, CX (2003), pp. 214-239.

———, "Le origini e lo sviluppo dell' iconografia della Madonna a Siena," in Ceppari Ridolfi, Ciampolini e Turrini (a cura di), *L'Immagine del Palio*, pp. 91-109.

Arias, G., *La compagnia bancaria dei Buonsignori. Studi e documenti di storia del diritto*, Firenze, 1901.

Armstrong, E., "The Sienese Statutes of 1262," *English Historical Review*, XIX (1900), pp. 1-19.

Arrighi, G., "Regole sul calendario del matematico senese Tommaso dalla Gazzaia (sec. XIV-XV)," *BSSP*, LXXII (1965), pp. 96-106.

Ascheri, M. (a cura di), *Antica legislazione della Repubblica di Siena*, Siena, 1993 [DS, 7].

———, "Assemblee, democrazia comunale e cultura politica : dal caso della Repubblica di Siena (secc. XIV-XV)," in *Studi in onore di Arnaldo d'Addario*, Lecce 1995, IV-1, pp. 1141-1155.

——— (a cura di), *La chiesa di San Pietro alla Magione nel Terzo di Camollia a Siena : il monumento-l'arte-la storia*, Siena, 2001.

———, "I consilia dei giuristi : una fonte per il tardo Medioevo," *BISIM*, CV (2003), pp. 305-334.

———, "Il consilium dei giuristi medievali," in C. Casagrande, C. Crisciani e S. Vecchio (a cura di), *Consilium. Teorie e pratiche del consigliare nella cultura medievale*, Firenze, 2004, pp. 243-258.

———, "Le Contrade : lo sviluppo storico e l'intreccio col Palio," in Ceppari Ridolfi, Ciampolini e Turrini (a cura di), *L'Immagine del Palio*, pp. 19-61.

———, "Il costituto di Siena fondamento del 'Buongoverno'," in *Il Costituto del Comune di Siena volgarizzato nel MCCCIX-MCCCX*, t. III, pp. 21-57.

———, "Le fonti e la flessibilità del diritto comune : il paradosso del « consilium sapientis »," in M. Ascheri, I. Baumgärtner e J. Kirshner (a cura di), *Legal Consulting in the Civil Law Tradition*, Berkeley (CA), 1999, pp. 11-53.

———, "Fonti per la storia della giustizia ecclesiastica medievale a Siena," in *Medieval Church Law and the Origins of the Western Legal Tradition. A Tribute to Kenneth Pennington*, a cura di W. P. Müller e M. E. Sommer, Washington (D. C.), 2006, pp. 275-288.

———, "Istituzioni politiche, mercanti e Mercanzie : qualche considerazione dal caso di Siena (secoli XIV-XV)," in C. Mozzarelli (a cura di), *Economia e corporazioni. Il governo degli interessi nella storia d'Italia dal Medioevo all'età contemporanea*, Milano, 1988, pp. 41-55.

———, "Législation italienne du bas Moyen Âge : le cas de Sienne (ca. 1200-1545)," in *Faire bans, edictz et statuz. Légiférer dans la ville médiévale*, a cura di J.-M. Cauchies e E. Bousmar, Bruxelles, pp. 51-83.

———, "La pena di morte a Siena (sec. XIII-XV) : tra normativa e prassi," *BSSP*, CX (2003), pp.

489–505.
———, "Per la storia del tessuto a Siena : qualche aspetto," in M. Ciatti (a cura di), *Drappi, velluti, taffettà et altre cose. Antichi tessuti a Siena e nel suo territorio*, a cura di M. Ciatti, Siena, 1994, pp. 239–244.
———, "Le più antiche norme urbanistiche del Comune di Siena," in M. Stolleis e R. Wolff (a cura di), *La bellezza della città : Stadtrecht und Stadtgestaltung im Italien des Mittelalters und der Renaissance*, Tübingen, 2004, pp. 241–267.
———, *Il Rinascimento a Siena (1355–1559)*, Siena, 1993.
———, "La Siena del 'Buon Governo' (1287–1355)," in Adorni Braccesi e Ascheri (a cura di), *Politica e cultura*, pp. 81–107.
———, *Siena e la città-Stato del Medioevo italiano*, Siena, 2003 [DS, 55].
———, "Siena in the Fourteenth Century : State, Territory, and Culture," in Blomquist e Mazzaoui (a cura di), *The « Other Tuscany »*, pp. 163–197.
———, *Siena nel primo Rinascimento dal dominio milanese a papa PioII*, Siena, 2010 [DS, 85].
———, "Siena nel Rinascimento : Dal governo di « popolo » al governo nobiliare," in *I ceti dirigenti nella Toscana del Quattrocento*, pp. 405–430.
———, *Siena nel Rinascimento. Istituzioni e sistema politico*, Siena, 1985.
———, *Siena nella storia*, Siena–Cinisello Balsamo, 2000 [Itinerari di una civiltà, 1].
———, *Lo spazio storico di Siena*, Siena–Cinisello Balsamo, 2001 [Itinerari di una civiltà, 2].
———, "Stato, territorio e cultura nel Trecento : qualche spunto da Siena," in Gensini (a cura di), *La Toscana nel secolo XIV*, pp. 165–181.
———, "Statuten, Gesetzgebung und Souveränität : Der Fall Siena," in G. Chittolini e D. Willoweit (a cura di), *Statuten, Städte und Territorien zwischen Mittelalter und Neuzeit in Italien und Deutschland*, Berlin, 1992 [Schriften des Italienisch-Deutschen Historischen Instituts in Trient, 3], pp. 113–155.
———, "Gli statuti delle città italiane e il caso di Siena," in Mecacci e Pierini (a cura di), *Dagli Statuti dei Ghibellini*, pp. 65–111.
———, "Lo statuto del Comune di Siena del 1337–1339," Introduzione a Ciampoli (a cura di), *Il Capitano del popolo*, pp. 7–21.
———, "Uno strumento di lavoro : gli indici antichi del Consiglio generale del Comune di Siena," *BSSP*, XCIII (1986), pp. 387–391.
———, *Tribunali, giuristi e istituzioni dal Medioevo all'Età Moderna*, 2ª ed., Bologna, 1995.
———e Ceppari Ridolfi, M. A., "La più antica legge della Repubblica di Siena," in *Siena e Maremma nel medioevo*, a cura di M. Ascheri, Siena, 2001 [DS, 38], pp. 201–228.
———e Ciampoli, D., "Il distretto e il contado nella repubblica di Siena. L'esempio della Val d'Orcia del Quattrocento," in Cortonesi, A. (a cura di), *La Val d'Orcia nel Medioevo e nei primi secoli dell'età moderna*, Actes du colloque Pienza, 1988, Roma, 1990, pp. 83–112.
———e Ciampoli, D. (a cura di), *Siena e il suo territorio nel Rinascimento*, 3 voll, Siena, 1986–2000 [DS, 4, 5, 36].
———, Mazzoni, G. e Nevola, F. (a cura di), *L'ultimo secolo della repubblica di Siena*, Atti del convegno internazionale, Siena (28–30 settembre 2003 e 16–18 settembre 2004), I : *Politica e istituzioni, economia e società*, II : *Arti, cultura e società*, Siena, 2007–2009.

———e Papi, C., *Il 'Costituto' del Comune di Siena in volgare (1309-1310). Un episodio di storia della giustizia?*, Firenze, 2009 [Prospettive di Storia, 1].

———e Pertici, P., "La situazione politica senese del secondo Qattrocento (1456-79)," in *La Toscana ai tempi di Lorenzo il Magnifico : Politica, economia ed arte*, Pisa, t. III, pp. 995-1012.

———e Turrini, P. (a cura di), *La Misericordia di Siena attraverso i secoli*, Siena, 2004.

Aubenas, R., "Réflexions sur les fraternités artificielles au Moyen-Âge," in *Études historiques à la mémoire de Noël Didier*, Paris, 1960, pp. 1-10.

Bacci, M., "Aspetti della committenza testamentaria di opere d'arte nella Siena del Due e Trecento," *BSSP*, CX (2003), pp. 137-158.

Bachelard, G., *L'Eau et les Rêves : essai sur l'imagination de la matière*, Paris, 1942 [邦訳，ガストン・バシュラール（小浜俊郎・桜木泰行訳）『水と夢――物質の想像力についての試論』国文社，1969年].

Badiani, F., *Le contrade di Siena come persone di diritto canonico*, Siena, 1972.

Bagnoli, A., *La Maestà di Simone Martini*, Milano, 1999.

———, Bartalini, R., Bellosi, L e Laclotte, M. (a cura di), *Duccio. Alle origini della pittura senese*, Catalogo della mostra, Milano, 2003.

Baker, D. T., *The Artistic and Sociological Imagery of the Merchant-Banker on the Book Covers of the Biccherna in Siena in the Early Renaissance*, (Diss., University of Washington, 1998).

Balestracci, D., "L'acqua a Siena nel Medioevo," in J.-C. Maire Vigueur e A. Paravicini Bagliani (a cura di), *Ars et Ratio. Dalla torre di Babele al ponte di Rialto*, Palermo, 1990, pp. 19-31.

———, *Le armi, i cavalli, l'oro. Giovanni Acuto e i condottieri nell'Italia del Trecento*, Roma-Bari, 2003 [邦訳，ドゥッチョ・バレストラッチ（和栗珠里訳）『フィレンツェの傭兵隊長――ジョン・ホークウッド』白水社，2006年].

———, "La corporazione dei muratori dal XIII al XVI secolo," in M. Boldrini (a cura di), *Il colore della città*, Siena, 1993, pp. 25-34.

———"Gli edifici di pubblica utilità nella Toscana medievale," in *L'architettura civile in Toscana. Il Medioevo*, a cura di A. Restucci, Siena, 1995, pp. 227-267.

———, *La festa in armi: giostre, tornei e giochi del Medioevo*, Roma-Bari, 2001.

———, "From Development to Crisis : Changing Urban Structures in Siena between the Thirteenth and Fifteenth Centuries," in Blomquist e Mazzaoui (a cura di), *The « Other Tuscany »*, pp. 199-213.

———, "Il gioco dell'esecuzione capitale. Note e proposte interpretative," in Ortalli (a cura di), *Gioco e giustizia*, pp. 193-206.

———, "L'immigrazione di manodopera nella Siena medievale," in Cherubini e Pinto (a cura di), *Forestieri e stranieri*, pp. 163-180.

———, "« Li lavoranti non cognosciuti ». Il salariato in una città medievale (Siena 1340-1344)," *BSSP*, LXXXII-LXXXIII (1975-1976), pp. 67-157.

———, "I lavoratori poveri e i « Disciplinati » senesi. Una forma di assistenza alla fine del Quattrocento," in *Artigiani e salariati : il mondo del lavoro nell'Italia dei secoli XII-XV*, Atti del Centro Italiano di studi di Storia e d'Arte, Pistoia, 1984, pp. 345-368.

———, "Il nido dei nobili. Il *popolo* di S. Cristoforo e la famiglia degli Ugurgeri in età comunale," in *Contrada Priora della Civetta. Le sedi storiche*, Genova, 1984, pp. 97-102.

———, “La politica delle acque urbane nell’Italia comunale,” in *MEFRMA*, CIV (1992), pp. 431-479.
———, *Il potere e la parola. Guida al Costituto volgarizzato di Siena (1309-1310)*, Siena, 2011.
———, “Quando Siena diventò guelfa. Il cambiamento di regime e l’affermazione dell’oligarchia novesca nella lettura di Giuseppe Martini,” in Piccinni (a cura di), *Fedeltà ghibellina affari guelfi*, Pisa, 2008, pp. 363-383.
———, *La zappa e la retorica. Memorie familiari di un contadino toscano del Quattrocento*, Firenze, 1984.
——— e Boldrini, S., “Le Masse di Siena nel Medioevo,” in R. Guerrini (a cura di), *Siena, le Masse. Il Terzo di Città*, Siena, 1994, pp. 13-26.
———, Lamberini, D. e Civai, M., *I bottini medievali di Siena*, Siena, s. d.
——— e Piccinni, G., “L’ospedale e la città,” in *Lo Spedale di Santa Maria della Scala in Siena. Vicenda di una committenza artistica*, a cura di D. Gallavotti Cavallero, Pisa, 1985, pp. 21-42.
——— e Piccinni, G., *Siena nel Trecento. Assetto urbano e strutture edilizie*, Firenze, 1977.
———, Vigni, L. e Costantini, A., *La memoria dell’acqua. I bottini di Siena*, Siena, 2006.
Banchi, L., *Gli ordinamenti economici dei comuni toscani e segnatamente del Comune di Siena*, (Atti della R. Acc. dei Fisiocritici di Siena, serie 3, t. II, 1879).
———, *Le origini favolose di Siena*, Siena, 1882.
Banchieri e mercanti di Siena, Prefazione di C. M. Cipolla, Roma, 1987.
Barduzzi, D., “Del Governo dell’Ospedale di Siena dalle origini alla caduta della Repubblica,” in *Conferenze della Commissione senese di storia patria, tenute nei giorni 16, 23, 30 Marzo e 6 Aprire 1895*, Siena, 1895, pp. 189-243.
Bartolomei Romagnoli, A., “Il linguaggio del corpo in Santa Caterina da Siena,” in L. Leonardi e P. Trifone, *Dire l’ineffabile*, Firenze, 2006, pp. 205-229.
Barzanti, R., “Siena : Una città tra mito e storia,” *BSSP* LXXXVI (1979), pp. 232-242.
——— e Brilli, A., *Soggiorni senesi tra mito e memoria : rappresentazione della Città dal XIII al XIX secolo*, Siena, 2006.
———, Catoni, G. e De Gregorio, M. (a cura di), *Storia di Siena*, t. I : *Dalle origini alla fine della Repubblica* ; t. II : *Dal Granducato all’Unità*, Siena, 1995-96.
———, Cornice, A. e Pellegrini, E., *Iconografia di Siena. Rappresentazione della Città dal XIII al XIX secolo*, Città di Castello, 2006.
Beaumatin, E. e Garcia, M. (a cura di), *L’invective au Moyen Âge : France, Espagne, Italie*, Paris, 1995.
Becatti, D., *Maria e Siena. Origini di un rapporto d’amore*, Siena, 1997.
Becchis, M., *Pietro Lorenzetti*, Milano, 2012.
Bedoyere, M. de la, *The Greatest Catherine*, Milwaukee (WI), 1947.
Bellesi, S., *Duccio da Boninsegna : La maestà*, Milano, 1997.
Bellomo, M., *La condizione giuridica della donna in Italia. Vicende antiche e moderne*, Torino, 1970.
———, *Ricerche sui rapporti patrimoniali fra coniugi. Contributo alla storia della famiglia medievale*, Varese, 1961 [Ius nostrum, 7].
Bellosi L., *Duccio. La Maestà*, Milano, 1998.
——— e Ragionieri, G., *Duccio di Buoninsegna*, Firenze, 2003.

Bellucci, G. e Torriti, P., *Il Santa Maria della Scala in Siena. L'Ospedale dai Mille Anni*. Con il patrocinio dell'USL 30 Area Senesee del CRAL Ospedalieri di Siena. Genova, 1991.

Belting, H. e Blume, D. (a cura di), *Malerei und Stadtkultur in der Dantezeit. Die Argumentation der Bilder*, Monaco di B., 1989.

Il bene comune. Forme di governo e gerarchie sociali nel Basso Medioevo, Atti del XLVIII Convegno storico internazionale (Todi, 9-12 ottobre 2011), Todi, 2012.

Beneš, C. E., *Urban Legends : Civic Identity and the Classical Past in Northern Italy, 1250-1350*, University Park (PA), 2011.

Benvenuti Papi, A., « *In castro poenitentiae* ». *Santità e società femminile nell'Italia medievale*, Roma, 1990.

Bezzini, M., *Storia della via Francigena. Dai Longobardi ai Giubilei*, Siena, 1998.

———, *Strada Francigena-Romea. Con particolare riferimento di percorsi Siena-Roma*, Siena, 1996.

Billoré, M. e Soria, M. (a cura di), *La Rumeur au Moyen Âge. Du mépris à la manipulation V^e-XVe siècle*, Rennes, 2011.

Bisogni, F. e De Gregorio, M. (a cura di), *Santi e Beati senesi*, Siena, 2000.

Bizzarri, D., "Il diritto privato nelle fonti senesi del secolo XIII," *BSSP*, XXXIII-XXXIV (1926-1927), pp. 213-322, e XXXV-XXXVI (1928-1929), pp. 28-59.

———, "Le rappresaglie negli statuti e nei documenti del comune di Siena," *BSSP*, XX (1913), pp. 115-139, 217-245.

———, "Ricerche sul diritto di cittadinanza nella costituzione comunale," *Studi Senesi*, XXXII (1916), pp. 19-136.

Blomquist, Th. W. e Mazzaoui, M. F. (a cura di), *The « Other Tuscany » : Essays in the History of Lucca, Pisa, and Siena during the Thirteenth, Fourteenth, and Fifteenth Centuries*, Kalamazoo (MI), 1994.

Boccalatte, P. E., "Per la storia dell'arte del ferro a Siena nel Trecento : appunti su Bertino di Pietro," *BSSP*, CXVII (2010), pp. 293-330.

Böninger, L., *Die Ritterwürde in Mittelitalien zwischen Mittelalter und Früher Neuzeit. Mit einem Quellenanhang : Päpstliche Rinterernennungen 1417-1464*, Berlin, 1995.

Boesch Gajano, S., "Il Comune di Siena e il prestito ebraico nei secoli XIV e XV : fonti e problemi," in *Aspetti e problemi della prestanza ebraica nell'Italia centro-settentrionale*, Roma, 1983 [Quaderni dell'Istituto di Scienze Storiche dell'Università di Roma, 2], pp. 177-225.

Boisseuil, D., "Les Médicis aux bains. Le thermalisme dans le territoire siennois au Quattrocento, entre fonctions thérapeutiques et pratiques diplomatiques," in Ascheri, Mazzoni e Nevola (a cura di), *L'ultimo secolo della repubblica di Siena*, I : *Politica e istituzioni, economia e società*, pp. 411-448.

———, *Le thermalisme en Toscane à la fin du Moyen Âge. Les bains siennois de la fin du XIIIe siècle au début du XVIe siècle*, Roma, 2002 [CEFR, 296].

Boldrini, E. e Parenti, R. (a cura di), *Santa Maria della Scala. Archeologia e edilizia sulla Piazza dello Spedale,* Firenze, 1991 [Biblioteca di Archeologia Medievale].

Bonelli, G., *Ser Cristofano di Gano Guidini. Biografia di un notaio senese del Basso Medioevo (1342-1410)*, tesi di laurea, Facoltà di Lettere e Filosofia, Università degli Studi di Siena, A. A. 2004-2005.

Bonelli-Gandolfo, C., "La legislazione suntuaria senese negli ultimi centocinquant'anni della Repubblica," *Studi Senesi*, XXXV (1919/20), pp. 243-275, 334-398.
Bonolis, G. (a cura di), "La condizione degli oblati secondo un consiglio inedito di Baldo degli Ubaldi," in *Studi storici e giuridici dedicati ed offerti a Federico Ciccaglione*, Catania, 1909, pp. 275-310.
Borgia, E., Carli, E. e altri. (a cura di), *Le Biccherne. Tavole dipinte delle Magistrature senesi (secoli XIII-XVIII)*, Roma, 1984.
Bortolotti, L., *Siena*, Bari, 1983 [Le città nella storia d'Italia].
Boschi, F., *I « fiumi » di Siena. Storie e leggende dei bottini e della mitica Diana*, Massarosa, 2007.
I bottini. Acquedotti medievali senesi, Siena, 1984.
Boucheron, P., "Politisation et dépolitisation d'un lieu commun. Remarques sur la notion de Bien Commun dans les villes d' Italie centro-septentrionales entre commune et seigneurie," in Lecuppre-Desjardin e Van Bruaene (a cura di), *De Bono Communi*, pp. 237-251.
———, "« Tournez les yeux pour admirer, vous qui exercez le pouvoir, celle qui est peinte ici ». La fresque du Bon Gouvernement d' Ambrogio Lorenzetti," *Annales HSS*, LX (2005), pp. 1137-1199.
Bowsky, W. M., "The Anatomy of Rebellion in Fourteenth-Century Siena : From Commune to Signory?" in L. Martines (a cura di), *Violence and Civil Disorder in Italian Cities 1200-1500*, Berkeley-Los Angeles-London, 1972, pp. 229-272
———, "*The Buon Governo* of Siena (1287-1355) : A Medieval Italian Oligarchy," *Speculum*, XXXVII (1962), pp. 368-381.
———, "City and Contado : Military Relationship and Communal Bonds in Fourteenth-Century Siena," in A. Molho e J. A. Tedeschi (a cura di), *Renaissance Studies in Honor of Hans Baron*, Dekalb (IL), 1971, pp. 75-98.
———, "« Cives silvestres » : Sylvan Citizenship and the Sienese Commune (1287-1355)," *BSSP*, LXXII (1965), pp. 64-74.
———, "The Constitution and Administration of a Tuscan Republic in the Middle Ages and Early Renaissance : The Maggior Sindaco in Siena," *Studi Senesi*, LXXX [Ser. 3a, XVII] (1968), pp. 7-22.
———, *The Finance of the Commune of Siena, 1287-1355*, Oxford, 1970.
———, "The Impact of the Black Death upon Sienese Government, and Society," *Speculum*, XXXIX (1964), pp. 1-34.
———, "Medieval Citizenship : The Individual and the State in the Commune of Siena, 1287-1355," *Studies in Medieval and Renaissance History*, IV (1967), pp. 193-243.
———, "The Medieval Commune and Internal Violence : Police Power and Public Safety in Siena 1287-1355," *AHR*, LXXIII (1967), pp. 1-17.
———, *A Medieval Italian Commune. Siena under the Nine 1287-1355*, Berkeley-Los Angeles-London, 1981.
Brandi, C. *Duccio*, Firenze, 1951.
———, (a cura di), *Palazzo Pubblico di Siena. Vicende costruttive e decorazione*, Siena-Milano, 1983.
Braunfels, W., *Mittelalterliche Stadtbaukunst in der Toskana*, Berlin, 1953.

Braunstein, Ph., "Dal bagno pubblico alla cura corporale privata : tracce per una storia sociale dell'intimo," *RS*, XVI (1986), pp. 523-531.

Brizio, E., "La dote nella normativa statutaria e nella pratica testamentaria senese (fine sec. XII-metà sec. XIV)," *BSSP*, CXI (2004), pp. 9-39.

———, "L'elezione degli uffici politici nella Siena del Trecento," *BSSP*, XCVIII (1991), pp. 16-62.

———, "L'elezione della Signoria : provvedimenti inediti (1371-1398)," in Ascheri (a cura di), *Antica legislazione*, pp. 137-159.

———, "In the Shadow of the Campo : Sienese Women and Their Families (c. 1400-1600)," in J. G. Sperling e Sh. K. Wray, *Across the Religious Divide : Women, Property, and Law in the Wider Mediterranean (ca. 1300-1800)*, New York, 2010 [Routledge Research in Gender and History, 11], pp. 122-136.

———, "Leggi e provvedimenti del Rinascimento (1400-1542) : spoglio di un registro archivistico (Statuti di Siena 40)," in Ascheri (a cura di), *Antica legislazione*, pp. 161-200.

———, *Siena nel secondo Trecento. Organismi istituzionali e personale politico dalla caduta dei Dodici alla dominazione viscontea (1368-1399)*, (tesi di Dottorato di ricerca in Storia medievale, IV ciclo, rel. G. Cherubini, A. A. 1991-1992).

———, Chironi, G., Nardi, L. e Papi, C., "Il territorio per la festa dell'Assunta : patti e censi di Signori e Comunità dello Stato," in Ascheri e Ciampoli (a cura di), *Siena e il suo territorio nel Rinascimento*, t. I, pp. 81-249.

Brogi, A., "Tempo e immagine del Duomo di Siena," in *La ricerca delle origini. Leggere l'arte della Chiesa*, a cura di S. Bruschelli, Siena, 1999 [Quaderni dell'Opera, 2], pp. 43-66.

Brogi, R., *Il Palio di Siena. Cenni storici ed impressioni*, Siena, 1894.

Brogini, P., "L'assetto topografico del 'Burgus de Camullia' nell'alto medioevo (secoli X-XII) e il suo apparato difensivo (secoli XI-XIV)," in *BSSP*, CII (1995), pp. 9-62.

———, "Presenze ecclesiastiche e dinamiche sociali nello sviluppo del Borgo di Camollia," in M. Ascheri (a cura di), *La chiesa di San Pietro alla Magione nel Terzo di Camollia a Siena : il monumento-l'arte-la storia*, Siena, 2001, pp. 7-102.

———, "La trasformazione della Casa della Misericordia in Casa della Sapienza," in Ascheri e Turrini (a cura di), *La Misericordia di Siena*, pp. 121-133.

Broglio d'Ajano, R., "Tumulti e scioperi a Siena nel secolo XIV," *Vierteljahrschrift für Social-und Wirtschaftsgeschichte*, V (1907), pp. 458-466.

Brunetti, L., *Agnese e il suo ospedale (Siena, XIII-XV secolo)*, Pisa, 2005 [Ospedali medievali tra carità e servizio, 2].

Bruni, F., *La città divisa. Le parti e il bene comune da Dante a Guicciardini*, Bologna, 2003.

Buonsignori, V., *Storia della Repubblica di Siena*, 2 voll., Siena, 1856.

Burckhardt, T., *Siena città della Vergine*, a cura di M. Magnini, traduzione di G. Burgisser, Milano, 1999 [Conoscenza religiosa, 18].

Burgalassi, S., "Storia della Nobil Contrada del Bruco dal secolo XIII al secolo XIX," in *La Nobil Contrada del Bruco e il suo territorio dalle origini al XIX secolo*, Siena, 1980, pp. 57-171.

Caciorgna, M. e Guerrini, R., *Alma Sena. Percorsi iconografici nell'arte e nella cultura senese. Assunta, Buon Governo, Credo, Virtù e Fortuna, biografia dipinta*, Firenze, 2007.

———e Guerrini, R., "Imago Urbis. La lupa e l'immagine di Roma nell'arte e nella cultura senese

come identità storica e morale," in C. Strinati e B. Santi (a cura di), *Siena e Roma. Raffaello, Caravaggio e i protagonisti di un legame antico*, Catalogo della mostra (Siena, Santa Maria della Scala, Palazzo Squarcialupi, 25 novembre 2005-5 marzo 2006), Siena, 2005, pp. 99-118.

———e Guerrini, R., *La virtù figurata. Eroi ed eroine dell'antichità nell'arte senese tra Medioevo e Rinascimento*, Siena, 2003 [Itinerari e proposte, 3].

Caferro, W., "City and Countryside in Siena in the Second Half of the Fourteenth Century," *The Journal of Economic History*, LIV (1994), pp. 85-113.

———, *Mercenary Companies and the Decline of Siena*, Baltimore (MD)-London, 1998.

Caggese, R., *La Repubblica di Siena e il suo contado*, Siena, 1906.

Cagliaritano, U., *Mamma Siena. Dizionario biografico-aneddotico dei Senesi*, 6 voll., Siena, 1971-77.

Caillet, J.-P., "Iconographie religieuse et conscience civique aux derniers siècles du Moyen Age : l'exemple de Sienne," *Hortus Artium Mediaevalium*, II (1996), pp. 91-104.

Cairola, A. e Carli, E., *Il Palazzo Pubblico di Siena*, Roma, 1965.

———, *Siena—Le Contrade : Siena, feste, territorio, aggregazioni*, Siena, 1989.

Cammarosano, P., "Aspetti delle strutture familiari nelle città dell'Italia comunale (secoli xn-xiv)," *SM*, 16 (1975), pp. 417-435.

———, "Le campagne senesi dalla fine del secolo XII agli inizi del Trecento : dinamica interna e forme del dominio cittadino," in *Contadini e proprietari nella Toscana moderna*, I, Firenze, 1979, pp. 153-222.

———, "Il comune di Siena dalla solidarietà imperiale al guelfismo : celebrazione e propaganda," in Cammarosano (a cura di), *Le forme della propaganda politica*, pp. 455-467.

———, "L'éloquence laïque dans l'Italie communale (fin du XIIe-XIVe siècle)," *BEC*, CLVIII (2000), pp. 431-442.

———, *La famiglia dei Berardenghi. Contributo alla storia della società senese nei secoli XI-XIII* [Biblioteca degli "Studi medievali," 6], Spoleto, 1974.

——— (a cura di), *Le forme della propaganda politica nel Due e nel Trecento*, Relazione tenute al Convegno internazionale organizzato dal Comitato di studi storici di Trieste, Trieste, 2-5 marzo 1993, Roma, 1994.

———, "La nobiltà del Senese dal secolo VIII agli inizi del secolo XII," *BSSP*, LXXXVI (1979), pp. 7-48.

———, *Siena*, Spoleto, 2009 [Il Medioevo nelle città italiane, 1].

———, "Tradizione documentaria e storia cittadina. Introduzione al "Caleffo Vecchio" del Comune di Siena," in *Il Caleffo Vecchio del Comune di Siena*, a cura di G. Cecchini, Indice generale coordinato da M. Ascheri, t. V, Siena, 1991, pp. 7-81.

———e Passeri, V., *I castelli del Senese. Strutture fortificate dell'area senese-grossetana*, Siena, 2006.

———e Passeri, V., *Città, borghi e castelli dell'area senese-grossetana*, Siena, 1984, *ad vocem* "Siena."

Campbell, A. W., "Iconography and Identity in a Renaissance Republic," in Smith e Steinhoff (a cura di), *Art as Politics*, pp. 97-114.

Camporeale, S. I., "La morte, la proprietà e il « problema della salvezza ». Testamenti e ultime volontà a Siena dal 1200 al 1800," in *Memorie domenicane*, CVIII (1991), pp. 381-404.

Camporesi, P., *Il sugo della vita*, Milano, 1988［邦訳，P・カンポレージ（中山悦子訳）『生命の汁――血液のシンボリズムと魔術』太陽出版，1991 年］.

Canestrelli, A., *L'architettura medievale a Siena e nel suo territorio*, Siena, 1904.

Cannon, J. e Williamson, B.（a cura di）, *Art, Politics, and Civic Religion in Central Italy*, Aldershot, 2000.

Cantucci, G., "Considerazioni sulle trasformazioni urbanistiche nel centro di Siena," *BSSP*, LXVIII（1961）, pp. 251–262.

———, "Ordinamenta scomputi. In margine alla legislazione statutaria senese in materia penale," *Studi Senesi*, LXVIII–LXIX（1956–57）, pp. 492–516.

———e Morandi, U., "Introduzione ," in Archivio di Stato di Siena, *Archivio dell'Ospedale*, t. I, pp. VII–LXXX.

Cappelli, A., *Cronologia, cronografia e calendario perpetuo dal principio dell'èra cristiana ai nostri giorni*, 5^{a} ed., Milano, 1983.

Cardini, F., "L'argento e i sogni : cultura, immaginario, orizzonti mentalli," in *Banchieri e mercanti di Siena*, Roma, 1987, pp. 294–375.

———, "La Crociata nel pensiero e nella spiritualità di San Francesco e di Santa Caterina," in *Francesco e Caterina, Quaderni del C. N. S. C.*, 5, Roma, 1991, pp. 53–76.

———,"L'idea di Crociata in Santa Caterina da Siena," in Maffei e Nardi（a cura di）, *Atti del simposio internazionale Cateriniano-Bernardiniano*, pp. 57–87.

———, "Vita comunale e dignità cavalleresca a Siena," in Idem, *L'acciar de' cavalieri. Studi sulla cavalleria nel mondo toscano e italico (secc. XII–XV)*, Firenze, 1997［Le vie della storia, 30］, pp. 135–150.

Carlen, L., "Die Wölfin von Siena," in C. Schott e C. Soliva（a cura di）, *Nit anders denn liebs und guets*, Petershausen Kolloquium aus Anlaß des 80. Geburtstags von Karl S. Baden, Stuttgart, 1986, pp. 35–38

Carli, E., *Duccio*, Milano, 1999.

———, *Duccio a Siena*, Novara, 1998.

———, *Il Duomo di Siena*, Genova, 1979.

———, *La « Maestà » di Duccio*, Firenze, 1982.

———, *La Pittura Senese del Trecento*, Milano, 1981.

———, *Simone Martini : La Maestà,* Milano, 1996.

Carlotti, M., *Il cuore di Siena. La « Maestà » di Duccio di Buoninsegna*, Firenze, 2011.

Carniani, A., *I Salimbeni, quasi una signoria. Tentativi di affermazione politica nella Siena del '300*, Siena, 1995.

Carpellini, C. F., "Dell'ufficio del podestà nella repubblica di Siena," *Bullettino della Società senese di storia patria municipale*, I（1865/67）, pp. 191–199.

———, "Intorno alle origini della città di Siena," *Bullettino della Società senese di storia patria municipale*, I（1865/67）, pp. 67–71, 117–136.

Casanova, C., "La donna senese del Quattrocento nella vita privata," *BSSP*, VIII（1901）, pp. 3–93.

Cassandro, M., "La banca senese nei secoli XIII e XIV," in *Banchieri e mercanti di Siena*, pp. 107–160.

———, *Gli ebrei e il prestito ebraico a Siena nel Cinquecento*, Milano, 1979.

———, "Per una tipologia della struttura familiare nelle aziende toscane dei secoli XIV, XV," in *I ceti dirigenti nella Toscana tardo comunale*, pp. 15–55.

Castelnuovo, E. (a cura di), *Ambrogio Lorenzetti. Il Buon Governo*, Milano, 1995.

Catoni, G., "BONSIGNORI (Buonsignori)," in *Dizionario Biografico degli Italiani*, t. XII (1971), pp. 400–403.

———, "La brutta avventura di un mercante senese nel 1309 e una questione di rappresaglia," *ASI*, CXXXII (1974), pp. 65–77.

———, "Il Collegio notarile di Siena," in *Il notariato nella civiltà toscana*, Atti di un Convegno (Maggio 1981), Roma, 1985 [Studi storici sul notariato italiano, 8], pp. 337–363.

———, "La dimensione archivistica della ricerca storica : il caso di Siena," *BSSP*, LXXXIV–LXXXV (1977–78), pp. 320–392.

———, "La faziosa armonia" in Falassi e Catoni (a cura di), *Palio*, pp. 225–272.

———, "Genesi e ordinamento della Sapienza di Siena," *Studi Senesi*, LXXXV (1973), pp. 155–198.

———, "Gli oblati della Misericordia. Poveri e benefattori a Siena nella prima metà del Trecento," in Pinto (a cura di), *La società del bisogno*, pp. 1–17.

———, "Super facto piscium (Siena 12910 1486)," in B. Laurioux e L. Mouliner-Brogi (a cura di), *Scrivere il Medioevo. Lo spazio, la sanità, il cibo. Un libro dedicato a Odile Redon*, Roma, 2001, pp. 295–303.

———e Falassi, A., *Palio*, Siena, 1982.

———e Leoncini, A., *Cacce e tatuaggi. Nuovi ragguagli sulle contrade di Siena*, Siena, 1993.

———e Piccinni, G., "Alliramento e ceto dirigente nella Siena del Quattroento," in *I ceti dirigenti nella Toscana del Quattrocento*, pp. 450–461.

———e Piccinni, G., "Famiglie e redditi nella *Lira* senese del 1453," in R. Comba, G. Piccinni, G. Pinto (a cura di), *Strutture familiari, epidemie, migrazioni nell'Italia medievale*, Napoli, 1984 [Nuove ricerche di storia, 2], pp. 292–304.

Cavallini, G., *Caterina da Siena. La vita, gli scritti, la spiritualità*, Roma, 2008.

Ceccarelli, F., *Siena, lo spazio delle Contrade. I confini urbani del Palio. Delimitazioni settecentesche e nuove contese territoriali*, Ospedaletto (Pisa), 2000.

Cecchi, E., *The Sienese Painters of the Trecento*, London, 1931.

———, *Trecentisti senesi*, Roma, 1928.

Cecchini, G., "I Benincasa di Cellole," *BSSP*, LVI (1949), pp. 114–120.

———e Neri, D., *Il Palio di Siena*, Siena, 1958.

Celli, R., *Studi sui sistemi normativi delle democrazie comunali. secoli XII–XV*, I. *Pisa*, *Siena*, Firenze, 1976 [Biblioteca Storica Sansoni, Nova Serie, 51].

Ceppari Ridolfi, M. A., "Un caso toscano: Siena," in Muzzarelli e Campanini (a cura di), *Disciplinare il lusso*, pp. 59–73.

———, Ciampolini, M. e Turrini, P. (a cura di), *L'Immagine del Palio. Storia cultura e rappresentazione del rito di Siena*, Siena, 2001.

———, Jacona, E. e Turrini, P., *Schiave, ribaldi e signori. Siena nel Rinascimento*, Siena, 1994 [Sena vetus. Argomenti senesi, 3].

———, Papi, C. e Turrini, P., *La città del Costituto. Siena 1309–1310 : il testo e la storia*, Siena, 2010.

———e Turrini, P., "Il movimento associativo e devozionale dei laici nella chiesa senese (secc. XIII–XIX)," in Mirizio e Nardi (a cura di), *Chiesa e vita religiosa a Siena*, pp. 247–303.

———e Turrini, P., *Il mulino delle vanità. Lusso e cerimonie nella Siena medievale. Con l'edizione dello Statuto del Donnaio (1343)*, Siena, 1993.

Ceruti Burgio, A., "La « Passione » del Cicerchia e alcune laude dei Disciplinati senesi," in *Studi in onore di Raffaele Spongano*, Bologna, 1980, pp. 49–72.

I ceti dirigenti nella Toscana del Quattrocento. Comitato di studi sulla storia dei ceti dirigenti in Toscana, Atti del V e VI Convegno : Firenze, 10–11 dicembre 1982 ; 2–3 dicembre 1983, Firenze, 1987.

I ceti dirigenti nella Toscana tardo comunale. Comitato di studi sulla storia dei ceti dirigenti in Toscana, Atti del III Convegno : Firenze, 5–7 dicembre 1980, Firenze, 1983.

Cherubini, G., *Le città italiane dell'età di Dante*, Ospedaletto (Pisa), 1991 [Pacini Piccola Biblioteca, 6].

———, "Dal libro di ricordi di un notaio senese del Trecento," in Idem, *Signori contadini borghesi. Ricerche sulla società italiana del basso medioevo*, Firenze, 1974 [Biblioteca di Storia, 17], pp. 393–425.

———, *Il lavoro, la taverna, la strada. Scorci di Medioevo*, Napoli, 1997.

———, "I mercanti e il potere," in *Banchieri e mercanti di Siena*, pp. 163–220.

———, "Proprietari, contadini e campagne senesi all'inizio del Trecento," in Idem, *Signori, contadini, borghesi*, pp. 231–311.

———, *Signori, contadini, borghesi*, Firenze, 1974.

———, "La taverna nel Basso Medioevo," in *Il Tempo libero. Economia e società, secc. XIII–XVIII*, a cura di S. Cavacciocchi, Atti della XXVI settimana di studi (F. Datini), 18–23 aprile 1994, Firenze, 1995, pp. 525–555.

———, "Terme e società nell'Italia centro-settentrionale (secc. XIII–XV)," in Idem, *Scritti Toscani. L'urbanesimo medievale e la mezzadria*, Firenze, 1991, pp. 151–168.

———e Pinto, G. (a cura di), *Forestieri e stranieri nelle città basso-medievali*, Atti del seminario, Bagno a Ripoli, giugno 1984, Firenze, 1988 [Quaderni di storia urbana e rurale, 9].

Chiancone Isaacs, A. K., "Fisco e politica a Siena nel Trecento," *RSI*, LXXXV (1973), pp. 22–46.

———, "Magnati, comune e stato a Siena nel Trecento e all'inizio del Quattrocento," in *I ceti dirigenti della Toscana tardo comunale*, pp. 81–96.

———, "Popolo e Monti nella Siena del primo Cinquecento," *RSI*, LXXXII (1970), pp. 32–80.

———, "Lo Spedale della Scala nell'antico Stato senese," in *Spedale di Santa Maria della Scala*, Atti del convegno internazionale di studi, 20, 21, 22 novembre 1986, Siena, 1988, pp. 19–29.

Chiaudano, M., "I Rothschild del Duecento. La Gran Tavola di Orlando Bonsignori," *BSSP*, XLII (1935), pp. 103–142.

Chiffoleau, J., Gauvard, C. e Zorzi, A. (a cura di), *Pratiques sociales et politiques judiciaires dans les villes de l'Occident à la fin du Moyen Âge*, Roma, 2007 [CEFR, 385].

———, Martines, L. e Paravicini Bagliani, A. (a cura di), *Riti e rituali nelle società medievali*, Spoleto, 1994.

Chittolini, G., "« Religione cittadina » e « chiese di comune » alla fine del Medioevo," in B. Adorni (a cura di), *La chiesa a pianta centrale. Tempio civico del Rinascimento*, Milano, 2002, pp.

15-26.
Ciacci, A., "Le origini tra mito e archeologia," in Barzanti, Catoni, e De Gregorio (a cura di), *Storia di Siena*, t. I, pp. 9-26.
Ciampoli, D., "La legislazione sui funerali secondo gli statuti delle comunità dello "stato" di Siena," *BSSP*, CX (2003), pp. 103-119.
———, "Una raccolta di provvisioni senesi agli albori del XV secolo : Il « libro della catena »," *BSSP*, LXXXVI (1979), pp. 243-283.
———, "Le raccolte normative della seconda metà del Trecento," in Ascheri (a cura di), *Antica legislazione*, pp. 121-136.
La circulation des nouvelles au Moyen Âge, XXIVe congrès de la SHMESP (Avignon 1993), Paris, 1994.
City and Spectacle in Medieval Europe, Minneapolis (MN), 1994.
Civai, M. e Toti, E., *Palio, la corsa dell'anima*, Siena, 2000.
Classen, C. J., *Die Stadt im Spiegel der Descriptiones und Laudes urbium in der antiken und mittelalterlichen Literatur bis zum Ende des zwölften Jahrhunderts*, 2[a] ed., Hildesheim-Zürich-New York, 1986.
Cohn, S. K. Jr., *The Cult of Remembrance and the Black Death. Six Renaissance Cities in Central Italy*, Baltimore-London, 1992.
———, *Death and Property in Siena, 1205-1800 : Strategies for the Afterlife*, Baltimore-London, 1988.
Cole, B., *Sienese Painting, from Its Origins to the Fifteenth Century*, New York, 1980.
———, *Sienese Painting in the Age of the Renaissance*, Bloomington (IN), 1985.
Colucci, S., "« Columna quae lupa gestat in cacumine » : di alcune sculture senesi trascurate o dimenticate (secc. XIII-XVII)," in *Sacro e profano nel Duomo di Siena. Religiosità, tradizione classica e arte dalle origini all'epoca moderna. Leggere l'arte della Chiesa*, a cura di M. Lorenzoni, Monteriggioni (Siena), 2008 [Quaderni dell'Opera, X, XI, XII (2006-2008)], pp. 25-90.
——— (a cura di), *Morire nel Medioevo. Il caso di Siena*, Atti del Convegno di studi (14-15 novembre 2002) [=BSSP, CX (2004)].
———, *Sepolcri a Siena tra Medioevo e Rinascimento. Analisi storica, iconografica e artistica*, Firenze, 2003.
Comba, R. e Naso, I. (a cura di), *Demografia e società nell'Italia medievale (secoli IX-XIV)*, Cuneo, 1994.
Conte, E., *Servi medievali. Dinamiche del diritto comune*, Roma, 1996 [Ius Nostrum, 21].
Contorni, G., *Bagni San Filippo antiche terme nel Senese*, Firenze, 1988.
Contrada Priora della Civetta : le sedi storiche, Siena, 1984.
Coornaert, E., *Les corporations en France avant 1789*, Paris, 1968.
———, "Les ghildes médiévales (V[e]-XIVe siècles)," *Revue historique*, CXCIX (1948), pp. 22-55, 208-243.
Cospito, A., *La vita e le opere di S. Caterina da Siena ovvero studi e problemi di critica cateriniana*, Taranto, 1955.
Courcelles, D. de, *Il « Dialogo » di Caterina da Siena*, Milano [Per una storia d'Occidente. Chiesa e

società, 12], 1997.

Crescenzi, V., "Note critiche sul codice *Statuti 1* dell'Archivio di Stato di Siena," in *ASI*, CXLVIII (1990), pp. 511-579.

Cristofani, M. (a cura di), *Siena : le origini. Testimonianze e miti archeologici*, Firenze, 1979.

Crouzet-Pavan, É., "Les paradoxes du Prince : l'Italie de la première Renaissance," in H. Oudart, J.-M. Picard e J. Quaghebeur (a cura di), *Le Prince, son peuple et le bien commun. De l'Antiquité tardive à la fin du Moyen Âge*, Rennes, 2013, pp. 375-392.

———, "« Pour le bien commun »... À propos des politiques urbaines dans l'Italie communale," in Idem (a cura di), *Pouvoir et édilité*, pp. 11-40.

——— (a cura di), *Pouvoir et édilité. Les grands chantiers dans l'Italie communale et seigneuriale*, Roma, 2003 [CEFR, 302].

———, "La ville et ses villes possibles : sur les expériences sociales et symboliques du fait urbain (Italie du Centre et du Nord, fin du Moyen Âge)," in J.-C. Maire Vigueur (a cura di), *D'une ville à l'autre. Structures matérielles et organisation de l'espace dans les villes européennes (XIIIe-XVIe siècles)*, Rome, 1989 [CEFR, 122], pp. 643-680.

D'Accone, F. A., *The Civic Muse. Music and Musicians in Siena during the Middle Ages and the Renaissance*, Chicago-London, 1997.

Dalla Torre, G., *Diritto e politica in Caterina da Siena*, Torino, 2010.

———, "La famiglia, prima responsabilità dell'amore," in Giunta (a cura di), *Caterina da Siena e la dottrina sociale della Chiesa*, pp. 65-84.

Dal Pino, F., "Oblati e oblate conventuali presso i mendicanti « minori » nei secoli XIII-XIV," in *Uomini e donne in comunità*, in *Quaderni di Storia Religiosa*, Verona, 1994, pp. 33-68.

———, "I Servi di S. Maria a Siena," *MEFRMA*, LXXXIX (1977), pp. 749-755.

D'Ancona, A., *Studi di critica e storia letteraria*, Parte I, *Cecco Angiolieri da Siena poeta umorista del secolo XIII*, Bologna, 1912.

Dante e Siena, Siena, 1921.

Dean, T., *Crime and Justice in Late Medieval Italy*, Cambridge, 2007.

———, "Gender and Insult in an Italian City. Bologna in the Later Middle Ages," *Social History*, XXIX (2004), pp. 217-231.

———e Lowe, K. J. P. (a cura di), *Crime, Society and the Law in Renaissance Italy*, Cambridge, 1994.

De Benedictis, C., *La pittura senese 1330-1370*, Firenze, 1979.

De Castris, P. L., *Simone Martini*, Milano, 2003.

Decroisette, F. e Plaisance, M. (a cura di), *Les Fêtes urbaines en Italie à l'époque de la Renaissance, Vérone, Florence, Sienne, Naples*, Paris, 1993.

Del Piazzo, M., *Manuale di cronologia*, Roma, 1969.

De Matteis, M. C., *La « teologia politica comunale » di Remigio de' Girolami*, Bologna, 1977.

Denis-Boulet, N. M., *La carrière politique de Sainte Catherine de Sienne*, Paris, 1939.

Denley, P., *Commune and Studio in Late Medieval and Renaissance Siena*, Bologna, 2006.

———, *Teachers and Schools in Siena, 1357-1500*, Siena, 2007 [DS, 78].

———, "L'università di Siena dal 1357 alla caduta della Repubblica," in *L'Università di Siena*, pp. 27-44.

De Sanctis-Rosmini, E., *La maternità spirituale di Santa Caterina da Siena*, Siena, 1932.
———, *Santa Caterina da Siena*, Torino, 1930.
Dessì, R. M., "Il bene comune nella comunicazione verbale e visiva. Indagini sugli affreschi del « Buon Governo »," in *Il bene comune*, pp. 89–130.
———, "L'invention du « Bon Gouvernement ». Pour une histoire des anachronismes dans les fresques d'Ambrogio Lorenzetti (XIVe–XXe siècle)," *BEC*, CLXV/2 (2007), pp. 453–504.
De Vergottini, G., "Note sulla formazione degli statuti del « Popolo »," *Rivista di storia del diritto italiano*," XVI (1943), pp, 61–70.
———, "Origini e sviluppo storico della comitatinanza," *Studi Senesi*, XLIII (1929), pp. 347–481.
———, "Problemi di storia della costituzione comunale," *RSI*, LIX (1942), pp. 225–238.
Di Legami, F., *Le « Novelle » di Gentile Sermini*, Roma–Padova, 2001 [Medioevo e Umanesimo, 115].
Dini, G., Ch., Angelini, A. e Sani, B., *Pittura senese*, Milano 1997.
Dolan, C. (a cura di), *Travail et travailleurs en Europe au Moyen Âge et au début des Temps modernes*, Toronto, 1991 [Papers in Medieval Studies, 13].
Donati, F., "Il palazzo del Comune di Siena," *BSSP*, XI (1904), pp. 311–354.
Donato, M. M., "Ancora sulle 'fonti' nel *Buon Governo* di Ambrogio Lorenzetti : dubbi, precisazioni, anticipazioni," in Adorni Braccesi e Ascheri (a cura di), *Politica e cultura*, Roma, 2001, pp. 43–79.
———, "Dal Comune rubato di Giotto al Comune sovrano di Ambrogio Lorenzetti (con una proposta per la 'canzone' del Buon governo)," in A. C. Quintavalle (a cura di), *Medioevo : immagini e ideologie*, Milano, 2005, pp. 489–509.
———, "Il pittore del Buongoverno. Le opere « politiche » di Ambrogio in Palazzo Pubblico," in C. Frugoni (a cura di), *Pietro e Ambrogio Lorenzetti*, Firenze, 2002, pp. 201–255.
———, "Il « princeps », il giudice, il « sindaco » e la città. Novità su Ambrogio Lorenzetti nel Palazzo Pubblico di Siena," in F. Bocchi e R. Smurra (a cura di), *« Imago urbis ». L'immagine della città nella storia d'Italia*, Roma, 2003, pp. 389–407.
Dondaine, A., "Sainte Catherine de Sienne et Niccolò Toldo," *AFP*, XIX (1949), pp. 169–207.
Douglas, R. L., *A History of Siena*, London, 1902.
Drane, A., *The History of St. Catherine of Siena and Her Companions*, 2 voll., London, 1880.
Dufner, G., *Geschichte der Jesuaten*, Roma, 1975.
Dundes, A. e Falassi, A., *La Terra in Piazza : An Interpretation of the Palio of Siena*, Berkeley–Los Angeles (CA), 1975.
Duprè Theseider, E., "La duplice esperienza di S. Caterina da Siena," *RSI*, LXII (1950), pp. 533–574.
———, "Il mondo cittadino nelle pagine di S. Caterina," *BSSP*, LXX (1963), pp. 44–61.
———, "Il problema critico delle lettere di Santa Caterina da Siena," *BISIM*, XLIX (1933), pp. 117–278.
———, "Sulla composizione del « Dialogo » di Santa Caterina da Siena," *Giornale storico della letteratura italiana*, CXVII (1941), pp. 161–202.
———, "Il supplizio di Niccolò di Toldo in un nuovo documento senese," *BSSP*, XLII (1935), pp. 162–164.
D'Urso, G., *Beato Ambrogio Sansedoni 1220–1287*, Siena, 1986.

Edgerton, S. Y., *Pictures and Punishment. Art and Criminal Prosecution during the Florentine Renaissance*, New York, 1985.

English, E. D., "An Elite at Work : The Gaining and Preserving of Wealth, Power and Salvation in Late Medieval and Renaissance Siena," in Dolan (a cura di), *Travail et travailleurs*, pp. 303-332.

———, *Enterprise and Institutions : Magnate Families in Sienese Banking and Commerce, 1230-1350*, Cambridge (MA), 1986.

———, *Enterprise and Liability in Sienese Banking 1230-1350*, Cambridge (MA), 1988.

———, *Five Magnates Families of Siena (1240-1350)*, (Diss. University of Toronto, 1982).

———, "La prassi testamentaria delle famiglie nobili a Siena e nella Toscana del Tre-Quattrocento," in *I ceti dirigenti nella Toscana del Quattrocento*, pp. 463-472.

———, "Urban Castles in Medieval Siena," in K. Reyerson e F. Powe (a cura di), *The Medieval Castle*, Dubuque (IA), 1984.

Epstein, S. R., *Alle origini della fattoria toscana. L'ospedale della Scala di Siena e le sue terre (metà '200-metà '400)*, Firenze, 1986 [Quaderni di storia urbana e rurale, 7].

Faini, E. e Maire Vigueur, J. C., *Il sistema politico dei Comuni italiani (secoli XII-XIV)*, Milano, 2010.

Falassi, A., "Le contrade," in Barzanti, Catoni e De Gregorio (a cura di), *Storia di Siena*, t. II, pp. 95-108.

——— e Betti, L. (a cura di), *Il Palio. La Festa della Città*, Siena, 2003.

——— e Catoni, G. (a cura di), *Palio*, Milano, 1982.

Falletti-Fossati, C., *Costumi senesi nella seconda metà del secolo XIV*, Siena, 1881.

Fanfani, A., "Note sull'industria alberghiera italiana nel medioevo," *ASI*, 7a serie, XXII (1934), pp. 259-272.

Farulli, G., *Notizie istoriche dell'antica e nobile città di Siena*, Lucca, 1722.

Fawtier, R., "Catheriniana," *MAH*, XXXIV (1914), pp. 3-96.

———, *Sainte Catherine de Sienne. Essai de critique des sources*, 1 : *Sources hagiographiques* ; 2 : *Les œuvres de Sainte Catherine de Sienne*, Paris, 1921-1930.

——— e Canet, L., *La double expérience de Catherine Benincasa (Sainte Catherine de Sienne)*, Paris, 1948.

Feldges-Henning, U., "The Pictorial Programme of the Sala della Pace, a New Interpretation," *Journal of the Warburg and Courtauld Institute*, XXXV (1972), pp. 145-162.

Ferri, R. (a cura di), *Il Governo di Siena. Storia dei consigli cittadini dal medioevo ai giorni nostri*, Pisa, 2008.

Fioravant, G., *Università e città. Cultura umanistica e cultura scolastica a Siena nel '400*, Firenze, 1980 [Quaderni di Rinascimento, 3].

Fiorini, A., *Bestiario senese. Simbologia e storia degli animali totemici delle Contrade*, 2ª ed., Siena, 2009.

———, *Metamorfosi di una festa. Dalle 'Pugna' al 'Palio alla tonda'*, Siena, 1986.

Fondelli, L., *Sena Vetus*, Pordenone, 1933.

Fontana, A., "La piazza del Cinquecento come topos rappresentativo," *EIDOS*, I (1987), pp. 64-75.

Franchina, L., "I misteri del Castellare," in *Contrada Priora della Civetta*, pp. 103-108.

——— (a cura di), *Piazza del Campo : evoluzione di una immagine, documenti, vicende,*

ricostruzioni, Siena, 1983.
Francini, G., "Appunti sulla costituzione guelfa del Comune di Siena secondo il Costituto del 1274," *BSSP*, XLVI (1939), pp. 11-28.
Franco, B., *The Legend of Montaperti*, Siena, 2012 [DS, 93].
François, É. (a cura di), *Sociabilité et société bourgeoise en France, en Allemagne et en Suisse, 1750-1850*, Paris, 1986 [Travaux et mémoires de la Mission Historique Française en Allemagne, Göttingen].
———e Reichardt, R., "Les formes de sociabilité en France, du milieu du XVIIIe siècle au milieu du XIXe siècle," *Revue d'histoire moderne et contemporaine*, XXXIV (1987), pp. 453-472.
Friedman, D., "Monumental Urban Form in the Late Medieval Italian Commune : Loggias and the Mercanzie of Bologna and Siena," *Renaissance Studies*, XII (1998), pp. 325-340.
Frugoni, Ch., "The Book of Wisdom and Lorenzetti's Fresco in the Palazzo Pubblico at Siena," *Journal of the Warburg and Courtauld Institute*, XLIII (1980), pp. 239-241.
———, "Il governo dei Nove a Siena e il loro credo politico nell'affresco di Ambrogio Lorenzetti," *Quaderni medievali*, VII (1979), pp. 14-42 ; VIII (1979), pp. 71-103.
———, *Una lontana città. Sentimenti e immagini nel medioevo*, Torino, 1983.
Fusai, L., *La storia di Siena dalle origini al 1559*, Siena, 1987.
Gabbrielli, F. (a cura di), *Ospedale di Santa Maria della Scala : ricerche storiche, archeologiche e storico-artistiche*, Atti della giornata di studi (Siena, 28 aprile 2005), Siena, 2011.
——— (a cura di), *Palazzo Sansedoni*, Siena, 2004 [Itinerari e Proposte, 5].
———, *Siena medievale. L'architettura civile*, Siena, 2010.
Gabbrielli, P. M., *Tavole perpetue calcolate a giusta misura degli Orioli Sanesi per uso principalmente degli ecclesiastici*, Siena, 1702.
Gagliardi, I., "Dal « contro-addobbamento » dei gesuati ai « cavalieri di Cristo » di santa Caterina da Siena. Trasformazioni e continuità dell'« ideologia cavalleresca » nel tardo Medioevo," in *La civiltà cavalleresca e l'Europa. Ripensare la storia della cavalleria*, Atti del I Convegno internazionale di studi, San Gimignano, Sala Tamagni, 3-4 giugno 2006, a cura di F. Cardini e I. Gagliardi, Ospedaletto (Pisa)-San Gimignano, 2007, pp. 67-88.
———, *I « Pauperes Yesuati » tra esperienze religiose e conflitti istituzionali*, Roma, 2004 [Italia Sacra, 77].
———, *Pazzi per Cristo. Santa follia e mistica della croce in Italia centrale nel XIII e XIV secolo*, Siena, 1997.
———, "Santa morte e morte dei santi : agiografia e libellistica devota tra Medio Evo ed età moderna," *BSSP*, CX (2003), pp. 240-276.
Gallavotti Cavallero, D. e Brogi, A. (a cura di), *Lo Spedale Grande di Siena. Fatti urbanistici e architettonici del Santa Maria della Scala*, Firenze, 1987.
Galletti, A. I., "Gerusalemme o la città desiderata," *MEFRMA*, XCVI (1984), pp. 459-487.
Gardner, E. G., *Saint Catherine of Siena : A Study in the Religion, Literature and History of the Fourteenth Century in Italy*, London-New York, 1907.
Garosi, A., *Siena nella storia della medicina (1240-1555)*, Firenze, 1958.
Garzella, G., "L'edilizia pubblica comunale in Toscana," in *Magnati e popolani nell'Italia comunale*, pp. 294-304.

Gasparri, S., *I « milites » cittadini. Studi sulla cavalleria in Italia*, Roma, 1992 [ISIME, Nuovi studi storici, 19].
Gaudemet, J., *Église et Cité. Histoire du droit canonique*, Paris, 1994.
Gauvard, C., *Violence et ordre public au Moyen Âge*, Paris, 2005.
Gensini, S. (a cura di), *La Toscana nel secolo XIV. Caratteri di una civiltà regionale*, Atti del convegno (Firenze-San Miniato, 1-5 ottobre 1986), Pisa, 1988 [Collana di Studi e Ricerche, 2].
Geremek, B., *Les Marginaux parisiens aux XIVe et XVe siècles*, Paris, 1976.
———, *Truands et misérables dans l'Europe moderne (1250-1600)*, Paris, 1980.
Gibbs, R., "« Sober as a Judge » : Ambrogio Lorenzetti's « Allegory of Justice in the Good Commune » « Under the Influence » of the Digest and Other Bolognese Illuminated Law Manuscripts," in J. Lowden e A. Bovey (a cura di), *Under the Influence*, Turnhout, 2007, pp. 121-138.
Gigli, G., *Diario Sanese*, 2 voll., Siena, 1854, rist. anast. in 3 voll., Bologna, 1974.
———, *Vocabolario Cateriniano o siennese ove si spiegano alcuni voci e frasi di S. Caterina da Siena, usate nelle sue opere, secondo il dialette sanese*, Siena-Lucca, 1717.
Gilioli, P., *Un mondo di simboli. Le contrade e il Palio di Siena*, Siena, 2006.
Gilli, P., "Comment cesser d'être étranger : citoyens et non-citoyens dans la pensée juridique italienne de la fin du Moyen Âge," in *L'étranger au Moyen Âge*, XXXe Congrès de la S. H. M. E. S. (Göttingen, juin 1999), Paris, 2000, pp. 59-77.
Ginatempo, M., *Crisi di un territorio. Il popolamento della Toscana senese alla fine deo Medioevo*, Firenze, 1989.
———, "Potere dei mercanti, potere della città : considerazioni sul 'caso' Siena alla fine del Medioevo," in G. Petti Balbi (a cura di), *Strutture del potere ed élites economiche nelle città europee dei secoli XII-XVI*, Napoli, 1996, pp. 191-224.
———e Sandri, L., *L'Italia delle città. Il popolamento urbano tra Medioevo e Rinascimento (secoli XII-XVI)*, Firenze, 1990.
Giorgi, A., "Il conflitto magnati / popolani nelle campagne : il caso senese," in *Magnati e popolani nell'Italia comunale*, pp. 137-211.
———e Moscadelli, S., *Costruire una cattedrale. L'Opera di Santa Maria di Siena tra XII e XIV secolo*, München, 2005 [Italienische Forschungen hrsg. vom Kunsthistorischen Institut in Florenz, Max-Planck-Institut, Sonderreihe : Die Kirchen von Siena, Beiheft 3].
———e Moscadelli, S., "In vigilia beate Marie virginis. Omaggi processionali e religiosità civica a Siena (secoli XII-XIV)," in *Presenza del passato*, pp. 71-95.
Giunta, D. (a cura di), *Caterina da Siena e la dottrina sociale della Chiesa*, Firenze, 2013 [QC, 5].
——— (a cura di), *La donna negli scritti cateriniani. Dagli stereotipi del tempo all'infaticabile cura della vita*, Firenze, 2011 [QC, 3].
——— (a cura di), *Il servizio dottrinale di Caterina da Siena*, Firenze, 2012 [QC, 4].
"Giuoco delle pugna," *MSS*, V (1898), pp. 173-174.
Glenisson, F., "Fête et société : l'Assomption à Sienne et son évolution au cours du XVIe siècle," in F. Decroisette e M. Plaisance (a cura di), *Les Fêtes urbaines en Italie à l'époque de la Renaissance. Vérone, Florence, Sienne, Naples*, Paris, 1993 [Actes et colloques, 39], pp. 65-129.
Golthwaite, R., "Organizzazione economica e struttura famigliare," in *I ceti dirigenti nella Toscana*

tardo comunale, pp. 1–13.
Gonthier, N., « *Sanglant Coupaul!* » « *Orde Ribaude!* ». *Les injures au Moyen Âge*, Rennes, 2007.
Grandjean, Ch., "Note sur l'acquisition du droit de cité à Sienne au XIVe siècle," *MAH*, III (1883), pp. 132–147.
Grassi, V., "Antiche cerimonie per la festa di S. Caterina," *SC*, XVII (1939), pp. 3–5.
———, *Le Contrade di Siena e le loro feste—Il Palio attuale*, 2 voll., Siena, 1972.
Greco, A. J. e Sandri, L. (a cura di), *Ospedali e città. L'Italia del Centro-Nord, XIII–XVI secolo*, Firenze, 1997.
Greenstein, J. M., "The Vision of Peace : Meaning and Representation in Ambrogio Lorenzetti's Sala della Pace Cityscapes," *Art History*, XI (1988), pp. 492–510.
Grion, P. A., *Santa Caterina da Siena. Dottrina e fonti*, Cremona, 1953.
Grohmann, A. (a cura di), *Spazio urbano e organizzazione economica nell'Europa medievale*, Atti della Session C 23. Eleventh International Economic History Congress, Milano, 12–16 settembre 1994, Perugia, 1994.
Guarducci, P., *Un tintore senese del Trecento. Landoccio di Cecco d'Orso*, Siena, 1998 [Piccola Biblioteca di Ricerca Storica, 9].
Guarneri, R., "Gesuate," in *Dizionario degli Istituti di Perfezione*, dir. G. Pelliccia-G. Roccia, Roma, t. IV, 1977, pp. 1114–1116.
Gubitosi, C., *Siena. Disegno e spazio urbano*, Napoli, 1998.
Guglielmi, N., "L'image de la porte et des enceintes d'après les chroniques du Moyen Âge (Italie du Nord et du Centre)," in J. Heers (a cura di), *Fortifications, portes de villes, places publiques*, pp. 103–120.
Guidoni, E., *Il Campo di Siena*, Roma, 1971 [Biblioteca di storia della cultura urbana, Saggi, 1].
———, *La città dal Medioevo al Rinascimento*, 2^a ed., Roma–Bari, 1985 [Biblioteca di Cultura Moderna, 848].
Gurvitch, G., "Analyse critique de quelques classifications des formes de la sociabilité," *Archives de philosophie du droit et de sociologie juridique*, n° 3–4 (1935), pp. 43–91.
———, "Essai d'une classification pluraliste des formes de la sociabilité," *Annales sociologiques*, A–3 (1937), pp. 1–48.
———, *La vocation actuelle de la sociologie*, Paris, 1950［邦訳，ギュルヴィッチ（寿里茂訳）『社会学の現代的課題（現代社会学大系 11）』青木書店，1970 年］.
Gutton, J.-P., *La sociabilité villageoise dans l'ancienne France. Sociabilités et voisinages du XVIe au XVIIIe siècles*, Paris, 1979.
Habermas, J. *Strukturwandel der Öffentlichkeit*［邦訳，ハーバーマス（細谷貞雄訳）『公共性の構造転換』未來社，1973 年］.
Hamburger, J. F. e Signori, G. (a cura di), *Catherine of Siena*, Turnhout, 2013.
Hansen, S., *La Loggia della Mercanzia in Siena*, Sinalunga, 1992.
Hanson, A. C., *Jacopo della Quercia's Fonte Gaia*, Oxford, 1965.
Heal, B., "« Civitas virginis » ? The Significance of Civic Dedication to the Virgin for the Development of Marian Imagery in Siena before 1311," in J. Cannon e B. Williamson (a cura di), *Art, Politics and Civic Religion in Central Italy, 1261–1352*. Essays by Postgraduate Students at the Courtauld Institute of Art, Aldershot, 2000 [Courtauld Research Papers, 1], pp. 295–305.

Heers, J., *Le clan familial au Moyen Âge : étude sur les structures politiques et sociales des milieux urbains*, Paris, 1974.

——— (a cura di), *Fortifications, portes de villes, places publiques, dans le monde méditerranéen* [Cultures et civilisations médiévales, 4], ed. Paris, s. d.

———, *Les partis et la vie politique dans l'Occident médiéval*, Paris, 1981.

———, *La ville au Moyen Âge*, Paris, 1990.

———, "Les villes d'Italie centrale et l'urbanisme : origines et affirmation d'une politique (environ 1200–1350)," *MEFRMA*, CI (1989), pp. 67–93.

Herlihy, D., "Family Solidarity in Medieval Italian History," in *Economy, Society and Government in Medieval History*, V (1975), pp. 601–628.

———, "Santa Caterina and San Bernardino : Their Teachings on the Family," in Maffei e Nardi (a cura di), *Atti del Simposio internazionale Cateriniano-Bernardiniano*, pp. 917–933.

———e Klapisch-Zuber, Ch., *Les Toscans et leurs familles*, Paris, 1978.

Heywood, W., *The « Ensamples » of Fra Filippo : A Study of Mediaeval Siena*, Siena, 1901.

———, *Our Lady of August and the Palio of Siena*, Siena, 1899.

———, *Palio e Ponte : Gli sports dell'Italia Centrale dai tempi di Dante fino al Ventesimo secolo*, Palermo, 1981 [Biblioteca delle tradizioni popolari italiane].

———, *A Pictorial Chronicle of Siena*, Siena, 1902.

Hicks, D., "The Sienese Society in the Renaissance," *Comparative Studies in Society and History*, II (1959–60), pp. 412–420.

———, "The Sienese State in the Renaissance," in Ch. Carter (a cura di), *From the Renaissance to the Counter-Reformation : Essays in Honor of Garrett Mattingly*, New York, 1965, pp. 75–94.

———, "Sources of Wealth in Renaissance Siena : Businessmen and Landowners," *BSSP*, XCIII (1986), pp. 9–42.

Hobart Cust, R. H., *I Maestri del Pavimento del Duomo di Siena : 1369–1562*, Siena, 2000.

Hook, J., *Siena : A City and Its History*, London, 1979.

———, "Siena and the Renaissance State," *BSSP*, LXXXVII (1980), pp. 107–122.

Hub, B., "« Vedete come è bella la cittade quando è ordinata » : Politics and the Art of City Planning in Republican Siena," in Smith e Steinhoff (a cura di), *Art as Politics*, pp. 61–82.

Hughes, D. O., "Distinguishing Signs : Ear-Rings, Jews and Franciscan Rhetoric in the Italian Renaissance City," *Past and Present*, CXII (1986), pp. 3–59.

———, "Sumptuary Law and Social Relations in Renaissance Italy," in J. Bossy (a cura di), *Disputes and Settlements. Law and Human Relations in the West*, Cambridge, 1983, pp. 69–99.

Hyde, J. K., "Medieval Descriptions of Cities," *Bulletin of John Rylands Library*, XLVIII (1965/66), pp. 308–340.

Hyman, T., *Sienese Painting. The Art of a City-Rpublic (1278–1477)*, London, 2003.

Ikegami, S. [池上俊一]『中世幻想世界への招待』河出文庫, 2012 年。

———「西洋世界の動物観」国立歴史民俗博物館編『動物と人間の文化誌』吉川弘文館, 1997 年, 99–130 頁。

Imbert, J., *Les hôpitaux en droit canonique*, Paris, 1947 [L'Église et l'État au Moyen Âge, 8].

Infantino C. e Toti, E. (a cura di), *Spedale di Santa Maria della Scala*, Atti del Convegno Internazionale di Studi, 20, 21, 22 novembre 1986, Siena, 1988.

Irsigler, F. e Lasotta, A., *Bettler und Gaukler, Dirnen und Henker,* Köln, 1984［邦訳，F・イルジーグラー／A・ラゾッタ（藤代幸一訳）『中世のアウトサイダーたち』白水社，1992 年］.

Ishinabe, M.［石鍋真澄］『聖母の都市シエナ――中世イタリアの都市国家と美術』吉川弘文館，1988 年。

Israëls, M., “Altars on the Street : The Wool Guild, the Carmelites and the Feast of Corpus Domini in Siena（1356-1456）,” in Jackson e Nevola（a cura di）, *Beyond the Palio*, pp. 44-64.

———, “L’*Assunzione* del Sassetta e la fortuna del Trecento : Un caso senese?” in *Presenza del passato*, pp. 225-238.

Ito, H.［伊藤博明］『ヘルメスとシビュラのイコノロジー――シエナ大聖堂舗床に見るルネサンス期イタリアのシンクレティズム研究』ありな書房，1992 年。

Jackson, Ph., “Parading in Public : Patrician Women and Sumptuary Law in Renaissance Siena,” *Urban History*, XXXVII（2010）, pp. 452-463.

———e Nevola, F.（a cura di）, *Beyond the Palio : Urbanism and Ritual in Renaissance Siena*, Oxford, 2006［=*Renaissance Studies*, XX（2006）］.

Jones, Ph., *The Italian City-State from Commune to Signoria*, Oxford, 1997.

Jungmayr, J., “Caterina da Siena. Propositi politico-ecclesiastici e reazioni politiche degli Ordini,” in G. Chittolini e K. Elm（a cura di）, *Ordini religiosi e società politica in Italia e Germania nei secoli XIV e XV*, Bologna, 2001, pp. 457-488.

Kaeppeli, Th., “Le prediche del b. Ambrogio Sansedoni da Siena,” *AFP*, XXXVIII（1968）, pp. 5-12.

Kantorowicz, E. H., *The King’s Two Bodies. A Study in Mediaeval Political Theology*［邦訳，E・H・カントーロヴィチ（小林公訳）『王の二つの身体――中世政治神学研究』（上・下），ちくま学芸文庫，2003 年］.

Katayama, S.［片山伸也］『中世後期シエナにおける都市美の表象』中央公論美術出版，2013 年。

Kawahara, A.［河原温］『中世フランドルの都市と社会――慈善の社会史』中央大学出版部，2001 年。

———『都市の創造力（ヨーロッパの中世 2）』岩波書店，2009 年。

Kempers, B., “Icons, Altarpieces, and Civic Ritual in Siena Cathedral, 1100-1530,” in B. A. Hanawalt e K. L. Reyerson（a cura di）, *City and Spectacle in Medieval Europe*, Minneapolis（MN）, 1994, pp. 89-136.

Kempshall, M. S., *The Common Good in the Late Medieval Political Thought : Moral Goodness and Political Benefit*, Oxford, 1999.

Kent, F. W., *Household and Lineage in Renaissance Florence : The Family Life of the Capponi, Ginori, and Rucellai*, Princeton（NJ）, 1977.

Kikuchi, M［菊池理夫］『共通善の政治学――コミュニティをめぐる政治思想』勁草書房，2011 年。

Killerby, C. K., *Sumptuary Law in Italy 1200-1500*, Oxford, 2002.

Kiyasu, A.［喜安朗］『近代フランス民衆の〈個と共同性〉』平凡社，1994 年。

Klapisch-Zuber, Ch., *La maison et le nom. Stratégies et rituels dans l’Italie de la Renaissance*, Paris, 1990［Civilisations et Sociétés, 81］.

———, “« Parenti, amici e vicini » : Il territorio urbano d’una famiglia mercantile nel XV secolo,” *Quaderni storici*, XXXIII（1976）, pp. 953-982.

Koenig, J., "Mary, Sovereign of Siena, Jesus, King of Florence : Siege Religion and the Ritual Submission (1260–1637)," *BSSP*, CXV (2008), pp. 43–163 ; CXVI (2009), pp. 9–119.
———, *Il popolo nell'Italia del Nord nel secolo XIII*, Bologna, 1986.
———, "Prisoner Offerings, Patron Saints and State Cults, at Siena and Other Italian Cities from 1250 to 1550," *BSSP*, CVIII (2001), pp. 222–296.
———, "Wartime Religion. The Pre-Montaperti Sienese Supplication and Ritual Submission," *BSSP*, CV (1998), pp. 7–62.
Kosegarten, A. M., *Scultori senesi nel "Duomo vecchio." Studi per la scultura a Siena (1250–1330)*, Siena, 1988.
Kostof, S., "Urbanism and Polity : Medieval Siena in Context," *International Laboratory for Architecture and Urban Design Yearbook*, 1982, pp. 66–73.
Kucher, M. P., "The Use of Water and Its Regulation in Medieval Siena," *Journal of Urban History*, XXXI (2005), pp. 504–536.
———, *The Water Supply System of Siena, Italy. The Medieval Roots of the Modern Networked City*, New York–London, 2005 [Studies in Medieval History and Culture].
Kudo, K. [工藤光一]「移行期における民衆の〈ソシアビリテ〉——アンシャン・レジーム末期のバス=プロヴァンス地方農村社会」『社会史研究』第 8 号（1988 年），175–213 頁。
Kuehn, T., "Persons and Gender in the Laws," in J. C. Brown e R. C. Davis (a cura di), *Gender and Society in Renaissance Italy*, London, 1998, pp. 87–106.
Labriola, A., De Benedictis, C. e Freuler, G, *La miniatura senese, 1270–1420*, Milano, 2002.
Landi, A., *"Racconto" del Duomo di Siena*, Firenze, 1992.
Lanza, A., *La letteratura tardogotica. Arte e poesia a Firenze e Siena nell'autunno del Medioevo*, Roma, 1994 [Medioevo e Rinascimento, 4].
Laurent, M.-H., "Alcune notizie sulla famiglia di S. Caterina," *BSSP*, XLIV (1937), pp. 365–374.
———, *Orafi senesi dei secoli XIII e XIV*, Siena, 1937.
Laurioux, B. e Moulinier-Brogi, L. (a cura di), *Lo spazio, la santità, il cibo. Un libro dedicato ad Odile Redon*, Siena, 2001.
Lazzareschi, E. S., *S. Catherina da Siena e i Salimbeni*, Roma, 1927.
Lecuppre-Desjardin, E. e Van Bruaene, A.-L. (a cura di), *De Bono Communi. The Discourse and Practice of the Common Good in the European City (13th–16th c.)*, Turnhout, 2010 [Studies in European Urban History (1100–1800), 22].
Le Goff, J., *Saint François d'Assise*, Paris, 1999 [邦訳，ジャック・ルゴフ（池上俊一・梶原洋一訳）『アッシジの聖フランチェスコ』岩波書店，2010 年].
Lehmijoki-Gardner, M., "Writing Religious Rules as an Interactive Process : Dominican Penitent Women and the Making of Their Regula," *Speculum*, LXXIX (2004), pp. 660–687.
Leonardi, L. e Trifone, P. (a cura di), *Dire l'ineffabile. Caterina da Siena e il linguaggio della mistica*, Firenze, 2006 [La mistica cristiana tra Oriente e Occidente, 5].
Leoncini, A., "Le fonti di Camollia," *BSSP*, CVIII (2001), pp. 394–414.
———, *« Siena in fasce ». Topografia e immagini della Sena Vetus*, Monteriggioni (SI), 1996 [luoghi e territorio, 8].
Le Roy Ladurie, E., *Montaillou : village occitan de 1294 à 1324* [邦訳，エマニュエル・ル・ロワ・ラデュリ（井上幸治・渡邊昌美・波木居純一訳）『モンタイユー——ピレネーの村

1294～1324』（上・下）刀水書房，1990-91 年］.
Lesnick, D. R., "Insults and Threats in Medieval Todi," *JMH*, XVII (1991), pp. 71-89.
Lett, D. e Offenstadt, N. (a cura di), *« Haro ! Noël ! Oyé ! » Pratiques du cri au Moyen Âge*, Paris, 2003 [Histoire Ancienne et Médiévale, 75].
Leveleux, C., *La parole interdite. Le blasphème dans la France médiévale (XIIIe-XVIe siècles) : du péché au crime*, Paris, 2001.
Leverotti, F., "L'ospedale senese di Santa Maria della Scala in una relazione del 1456," *BSSP*, XCI (1984), pp. 276-291.
Lévy, J.-P., *La hiérarchie des preuves dans le droit savant du Moyen Âge depuis la renaissance du droit romain jusqu'à la fin du XIVe siècle*, Paris, 1939.
Liberati, A., "Chiese, monasteri, oratori e spedali senesi (Ricordi e notizie)," in *BSSP*, XLVI (1939)-LXVIII (1961).
———, "Le gesuate di Vallepiatta (Siena)," *BSSP*, IV (1933), pp. 411-418.
Lisini, A., "Arti esercitate in Siena nel 1311," *MSS*, IV, pp. 57-59.
———, "Le Contrade," *MSS*, I (1893), pp. 26-28.
———, "Giuochi Giorgiani," *MSS*, II (1894), p. 92.
———, "L'impresa della Lupa," *MSS*, III (1895), p. 195.
———, "Lupa," *MSS*, I (1893), pp. 28-29.
———, "Notizie su le Contrade di Siena," *MSS*, IV (1896), pp. 67-78, 85-88.
———, "Nuove notizie sul palio delle Contrade," *MSS*, V (1898), pp. 93-95.
———, "Porte della Città," *MSS*, I (1893), p. 15 ; III (1895), pp. 26-27.
———, "Il primo passeggio pubblico in Siena," *MSS*, IV (1896), p. 46.
———, "Una statua greca trovata in Siena nel secolo XIV," *MSS*, V (1898), pp. 175-176.
———, "Superstizioni," *MSS*, I (1893), pp. 124-128.
——— e Liberati, A., *Genealogia dei Piccolomini di Siena*, Siena, 1900.
——— e Liberati, A., "Notizie genealogiche della famiglia Piccolomini," *MSS*, III (1895), pp. 201-204 ; IV (1986), pp. 17-21, 65-67, 189-196 ; V (1898), pp. 6-14, 38, 47, 77-81, 121-123, 135-148, 159-167.
Lombardi, A., Bacci, P., Iacometti, F. e Mazzoni, G. (a cura di), *Raccolta di voci e modi di dire in uso nella città di Siena e nei suoi dintorni*, Siena, 1944.
Lugarini, R., *Il Capitolo dell'ospedale di Santa Maria della Scala. Aspetti istituzionali e riflessi documentari (Siena, fine XII-XIV secolo)*, Siena, 2011 [Ricerche e Fonti, 2].
Lumia-Ostinelli, G., "Le eredità delle donne. I diritti successori femminili a Siena tra Medioevo ed età moderna," *BSSP*, CX (2003), pp. 318-340.
———, "« Ut cippus domus magis conservetur ». La successione a Siena tra statuti e testamenti (secoli XII-XVII)," *ASI*, CLXI (2003), pp. 3-52.
Luongo, F. Th., "The Evidence of Catherine's Experience : Niccolò di Toldo and the Erotics of Political Engagement," in Ascheri e Ciampoli, (a cura di), *Siena e il suo territorio*, t. III, pp. 53-90.
———, *The Saintly Politics of Catherine of Siena*, Ithaca (NY), 2006.
Luschin v. Ebenoreuth A., "Jahreszählung und Indiktion zu Siena," *Mittheiungen des Instituts für österreichische Geschichtsforschung*, Ergänzgsbd. VI (1901), pp. 337-338.

Lusini, V., “Antiporta di Camollia,” *MSS*, II (1894), pp. 125-126.

———, “Il castellare dei Salimbeni,” *Rassegna d'arte senese*, XVIII (1925), pp. 18-40.

———, *La chiesa di Niccolò del Carmine in Siena*, Siena, 1907.

———, *Il Duomo di Siena*, 2 voll., Siena, 1911-1939.

———, “Note storiche sulla topografia di Siena nel secolo XIII,” *BSSP*, XXVIII (1921), pp. 239-341.

———, *Il San Giovanni di Siena e i suoi restauri diretti da A. Socini*, Firenze, 1901.

———, *Storia della basilica di S. Francesco in Siena*, Siena, 1894.

Maccherini, P., *La gran Casata : breve cronaca dei Tolomei*, Siena, s. d.

McDermott, Th., *Catherine of Siena. Spiritual Development in Her Life and Teaching*, New York-Mahwah (NJ), 2008.

Maconi, G., “Intorno a Lano de' Maconi. Documenti e notizie,” *Bullettino della Società senese di storia patria municipale* II (1868/70), pp. 141-149.

Maffei, D. e Nardi, P. (a cura di), *Atti del simposio internazionale Cateriniano-Bernardiniano, Siena 17-20 aprile 1980*, Siena, 1982.

Maginnis, H. B. J., *The World of the Early Sienese Painter*, University Park (PA), 2001.

Magnati e popolani nell'Italia comuale, Atti del XV Convegno di Studio del Centro Italiano di Studi di Storia e d'Arte, Pistoia, 1995, Pistoia, 1997.

Mahmoud Helmy, N., “I Mignanelli : mercatura, impegno pubblico e intellettuale di un casato senese tra XIII e XV secolo,” *BSSP*, CXIV (2008), pp. 11-67.

Maire Vigueur, J.-C., *Cavaliers et citoyens. Guerre, conflits et société dans l'Italie communale, XIIe-XIIIe siècles*, Paris, 2003.

——— (a cura di), *I podestà dell'Italia comunale.* Parte I : *Reclutamento e circolazione degli ufficiali forestieri (fine XII sec.-metà XIV sec.)*, 2 voll., Roma, 2000 [CEFR, 268].

———, “Pour une histoire urbaine de l'Italie médiévale,” in J.-L. Biget e J. C. Herve (a cura di), *Panoramas urbains*, Paris, 1995, pp. 235-274.

Mallett, M., *Mercenaries and Their Masters. Warfare in Renaissance Italy*, London 1974.

Manetti, R. e Savino, G., “I libri dei Disciplinati di Santa Maria della Scala di Siena,” *BSSP*, XCVII (1990), pp. 122-192.

Marchioli, N. G., “Cancellare il ricordo : la *damnatio memoriae* nelle iscrizioni medievali tra formule e scalpellature,” in I. L. Sanfilippo e A. Rigon (a cura di), *Condannare all'oblio. Pratiche della damnatio memoriae nel Medioevo*, Atti del convegno (Ascoli Piceno, Palazzo dei Capitani, 27-29 novembre 2008), Roma, 2010, pp. 127-156.

Mariani, E., “Gli oblati olivetani fra Tre e Quattrocento : tipologie e peculiarità,” *Benedictina*, LV (2008), pp. 99-130.

Marrara, D., “I Magnati e il governo del Comune di Siena dallo statuto del 1274 alla fine del XIV secolo,” in *Studi per Enrico Fiumi*, Pisa, 1979, pp. 239-276.

———, “I « Monti » di Siena,” in Idem, *Riseduti e nobiltà. Profilo storico istituzionale di un'oligarchia toscana nei secoli XVI-XVIII*, Pisa, 1976, pp. 61-85.

Martellucci, M., “I bambini di nessuno. L'infanzia abbandonata al Santa Maria della Scala di Siena (secoli XIII-XV),” *BSSP*, CVIII (2001), pp. 9-221.

Martini, G., “Siena da Montaperti alla caduta dei Nove (1260-1355),” *BSSP*, LXVIII (1961), pp.

75–128.
Marzucchi, M., *Le Contrade di Siena. Evoluzione Storica ed Attualità*, Siena, 1998.
Matteucci, B., "Ansano da Siena," *Bibliotheca Sanctorum*, I, Roma, 1961, pp. 1324–1334.
Mazzi, C., "Alcune leggi suntuarie senesi del secolo XIII," *ASI*, 4ª serie, V (1880), pp. 133–144.
———, "Il Breve dell'Arte degli Albergatori in Siena compilato nel 1355," *BSSP*, IX (1902), pp. 336–366.
———, "Mercanti senesi nei secoli XIII e XIV," *BSSP*, XLI (1923), pp. 217–230.
Mazzi, M. S., "Un 'dilettoso luogo': l'organizzazione della prostituzione nel tardo Medioevo," in *Città e servizi sociali nell'Italia dei secoli XII–XV*, Atti del XII Convegno Internazionale di studio, a cura del Centro Italiano di studi di storia e d'arte, Pistoia 9–12 ottobre 1987, Pistoia, 1990, pp. 465–480.
Mazzini, G., *La Compagnia del Drago in Camporegio. Gli albori delle Contrade alla luce del primo documento sulla loro storia*, Siena, 2000.
Mazzini, Don S., S. *Ansano Martire Patrono e Battista di Siena. Raccolta di documenti e leggende*, Siena, 1995.
Mecacci, E., *Condanne penali nella Siena dei Nove tra normativa e prassi*, Siena, 2000 [DS, 33].
———, "Dal frammento del 1231 al constituto volgarizzato del 1309–1310," in Mecacci e Pierini (a cura di), *Dagli Statuti dei Ghibellini*, pp. 113–157.
———, "Un frammento palinsesto del più antico constituto del Comune di Siena," in Ascheri (a cura di), *Antica legislazione*, pp. 67–119.
———, "Gli statuti del periodo dei Nove precedenti il volgarizzamento con una nota sulla 'VII distinzione'," in *Il Costituto del Comune di Siena volgarizzato nel MCCCIX-MCCCCX*, t. III, pp. 61–83.
———e Pierini, M. (a cura di), *Dagli Statuti dei Ghibellini al Constituto in volgare dei Nove, con una riflessione sull'età contemporanea*, Atti della giornata di studio dedicata al VII Centenario del Constituto in volgare del 1309–1310 (Siena, Archivio di Stato, 20 aprile 2009), Siena, 2009 [Monografie di storia e letteratura senese, 16].
Meiss, M., *Painting in Florence and Siena after the Black Death: The Arts, Religion, and Society in the Mid-Fourteenth Century*, Princeton (NJ), 1951 [邦訳，ミラード・ミース（中森義宗訳）『ペスト後のイタリア絵画――14 世紀中頃のフィレンツェとシエナの芸術・宗教・社会』中央大学出版部，1978 年].
Melis, F., *L'azienda nel Medioevo*, a cura di M. Spallanzani, Firenze, 1991 [Opere sparse di Federigo Melis, 1].
———, "La frequenza alle terme nel basso Medioevo," in *Atti del I Congresso Italiano di Studi storici termali* (Salsomaggiore Terme, 5–6 Ottobre 1963), Fidenza [s. d., ma 1963], pp. 38–49.
Mengozzi, G., "La « Charta Bannorum » di Uberto dell'Andito, podestà di Siena nel 1249," *BSSP*, XIII (1906), pp. 361–456.
Menzinger, S., *Giuristi e politica nei Comuni di Popolo. Siena, Perugia e Bologna, tre governi a confronto*, Roma, 2006 [Ius nostrum, 34].
Merlini, M., "L'evoluzione delle strutture architettoniche," in L. Bellosi (a cura di), *La sede storica della Banca Monte dei Paschi di Siena. L'architettura e la collezione delle opere d'arte*, Siena, 2002.

Micali, O. F., *La segregazione urbana. Ghetti e quartieri ebraici in Toscana*, Firenze, 1995.
Migliorino, F., *Fama e infamia. Problemi della società medievale nel pensiero giuridico nei secoli XII e XIII*, Catania, 1985.
Milanesi, G., *Sulla storia dell'arte toscana*, Siena, 1878.
Milani, G., *I comuni italiani*, Roma-Bari, 2005.
Minnucci, G. (a cura di), *I tedeschi nella storia dell'Università di Siena*, Siena, 1988.
———e Kosuta, L., *Lo Studio di Siena nei secoli XIV-XVI. Documenti e notizie biografiche*, 1989 [Saggi e documenti per la storia dell'Università di Siena, 1 Orbis academicus, 3].
Miramon, Ch. de, *Les « Données » au Moyen Âge : une forme de vie religieuse laïque (v. 1180-v. 1500)*, Paris, 1999.
Mirizio, A. e Nardi, P. (a cura di), *Chiesa e vita religiosa a Siena : dalle origini al grande Giubileo*, Siena, 2002.
Misciattelli, P., "La Regola del Terzo Ordine di S. Domenico e il Ruolo delle Mantellate nel Trecento," *SC*, III (1926), pp. 35-65.
———, *Studi senesi*, Siena, 1931.
Moggi, S., "Storia della Repubblica Senese dal 1328 al 1355," *Miscellanea storica della Valdelsa*, LXVIII (1962), pp. 55-73, 161-195.
Mollat, G., "Réception d'un oblat au couvent de Sienne," *Archivum franciscanum historicum*, XLVIII (1955), pp. 195-196.
———, "Relations politiques de Grégoire XI avec les Siennois et les Florentins," *MAH*, LXVIII (1956), pp. 335-376.
Mollat, M. e Wolff, Ph., *Ongles bleus, Jacques et Ciompi. Les révolutions populaires en Europe aux XIVe et XVe siècles*, Paris, 1970 [邦訳, M・モラ／Ph・ヴォルフ（瀬原義生訳）『ヨーロッパ中世末期の民衆運動——青い爪, ジャック, そしてチオンピ』ミネルヴァ書房, 1996年].
Mondolfo, U. G., *Le cause e le vicende della politica del Comune di Siena nel sec. XIII*, Siena, 1904.
———, "La legislazione statutaria senese dal 1262 al 1310," *Studi Senesi*, XXI (1904), pp. 230-256.
———, *Il populus a Siena nella vita della città e nel governo del Comune fino alla riforma antimagnatizia del 1277*, Genova, 1911.
Montel, R., "Sociabilité et société au Moyen-Âge," in *Sociabilité, pouvoirs et société.* Actes du colloque de Rouen 24/26 novembre 1983, Rouen, 1987, pp. 417-426.
Monti, G. M., *Le Confraternite medievali dell'alta e media Italia*, 2 voll., Venezia, 1927.
Morandi, U., *Le Biccherne Senesi*, Siena, 1964.
———, "Il castellare dei Malavolti," in *Quattro monumenti italiani*, intro. di M. Salmi, Roma, 1969, pp. 79-99.
———, *La Cattedrale di Siena, ottavo centenario della consacrazione 1179-1979*, Mostra documentaria : Siena, Archivio di Stato-luglio 1979-giugno 1980, Siena, 1979 [Ministro per i beni culturali e ambientali-Ufficio centrale Beni archivistici].
———, *I giusdicenti dell'antico stato senese*, Roma, 1962.
———, "L'indizione senese e il culto della Madonna e di S. Ansano," in Istituto storico diocesano di Siena, *Annuario*, 1996-97, pp. 21-43.
———, "Il notaio Cristoforo di Gano e le sue Memorie," *NSC*, II (1985), pp. 153-156.

———, “Il sentire religioso dei senesi dinanzi alla morte (secc. XIII–XV),” in Mirizio e Nardi (a cura di), *Chiesa e vita religiosa a Siena*, pp. 179–190.

———, “Ufficio della Dogana del Sale in Siena,” *BSSP*, LXX (1963), pp. 62–91.

———e Cairola, A., *Lo Spedale di Santa Maria della Scala*, Siena, 1975.

Morel, B., “Justice et bien commun. Étude comparée de la fresque du Bon Gouvernement d’Ambrogio Lorenzetti et d’un manuscrit juridique bolonais,” *MEFRMA*, CXIII (2001), pp. 685–697.

Moretti, I., “La Via Francigena,” in Barzanti, Catoni e De Gregorio (a cura di), *Storia di Siena*, t. I, pp. 41–54.

Mori, S. [森 征一]「中世イタリア都市社会における「正義」のイメージ――A・ロレンツェッティ作『善政のアレゴリー』を中心として」『法學研究』(慶應義塾大学) 69 巻 (1996 年), 153-191 頁。

Morishita, Y. [森下嘉公]「アンブロージオ・ロレンツェッティのシエナ市庁舎のフレスコ〈善き政府のアレゴリー〉」『人文学部紀要』(神戸学院大学人文学部) 29 (2009 年), 1-15 頁。

Morpurgo, L, “Sulla condizione giuridica dei forestieri in Italia nei secoli di mezzo,” *Archivio giuridico*, IX (1872), pp. 249–287.

Moscadelli, S., “Apparato burocratico e finanze del Comune di Siena sotto i Dodici (1355–1368),” *BSSP*, LXXXIX (1982), pp. 29–118.

———, “Recenti studi su Siena medievale,” *ASI*, CXLV (1987), pp 81–98.

———, Papi, C. e Pellegrini, E. (a cura di), *Porta Camollia. Da baluardo di difesa a simbolo di accoglienza*, Siena, 2004.

Le mouvement confraternel au Moyen Âge : France, Italie, Suisse, Actes de la table ronde organisée par l’Université de Lausanne avec le concours de l’École française de Rome et de l’Unité associée 1011 du CNRS « L’institution ecclésiale à la fin du Moyen Âge », Lausanne 9–11 mai 1985, Rome–Genève, 1987 [CEFR, 97].

Movrin, D., “The Beloved Disciple : Stephen Maconi and St. Catherine of Siena,” *Annual of Medieval Studies at the CEU*, X (2004), pp. 43–52.

Mucciarelli, R., “Un caso di emigrazione mercantile. I Tolomei di Siena,” in Comba e Naso (a cura di), *Demografia e società*, pp. 475–492.

———, “Dal ‘banco’ al podere, Dinamiche sociali e comportamenti economici di una famiglia di magnati. I Piccolomini : metà XIV–metà XV secolo,” in Ascheri, Mazzoni e Nevola (a cura di), *L’ultimo secolo della repubblica di Siena*, I : *Politica e istituzioni, economia e società*, pp. 247–296.

———, “Igiene, salute e pubblico decoro nel Medioevo,” in Mucciarelli, Vigni, e Fabbri, *Vergognosa immunditia*, pp. 13–84.

———, *Magnati e popolani. Un conflitto nell’Italia dei Comuni (secoli XIII–XIV)*, Milano, 2009 [Il Medioevo attraverso i documenti].

———, *I Piccolomini a Siena XIII–XIV secolo. Ritratti possibili*, Pisa, 2005 [Dentro il medioevo, 2].

———, “Potere economico e politico a Siena tra XIII e XIV secolo : percorsi di affermazione familiare,” in S. Cavaciocchi (a cura di), *Poteri economici e poteri politici secc. XIII–XVIII*, Firenze, 1999 [Istituto internazionale di storia economica “F. Datini” Prato, Serie II-Atti delle “Settiname di Studi” e altri Convegni, 30], pp. 569–590.

———, *I Tolomei banchieri di Siena. La parabola di un casato nel XIII e XIV secolo*, Siena, 1995.
———, Vigni, L. e Fabbri, D., *Vergognosa immunditia. Igiene pubblica e privata a Siena dal medioevo all'età contemporanea*, Siena, 2000.
Muessig, C., Ferzoco, G. e Kienzle, B. M. (a cura di), *A Companion to Catherine of Siena*, Leiden-Boston, 2012 [Brill's Companions to the Christian Tradition, 32].
Mussolin, M., "Il Beato Bernardo Tolomei e la fondazione di Monte Oliveto Minore a Siena," in Ascheri e Turrini (a cura di), *La Misericordia di Siena*, pp. 494-509.
———, "La chiesa di San Francesco a Siena : impianto originario e fasi di cantiere," *BSSP*, CVI (1999), pp. 115-155.
———, "Il convento di Santo Spirito di Siena e i regolari osservanti di San Domenico," *BSSP*, CIV (1997), pp. 7-193.
Muzzarelli, M. G., *Gli inganni delle apparenze. Disciplina di vesti e ornamenti alla fine del medioevo*, Torino, 1996.
———e Campanini, A. (a cura di), *Disciplinare il lusso. La legislazione suntuaria in Italia e in Europa tra Medioevo ed Età moderna*, Atti del convegno internazionale di studi (Bologna, 27-28 settembre 2002), Roma, 2003.
Nakaya, S［仲谷惣］「中世イタリアのコムーネと司法——紛争解決と公的秩序」『史林』第89巻（2006年），106-125頁。
———「中世後期イタリアにおける訴訟戦略と情報管理——ルッカの事例から」『史学雑誌』第117編（2008年），1-36頁。
Nakayama, A.［中山明子］「14世紀シエナにおける社会的変化をめぐって——マニャーティとポポロ」『AULA NUOVA』第4号（2004年），45-70頁。
———「中世後期都市コムーネの平和と秩序に関する一考察——13世紀後半〜14世紀前半におけるシエナの例」『大阪音楽大学紀要』第48号（2010年），101-115頁。
———「中世シエナの金融業——ボンシニョーリ銀行の興亡，およびシャンパーニュの大市との関係を中心に」『イタリア学会誌』第47号（1997年），126-148頁。
———「『ブルーコの反乱』の背景——14世紀のシエナ毛織物工業についての考察を中心に」『AULA NUOVA』第5号（2006年），1-25頁。
Nardi, P., "I borghi di San Donato e di San Pietro a Ovile. « Populi », contrade e compagnie d'armi nella società senese dei secoli XI-XIII," *BSSP*, LXXIII-LXXV (1966-1968), pp. 7-59.
———, *L'insegnamento superiore a Siena nei secoli XI-XIV. Tentativi e realizzazioni dalle origini alla fondazione dello Studio generale*, Milano, 1996 [Saggi e documenti per la storia dell' Università di Siena 2, Orbis Academicus, 6].
———, "Gli ordinamenti medievali di Pisa e Siena in una recente pubblicazione," *Studi Senesi*, XCIII (1981), pp. 446-460.
———, "Le origini dello Studio senese," *Studi Senesi*, CIV (1992), pp. 284-303.
———, "Origini e sviluppo della Casa della Misericordia nei secoli XIII e XIV," in Ascheri e Turrini (a cura di), *La Misericordia di Siena*, pp. 65-93.
———, "I vescovi di Siena e la curia pontificia dall'ascesa della parte Guelfa allo scoppio dello Scisma d'Occidente (1267-1378)," in *Chiesa e vita religiosa a Siena*, pp. 153-177.
Neri, L., "Culture et politique à Sienne au début du XIVᵉ siècle : le Statut en langue vulgaire de 1309-1310," *Médiévales*, XXII-XXIII (1992), pp. 207-221.

Nevola, F., "« Ornato della città » : Siena's Strada Romana as Focus of Fifteenth-Century Urban Renewal," *Art Bulletin*, LXXXII (2000), pp. 26–50.
———, "« Più honorati e suntuosi ala Republica » : Botteghe and Luxury Retail along Siena's Strada Romana," in B. Blonde, P. Stabel, J. Stobart, e I. Van Damme, *Buyers and Sellers*, Turnhout, 2006, pp. 65–78.
———, *Siena. Constructing the Renaissance City*, New Haven–London, 2007.
———, *Urbanism in Siena (c. 1450–1512) : Policy and Patrons : Interactions between Public and Private*, (Diss., Courtauld Institute of Art, University of London, 1998).
Niccolai, F., "I Consorzi Nobiliari ed il Comune nell'alta e media Italia," *Rivista di storia del diritto italiano*, XIII (1940), pp. 116–147, 292–340, 397–477.
———, *La formazione del diritto successorio negli statuti comunali del territorio lombardo-tosco*, Milano, 1940.
Niccoli, R., « Alcune osservazioni circa lo studio dell'urbanistica medievale in Siena » in *Atti del VII Congresso Nazionale di storia dell'architettura*, Palermo, 1956, pp. 377–383.
Ninomiya, H.［二宮宏之］編『結びあうかたち――ソシアビリテ論の射程』山川出版社, 1995年。
———「〈sociabilité〉論のヴェクトル」『社会史研究』第1号（1982年），265-267頁。
La Nobil Contrada del Bruco e il suo territorio dalle origini al XIX secolo, Siena, 1980.
Norman, D., "« Love Justice, You Who Judge the Earth » : The Paintings of the Sala dei Nove in the Palazzo Pubblico, Siena," in Idem (a cura di), *Siena, Florence, and Padua*, pp. 145–167.
———, *Painting in Late Medieval and Renaissance Siena (1260–1555)*, New Haven–London, 2003.
———, *Siena and the Virgin : Art and Politics in a Late Medieval City State*, New Haven–London, 1999.
——— (a cura di), *Siena, Florence, and Padua : Art, Society, and Religion 1280–1400*, 2 voll., New Haven (CT), 1995.
Novati, F., "Un cassone nuziale senese e le raffigurazioni delle donne illustri nell'arte italiana dei secoli XIV e XV," *Rassegna d'Arte*, XI (1911), pp. 61–67.
Ohly, F., *La Cattedrale come spazio dei tempi. Il Duomo di Siena*, Siena, 1979.
Onclin, W., "Le statut des étrangers dans la doctrine canonique médiévale," in *L'étranger (Recueils de la Société Jean Bodin,* X, 2*)*, Bruxelles, 1958, pp. 37–64.
Orlandini, A., *Gettatelli e Pellegrini. Gli affreschi nella Sala del Pellegrinaio dell'Ospedale di Santa Maria della Scala di Siena. Itinerario didattico su una summa figurativa dell' assistenza ospedaliera fra Medioevo e Rinascimento*, Siena, 1997.
———, *Piccola storia di Siena. Dalle origini al terzo millennio*, Siena, 2000.
———, *Torri e castellari. Guida didattica alla città di Siena*, Siena, 1994.
Ortalli, G., *Barattieri. Il gioco d'azzardo fra economia ed etica. Secoli XIII- XV*, Bologna, 2012.
——— (a cura di), *Gioco e giustizia nell'Italia di Comune*, Treviso–Roma, 1993 [Ludica, 1].
———, « *...pingatur in Palatio...* ». *La pittura infamante nei secoli XIII–XVI*, Roma, 1979 [Storia, 1].
Ottolenghi, D., "Studi demografici sulla popolazione di Siena dal secolo XIV al XIX," *BSSP*, X (1903), pp. 297–358.
Oudart, H., Picard, J.-M., e Quaghebeur, J. (a cura di), *Le Prince, son peuple et le bien commun. De*

l'Antiquité tardive à la fin du Moyen Âge, Rennes, 2013.
Paccagnini, G., *Simone Martini*, Milano, 1955.
Pajardi, P., *Caterina la santa della politica. Ricerche e riflessioni sul pensiero etico, giuridico, sociale e politico di Santa Caterina da Siena*, Milano, 1993.
Palladino, P., *Art and Devotion in Siena after 1350. Luca di Tommè and Niccolò di Buonaccorso*, San Diego (CA), 1997.
Panero, F., *Schiavi, servi e villani nell'Italia medievale*, Torino, 1999.
Paoli, C., "I 'Monti' o fazioni nella Repubblica di Siena," *Nuova Antologia di scienze, lettere ed arti*, CXVIII (1891), pp. 401-422.
———, *Paleografia e diplomatica*, Firenze, 1901.
———, *Siena alle fiere della Sciampagna*, Siena, 1898.
Paolozzi Strozzi, B., "Qualche riflessione sull'iconografia monetale senese," in Paolozzi Strozzi, Toderi e Vannel Toderi (a cura di), *Le Monete della Repubblica senese*, pp. 73-169.
———, Toderi, G. e Vannel Toderi, F. (a cura di), *Le Monete della Repubblica senese*, Milano, 1992.
Pardi, G., "Il beato Giovanni Colombini da Siena," *NRS*, XI (1927), pp. 286-336.
———, "Della vita e degli scritti del beato Giovanni Colombini da Siena," *BSSP*, II (1895), pp. 1-50, 202-230.
———"Elenchi di mantellate senesi," *SC* II (1924-25), pp. 43-58.
———, "La popolazione di Siena e del territorio senese attraverso i secoli," *BSSP*, XXX (1923), pp. 85-132 ; XXXII (1925), pp. 3-62.
———, "Sulla vita e sugli scritti di Domenico da Monticchiello," *BSSP*, III (1897), pp. 22-42.
Parmeggiani, R., *I « consilia » procedurali per l'inquisizione medievale (1235-1330)*, Bologna, 2011.
Parsons, G., *The Cult of Saint Catherine of Siena. A Study in Civil Religion*, Aldershot-Burlington (VT), 2008.
———, *Siena, Civil Religion and the Sienese*, Aldershot, 2004.
Passeri, V., "Genesi e primo sviluppo del comune di Siena," *BSSP*, LI-LIV (1944-47), pp. 73-78.
———, *Indici per la storia della Repubblica di Siena*, Siena, 1993 [DS, 9].
Patetta, F., "Caorsini senesi in Inghilterra," *BSSP*, IV (1897), pp. 311-344.
Paton, B. T., *Preaching Friars and the Civic Ethos in a Late Medieval Italian Commune : Siena, 1380-1480,* London, 1992.
Pavoncello, N., "Notizie storiche sulla Comunità ebraica di Siena e la sua Sinagoga," in *Rassegna Mensile di Israel*, XXXVI (1970), pp. 289-313.
Pazzaglini, P. R., *The Criminal Ban of the Sienese Commune, 1225-1310*, Milano, 1979 [Quaderni di « Studi Senesi », 45].
Pecchioli, A., *La Repubblica di Siena*, Roma, 1976.
Pecci, G. A., "Delle torri tanto esistenti che demolite in Siena," *MSS*, II (1894), pp. 17-25.
———, *Storia del Vescovado della città di Siena,* Lucca, 1748.
Pellegrini, E., *Le fortezze della Repubblica di Siena*, Siena, 1992.
Pellegrini, M., *Chiesa e città. Uomini, comunità e istituzioni nella società senese del XII e XIII secolo*, Roma, 2004.
———, *La comunità ospedaliera di Santa Maria della Scala e il suo più antico statuto (Siena, 1305)*, Ospedaletto (Pisa), 2005 [Ospedali medievali tra carità e servizio, 3].

———, “Istituzioni ecclesiastiche, vita religiosa e società cittadina nella prima età comunale,” in Mirizio e Nardi (a cura di), *Chiesa e vita religiosa a Siena*, pp. 101–134.

———, “Negotia mortis. Pratiche funerarie, economia del suffragio e comunità religiose nella società senese tra Due e Trecento,” *BSSP*, CX (2003), pp. 19–52.

———, “L’ospedale e il Comune. Immagini di una relazione privilegiata,” in Piccinni e Zarrilli (a cura di), *Arte e Assistenza a Siena*, pp. 9–45.

Per una storia dell’Università di Siena, Bologna, 2006.

Pertici, P., *La Città Magnificata. Interventi edilizi a Siena nel Rinascimento*, Siena, 1995.

Pesante, M. L., “Un pensiero economico laico?” in F. Franceschi, R. A. Goldthwaite e R. Mueller, *Rinascimento italiano e l’Europa*, t. IV : *Commercio e cultura mercantile*, Treviso, 2007, pp. 71–102.

Petrocchi, G., “La *pace* in S. Caterina da Siena,” in *La pace nel pensiero, nella politica, negli ideali del Trecento*, a cura di E. Cecchi e N. Sapegno, Milano, 1965, pp. 11–26.

Petrucci, F., “Fontebranda,” *MSS*, I (1893), pp. 177–186, 193–197.

Petrucci, P., *La Loggia dei Mercanti in Siena*, Siena, 1884.

Pezzimenti, R., “Cittadinanza e bene comune : per una politica non settaria,” in Giunta (a cura di), *Caterina da Siena e la dottrina sociale della Chiesa*, pp. 93–114.

Piccinni, G., *Il banco dell’Ospedale di Santa Maria della Scala e il mercato del denaro nella Siena del Trecento*, Ospedaletto (Pisa), 2012 [Ospedai medievali tra carità e servizio, 5].

———, *Città murata, città globale. Come conoscere la città medievale può aiutare il progetto di Siena Capitale europea della cultura nel 2019*, Siena, 2011.

——— (a cura di), *Fedeltà ghibellina, affari guelfi. Saggi e riletture intorno alla storia di Siena fra Due e Trecento*, 2 voll., Ospedaletto (Pisa), 2008 [Dentro il Medioevo, 3].

———, “Libri di contabilità privata e di memorie in Siena. Considerazioni in merito all’esistenza, alla conservazione e alla scomparsa (XIII-XV secolo),” *BSSP*, CXV (2008), pp. 164–198.

———, “Modelli di organizzazione dello spazio urbano dei ceti dominanti del Tre e Quattrocento. Considerazioni sul caso senese,” in *I ceti dirigenti nella Toscana tardo comunale*, pp. 221–236.

———, “L’Ospedale di S. Maria della Scala di Siena. Note sulle origini dell’assistenza sanitaria in Toscana (XIV-XV secolo),” in *Città e servizi sociali nell’Italia dei secoli XII-XV*, Atti del Convegno internazionale di studio del Centro Italiano di Studi di Storia e d’Arte (Pistoia 9–12 ottobre 1987), Pistoia, 1990, pp. 297–324.

———, “L’ospedale e il mondo del denaro. Le copertine dipinte come specchio dell’impresa,” in Piccinni e Zarrilli (a cura di), *Arte e Assistenza a Siena*, pp. 17–27.

———, “Siena nell’età di Duccio,” in Bagnoli, Bartalini, Bellosi e Laclotte (a cura di), *Duccio. Alle origini della pittura senese*, pp. 27–35.

———, “La strada come affare. Sosta, identificazione e depositi di denaro di pellegrini (1382–1446),” in *Il Libro del pellegrino*, pp. 1–82.

———, “I « villani incittadinati » nella Siena del XIV secolo,” *BSSP*, LXXXII-LXXXIII (1975–76), pp. 158–219.

——— e Vigni, L., “Modelli di assistenza ospedaliera tra Medioevo ed Età Moderna. Quotidianità, amministrazione, conflitti nell’ospedale di Santa Maria della Scala di Siena,” in Pinto (a cura di), *La società del bisogno*, pp. 131–174.

——— e Zarrilli, C. (a cura di), *Arte e Assistenza a Siena. Le copertine dipinte dell'Ospedale di Santa Maria della Scala*, Catalogo della mostra, Pisa, 2003.

Piccolomini Bandini, F., "Carte mercantili Piccolomini del secolo XIII," *MSS*, V (1898), pp. 65-77.

Picone, M., "La brigata di Folgore fra Dante e Boccaccio" ; in Idem (a cura di), *Il giuoco della vita bella*, pp. 25-40.

——— (a cura di), *Il giuoco della vita bella. Folgore da San Gimignano. Studi e Testi,* Ciita di San Gimignano, 1988 [Quaderni della Biblioteca, 1].

Pieri, S., *Toponomastica della Toscana meridionale e dell'Arcipelago toscano*, a cura di G. Garosi, Siena, 1969.

Pierini, M., *Simone Martini*, Cinisello Balsamo (Milano), 2000.

Pietramellara, C., *Il Duomo di Siena. Evoluzione della forma dalle origini alla fine del Trecento*, Firenze, 1980.

Pinto, G., "« Honour » and « Profit » : Landed Property and Trade in Medieval Siena," in *City and Countryside in Late Medieval and Renaissance Italy. Essays Presented to Philip Jones*, a cura di T. Dean, C. Wickham, London, 1990, pp. 81-91.

———, "I lavoratori salariati nell'Italia bassomedievale. Mercato del lavoro e livelli di vita," in Dolan (a cura di), *Travail et travailleurs*, pp. 47-62.

———, "Per la storia della struttura sociale delle città toscane nel Trecento : la distribuzione della ricchezza a Firenze e a Siena," in Gensini (a cura di), *La Toscana nel secolo XIV*, pp. 183-199.

——— (a cura di), *La società del bisogno. Povertà e assistenza nella Toscana medievale*, Firenze, 1989.

———, *Toscana medievale. Paesaggi e realtà sociali*, Firenze, 1993 [Le vie della storia, 12].

———, "Tra « onore » e « utile » : proprietà fondiaria e mercatura nella Siena medievale," in Idem, *Toscana medievale*, pp. 37-50.

Polidori, F.-L., *Proposta degli statuti scritti in volgare nei secoli XIII e XIV che si trovano nel R^o Archivio di Stato in Siena*, Bologna, 1861.

Polzer, J., "Ambrogio Lorenzetti's *War and Peace* Murals Revisited : Contributions to the Meaning of the *Good Government Allegory*," *Artibus et Historiae*, XXIII (2002), pp. 63-105.

Pont, M., "Sonetti per l'armamento di un cavaliere," in Picone (a cura di), *Il giuoco della vita bella*, pp. 51-63.

Popp, D., *Duccio und die Antike. Studien zur Antikenvorstellung und zur Antikenrezeption in der Sieneser Malerei am Anfang der 14. Jahrhunderts*, München, 1996.

———, "Lupa Senese. Zur Inszenierung einer mythischen Vergangenheit in Siena (1260-1560)," *Marburger Jahrbuch für Kunstwissenschaft*, XXIV (1997), pp. 41-58.

"Il pozzo della Diana," *MSS*, IV (1896), pp. 184-185.

Presenza del passato. Political Ideas e modelli culturali nella storia e nell'arte senese, Atti del Convegno internazionale Siena, 4 maggio 2007, Introduzione di R. De Mattei, Siena, 2008.

Professione, A., *Siena e le compagnie di ventura nella seconda metà del secolo XIV*, Civitanova, 1898.

Prunai, G., "Appunti sulla giurisdizione artigiana senese (secc. XIII e XIV)," *BSSP*, XL (1933), pp. 347-410.

———, "I capitoli della Compagnia di S. Domenico in Campo Regio," *BSSP*, XLVII (1940), pp. 117-156.

———, “Carte mercantili dei Piccolomini nel Diplomatico fiorentino,” in *Studi in onore di Aminore Fanfani*, t. II, Milano, 1962.

———, *Notizie e documenti sulla servitù domestica nel territorio senese (secc. VIII–XVI)*, Siena, 1936.

———, “Notizie sull’ordinamento interno delle arti senesi,” *BSSP*, N. S., V, (1934), pp. 365–420.

———, “Lo studio senese dalla « Migratio » bolognese alla fondazione della « Domus Sapientiae » (1321–1408),” *BSSP*, LVII (1950), pp. 3–54.

———, “Lo studio senese dalle origini alla « Migratio » bolognese (sec. XIII–1321),” *BSSP*, LVI (1949), pp. 53–79.

———e De’Colli, S., “La Balìa dagli inizi del XIII secolo fino alla invasione francese (1789),” *BSSP*, LXV (1958), pp. 33–96.

———, Pampaloni, G. Bemporad, N. e altri, *Il Palazzo Tolomei a Siena*. Firenze, 1971.

Racine, P., “Le « popolo », groupe social ou groupe de pression?” *NRS*, LXXIII (1989), pp. 133–150.

Rave, A. B., *Fronleichnam in Siena. Die Maestà von Simone Martini in der Sala del Mappamondo*, Worms, 1986.

Raveggi, S., “Appunti sulle forme di propaganda nel conflitto tra magnati e popolani,” in Cammarosano (a cura di), *Le forme della propaganda politica*, pp. 469–489.

Redon, O., “Autour de l’Hôpital Santa Maria della Scala à Sienne au XIIIe siècle,” *RS*, XV (1985), pp. 17–34.

———, “Le conseil général de la commune de Sienne au milieu du XIIIe siècle : *Laici et iudices*,” in *Liger Largitorius : Études d’histoire médiévale offertes à Pierre Toubert par ses élèves*, a cura di D. Barthélemy e J.-M. Martin, Genève, 2003, pp. 173–194.

———, “Le contado de Sienne 1263–1270. Une frontière médiévale,” *MEFRMA*, LXXXVII (1975), pp. 105–139.

———, “Costruire una famiglia nel Medioevo. Banchieri, cavalieri e un santo,” in *Palazzo Sansedoni*, a cura di F. Gabbrielli, Siena, 2004, pp. 19–56.

———, *L’Espace d’une cité : Sienne et le pays siennois (XIIIe–XIVe siècles)*, Roma, 1994 [CEFR, 200].

———, “Des maisons et des arbres. Note sur la Montagnola siennoise entre XIIIe et XIVe siècle,” *Archeologia Medievale*, XIV (1987), pp. 369–393.

———, “Le père du bienheureux : Bonatacca Tacche, conseiller siennois et podestat impérial,” in *Médiévales*, XXXIV (1998), pp. 39–51.

———, “Qualche considerazione sulle magistrature forestiere a Siena nel Duecento e nella prima metà del Trecento,” in Maire Vigueur (a cura di), *I Podestà dell’Italia comunale*, t. I, pp. 659–674.

———, *Uomini e comunità del contado senese nel Duecento*, Siena, 1982.

Reltgen-Tallon, A., “Quelles origines pour le tiers ordre dominicain?” *MEFRMA*, CXV (2003), pp. 295–309.

La Renommée, a cura di Cl. Gauvard [=*Médiévales*, XXIV (1993)].

Renzi, P., “Apprenticeship in Prosopography : The Databases of Siena and Perugia Professors (1250–1500),” in K. S. B. Keats-Rohan, *Resourcing Sources*, Oxford, 2002, pp. 22–34.

Repetti, E., *Dizionario geografico-fisico-storico della Toscana*, 6 voll., Firenze, 1833–1846.

Riccardi, C., *Il Sangue di Cristo nell'insegnamento di S. Caterina da Siena*, Siena, 1999.
Riccetti, L. (a cura di), *La Piazza del Duomo nella città medievale (nord e media Italia, secoli XII-XVI)*, Atti della Giornata di studio, Orvieto, 4 giugno 1994, Orvieto, 1997 [Bollettino dell'Istituto Storico Artistico Orvietano, XLVI-XLVII (1990-1991)].
Riedl, P. A. e Seidel, M. (a cura di), *Die Kirchen von Siena* [Italienische Forschungen; Sonderreihe], 3Bde. (in 10 voll.), München, 1985-2006.
Riemer, E. S., *Women in the Medieval City : Sources and Uses of Wealth by Sienese Women in the 13th Century*, (Diss., New York U., 1975).
Rizzi, A., *Ludus / ludere. Giocare in Italia alla fine del Medioevo*, Treviso-Roma, 1995.
Robert, U., *I segni d'infamia nel Medioevo*, a cura di S. Arcuti, Soveria Mannelli, 2000.
Rocchigiani, R., "Urbanistica ed igiene negli statuti senesi del XIII e XIV secolo," *Studi Senesi*, LXX (1958), pp. 369-419.
Rondeau, J. F., *Lay Piety and Spirituality in the Middle Ages : The Confraternities of North-Central Italy*, (Diss. Cornell U. 1988).
Rondoni, G., *Tradizioni popolari e leggende di un Comune medioevale e del suo contado (Siena e l'antico contado senese)*, Firenze, 1886.
Roon-Bassermann, E., *Sienesische Handelsgesellschaften des XIII. Jahrhunderts*, Mannheim-Leipzig, 1912.
Rossetti, G. (a cura di), *Dentro la città. Stranieri e realtà urbane nell'Europa dei secoli XII-XVI*, Napoli, 1989 [Europa Mediterranea. Quaderni, 2].
Rossi, F., *Le Contrade della Città di Siena*, 2 voll., Sala Bolognese (BO), 1981.
Rossi, P., "Arte e corporazioni a Siena nel Rinascimento," *Studi Senesi*, XXVI (1909), pp. 21-50.
———, "Carlo IV di Lussemburgo e la Repubblica di Siena (1355-1369)," *BSSP*, XXXVII (1930), pp. 5-40, 179-242.
———, "Dante e Siena," in *Dante e Siena*, Siena, 1921, pp. 9-92.
———, "Le iscrizioni romane del territorio senese, II : L'iscrizione dell'acquedotto romano," *BSSP*, IV (1897), pp. 136-154.
Rossiaud, J., "Fraternités de jeunesse et niveaux de culture dans les villes du Sud-Est à la fin du Moyen Âge," *Cahiers d'histoire*, XXI (1976), pp. 67-102.
Rousset, P., "L'idée de croisade chez sainte Catherine de Sienne et chez les théoriciens du XIVe siècle," in *Atti del Congresso internazionale di studi Cateriniani*, Siena-Roma 24-29 aprile 1980, Roma, 1981, pp. 363-372.
———, "Sainte Catherine de Sienne et le problème de la croisade," *Revue suisse d'histoire*, XXV (1975), pp. 499-513.
Rowley, G., *Ambrogio Lorenzetti*, 2 voll., Princeton, 1958.
Rubinstein, N., "Le allegorie di Ambrogio Lorenzetti nella Sala della Pace e il pensiero politico del suo tempo," *RSI*, CIX (1997), pp. 781-802.
———, "Le origini medievali del pensiero repubblicano del secolo XV," in Adorni Braccesi e Ascheri (a cura di), *Politica e cultura*, pp. 1-20.
———, "Political Ideas in Sienese Art : The Frescoes by Ambrogio Lorenzetti and Taddeo di Bartolo in the Palazzo Pubblico," *Journal of the Warburg and Courtauld Institute*, XXI (1958), pp. 179-207.

Rusconi, J., *Siena*, 3ª ed., Bergamo, 1910 [Collezione di monografie illustrate : serie Italia artistiche, 9].
Rutenberg, V., *Popolo e movimenti popolari nell'Italia del '300 e '400*, Bologna, 1971.
———, "La vie et la lutte des Ciompi de Sienne," *Annales ESC* XX (1965), pp. 95–109.
Rutigliano, A., *Lorenzetti's Golden Mean : The Riformatori of Siena, 1368–1385*, New York, 1991.
Rykwert, J., "The Street : The Use of Its History," in S. Anderson (a cura di), *On Streets*, Cambridge (MA), 1992.
Saggi e documenti per la storia dell'Università di Siena, Milano, 1989.
Saitou, J. [齋藤純一]『公共性（思考のフロンティア）』岩波書店，2000 年。
Salimei, F., *I Salimbeni di Siena*, Roma, 1986.
Salvenimi, G., *Magnati e popolani in Firenze dal 1280 al 1295 ; seguito da : La dignità cavalleresca nel Comune di Firenze*, Torino, 1960 [Biblioteca di cultura storica, 64].
Sandberg-Vavala, E., *Sienese Studies : The Development of the School of Painting of Siena*, Firenze, 1953.
Sanesi, G., *L'origine dello Spedale di Siena e il suo più antico statuto*, Siena, 1898.
Sanesi, I., "Bindo Bonichi da Siena e le sue rime," *Giornale Storico della Letteratura Italiana*, XVIII (1891), pp. 1–75.
Santa Maria della Scala. Dall'Ospedale al Museo, Siena, 1995.
I santi patroni senesi, fra agiografia e iconografia, Atti di un seminario (Siena, 24 gennaio 1990), *BSSP*, XCVII (1990), pp. 9–121.
Sapori, A., "Le compagnie mercantili toscane del Dugento e dei primi del Trecento. La responsabilità dei compagni verso i terzi," in Idem, *Studi di Storia economica*, t. II, pp. 765–808.
———, "Dalla compagnia alla holding," *Rivista delle società*, I (1956), pp. 73–84.
———, *La responsabilità verso i terzi dei compagni delle compagnie mercantili toscane del dugento e dei primi del trecento*, Milano, 1938.
———, *Studi di Storia economica. Secoli XIII–XIV–XV*, 2 voll., 3ª ed., Firenze, 1955.
Satkowski, J. e Maginnis, H., *Duccio di Buoninsegna : The Documents and Early Sources*, Athens (GA), 2000.
Sbaragli, P. L., "I mercanti di mezzana gente al potere di Siena," *BSSP*, XLIV (1937), pp. 35–63.
Sbriccoli, M., *L'interpretazione dello Statuto. Contributo allo studio della funzione dei giuristi nell'età comunale*, Milano, 1969 [Università di Macerata. Pubblicazioni della Facoltà di Giurisprudenza, ser. II, 1].
———, "Justice négociée, justice hégémonique. L'émergence du pénal public dans les villes italiennes des XIIIᵉ et XIVᵉ siècles," in Chiffoleau, Gauvard e Zorzi (a cura di), *Pratiques sociales*, pp. 389–421.
Schenk, G. J., "Enter the Emperor : Charles IV and Siena between Politics, Diplomacy and Ritual (1355 and 1368)," in Jackson e Nevola, *Beyond the Palio*, pp. 25–43.
Schevill, F., *Siena : The History of a Mediaeval Commune*, New York, 1964.
Schiera, P., "Il *Buongoverno* « melancolico » di Ambrogio Lorenzetti e la « costituzionale faziosità » della città," *Scienza & Politica*, XXXIV (2006), pp. 94–108.
———, "Dal bencomune alla pubblica felicità. Appunti per una storia delle dottrine," in H. Keller, W. Paravicini e W. Schieder (a cura di), *Italia et Germania. Liber Amicorum Arnold Esch*,

Tübingen, 2001, pp. 113–131.
Schneider, J., "Les marchands siennois et la Lorraine au XIIIe siècle," in *Studi in onore di Armando Sapori*, Milano, 1957, pp. 391–399.
Scott, K., "Catherine of Siena and Lay Sanctity in Fourteenth-Century Italy," in *Lay Sanctity, Medieval and Modern. A Search for Models*, a cura di A. W. Astell, Notre Dame (IN), 2000, pp. 77–90.
———, "Urban Spaces, Women's Networks, and the Lay Apostolate in the Siena of Catherine Benincasa," in E. A. Matter e J. Coakley (a cura di), *Creative Women in Medieval and Early Modern Italy. A Religious and Artistic Renaissance*, Philadelphia (PA), 1994, pp. 105–119.
Senigaglia, Q., "Le compagnie bancarie senesi nei secoli XIII e XIV," *Studi Senesi*, XXIV (1907), pp. 149–217 ; XXV (1908), pp. 3–66.
Serino, V. (a cura di), *Siena e l'acqua. Storia e immagini della città e delle sue fonti*, 2[a] ed., Siena, 1998.
Sestan, E., "Siena avanti Montaperti," *BSSP*, LXVIII (1961), pp. 3–49.
Sestito, F., "L'antroponimia senese nel tardo Medioevo. I dati dei registri dei battezzati del fondo Biccherna (anni 1379–1499)," in *Rivista Italiana di Onomastica*, XII (2006), 2, pp. 365–401.
Settia, A. A., "La « battaglia » : un gioco violento fra permissività e interdizione," in Ortalli (a cura di), *Gioco e giustizia nell'Italia di Comune*, pp. 121–143.
『社会的結合（シリーズ　世界史への問い 4）』板垣雄三他編，岩波書店，1989 年。
Shaw, Ch., *Popular Government and Oligarchy in Renaissance Italy*, Leiden–Boston, 1906.
Siena e il suo territorio, Siena, 1862.
Siena e Roma. Raffaello, Caravaggio e i protagonisti di un legame antico, Catalogo della mostra, Siena, Palazzo Squarcialupi, 25 novembre 2005–5 marzo 2006, Siena, 2006.
Silverman, S., "The Palio of Siena : Game, Ritual or Politics?" S. Zimmerman e R. Weissman (a cura di), *Urban Life in the Renaissance*, Newark (DE), pp. 224–239.
Simone Martini, Atti del Convegno, Siena 27–29 marzo 1985, a cura di L. Bellosi, Firenze, 1988.
Sinibaldi, G., *I Lorenzetti*, Siena, 1933.
Skinner, Q., "Ambrogio Lorenzetti. The Artist as Political Philosopher," *Proceedings of the British Academy*, LXXII (1986), pp. 1–56.
———, "Ambrogio Lorenzetti's *Buon Governo* Frescoes : Two Old Questions, Two New Answers," *Journal of the Warburg and Courtauld Institutes*, LXII (1999), pp. 2–28.
———, *Visions of Politics*, t. II : *Renaissance Virtues*, Cambridge, 2002.
Slepian, M. F., *Merchant Ideology in the Renaissance : Guild Hall Decoration in Florence, Siena, and Perugia*, Bern–New York, 1995.
Smith, T. B. e Steinhoff, J. B. (a cura di), *Art as Politics in Late Medieval and Renaissance Siena*, Farnham–Burlington (VT), 2012.
"Soggiorni alle Terme," *Medioevo*, n. 5 (28) maggio 1999, pp. 24–43.
Sordini, B., *Dentro l'antico Ospedale. Santa Maria della Scala, uomini, cose e spazi di vita nella Siena medievale*, Siena, 2010.
Southard, E. C., *The Frescoes in Siena's Palazzo Pubblico, 1289–1539 : Studies in Imagery and Relations to Other Communal Palaces in Tuscany*, New York, 1979.
Spedale di Santa Maria della Scala : 20, 21, 22 Novembre 1986, Atti del convegno internazionale di

studi, Siena, 1988.
Starn, R., *Ambrogio Lorenzetti : The Palazzo Pubblico, Siena*, New York, 1994.
———, "The Republican Regime and the 'Room of the Peace' in Siena, 1338–40," *Representations*, XVIII (1987), pp. 1–32.
———e Partridge, L., *Arts of Power. Three Halls of State in Italy, 1300–1600*, Berkeley–Los Angeles–Oxford, 1992 [The New Historicism : Studies in Cultural Poetics, 19].
Steinhoff, J., "Artistic Working Relationships after the Black Death : A Sienese Compagnia, c. 1350–1363 (?)," *Renaissance Studies*, XIV (2000), pp. 1–45.
———, "Reality and Ideality in Sienese Renaissance Cityscapes," in A. L. Jenkins (a cura di), *Siena in the Renaissance. Art in Context*, Kirksville (MO), 2005, pp. 21–45.
———, "Urban Images and Civic Identity in Medieval Sienese Painting," in Smith e Steinhoff (a cura di), *Art as Politics*, pp. 15–38.
Stopani, R., *L'altra Francigena. La quotidianità del pellegrinaggio medievale*, Firenze, 2010.
———, *Le grande vie di pellegrinaggio del Medioevo. Le strade per Roma*, Firenze, 1986.
———, *I « tepidi lavacri ». Il termalismo nella Toscana del Medioevo*, Poggibonsi, 1995.
———, *La via Francigena in Toscana. Storia di una strada medievale*, Firenze, 1984 [Collana di studi storico-territoriali. Aspetti e vicende dell'insediamento umano in Toscana, 11].
——— (a cura di), *La Via Francigena nel Senese. Storia e Territorio*, Siena, 1985.
———, *La Via Francigena. Una strada europea nell'Italia del Medioevo*, 2ª ed., Firenze, 1992.
Strocchia, Sh. T., "Gender and the Rites of Honour in Italian Renaissance Cities," in J. C. Brown e R. C. Davis (a cura di), *Gender and Society in Renaissance Italy*, London–New York, 1998, pp. 39–60.
Stubblebine, J. H., *Duccio di Buoninsegna and His School*, Princeton (NJ), 1979.
———, *Guido da Siena*, Princeton (NJ), 1964.
Szabó, Th., *Comuni e politica stradale in Toscana e in Italia nel Medioevo*, Bologna, 1992.
———, "La politica stradale dei comuni medievali italiani," *Quaderni Storici*, LXI, pp. 77–115.
———, "La rete stradale del comune di Siena. Legislazione statutaria e amministrazione comunale nel Duecento," in *MEFRMA*, LXXXVII (1975), pp. 141–186.
———, "Les routes toscanes du XIe au XIVe siècle," in *L'homme et la route en Europe occidentale au Moyen Âge et aux Temps modernes*, Auch, 1982 [Flaran, 2], pp. 267–274.
Szabó Bechstein, B., "Sul carattere dei legami tra gli ordini mendicanti, la confraternita laica dei Penitenti ed il Comune di Siena nel Duecento," *MEFRMA*, LXXXIX (1977), pp. 743–747.
Sznura, F., "Le città toscane nel XIV secolo, aspetti edilizi e urbanistici," Gensini (a cura di), *La Toscana nel secolo XIV*, pp. 385–402.
Taddei, I., "Gioco d'azzardo, ribaldi e baratteria nelle città della Toscana tardo-medievale," *Quaderni storici*, XCII, Nuova serie (1996), pp. 335–362.
Tailetti, A., "Giovanni Colombini e S. Caterina," *S. Caterina da Siena*, X (1958), n. 2, pp. 16–20.
Takahashi, T.［高橋友子］『捨児たちのルネッサンス——15 世紀イタリアの捨児養育院と都市・農村』名古屋大学出版会，2000 年。
Tamassia, N., *La famiglia italiana nei secoli decimoquinto decimosesto*, Milano–Palermo–Napoli, 1910.
Tangheroni, M., "Siena e il commercio internazionale nel Duecento e nel Trecento," in *Banchieri e*

mercanti di Siena, pp. 21–105.

Tanzini, L., "Le magistrature sulle acque nelle città toscane," *NRS*, XCIII (2009), pp. 161–188.

Taurisano, I., *Santa Caterina da Siena nei ricordi dei discepoli*, Roma, 1957.

Tempesti, F., "Provenzan Salvani," *BSSP*, n. s. VIII (1936), pp. 4–41.

Thelamon, F. (a cura di), *Sociabilité, pouvoirs et société*, Rouen, 1987.

Théry, J., "Fama : l'opinion publique comme preuve judiciaire. Aperçu sur la révolution médiévale de l'inquisitoire (XIIe–XIVe siècle)," in B. Lemesle (a cura di), *La preuve en justice de l'Antiquité à nos jours*, Rennes, 2003, pp. 119–147.

Thompson, A., *Cities of God. The Religion of the Italian Communes, 1125–1325*, University Park (PA), 2005.

"Tiro a segno," *MSS*, IV (1896), pp. 159–160.

Toderi, G., "Le Monete della Repubblica di Siena 1180–1559," in Paolozzi Strozzi, Toderi e Vannel Toderi (a cura di), *Le Monete della Repubblica senese*, pp. 281–403.

———, "Problemi di numismatica senese : le fonti di archivio e gli zecchieri," in Paolozzi Strozzi, Toderi e Vannel Toderi (a cura di), *Le Monete della Repubblica senese*, pp. 27–37.

Tognetti, S., "« Fra li compagni palesi et li ladri occulti ». Banchieri senesi del Quattrocento," *NRS*, LXXXVIII (2004), pp. 27–102.

Tokuhashi, Y.［徳橋曜］「中世フィレンツェの人間関係」二宮編『結びあうかたち』49–72 頁。

Tomei, A. (a cura di), *Le Biccherne di Siena. Arte e Finanza all'alba dell'economia moderna*, Azzano San Paolo (Bergamo)–Roma, 2002.

Torriti, P., *La basilica di San Francesco e l'oratorio di San Bernardino*, Genova, 1987.

Tortoli, S., "Per la storia della produzione laniera a Siena nel Trecento e nei primi anni del Quattrocento," *BSSP*, LXXXII–LXXXIII (1975–1976), pp. 220–238.

———, "Il podere e i mezzadri di Niccoluccio di Cecco della Boccia, mercante cortonese a Siena, nella seconda metà del Trecento," *RS*, X (1980), pp. 239–284.

Toureille, V., *Crime et châtiment au Moyen Âge. V^e^–XVe siècle*, Paris, 2013.

Trenti, L. e Addabbo, B. K. (a cura di), *Con l'occhio e col lume*, Atti del corso seminariale di studi su S. Caterina da Siena (25 settembre–7 ottobre 1995), Siena, 1999.

Trexler, R. C., *Public Life in Renaissance Florence*, New York, 1980.

Tricomi, F., "L'« exercitus » di Siena in età novesca (1287–1355)," *BSSP*, CXII (2005), pp. 9–246.

Trifone, P., "A onore e gloria dell'alma città di Siena. Identità municipale e volgare senese nell'età del libero Comune," *La lingua italiana*, I (2005), pp. 41–68.

Tuliani, M., "A proposito del palazzo detto degli Squarcialupi," *BSSP*, CXII (2006), pp. 463–469.

———, "Il Campo di Siena. Un mercato cittadino in epoca comunale," *Quaderni Medievali*, XLVI (1998), pp. 59–100.

———, "La dislocazione delle botteghe nel tessuto urbano della Siena medievale (secc. XIII–XIV)," *BSSP*, CIX (2002), pp. 88–116.

———, "Le Origini della Contrada," in L. Betti (a cura di), *La Chiesa dei Santi Pietro e Paolo ed il Museo della Contrada della Chiocciola*, Siena, 1994, pp. 17–31.

———, *Osti, avventori e malandrini. Alberghi, locande e taverne a Siena e nel suo contado tra Trecento e Quattrocento*, Siena, 1994.

———, "Per bottega la « strada ». Le professioni e i luoghi della vendita ambulante a Siena nel

Quattrocento," in Ascheri, Mazzoni e Nevola (a cura di), *L'ultimo secolo della Repubblica di Siena*, I : *Politica e istituzioni, economia e società*, pp. 229–246.

Turrini, P., "Il bestiario delle contrade di Siena : letteratura, arte e araldica tra medioevo e prima età moderna," in A. Savelli e L. Vigni (a cura di), *Uomini e Contrade di Siena. Memoria e vita di una tradizione cittadina*, Atti del Ciclo di Incontri (Siena, 16 gennaio–27 febbraio 2003), Siena, 2003, pp. 201–252.

———, "Una bottega di tintori nella Siena del secondo Trecento : i memoriali di Landoccio di Cecco d'Orso," in *Il Chianti nei libri di famiglia del Medioevo*, Radda in Chianti, 2004, pp. 131–160.

———, "Le cerimonie funebri a Siena nel basso Medio Evo : norme e rituale," *BSSP*, CX (2003), pp. 53–102.

———, *La Comunità ebraica di Siena. I documenti dell'Archivio di Stato dal Medioevo alla Restaurazione*, Siena, 2008 [DS, 80].

———, « *Per honore et utile de la città di Siena* ». *Il Comune e l'edilizia del Quattrocento*, Siena, 1997 [DS, 21].

———, "Il senso dell'iniziativa. Con una nota sugli « Statuti medievali senesi » in mostra," in Mecacci e Pierini (a cura di), *Dagli Statuti dei Ghibellini*, pp. 17–46.

L'Università di Siena. 750 anni di storia, Siena, 1991.

Vallaro, A., "Gli ordini mendicanti e la morte a Siena," *BSSP*, CX (2003), pp. 120–136.

Vallerani, M., "*Consilia iudicialia*. Sapienza giuridica e processo nelle città comunali italiane," *MEFRMA*, CXXIII (2011), pp. 129–149.

———, *La giustizia pubblica medievale*, Bologna, 2005.

———, "Procedura e giustizia nelle città italiane del basso Medioevo (XII–XIV secolo)," in Chiffoleau, Gauvard e Zorzi (a cura di), *Pratiques sociales*, pp. 439–494.

Valli, F., *Saggi su S. Caterina da Siena*, Urbino, 1949 [Studi critici, 1].

Valsecchi, G., *Le contrade di Siena. Notizie sommarie*, Orvieto, 1889.

Van der Ploeg, K., *Art, Architecture and Liturgy : Siena Cathedral in the Middle Ages*, 1993 [Mediaevalia Groningana, 11].

Vannozzi, F., "« Tumor, dolor, febris.... e le cause di morte nella Siena medioevale »," *BSSP*, CX (2003), pp. 506–524.

Van Os, H., "The Black Death and Sienese Painting : A Problem of Interpretation," *Art History*, IV (1981), pp. 237–249.

———, *Marias Demut und Verherrlichung in der sienesischen Malerei 1300–1450*, 's-Gravenhage, 1969.

———, *Sienese Altarpieces, 1215–1460 : Form, Content and Function, II, 1344–1460*, Groningen, 1984 [Mediaevalia Groningana, fasc. 4].

Vauchez, A., "La commune de Sienne, les Ordres Mendiants et le culte des saints. Histoire et enseignement d'une crise (novembre 1328–avril 1329)," *MEFRMA*, LXXXIX (1977), pp. 757–767.

——— (a cura di), *La religion civique à l'époque médiévale et moderne (Chrétienté et Islam)*, Actes du colloque organisé par le Centre de recherche « Histoire sociale et culturelle de l'Occident, XIIe–XVIIIe siècle » de l'Université de Paris X-Nanterre et l'Institut universitaire de France (Nanterre, 21–23 juin 1993), Roma, 1995 [CEFR, 213].

Venerosi Pesciolini, G., "I bagni senesi di Petriolo nel Medioevo," *La Diana*, VI (1931), pp. 110–135.
———, "La Via Francigena nel contado di Siena nei secoli XIII e XIV," *La Diana*, VIII (1933), pp. 118–155.
Ventrone, P., "Le forme dello spettacolo toscano nel Trecento : tra rituale civico e cerimoniale festivo," in Gensini (a cura di), *La Toscana nel secolo XIV*, pp. 497–517.
La via Francigena dalla Toscana a Sarzana, attraverso il territorio di Massa e Carrara : luoghi, figure e fatti, Atti della giornata di studi. Massa, 5 maggio 1996, Modena–Massa, 1997.
Viglione, M., "Ideale crociato ed esigenze di pace in santa Caterina da Siena," in *Presenza del passato*, pp. 169–182.
Villa, G., *Siena medievale. La costruzione della città nell'età "ghibellina" (1200–1270)*, Roma, 2004 [Civitates, 9].
Vincent, C., *Les confréries médiévales dans le Royaume de France, XIIIe–XVe siècle*, Paris, 1994.
Volbach, W. F., *Il Trecento : Firenze e Siena, versione italiana e revisione iconografica di Francesca Pomarici*, Città del Vaticano, 1987 [Catalogo della Pinacoteca vaticana, 2].
Volpi, S., *Ambrogio Sansedoni*, Siena, 1986.
Von Moos, P., "'Public' et 'privé' à la fin du Moyen Âge. Le 'Bien Commun' et la 'loi de la conscience'," *SM*, XLI (2000), pp. 505–548.
Vovelle, M., "Dix ans de sociabilité méridionale,"in Idem *Idéologies et mentalités*, Paris, 1982, pp. 177–188.
Wainwright, V., "Conflict and Popular Government in Fourteenth Century Siena : Il Monte dei Dodici, 1355–1368," in *I ceti dirigenti nella Toscana tardo comunale*, pp. 57–80.
———, "The Testing of a Popular Sienese Regime. The 'Riformatori' and the Insurrections of 1371," *I Tatti Studies. Essays in the Renaissance*, II (1987), pp. 107–170.
Waley, D., *Siena & the Sienese in the Thirteenth Century*, Cambridge–New York, 1991.
Waley, P., "Personal Names in Siena, 1285," in P. Denley e C. Elam (a cura di), *Florence and Italy. Renaissance Studies in Honour of Nicolai Rubinstein*, London, 1988 [Westfield Publications in Medieval Studies, 2]. pp. 187–191.
Webb, D., *Patrons and Defenders : The Saints in the Italian City-States*, London–New York, 1996.
Webb, H., "Catherine of Siena's Heart," *Speculum*, LXXX (2005), pp. 802–817.
Weigelt, C., *Duccio di Buoninsegna : Studien zur Geschichte der frühsienesischen Tafelmalerei*, Leipzig, 1911.
Zancan, M., "Lettere di Caterina da Siena," in *Letteratura italiana. Le opere*, t. 1, *Dalle origini al Cinquecento*, a cura di A. Asor Rosa, Torino, 1992, pp. 593–633.
Zdekauer, L., "Dissertazione sugli statuti del comune di Siena fino alla redazione dell'anno 1262," in *Const. 1262*, pp. XI–CXV.
———, "Le donne nella Lira Senese del 1297," *BSSP*, X (1903), pp. 91–106.
———, *Il gioco d'azzardo nel Medioevo italiano*, Firenze, 1993 [Medioevo italiano, 1].
———, "Iustitia : immagine e idea," *BSSP*, XX (1913), pp. 384–425.
———, *Il mercante senese nel Dugento*, Siena, 1925.
———, "Per un testo critico del Breve degli officiali," *BSSP*, X (1903), pp. 290–296.
———, "I primordi della Casa dei Gettatelli in Siena (1238–1298) con documenti inediti," *BSSP*, V

(1898), pp. 452–469.
———, “Studi sulla criminalità italiana nel dugento e trecento,” *BSSP*, *VIII* (1901), pp. 310–332.
———, *Lo Studio di Siena nel Rinascimento*, Bologna, 1977 [Athenaeum, 46].
———, *Sulle origini dello Studio senese*, Siena, 1893.
———, *La vita privata dei senesi nel Dugento*, Siena, 1896.
———, *La vita pubblica dei senesi nel Dugento*, Siena, 1897.
Zekiyan, B. L. (a cura di), *Gli armeni in Italia*, Catalogo, Venezia, Isola di San Lazzaro / Padova, Museo al Santo, 9 settembre 1990–20 gennaio 1991, Roma, 1990.
———, “Le Colonie armene del Medio evo in Italia e le relazioni culturali italo-armene,” in *Atti del I Simposio internazionale di arte armena* (Bergamo 28–30 giugno 1975, Venezia-S. Lazzaro, 1978), pp. 803–946.
Zorzi, A., “Giustizia criminale e criminalità nell’Italia del tardo medioevo : studi e prospettive di ricerca,” *Società e storia*, XLVI (1989), pp. 923–965.
———, “The Popolo,” in J. M. Najemy, *Italy in the Age of the Renaissance*, 1300–1550, Oxford, 2004, pp. 145–164.
Zucker, P., *Town and Square. From the Agora to the Village Green*, New York, 1959 [邦訳，ポール・ズッカー（大石敏雄監修）『都市と広場――アゴラからヴィレッジ・グリーンまで』鹿島出版会，1975 年].

註

＊1 文献は簡略化して示すので，詳細については，「文献目録」を参照していただきたい。
＊2 都市条例などの典拠表示は，以下のようにする。校訂版が公刊されている場合は，*Cost. 1309-10*, I-326, t. 1, pp. 240-241（1309〜10 年の都市条例の第 1 部 Distinzione の 326 項，校訂本の第 1 巻，240-241 頁），公刊されておらず写本を利用した場合は，*SS12*, I, 215, c. 21r（写本整理番号が *Statuti di Siena* の第 12 番，第 1 部 215 項，21 葉／フォリオの表 recto）というように。項番号が振られていない写本は，その記載は省略した。c は carta，cc は carte の略号である（f / ff ももちいられるが，本書ではイタリアで広く使われている c / cc にした）。*Frammento 1262* のように複数巻の雑誌に掲載された史料では，頁数を示すとかえって混乱を招くので，部と項の番号のみ記した。
＊3 この時代のシエナにおける日時の表現方式および貨幣単位について注記しておこう。まず年月日については，公的史料では，3 月 25 日を一年の初日とする方式が原則であった。年初が 1 月 1 日になったのは，1749 年 11 月 29 日の法令による。ただし本書では，とくに注記しない場合は，現代の方式におきかえた年で表している。
＊4 貨幣単位は 1 リラ＝20 ソリドゥス（ソルド）＝240 デナリウス（デナーロ）である。また 4 リラ＝1 フィオリーノが名目上の交換レートだったが，リラ，ソリドゥス，デナリウスは計算貨幣であり，実際は，小額貨幣の品質低下と，金に対する銀の価値の漸減によって換算率は変化した。実体貨幣としては，金貨のフィオリーノが大型取り引きで利用され，銀貨のグロッソ，デナーロ，クァットリーノのうち後二者が小銭で日々の買い物・取り引きに使われ，普通の市民の給料にももちいられた。シエナ市の会計は，計算貨幣のリラ・ソルド・デナーロで処理された。

序　章

（1）〈公共善〉は Bonum commune, bene comune の訳で「共通善」とも訳される。公共善と共通善を別種の概念とする立場もあることは承知しているが，ここではとくに区別しない。日本語の語感として，公共善のほうがふさわしいと考えた。
（2）この中世随一の著名なフレスコ画については，多くの研究があるが，ここではとくに，以下のものを参照。Belting e Blume (a cura di), *Malerei und Stadtkultur* ; Boucheron, "« Tournez les yeux »"; Idem, "Politisation et dépolitisation"; Castelnuovo (a cura di), *Ambrogio Lorenzetti* ; Dessì, "L'invention du « Bon Gouvernement »"; Donato, "Dal Comune rubato di Giotto al Comune sovrano di Ambrogio Lorenzetti"; Idem, "Ancora sulle 'fonti' nel *Buon Governo* di Ambrogio Lorenzetti"; Frugoni, "Il governo dei Nove a Siena"; Idem, *Una lontana città*, pp. 157-166 ; Greenstein, "The Vision of Peace"; Rubinstein, "Le allegorie di Ambrogio Lorenzetti" ; Idem, "Political Ideas in Sienese Art"; Skinner, "Ambrogio Lorenzetti's *Buon Governo* Frescoes"; Idem, "Ambrogio Lorenzetti. The Artist as Political Philosopher"; Idem, *Visions of Politics*, t. II, pp. 39-117 ; Starn, *Ambrogio Lorenzetti* ; Idem, "The Republican Regime"; Starn e Partridge, *Arts of Power*, pp. 11-80 ; Campbell, "Iconography and Identity"; Morel, "Justice et bien commun"; Polzer, "Ambrogio Lorenzetti's *War and Peace* Murals Revisited"; Gibbs, "« Sober as a Judge »".
（3）代表的見解は，Rubinstein, "Le allegorie di Ambrogio Lorenzetti" ; Idem, "Political Ideas in Sienese Art"; Frugoni, "Il governo dei Nove a Siena"; Idem, *Una lontana città*, pp. 157-166 な

どである。

（4） Q・スキンナーは，これが都市・コムーネを表すとしても，この王のような人物を描き込むことによって，正義の命令が守られ公共善が確保されるには，至高の審判者・支配者 dominus が必要なことを示しているとする。つまりこの白髪灰髯の老人は，公共善の象徴ではなく，都市に正義と公共善を確保しうる，選ばれるべき君主ないし君主権力 signoria（司法・行政職タイプ）の象徴であり，シエナの最高の統治者ないし司法官をシエナ（市民）が担っていることを表しているというのである。Skinner, "Ambrogio Lorenzetti's *Buon Governo* Frescoes," pp. 10–11 ; Idem, "Ambrogio Lorenzetti : The Artist as Political Philosopher," p. 44 ; Idem, *Visions of Politics*, t. II, pp. 76–82, 98–103 参照。またたとえばE・カントロヴィッチは，これは白と黒の衣服の巨大な「皇帝」に似た像であり，狼像ともども，都市シエナがローマによって建設されたことを象徴しているとする（Kantorowicz, *The King's Two Bodies*（邦訳），上，166–167 頁）。そのほかにも，この人物の同定，意味についてはさまざまな解釈がなされており，今日でもまだ最終的決着がついているとはとても言えない。いずれにせよ，裁きの座に座り笏を持ち，冠を被り，豪華な錦織の宝石をちりばめた衣装を着て，皇帝の標章をたしかに具えている堂々たる老人は，どこかよその君主を指示しているのではなく，シエナ自身が君主であり，皇帝であるというメッセージがそこには込められていよう。そうすると，アスケリが，*SS26* の前文を引き合いに出して述べているところと符合しよう。第 5 章註(61)参照。

（5） Starn, *Ambrogio Lorenzetti*, pp. 100–101 にトランスクリプションと英訳がある。トランスクリプションを掲げておけば――

QUESTA SANTA VIRTU LADOVE REGGE- INDUCE ADUNITA LIANIMI
MOLTI- EQUESTI ACCIO RICOLTI- UN BEN COMUN PERLOR SIGNOR SIFANNO
LOQUAL P(ER) GOVERNAR SUO STATO ELEGGE- DINO(N)TENER GIAM(M)A
GIOCHI RIVOLTI-
DALO SPLENDOR DEVOLTI- DELE VIRTU CHETORNO ALLUI SISTANNO-
P(ER) QUESTO CONTRIUNFO ALLUI SIDANNO- CENSI TRIBUTI ESIGNORIE
DITERRE- PER QUESTO SENÇA GUERRE- SEGUITA POI OGNI CIVILE
EFFETTO- UTILE NECESSARIO EDIDILETTO-

（6） 西洋における正義の観念とイメージの変遷については，Zdekauer, "Iustitia" 参照。

（7） 24 人の人物は，執政九人衆治下の主要役人の数とされることもあるが，通常，九人衆の前の政体，1236 年から 1270 年までシエナを統治した二十四人衆の執政官を示していると考えられている。なぜ，前の政体がここに描かれるのかは謎だが，おそらく，シエナというのは本来ギベリン（皇帝党）であったし，そのギベリンの二十四人衆は 13 世紀の大戦争のひとつ，モンタペルティの戦いでシエナを奇蹟的勝利に導いた功労者であり，またシエナ最初の美しくも堅固な構成の都市条例を発布し，さらにポポロ（平民）とマニャーティ（豪族）の，和合の産物たる政体であった，という意味で，敬意を表されていたのではあるまいか。九人衆は，党派は違えどその直系を自任していたのだろう。そうすると〈公共善〉が「皇帝」の姿をしていることともそぐう。

（8） Frugoni, "The Book of Wisdom" 参照。

（9） *SS23*, c. 477r ; cf. Frugoni, "Il governo dei Nove a Siena," t. VIII, p. 71.

（10） Baker, *The Artistic and Sociological Imagery* ; Borgia, Carli e altri (a cura di), *Le Biccherne*,

p. 116 参照。なおビッケルナ（財務府）とその帳簿表紙の絵画については，Tomei (a cura di), *Le Biccherne di Siena* も参照。

(11) 中世の〈公共善〉については，Lecuppre-Desjardin e Van Bruaene (a cura di), *De Bono Communi* ; *Il bene comune* ; Oudart, Picard e Quaghebeur (a cura di), *Le Prince, son peuple et le bien commun* ; Von Moos, " 'Public' et 'privé' à la fin du Moyen Âge" などを見ること。また，中世政治思想史における〈公共善〉とその教義の歴史については，Kempshall, *The Common Good* 参照。Crouzet-Pavan (a cura di), *Pouvoir et édilité* では，都市建設計画における〈公共善〉の諸側面が調査されている。古代から現代までの政治思想における〈公共善〉（＝共通善）を歴史的に概観したものとして，菊池『共通善の政治学』がある。

(12) De Matteis, *La « teologia politica comunale » di Remigio de' Girolami* 参照。

(13) Heers, "Les villes d'Italie" ; Idem, *La ville au Moyen Âge*, pp. 298–449.

(14) Boucheron, "Politisation et dépolitisation," p. 239 ; Maire Vigueur, "Pour une histoire urbaine de l'Italie médiévale" 参照。

(15) 〈公共善〉の危うさ，憂鬱な「平和」についての新解釈は，Boucheron, "« Tournez les yeux »"; Schiera, "Il *Buongoverno* « melancolico »"; Idem, "Dal bencomune alla pubblica felicità," pp. 115–117 を参照。

(16) 最近，さらにこの「平和」が，他の美徳の女性像とは異なり，一人ボディーラインも露わな薄絹をまとい，半ば横になり，裸足でもあるという，宮廷風恋愛や旧約，古代神話に出てくるエロティックで魅惑的な女性・女神の姿と酷似している点に着目し，それは平和の望ましさを表現している，とする見解がある。そして「平和」を支えているクッションは甲冑の山の上に据えられ，また彼女の足は直接盾の上におかれているが，そこには，「エロスの女性」＝「平和」が，「戦争」に勝利する，とのメッセージがあるという。この女性性の強調もシエナにふさわしいように思われる。Cf. Polzer, "Ambrogio Lorenzetti's *War and Peace* Murals Revisited," pp. 87–88. R・スターンとL・パートリッジも，これは女性性の反映で，白衣の「平和」はその身体の輪郭線と誘惑するようなポーズで，ロレンツェッティの筆になるサン・ガルガーノの「栄光の聖母」図（1340年）のイブとおなじだという。Starn e Partridge, *Arts of Power*, p. 51 参照。

(17) ただしスキンナーは，「平和」はメランコリーを病んでいるというより，「戦争」のための武具を肘や足で押さえつけながら，手にオリーブの枝を持ちクッションにもたれ休らっているのであり，それは隣の壁の悪徳「戦争」像とは対照的な描き方をされているという。すなわち隣室の「戦争」は盾を構え，剣を持ち上げて臨戦状態なのである。Cf. Skinner, "Ambrogio Lorenzetti's *Buon Governo* Frescoes," pp. 3–4. さらにこれは，ただたんに，古代の石棺や貨幣上に描かれたのと同様な横臥女性像を暗示しているにすぎない，という考えもある。

(18) M・アスケリによる新たなルネサンスの捉え方は，たとえば，Ascheri, Mazzoni e Nevola (a cura di), *L'ultimo secolo della repubblica di Siena*, I, Introduione, p. 6 参照。

(19) W・M・バウスキーの研究としては，Bowsky, *A Medieval Italian Commune* が代表的なものである。M・アスケリにはおびただしい研究がある。本書文献目録を参照。また，多くの研究蓄積を総合した通史・概説として，Barzanti, Catoni e De Gregorio (a cura di), *Storia di Siena*, t. I ; Cammarosano, *Siena* がある。

(20) Zdekauer, *La vita privata* ; Idem, *La vita pubblica* ; Falletti-Fossati, *Costumi senesi* 参照。ほ

かに，社会史・文化史的なアプローチの概説としては，Heywood, *The « Ensamples » of Fra Filippo* などがある。

(21) Piccinni, *Città murata* 参照。

(22) この時期のシエナの制度的な枠組み，特徴については，Ascheri, *Siena nel primo Rinascimento* ; Idem, *Siena nel Rinascimento* ; Idem, “Siena in the Fourteenth Century,”; Idem, *Il Rinascimento a Siena* ; Idem, *Siena nella storia* ; Idem, *Lo spazio storico di Siena* ; Idem, *Siena e la città-Stato* ; Bowsky, *A Medieval Italian Comune* ; Cammarosano, “Il comune di Siena dalla solidarietà”; Marrara, “I Magnati e il governo”; Chiancone Isaacs, “Magnati, comune e stato a Siena,”; Tricomi, “L’ « exercitus » di Siena”; Ferri (a cura di), *Il Governo di Siena* ; Moscadelli, “Recenti studi” など参照。またこの時代の政治の趨勢については，Moggi, “Storia della Repubblica Senese”; Caggese, *La Repubblica* ; Barzanti, Catoni e De Gregorio (a cura di), *Storia di Siena*, t. I ; Buonsignori, *Storia della Repubblica di Siena* ; Martini, “Siena da Montaperti alla caduta dei Nove”; Piccinni (a cura di), *Fedeltà ghibellina* ; Cherubini, “I mercanti e il potere”; Fusai, *La storia di Siena* など参照。

(23) ポデスタについては，Maire Vigueur (a cura di), *I podestà dell’Italia comunale* 参照。

(24) シエナのポポロ組織，そしてポポロ隊長については，Mondolfo, *Il populus* ; Ciampoli (a cura di), *Il Capitano*, pp. 23–38 など参照。なお，都市条例で populus と出てくるときには，ポポロ組織・党派を指す場合のほか，騎士も含めた全市民 universitas civium を指していることもある（Comune et populus のような場合）。

(25) マニャーティとポポロについては，Mucciarelli, *Magnati e popolani* ; Chiancone Isaacs, “Magnati, comune e stato a Siena”; Cherubini, “I mercanti e il potere”; 中山「14 世紀シエナにおける社会的変化をめぐって」など参照。

(26) Consiglio Generale と Consiglio del Popolo の制度的変遷については，Ascheri, “Assemblee, democrazia comunale”; Ferri, (a cura di), *Il Governo di Siena*, pp. 19–60 など参照。

(27) Cf. *Cost. 1309–10*, I, 244, t. I, p. 198.

(28) Cf. Archivio di Stato di Siena, *Archivio del Concistoro del Comune di Siena. Inventario*, Introduzione, pp. VII–XXIV.

(29) *Rime di Bindo Bonichi da Siena*, sonetto XVI, p. 180.

(30) モンテについては，Paoli, “I ‘Monti’ o fazioni”; Marrara, “I « Monti » di Siena”; Chiancone Isaacs, “Popolo e Monti” 参照。

(31) 執政十二人衆政権については，Moscadelli, “Apparato burocratico”; Wainwright, “Conflict and Popular Government” など参照。

(32) この反乱については，Broglio d’Ajano, “Tumulti e scioperi” ; Rutenberg, “La vie et la lutte”; Idem, *Popolo e movimenti* 参照。史料は，*CS di Donato di Neri*, pp. 639–640 にある。

(33) 執政改革者衆体制については，Rutigliano, *Lorenzetti’s Golden Mean* ; Wainwright, “The Testing of a Popular Sienese Regime” など参照。

(34) シエナを苦しめた傭兵については，Professione, *Siena e le compagnie di ventura* 参照。またより一般に，中世イタリアを跋扈した傭兵については，Mallett, *Mercenaries and Their Masters* ; Balestracci, *Le armi, i cavalli* 参照。

(35) 15 世紀のシエナの政治体制については，Ascheri e Pertici, “La situazione politica senese” 参照。

(36) とくに Turrini, « *Per honore et utile de la città di Siena* »; Pertici, *La Città Magnificata* ;

Nevola, "« Ornato della città »" 参照。

(37) たとえば Jackson, "Parading in Public"; Casanova, "La donna senese" など参照。

(38) この時代のシエナについては，以下の研究参照。Ascheri, *Siena nel Rinascimento* ; Ascheri e Ciampoli, (a cura di), *Siena e il suo territorio*, t. I.

(39) 後期中世シエナの経済状況については，Bowsky, *The Finance* ; *Banchieri e mercanti* ; English, *Enterprise and Liability* ; Pinto, "« Honour » and « Profit »"; Idem, *Toscana medievale*, pp. 37-50 ; Idem, "Per la storia della struttura sociale"; Banchi, *Gli ordinamenti economici* ; Tomei (a cura di), *Le Biccherne di Siena* ; Sbaragli, "I mercanti di mezzana gente" など参照。

(40) シエナの人口については，古い研究だが，資産評価台帳 Lira や小教区ごとの洗礼記録などを利用して計算した，Pardi, "La popolazione"; Ottolenghi, "Studi demografici sulla popolazione" を参照。最近の研究者によっても，14 世紀前半にはシエナの人口は 4〜5 万人，おそらく 5 万人前後と推定されているが，もちろん細かな数字は論者ごとに異なる。Ginatempo e Sandri, *L'Italia delle città*, pp. 106, 208, n. 33, 260 ; Ginatempo, *Crisi di un territorio*, pp. 12-14 ; Bowsky, "The Impact of the Black Death," pp. 5-11, 15-18 ; Idem, *A Medieval Italian Commune*, p. 19 ; Balestracci e Piccinni, *Siena nel Trecento*, p. 34 ; Piccinni, "Siena nell'età di Duccio," pp. 28-29 参照。

(41) シエナの税や強制公債については，Bowsky, *The Finance* に詳しい。バウスキーによると，九人衆統治下で少なくとも 18 回，確実にダツィオ dazio が徴収された。明確な証拠がないので確言できないが，実際はもっとずっと多かったかもしれないという。

(42) 資産評価と税額の変化については，*ibid.*, pp. 69-97 参照。

(43) 黒死病によるシエナ人口の減少については，Bowsky, "The Impact of the Black Death," pp. 15-18 参照。

(44) Gurvitch, *La vocation actuelle de la sociologie*（邦訳），125-197 頁；Idem, "Analyse critique de quelques classifications"; Idem, "Essai d'une classification pluraliste" 参照。

(45) Agulhon, *Pénitents et francs-maçons* ; Idem, "La sociabilité, la sociologie et l'histoire."

(46) 以下の研究参照。二宮編『結びあうかたち』；二宮「〈sociabilité〉論のヴェクトル」；『社会的結合』；喜安『近代フランス民衆の〈個と共同性〉』；工藤「移行期における民衆の〈ソシアビリテ〉」；Vovelle, "Dix ans de sociabilité méridionale"; Thelamon (a cura di), *Sociabilité, pouvoirs et société* ; François (a cura di), *Sociabilité et société bourgeoise* ; François e Reichard, "Les formes de sociabilité en France"; Gutton, *La sociabilité villageoise* など。

(47) 二宮編『結びあうかたち』14-15 頁。

(48) クラン，ギルド，信心会についてはおびただしい研究があるが，さしあたり Heers, *Le clan familiale* ; Idem, *Les partis et la vie politique* ; Vincent, *Les confréries médiévales* ; *Le mouvement confraternel* ; Rossiaud, "Fraternités de jeunesse"; Coornaert, *Les corporations* ; Aubenas, "Réflexions sur les fraternités artificielles" など参照。

(49) Montel, "Sociabilité et société au Moyen-Âge."

(50) マルジノーについては，Geremek, *Les Marginaux parisiens* ; Idem, *Truands et misérables* ; Irsigler e Lasotta, *Bettler und Gaukler* など参照。

第 1 章　行政上の地理区分と市民

（1） シエナの都市条例の概要，構成とその変容については，Mondolfo, “La legislazione statutaria senese”; Archivio di Stato di Siena, *Guida-Inventario dell'Archivio di Stato*, t. I, “Introduzione” e pp. 61-76 参照。都市条例を中心とするシエナの規範史料については，ほかに以下の研究参照。Ascheri（a cura di）, *Antica legislazione della Repubblica di Siena*; Ascheri e Papi, *Il “Costituto” del Comune di Siena*; Ascheri, “Statuten, Gesetzgebung”; Ceppari Ridolfi, Papi e Turrini, *La città del Costituto*; Balestracci, *Il potere e la parola*; Mecacci e Pierini（a cura di）, *Dagli Statuti dei Ghibellini*; Mecacci, “Gli statuti del periodo dei Nove” を参照。またより一般的な視座でイタリアの都市条例について考察した研究として，De Vergottini, “Problemi di storia della costituzione comunale”; Idem, “Note sulla formazione degli statuti del « Popolo »”; Sbriccoli, *L'interpretazione dello Statuto* などがある。シエナの「都市条例」は，現在シエナ国立古文書館に 1250～1745 年にわたるものが，Nr. 1 から Nr. 68 まで 70 の冊子／記録簿（registri）として保存されている。ただしそこには，主要な包括的条例集だけでなく，その一部のみの写本や，断片，加筆修正部分，後の時代の写しも含まれている。あるいはおなじように「都市条例」Statuti di Siena と名づけられていても，狭い意味での都市条例のほかに，機会があるごとに整理，記載された改革条項と規定 provvisioni，また諸種の委員会で出された決議 deliberazioni の集成もあり，さらにポデスタやコンソリやビッケルナ（財務府）など個々の役所・役人にのみ当てはまる規約もあるなど，その整理・配列規準はさまざまである。しかしいずれにせよ，それらが規範史料を多く含んでいることから，この *SS* の文書集成に入れられた。詳しい一覧・紹介については，Archivio di Stato di Siena, *Guida-Inventario dell'Archivio di Stato*, t. I, pp. 61-76 を参照のこと。

（2） この服務規程の校訂版は，“Breve degli officiali del Comune di Siena compilato nell'anno MCCL” にある。またこの史料については，Zdekauer, “Per un testo critico del Breve degli officiali”; Crescenzi, “Note critiche sul codice *Statuti 1*” など参照。

（3） Cf. *Const. 1262*, p. XIII.

（4） Menzinger, *Giuristi e politica* 参照。

（5） 1262 年の条例については，Zdekauer, “Dissertazione sugli statuti del comune di Siena” 参照。

（6） ズデカウエルは最初，彼が出版の底本にした写本になかった部分，すなわち第四部の途中からと第五部が，1262 年より少し後の写しに不完全ながらあったものを見つけて出版し（*Frammento 1262*），その後，はじめの三部と第四部の途中までを一冊として公刊した。1898 年，G・モンドルフォが別の写本（1274 年の）の最後の部分を利用して，第六部を構成すべき条項として公刊している。Cf. Mondolfo, “L'ultima parte del Costituto senese.”

（7） 1287～97 年の条例（*SS5*）については，Turrini, “Il senso dell'iniziativa,” pp. 27-29 参照。

（8） 1296～1334 年の条例（*SS12*）については，*ibid.*, pp. 36-39 参照。

（9） 1309～10 年の条例（*Cost. 1309-10*）については，近年 700 周年を迎えたことで，関連するシンポジウム・展覧会なども行われ，多くの研究が出た。たとえば，Ascheri e Papi, *Il 'Costituto' del Comune di Siena*; Ceppari Ridolfi, Papi e Turrini, *La città del*

Costituto; Balestracci, *Il potere e la parola* など。他に古いが，Luchaire, "Le Statut des Neuf" も参照。長らく用いられてきた刊本は，*Il Costituto del Comune di Siena volgarizzato nel 1309-1310*, 2 voll., a cura di A. Lisini, Siena, 1903 だが，2002 年には，M. Salem Elsheikh が新たに校訂版を作った。この条例（Costituto）の原本は，大きな 2 巻本であるが，2 巻への区分はかなり恣意的で，第一部と二部のみが第一巻で，他は第二巻に入っている。なお本書の註で *Cost. 1309-10* を引用する際には，広く利用されている Lisini 版の頁数を提示する。

（10） *SS23* については，Ascheri e Ottaviani, "Le provvisioni della raccolta 'Statuti 23' " 参照。当論文の付録に諸規定が分類整理してあり，その概要を知ることができる。

（11） まもなく A・ジョルジと M・アスケリにより出版されるはずだが，今のところ各条項の標題 rubrica のみ出版されている。Ciampoli（a cura di）, *Il Capitano*, pp. 59-121 参照。この「善政の条例」Statuto del Buongoverno については，Ascheri, "Lo statuto del Comune di Siena del 1337-1339"; Idem, "Statuten, Gesetzgebung," pp. 128-141 参照。

（12） *L'ultimo statuto.*

（13） 総評議会 CG の決議 deliberazioni については，Archivio di Stato di Siena, *Archivio del Consiglio Generale del Comune di Siena*, pp. VII-XXI 参照。

（14） Ascheri, "Statuten, Gesetzgebung," p. 153.

（15） 都市領域の大きな区分については，Ginatempo, *Crisi di un territorio*; Balestracci e Boldrini, "Le Masse di Siena" など参照。

（16） ボルゴについては，Balestracci e Piccinni, *Siena nel Trecento*, pp. 17-39; De Vergottini, "Origini e sviluppo" 参照。

（17） 市壁が順次拡張していったことについては，Balestracci e Piccinni, *Siena nel Trecento*, pp. 17-29; Bortolotti, *Siena*, pp. 27-31 参照。

（18） Nardi, "I borghi di san Donato" 参照。またカモッリーアのボルゴについて，Brogini, "L'assetto topografico del 'Burgus de Camullia'" 参照。

（19） シエナのマッセとコンタードについては，Balestracci e Boldrini, "Le Masse di Siena"; Redon, *L'Espace d'une cité*, pp. 91-135; Idem, "Le contado de Sienne"; Ascheri, "Stato, territorio e cultura"; Bowsky, "City and Contado" など参照。コンタードの起源と発展については，De Vergottini, "Origini e sviluppo storico della comitatinanza" 参照。マッセやコンタードへの課税については，Bowsky, *The Finance*, pp. 103-105, 118-119 に論及されている。

（20） マッセとその住民の「法的地位」については，Balestracci e Boldrini, "Le Masse di Siena"; Bowsky, "Medieval Citizenship," pp. 227-230 など参照。

（21） マッセの人口の試算は，Bowsky, "The Impact of the Black Death," p. 9, n. 46.

（22） *Const. 1262*, III, 349, pp. 381-382; *Cost. 1309-10*, I, 326, t. I, pp. 240-241; *ibid.*, I, 499, t. I, p. 315.

（23） *Lo Statuto dei Viarî*, passim.

（24） *SS26*, I, 266, c. 64r.

（25） *Cost. 1309-10*, I, 321-340, t. I, pp. 236-246; *ibid.*, I, 497, t. I, p. 314.

（26） *SS26*, I, 69-81, cc. 21v-22v; *ibid.*, III, 383-397, cc. 189v-197v; cf. Ciampoli（a cura di）, *Il Capitano*, pp. 63-64, 102-103; Ascheri e Ciampoli, *Siena e il suo territorio*, t. I, pp. 55-67. Cf. *SS23*, cc. 381r-391v; Bowsky, "City and Contado," pp. 80-91.

(27) フィレンツェのディストレットについては，Herlihy e Klapisch-Zuber, *Les Toscans*, pp. 124–131 参照。

(28) Tricomi, "L'« exercitus » di Siena," p. 181 : « l'iniziale nucleo dei *CCCC per terzo* ».

(29) Cf. *CS di autore anonimo*, p. 86 ; cf. Tricomi, "L' « exercitus » di Siena," p. 178.

(30) *Cost. 1309–10*, I, 244 t. I, p. 198 ; *ibid.*, I, 430, t. I, p. 289 ; *ibid.*, I. 480, t. I. p. 308 ; *ibid.*, Ⅲ, 25, t. Ⅱ, p. 25 など参照。

(31) たとえば道路管理のための「3 名の良き適法の男」tres bonos et legales homines が各三分区から選ばれることについて，*Lo Statuto dei Viarî*, cxiii, p. 125 を見よ。

(32) 三分区ごとの市民権の確認については，*Frammento 1262*, LXXXV に規定がある。

(33) 公的な召集，選出が問題になるときには，三分区ごとに公平な機会を与えたり，同人数が求められたことについては，都市条例のいたるところに言及があるが，たとえば，*Cost. 1309–10*, I, 195, t. I, pp. 171–172 には，三分区ごとの軍陣形成の規定がある。

(34) ポポロ隊長の居住区の三分区移動義務は，*Cost. 1309–10*, I, 169, t. I, p. 154.

(35) *Const. 1262*, I, 211, p. 85.

(36) *Statuti senesi dell'arte dei giudici*, pp. 77–78.

(37) 軍事コンパニーアについての規約は，*Statuti delle Compagne del popolo di Siena* にある。また Tricomi, "L'« exercitus » di Siena" および Nardi, "I borghi di San Donato" も参照。

(38) コンパニーア（コントラーダ）で戦闘態勢を整えるべき危急時の規定は，*Statuti delle Compagne del popolo di Siena*, XXIV–XXVII, pp. 20–24 にある。

(39) *Const. 1262*, III, 392, p. 396.

(40) Ciampoli（a cura di）, *Il Capitano*. もちろん都市条例にも軍事コンパニーアについて定められている。たとえば，*SS26*, III, 355–380, cc. 184v–189r 参照。

(41) Luchaire（a cura di）, *Documenti per la storia*, Nr. 86bis, p. 205 に「幾人かの市民による新軍事コンパニーア設立要請」Richiesta di alcuni cittadini per la formazione di una nuova compagnia として，以下要求内容が記されている。

(42) コントラーダについては，以下の研究参照。Ascheri, "Le Contrade"; Badiani, *Le contrade di Siena* ; Brogi, R., *Il Palio di Siena* ; Catoni e Leoncini, *Cacce e tatuaggi* ; Cecchini e Neri, *Il Palio di Siena* ; Grassi, *Le Contrade di Siena* ; *La Nobil Contrada del Bruco* ; Valsecchi, *Le contrade di Siena*.

(43) これについては，Mazzini, G., *La Compagnia del Drago*, pp. 11–21 参照。

(44) Cherubini, "Proprietari, contadini e campagne" 参照。

(45) パトロン・クライエント関係や隣組の人間関係については，フィレンツェについてよく知られ，研究も進んでいる。Klapisch-Zuber, "Parenti, amici e vicini"; 徳橋「中世フィレンツェの人間関係」参照。シエナについてもフィレンツェと同様な，濃厚な隣組の人間関係があったことは，第 3 章 b の証人たちの発言から明らかである。

(46) カモッリーアの populus di S. Pietro の起源については，Brogini, "Presenze ecclesiastiche," p. 64 を見よ。

(47) *Const. 1262*, p. XXXV.

(48) また Tavola delle possessioni をもちいての計算については，Balestracci e Piccinni, *Siena nel Trecento*, pp. 10–15 参照。

(49) コントラーダごとの蠟燭奉献については，*Frammento 1262*, V, 36 参照。

(50) 下記のオヴィーレ地区における毛織物業関係労働者の集住のほか，たとえば，14 世

紀後半のチッタ三分区のサン・ペッレグリーノのポポロ区には，羊毛組合に関連した職人と労働者が数多く集まって住んでいたことがわかっている。Guarducci, *Un tintore senese*, p. 45 参照。

（51） 14 世紀におけるリーラ，ポポロ，コントラーダそれぞれの間の関係については，Balestracci e Piccinni, *Siena nel Trecento*, pp. 10–15 参照。

（52） オヴィーレのボルゴについては，Nardi, "I borghi di San Donato" および Burgalassi, "Storia della Nobil Contrada del Bruco" 参照。

（53） 下のサン・ピエトロ・アド・オヴィーレ地区のさまざまな職種の貧しい労働者については，Burgalassi, "Storia della Nobil Contrada del Bruco," pp. 79–80 参照。

（54） 中世のシエナ市民権については，Bizzarri, "Ricerche sul diritto di cittadinanza" とくに pp. 75–105 ; Grandjean, "Note sur l'acquisition"; Waley, D., *Siena & the Sienese*, pp. 72–74 など参照。*Cost. 1309–10*, I, 258, t. I, p. 499 には「市民」と「外人」，さらに税金 li dazi et le preste を払わない「不完全市民」つまりシエナのコムーネの裁治権に服さない者が区別されている。不完全市民は都市の恩恵・法の保護を享受できなかったが，ただしあらゆる刑事・民事案件に共通の原則は適用された。

（55） たとえば *Const. 1262*, IV, 22, p. 410 ; *ibid.*, IV, 32, p. 413 ; *Cost. 1309–10*, I, 496, t. I, pp. 313–314 ; *ibid.*, II, 80–81, t. I, pp. 418–420 ; *ibid.*, IV, 39, t. II, p. 169 ; *ibid.*, VI, 73, t. II, pp. 526–527 など参照。

（56） *Cost. 1309–10*, I, 75, t. I, p. 95 ; *ibid.*, I, 470, t. I, p. 304 ; *SS26*, I, 342, c. 76r.

（57） 騎馬奉仕については，*Const. 1262*, I, 456–459, pp. 165–166 参照。

（58） 総評議会の三分の二の賛成が必要なことについて，*Cost. 1309–10*, I, 186, t. I, p. 166 参照。

（59） 象徴的なものだろうが，それは 13 世紀半ばまで 5 ソルド，1295 年まで 20 ソルド，1296 年以降 5 リラ（つまり 100 ソルド）であった。一般に市民権獲得のために必要なのは 125 リラ――100 リラは家を建てるための最低額，25 リラは税である。1337-39 年の都市条例では，コンタード民がシエナ市民になるためには資産評価額 1 リラあたり 6 デナーロ，最低でも 25 リラを税として納入せねばならなかった。コンタード外の者の場合は 10 リラとされている。Cf. *SS26*, I, 243, cc. 59v–60r ; *ibid.*, I, 245, c. 60r.

（60） 家屋の価格の 2 倍の罰金について，*Cost. 1309–10*, I, 186, t. I, p. 166 参照。ただし，1262 年の条例では，市内に家を建てる，ないし買う，という点はまだ明言されていない。借家でもよかったようである。またこの義務は，14 世紀初頭から始まったようだ。Cf. *Const. 1262*, IV, 47, p. 416 : « et si iuraverit quod domum habebit et tenebit in civitate vel burgis, suam vel ad pensionem vel alio modo ».

（61） 15 年の免税については，*Const. 1262*, IV, 71–72, p. 423 参照。

（62） *Frammento 1262*, IV, 74–75. Cf. *Const. 1262*, IV, 54, p. 419 ; *ibid.*, IV, 63, p. 421. *SS26* では，市民権の問題は I, 243–257, cc. 59v–62r にまとめられている。

（63） たとえばコッレ・ヴァル・デルサの医者ナルドは，シエナに居を移し市民になるための請求をするにあたって，ガベッラ支払い以外の義務の 10 年間免除を願い出て，総評議会で認められた。Cf. Grandjean, "Note sur l'acquisition," pp. 132–134.

（64） 市民権を得るための臣従礼に似た儀礼については，De Vergottini, "Origini e sviluppo," p. 348 ; Bowsky, "Medieval Citizenship," p. 197, n. 5 参照。

(65) Waley, D., *Siena & the Sienese*, p. 74.
(66) 3 年居住義務は，*Const. 1262*, I, 270, p. 108.
(67) 3 年から 10 年への居住条件の変化と租税義務などについては，*Cost. 1309-10*, I, 231, t. I, p. 191 ; *ibid.*, I, 243, t. I, pp. 197-198 ; *ibid.*, I, 254, t. I, p. 302. Cf. Cantucci, "Ordinamenta scomputi," p. 505.
(68) 5 年居住については，*SS12*, I, 196, c. 18r ; *Cost. 1309-10*, I, 233, t. I, p. 192.
(69) *Const. 1262*, I, 271, p. 108.
(70) *Cost. 1309-10*, I, 22, t. I, pp. 393-394.
(71) 二重市民権について，フィレンツェの例だが，Trexler, *Public Life*, pp. 42-43 参照。
(72) *SS12*, I, 215, c. 21r.
(73) 脱税や犯罪を犯した者，その息子も市民権を失うことについて，*Const. 1262*, I, 369, p. 140 ; *Cost. 1309-10*, I, 361, t. I, p. 258 を見よ。
(74) Mengozzi, "La « Charta Bannorum »" 参照。
(75) *SS23*, cc. 71r-75r, 281r-283v.
(76) 都市の外人・コンタード民と市民権の関係についての法学者の見解は，Gilli, "Comment cesser d'être étranger"; Onclin, "Le statut des étrangers" など参照。「森の市民」という名称を与えられたのは，封建領主に対してのこともあったし，またコンタード出身者で，最近都市に定住した新市民ということもあったが，ほかに，comitatinus（農村市民）つまり都市の行政区に直接属しているから，という意味でそう呼ばれているケースもあった。さらに彼ら自身家屋の所有者である場合と，借家人である場合がある。またダツィオ dazio から免除された「新市民」cives novi と呼ばれている者たちは，最近領主への隷従から解放されたコンタード民 comitatini だろう。彼らはその場でそのまま暮らしながらコムーネ構成員の一部となる。だがシエナ市民と違って市民としての資産評価は受けず，都市永住権もない。要するにさまざまな市民権が，コンタード住民に与えられているのである。「森の市民」については，Bowsky, "« Cives silvestres »; Piccinni,"I « villani incittadinati »"; Redon, "Des maisons et des arbres," p. 372 など参照。
(77) 市民になるための家建設義務については，註(59)(60)のほか，Bizzarri, "Ricerche sul diritto di cittadinanza," p. 39, n. 1 参照。
(78) サンタ・マリアのボルゴへの居住促進については，Bowsky, "Medieval Citizenship," pp. 211-212 参照。
(79) 収穫時期の例外措置は，*Cost. 1309-10*, I, 419, t. I, p. 283 ; *SS5*, IV, cc. 214v-215r.
(80) 最低年四ヶ月の居住義務規定は，*Const. 1262*, IV, 49, p. 417，家族を残してコムーネを離れるべきことは，*Cost. 1309-10*, IV, 51, t. II, p. 173 ; *SS26*, I, 248, c. 60v.
(81) *SS5*, IV, c. 215r.
(82) 兄弟や息子の市民権が有利に働かないことについては，*Cost. 1309-10*, IV, 53-54, t. II, p. 174 ; *SS5*, IV, c. 215rv 参照。
(83) 資産評価台帳への登記については，*Cost. 1309-10*, IV, 58, t. II, p. 175 参照。
(84) *Const. 1262*, IV, 65, pp. 421-422.
(85) *Const. 1262*, IV, 62, p. 421.
(86) 逃亡農奴の市民への受け容れ禁止規定は，*ibid.* 参照。
(87) 「農園ごとに 3 人」De tribus per massaritiam の規定は，*Const. 1262*, IV, 52, p. 418.

(88) 4人のうち2人がシエナに移れるとの規定は，*Const. 1262*, IV, 53, p. 419.

(89) 条例を守る場合でも，シエナに移る者自身は農園のすべての不動産の権利を失った。土地への権利放棄については，*Const. 1262*, IV, 52, p. 418 参照。

(90) 一部所有許可については，*Const. 1262*, IV, 57-58, pp. 419-420.

(91) 100人を選んで一年以内に家を建設させることについては，*Const. 1262*, IV, 50-51, pp. 417-418 参照。

(92) コンタード外部からの移民歓迎について，*Cost. 1309-10*, IV, 64-65, t. II, pp. 177-178.

(93) 従属農民の市民権獲得について，*Cost. 1309-10*, IV, 49, t. II, p. 172.

(94) *SS23*, cc. 349r-350r に「森の市民」cives silvestres への課税減額の規定がある。

(95) シエナとコルトナを行き来しながら生活する商人が，シエナの市民権を付与された例については，Tortoli, "Il podere e i mezzadri" 参照。

(96) コンタード民の税金については，Grandjean, "Note sur l'acquisition" 参照。

(97) Piccinni, "I « villani incittadinati »," pp. 172-173 参照。

(98) 女性の市民としての扱いが夫に従属することについては，Kuehn, "Persons and Gender" 参照。子供や女性が家長に従属しており，聖職者が特別待遇であったのに対し，積極的に排されたのは，娼婦・乞食・ライ病者・ごろつきなどのマルジノーであろう。

(99) マルジノーについては，序章註(50)の文献を参照。

(100) シエナの娼婦については，Garosi, *Siena nella storia della medicina*, pp. 109-113 参照。

(101) « Et liceat meretricibus in civitate Senensi habitare et morari ; et per totum meum terminum eas stare et morari permittam ; sed nullos ruffianos in Senarum civitate vel districtu Senarum stare vel habitare permittam, et eos de civitate Senensi et de iurisdictione exbanniam ; et quicumque eum receptaverit, eum vel eos in .X. lib. puniam. Nec prope ecclesiam Santi Laurentii ad unam balistratam meretrices stare vel esse permittam, nec prope ecclesiam Sancti Prosperi similiter, nec prope aliquam aliam ecclesiam vel aliquem locum religiosum infra civitatetm ad .CC. brachia ; et quicumque eas retinuerit, vel alicui earum domum ad pensionem concesserit, vel alio modo, prope aliquam ecclesiam ad .CC. brachia auferam ei .XX. sol. pro qualibet die, qua ibi steterint, post denunctiationem eis factam. »: *Frammento 1262*, V, 24. また *Const. 1262*, III, 61, p. 293 ; *Cost. 1309-10*, V, 42, t. II, pp. 250-251 も同様な規定である。Cf. *SS23*, cc. 69r-70v ; *SS26*, IV, 431-439, cc. 260v-261v. 他に娼婦については，Mazzi, M. S., "Un 'dilettoso luogo'" 参照。

(102) *SS5*, V, 22, c. 228rv ; *Cost. 1309-10*, V, 25, t. II, p. 244.

(103) Garosi, *Siena nella storia della medicina*, Doc. 40, p. 519.

(104) *SS5*, III, c. 172v ; *ibid.*, V, 29-31, cc. 229v-230r ; *SS12*, III, 56, c. 155r ; *ibid.*, V, 31-33, c. 219rv ; *Cost. 1309-10*, III, 55, t. II, p. 35 ; *ibid.*, III, 68, t. II, p. 39 ; *ibid.*, V, 43, t. II, p. 251.

(105) *Cost. 1309-10*, III, 253, t. II, pp. 111-112.

(106) *SS23*, cc. 69r-70v ; cf. Garosi, *Siena nella storia della medicina*, Doc. 42, pp. 520-521.

(107) 都市が管理する娼婦宿については，Garosi, *Siena nella storia della medicina*, pp. 520-522 ; Mazzi, M. S. "Un 'dilettoso luogo'," pp. 473-474 ; Balestracci, "Gli edifici di pubblica utilità," p. 265 参照。また，原史料は，*CG 123*, c. 16, 1338, agosto 13 ; *CS di Agnolo di Tura*, p. 524 にある。*SS26*, IV, 431-439, cc. 260v-261v には，ヴァル・ディ・モントーネにのみは娼婦や女衒は住んでもよいが，その他の場所での滞在は禁じられ，とくにカンポ広場や，教会や執政九人衆の palatium（市庁舎）から200ブラッチャ以内には入らぬよ

う規定されている。

(108) 娼婦の識別マークについては，Robert, *I segni d'infamia*, pp. 31-32, 90-94 参照。

(109) 以下，シエナの奴隷については，プルナイが集めた史料 Prunai, *Notizie e documenti* を利用するとともに，彼の整理・指摘にも多くを負っている。他に，Grottanelli De' Santi (a cura di), "Provvisioni senesi"; Ceppari Ridolfi, Jacona e Turrini, *Schiave, ribaldi e signori* も参照。より一般には，Panero, *Schiavi, servi e villani* ; Conte, *Servi medievali* など参照。

(110) グロッタネッリの集めた史料は不完全で奴隷の出身地などあまり詳しくはわからない。Cf. Grottanelli De' Santi (a cura di), "Provvisioni senesi."

(111) 逃亡コンタード住民の奴隷は保護されないことについては，*Const. 1262*, IV, 47, p. 416 : « Et si aliquis venerit in civitatem ad habitandum pro cive, recipiam illum (...) et ipsum postea et sua bona custodiam et defendam, exceptis servis ».

(112) 奴隷への体罰が許されることについては，Prunai, *Notizie e documenti*, Docc. 7D, 8B, 10, pp. 72-73.

(113) 以上，奴隷の権利や，優遇措置についての規定は，Prunai, *Notizie e documenti*, Doc. 15, pp. 81-82 ; *ibid.*, Doc. 17, pp. 86-87.

(114) 10 年以上，隷従身分を離れる必要については，Prunai, *Notizie e documenti*, Doc. 11, pp. 74-75 ; *SS16*, I, 70 : « Quod nullus scutifer habeat aliquod officium ». 奉公人が都市役職に選ばれ得ないことについては，すでに早くから定められていた。servo（これは奴隷だけでなく召使い，下僕を含む），楯持ちや従者は，共和国の役職に選ばれ得ないし，もし間違って選ばれたときには，それは無効になるばかりか，選ばれた人，選んだ人に対してはいろいろな罰則があった。*Const. 1262*, I, 516, p. 189 : De officialibus in publico parlamento eligendis. (aggiunta) « Item statuimus et ordinamus quod nullus scutifer vel fancellus vulgariter intellectus possit vel debeat habere aliquod officium vel baliam unde habeat aliquod salarium vel feudum seu remunerationem a comuni Senarum aliquo modo et qui contra fecerit puniatur pro quolibet vice in. XXV. lib. et ab officio et balia removeatur »; *Cost. 1309-10*, I, 380, t. I, p. 267 : Che neuno scudiere abia alcuno officio. « Et neuno scudiere o vero fante d'alcuno, possa o vero debia avere alcuno officio o vero balia nel comune di Siena, unde abia alcuno salario o vero feudo o vero remuneramento da esso comune. Et chi contra farà sia punito in. XXV. libre di denari per ciascuna volta et da l'ufficio sia rimosso ». Cf. Prunai, G., *Notizie e documenti*, Docc. 8A, 9C, 11.

(115) 1366 年の法制化については，Prunai, *Notizie e documenti*, V. Docc. 9B, 12.

(116) 逃亡奴隷の罰則は，Prunai, *Notizie e documenti*, Doc. 12 にある。

(117) こうした「帝国慣習」のシエナにおける最初期の規定は，*Constituto dei Consoli del Placito* である。たとえば *Constituto dei Consoli del Placito* の，Rub. 21 : De his qui nascuntur ex servo patre. « Et de illis qui nascuntur ex servo patre et libero ventre morem imperii tenebo »; cf. *Cost. 1309-10*, II, 301, t. I, p. 521 : « Et di coloro e' quali nati sono di servo padre et di libero ventre, el costume de l'imperio terrò ». 一般にゲルマン法ではこのように子供を優遇することはなかったが，カール大帝の法は，子供は自由な親の身分に従う，と定めており中世シエナの場合と同様である。ローマでは母の身分を受け継ぐことになっていた。

(118) 他人の女奴隷と肉体関係を持つことの禁止は，Prunai, *Notizie e documenti*, Doc. 12, pp.

76–77.

(119) シエナのユダヤ人に関しては，P・トゥッリーニがシエナ国立古文書館の史料を使い，とりわけ 1572 年のゲットーの形成以降のことを調べている。中世についてはほとんど不明だが，Turrini, *La Comunità ebraica*, pp. 5–11 参照。ほかにとりわけ経済的側面について，Boesch Gajano, “Il Comune di Siena e il prestito ebraico” なども参照。また Micali, *La segregazione urbana*, pp. 87–89 も参照。

(120) Cassandro, *Gli ebrei e il prestito ebraico*, p. 7.

(121) 1228 年の出来事。Turrini, *La Comunità ebraica*, p. 5.

(122) 1230 年の出来事。*Ibid.*

(123) 1302 年の記録。*Ibid.*; ASS, *Biccherna 116*, c. 290（già 295 n. a.）: « Item XV solidi al giudeo et a Nicholetto, baratieri, i quali scoparo tre uomini per chagione ch’avevano furato et davemone puliça da Lapo ».

(124) このサン・ジミニャーノのコムーネへの融資の利率，および 9 年後にシエナ市がある改宗ユダヤ人に助成したことについては，Boesch Gajano, “Il Comune di Siena e il prestito ebaico,” pp. 180–181 参照。

(125) Cassandro, *Gli ebrei e il prestito ebraico*, p. 7.

(126) ユダヤ人の都市中心部からの追放は，Turrini, *La Communità ebraica*, p. 6 ; *CG 194*, c. 45 ; cit. da Balestracci e Piccinni, *Siena nel Trecento*, pp. 61–62 ; Boesch Gajano, “Il Comune di Siena e il prestito ebraico,” p. 189.

(127) 1391 年の強制公債については，Turrini, *La Comunità ebraica*, p. 6.

(128) 識別マークについては，*ibid.*, p. 10.

(129) *Frammento 1262*, V, 121 ; cf. *Const. 1262*, I, 109, p. 51 ; *SS5*, V, 122, c. 247r ; *SS26*, IV, 381, cc. 253v–254r. また Garosi, *Siena nella storia della medicina*, pp. 123–127 を参照。

(130) ライ病者の追放策については，*Frammento 1262*, V, 121–122 ; Garosi, *Siena nella storia della medicina*, pp. 123–125.

(131) *Cost. 1309–10*, V, 164, t. Ⅱ, p. 302 ; cf. *SS12*, V, 143, c. 236r.

(132) 1262 年の規定は，*Frammento 1262*, V, 241 参照。*SS26*, IV, 380, c. 253v も同様な規定。

(133) *SS5*, V, 250, c. 271r ; *SS12*, V, 229, c. 256v–257r. また *Cost. 1309–10*, V, 308–309, t. Ⅱ pp. 362–363 参照。

(134) *SS7*, c. 261. Cf. Garosi, *Siena nella storia della medicina*, p. 126.

(135) シエナの外人については，Balestracci, “L’immigrazione di manodopera” 参照。より一般にイタリアの外人の法的条件については，Morpurgo, “Sulla condizione giuridica dei forestieri”; Onclin, “Le statut des étrangers” および Rossetti（a cura di）, *Dentro la città* と Cherubini e Pinto（a cura di）, *Forestieri e stranieri* 所収諸論文や Gilli, “Comment cesser d’être étranger” など参照。

(136) Bizzarri, “Le rappresaglie” 参照。「報復」関連の規定は，都市条例に頻出する。

(137) *SS23*, cc. 25r–34v. Cf. Bowsky, “Medieval Citizenship,” p. 237.

(138) *Const. 1262*, IV, 43–44, p. 415 ; cf. *SS5*, IV, c. 212v ; *Cost. 1309–10*, IV, 33, t. II, p. 167.

(139) Capitudini delle arti（del 1362）は，市内すべてのアルテの登録簿で，この年，17 のアルテに分かれた，40 人ほどの登録外人職人がいることを示している。*Arti 165*, anno 1362 ; cf. Balestracci, “L’immigrazione di manodopera,” p. 173.

(140) 100 人の傭兵を市が雇う条項は，*Cost. 1309–10*, I, 553, t. I, pp. 345–346 にある。

(141) 傭兵の政治介入禁止は，*Cost. 1309–10*, V, 15, t. II, pp. 239–240 ; *SS26*, IV, 148, c. 222v 参照。

(142) Caferro, *Mercenary Companies*, pp. 57–58. また一例として 1363 年に「帽子傭兵隊」にたいして派遣された弩兵について，*CS di Donato di Neri*, p. 602 参照。また Maire Vigueur, *Cavaliers et citoyens* は都市の兵力としての騎士についての興味深い研究である。

(143) Caferro, *Mercenary Companies* とくに pp. 28–30 参照。傭兵については，他に Professione, *Siena e le compagnie di ventura* ; Mallett, *Mercenaries and Their Masters* など参照。

(144) « liberabit et faciet liberari a comune Senarum, durante suprascripto opere, ab omnibus servitiis realibus et personalibus » in *Milanesi*, t. I, p. 148.

(145) *Milanesi*, t. I, pp. 153–154.

(146) *Ibid.*, t. I, pp. 162–163, nota.

(147) 法学者・公証人の市民権請求者が多かったことは，Piccinni, "I « villani incittadinati »." p. 213 参照。

(148) 以上，Garosi, *Siena nella storia della medicina*, p. 286 参照。

(149) 子供に読み書き教える教師への優遇措置は，« (...) qualunque forestiere, cioè di fuore dal contado et giurisdizione di Siena, starà ne la città di Siena et insegnarà li fillioli delli uomini et de le persone de la città di Siena legere et terrà scuola per insegnare a llegere, ne l'oste overo cavalcata andare non sia costretto. » in *Cost. 1309–10*, IV, 18, t. II, p. 160. また *Cost. 1309–10*, I, 95, t. I, pp. 103–104 ; *SS26*, II, 362, c. 78v ; III, 197, cc. 158v–59r など参照。

(150) シエナの大学，教育の歴史については，Nardi, *L'insegnamento* ; Idem, "Le origini dello Studio senese"; Prunai, "Lo studio senese dalle origini"; Idem, "Lo studio senese dalla « Migratio »"; Denley, *Teachers and Schools* ; Idem, *Commune and Studio* ; *L'Università di Siena* ; Zdekauer, *Sulle origini dello Studio senese* など参照。

(151) Denley, *Teachers and Schools*, p. 37 ; Idem, *Commune and Studio*, pp. 36–38.

(152) Prunai, "Lo studio senese dalla « Migratio »," pp. 10–11.

(153) *Ibid.*, pp. 10–13.

(154) *CG 95*, c. 156r ; *Cost. 1309–10*, IV, 84 t. II, p. 185.

(155) Denley, *Commune and Studio*, p. 232 ; Nardi, *L'insegnamento*, p. 117.

(156) ドイツ人学生については，Minucci (a cura di), *I tedeschi* 参照。他に Prunai, "Lo studio senese dalla « Migratio »" など参照。

(157) Denley, *Commune and Studio*, p. 232.

(158) *Ibid.*

(159) *L'Università di Siena*, p. 34.

(160) *Cost. 1309–10*, I, 150–158, t. I, pp. 137–146 ; *ibid.*, I, 160, t. I, p. 149 ; *ibid.*, I, 163, t. I, pp. 150–151.

(161) *Cost. 1309–10*, I, 202, t. I, p. 175 ; *SS12*, I, 466, c. 63v.

(162) 例として，*CG 43*, cc. 77v–78 ; *CG 44*, cc. 148–149v.

(163) サリンベーニ家とトロメーイ家の争いに際しての外人の扱いは，Cecchini (a cura di), *La pacificazione fra Tolomei e Salimbeni*, p. 12.

(164) シエナのアルメニア人については，Brogini, "Presenze ecclesiastiche," pp. 31–35. ほかにイタリアのアルメニア人については，Zekiyan, "Le colonie armene"; Idem (a cura di),

Gli armeni in Italia など参照。

(165) 条例の言及は，*Cost. 1309–10*, I, 54, t. I, p. 83 : « Anco, a li frati Armini di Siena, X libre di denari, ogne anno cioè la metià ne li primi sei mesi, et l'altra ne li altri sei mesi per sovenire a la loro grandissima povertà et necessità. »

(166) Cf. Zdekauer, "Dissertazione sugli statuti del comune di Siena," p. LXXV, n. 4.

(167) ポデスタについては，「はじめに」の註(23)に挙げた文献のほか，Redon, "Qualche considerazione sulle magistrature forestiere a Siena" など参照。

(168) *Const. 1262*, I, 226, pp. 90–91 ; cf. *ibid.*, I, 228, pp. 92–93.

(169) *Const. 1309–10*, V, 336, t. II, p. 374 ; *SS26*, III, 167–172, cc. 152v–153v など参照。

(170) 道路役については，*SVS*, iii [ccccxx], pp. 268–269.

(171) *Const. 1262*, I, 430, p. 158.

(172) Cf. Bowsky, "The Impact of the Black Death," p. 11 ; Idem, *A Medieval Italian Commune*, p. 20.

(173) 一般に聖職者と俗人との関係については，Gaudemet, *Église et Cité*, pp. 469–525 参照。

(174) Lusini, *Storia della basilica*, p. 86.

(175) *Const. 1262*, II, 16, p. 210 ; *SS5*, II, c. 110r ; *SS12*, II, 20, cc. 83v–84r.

(176) *Const. 1262*, I, 191, p. 79.

(177) *SVS*, xx [ccccxvi], pp. 265–266.

(178) 修道士の道・橋などの造営義務については，*Const. 1262*, III, 76, pp. 297–298 ; *ibid.*, III, 129, p. 314 ; *ibid.*, III, 201, p. 337.

(179) 1297 年の条例は，*Statuti criminali* にある。

(180) *Const. 1262*, I, 354, n. 1, p. 134 : « Item statuimus quod omnes possessiones clericorum, que sunt eorum proprie et non ecclesiarum, tempore, quo libra fiet per comune Senarum, debeant allibrari comuni Senarum et de eis datium solvi sine aliqua excusatione »; *SS26*, I, 260, c. 62v.

(181) *Const. 1262*, III, 240, p. 347 ; *ibid.*, III, 305, p. 368.

(182) たとえば *SS5*, I, c. 20v : « Et Camerarius communis sit religiosus de civitate vel comitatu Senarum (...) »; *Cost. 1309–10*, I, 104, t. I, pp. 109–110 ; *SS26*, c. 42r など。

(183) Heywood, *A Pictorial Chronicle*, pp. 18–20.

(184) Baker, *The Artistic and Sociological Imagery*, pp. 18, 30–33 ; Amante e Martini, *L'abbazia di San Galgano*, pp. 99–100.

(185) *Const. 1262*, I, 310, p. 119.

(186) *SS12*, III, 243, c. 183r.

(187) *Le prediche volgari di San Bernardino*, predica 38, t. III, pp. 217–218.

第 2 章　さまざまな仲間団体

(1) Ascheri, *Il Rinascimento a Siena*, pp. 13–14. Cf. Piccinni, "Libri di contabilità."

(2) Cf. Ceppari Ridolfi e Turrini, *Il mulino delle vanità*.

(3) Cf. Bizzarri, "Il diritto privato nelle fonti senesi del secolo XIII."

(4) *Const. 1262*, I, 256–257, pp. 102–103 ; *ibid.*, II, 113, p. 241 ; *Cost. 1309–10*, II, 175, t. I, p. 468.

(5) *Const. 1262*, II, 121, p. 243 ; *Cost. 1309–10*, II, 185, t. I, p. 471.
(6) *Cost. 1309–10*, II, 172, t. I, p. 467.
(7) 以上，Cammarosano, "Aspetti delle strutture familiari"; Bellomo, *Ricerche sui rapporti* など参照。また 15 世紀のシエナの家族の規模・構成については，Catoni e Piccinni, "Famiglie e redditi" 参照。
(8) *Le Novelle di Gentile Sermini*, Novella XIV, pp. 188–193. セルミーニのノヴェッレについては，最近 Di Legami, *Le « Novelle » di Gentile Sermini* という刮目すべき研究が出た。
(9) Colucci, *Sepolcri a Siena*, p. 180.
(10) Ceppari Ridolfi e Turrini, *Il mulino delle vanità*, p. 143.
(11) *Ibid.*, pp. 196–198, Cf. *SS26*, III, 223, c. 161r.
(12) Alberti, Leon Battista, *I Libri della Famiglia*（邦訳），282 頁。
(13) Prunai, *Notizie e documenti*, V, Doc. n. 54 に « ad gaudendum » との言葉がある。
(14) シエナの 14 世紀末から 15 世紀の女奴隷をめぐる興味深い逸話については，Ceppari Ridolfi, Jacona, e Turrini, *Schiave, ribaldi e signori* に集められている。
(15) 前者を代表するのは，Tamassia, *La famiglia italiana* それを批判するのは，Herlihy, "Family Solidarity" と Kent, *Household and Lineage* である。また Cassandro, "Per una tipologia" をも参照。
(16) たとえば *SS12*, II, 99–101, c. 97rv ; *Cost. 1309–10*, II, 101–102, t. I, pp. 430–431 など参照。
(17) 分家ごとに平等な配分については，*Cost. 1309–10*, II, 51, t. I, p. 405 を見よ。
(18) 相続などに関する条例の規定は，各都市条例の第 2 部を中心に数多く含まれている。
(19) *Const. 1262*, II, 34, p. 214.
(20) *Cost. 1309–10*, II, 49–50, t. I, p. 404 ; *ibid.*, II, 53, t. I, p. 406 ; *ibid.*, II, 45, t. I, p. 402 で，これらは 1262 年の条例あるいは Constituto dei Consoli del Placito の条文と同一である。
(21) Lumia-Ostinelli, "« Ut cippus domus magis conservetur »"; English, "La prassi testamentaria," pp. 467–468 ; Brizio, "In the Shadow of the Campo"; Idem, "La dote nella normativa statutaria" など参照。
(22) Riemer, *Women in the Medieval City*.
(23) *Const. 1262*, II, 30, p. 213.
(24) *Const. 1262*, I, 352, p. 134. Cf. *Cost. 1309–10*, I, 354, t. I, p. 254.
(25) *Const. 1262*, II, 19, p. 211.
(26) *Const. 1262*, II, 30–47, pp. 213–219 ; *Cost. 1309–10*, II, 39–40, t. I, pp. 400–401 ; *SS26*, II, 10, c. 90r を見よ。
(27) *Const. 1262*, II, 34, p. 214 ; *ibid.*, II, 40, pp. 216–217 ; *Cost. 1309–10*, II, 52–53, t. I, pp. 405–406 ; *ibid.*, II, 299, t. I, p. 521 ; *SS26*, II, 215, c. 123v ; *ibid.*, II, 220, c. 124r. など参照。
(28) Lumia-Ostinelli, "« Ut cippus domus magis conservetur »" は，12〜17 世紀のシエナの条例と遺言における資産相続のあり方について研究している。Idem, "Le eredità" は，同論文の改訂版である。
(29) *Const. 1262*, II, 31, p. 214.
(30) 以下を比較のこと。*Const. 1262*, II, 37–38, pp. 215–216 ; *ibid.*, II, 40, p. 217 ; *Cost. 1309–10*, II, 52, t. I, pp. 405–406 ; *SS26*, II, 215, c. 123v.
(31) *SS26*, II, 214–216, c. 123rv ; *ibid.*, II, 119, c. 109v ; *ibid.*, II, 220, c. 124v.
(32) これらについては，Lumia-Ostinelli, "« Ut cippus domus magis conservetur »," pp. 21–23

参照。

(33) *Cost. 1309–10*, II, 302, t. I, pp. 521–522 ; *SS26*, II, 218, c. 123v.

(34) Riemer, *Women in the Medieval City*, pp. 57–58, 151–152, 155–158 参照。

(35) *Ibid*., pp. 58, 151–152 参照。

(36) *Ibid*., pp. 34–36, 153–154 ; Cohn, *The Cult of Remembrance*, pp. 197, 353 参照。

(37) シエナを代表する豪族が商業・金融業を営んだことについては，*Banchieri e mercanti* ; Chiancone Isaacs, "Magnati, comune e stato a Siena"; Cammarosano, *La famiglia dei Berardenghi* ; Salimei, *I Salimbeni di Siena* ; Maccherini, *La gran Casata* など参照。

(38) Cf. Cammarosano, "Tradizione documentaria," pp. 34–35, 57–60, 68, 78 など参照。

(39) トロメーイ家については，Mucciarelli, *I Tolomei* ; Idem, "Un caso di emigrazione mercantile" など参照。

(40) サリンベーニ家については，Carniani, *I Salimbeni* ; Salimei, *I Salimbeni di Siena* 参照。

(41) Carniani, *I Salimbeni*, p. 35.

(42) ボンシニョーリ家については，Chiaudano, "I Rothschild del Duecento"; English, "La prassi testamentaria," pp. 468–469 ; Idem, *Enterprise and Institutions* ; Arias, *La compagnia bancaria dei Buonsignori* ; Catoni, "BONSIGNORI (Buonsignori)"; 中山「中世シエナの金融業」など参照。

(43) ピッコローミニ家については，Mucciarelli, *I Piccolomini a Siena* のほか，Idem, "Potere economico e politico a Siena"; Lisini e Liberati, *Genealogia dei Piccolomini* など参照。

(44) 例外的なピッコローミニ家の戦略については，Mucciarelli, *I Piccolomini a Siena*, pp. 122–123.

(45) ピッコローミニ家でも 1240 年代から 50 年代にはより家族的な経営の商会となることについては，Mucciarelli, *I Piccolomini a Siena*, p. 128 参照。

(46) *Ibid*., pp. 299–300.

(47) 家産の細分化予防については，*ibid*., p. 327.

(48) ピッコローミニ家に関して特定の子供優遇の例は，*Estimo 113*, cc. 350r–352v ; cf. Mucciarelli, *I Piccolomini a Siena* p. 359, nota140 参照。

(49) 他の大家門については，以下の研究参照。サンセードニ家については，Redon, "Costruire una famiglia"，またベラルデンギ家について Cammarosano, *La famiglia dei Berardenghi* など。

(50) 家族経営中心の商会については，さらに Herlihy, "Family Solidarity," pp. 173–184 ; Sapori, "Le compagnie mercantili toscane"; Idem, "Dalla compagnia alla holding"; Golthwaite, "Organizzazione economica," pp. 1–13 ; Cassandro, "Per una tipologia," pp. 15–33 参照。

(51) 家門の名を意図的に商会に結びつけて，共通の祖先への淵源を誇る戦略については，Mucciarelli, *I Piccolomini a Siena*, p. 134, nota 31 ; Idem, *I Tolomei*, pp. 85–96, 285–297 ; Chiaudano, "I Rothschild del Duecento"; Carniani, *I Salimbeni*, pp. 25–37 など参照。

(52) 塔の相続禁止は *Cost. 1309–10*, II, 50, t. I, pp. 404–405.

(53) *SS12*, I, 309, c. 38r ; *ibid*., I, 313, c. 38r.

(54) サリンベーニ家とトロメーイ家のヴェンデッタについての関連史料は，Cecchini (a cura di), *La pacificazione fra Tolomei e Salimbeni* にまとめられている。また Carniani, *I Salimbeni*, pp. 191–197 ; Mucciarelli, *I Tolomei*, pp. 258–275 も参照。

(55) English, “An Elite at Work,” p. 314.

(56) 原史料は，*Il registro di memorie di Cristoforo di Gano Guidini*, ASS, *Ospedale Santa Maria della Scala*, 1188, a にある。本写本は，c. 40 までがクリストーフォロ（クリストファーノ）のメモワールだが，33–40 は白紙で，ほかに 20，15 も白紙。ミラネージにより公刊されている（“Ricordi di Cristofano Guidini”）ものは，c. 9r までである。以下本書での引用はこのミラネージ版を使う。c. 10〜は土地財産の取得。cc. 16–19 は税の支払い，c. 21〜はさまざまな出費の収支のリスト，経済活動である。研究としては，Bonelli, *Ser Cristofano di Gano Guidini* ; Cherubini, “Dal libro di ricordi”; Morandi, “Il notaio Cristoforo di Gano” などがある。

(57) *Supp.*, pars tertia, VI, a. 12, p. 396.

(58) « De’denari de le dette dote ne spesi la maggior parte in vestire la detta mia donna, e in fornirmi in casa di molte cose che mi bisognavano ; salvochè io ne comprai una casa là duve io sto da Uvile, la quale casa costò CL fiorini, da Chimento di Niccolò ligrittiere, la quale fu d’Abrà di Cione Barocci. Dell’avanzo de le dette dote comprai ad Armaiuolo un pezzo di terra, che costò LXVIII fior., in Gualdimanno. » in *Ricordi di Cristofano Guidini*, p. 40.

(59) *Ibid.*, pp. 40–46.

(60) 里子費用の詳細な記録は，*Ibid.*, pp. 44–47.

(61) Cherubini, “Dal libro di ricordi,” p. 410 参照。

(62) カテリーナとの関係，およびその助言を得ての花嫁捜しについては，*Ricordi di Cristofano Guidini*, pp. 31–33 にある。

(63) « ——Vuômi tu abandonare? io non ho persona per me : mio padre è morto, e io t’ho allevato con tanta fadiga, che mi rimanesti di XXVIII mesi, e mai non mi volsi rimaritare per non lassarti.——Unde, parendo a me che la cuscienzia mi rimordesse, per suo rispetto cominciai a consentire del pigliare moglie. » in *ibid.*, p. 31.

(64) カテリーナの助言の手紙は，*Lettere*, 43, t. I, pp. 172–174.

(65) 妻がマンテッラーテになったことは，*Ricordi di Cristofano Guidini*, p. 43 ; cf. Mucciarelli, *I Piccolomini a Siena*, p. 387, nota 59.

(66) Klapisch-Zuber, *La maison et le nom*, pp. 83–107.

(67) *Ibid.*, pp. 123–133.

(68) « come io Ser Xristofano di Gano predetto so’ di vile nazione » in *Ricordi di Cristofano Guidini*, p. 28.

(69) 母の家系の栄えある祖先にさかのぼらないことについては，Mucciarelli, *I Piccolomini a Siena*, pp. 376–378 参照。

(70) シエナ，およびイタリア諸都市のアルテについては，Prunai, “Notizie sull’ordinamento” および Rossi, P., “Arte e corporazioni” 参照。

(71) シエナのコンパニーア，また商人，商業については，以下の研究を参照。Roon-Bassermann, *Sienesische Handelsgesellschaften ; Banchieri e mercanti* ; Senigaglia, “Le compagnie bancarie senesi”; Tangheroni, “Siena e il commercio internazionale”; Zdekauer, *Il mercante senese* ; English, *Enterprise and Liability* ; Cassandro, “La banca senese”; Paoli, *Siena alle fiere della Sciampagna* ; Tognetti, “« Fra li compagni palesi ».” またより一般的な知見を得るには，Sapori, *Studi di Storia economica* も参照。

(72) Sapori, “Le compagnie mercantili toscane,” pp. 143–144.

(73) Golthwaite, "Organizzazione economica"; Melis, *L'azienda nel Medioevo* 参照。

(74) 以下の規定は，*Const. 1262*, II, 80–91, pp. 229–234.

(75) *Const. 1262*, II, 89, pp. 233–234.

(76) たとえば *Cost. 1309–10*, II, 121–135, t. I, pp. 439–449 参照。1337〜39 年の都市条例でも，商会 societas と社員 sotius / factor についての規定は，ほとんど変わらない。Cf. *SS26*, II, 160–183, cc, 115v–119r.

(77) *Cost. 1309–10*, II, 59, t. I, pp. 407–408 : *ibid.*, II, 115, t. I, p. 437.

(78) 註(76)に挙げた箇所のほか，*Cost. 1309–10*, II, 104, t. I, pp. 431–433 など参照。

(79) Chiantini, *La Mercanzia di Siena*, pp. xi–xxxix ; *Lo Statuto dell'Arte della Mercanzia senese (1342–1343), BSSP*, XIV (1907), pp. 211–271 ; Ascheri, *Tribunali, giuristi e istituzioni*, pp. 23–54 ; Idem, "Istituzioni politiche, mercanti e Mercanzie" など参照。

(80) ASS, *Mercanzia* 1. 校訂版は，*Lo Statuto dell'Arte della Mercanzia senese (1342–1343).*

(81) *Statuto di Mercanzia 6* (=ASS, *Mercanzia 6*) ; in Chiantini, *La Mercanzia di Siena*, pp. 1–255.

(82) 商業に関わる法規の中には，たとえば破産に関する規律など，商人組合の規約に載っておらず，都市条例で扱われているものもある。Cf. Arcangeli, "Gli istituti del diritto commerciale."

(83) « E' consoli debbano studiare et dare huopara in acresciare l'università de la Mercantia et l'onore et el buono stato d'essa università per ogni modo che meglio potranno ; et quel medesimo sia tenuto di fare el camarlengho de la Mercantia. Et e' consoli facciano giurare in ogni consolato overo d'ogni sei mesi almeno L huomini et facciangli sottoponarsi a la Mercantia, sì veramente che non ricevano alcuno che si' essuto bandito, che faccia male e' suoi fatti, et se forse giurasse el suo giuramento non vaglia. Anco facciano giurare tutti e' vetturali, e' quali se giurare cessassero e' consoli gli facciano costregnare a la podestà. Et quel medesimo studino di fare et procurino de' pellicciari et degli scaggiolari et tengnitori et d'ogni artefice d'ogni arte sicchè al tutto sieno a la Mercantia astretti. Et le giuramenta predette si debbano fare ne la presentia de' consoli overo almeno dell' uno di loro. » in *Lo Statuto dell'Arte della Mercanzia senese (1342–1343)*, IV, proemio, p. 141. Cf. *Statuto della Mercanzia 1472*, IV, 1, p. 69.

(84) « Eleggano e' consoli enfra XV die in ogni sei mesi poi che saranno entrati nel loro officio tre overo più buoni spetiali et leali de' sottoposti a la Mercantia, e' quali con giuramento facciano provisioni sopra et contra li spetiali che fanno et tengono et vendono le male et non buone confectioni et ogni altra cosa che pertenga a la loro arte. (...) Ancho eleggano e' consoli nel tempo sopradetto tre buoni et savi huomini de' sottoposti a la Mercantia, e' quali per loro giuramento et con sollicitudine cerchino una volta ogni mese almeno sollicitamente et envengano et ricerchino per le bottighe delli spetiali et di pizzichaiuoli de la città et del contado di Siena per le confectioni et altre qualunque cose pertinenti all'arte de la spetiaria. Et se trovaranno alcuna overo alcune cose gattive et non bene facte et non buone rapportino et dinuntino quelle persone che l'ànno o tengono le tali cose a' consoli de la Mercantia a ciò che sieno puniti ne le pene nello statuto ordinate et ne le provisioni sopra dette. (...) » in : *Lo Statuto dell'Arte della Mercanzia senese (1342–1343)*, I, 21, p. 98. また Cf. *Statuto della Mercanzia 1472*, I, 21, pp. 24–25 参照。

(85) 14世紀初頭のアルテのリストは，Lisini, “Arti esercitate” にある。以下，各アルテの規約については，つぎのような略号をもちいる。＊印は公刊されているもの（書誌の詳細は，文献目録参照のこと）。註での引証は，公刊されているものはそれを使い，されていないものは，註(88)に示した写本をもちいた。

Albergatori=Statuti : Tre registri dal 1355 (copia) al 1777 (N. 42–44)
Bastieri=Statuti : Due registri del 1344 (copia) e del 1712, con aggiunte fino al 1771
Carnajuoli=Statuti dell'Arte dei carnajuoli＊
Chiavari=Statuto dell'Arte de' chiavari di Siena＊
Cuoiai=Statuto dell'Arte de' cuoiai e calzolai di Siena＊
Fuoco=Statuti : Quattro registri del 1394, 1412
Giudici=Statuti senesi dell'Arte dei giudici e notai del secolo XIV＊
Lanajuoli=Statuto dell'Università ed Arte della lana di Siena＊
Orafi=Breve dell'Arte degli orafi senesi dell'anno MCCCLXI＊
Pellicciai=Statuti : Un registro del 1343, con aggiunte fino al 1775
Pietra=Breve dell'Arte de'maestri di pietra, senesi, dell'anno 1441
Pittori=Breve dell'Arte de' pittori senesi dell'anno MCCCLV＊
Seta=Statuto dell'Arte della seta＊
Speziali=Breve degli speziali (1356–1542)＊

(86) Prunai, “Notizie sull'ordinamento,” pp. 370–372. なお同業種の職人がおなじ地区や街路に集中しがちなことは，Tuliani, “La dislocazione delle botteghe” 参照。

(87) « Che niuno carnaiolo o mercatante della detta Arte possa fare setta o lega contra il Comune di Siena » in Carnajuoli, LXX, p. 112. Cf. Lanajuoli, VIII, 1, pp. 260–261.

(88) 以下にシエナ国立古文書館所蔵の写本史料を紹介する。シエナのアルテでは，時代の経過とともに集合離散がかさなって，大半の史料は失われてしまった。Arti della Città の名の下に整理された古文書史料は，Statuti, Matricole, Tariffe, Entrata e uscita, Ricevute, Deliberazioni, Processi, Ordini, Civile e criminale, Contratti などに分類され，中世関係で残っているのは，以下のアルテである：Giudici e Notai, Ligrittieri e Pannilini, Setaioli, Pellicciai, Orafi e Argentieri, Barbieri, Carnaioli, Osti e Albergatori, Ritaglieri e Pannilini, Arte della pietra, Legname e Pietra, Pittori, Lana, Tintori, Cartei e Librei, Cuoiai e Calzolai, Merciai, Farinaioli, Arte del fuoco, Maniscalchi, Chiavai, Fornai, Bastieri, Ceraioli e Pizzicaioli, Cerbolattai, Muratori, Speziai, Vasai で，Arti della Città 以外に，Arti dello Stato として，コンタード都市（アッシャーノ，モンタルチーノなど）のアルテの規約などがいくつか残っている。私が，シエナ国立古文書館の Arti の所蔵資料で閲覧したのは，以下の通りである。

＊ Giudici e Notai の Matricole : Registro delle ammissioni dei notai all'Arte, dal 1341 al 1533 (N. 2) と Tariffe : Registro della prima metà del XIV secolo (N. 3).
＊ Pellicciai の Statuti : Un registro del 1343, con aggiunte fino al 1775 (N. 31).
＊ Orafi e Argentieri の Statuti : Due registri dal 1361 al 1777 (N. 32–33).
＊ Carnaioli の Statuti : Due registri del 1288 (copia) e del 1704, con aggiunte e correzioni fino al 1771 (N. 39–40).
＊ Osti e Albergatori の Statuti : Tre registri dal 1355 (copia) al 1777 (N. 42–44).
＊ Pittori の Statuti : Due registri dal 1355 al 1777 (N. 59–60).

* Lana の Statuti : Sette registri dal 1292 al 1776 con approvazioni e aggiunte, alcuni bandi a stampa, copie di deliberazioni del Consiglio Generale e proposte di modificazioni（N. 61–67）と Contratti : Sei registri e filze di contratti, con alcuni mandati e deliberazioni dal 1325 al 1777（N. 70–75）.
* Cuoiai e Calzolai della vacca の Statuti : Due registri del 1300 e del 1329, con aggiunte e approvazioni fino al 1777（N. 88–89）.
* Cuoiai e Calzolai の Statuti : Tre registri dal 1333 al 1777（N. 90–92）.
* Arte del fuoco の Statuti : Quattro registri del 1394, 1412（fabbri, spadai, agutari, fibbiai, forbiviai, coltellinai, campanai, padellai, chiavai, armaioli, corazzai）e del 1667 e 1743 della Maggiore arte del fuoco, che aveva riunite quelle minori. Nei primi due vi sono le matricole dei maestri（N. 105–108）.
* Chiavai/Chiavari の Statuti : Un registro, dal 1305 al 1414（N. 113）.
* Bastieri の Statuti : Due registri del 1344（copia）e del 1712, con aggiunte fino al 1771（N. 116–117）.
* Speziali の Statuti : Quattro registri dal 1355 al 1776（N. 132–135）.

シエナ国立古文書館所蔵のアルテ規約については，Archivio di Stato di Siena, *Guida-Inventario dell'Archivio di Stato*, t. II, pp. 218–220 の説明参照。また Polidori, *Proposta degli statuti scritti in volgare* にも，シエナのアルテの規約でシエナ国立古文書館所蔵の俗語のものが，簡単に紹介されている。

（89） Prunai, "Notizie sull'ordinamento."

（90） *Statuti dell'Arte dei Carnajuoli* および *Statuto dell'Università ed Arte della Lana di Siena.*

（91） Prunai, "Notizie sull'ordinamento," p. 396.

（92） Cf. *ibid.*, p. 373.

（93） たとえば Lanajuoli, VIII, 44, pp. 284–285 参照。

（94） もとのアルテに戻れるとの規定については，Prunai, "Notizie sull'ordinamento," p. 373, nota 6 参照。

（95） 2 倍の加入費で外人も登録できることについては，Prunai, "Notizie sull'ordinamento," p. 375 ; Mazzi, C., "Il Breve," p. 349 など参照。

（96） Orafi, XLV, p. 27. Cf. *ibid.*, LXXXIX, p. 48.

（97） 画家組合の外人抑制については，« Qualunque dipintore forestiere vorrà venire affare l'arte ne la città di Siena che inanzi che cominci a lavorare paghi et pagar debbia all'università de' depintori ricevendo el camarlengo per la detta arte uno fiorino d'oro e chel detto forestieri debba dare buona et sufficiente ricolta infino a la quantità di xxv llr... » in Pittori［1355］, XI, pp. 5–6. 他に外人への規制条項としては，*ibid.*, LII–LIII, p. 22 参照。

（98） Pietra, XIV, p. 111 ; cf. *ibid.*, XLIV, p. 124.

（99） 錠前屋のアルテでの外人受け容れについては，Chiavari, XIII, pp. 247–248. また Boccalatte, "Per la storia dell'arte del ferro" 参照。

（100） Carnajuoli, XXXVI, pp. 93–94 ; *ibid.*, LV, p. 104.

（101） Giudici, pp. 63, 65–66.

（102） 煉瓦積み工の場合。Prunai, "Notizie sull'ordinamento," Doc. XI, 2. なお煉瓦積み工については，Balestracci, "La corporazione dei muratori" を参照。

（103） Prunai, "Notizie sull'ordinamento," Doc. XI, 3.

(104) 祭日の義務および儀礼について，*ibid*., Doc. III, 6 ; Doc. IV, 1 ; Carnajuoli, LXXXII, p. 118 ; *ibid*., add. 8, pp. 123-124 ; Lanajuoli, Prima Distinzione, LV-LVI, p. 173 ; *ibid*., LXVII, p. 180 ; *ibid*., LXXXV-LXXXIX, pp. 191-192 ; Pietra, XVIII, pp. 112-114 ; Seta, III, 1, p. 54 ; Giudici, pp. 101-102 ; *Lo Statuto dell'Arte della Mercanzia senese*(*1342-1343*), I, 1, pp. 81-85 ; Fuoco, cc. 30v-31r ; Bastieri, cc. 6v-7v ; Chiavari, XIX, pp. 250-252 ; *ibid.*, XXI-XXIV, pp. 251-254 ; Cuoiai, XLII-XLIII, pp. 307-309 ; *ibid*., Addizioni 1334, 2, p. 333 など参照。

(105) Pittori, I, p. 2 ; *ibid*., L, p. 21.

(106) Orafi, LXIX-LXXI, pp. 39-40.

(107) Speziali, p. 12.

(108) Albergatori, cc. 18v-19r.

(109) 葬儀について，Speziali, p. 11 ; Albergaori, III, c. 2rv ; Giudici, pp. 129-130 ; Pittori, III, pp. 2-3 ; Pietra, XXII, p. 115 ; Seta, III, 3, p. 56 ; Chiavari, XXVIII-XXIX, pp. 256-257 ; Carnajuoli, XL, p. 95 ; Pellicciai, c. 10rv ; Fuoco, c. 29rv ; Bastieri, cc. 2v-3r など参照。

(110) Orafi, XXXIX-XL, pp. 23-24.

(111) Speziali, p. 11.

(112) 守るべき教会の教えと偽証などの瀆神行為の禁止は，Seta, III, 2, p. 55 ; Carnajuoli, XLV, p. 98 など参照。

(113) Prunai, "Notizie sull'ordinamento," Doc. III, 1, 2 ; Carnajuoli, XXIII, p. 91 ; Albergatori, XXII, c. 8rv ; cf. Mazzi, C., "Il Breve," p. 349.

(114) Prunai, "Notizie sull'ordinamento," Doc. III, 1, 2.

(115) Orafi, VI, p. 5 ; cf. Pittura, XVIII, p. 8 ; *ibid*., LVIII, p. 25.

(116) Seta, III, 18, p. 65 ; Chiavari, VII, pp. 244-245 ; Cuoiai, II-III, pp. 281-282 ; Lanajuoli, VIII, 3, pp. 261-262.

(117) Pittori, XVII, p. 7. 他人の仕事を奪うことの禁止は，*ibid*., VIII, p. 4 ; *ibid*., LIX, p. 25.

(118) Orafi, XXIX, p. 18.

(119) Chiavari, XI, pp. 246-247 ; Cuoiai, XXXVII, pp. 303-304.

(120) Giudici, pp. 27-28.

(121) Albergatori, c. 8v ; Mazzi, C., "Il Breve," p. 351 参照。

(122) Giudici, pp. 83, 85-86, 133. このアルテのシエナにおける立場や政権との関係などについては，Catoni, "Il collegio notarile" 参照。

(123) Giudici, p. 51.

(124) 旅館組合の規約とリスト Matricola については，Mazzi, C., "Il Breve" をも参照。リストは，*ibid*., pp. 357-365 に掲載されている。

(125) Guarducci, *Un tintore senese*, pp. 127-141. この染め物師とその工房については，グァルドゥッチの書物以外に，Turrini, "Una bottega di tintori" をも参照。

(126) Guarducci, *Un tintore senese*, pp. 145-149.

(127) 以下，Zdekauer, "Le donne nella Lira Senese" 参照。

(128) 宿屋の女将としての女性については，Albergatori 参照。

(129) シエナにおける「細民の反乱」については，Rutenberg, "La vie et la lutte"; Idem, *Popolo e movimenti*, pp. 130-156 ; Broglio d'Ajano, "Tumulti e scioperi"; Mollat, M. e Wolff, *Ongles bleus*（邦訳），113，145-147 頁；中山「『ブルーコの反乱』の背景」など参照。

(130) *CS di Agnolo di Tura*, p. 549 ; Martini, "Siena da Montaperti alla caduta dei Nove," pp. 124–125.

(131) Rutenberg, "La vie et la lutte."

(132) « La compagnia del Bruco si scuperse in Siena a dì 26 d'agosto (1370), ed era nella contrada d'Uvile, ed erano congiurati circa 300 o più, ed erane capo Domenico di Lano ligrittiere, e dicevano che volevano pace e divizia, e anderanno per lo grano a chi n'arà, e chi n'arà ne lo darà » in *CS di Donato di Neri*, p. 634. Cf. *ibid.*, p. 639 ; Malavolti, *Dell'Historia di Siena*, 2ª parte, lib. VIII, cc. 138v–139v.

(133) *CS di Donato di Neri*, p. 639.

(134) Rossi, F., *Le Contrade*, pp. 183–184.

(135) *CS di Donato di Neri*, p. 641.

(136) Pinto, "I lavoratori salariati" 参照。

(137) シエナ，より広くは後期中世イタリア都市における「遊び」や娯楽については，以下の研究参照。Balestracci, "Il gioco dell'esecuzione capitale"; Zdekauer, *Il gioco d'azzardo* ; Rizzi, *Ludus / ludere* ; Taddei, "Gioco d'azzardo"; Ortalli (a cura di), *Gioco e giustizia* ; Falletti-Fossati, *Costumi senesi*, pp. 101–232 ; Heywood, *The « Ensamples » of Fra Filippo.*

(138) Dante, *Divina Commedia*, Inferno, XXIX（邦訳），第 1 巻，347 頁参照。

(139) サイコロ遊びとその規制については，Zdekauer, *Il gioco d'azzardo* はじめ，註(137)に挙げた文献参照。なお *Statuta de ludo* には，13〜16 世紀のイタリア諸都市の遊びに関する法規が集められている。

(140) ザーラ遊びのシエナの都市条例での規定としては，*Cost. 1309–10*, I, 229, t. I, p. 191 などがある。

(141) *Frammento 1262*, V, 18, 20.

(142) *SS5*, V, 21, c. 228r ; *SS12*, V, 22, c. 218r.

(143) *Ibid.*

(144) *Cost. 1309–10*, V, 24, t. II, pp. 243–244 ; *ibid.*, V, 26–32, t. II, pp. 245–247 ; *ibid.*, V, 401, t. II, p. 402. Cf. *SS5*, V, 23, c. 228v.

(145) ペトリオーロ温泉とマチェレート温泉での禁止は，*Cost. 1309–10*, III, 159, t. II, p. 74 ; *SS26*, I, 393, c. 83v.

(146) *SS23*, c. 294v ; *SS26*, I, 322, c. 73v.

(147) 教会から 60 ブラッチャ以内での禁止については，*Frammento 1262*, V, 17 ; *SS5*, V, 24, c. 228v ; *SS12*, V, 25, c. 218v など参照。

(148) *SS12*, I, 451, c. 61r. Cf. *SS26*, IV, 65, c. 210v.

(149) « Quod nullus Clericus ludat ad Tabulas, vel quoquomodo cum taxillis, vel ad Scavos in Plateis, vel in viis publicis, et qui contrafecerit sit interdictus et si perseveraverit excomunicatus », in Pecci, *Storia del Vescovado*, p. 209.

(150) 公営の賭場については，Ortalli, *Barattieri* ; Taddei, "Gioco d'azzardo"; Zdekauer, *Il gioco d'azzardo*, pp. 39, 93–132 参照。

(151) « multa mala fiant occasione ludi et divites pauperes deveniant » in *Frammento 1262*, V. 21.

(152) 1308 年の規定は，*SS5*, c. 364v.

(153) 旅館組合規約での遊び禁止は，Albergatori, c. 8v.

(154) 居酒屋の規定は，*Frammento 1262*, V, 246, pp. 91–92. Cf. Fanfani, "Note sull'industria

alberghiera."

(155) プーニャとエルモラについては，Heywood, *Palio e ponte* ; Settia, "La « battaglia »"; "Giuoco delle pugna"; Catoni, "La faziosa armonia"; Glenisson, "Fête et société" など参照。都市条例中の規定としては，たとえば，*Cost. 1309–10*, V 55–63, t. II, pp. 256–258 などがある。

(156) 1262 年の規定は，*Frammento 1262*, V, 33.

(157) *Ibid*.

(158) « in quello dì fu per mutarsi lo stato, tanto era la gente rischaldata ne l'arme » in *CS di autore anonimo*, p. 76. また，Catoni, "La faziosa armonia," p. 237 参照。

(159) ただし *CG 42*, 1291, cc. 22v–23r には，プーニャが厳格に禁じられた記録がある。

(160) *SS12*, V, 42–44, 46, 49, cc. 221r–222r.

(161) *Cost. 1309–10*, V, 55–59, t. II, pp. 256–257.

(162) 1318 年の多数の死者については，*CS di Agnolo di Tura*, pp. 369–370.

(163) 総評議会の禁止決議にもかかわらず，この慣習はつづき，この年のカーニヴァルでは，サン・マルティーノのテルツォとカモッリーアのテルツォが，チッタのテルツォと対抗したプーニャを戦い，拳骨→石→棒→小刀→楯・剣→槍→矢へとエスカレートし，4 人が死亡し，多くの負傷者が出た。司教がでてきてはじめて事態は収まった。1324 年の出来事については，*CS di Agnolo di Tura*, p. 416 参照。ただ，混乱と傷害はいつもあったわけではないようで，1343 年のペンテコステのために組織された新たな遊びと踊りには町全体が巻き込まれたが，スキャンダルはなかったという。Cf. *CS di Agnolo di Tura*, p. 537.

(164) 10～14 歳はシエナのデナリウス（デナーロ）貨で 25 リラ，14 歳以上は 50 リラの罰金ということである。*SS23*, c. 128r.

(165) Gentile Sermini, "Il giuoco delle pugne," in *Le Novelle di Gentile Sermini*, pp. 105–110.

(166) *SS23*, cc. 303r–306v に遵守すべき祭りなどの規定が掲載されている。

(167) パリオについては，Falassi e Betti（a cura di），*Il Palio* ; Brogi, R., *Il Palio di Siena* ; Silverman, "The Palio of Siena"; Falassi e Catoni, *Palio* ; Heywood, *Our Lady of August* ; Idem, *Palio e Ponte* ; Jackson e Nevola（a cura di），*Beyond the Palio* ; Ceppari Ridolfi, Ciampolini e Turrini（a cura di），*L'Immagine del Palio* など参照。またシエナの祭りについては，Glenisson, "Fête et société" 参照。

(168) « Nessuna persona poteva cavalare per la città e pei borghi, nè per alcuna strada dal luogo dove si dava la mossa sino alla città di Siena », cit. in Brogi, R., *Il Palio di Siena*, pp. 26–27.

(169) "Tiro a segno"; Falletti-Fossati, *Costumi senesi*, p. 184.

(170) *SS5*, V, 55, cc. 234v–235r ; *Cost. 1309–10*, V, 85, t.II, pp. 267–269 ; cf. *SS12*, V, 68, cc. 224v–225r.

(171) *SS12*, V, 54, cc. 223v–224r ; *SS5*, V, 51–52, cc. 233v–234r.

(172) 貧者のプールについては，Falletti-Fossati, *Costumi senesi*, p. 83 参照。

(173) « chè so' di quelle tanto ardite e sfacciate, che co' giovani vi ponete a vagheggiare ezandio dentro nelle chiese »: *Le prediche volgari di San Bernardino*, predica 29, t. II, p. 411.

(174) 以下，騎士の威信・特権や儀礼については，Balestracci, *La festa in armi* ; Pont,"Sonetti per l'armamento di un cavaliere"; Cardini, "Vita comunale e dignità cavalleresca a Siena" 参照。

(175) *SS26*, IV, cc. 197r.–198r.

(176)　Cf. *Cost. 1309-10*, III, 56, t. II, p. 35.

(177)　*CS di Agnolo di Tura*, p. 442-451. また，Mazzi, "Descrizione della festa" をも参照。

(178)　都市の騎士，コムーネの騎士については，Salvenimi, *Magnati e popolani* ; Gasparri, *I « milites » cittadini* ; Böninger, *Die Ritterwürde in Mittelitalien* など参照。

(179)　ガリアから来た Galli Senoni がイタリアに下りてきて，それ以上旅をつづけられない老人と病人らがシエナにとどまってシエナを造った，との伝説が 12 世紀からすでに知られていたようである。

(180)　Rossi, P., "Dante e Siena," pp. 17-20 ; D'Ancona, *Studi di critica e storia letteraria*, Parte I, p. 234 参照。

(181)　*Rime di Bindo Bonichi da Siena*. ビンド・ボニキについては，Sanesi, I., "Bindo Bonichi da Siena e le sue rime" 参照。

(182)　*Rime di Bindo Bonichi da Siena*, p. 186 :

Sonetti XXII

« Gli asin del mondo sono i mercatanti,
E' cavalier que' ch'han per vizio onori,
E li tiranni son gli uomin maggiori,
Chi in corte è duca son cani latranti.

E porci sono i cherci e mal usanti,
E lupi sono i malvagi pastori,
Ipocreti son li consigliatori ».
(...)

(183)　以下，ガウデンティ関連の史料は，Filippo degli Agazzari, *Assempri* ; Folgore da San Gimignano, *I sonetti dei mesi* ; Cecco Angiolieri, *Rime* など。研究としては，Picone, "La brigata di Folgore"; Rossi, P., "Dante e Siena," pp. 43-60 参照。

(184)　Maconi, "Intorno a Lano de' Maconi" 参照。他の仲間が実際にどの人物なのか，サリンベーニ家か，ボンシニョーリ家の息子なのか，いろいろ意見があるが，1270～80 年に彼らが生きていたのは疑いない。

(185)　以下本文中で紹介する Mesi の冒頭，1 月，7 月以外に，9 月のソネットや，また 8 月，12 月にも浪費連は出てくる。Picone (a cura di), *Il giuoco della vita bella* には，フォルゴーレのソネット，「セマーナ」（週の歌）と「メーシ」（月々の歌）のテクストおよびその註釈，さらに，彼とその作品についてのいくつかの問題をめぐる論考が集められている。なお，同時期の都市条例にもガウデンティ対策が問題とされている。Cf. *Cost. 1309-10*, I, 210, t. I, p. 177.

(186)　Folgore da San Gimignano, Dedica alla brigata, in Picone (a cura di), *Il giuoco della vita bella*, p. 96.

« Alla brigata nobile e cortese,
in tutte quelle parti dove sono,
con allegrezza stando sempre dono,
cani e uccelli e danari per ispese,

ronzin portanti e quaglie a volo prese,
bracchi levar, correr veltri a bandono :

in questo regno Nicolò incorono,
perch'elli è 'l fior della città sanese ;

Tingoccio e Min di Tingo ed Ancaiano,
Bartolo e Mugàvero e Fainotto,
che paiono figliuol del re Prïano,

prodi e cortesi piú che Lancilotto,
se bisognasse, con le lance in mano
farian tornïamenti a Camellotto ».

(187) Fazio degli Uberti, *Il Dittamondo*, III, 8, vv. 69-72, p. 176.

(188) Frate Filippo, *Novelle ed esempi morali*. また *Le Novelle di Gentile Sermini*, Novella III, pp. 58-69 をも参照。

(189) 中世からルネサンス期にかけてのシエナ近郊，またイタリアの温泉については，以下の研究参照。Boisseuil, *Le thermalisme en Toscane* ; Idem, "Les Médicis aux bains"; Braunstein, "Dal bagno pubblico alla cura corporale privata"; Stopani, *I « tepidi lavacri »*; Venerosi Pesciolini, "I bagni senesi di Petriolo"; Melis, "La frequenza alle terme"; Cherubini, "Terme e società"; "Soggiorni alle Terme." シエナ地区の温泉規制の史料は，Barduzzi (a cura di), *Provvedimenti per le stazioni termali senesi* である。

(190) *LM*, 69-70.

(191) Tuliani, *Osti, avventori e malandrini*, p. 207 参照。

(192) Boisseuil, *Le thermalisme en Toscane*, pp. 38-39 参照。さらに温泉場での遊びの禁止，厳格な管理については，1293 年の都市条例（*SS4*）で定められている。Cf. Boisseuil, *Le thermalisme en Toscane*, Dossier 2, [18] e [19], p. 353. また，1309～10 年の都市条例には，« Che neuno giuochi a çara nel piano del bagno a Petriuolo » とあり，公にも隠れてでも，外でも家の中でも，ザーラ遊びやサイコロ遊びをすべきでなく，ただし tavole（盤上ゲーム）と scacchi（チェス）は除く，となっており，これは，12，1，2，4，5 月に当てはまる，とされている（*Cost. 1309-10*, III, 159, t. II, pp. 74-75)。1337 年の条例（*SS26*, I, 393-394, c. 83v）でも，ペトリオーロやマチェレート，そこから 1 マイル以内で，浴場でのサイコロ・賭博遊びや「浴場の長」主宰遊びが禁止され，ならびに許可される遊びについても規定されている。

(193) *Const. 1262*, III, 275, pp. 359-360 ; Boisseuil, *Le thermalisme en Toscane*, Dossier 2, 1337-39, rub. 402, p. 380 など参照。

(194) Folgore da San Gimignano, *Di novembre*, in Picone (a cura di), *Il giuoco della vita bella*, p. 120.

(195) Sacchetti, *Il Trecentonovelle*, Nov. XXVI, pp. 79-80.

(196) Cf. Boisseuil, "Les Médicis aux bains."

(197) イタリアの旅館については，Fanfani, "Note sull'industria alberghiera" 参照。

(198) シエナおよび周辺の宿屋については，Balestracci e Piccinni, *Siena nel Trecento*, pp. 145-154 ; Tuliani, *Osti, avventori e malandrini* 参照。

(199) *SS12*, V, 289, c. 258rv.

(200) « Diventò rico chi tenne albergo, o chi traficò, o usò le strade » in *CS di Agnolo di Tura*, p. 561.

(201) 旅館組合の規約は，註(88)にシエナ国立古文書館所蔵の写本について紹介したが，残

存する最古のものは，*Arti 42, Statuto dell'Arte dei locandieri, osti, albergatori* (*1355*) である。これについては，Mazzi, C., "Il Breve"; Tuliani, *Osti, avventori e malandrini*, pp. 63-75 をも参照。

(202) Tuliani, *Osti, avventori e malandrini*, pp. 170-171.

(203) シエナの奢侈条例については，Ceppari Ridolfi e Turrini, *Il mulino delle vanità* にすぐれた解説があり，また 1343 年の奢侈条例が校訂されている。Mazzi, C., "Alcuni leggi suntuarie"; Ceppari Ridolfi, "Un caso toscano : Siena"; Bonelli-Gandolfo, "La legislazione suntuaria senese" をも参照。またより一般には，Muzzarelli e Campanini, *Disciplinare il lusso* ; Muzzarelli, *Gli inganni delle apparenze* ; Killerby, *Sumptuary Law in Italy* を見よ。さらに 15・16 世紀のシエナの奢侈条例は，Bonnelli-Gandolfo, "La legislazione suntuaria senese" が研究しており，14 世紀の奢侈条例規定を大半引き継いでいることが窺われる。

(204) Casanova, "La donna senese," p. 45, nota 3.

(205) Filippo degli Agazzari, *Assempri*, II e III, pp. 296-305 ; *Le prediche volgari di San Bernardino*, predica 19, t. II, p. 111.

(206) Filippo degli Agazzari, *Assempri*, II e III, pp. 296-305.

(207) *Le prediche volgari di San Bernardino*, predica 37, t. III, pp. 204-207.

(208) Ceppari Ridolfi e Turrini, *Il mulino delle vanità*, p. 82.

(209) *Cost. 1309-10*, I, 159, t. I, pp. 147-149.

(210) Ceppari Ridolfi e Turrini, *Il mulino delle vanità*, p. 83.

(211) *SS23*, cc. 252r-253v. また，*Frammento 1262*, V, 152 などにも同様な規制がある。

(212) たとえば 33 条が好例。Ceppari Ridolfi e Turrini, *Il mulino delle vanità*, p. 174 参照。

(213) 該当する 35 条は，*ibid*., p. 176，39 条は，*ibid*., p 178.

(214) 該当する 37 条は，*ibid*., p. 176.

(215) 該当する 39 条は，*ibid*., p. 178.

(216) 該当する 40 条は，*ibid*., p. 180.

(217) 該当する 58 条は，*ibid*., p. 200.

(218) たとえば *Frammento 1262*, V, 140-145 参照。

(219) 49 条。Ceppari Ridolfi e Turrini, *Il mulino delle vanità*, pp. 188-192.

(220) Hughes, "Sumptuary Law"; Idem, "Distinguishing Signs."

(221) Trexler, *Public Life*, pp. 349-354 参照。

(222) 実際，たとえば 1439 年には，シエナ市内での絹織物業振興のための優遇策が Concistoro（コンチストーロ）つまり内閣の Deliberazioni（決議）で示されている。Cf. Borghesi e Banchi (a cura di), *Nuovi documenti*, N. 68, p. 124.

(223) Killerby, *Sumptuary Law in Italy*, pp. 89-90 ; Ceppari Ridolfi e Turrini, *Il mulino delle vanità*, p. XVIII 参照。

(224) Mazzi, C., "Alcune leggi suntuarie," pp. 137-138 ; Casanova, "La donna senese," pp. 51-52 ; Killerby, *Sumptuary Law in Italy*, pp. 121-123.

(225) サンタ・マリア・デッラ・スカラ施療院については，近年，諸種の史料，とりわけ非常に豊富な施療院の行政・財政史料をもとにした研究の進展が著しく，建物建設過程の考古学的調査や不動産形成と管理，都市の公的事業としての慈善活動を担うための金融・銀行業関係の業績が注目に値する。それは，たとえば Sordini, *Dentro l'antico*

Ospedale や Piccinni, *Il banco dell'Ospedale* といった研究に代表されるものである。ほかに，より古いが本施療院の多様な活動を吟味した以下の文献を参照。Barduzzi, "Del Governo dell' Ospedale"; Epstein, *Alle origini* ; Cantucci e Morandi, "Introduzione"; Morandi e Cairola, *Lo Spedale di Santa Maria della Scala* ; Balestracci e Piccinni, "L'ospedale e la città"; Piccinni, "L' Ospedale di S. Maria della Scala di Siena"; Redon, "Autour de l'Hôpital"; Gallavotti Cavallero e Brogi（a cura di）, *Lo Spedale Grande di Siena* ; Infantino e Toti（a cura di）, *Spedale di Santa Maria della Scala* ; Piccinni e Vigni, "Modelli di assistenza ospedaliera"; Lugarini, *Il Capitolo dell'ospedale*. なお中世・ルネサンス都市における慈善と慈善施設を扱ったすぐれた邦語文献として，高橋『捨児たちのルネッサンス』と河原『中世フランドルの都市と社会』がある。

(226) シエナの捨て子の受け容れ施設については，Zdekauer, "I primordi della Casa dei gettatelli"; Orlandini, *Gettatelli e Pellegrini* 参照。

(227) Pellegrini, M., "L'ospedale e il Comune," pp. 30–31.

(228) *Const. 1262*, I, 21, p. 31.

(229) Sordini, *Dentro l'antico Ospedale*, pp. 63–64.

(230) Redon, "Autour de l'Hôpital."

(231) *Statuto SMS 1318*, XLVI, p. 55 参照。なお，以下では，サンタ・マリア・デッラ・スカラ施療院の 1305 年の規約と 1318 年の規約を，それぞれ，*Statuto SMS 1305* および *Statuto SMS 1318* と呼ぶ（文献目録も参照）。

(232) Redon, "Autour de l'Hôpital," pp. 26–27.

(233) Cf. Miramon, *Les « Données » au Moyen Âge*.

(234) 自己とその財産を寄進して入会することは，*Statuto SMS 1318*, XLVII, pp. 55–56. 献身者が少額のお金を持っていたこと，親族や友人からのもらい物は 100 ソルドまでなら持っていてよいことなどについては，*Statuto SMS 1318*, LXIV, pp. 68–69.

(235) *Statuto SMS 1305*, XLIII, p. 123 には，妻子と暮らす兄弟に関連する規定がある。自己献呈の後の結婚禁止については，*Statuto SMS 1318*, XLVI, p. 55.

(236) Sordini, *Dentro l'antico Ospedale*, pp. 243–277.

(237) 食事について，*Statuto SMS 1305*, X, p. 98 ; *Statuto SMS 1318*, CI, p. 91.

(238) *Statuto SMS 1318*, XLIX, pp. 57–58.

(239) *Statuto SMS 1318*, LXV, p. 69.

(240) *Statuto SMS 1318*, LVIII, pp. 64–65.

(241) *Statuto SMS 1318*, LVI, pp. 56–57.

(242) 農村献身者については，*Statuto SMS 1318*, LIV, p. 6 ; *Statuto SMS 1305*, XXXII, p. 116.

(243) *Statuto SMS 1318*, LXV, p. 69.

(244) Cf. Epstein, *Alle origini*, pp. 49–53.

(245) 高利貸しや不法な儲けの禁止は，*Statuto SMS 1318*, LXVI–LXVII, p. 70.

(246) マントについては，*Statuto 1318*, XLII, p. 53.

(247) Redon, "Autour de l'Hôpital," pp. 22–23.

(248) Piccinni e Vigni, "Modelli di assistenza ospedaliera."

(249) サンタ・マリア・デッラ・スカラ施療院を離れた男の子について，*Statuto SMS 1318*, CXIII, pp. 107–108 ; *ibid*., addizione del 1336, pp. 126–127 ; Leverotti, "L'ospedale senese," p. 289 参照。

(250) 女性への厚い保護については，*Statuto SMS 1318*, CXIV, pp. 108-109 ; Leverotti, “L’ospedale senese,” pp. 288-289 参照。

(251) 嫁資の手配については，*Statuto SMS 1318*, CXIV, pp. 108-109 参照。

(252) サンタ・マリア・デッラ・スカラ施療院で世話した外国人巡礼については, Cf. *Il Libro del pellegrino*, pp. 54-62 参照。

(253) 1305 年のものと 1318 年の規約，それぞれのエディションは，前者が，*Statuti volgari de lo Spedale di Santa Maria Vergine di Siena*, a cura di L. Banchi および新版が，Pellegrini, M., *La comunità ospedaliera* であり，後者は，*Statuto dello Spedale di Siena*, a cura di L. Banchi である。シエナ国立古文書館の Santa Maria della Scala 関連の写本・史料については Archivio di Stato di Siena, *Archivio dell’Ospedale di Santa Maria della Scala. Inventario* 参照。従来，1305 年のものは 1318 年の準備的素描とされてきた。たしかに後者はより包括的で前者を含み込み，新たに練り上げ作り上げられたものだが（16 世紀まで使われた），前者にもそれ自体の歴史的使命と役割があって，そのように評価されるべきである。すでに一世紀以上の歴史を経てから 1305 年に最初の規約を明文化したと考えられる。そこにはシエナとそのコンタードに広く浸透していった経験が反映されている。これは M・ペッレグリーニが新たに校訂し，あわせて研究を行っている。

(254) *Statuto SMS 1318*, II, p. 14 ; *ibid.*, XLIV, p. 54.

(255) *Statuto SMS 1318*, LII-LIII, pp. 59-60 ; *Statuto SMS 1305*, XXX, pp. 115-116.

(256) *Statuto SMS 1318*, LXIX-LXXI, pp. 71-73 参照。またすでに *Statuto SMS 1305*, XXXI の Di dare albergo e agevolzza e utilità a li huomini veterani povari de la città e del contado di Siena の条項（p. 116）では，マッセやコンタードから貧窮のあまりやって来た貧者には，ベッドと食事を供し，不足のないよう奉仕して，当施療院の可能な限り尽くさねばならないとされている。

(257) XVI : Ch’el pelegrinieri procuri d’avere e di tenere buoni fanti e servitiali a ciò che sia bene servito a li povari e a li infermi. « Anco ch’el detto pelegrinieri procuri d’avere e di tenere nel detto spedale tanti fanti e servitori per servire a li povari e a li infermi, quanti esso vorrà e ordinarà o averà ordinato com lo rettore del detto spedale ; e, secondo che piacerà al detto rettore, procuri d’avere e milliori e li più piatosi e benigni li quali potrà avere, però che siano fatte le cose e li servitii li quali bisognano a li infermi del detto spedale, e siano prestati e fatti li detti servitii per li detti servitiali e fanti, a laude di Dio et ad onore de la casa e a merito di chelle persone le quali ànno dati li beni loro al detto spedale in sostentamento de li infermi e de li povari predetti. », XLVII : Che sia ordinata una donna la quale insegni a le fancelle e a le servitiali del spedale come se debbiano portare nel suo offitio e servitio lo quale ànno a fare. « Anco stantiamo e ordiniamo che una de le donne del detto spedale, o ver suore, sia diputata e posta ad insegnare, ammonire et ordinare tutte le fancelle e le servitiali del detto spedale a ciò che facciano chelli servitii li quali sonno tenute di fare, bene, sollicitamente et attentamente. E chella sia tenuta de accusare al rettore chella o chelle fancelle e servitiali le quali non facessero chelle cose le quali sonno tenute di fare e debbono. E poscia el rettore proceda nelle predette cose, incontra di chelle le quali non obediranno, secondo che veduto è suto di sopra, considerata la conditione de la persona e la qualità de la casione. », LVII : Che lo rettore del spedale sei volte nel’anno serva a li povari infermi e gittati, e che di ciò se faccia piubica scrittura. « Anco stantiamo che, a riverentia di Dio e de la biata virgine Maria,

el rettore del detto spedale sia tenuto e debbia servire a li povari e infermi e gittati sì maschi come femine e ponare innançi da chelli e da chelle le imbandisgioni da mangiare, sempre sei volte nel'anno, e in chesti sei dì, da mattina, nella hora del mangiare, cioè : in prima nel dì, da mattina, nella hora del mangiare, cioè : in prima del dì de la Pasqua de la resurrectione del Signore, la seconda volta nella pasqua di Pentecoste, la tertia nella festa di santo Giovanni la quale è la prima dominica del mese di maggio, la quarta nella festa di santa Maria del mese d'agosto, la quinta nella festa di Ognisanti del mese di novembre, la sexta e la ultima volta ne la Pasqua de la natività del Signore. (...) »: *Statuto 1305*, pp. 102, 126, 136. Cf. *Statuto SMS 1318*, XVII, p. 27 ; *ibid*., LXXXVII, p. 83 ; *ibid*., XXXV, pp. 46–47.

(258) *Statuto SMS 1318*, CXI–CXVII, pp. 106–111.

(259) *Statuto SMS 1318*, XCI, XCIII–XCIV, pp. 85–87.

(260) « In prima noi rettore, frati e familiari e conversi del detto spedale, volemo e concordevolemente e d'uno cuore e volontà stançiamo e constituendo fermamo ch'el rettore e tutti li frati e li familiari e li conversi del detto spedale siano tenuti e debbiano amare, guardare e onorare el Comune di Siena e tutti li soi offitiali e a esso Comune servire a suo podere, e non frodare o ver sottrare alcune rasioni del detto Comune per lo detto spedale, o per casione de li frati d'esso, o d'alcuna altra persona per alcuno modo. » in *Statuto SMS 1305*, I, pp. 89–90 ; cf. *Statuto SMS 1318*, I, pp. 12–13. 都市による保護を受けたことについては，*Statuto SMS 1305*, I, pp. 89–91.

(261) Piccinni, *Il banco dell'Ospedale*.

(262) マラヴォルティ家出身司教については，Waley, D., *Siena & the Sienese*, p. 133 参照。

(263) ミゼリコルディア会の献身者中の職人たちについては，Catoni, "Gli oblati della Misericordia," p. 4 参照。

(264) ミゼリコルディア会の歴史と制度・会則については，Ascheri e Turrini (a cura di), *La Misericordia di Siena* ; Catoni, "Gli oblati della Misericordia"; *Il registro del notaio*, pp. XI–XVII ; *Statuti de la Casa di Santa Maria della Misericordia* など参照。

(265) モンナ・アニェーゼ施療院（サン・タニェーゼ会）については，Brunetti, *Agnese e il suo ospedale* 参照。以下の記述もこの書物に負うところが多い。

(266) Brunetti, *Agnese e il suo ospedale*, pp. 69–71 参照。

(267) 慈善施設がコムーネの〈公共善〉の政策の道具となることについては，Piccinni, "L'ospedale e il mondo del denaro"; Pellegrini, M., "L'ospedale e il Comune" 参照。

(268) Monti, *Le confraternite medievali* 参照。また信心会についての古文書史料としては，シエナ国立古文書館所蔵のディプロマティコ Diplomatico がある。Nardi, "I borghi di San Donato"; Prunai, "I capitoli della Compagnia di S. Domenico"; Ceppari Ridolfi e Turrini, "Il movimento associativo" なども参照。

(269) Ceppari Ridolfi (a cura di), *Le pergamene delle confraternite*.

(270) シエナのさまざまな性格の信心会について，あるいは施療院が鞭打ち苦行信心会へと深い関係を持つようになり，一部融合していった入り組んだ事情については，Gagliardi, *I « Pauperes Yesuati »*, pp. 40–68 参照。

(271) Prunai, "I capitoli della Compagnia di S. Domenico," p. 124.

(272) サンタ・マリア・デッラ・スカラ下の聖母の鞭打ち苦行信心会入会条件については，*Capitoli della Compagnia dei disciplinati*, 1295–XI, pp. 11–15.

(273) 鞭打ち苦行信心会の規約は，L・バンキ編の *Capitoli della Compagnia dei disciplinati* にある。L・デ・アンジェリス編の 1818 年の *Capitoli dei Disciplinati* はおなじ内容だが不正確である。ただし規約以外の諸史料が収められているため貴重である。Cf. Manetti e Savino "I libri dei Disciplinati."

(274) ほかに，1344～48 年の規約については，Prunai, "I capitoli della Compagnia di S. Domenico" 参照。

(275) 会長・相談役・収入役については，*Capitoli della Compagnia dei disciplinati*, 1400-II, p. 38.

(276) 遺言書については，*ibid.*, 1295-XVIII, pp. 20-21.

(277) 仲間の埋葬のときの祈りについては，*ibid.*, 1295-XVIIII, pp. 21-22.

(278) 外人受け容れ規定については，*ibid.*, 1295-XXV, p. 23.

(279) 財産，布施の共同については，*ibid.*, 1295-XXXI, p. 28.

(280) 主禱文と天使祝詞については，*ibid.*, 1295-VI, pp. 7-8.

(281) 聖体拝領の義務については，*ibid.*, 1295-VII, pp. 8-9.

(282) 挨拶については，*ibid.*, 1295-VIIII, p. 10.

(283) 居酒屋，悪所通いについては，*ibid.*, 1295-X, p. 11.

(284) 秘密保持の義務については，*ibid.*, 1295-XII, pp. 15-16.

(285) 怠慢者への制裁については，*ibid.*, 1295-XV, pp. 17-18.

(286) ミサの義務については，*ibid.*, 1295-XVI, p. 19.

(287) 蠟燭の奉献については，*ibid.*, 1295-XXXVIIII, p. 31.

(288) 貧者への毎週の喜捨の規定については，*ibid.*, 1295-XLIII, pp. 33-34.

(289) 鞭打ちのやり方の規定については，*ibid.*, 1300 ?-LIIII, p. 39.

(290) 聖母受胎の祝いについては，*ibid.*, 1392-I, pp. 44-45. マリアの記念日の荘厳ミサについては，*ibid.*, 1398-II e 1399-I, pp. 48-50.

(291) 信心会の良き評判を守ることについては，*ibid.*, 1399-III, pp. 52-53.

(292) 聖十字架のコンパニーアについては，Monti, *Le confraternite medievali*, p. 232 参照。

(293) シエナのラウダ集については，*Laudario di Santa Maria della Scala* にまとめられている。これは 1330 年代前後に作られた。Cf. *Cantari religiosi senesi del Trecento* ; Ceruti Burgio, "La « Passione »." ジェズアーティらが歌ったラウダは，ナイーブな，常套的なイメージを使った神秘主義的な賛歌で趣はやや異なるが，もちろんキリスト中心主義が際立っている。たとえば，*Laudi spirituali del Bianco da Siena* 参照。ビアンコについては，Ageno, *Il Bianco da Siena*, pp. ix-xlv を参照。

(294) *Laudario di Santa Maria della Scala*, p. 9 :

« O figliuolo de la trista, figliuolo,
chi mi t'à tolto, oimè disolata ?
E se' ferito a morte, figliuolo,
e del tuo sangue la croc'è bagnata :
or è scurata-Maria, figliuolo,
ché-ctu-sse' morto, ed i' muoio, figliuolo.

Tucto se' 'nfranto da le scurïtate,
sì duramente, amor, fusti bactuto,

et sì-tti diero crudeli gotate,
et tucto 'l viso t'impiero di sputo.
Or foss'issuta cum teco legata
con quelle funi strect'a la colonna,
perché m'avesser tanto fragellata,
c'ongn'uom dicesse : « Mort'è quella donna ! »
Era « Madonna » -- chiamata, figliuolo,
ed or « Marïa-la-trista », figliuolo ».

(295) *Cantari religiosi senesi del Trecento* ; Ageno, *Il Bianco da Siena* ; Ceruti Burgio, "La « Passione »" なども参照。

(296) 信心会への登録簿については，BCI, I. V. 22, cc. 13r–23v. =le matricole 参照。

(297) 23 maggio 1396 : « omnes sotietates civitatis seu sub quocumque nomine, devotione, aut sancto censeantur et noncupentur, claudentur » in ASS, *Concistoro 191*, c. 14r.

(298) カテリーナの仲間たち Caterinati の名前は列聖調査記録に出てくる。Cf. *PC*, passim.

(299) 以下 Gagliardi, *I « Pauperes Yesuati »* を主に参照。ほかにコロンビーニとその弟子たちについては，Pardi, "Della vita e degli scritti"; Idem, "Il beato Giovanni Colombini"; Idem, "Sulla vita e gli scritti di Domenico da Monticchiello" など参照。

(300) *Le lettere del B. Giovanni Colombini da Siena* ; Belcari, *Vita del B. Giovanni Colombini.*

(301) Belcari, *Vita del B. Giovanni Colombini*, VI–VII, pp. 39–47.

(302) *Capitoli dei Disciplinati*, a cura di De Angelis, pp. 81–82.

(303) ジェズアーティが追放されたことについては，Belcari, *Vita del B. Giovanni Colombini*, XIX, pp. 79–80 を見よ。

(304) Pardi, "Della vita e degli scritti," p. 27.

(305) « Seguitate el vostro maestro e capitano Cristo in povertà e pazienza e umiltà » in *Le lettere del B. Giovanni Colombini da Siena*, p. 1.

(306) « Non dormiamo, gridiamo il dì e la notte per vie e per piazze el nome di Cristo benedetto... » in *ibid*., p. 59.

(307) *Ibid*., p. 153.

(308) キリストの名を繰り返して，エクスタシーに陥ることについて，*ibid*., p. 25.

(309) 1 日千度大声で呼ぶことについて，*ibid*., p. 186 ; cf. *ibid*., pp. 195–196.

(310) Belcari, *Vita del B. Giovanni Colombini*, VII, pp. 44–47.

(311) 最終目標たるキリストとの合体については，*Le lettere del B. Giovanni Colombini da Siena*, pp. 47, 144 参照。

(312) 貧者連 brigate di povari については，Gagliardi, "Dal « contro-addobbamento » dei gesuati" 参照。

(313) Le Goff, *Saint François d'Assise*（邦訳），107 頁。

(314) 一種の逆転した騎士叙任式については，Belcari, *Vita del B. Giovanni Colombini*, VIII–IX, pp. 47–52 を参照。

(315) *Le lettere del B. Giovanni Colombini da Siena*, pp. 81–82, 161, 211 にも入会式についての証言がある。

(316) 「キリストのための狂人」については，*ibid*., pp. 35, 49. Cf. Gagliardi, *Pazzi per Cristo* ; Belcari, *Vita del B. Giovanni Colombini*, passim.

(317) ジェズアーテ（女性）については，Dufner, *Geschichte der Jesuaten* ; Guarneri, "Gesuate"; Liberati, "Le gesuate di Vallepiatta" 参照。

(318) ジョヴァンニ・コロンビーニの従姉妹の2人が，カテリーナに近いマンテッラーテになったことについては，Pardi, "Della vita e degli scritti," p. 207 および Gagliardi, *I « Pauperes Yesuati »*, pp. 136–137 参照。

(319) カテリーナについての学問的研究は，Fawtier, *Sainte Catherine* ; Fawtier e Canet, *La double expérience*, そしてデュプレ・テセイデルの諸論考（文献目録参照）などによって始められた。とくにフォーティエの2巻本は史料批判を徹底させ書簡のクロノロジーを確定させて，その後の研究の礎になった。ほかに，Bedoyere, *The Greatest Catherine* ; Drane, *The History of St. Catherine of Siena* など参照。近年では Maffei e Nardi (a cura di), *Atti del simposio internazionale Cateriniano-Bernardiniano* ; Cospito, *La vita e le opere* ; Trenti e Addabbo (a cura di), *Con l'occhio e col lume* ; Hamburger e Signori (a cura di), *Catherine of Siena* ; Muessig, Ferzoco e Kienzle (a cura di), *A Companion to Catherine of Siena* などが主要な研究である。

(320) 研究の基礎となるべき公式の伝記でもっとも重要なものは，ライモンド Raimondo による『大伝記』*Legenda maior* である。これは，カテリーナの死後5年後に書き始められ10年後に完結した伝記で，著者は晩年6年間のカテリーナをよく知り，また家族や知人の証言から書いたが，許しがたいオミッションもある。第2はライモンド同様ドミニコ会士のトンマーゾ・カッファリーニによる『小伝記』*Legenda minor* で，より短縮したヴァージョンである。しかし彼は，ライモンドの伝記に自分の知識と他の証拠から Supplemento（補遺）をも書いており，貴重な補足情報を提供している。しかし『小伝記』も『補遺』も，ライモンドの『大伝記』同様，カテリーナに有利なように事実を歪曲した箇所もあるだろう。第3はヴェネツィアで死後31年後に提出された列聖調査のための承認の記録，「カステッロ列聖調査録」*Processo Castellano* で，彼女に近い弟子たちが彼女の聖性確認のためにまとめたものである。かなり信頼がおけると思われる。ほかに，Antonio (Fr.) della Rocca, *Leggenda abbreviata di S. Caterina da Siena* をも参照。

(321) 註(319)に挙げた文献のほか，カテリーナの宗教思想・霊性についての研究は，註(329)を見よ。

(322) Luongo, *The Saintly Politics* 参照。

(323) 公的活動を始めてからは，書簡が最重要史料である。カテリーナの書簡は，デュプレ・テセイデルの校訂がよいのだが，完結せず不完全のまま止まってしまっている。今のところ，ミシャテッリ編のもの（*Le lettere di S. Caterina da Siena*）が古いがまだ利用できる。

(324) Anonimo Fiorentino, *I miracoli di Caterina*, 2, pp. 2–3.

(325) ASS, *Diplomatico, Archivio Generale*, 11, settembre 1335 など参照。

(326) *LM*, 74–75.なお *LM* はさまざまな版が出ているので，以下，頁数ではなく，巻 liber, 章 capitulum の下位単位で通し番号となっている節の番号を記すことにする。

(327) 多くの研究者はそれを15歳頃で，1363年かその近くとしている。だが家に籠もっていた彼女が，慈善活動やサン・ドメニコ教会での集会があるマンテッラーテになったとは考えにくいとルオンゴは言い，それはより後，1368年以降だと推測している。Luongo, *The Saintly Politics*, pp. 33–41 参照。

(328) *Supp.*, II, 7, p. 39.

(329) 『聖寵対話』およびカテリーナの神学・思想については，Courcelles, *Il* « Dialogo » *di Caterina da Siena* ; Giunta (a cura di), *Il servizio dottrinale di Caterina da Siena* ; Idem (a cura di), *Caterina da Siena e la dottrina sociale della Chiesa* ; Dalla Torre, *Diritto e politica in Caterina da Siena* ; Leonardi e Trifone (a cura di), *Dire l'ineffabile* ; Cavallini, *Caterina da Siena* ; McDermott, *Catherine of Siena* ; Grion, *Santa Caterina da Siena* : Pajardi, *Caterina la santa della politica* など参照。

(330) *Orazioni*.

(331) *Cantari religiosi senesi del Trecento*.

(332) カテリーナの家系については，Cecchini, "I Benincasa di Cellole" 参照。

(333) カテリーナの母方の祖父およびその家系については，*Documenti*, III, p. 19 に « domina Lapa, filia quondam Pucci Piagentis et uxor Iacobi Benincase tintoris fideiussoris predicti » とある。また Laurent, "Alcune notizie sulla famiglia di S. Caterina" をも参照。

(334) 執政十二人衆体制と民衆の関係については，Wainwright, "The Testing of a Popular Sienese Regime"; Idem, "Conflict and Popular Government" 参照。

(335) *Ricordi di Cristofano Guidini*, pp. 33–36.

(336) Luongo, *The Saintly Politics*, pp. 123–156.

(337) 政治的アイデンティティと重なるカテリーナのネットワークについての結論は，*ibid*, pp. 155–156 参照。

(338) カテリーナの「家族」観については，Dalla Torre, "La famiglia" 参照。

(339) ネーリに宛てた書簡は，*Lettere* (lettere dei discepoli di santa Caterina), 12, t. VI, pp. 69–72. ステファノ・マコーニについては，Movrin, "The Beloved Disciple" 参照。

(340) *PC*, p. 235.

(341) *Ibid.* p. 233.

(342) サーノ宛書簡は，*Lettere*, 294, t. IV, pp. 235–239.

(343) *PC*, p. 236.

(344) *PC*, pp. 254–255.

(345) *Supp.*, III, 5, p. 47.

(346) この死刑囚との関係については，Luongo, *The Saintly Politics*, pp. 90–122 ; Idem, "The Evidence of Catherine's Experience" ; Dondaine "Sainte Catherine de Sienne et Niccolò Toldo"; Duprè Theseider, "Il supplizio di Niccolò di Toldo" など参照。

(347) ジャコモの話は，*Lm*, II, 7.

(348) たとえば Herlihy, "Santa Caterina and San Bernardino" 参照。

(349) 仲間のために一緒に食事したことについては，Anonimo Fiorentino, *I miracoli di Caterina*, 8, p. 9.

(350) *Ibid.*, 1, pp. 1–2.

(351) *LM*, 128, 228, 229, 272, 299 など参照。

(352) *Ibid.*, 218, 225 など参照。なおカテリーナの「女性観」については，Giunta (a cura di), *La donna negli scritti cateriniani* 参照。

(353) Scott, "Urban Spaces" 参照。Cf. Idem, "Catherine of Siena and Lay Sanctity."

(354) たとえば *LM*, 80, 156–158, 172 など参照。

(355) Scott, "Urban Spaces," pp. 111–112.

(356) カテリーナの十字軍理想については，Rousset, “L'idée de croisade chez sainte Catherine de Sienne” ; Idem, “Sainte Catherine de Sienne et le problème de la croisade”; Cardini, “L'idea di Crociata”; Idem, “La Crociata nel pensiero e nella spiritualità”; Viglione, “Ideale crociato” 参照。

(357) Jungmayr, “Caterina da Siena,” pp. 473–474.

(358) *Lettere*, 123, t. II, pp. 212–213 : « La città propria è la città dell'anima nostra, la quale si possiede con santo timore fondato nella carità fraterna, pace ed unità con Dio e col prossimo suo ; con vere e reali virtù. Ma non la possiede colui che vive in odio e in rancore e in discordia, pieno d'amor proprio ; ... Signoria prestata sono le signorie delle cittadi o altre signorie temporali, le quali sono prestate a noi e agli altri uomini del mondo ; le quali sono prestate a tempo, secondo che piace alla divina bontà, e secondo i modi e i costumi de' paesi : onde o per morte o per vita elle trapassano ».

(359) Pezzimenti, “Cittadinanza e bene comune.”

(360) « et se viene a stato di signoria, in lui riluce la margarita della santa giustitia, tenendo ragione e giustitia al piccolo come al grande, et al povaro come a richo » in *Lettere*, 12, t. VI, p. 31.

(361) 「都市の宗教」「市民宗教」については，第 4 章註(95)参照。またクリスマス，復活祭，聖母被昇天祭などの主要祭日に貧しい囚人が解放され，大聖堂でのミサの間に聖母に捧げられた主祭壇で供物として献上される興味深い慣行も，「市民宗教」の一種だろう。というのも，都市当局が囚人に施す慈愛のさまを神・マリアが見て，その報いとして，今度は神・マリアの方が都市と市民に慈悲を示して欲しいという願いが込められているからである。Cf. Koenig, “Prisoner Offerings” 参照。なお 1342 年 3 月 13 日の総評議会決議では，復活祭の日に解放される囚人の数が少なすぎて市民の間に不満がたまっているので，もっと数をふやして大いなる慈悲を施すべきことが決められた。Cf. *CG 130*, cc. 20r–24r.

(362) Balestracci, *La zappa e la retorica*, pp. 39–41 参照。

(363) *I santi patroni senesi* および *Biblioteca Sanctorum*, II e III 所収の San Bernardino と Santa Caterina da Siena の項目，さらには Lombardelli, *Vita del B. Bernardo Tolomei* 参照。

(364) マンテッラーテの名簿は，Misciattelli, “La Regola del Terzo Ordine” の付録（pp. 61–65）にある。名簿については，Pardi, “Elenchi di mantellate senesi” など参照。

(365) *I necrologi di San Domenico* の索引 vestita.... 参照。

(366) この会則は，Misciattelli, “La Regola del Terzo Ordine,” pp. 45–60 にある。

(367) *Tractatus de Ordine FF. de Paenitentia*, introduzione, pp. v–xix ; Reltgen-Tallon, “Quelles origines,” pp. 303–305 など参照。

(368) 相互の死者のために祈ることについては，*Il memoriale delle mantellate senesi*, p. 415 参照。

(369) 中世のシエナ人と死については，2002 年に大規模な研究集会が行われて，その報告書が *BSSP* の 2003 年号に掲載されている。Colucci (a cura di), *Morire nel Medioevo* を参照。

(370) Colucci, *Sepolcri a Siena* とくに pp. 4–5 を見よ。

(371) *Ibid.*, p. 27.

(372) Camporeale, “La morte, la proprietà e il « problema della salvezza »,” in particolare, pp. 383–384.

(373) *Frammento 1262*, V, 158–159.
(374) Turrini, "Le cerimonie funebri"; Mazzi, C., "Alcune leggi suntuarie," pp. 140–142.
(375) Turrini, "Le cerimonie funebri," pp. 56–58.
(376) Cf. Ceppari Ridolfi e Turrini, *Il mulino delle vanità*, pp. 62–64.
(377) *Ibid*., pp. 160–162.
(378) クリストファーノの遺言状は，ASS, *Notarile 99* にある。
(379) *I necrologi di San Domenico* 参照。
(380) *Ibid*., pp. 297–302 に Indice delle corporazioni di Arti e Mestieri（職種別索引）がある。
(381) *CS di Agnolo di Tura*, p. 555.
(382) Cohn, *Death and Property in Siena*. Idem, *The Cult of Remembrance* は，同様なテーマだが，シエナのほかイタリア中・北部の 4 都市を取り上げて比較し，その際シエナを，モデルケースとしている。
(383) Meiss, *Painting in Florence and Siena* 参照。

第 3 章　噂と評判の世界

(1) ここではとくに Toureille, *Crime et châtiment* 参照。
(2) Gauvard, *Violence et ordre public*, pp. 216–217.
(3) 「噂」については——イタリアは扱っていないが——以下の書が参考になる。Billoré e Soria (a cura di), *La Rumeur* ; *La circulation des nouvelles au Moyen Âge* ; *La Renommée*.
(4) 証拠能力を有する噂（＝評判）については，Théry, "Fama"; Lévy, *La hiérarchie des preuves* など参照。
(5) イタリア都市の裁判については，Sbriccoli, "Justice négociée, justice hégémonique"; Vallerani, *La giustizia pubblica medievale* ; Zorzi, "Giustizia criminale"; Dean, *Crime and Justice* など参照。
(6) Vallerani, "Procedura e giustizia," pp. 473–480 参照。また法思想における「評判（好評）」fama と「悪評」infamia については，Migliorino, *Fama e infamia* がまとめている。
(7) Vallerani, *La giustizia pubblica medievale*, p. 33.
(8) Ascheri, "Le fonti e la flessibilità"; Idem, "I consilia dei giuristi"; Idem, "Il consilium dei giuristi"; Parmeggiani, *I « consilia » procedurali* など参照。
(9) 宿屋・居酒屋での犯罪については，Tuliani, *Osti, avventori e malandrini*, pp. 185–195 参照。
(10) たとえば 1309～10 年の条例では，宿屋・居酒屋の犯罪に関する規定は，*Cost. 1309–10*, V, 34–37, t. II, pp. 247–249 ; *ibid*., V, 192, t. II, pp. 313–314 などにある。
(11) 以上の事例については，*CS di Agnolo di Tura*, p. 350 ; *CS di Donato di Neri*, pp. 583, 653–654 参照。
(12) Zdekauer, "Studi sulla criminalità" など参照。
(13) Pazzaglini, *The Criminal Ban* は，ポデスタ最古の判決から 1309～10 年の都市条例まで，刑事上の追放令 bando criminale の具体的機能をまとめている。またシエナの刑法の発展については，Celli, *Studi sui sistemi*, I, pp. 295–346 参照。
(14) 触れ役の触れの仕方についての規定は，*Cost. 1309–10*, V, 325–327, t. II, p. 370 にある。

(15) 予防的役割や罰金不払いへの制裁としての追放令についての条例は，*Frammento 1262*, V, 24, 56, 67, 81, 83, 164, 187–188, 205, 209 などにある。

(16) *Frammento 1262*, Va Distinctio : De penis et bannis et prohibitis puniendis. 他の条例でも通常第五部に刑罰規定が集められている。

(17) 姦通への罰則は，*Cost. 1309–10*, V, 46, t. II, p. 252.

(18) 妻殺しは，*Cost. 1309–10*, V, 19, t. II, p. 241 ; cf. *ibid.*, V, 257, t. II, pp. 340–342.

(19) 薬草・毒草での犯罪は，*Cost. 1309–10*, V, 258, t. II, p. 342.

(20) 反乱やその教唆は，*Cost. 1309–10*, V, 13, t. II, pp. 237–238.

(21) 罰金から四肢切断への移行については，たとえば *Frammento 1262*, V, 211 ; *Cost. 1309–10*, V, 294, t. II, pp. 356–357 など参照。ポデスタ（裁判記録）史料集にもしばしば同様な判決がでてくる。

(22) 放火犯・異端への火刑は，*Cost. 1309–10*, I, 4, t. I, pp. 41–46 ; *ibid.*, VI, 296, t. II, p. 357.

(23) たとえば，*SS5*, V, 229, c. 268r ; *SS12*, V, 224–226, cc. 248r–249r ; *SS26*, III, 262–275, cc. 168v–171v 参照。

(24) ヴェンデッタの許容については，*Cost. 1309–10*, II, 407, t. II, p. 405 ; *SS26*, III, 261, c. 168rv を見よ。

(25) たとえばルッカについて，仲谷「中世イタリアのコムーネと司法」参照。

(26) *Frammento 1262*, V, 218.

(27) *Cost. 1309–10*, V, 250, t. II, pp. 337–338 ; *SS26*, III, 265, c. 169rv ; *ibid.*, III, 238, c. 163rv.

(28) Cf. *Frammento 1262*, V, 189.

(29) たとえば *SS5*, V, 224–226, c. 267rv ; *SS12*, V, 252, c. 253v.

(30) *SS23*, cc. 117r–119v に，最近とみに増加しているというソドミーについての詳しい規定がある。

(31) *Frammento 1262*, V, 221.

(32) *SS12*, V, 260, c. 254v. *SS26*, III, 296, cc. 173v–174r は，男色の罪を犯した者の年齢が上がるほど投獄年数が増え，40 歳以上になると火炙りの刑に処すとしている。

(33) 主に *Cost. 1309–10* について上に見たが，*SS23* や *SS26* にも詳細な刑罰規定が載っている。刑罰については Mecacci, *Condanne penali* をも参照。さらに *SS26*，第Ⅲ部には，さまざまな犯罪に対する刑罰や司法官の義務，密告，区長の告発義務，保証人などについても，詳しく書かれている。*SS26*, III, cc. 127r–195v 参照。

(34) *Frammento 1262*, V, 14 : « Et super probationibus fame vel probationibus suspicionis in maleficiis requirendis, ubi per famam et probabilem suspitionem solam procederetur contra aliquem, non intelligatur per famam publicam et probabilem suspitionem esse probatum contra aliquem, nisi probaretur per .X. testes bonos et legales, et nisi eorum dicta fuerint approbata per iudicem Cumunis ; non considerato aliquo odio vel amore, pretio vel precibus alicuius. Qui iudices diligenter considerenti dicta et legalitatem testium productorum ».

(35) 5 人の噂による証人と，拷問については，*Cost. 1309–10*, V, 99, t. II, pp. 276–277.

(36) 偽の証言をしたり偽の証拠を持ち出すことについての規定は，*Frammento 1262*, V, 13.

(37) ここに，本章で用いた「ポデスタ」Podestà 史料を列挙しておこう。いずれもシエナ国立古文書館に所蔵されている。ポデスタ史料集には，13 世紀末から 16 世紀初頭の 420 の帳簿が含まれている。刑事事件の告発・証人尋問・審問・判決・通達・罰金額のほか，宿屋の主人やワイン商などに関する警察の特別な権限，民事の請願・規定・

召喚・差押え・証人尋問・弁護・判決が収められている。私が利用した 14 世紀にかかわる冊子は，*Podestà*, Nr. 10-64, 381-387 の 62 冊である。

対応する日付（シエナ暦）とともに列挙してみれば——

10 : 1305. 6. 16-1305. 8. 25	*11* : 1305. 7. 24-1306. 6. 30
12 : 1333. 1. 3-1334. 6. 6	*13* : 1335. 7. 15-1335. 12. 22
14 : 1335. 7. 19-1335. 12. 4	*15* : 1336. 6. 27-1336. 12. 9
16 : 1336. 7. 12-1336. 12. 7	*17* : 1336. 7. 13-1336. 12. 28
18 : 1336. 7. 27-1336. 12. 13	*19* : 1336. 11. 17-1336. 12. 10
20 : 1338. 7. 18-1338. 12. 18	*21* : 1339. 1. 5-1339. 1. 12
22 : 1339. 1 月-1340. 6. 26	*23* : 1339. 1. 15-1340. 6. 26
24 : 1339. 1. 15-1340. 6. 27	*25* : 1339. 1. 17-1340. 5. 29
26 : 1339. 2. 1-1340. 6. 21	*27* : 1339. 2. 7-1340. 6. 27
28 : 1340. 1. 4-1341. 6. 23	*29* : 1340. 1. 7-1342. 6. 23
30 : 1341. 1. 19-1342. 6. 26	*31* : 1341. 2. 17-1342. 6. 18
32 : 1341. 2. 24-1342. 11. 19	*33* : 1342. 7. 8-1342. 10. 11
34 : 1342. 7. 13-1342. 12. 28	*35* : 1342. 7 月-1342. 12. 16
36 : 1343. 6. 15	*37* : 1343. 6. 25-1343. 7. 16
38 : 1343. 7. 2-1343. 12. 25	*39* : 1343. 12. 24-1344. 6. 17
40 : 1345. 7. 9-1345. 11. 21	*41* : 1345. 7. 10-1345. 12. 19
42 : 1347. 2. 6-1348. 6. 14	*43* : 1348. 4. 7-1348. 6. 20
44 : 1348. 9. 6-1348. 11. 24	*45* : 1348. 10. 4-1348. 12. 20
46 : 1348. 10. 25-1348. 12. 6	*47* : 1348. 1. 14-1348. 5. 20
48 : 1348. 1. 28-1348. 5. 24	*49* : 1348. 2. 9-1348. 4. 8
50 : 1351. 8. 17-1351. 11. 24	*51* : 1355. 4. 13-1355. 5. 6
52 : 1355. 2. 9-1355. 2. 29	*53* : 1358. 9 月-1358. 10 月
54 : 1359. 7. 5-1359. 7. 20	*55* : 1359. 7 月-1359. 10. 28
56 : 1359. 7. 17-1359. 10. 11	*57* : 1361. 6. 30-1361. 12. 20
58 : 1361. 7. 17-1361. 12. 19	*59* : 1361. 1. 10-1362. 4. 2
60 : 1363. 7. 6-1363. 7. 11	*61* : 1364. 1. 14-1364. 6. 25
62 : 1365. 7. 29-1365. 12. 25	*63* : 1379. 1. 13-1380. 6. 12
64 : 1400. 3. 9-1401. 8. 18	*381* : 1334. 4. 25-1334. 6. 6
382 : 1340. 1. 10-1341. 6. 9	*383* : 1339. 1. 13-1340. 6. 13
384 : 1397. 8. 8-1397. 12. 31	*385* : 1398. 4. 17-1398. 5. 28
386 : 1399. 8. 12-1399. 2. 19	*387* : 1400. 5. 10-1400. 11. 1

(38) Le Roy Ladurie, *Montaillou* ; *Le Registre d'Inquisition de Jacques Fournier ; Procès de condamnation et de réhabilitation de Jeanne d'Arc dite la Pucelle*, t. I : *Procès de condamnation* ; Pernoud (a cura di), *Vie et mort de Jeanne d'Arc* 参照。

(39) *Podestà 32* : 1341. 2. 24-1342. 11. 19.

(40) *Podestà 32*, cc. 1v-2r.

(41) *Podestà 32*, cc. 4v, 9r, 11r-12r, 33v, 35v-36r など。

(42) *Podestà 32*, c. 8r.

(43) Lett e Offenstadt (a cura di), « *Haro ! Noël ! Oyé !* » 所収の諸論文参照。

(44) *Podestà 32*, cc. 2v, 3v-5r, 9v, 11v, 12v-13v, 26v.

(45) 職業を表す氏名表記として，たとえば Andreas Mei chalçolarius ; Balagnus tubator ; Jacobus Ture tintor ; Ser Lippus tintor ; Laurentius farsettarius ; Gratiolus chalçolarius ; Lucha Martini taverniere ; Priorinus Consolini farsettarius ; Simon Incontrini pollaiuolus などがある。Cf. *Podestà 32*, cc. 2v, 11v, 12v.

(46) « Interrogatus quomodo scit quod dicta domina Bonafemmina sit pura et innocens de contentis in dicto articulo, dixit quod ipse non credit quod sit culpabilis » in *Podestà 32*, c. 15v.

(47) *Podestà 32*, c. 10rv 参照。

(48) *Podestà 32*, c. 11r : « dictus Petrus juravit quod non posset habere fidem de CL libris ».

(49) *Podestà 32*, cc. 10r, 14r, 15v, 16v-17v, 18v, 19v-22r, 24r, 29r.

(50) *Podestà 32*, c. 5v : « dixit quod hoc anno ante festum Sancti Michelis de mense septembris, ipsa testis audivit dici a dicta domina Paula qualiter praedicta domina Bonafemmina subduxerat eam ad jacendum secum et dictus Petrus carnaliter congnoverat dictam dominam Paulam et dixit quod de praedictis contentis in dicta accusatione est publica vox et fama in dicta contrata burgi Novi, dixit tamen quod initium ipsius publicae vocis et fame processit a dicta domina Paula quia ipsa domina Paula dixit praedicta contenta in dicta accusatione cum ipsa teste et cum pluribus aliis vicinis ».

(51) *Podestà 32*, c. 26r : « videlicet quod ipsa testis audivit dici contenta in dicta accusatione a dicta domina Paula et a tribus aliis personis quae ratiocinabant de intentis in dicta accusatione de quibus tribus personis duo dicebant quod contenta in dicta accusatione erant vera, et unus dicebat quod non erant vera. ».

(52) *Podestà 32*, cc. 15r, 16r, 20v-21r, 23rv.

(53) *Podestà 32*, c. 23r : « dixit quod contenta in dicto articulo audivit dici a pluribus mercatoribus ».

(54) *Podestà 32*, c. 15rv.

(55) *Podestà 32*, cc. 34rv, 41v.

(56) *Podestà 32*, c. 35r.

(57) *Podestà 32*, cc. 35v-43v.

(58) *Podestà 32*, cc. 36r-37r, 38rv, 39v, 40r, 41rv, 42r.

(59) *Podestà 32*, c. 41v : « Item quod praedicta domina Mina etc., dixit se tantum scire quod ipsa est pauper persona et utitur cum baratheriis et inhonestis personis et aliud dixit se nescire ».

(60) « Interrogatus quomodo scit, respondit quia dictus Petrus et dicta eius uxor sunt legales homines et honeste persone et utuntur cum honestis personis et numquam audivit contrarium et ita reputati a vicinis eorundem et dictus Petrus habet aptecam suam et vadit ad ecclesias » in *Podestà 32*, c. 41v. また *Podestà 32*, c. 42r でも，« Interrogatus quomodo scit, dixit quia dictus Petrus est bona persona et legalis et tenet apotecam et est bottegaio eius et utitur cum bonis et honestis personis et dicta eius uxor similiter utitur cum bonis personis et bone conditionis et fame quilibet ipsorum vadit ad ecclesias et de eis et quolibet ipsorum numquam audivit contrarium et semper dicere bonum et pro bonis a bonibus habentur, tenentur et reputantur. » 他にも同様な証言が何箇所かある。Cf. *Podestà 32*, cc. 37r, 39r, 40rv, 41v, 43r.

(61) *Podestà 32*, cc. 43v-46v.

(62) « Item quod dicta domina Mina est mulier bone conditionis, conversationis et bone vite et quae simul cum Dino marito suo, de ipsorum labore et sudore tamquam pauperes personae vivunt et nutriuntur et sic habita fuit et est quasi toto tempore vite sue comuni et vulgari oppinione notoriorum eius » in *Podestà 32*, c. 44r.

(63) *Podestà 32*, c. 44r.

(64) *Podestà 32*, c. 44v.

(65) « Item interrogata super. IIII. articulo qui sic incipit : Item quod dicta domina Mina etc., dixit vera esse quae in dicto articulo continentur. Interrogata quomodo scit, quia vidit aportare aquam sibi et aliis personis et vadit pro lignis, et pro omnibus necessariis vite sue. » in *Podestà 32*, c. 45v.

(66) « Interrogata quomodo scit, dixit quia vidit ipsam venire a siluis et fatigare personam suam et vivere ex suo labore. » in *Podestà 32*, c. 46r.

(67) « dixit se tantum scire de contentis in dicto articulo quod domina Mina est mulier bone conditionis et fame et vivit una cum viro suo de labore et industria sua propria et ita dicitur ab omnibus notis eiusdem » in *Podestà 32*, c. 46v.

(68) この地区については，Balestracci e Piccinni, *Siena nel Trecento*, pp. 32-35 ; Piccinni, “I « villani incittadinati »” 参照。

(69) Cf. *CS di Agnolo di Tura*, p. 412.

(70) *CS di Agnolo di Tura*, p. 555.

(71) 膨大な言葉の海の中から拾い集めたので，見過ごしたものもあるかもしれない。チッタ・ボルゴ以外に，一部コンタードのものも含まれている。あくまで，14 世紀シエナのおおよその傾向を探るという目的で収集し分析してみた。

(72) 頻出する表現を挙げてみれば，iniuriose, irato animo et malo modo ad iniuriam et vituperium meum improperavit et dixit mihi praesenti et contra me verba iniuriosa et contumeliosa（または victuperosa）... irato animo et malo modo et intentione iniuriosa opprobrium et vituperium dicendi et faciendi et conmictendi...dixit verba iniuriosa et minatoria ac obliosa atque vituperosa eidem domine... などである。

(73) 該当箇所を以下，列挙する。
Podestà 11 : c. 130r ; *Podestà 12* : c. 78r ; *Podestà 13* : c. 13r ; *Podestà 15* : c. 5r, c. 21r, c. 24r ; *Podestà 17* : c. 7r, c. 7v, c. 12r, c. 12v ; *Podestà 18* : c. 2v, c. 4v, c. 7r ; *Podestà 22* : c. 11r, c. 16r, c. 18r, c. 19r ; *Podestà 24* : c. 11r ; *Podestà 25* : c. 2r, c. 49r, c. 54v ; *Podestà 26* : c. 46v ; *Podestà 27* : c. 2r ; *Podestà 28* : c. 25v, c. 55r, c. 102r, c. 107r, c. 108r ; *Podestà 29* : c. 3r, c. 35r, c. 35v, c. 39r ; *Podestà 31* : c. 2r, c. 2v ; *Podestà 34* : c. 3v, c. 6r, c. 13v, c. 21r, c. 21v ; *Podestà 35* : c. 2r, c. 2v, c. 7r, c. 7v, c. 9r, c. 9v ; *Podestà 36* : c. 204v, c. 219r, c. 294r ; *Podestà 39* : c. 2r, c. 5r ; *Podestà 41* : c. 64r, c. 66r, c. 77r, c. 81r ; *Podestà 48*, c. 6rv, c. 9v, c. 10r, c. 11v, c. 14r, c. 14v, c. 16r, c. 16rv, c. 19r, c. 22r ; *Podestà 55* : c. 13r, c. 13v, c. 14r, c. 16r, c. 16v, c. 21bis ; *Podestà 56* : c. 10r, c. 10v, c. 11r, c. 11rv, c. 13v, c. 13v-14r, c. 16v, c. 17r ; *Podestà 57* : c. 12r, c. 14r, c. 16r, c. 41r, c. 54r, c. 69r, c. 72r, c. 79r ; *Podestà 59* : c. 6r, c. 10r, c. 27r, c. 32r, c. 43r ; *Podestà 61* : c. 20r.

(74) *Podestà 24*, c. 11r 参照。

(75) *Podestà 15*, c. 5r : « Va enpiccate per lagola che te arsa lapecora dinançi a la boctiga si che tu

no poi far carne ».

(76) *Podestà 59*, c. 27r : « soçco ghiottoncello che metti tutta questa contrada aromore ».

(77) *Podestà 28*, c. 55r : « non devereste passare per questa contrata ».

(78) *Podestà 55*, c. 16rv ; *Podestà 56*, cc. 10r–17r 参照。

(79) *Podestà 59*, c. 43r 参照。

(80) *Podestà 57*, c. 41r : « Va nel Valdorcia a Cione di Sandro che uccidera te come uccise Bindino tuo fratello ».

(81) *Podestà 41*, c. 64r ; *Podestà 48*, c. 6r.

(82) *Podestà 22*, c. 11r, c. 18r ; *Podestà 34*, c. 13v ; *Podestà 48*, c. 10r など参照。

(83) *Podestà 15*, c. 21r.

(84) Dean, *Crime and Justice*, pp. 113–134 参照。またイタリア中世都市における悪口・中傷については，以下の研究も参照。Beaumatin e Garcia, *L'invective* ; Dean, "Gender and Insult"; Lesnick, "Insults and Threats"; Strocchia, "Gender and the Rites of Honour." またフランスについてだが，Leveleux, *La parole interdite* ; Gonthier, « *Sanglant Coupaul!* » も参考になる。

(85) Dean, "Gender and Insult"; Lesnick, "Insults and Threats" 参照。

(86) « CCVI : Item quicumque occasione alicuius ludi tassillorum vel alia de causa blasphemaverit quocumque modo vel vituperaverit nomen domini et beate Marie Virginis et alicuius Sancti, puniatur et condempnetur in .C. sol. Comuni pro qualibet vice ; et si dictam penam non solveret, capiatur et in carcerem intrudatur et teneatur, donec dicta pena solvatur. Et medium pene predicte habeat accusator sive denuntiator et alia medietas sit Comunis Senarum. Et talis accusator sive denuntiator non pandatur. CCVII : Item si quis Senensis fecerit, cantaverit vel dixerit aliquam cantionem in iniuriam seu convicium alicuius civis Senensis, puniatur et condempnetur Comuni in .X. lib., secundum tenorem constituti. CCXIII : Item si quis alicui iniuriosa verba dixerit, puniatur et condemnetur Comuni in .XL. sol. » in *Frammento 1262*, V, 206–207, 213.

(87) *Cost. 1309–10*, II, 340. t. I, p. 535 ; *ibid.*, V, 266–267, 276, t. II, pp. 345, 350 ; cf. *SS12*, V, 242–243, c. 251v ; *SS5*, V, 216–217, cc. 265v–266r ; *SS26*, III, 192, cc. 157v–158r.

(88) *SS5*, V, 276, c. 277r ; *SS12*, V, 305, c. 261r ; cf. *SS5*, V, 221, c. 266v.

(89) *SS5*, V, 277, c. 277v ; *ibid.*, VI, c. 294r ; *SS12*, VI, 44, c. 302r ; *SS26*, III, 146, c. 149v ; *ibid.*, III, 184, c. 156r ; *ibid.*, III, 187, c. 156v ; *ibid.*, 190, c. 157v ; *ibid.*, IV, 313, c. 245r など参照。

(90) *Cost. 1309–10*, V, 509–512, t. II, pp. 473–477 ; cf. *SS26*, IV, 315–316, cc. 245r–246r.

(91) « Item si qua dictarum mulierum diceret alii mulieri « imboççamarito » vel vocaret aliquem Senensem « boçça », puniatur, in .C. sol.; et si alia turpia et iniuriosa verba dixerit, in .XL. sol. puniatur ; et idem observetur, si qua mulier foretanea in aliqua muliere Senensi aliquod predictorum commiserit et e contra. » in *Frammento 1262*, V, 216–217. Cf. *SS12*, V, 253, c. 253v.

(92) Rubrica 30 : « Item quod si aliquis clericus vel ecclesiastica persona blasfemaverit vel beatam Virginem vel aliquem Santum vel Sanctam aliquam, vel nomen Dei vel beate Virginis vel alicuius Sancti vel Sancte vituperaverit ; condepnetur per ipsum dominum episcopum in .c. libr. den. sen. pro qualibet vice, et tam diu in carcere per ipsum dominum episcopum teneatur inclusus, donec dictam penam solverit ». Rubrica 31 : « Item statuerunt et ordinaverunt quod

si aliquis clericus vel ecclesiastica persona fecerit vel composuerit aliquam cantionem, sonectum vel dictatum ad iniuriam vel vituperium alicuius seu contumeliam, condepnetur per dominum episcopum in. c. libr. den. sen. --- Si vero cantaverit aliquam cantionem, sonettum vel dictatum ad iniuriam vel vituperium seu contumeliam alicuius, condepnetur per ipsum dominum episcopum in. xxv. libr. den. sen. ». Rubrica 49 : « Item quod si aliquis clericus vel ecclesiastica persona de nocte iret ad domum alicuius vel in aliquam contratam civitatis senensis, et diceret aliqua verba iniuriosa vel turpia vel aliquam villaniam, ad iniuriam vel vituperium Contrate vel alicuius specialis persone, condepnetur per ipsum dominum episcopum in xxv. libr. den. sen. pro qualibet vice. » in *Statuti criminali*, pp. 249, 253.

(93) *Cost. 1309-10*, V, 401, t. II, p. 402.

(94) *SS5*, VI, c. 290rv.

(95) 総評議会議員になるために必要な良き評判については，*Cost. 1309-10*, I, 243, t. I, pp. 197-198.

(96) *Cost. 1309-10*, IV, 82-83, t. II, pp. 184-185 ; *ibid.*, V, 54, t. II, p. 256 ; *SS5*, V, 58, c. 235v.

(97) *Cost. 1309-10*, I, 270, t. I, p. 209 ; *ibid.*, V, 336, t. II, p. 374 ; *ibid.*, V, 428, t. II, p. 420 ; *ibid.*, VI, 55, t. II, p. 516 ; *SS12*, V, 306, c. 261v.

(98) *Cost. 1309-10*, V, 90, pp. 271-272 ; Ortalli, « *... pingatur in Palatio...* », pp. 60-61. 逆に，その者についての記憶を抹殺するという制裁もあった。Cf. Marchioli, "Cancellare il ricordo."

(99) *CS di Paolo di Tommaso Montauri*, pp. 743-747 ; Ortalli, « *...pingatur in Palatio...* », p. 126.

(100) *Lo Statuto dell'Arte della Mercanzia senese (1342-1343)*, III, 7, p. 128 ; Ortalli, « *...pingatur in Palatio...* », pp. 148-150.

(101) Lanajuoli, Addizioni ed aggiunte, pp. 266-267, 273, 294, 302-304, 380 ; Ortalli, « *...pingatur in Palatio...* », pp. 45-46.

第 4 章　社会関係の結節点

(1) この時期のシエナの建築ラッシュについては，Balestracci e Piccinni, *Siena nel Trecento* ; Balestracci, "From Development to Crisis"; Ascheri, *Siena e la città-Stato*, pp. 25-44 など参照。

(2) Nevola, *Siena* は，ルネサンス期シエナ，すなわち 15 世紀から 16 世紀初頭のシエナにおける都市内諸建造物の配置，外観の変化とその時代の政治的・社会的な出来事・諸儀礼の関係，都市当局による建築物を通じての都市アイデンティティー創出と権威確立の努力，ピウス 2 世のようなパトロンと重要な建築家や建築理論家の影響などを，事細かに跡づけている。残念ながら 14 世紀については同様なテーマのまとまった研究はない。

(3) ドゥオーモへと，聖母マリアに蠟燭献呈に向かう行列は，13 世紀の 80 年代，党争で分裂した市内に平和をもたらし，都市が一体となってポポロの下でまとまろうと当局が意識的に企図したものである。それを定めた条例としては *SS16* の 1286 年 9 月のものが最初で，それが *Cost. 1309-10* などに再録されていった。蠟燭行列でのトポスの聖化については，Giorgi e Moscadelli, "In vigilia beate Marie virginis" 参照。

（4） シエナの初期の集落・都市構造および都市計画・整備については，Leoncini, « *Siena in fasce* », pp. 9–13 ; Bortolotti, *Siena* ; Lusini, “Note storiche”; Balestracci e Piccinni, *Siena nel Trecento* ; Villa, *Siena medievale* など参照。
（5） 美を追求した都市計画については，Hub, “« Vedete come è bella »”; Braunfels, *Mittelalterliche Stadtbaukunst* ; 片山『中世後期シエナにおける都市美の表象』など参照。
（6） 1309～10年の都市条例には「美のため」per belleza/a belleza との言葉が何度も登場する。
（7） なお一般に中世イタリア都市国家の建設事業と公権力の関係については，Crouzet-Pavan (a cura di), *Pouvoir et édilité* 参照。
（8） « la bellezza de la città, et de le principali bellezze è di ciascuna gentile città che abiano prato o vero luogo a deletto et gaudio de li cittadini et de' forestieri (...) » in *Cost. 1309–10*, III, 291, t. II, pp. 134–135.
（9） *Cost. 1309–10*, III, 5, t. II, p. 17–18 ; *ibid.*, III, 48, t. II, p. 32 ; *ibid.*, III, 252, t. II, p. 152.
（10） *Const. 1309*–10, V, 409, t. II, pp. 406–407 : « Anco statuto et ordinato è, che se infra la città di Siena et li borghi avenisse che si facesse alcuna casa di terra murata ad arche, che le more et le facce denanzi si murino et si facciano et sieno di mattoni, acciò che cotali case rendano belleza a la città ».
（11） カンポ広場に勝手に棒を立てたり，むしろを敷いたり，テントを設営したり，石・煉瓦・木材をおいたり，干し草や麦藁を放置したり土を掘ったりすることの禁止，そして街路・教会前・広場など各所でのゴミ対策については，たとえば *SS5*, V, 102, c. 244r ; *ibid.*, V, 111, c. 245rv ; *ibid.*, V, 120–121, cc. 246v–247r ; *Cost. 1309–10*, III, 38–54, t. II, pp. 29–34 ; *ibid.*, V, 162, t. II, p. 302 ; *SS26*, IV, 282–289, cc. 239v–240r ; *ibid.*, IV, 357–386, cc. 251v–254r などにまとめられている。
（12） Braunfels, *Mittelalterliche Stadtbaukunst*, pp. 40, 96–97 ; Pertici, *La Città Magnificata*, pp. 65–141 など参照。
（13） *CS di Agnolo di Tura*, pp. 458–459, 546, 550 ; *CS di Paolo di Tommaso Montauri*, p. 185.
（14） « è sempre stata la più dilectevole e necta città di Toscana » « tutti e' forestieri che ci venghono vogl[i]ono vedere Fontebranda » in *CG 198*, c. 39, 2 febbraio 1397, cit. da Piccinni, “Modelli di organizzazione,” p. 228.
（15） 市庁舎建設の進行については，Brandi (a cura di), *Palazzo Pubblico di Siena* ; Cairola e Carli, *Il Palazzo Pubblico di Siena* など参照。
（16） 執政九人衆が居住するのは，市庁舎に隣接した土地の家のこともあったようである。Cf. *SS12*, VI, 12, cc. 297rv.
（17） Cammarosano, “Il comune di Siena dalla solidarietà,” p. 476.
（18） Norman, *Painting in Late Medieval and Renaissance Siena*, p. 93. ただし，政権を担当する家門であっても，コムーネの帳簿などをのぞいては，市庁舎，市門，フォンテなどに自分たちの紋章を描き・刻むことは禁じられた。Cf. *SS26*, I, 312, c. 71v.
（19） 一般に，コムーネの公文書の成立・保管については，Milani, *I comuni*, pp. 75–82, 122–123 参照。シエナ市民が自分の身を守るために，いつでもさまざまな公文書を閲覧・確認できることについては，*SS12*, II, 208, cc. 115v–116r などを見よ。
（20） *CS di Donato di Neri*, p. 577.
（21） *Cost. 1309–10*, I, 568, t. I, p. 354 には，« Anco, che lo capitano et tutti li altri berivieri sieno

tenuti et debiano, ciascuno dì, da mane et da sera, nel detto secondo suono de le campanelle, essere denanzi al palazo del comune d Siena, 've la ragione si rende per lo comune ; et ine continuamente dimorare, infino a tanto che li officiali staranno a rendere ragione » とある。

(22) *SS12*, I, 432, c. 58r.

(23) 1287 年の総評議会決議を承けた執行部（内閣）による 1288 年の命令。Cf. Donati, "Il palazzo del comune di Siena," p. 323 : « sit et esse debeat proprium et perpetuale palatium Comunis sen., in quo morari debeant potestates et dominationes que pro tempore erunt in civitate sen. ».

(24) 一般に中世北・中部諸都市の市壁・市門とそのイメージについては，Guglielmi, "L'image de la porte" 参照。

(25) *CS di Agnolo di Tura*, pp. 410, 412, 488 には市門建築，市壁拡張の記述がある。

(26) 14・15 世紀のシエナの市壁については，Adams, N., e Pepper, *Firearms and Fortification*, pp. 32–37 ; Turrini, « *Per honore et utile de la città di Siena* », pp. 33–40 参照。

(27) 市壁についての規定は，*Const. 1262*, III, 1–6, pp. 275–277 ; *ibid*., III, 10–14, p. 279 ; *SS5*, III, c. 161rv ; *SS12*, III, 1, c. 147rv ; *ibid*., III, 4, cc. 147v–148r ; *Cost. 1309–10*, III, 1–3, 6, 7, t. II, pp. 15–18 ; *SS26*, III, 141–144, c. 149rv.

(28) 1249 年と 1297 年の市門については，Lisini, "Porte della Città" が同定している。

(29) Balestracci e Piccinni, *Siena nel Trecento*, pp. 17–29 および巻末の Carta N. 2 を参照。シエナの市門については，ほかに，Moscadelli, Papi, e Pellegrini (a cura di), *Porta Camollia* なども参照。

(30) *Statuti delle Compagne del popolo di Siena*, XXXV–XXXVI, pp. 20–22.

(31) シモーネ・マルティーニによる聖母戴冠像については，Pierini, *Simone Martini*, p. 191 など参照。

(32) *CS di Agnolo di Tura*, p. 488.

(33) *CS di autore anonimo*, p. 140.

(34) Cf. *CS di Donato di Neri*, p. 579.

(35) Lusini, "Antiporta di Camollia" 参照。

(36) 1309〜10 年の条例では，カモッリーア門の内側にきわめて美しく心地好い草地・庭園 prato を，そこで市場を開くために作るとされている。Cf. *Cost. 1309–10*, III, 291, t. II, pp. 134–135. カモッリーアの草地関連の条例規定についてはさらに，*SS26*, I, 174, c. 46v ; *ibid*., IV, 406, cc. 256v–257r ; Lisini, A., "Il primo passeggio" も参照。

(37) *Milanesi*, t. I, pp. 258–259. また 1414 年には，この聖母像を描き直す決定が内閣により下された。Cf. Borghesi e Banchi (a cura di), *Nuovi documenti*, N. 41 e N. 43, pp. 76, 78.

(38) *CS di Donato di Neri*, p. 653.

(39) *Ibid*., p. 621.

(40) *Ibid*., p. 650.

(41) *Ibid*., p. 662.

(42) *Ibid*., pp. 620, 628.

(43) カモッリーア門外の市場についての美的要素を重視した規定については，上記註(36) を参照。

(44) カモッリーア門外の公園での市や動物市場については，Tuliani, "Per bottega la « strada »," pp. 232–233 ; ASS, *Gabella 28*, cc. 159v–161. (Tuliani による) ; Balestracci e

Piccinni, *Siena nel Trecento*, pp. 155-157 を参照。

(45) 馬市場については，*CS di Agnolo di Tura*, pp. 378, 550 参照。動物市場は 1346 年にカンポ広場からフォンテ・ブランダの piano（平地），ついでヴァル・ディ・モントーネの piano に移った。

(46) Balestracci e Piccinni, *Siena nel Trecento*, pp. 107-109 および同書巻末地図を参照。

(47) Guidoni, *La città dal Medioevo al Rinascimento*, pp. 138-152.

(48) Redon, *Uomini e comunità*, pp, 27-32.

(49) *Const. 1262*, III, 348, p. 381 ; *ibid.*, III, 353, p. 383.

(50) ドゥオーモの建築の進展については，Lusini, *Il Duomo di Siena* ; Carli, *Il Duomo di Siena* ; Morandi, *La cattedrale di Siena* ; Giorgi e Moscadelli, *Costruire una cattedrale* ; Pietramellara, *Il Duomo di Siena* など参照。シエナのドゥオーモ建築のシンボリズムについては，Ohly, *La Cattedrale come spazio dei tempi* 参照。

(51) 蠟燭行列，パリオについての規定は，たとえば *Cost. 1309-10*, I, 36, t. I, pp. 64-68 ; *ibid.*, I, 583, t. I, pp. 360-362 ; *ibid.*, I, 586, t. I, p. 366 にある。他の条例も含め，より詳しい史料典拠については，第 5 章註(27)を見ること。

(52) *Ordo Officiorum*, CCCLXXXVIII, pp. 349-352.

(53) 以下，シエナの托鉢修道会の修道院・教会の立地と建設については，Bacci, "Il chiostro di S. Domenico"; Mussolin, "La chiesa di San Francesco a Siena"; Liberati, "Chiese, monasteri" など参照。さらにサント・スピリト修道院については，Mussolin, "Il convento di Santo Spirito di Siena" 参照。

(54) 聖母マリア下僕会については，Dal Pino, "I Servi" をも参照。

(55) Riedl e Seidel（a cura di）, *Die Kirchen von Siena*, t. I, 16, 52, 505, doc. 68. また，ほぼ 10 年後，聖体 Corpus Domini の聖務日課は，使徒の聖体拝領（交わり）のミニアチュールとともに，彼らの昇階唱に登場する。これについては，Labriola, Freuler e De Benedictis, *La miniatura senese*, pp. 120, 313-316, Fig. 258 参照。

(56) *Const. 1262* の第一部冒頭から 117 項まではほとんど市当局によるシエナの教会・修道院への援助・保護についての規定である。

(57) English, "An Elite at Work," p. 306.

(58) 羊毛職人と托鉢修道会との関係については，ASS, *Arti 64*, c. 15v ; Balestracci e Piccinni, *Siena nel Trecento*, p. 127 ; Israëls, "Altars on the Street" など参照。

(59) *SS5*, V, 206, c. 263v.

(60) Cf. *Const. 1262*, I, 315, p. 120.

(61) Pellegrini, M., "Istituzioni ecclesiastiche," p. 10 ; Liberati, "Chiese, monasteri," *BSSP*, LXIV (1957), pp. 186-191 参照。

(62) *Const. 1262*, I, 178, pp. 74-75 ; *ibid.*, I, 226, pp. 90-91. Cf. Lusini, "Note storiche," p. 266.

(63) シエナのフォンテについては，Serino（a cura di）, *Siena e l'acqua* ; Falletti-Fossati, *Costumi senesi*, pp. 78-82 ; Kucher, *The Water Supply*, pp. 41-74 ; 石鍋『聖母の都市シエナ』94-104 頁；Leoncini, "Le fonti di Camollia" など参照。またシエナのフォンテに関するあらゆる史料は，Bargagli-Petrucci, *Le fonti di Siena* に収められている。

(64) フォンテ・ブランダについては，さらに Petrucci, F., "Fontebranda" 参照。

(65) Dante, *Divina Commedia*, Inferno, XXX（邦訳），第 1 巻，354 頁参照。

(66) Serino（a cura di）, *Siena e l'acqua*, pp. 53-55.

(67) *Ibid*., pp. 36–37.
(68) Ghiberti, *Commentari*, pp. 346–347 ; Lisini, “Una statua greca”; Burckhardt, *Siena città della Vergine*, pp. 89–90 ; Hanson, *Jacopo della Quercia's Fonte Gaia*, p. 34 参照。
(69) 肉屋の仕事の禁止については，*Const. 1262*, III, 154, p. 322 ; *Cost. 1309–10*, III, 67, t. II, p. 39 に規定がある。
(70) カンポレージョのフォンテについては，*I bottini. Acquedotti medievali senesi*, pp. 12–13 参照。
(71) Serino (a cura di), *Siena e l'acqua*, pp. 16–17.
(72) 貴族の館・塔・ロッジャなどの実際のあり方および象徴的意味については，Balestracci e Piccinni, *Siena nel Trecento*, pp. 95–101 ; Piccinni, “Modelli di organizzazione spazio urbano” など参照。また塔については，Niccolai, “I Consorzi Nobiliari,” pp. 329–340 ; Pecci, “Delle torri” をも見よ。コンソルテリーア共有の塔などの建築物についての考え方は，*Const. 1262*, IV, 2, p. 403 ; *ibid*., IV, 4, p. 404 などの条項にも反映している。
(73) カステッラーレについては，Lusini, “Il castellare dei Salimbeni”; Morandi, “Il castellare dei Malavolti”; Franchina, “I misteri del Castellare”; Balestracci, “Il nido dei nobili” 参照。また Piccinni, “Modelli di organizzazione dello spazio urbano”; Heers, *Le clan familial* をも参照。
(74) Morandi, “Il castellare dei Malavolti,” p. 90.
(75) *Frammento 1262*, V, 7 ; cf. Niccolai, “I Consorzi Nobiliari,” p. 336.
(76) *CS di Donato di Neri*, pp. 619–621.
(77) Cf. Piccinni, “Modelli di organizzazione dello spazio urbano,” p. 232.
(78) フランチジェナ街道については，近年，研究が非常に盛んになってきている。たとえば Stopani (a cura di), *La Via Francigena nel Senese* ; Idem, *La via Francigena in Toscana* ; Idem, *L' altra Francigena* ; Moretti, “La Via Francigena”; Bezzini, *Strada Francigena-Romea* ; Idem, *Storia della via Francigena* ; *La via Francigena dalla Toscana a Sarzana* など参照。Venerosi Pesciolini, “La Via Francigena” は，古いがなお役立つ。また 1993 年以来 *De strata francigena* という雑誌が，Centro Studi Romei (Firenze) から出されている。
(79) 大小街路への都市の気遣いについては，Balestracci e Piccinni, *Siena nel Trecento*, pp. 41–43 参照。
(80) *Cost. 1309–10*, III, 84, t. II, p. 46 : « tutte le vie le quali sono al lato a la strada per li quali s'entra ne la strada, si selicino ». また，市中の街路に障害物などをおかないようにする規制は，*Cost. 1309–10*, III, 74, t. II, p. 42 ; *ibid*., III, 252, t. II, p. 111 など参照。1337〜39 年の都市条例では，第IV部の 319 項から 356 項に，道路整備・美化の条項がまとまっている。Cf. *SS26*, IV, 319–356, cc. 247r–251v. 街路の整備・舗装・直線化・清潔への留意などについては，以下の研究参照。Mucciarelli, “Igiene, salute e pubblico”; Tuliani, “La dislocazione delle botteghe”; Idem, “Per bottega la « strada ».”
(81) ロープを使った調査の記述は，*Cost. 1309–10*, III, 16, t. II, p. 21 ; *ibid*., III, 58, t. II, p. 36 にある。
(82) 「道路局」とその条例については，*Lo Statuto dei Viarî di Siena* pp. 3–67 の解説参照。
(83) *Lo Statuto dei Viarî di Siena*, passim.
(84) 第 24 条 De via per quam itur ad ecclesiam Fratrum Minorum : Et cum domus et hedifitia, que sunt iuxta viam a plataea Fratrum Humiliatorum usque ad stratam ex parte domorum, que

fuerunt filiorum Inghilberti in tantum sint basse et via tantum arta, quod quando Fratres ex inde cum cruce transeunt pro aliquo mortuo sepelliendo oportet ipsos crucem flectere, nec gentes per eam commode possint transire, statuimus et ordinamus, quod dicta via debeat examplari et diricçari sicut trahit de canto inferiori domus Contis çendadarii usque ad dictam plateam Fratrum Humiliatorum et quod hedificia et domus, que sunt iuxta dictam viam infra dictos confines in tantum reducantur retro, quod ecclesia dictorum Fratrum et porte ipsius ecclesie aperte videantur de strata. Et dicta via ante dictam ecclesiam et a dicta strata usque ad dictam plateam debeat explanari et siliciari de mattonibus, sicut melius et comodius fieri poterit. (...) » in *Lo Statuto dei Viarî di Siena*, xxiiii, p. 82.

(85) *Cost. 1309–10*, III, 290, t. II, p. 134.

(86) *Const. 1262*, I, 276, pp. 109–110 ; *Cost. 1309–10*, V, 151, t. II, p. 298.

(87) *Const. 1262*, III, 60, p. 292 ; *Cost. 1309–10*, III, 58, t. II, p. 36.

(88) Cf. Garosi, *Siena nella storia della medicina*, pp. 26–27, e Documenti 3–11, in *ibid.*, pp. 507–509.

(89) « Item statuimus et ordinamus, quod in via de Malborgetto vel alibi prope domum, in qua morantur domini Novem gubernatores et defensores Comunis et Populi Senensis ad .l. brachia, non debeat stare vel morari aliqua meretrix, ruffiana vel femina male fame, conversationis et vite, sub pena et banno .c. sol. den. pro qualibet vice. (...) Et quod nulla persona in dictis confinibus debeat vinum vendere ad minutum vel dare bibere vel commedere alicui meretrici vel male conversationis et vite, sub dicta pena .c. sol. den. pro qualibet vice » in *Lo statuto dei Viarî di Siena*, ccclxxxxviii, p. 257.

(90) Cf. Kempers, “Icons, Altarpieces, and Civic Ritual.”

(91) « e aconpagniorno la detta tavola per infino al Duomo, facendo la procisione intorno al Chanpo, come s'usa... » in *CS di autore anonimo*, p. 90.

(92) Israëls, “Altars on the Street,” pp. 51–52.

(93) 聖カテリーナ関連の行列については，Grassi, “Antiche cerimonie”; Webb, D., *Patrons and Defenders*, p. 308 ; Parsons, *The Cult of Saint Catherine of Siena*, pp. 27–28 ; Koenig, “Prisoner Offerings” 参照。

(94) 市門での儀礼は，*Ordo Officiorum*, CXXXIII, p. 117 参照。おなじくドゥオーモを出た後，サラリア門を経て，ガルガリア道やポスティエルラ門に立ち寄ってからドゥオーモ前広場に戻ってくる行列については，*ibid.*, CCCXXII, pp. 298–299 参照。

(95) Parsons, *Siena, Civic Religion and the Sienese* は 13 世紀から今日までの都市の宗教（市民宗教）の発展とシエナのアイデンティティーの拠り所の多様な現れ，それらとコントラーダとの関係などを探る。都市の宗教については，他に Chittolini, “« Religione cittadina »”; Thompson, *Cities of God* ; Vauchez（a cura di）, *La religion civique* など参照。

(96) *CS di Agnolo di Tura*, pp. 382–383.

(97) カンポ広場については，Guidoni, *Il Campo di Siena* ; Franchina（a cura di）, *Piazza del Campo* ; Tuliani, “Il Campo di Siena” などを参照。また，シエナの都市計画全般については，Balestracci e Piccinni, *Siena nel Trecento* ; Gubitosi, *Siena* ; Braunfels, *Mittelalterliche Stadtbaukunst* などが基本的研究である。

(98) *Const. 1262*, III, 47, pp. 288–289 ; Tuliani, “Il Campo di Siena,” p. 65.

(99) Braunfels, *Mittelalterliche Stadtbaukunst*, p. 42 および下記註(108)参照。

(100) *Cost. 1309–10*, III, 42, t. II, p. 30.

(101) *Cost. 1309–10*, III, 37–52, t. II, pp. 29–33 ; cf. Balestracci e Piccinni, *Siena nel Trecento*, pp. 155–157 ; Tuliani, “Il Campo di Siena,” pp. 72–77.

(102) Mucciarelli, “Igiene, salute e pubblico,” pp. 13–84, esp. 44–45.

(103) *Cost. 1309–10*, III, 53, t. II, pp. 33–34.

(104) 広場についての総合的な概論には，Zucker, *Town and Square* がある。また，イタリアの広場全般については Riccetti (a cura di), *La Piazza del Duomo* ; Heers (a cura di), *Fortifications, portes de villes* ; Grohmann (a cura di), *Spazio urbano e organizzazione economica* ; Fontana, “La piazza del Cinquecento” など参照。

(105) *CS di Agnolo di Tura*, p. 550.

(106) 政治・経済・社会生活の中心たるカンポ広場についての規定は，都市条例のきわめて多くの条項にある。

(107) *Const. 1262*, III, 41, p. 287.

(108) 繰り返されるバルコニー・窓などの規制については，Cf. *Cost. 1309–10*, III, 37, t. II, p. 29 ; *ibid.*, III, 261, t. II, p. 116 など参照。シエナの都市条例に見られる都市の美意識については，片山『中世後期シエナにおける都市美の表象』221–232 頁をも参照。

(109) Guidoni, *Il Campo di Siena*, pp. 43–65.

(110) シエナ人たちが，聖母マリアの「マント」に守られていると考えていたことは，モンタペルティの戦いでのエピソードから窺われる。シエナの兵士がフィレンツェ軍と干戈を交えるべく陣営にいたところ，マントの形の影がキャンプ中を覆った。それを見た兵士らは，シエナ人を見守り保護するマリアのマントだと感激したという。« Stando così la gente de’ Sanesi, fu veduto per la magior parte del canpo una grandisima maraviglia, che esendo sopra el canpo de’ Sanesi una ’onbra a modo d’uno mantello, e quasi cupriva tuto el canpo de’ Sanesi : di questa maraviglia la gente di Siena molti che stavano a vedere da le mura e torri e palazi, dicevano : ‹ E’ sono e’ fumi de’ grandi fuochi che fanno nel canpo ›. Alcuni divevano : ‹ Non è vero : però si fusino fuochi se n’andarebero via ; ma questo sta fermo come voi vedete e de’ esere altri che fumi › ; ed era tanta la divozione, che lo’ pareva el mantello della nostra Madre gloriosa Vergine Maria, la quale guarda e difende el popolo di Siena... »: *CS di Paolo di Tommaso Montauri*, p. 207. Cf. Burckhardt, *Siena città della Vergine*, p. 32.

(111) 1355 年の皇帝への忠誠誓約については，*CS di Donato di Neri*, p. 578.

(112) モンテプルチアーノ使節の死刑は，*ibid.*, p. 582.

(113) フランチェスキーノの処刑は，*CS di Agnolo di Tura*, p. 545.

(114) 家財の焼き払いは，*CS di Donato di Neri*, p. 591.

(115) *Cost. 1309–10*, V, 287, t. II, p. 354. 他に，親を傷つけたり，盗みを働いたり，同性愛に耽ったりした者のカンポ広場での見せしめ，晒し者刑の例として，*L’ultimo statuto*, III, 51, p. 304 ; *ibid.*, III, 73, p. 313 ; *ibid.*, III, 79, pp. 316–317.

(116) *SS12*, VI, 24, c. 299r.

(117) 市場としての役割については，Tuliani, “Il Campo di Siena” 参照。以下の記述は，このM・トゥリアーニの論文に拠るところが大きい。

(118) 監視役についての規定は，*Const. 1262*, III, 49, p. 289 ; *ibid.*, III, 51, p. 290 などにある。

(119) 「ボール」大会については，Heywood, *Palio e Ponte*, pp. 220–222 参照。

(120) ゲオルギウス遊びについては，*ibid.*, pp. 87–89 参照。

(121) 騎士叙任式についての規定は，*Const. 1262*, III, 55, p. 291.

(122) カンポ広場での結婚式については，Zdekauer, *La vita privata*, pp. 75–84 参照。

(123) « Campus fori sit recreatio civium! ; homines in eo pausare et recreare volentes ». Cf. Rocchigiani, "Urbanistica ed igiene."

(124) *Le prediche volgari di San Bernardino*, predica 2, t. I, p. 55.

(125) *CS di Donato di Neri*, p. 584.

(126) *CS di Agnolo di Tura*, pp. 484–485.

(127) 中世のドゥオーモ前広場については，Riccetti (a cura di), *La Piazza del Duomo* がまとまった論文集だが，残念ながらシエナについての論文は含まれていない。

(128) サン・フランチェスコ教会については，*Cost. 1309–10*, III, 9, t. II, p. 19，カルミネ教会については Garosi, *Siena nella storia della medicina*, Doc. 15, p. 510 所収の総評議会議事録を参照。

(129) *Cost. 1309–10*, V, 157, t. II, p. 300.

第5章　イメージの媒介力

(1) もちろん，美術作品中には他にも多くのイメージが見られるし，都市の政治・社会生活また儀礼では，紋章や旗などの上におびただしい象徴物が使われた。

(2) シエナ市民の「水」の追求と地下水路敷設については，以下を参照。Balestracci, "La politica delle acque urbane"; Idem, "L'acqua a Siena nel Medioevo"; Balestracci, Vigni e Costantini, *La memoria dell'acqua* ; Boschi, *I « fiumi » di Siena*; Kucher, "The Use of Water"; Idem, *The Water Supply System of Siena*.

(3) Bargagli-Petrucci, *Le fonti di Siena* は，浩瀚な2巻本で，第1巻が解説，第2巻が史料集となっており，水・フォンテ・ボッティーノについての都市条例などの規定を徹底的に集めている。

(4) ボッティーノについては，Balestracci, Lamberini e Civai, *I bottini medievali di Siena* ; *I bottini di Siena* ; *I bottini. Acquedotti medievali senesi* をも参照。

(5) Garosi, *Siena nella storia della medicina*, p. 61.

(6) Bachelard, *L'Eau et les Rêves*.

(7) 占星術師まで動員して探したことについては，*I bottini. Acquedotti medievali senesi*, p. 9.

(8) 地下のディアーナの河探しについての総評議会の記録は，以下の通り。*CG 48*, c. 35 : « Item cum per officium dominorum Novem Gubernatorum et Defensorum Comunis et populi Senarum qui presentes dominos Novem in oficio processerunt deliberatum fuerit et provisum quod aqua que dicebatur Diana deberet cercari et inveniri et tempore ipsorum dominorum Novem et etiam tempore presentium dominorum Novem aliquibus diebus fuerit cavatum et aliud laborerium factum pro dicta aqua invenienda et habenda et ea occasione per operarium sancte Marie ante gradus de voluntate dictorum dominorum Novem fuerit expense .LXX. libre denariorum quas dictus operarius repetit a Comuni et dicta expensa fieri non possit vetante et contradicente quodam capitulo constituti lecto in presenti consilio nisi primo ipsa expensa approbetur per dominos Novem ad scruptinium ad palloctas et postea sequenti die per ordines civitatis et dicta expensa iam approbata sit per dictos dominos Novem et postea sequenti die per

dictos ordines civitatis ad scruptinium et ad palloctas secundum formam statuti si placet vobis quod dicta expensa fiat et quod Camerarius et. IIII[or] Provisores Comunis Senarum pro dicto opere dare et solvere teneantur et debeant. » in G. Mengozzi, "Documenti danteschi del R. Archivio di Stato," XXXI, pp. 170-171 ; cf. Rossi, P., "Le iscrizioni romane del territorio senese, II."

（9） Dante, *Divina Commedia*, Purgatorio, XIII（邦訳），第 2 巻，174 頁。Gigli, *Diario senese*, 2[a] ed., II, 28 は，アニョロ・ディ・トゥーラを引きつつ 1157 年のこととしているが，アニョロの年代記には該当するものがない。また "Il pozzo della Diana" をも見よ。

（10） 「悪魔と死」の水は，*Lettere*, 318, t. V, p. 66 ; *Dialogo*, LII, p. 100 などに登場する。

（11） 「平和の海」は，たとえば *Orazioni*, II, p. 18 ; *ibid.*, XIII, p. 160 ; *Dialogo*, II, p. 5 ; *ibid.*, LIV, p. 104 ; *ibid.*, XC, p. 176 ; *ibid.*, CXII, p. 227 などに出てくる。

（12） カテリーナにおける血のイメージついては，Valli, *Saggi*, pp. 169-190 ; Riccardi, *Il Sangue* など参照。また「血」のシンボリズム一般については，Camporesi, *Il sugo della vita* を参照。

（13） 血のイメージは，とくにカテリーナの書簡に満ち満ちているが，*Dialogo*, XXVII, pp. 52-54 ; *ibid.*, LXXV, pp. 141-144 ; *ibid.*, CXXXIV, pp. 296-300 ; *Orazioni*, IV, p. 46 ; *ibid.*, IX, pp. 100-102 ; *ibid.*, X, p. 110 ; *ibid.*, XII, pp. 140-142 にも典型例がある。

（14） *LM*, 163, 187, 191, 413. Cf. *Dialogo*, CXXXIV, pp. 296-300.

（15） *Dialogo*, LX, pp. 110-112 ; *Orazioni*, IX, pp. 100-102 参照。

（16） Cf. *Dialogo*, XXVII, pp. 52-54.

（17） カテリーナの思想における「担保」arra は，*Dialogo*, XLV, pp. 84-86 ; *ibid.*, CI, pp. 204-205 ; *Orazioni*, XIV, p. 168 ; *Lettere*, 221, t. III, p. 281 などに登場する。

（18） 病院としての教会，医者としてのキリストのイメージは，*Orazioni*, passim ; *Dialogo*, XIV, pp. 33-36 など参照。

（19） 教会の「顔」が罪を浄化されて輝くことについては，*Dialogo*, XV, p. 38 ; *ibid.*, XCVI, p. 191 ; *Orazioni*, IV, p. 46 ; *ibid.*, VI, pp. 60-62 ; *ibid.*, XII, p. 148 ; *ibid.*, XXII, p. 252 など参照。

（20） 血の「商店」「貯蔵庫」についてのイメージは，たとえば *Dialogo*, XXVII, p. 53 ; *ibid.*, LXVI, p. 124 ; *Orazioni*, XVIII, p. 206 ; *Lettere*, 306, t. IV, p. 284 などにある。

（21） 血を配布するイエスについては，*Dialogo*, XXVII, pp. 52-53 ; *ibid.*, CXXVII, p. 267 など参照。

（22） 血以外の分泌物，とりわけ涙と汗については，*Dialogo*, XV, p. 38 ; *ibid.*, XIX, p. 41 ; *ibid.*, XXIX, p. 58 ; *ibid.*, LXXXVI-XCVII, pp. 166-194 参照。

（23） 「乳」については，*Lettere*, 356, t. V, pp. 216-217 ; *Dialogo*, LXX, pp. 135-136 など参照。

（24） カテリーナの「橋」のイメージについては，とくに *Dialogo*, XXV-XXXI, pp. 49-59 参照。また中世における「橋」のイメージの重要性については，池上『中世幻想世界への招待』330-341 頁参照。

（25） 中世シエナのマリア崇敬，都市守護聖人としてのマリアについては，以下の研究を参照。Becatti, *Maria e Siena* ; Israëls, "L'*Assunzione* del Sassetta"; Morandi, "L'indizione senese"; Norman, *Siena and the Virgin*.

（26） Piccinni, *Il banco dell'Ospedale*, p. 110.

（27） まず，マリアは司教座の守護者として崇められた。1215 年にさかのぼるオデリクス

による *Ordo Officiorum Ecclesiae Senensis* は，キリストに関する典礼的な祝典に焦点を当てた書物だが，副次的に強くマリア信仰をも指し示している。なぜならマリアをとくにわれらが女王陛下 Signora Regina nostra として指示しているし，聖母被昇天の祭りを，毎年，司教のみならず都市の全聖職者が参加する祭りとしてすでに記しているからである。Cf. *Ordo Officiorum*, CCCLXXXVII, p. 348. ほかに，Argenziano, "Le origini e lo sviluppo," pp. 91–97 も参照。司教座教会についで，都市当局もマリア崇敬を全市を挙げた行事として定めることとなった。1280 年代から法令で定められ，その後の条例にも採り入れられた。1309〜10 年の条例でも，聖母マリアの祝日の前日には，ドゥオーモに蠟燭を捧げにいくべきこと，コムーネも，コンタードの城や村も，市民も外人も，いずれも持っていくべきことが定められている。すなわち，« Statuimo et ordiniamo che tutti et ciascuni de la contrada et libra ne la quale abitano ne la città di Siena, sieno tenuti et debiano andare ne la vigilia di Sancta Maria Vergine del mese di agosto a la chiesa detta (...) Et li predetti debiano andare a la chiesa detta co' li ceri e sença doppieri di die e non di notte. Et qualunque porterà doppiero overo portare farà, sia punito in C soldi di denari per pena. (...) Et che tutti li cittadini di Siena, abitatori assidui et li cittadini forestieri, e' quali sono et saranno da XVIII anni in su infino LXX anni, e' quali saranno ne la città di Siena sieno tenuti venire et stare ne la città di Siena ne la vigilia de la detta festa, et andare col cero al vescovado di Siena con li uomini de la sua contrada. Excetti li povari et li gravati da Dio et d'infermità. » in *Cost. 1309–10*, I, 36, t. I, pp. 64–65. さらに 1337〜39 年の都市条例にも聖母マリアへの献げ物についての規定がある。Cf. *SS26*, I, 7–8, cc. 9v–10r. 蠟燭行列の義務については，*Frammento 1262*, V. 37 ; Giorgi e Moscadelli, "In vigilia beate Marie virginis," Appendice documentaria, p. 9 ; Brizio, Chironi, Nardi e Papi, "Il territorio per la festa dell'Assunta"をも参照。

(28) モンタペルティの戦いを契機に都市挙げてのマリア崇敬が高まったことについては，Webb, D., *Patrons and Defenders*, pp. 257, 259 ; Argenziano, "Le origini e lo sviluppo," pp. 93–95 ; Koenig, "Mary, Sovereign of Siena" 参照。

(29) *CS di Paolo di Tommaso Montauri*, pp. 200–203. ブオナグイダ・ルカーリの演説は，« Voi, signori citadini sanesi, sapete come noi siamo racomandati a re Manfredi ; ora a me parebe che noi ci diamo in aver e in persona tuta la cità e 'l contado di Siena a la reina e inperadricie di vita eterna, cioè la gloriosisima Madre senpre Vergine Maria ». だが，鍵の献呈の同時代の証拠はまったくなく，さらにブオナグイダの存在すら疑問視されることがある。この鍵の奉献の話は 14 世紀半ばに創られたものであり，それが 15 世紀に非常に大きな役割を果たすようになり，逸話も詳細になっていったことを，Franco, *The Legend of Montaperti* が明らかにしている。さらに Heal, "« Civitas Virginis »?" をも参照。

(30) 都市条例中のマリアへの言及は，たとえば，*Cost. 1309–10*, I, 1, t. I, p. 29 ; *L'ultimo statuto*, p. 3.

(31) ドゥッチョの「マエスタ」については，Carli, *La « Maestà » di Duccio* ; Idem, *Duccio* ; Bellosi, *Duccio* ; Carlotti, *Il cuore di Siena* など参照。

(32) *CS di Agnolo di Tura*, p. 313.

(33) カモッリーア門の聖母像については，聖ベルナルディーノにまつわる有名なエピソードがある。彼が少年の頃，ともに住んでいた伯母に，門の外で「彼女」と待ち合わせ

している，と出掛けていったが，じつはその聖母図の前で敬虔に跪いていたのだという。Cf. Israëls, "L'*Assunzione* del Sassetta," pp. 226–227 を見よ。

(34) シエナの印璽・紋章中のマリアについては，Webb, D., *Patrons and Defenders*, p. 255 ; Norman, *Siena and the Virgin*, p. 4 参照。

(35) 貨幣への刻印については，Toderi, "Problemi di numismatica senese," p. 30 ; Idem, "Le Monete della Repubblica di Siena," pp. 286–293 ; Paolozzi Strozzi, "Qualche riflessione," p. 128 など参照。

(36) Luschin, "Jahreszählung und Indiktion zu Siena" および Morandi, "L'indizione senese" 参照。

(37) Cappelli, *Cronologia, cronografia e calendario perpetuo*, pp. 6–7.

(38) シエナ派絵画については，Cole, *Sienese Painting from Its Origins* ; Hyman, *Sienese Painting* ; Norman, *Painting in Late Medieval and Renaissance Siena* ; Dini, Angelini e Sani, *Pittura senese* など参照。またドゥッチョについては，Brandi, *Duccio* と Stubblebine, *Duccio di Buoninsegna* を，マルティーニについては，Paccagnini, *Simone Martini* を，ロレンツェッティ兄弟については，Rowley, *Ambrogio Lorenzetti* と Becchis, *Pietro Lorenzetti* をそれぞれ参照。

(39) Norman, *Siena and the Virgin* 参照。

(40) *Ibid*., pp. 107–131, 157–181.

(41) シエナのコントラーダ所縁の動物イメージについては，Turrini, "Il bestiario delle contrade di Siena"; Fiorini, *Bestiario senese* ; Gilioli, *Un mondo di simboli* 参照。

(42) Malavolti, *Dell'Historia di Siena*, 2ª parte, lib. IV, c. 64 rv.

(43) Cf. Burgalassi, "Storia della Nobil Contrada del Bruco," p. 85.

(44) ブルーコがコントラーダに結びつく経緯は，*ibid*., pp. 80–81 参照。

(45) Gentile Sermini, "Il giuoco delle pugne," in *Le Novelle di Gentile Sermini*, p. 106.

(46) 池上「西洋世界の動物観」。

(47) Caciorgna e Guerrini, "Imago Urbis" 参照。ほかに，シエナの「狼」像とその意味については，以下の研究をも参照。Banchi, *Le origini favolose di Siena* ; Colucci, "« Columna quae lupa gestat in cacumine »"; Popp, "Lupa Senese"; Beneš, *Urban Legends*, pp. 89–113.

(48) 家畜化した狼を飼っていたことについては，Gigli, *Diario Sanese*, II, pp. 39, 260 参照。

(49) *Const. 1262*, I, 196, p. 80. また *SS5*, I, c. 25rv ; *Cost. 1309–10*, I, 65, t. I, p. 88 にも狼を捕らえた者への，雌狼・雄狼・仔狼別の報酬が記されている。雌狼がもっとも報酬がよい。

(50) モンテルーポの逸話については，Beneš, *Urban Legends*, pp. 1–3 参照。

(51) Dino Compagni, *Cronica*, II, 28, p. 113 では「売春する雌狼」la lupa puttaneggia と馬鹿にされている。

(52) Hanson, *Jacopo della Quercia's Fonte Gaia* 参照。

(53) Rondoni, *Tradizioni popolari*, pp. 13–27.

(54) ヴェントゥーラ・ディ・グァルベリへの罰金については，Milanesi, *Sulla storia dell'arte toscana*, p. 43 参照。

(55) ドゥオーモの床絵については，*Milanesi*, t. I, p. 177 を見よ。

(56) Popp, "Lupa Senese," p. 48 ; Nevola, *Siena*, pp. 140–155.

(57) シエナの起源伝説，ローマとのつながりについては，*Siena e Roma* ; Cristofani (a cura di), *Siena : le origini* ; Beneš, *Urban Legends*, pp. 89–113 など参照。おなじくシエナと古代の結びつきを論うにしても，外部の者たちは貶める論調で取り上げた。たとえば，

12 世紀のソールズベリのヨハネスなどは，シエナを「ガッリ・セノネス」Galli Senones と呼ばれたガリアの老人グループに溯るとして，その町はことさら，年寄り，病弱な者や牛飼いのために創られたという侮辱的な由来譚を語っている。Cf. Joannes Saresberiensis, *Policraticus*, VI, 17, t. II, p. 45.

(58) Beneš, *Urban Legends*, pp. 105–106.

(59) *CS di Agnolo di Tura*, p. 518.

(60) 伊藤『ヘルメスとシビュラのイコノロジー』参照。

(61) 皇帝名での制定については，*SS26*, prologus, cc. 1r–2r « Deo auctore antiqua Senarum civitas gloriose virginis Dei matris nomini dedicata, ut Reipublice perseverando foret augusta et sibi subditos felicibus actibus locupletes efficeret, ad apicem in montis iustitie mentis oculos elevavit et per illius tramites pacem querens meruit populum sibi traditum in statu pacifico divinitus gubernare. »

(62) 中・北イタリア諸都市の自治権獲得と主権行使の現れについては，Cherubini, *Le città*, pp. 27–36 参照。

(63) 都市賛歌・都市賛美については，河原『都市の創造力』40–57 頁；Hyde, "Medieval Descriptions of Cities"; Classen, *Die Stadt im Spiegel* など参照。

(64) Cf. Galletti, "Gerusalemme."

(65) Bruni, *Laudatio fiorentine urbis*, pp. 606–608.

(66) Webb, D., *Patrons and Defenders*, pp. 249–297 ; *I santi patroni senesi* 参照。

(67) Webb, D., *Patrons and Defenders*, pp. 276–297 ; Idem, *Saints and Cities*, pp. 141–159, 191–241 ; Vauchez, "La commune de Sienne" 参照。

(68) カテリーナはついでイタリアの守護聖人になり（1939 年），最近ではヨーロッパの守護聖人にもなって（1999 年），毎年セレモニーが挙行されている。Cf. Parsons, *The Cult of Saint Catherine of Siena*.

(69) Steinhoff, "Urban Images and Civic Identity."

(70) « Et pero di nuovo perchè fra li cittadini et anco in Palazo sono di vari parlar del vostro non tornare ; considerato quanto è necessario di provvedere intorno allo officio medesimo, o a li lavori necessari da farsi in questa Chiesa ; strectamente quanto possiamo vi preghiamo, che per contento di tutti li cittadini, per bene di questa huopara et per honore vostro vi piaccia a la ricevuta di questa ; la quale vi mandiamo per questo fante propio ; essare mosso et ritornare a la patria ad exercitare l'officio vostro a che sete deputato. Il che facendo, farete il vostro debito et honore et il contento del Concestoro et generalmente di tutti li cittadini : et di tutto pensiamo sarete anco advisato da'nostri magnifici Signori. (...) » in *Milanesi*, t. II, p. 167.

終　章

(1) Cf. Moggi, "Storia della Repubblica Senese," pp. 55–56.

(2) Raveggi, "Appunti sulle forme di propaganda" 参照。

(3) とくに *Il bene comune* 参照。ほかに，Bruni, *La città divisa* ; Skinner, *Visions of Politics*, t. II も参照。

(4) Crouzet-Pavan, "Les paradoxes du Prince" など参照。

（5） Skinner, “The Rediscovery of Republican Values,” in Idem, *Visions of Politics*, t. II, pp. 10–37.
（6） 以上，齋藤『公共性』; Arendt, *The Human Condition* 参照。
（7） Habermas, *Strukturwandel der Öffentlichkeit*（邦訳），11–127 頁参照。
（8） 河原『都市の創造力』。